Erfolgsfaktor Serie

Reihenherausgeber
Hansjörg Künzel, München, Deutschland

Die Erfolgsfaktor-Buchreihe ist eine Praxisreihe, die sich an Führungskräfte und Entscheidungsträger aus Industrie und Mittelstand richtet. Auf jeweils rund 350 Seiten beleuchten Top-Autoren einen Themenbereich aus ihrer spezifischen Perspektive. Jeder Band fächert dabei das Thema möglichst breit auf und bietet so einen kompetenten Überblick. Die einzelnen Beiträge werden detailliert und mit Tiefgang in Bezug auf den Gesamtzusammenhang dargestellt. Dabei wird das Hauptaugenmerk auf die Praxis gelegt und durch persönliche Erfahrungen ergänzt – theoretische Inhalte werden nur insoweit vermittelt, wie sie für das Gesamtverständnis sinnvoll sind. Anhand vieler Best-Practice-Beispiele nehmen die Autoren die Leser mit und zeigen ihnen, wie für unterschiedliche Themen- und Problemfelder konkrete Konzepte entwickelt und durch unterschiedlichste Aktivitäten in ein Unternehmen erfolgreich implementiert werden können. Für einen roten Faden durch das Buch sorgt neben der sorgfältigen Zusammenstellung durch den Herausgeber auch ein Einführungskapitel, das Orientierung im jeweiligen Themenfeld schafft. Die Autorenteams bestehen aus erfahrenen Managern, Beratern, Personal- und Marketingfachleuten, Trainern, Coaches, Wissenschaftlern sowie Kommunikations- und Medienprofis aus allen Generationen. Die Unterschiedlichkeit der Autoren ist gewollt: Sie gewährleistet einen kompetenten und umfassenden Überblick zum jeweiligen Themenkomplex. Darüber hinaus ermöglicht sie eine weitaus größere Meinungsvielfalt sowie ein breiteres Beurteilungsspektrum zu jedem der vorgestellten Themen, als dies ein einzelner Autor vermitteln könnte. Somit wird jedes dieser Bücher zu einer interessanten, facettenreichen, spannenden und unterhaltsamen Lektüre. Das Buch „Erfolgsfaktor Performance Management" ist der dritte Band dieser neuen Management-Buchreihe, die jedes Jahr um zwei Titel erweitert wird. Folgende Titel sind neben weiteren geplant:

- Erfolgsfaktor Lean Management 2.0
- Erfolgsfaktor Arbeit 4.0
- Erfolgsfaktor Führung

Weitere Bände in dieser Reihe
http://www.springer.com/series/11811

Hansjörg Künzel
(Hrsg.)

Erfolgsfaktor Performance Management

Leistungsbereitschaft einer aufgeklärten Generation

Herausgeber
Hansjörg Künzel
München
Deutschland

ISSN 2198-0985 ISSN 2198-0993 (electronic)
Erfolgsfaktor Serie
ISBN 978-3-662-47101-2 ISBN 978-3-662-47102-9 (eBook)
DOI 10.1007/978-3-662-47102-9

Die Deutsche Nationalbibliothek verzeichnet diese Publikation in der Deutschen Nationalbibliografie; detaillierte bibliografische Daten sind im Internet über http://dnb.d-nb.de abrufbar.

Springer Gabler
© Springer-Verlag Berlin Heidelberg 2016
Das Werk einschließlich aller seiner Teile ist urheberrechtlich geschützt. Jede Verwertung, die nicht ausdrücklich vom Urheberrechtsgesetz zugelassen ist, bedarf der vorherigen Zustimmung des Verlags. Das gilt insbesondere für Vervielfältigungen, Bearbeitungen, Übersetzungen, Mikroverfilmungen und die Einspeicherung und Verarbeitung in elektronischen Systemen.
Die Wiedergabe von Gebrauchsnamen, Handelsnamen, Warenbezeichnungen usw. in diesem Werk berechtigt auch ohne besondere Kennzeichnung nicht zu der Annahme, dass solche Namen im Sinne der Warenzeichen- und Markenschutz-Gesetzgebung als frei zu betrachten wären und daher von jedermann benutzt werden dürften.
Der Verlag, die Autoren und die Herausgeber gehen davon aus, dass die Angaben und Informationen in diesem Werk zum Zeitpunkt der Veröffentlichung vollständig und korrekt sind. Weder der Verlag noch die Autoren oder die Herausgeber übernehmen, ausdrücklich oder implizit, Gewähr für den Inhalt des Werkes, etwaige Fehler oder Äußerungen.

Redaktion und Lektorat: Rudolf Jan Gajdacz, München, Deutschland
Redaktion und wissenschaftlicher Beirat: Claudia Drews, München, Deutschland

Gedruckt auf säurefreiem und chlorfrei gebleichtem Papier

Springer Berlin Heidelberg ist Teil der Fachverlagsgruppe Springer Science+Business Media
(www.springer.com)

Vorwort

Ära beendet: Es braucht etwas Neues, um Spitzenleistung zu initiieren

In der Vorbereitungsphase für dieses Buch stolperte ich über eine Meldung im Sportteil einer Tageszeitung. Dabei war sie denkbar unspektakulär: „Magath kündigt Spieler per E-Mail".[1] Felix Magath hatte Ende Februar 2014 als Trainer beim FC Fulham in England unterschrieben. Ein paar Monate später machte er das, was seit Urzeiten offensichtlich zu den Einstiegsriten einer neuen Führungskraft gehört: Mit seiner kaltschnäuzigen Abrechnung per E-Mail ließ er demonstrativ Köpfe rollen – „Management by Fear".

Doch warum hatte es diese Meldung aus der zweiten englischen Liga überhaupt in die deutschen Medien geschafft? Sinn macht das nur, wenn man sich die Gesamtdramaturgie vor Augen hält. Und die heißt: Götterdämmerung.

2012 war Magath beim VFL Wolfsburg entlassen worden. Für viele war dies das Ende eines der letzten großen „Schleifer". Der letzte „harte Hund", der erwachsene Männer mit Medizinball-Training, Bergauf-Sprints und Wasserentzug dazu zu bringen versuchte, immer mehr Leistung abzurufen. Die mediale Inszenierung dieser Nachricht wirkte ein wenig wie die Schlusssequenz eines Film-Showdowns: Ein letztes Mal bäumt sich das „Prinzip Magath" auf, bevor es dann wirklich zu Ende ist.

Dabei ist völlig unstrittig: Wer sich heute im Wettbewerb behaupten möchte, muss Wege finden, um seine Performance über vermeintliche Grenzen hinaus zu steigern. Das gilt für den internationalen Fußball genauso wie für Unternehmen in globalisierten Märkten – die Methode muss stimmen und dem Zeitgeist angepasst werden.

Sehen wir uns dazu das klassische Verständnis von *Performance Management* an. Recht schnell fällt auf: Das Feld der Effizienz- und Leistungssteigerung wird dominiert durch Messmethoden und Zahlen. Balanced Scorecards, das EVA-Prinzip (Economic Value Added) oder Budgetary-Control-Systeme bestimmen das Bild. Die Modelle werden mit Key Performance Indicators (KPI) gefüttert, wobei der Wust an Daten nutzbar aufbereitet und nachhaltige Konsequenzen abgeleitet und umgesetzt werden müssen.

---

[1] „Magath kündigt Spieler per E-Mail". süddeutsche.de, 5. Juni 2014. http://www.sueddeutsche.de/sport/fc-fulham-magath-kuendigt-spieler-per-e-mail-1.1987415. Zugegriffen: 8. März 2015.

Tatsächlich sind wir hier schon weit gekommen. Wir definieren unsere Unternehmensziele und die Strategien, um diese Ziele zu erreichen. Wir etablieren auf mächtige softwaregestützte Organisationsstrukturen und Prozesse, um unsere Strategien umzusetzen. Und mit hoch modernen Business-Intelligence-Methoden nutzen wir Unmengen von Daten und Kennzahlen, um die Resultate unserer Anstrengungen zu erfassen, zu kontrollieren und zu optimieren. Big Data lässt grüßen.

Das Milliarden-Business Profifußball ist uns hier mindestens ebenbürtig. Längst hat die Bedeutung von Strategien, Systemen und Kennzahlen die romantische Vorstellung von „elf Freunden" abgelöst. Pass-Statistiken, Laufweganalysen, Laktatwerte usw. dienen dazu, Potenziale maximal auszuschöpfen. Selbst an Topstars interessieren nicht mehr so sehr ihre Ballkünste als vielmehr die Fähigkeit, sich in ein bestimmtes System einzufügen.

Und genau in diesem Moment scheint dort eine Führungstechnik nicht mehr zu funktionieren, die doch genau darauf abzielt: Menschen mit Druck in solche Strukturen hineinzuformen.

Blicken wir kurz auf die Trainergeneration, die zunehmend das Bild des erfolgreichen Fußballs prägt: An die Stelle der „Feldmarescialllos" (so der Spitzname einer anderen „Schleifer"-Legende, des Italieners Fabio Capello) treten vermehrt charismatische Moderatoren und Motivatoren wie Pep Guardiola, Carlo Ancelotti oder Jürgen Klopp.

Joachim Löw etwa beschrieb seine Aufgabe als Bundestrainer kurz vor der WM 2014 so: „Die heutige Spielergeneration will verstehen, warum etwas funktioniert – und wie. Sie können nicht einfach sagen: Mach das so! (...) Die Spieler fordern Transparenz in der Argumentation und gewisse Einflussmöglichkeiten. Ich muss sie einbeziehen in die Turnierstrategie, in meine Idee vom Spiel, es muss ihre Idee werden."[2]

Damit wären wir am springenden Punkt angelangt: Mechanistische Methoden zur Performance-Steigerung tendieren dazu, den Mitarbeitern Jahr für Jahr ein rein quantitatives Mehr an Leistung abzuverlangen. Doch genau diese Mitarbeiter finden allzu oft ein Umfeld vor, das Leistungsfähigkeit eher hemmt als fördert: Wie soll ich das alles schaffen? Wie stelle ich meinen Chef zufrieden? Ist der Kunde glücklich? Was muss ich tun, damit er es bleibt? Was halten die Kollegen von mir? Auf welche internen, „politischen" Gemengelagen muss ich achten? Kann ich das, was wir im Unternehmen machen, mit meinen eigenen Werten vereinbaren?

All das bindet Potenziale, statt sie freizusetzen. Und im schlimmsten Fall führt dieser Komplex aus Druck, Ängsten und Unsicherheiten zu „inneren Kündigungen" oder gar in den Burn-out.

Tatsächlich konnten Führungskräfte lange Zeit mit Mitarbeitern rechnen, die bereit waren, klaglos über ihre Grenzen hinauszugehen. Hohe Arbeitslosigkeit, der Konkurrenzdruck unter den Baby-Boomern, laufend neue Krisen ... Diese permanenten Drohkulissen genügten, um immer mehr zu geben.

---

[2] „Man darf keine Lieblinge haben". ZEIT ONLINE, 22.5.2014. http://www.zeit.de/2014/22/joachim-loew-hans-dieter-hermann-bundestrainer-wm/seite-2. Zugegriffen: 8. März 2015.

Doch diese Zeiten sind nicht nur im Profifußball vorbei: Die nach 1980 Geborenen sind so angstfrei und syelbstbewusst wie keine Generation vor ihnen. Die „Generation Y" versteht Karriere nicht mehr als Mittel zum Zweck, um sich Prestige- und Statuswünsche zu erfüllen. Ihre Vertreter wollen bereits während der Arbeit glücklich sein – durch Jobs und Aufgaben, die ihnen Sinn bieten.

Genauso wie ihre Altersgenossen Philipp Lahm, Mario Götze oder André Schürrle wollen sie wissen, warum sie etwas tun. Finden sie darin keinen Sinn, droht gar die Balance aus Arbeit und Leben ins Wanken zu geraten, dann orientieren sie sich neu. Die Personalabteilungen der Konkurrenz haben die roten Teppiche bereits ausgerollt.

Das ist die Hauptintention dieses Buches: Natürlich brauchen Mitarbeiter klare Vorgaben, wo es lang geht. Und ebenso selbstverständlich benötigen wir Controlling-Instrumente, um Potenziale so effektiv wie möglich auszuschöpfen. Doch im Umgang mit den Menschen im Unternehmen droht dieser rein quantitative Ansatz den Motor zu überhitzen. Wir müssen (wieder) lernen, wie entscheidend die vermeintlich „weichen" Faktoren für die Freisetzung von Leistung sind: Emotion, Kommunikation und innere Motivation.

Performance Management kann also viel mehr sein als ein Instrumentarium zur Steigerung von Leistung im Sinne von „Arbeit pro Zeit". Verstehen wir den Begriff endlich auch qualitativ, dann wird daraus *eine unternehmensweite Kultur der Freisetzung von Potenzialen*. Aus dieser Perspektive wird klar:

Die beste Strategie ist nichts wert, wenn die Mitarbeiter sie nicht kennen, sie nicht verstehen und sie nicht mittragen.

Wie aber transportieren wir eine Strategie vom Top-Management über die Führungsebene in die Köpfe und Herzen der Mitarbeiter? Mehr Zuckerbrot statt Peitsche? Häufigere Dienstwagen-Upgrades? Mehr Wellness-Wochenenden mit Teambuilding-Events?

In vielen Gesprächen stellte ich fest, dass diese Art von „extrinsischen" Belohnungssystemen gerade bei den Jüngeren nicht mehr „zieht". Auf den Dienstwagen jedenfalls verzichten viele gerne, wenn sie sich stattdessen in sinnvolle Projekte einbringen können. Oder, wie mir eine engagierte Nachwuchsführungskraft vor Kurzem schrieb: „Vorgesetzte müssen sich jeden einzelnen ihrer Mitarbeiter ansehen, lernen, was ihn bewegt und was ihn antreibt."

Dieses Buch besteht konzeptionell aus zwei Strängen: Zum einen möchten wir durchaus zeigen, wie sich klassisches Performance Management kontinuierlich weiterentwickelt – und auf welche Weise die Industrie Leistung in turbulenten, sich stetig verändernden und wettbewerbsintensiven Zeiten immer wieder neu erfindet, optimiert und steuert.

Zum anderen ziehen wir bewusst auch Best-Practice-Beispiele aus eher industriefernen Bereichen heran. In diesem Zusammenhang präsentieren wir Ansätze, die zum Teil mit ganz anderen Mitteln arbeiten – und dadurch den Blick auf die wirklich relevanten Erfolgsstellhebel lenken.

Können wir etwa von Sportvereinen oder sozialen Projekten etwas über ein neues Leistungsbewusstsein lernen? Und wie ließe sich das auf die spezifischen Bedingungen der Industrie adaptieren? Welche Erfahrungen machen Management-Experten z. B. mit der zunehmend digitalisierten Welt, in der sich Führung über Social Media gestalten lässt?

Oder was passiert, wenn ein Unternehmen ernsthaft den Faktor „Glück" in seine Strategie integriert – und sich zum Ziel setzt, „glückliche" Mitarbeiter zu beschäftigen?

Ein besonders spannendes Beispiel für ungewöhnliche Wege zur Leistungsoptimierung liefert etwa SAP. Wir begleiten Manager beim Besuch einer Behindertenwerkstatt – und erfahren, wie diese Begegnung ihren Blick für die wesentlichen Stellschrauben des Performance Managements schärfen konnte.

Andere Unternehmen nutzen die Chance und schicken ihre Mitarbeiter zu sozialen Projekteinsätzen nach Afrika. Dabei wird uns gezeigt, was passiert, wenn Leistung in einer kulturell völlig anderen Umgebung angepasst werden muss – und welche Vorteile sich daraus sowohl für die individuelle Weiterentwicklung des Mitarbeiters als auch für die Performance des Unternehmens ergeben.

Auch Kundenzufriedenheit – bzw. die Zufriedenheit von Lieferanten oder Mitarbeitern – kann zu höheren Leistungsergebnissen führen. Im Vordergrund steht hier das Involvement aller Beteiligten. Das „Sehenlernen" von Interessen und Bedürfnissen weist hier oftmals den kürzesten Weg zum Erfolg, ausgerechnet am Beispiel von Self-Service-Kassen lässt sich darstellen, wie Leistung mit technischen Innovationen gewinnbringend gesteigert werden kann – und das, ohne den Faktor Mensch wegzurationalisieren.

Ein entscheidendes Hemmnis bei solchen leistungsorientierten Umstrukturierungsprozessen sind komplex gewachsene – und damit fast automatisch träge – Systeme. Der Flughafen Stuttgart demonstriert, wie sich auch solche Strukturen durch intelligente, IT-gestützte Lösungen im Sinne des Performance Managements effektiv optimieren lassen. Der Schlüssel zum Erfolg sind hier messbare Konzepte und die langfristige Einbindung aller relevanten Stakeholder.

Besonders herausfordernd wird es dann, wenn vormals eigenständige Organisationsgruppen oder gleich ganze Unternehmen in bestehende komplexe Systeme integriert werden sollen. Das Beispiel Mercedes-AMG belegt, wie auch unter diesen Umständen Leistung effizient gesteigert und homogenisiert werden kann. Im Fokus stehen dabei: gelungenes Change Management und Teambuilding.

Und hier kämen wir wieder zurück zum modernen Profifußball. Denn offenbar können wir von ihm nicht nur theoretisch, sondern auch ganz praktisch lernen: Der SV Werder Bremen wollte seine Marktstrategien intelligent mit der beruflichen Förderung seiner Mitarbeiter verknüpfen – und setzte dabei gezielt auf Corporate Social Responsibility (CSR). Ein Beitrag in diesem Buch dokumentiert eindrucksvoll, wie die Verbindung einer Strategie mit gesellschaftlicher Verantwortung und der daraus resultierenden Corporate Proudness einen neuen Teamgeist und neue Leistungspotenziale freisetzen kann.

All diese Fallbeispiele und Erfolgsgeschichten haben eines gemeinsam: Sie laden das Konzept von Performance Management qualitativ auf und eröffnen uns zahlreiche neue Perspektiven, um Leistungspotenziale für das Unternehmen freizusetzen und zu nutzen. Dabei ist jeder dieser Ansätze aus der Praxis heraus entstanden und orientiert sich ganz nah am Menschen. Zugleich zielen sie nicht auf kurzfristige „Strohfeuer" ab, sondern auf wirklich nachhaltige Ergebnisse. Beide Aspekte – Mensch und Nachhaltigkeit – sollten gerade angesichts des übergroßen Leistungsdrucks in einer globalisierten Welt wieder in den Mittelpunkt unseres Planens und Handelns rücken.

Wie weit wir mit dieser Einstellung kommen können, ließ sich im Sommer 2014 verfolgen. Das seit Jahren gezielt aufgebaute und von Joachim Löw in den „WGs" von Campo Bahia zusammengeschweißte deutsche National-Team holte sich in Brasilien den Weltmeistertitel.

Ich freue mich sehr, dass die Autoren dieses Bandes viele der hier aufgeführten Ansichten teilen. Sie alle kommen aus der Praxis und orientieren sich in ihren Beiträgen konsequent an der praktischen Machbarkeit. Der Verdienst von jedem einzelnen von ihnen ist es, die doch eher engen Grenzen des Begriffs Performance Management nun deutlich erweitert zu haben. Schon heute tragen sie dieses neue Verständnis in die Unternehmen und helfen dabei, es umzusetzen. Herzlichen Dank für die großartige Zusammenarbeit und die vielen neuen Erkenntnisse!

Von Herzen danke ich Claudia Drews, die die Redaktion dieses Buches verantwortet hat. Ihre nie versiegende Begeisterung für dieses Thema hat dem Buchprojekt täglich neue Kraft gegeben und unseren Diskussionen große Inspiration.

München, im Oktober 2015   Hansjörg Künzel

Inhaltsverzeichnis

1 **Performance Management: Dogma oder Einzelfallbetrachtung?** 1
   Jens Pohl

2 **Performance Management: Anspruch und Realität zusammenführen** 17
   Hansjörg Künzel

3 **Project Performance Management: Rivalität zwischen Tages- und Projektgeschäft** 35
   Thao-Binh Steinmann

4 **Höchstleistung ermöglichen: Praxisbeispiel der High Professional Service Industry** 51
   Claudia Drews

5 **Kooperative Unternehmenskultur und Führung: Erfolgsgrundlagen des Performance Managements** 79
   Christine Falkenreck

6 **Wettbewerbsvorteil durch Hochleistungsproduktivität: Wie Fertigungsunternehmen durch eine innovative Methode der Produktionsoptimierung zu Hochleistung gebracht werden** 95
   Andreas Ginger und Uwe Büchner

7 **Konsequente Ausrichtung auf den Kunden und Respekt vor den Mitarbeitern: Ein Baustein des Performance Managements bei der SAP SE** 111
   Christof Walter

8 **E-Leadership: Führung und Leistungssteigerung in digitalen Kontexten** 125
   Rainer Zeichhardt

9   Mitarbeiterperformance im Fokus: Implementierung eines flexiblen
    Produktivitätssteuerungssystems am Flughafen Stuttgart 141
    Georg Fundel

10 Performance der Generation Y: Management der
    Generationenkonflikte 155
    Natalie Pospolit und Jennifer Weiher

11 Langfristige Unternehmensperformance: Rekonfiguration des
    Unternehmens durch Geschäftsmodellinnovation 179
    Thomas Clauß und Sascha Pietruska

12 WERDER BREMEN: Von der Philanthropie zu einem strategisch
    verankerten Corporate Social Responsibility Management 199
    Anne-Kathrin Laufmann

13 Innovationen im stationären Handel: Self-Service-Kassen und
    berührungslose Zahlung 211
    Martin Fiedler

14 Steigerung der Patientenorientierung: Performance Management in
    einem universitären Krebszentrum 229
    Helge K. Schumacher

15 Teamorientierte Leistung: Nachhaltiger Erfolgsfaktor
    im Unternehmen 241
    Sophia Fritz

16 Performance Management der öffentlichen Hand: Zufriedene
    Bürger als Ziel des Leistungssteigerungsprozesses einer Stadt 255
    Nadja Atwaa

17 Unternehmensneuausrichtung: Unterstützung von Performance
    Management 275
    Norbert Benker

18 Performanceorientierte Prozessoptimierung in der Luftfahrtbranche:
    Ersatzteilbestimmung unter schwankenden Bedarfen 295
    Christian Kowalski

19 WIR-MARKEN sind Chefsache: Erfolgreiche Marken berühren,
    gewinnen und bewegen Kundenherzen 309
    Hermann H. Wala

20 Erfolgreiche Arbeitsbeziehung: Kunden und Lieferanten im
   Dienstleistungsmarkt 323
   Johanna Bath

21 Selbstführung: Ein Baustein des Performance Managements 339
   Ute Schäffer-Külz

22 Systemische Führung: Erfolgreiches Performance Management
   internationaler Teams 357
   Johannes Abt

23 Von Lehm zu Beton und anderen Upgrades: Warum Unternehmen
   die Mitarbeiterentwicklung auch außerhalb des Unternehmens
   fördern sollten 375
   Agnes Kühne und Astrid Kühne

Autorenverzeichnis 395

Sachverzeichnis 403

Performance Management: Dogma oder Einzelfallbetrachtung?

Jens Pohl

1.1 Von der Wiege an

Performance und deren Management verfolgen den Menschen vom ersten Atemzug an. Babys, die auf sich aufmerksam machen, finden Beachtung. Wenn sie beginnen, die Welt zu entdecken und dabei etwas „leisten", erhalten sie eine Vergütung in Form von Lob. Sicher eine etwas emotionale Betrachtung, doch beginnt so oder ähnlich der Leistungsprozess des Menschen. Und er wird auch schon gemessen und gemanagt: Wie viel hat das Kind heute gegessen? Entwickelt es sich alters- respektive benchmarkgerecht oder müssen steuernde Maßnahmen ergriffen werden?

Damit nicht genug: Über Kindergarten, Schule, Ausbildung, Studium etc. wird das Performance-Prinzip immer weiter entwickelt. Und nicht nur dort. Freunde sollten cool sein, potenzielle Partner gut aussehen … – und immer wird dabei gemessen, verglichen, optimiert.

Das machen sich auch Unternehmen zu eigen, geht es doch auch bei ihnen darum, eine möglichst hohe Leistung zu erreichen. Doch wie sieht Leistung in Unternehmen aus? Die Physik definiert sie als Arbeit pro Zeiteinheit. Aus Sicht des Managements genügt es heute sicher nicht mehr, die Mitarbeiter ausschließlich viel arbeiten zu sehen. Vielmehr zählt die Gesamtperformance, also die Zielerreichung und damit das Ergebnis der Arbeit.

Wer Ziele erreichen will, muss sich zunächst einmal Ziele setzen. Diese können je nach Ganzheitlichkeit des Ansatzes zahlreich sein, zum Beispiel:

- monetäre Ziele,
- mitarbeiterbezogene Ziele,

J. Pohl (✉)
Stuttgart, Deutschland
E-Mail: Jens.pohl67@web.de

© Springer-Verlag Berlin Heidelberg 2016
H. Künzel (Hrsg.), *Erfolgsfaktor Performance Management*, Erfolgsfaktor Serie,
DOI 10.1007/978-3-662-47102-9_1

- kundenbezogene Ziele,
- Zufriedenheitsziele in Bezug auf Mitarbeiter oder Kunden,
- gesellschaftliche Ziele,
- Ziele einer Führungsmannschaft,
- strategische Ziele,
- Shareholder-Ziele

und viele weitere.

Auf den Punkt gebracht, geht es für Unternehmen darum, die Performance anhand des aufgewendeten Inputs für den erlangten Output zu messen und dieses Verhältnis zu optimieren. Das klingt einfach, beinhaltet aber eine Reihe weiterführender Fragestellungen. Zunächst einmal die nach dem Zeitpunkt der Messung dieser beiden Werte. Sie sind üblicherweise am Ende eines Berichtszeitraums bekannt. Damit ist unter Umständen klar, dass es in diesem Zeitraum Abweichungen gab – also eine retrospektive Betrachtung. Diese ist in der Folge zu analysieren und zu interpretieren und kann doch für den nächsten Berichtszeitraum zu völlig falschen Ergebnissen führen.

Eine weitere Frage ist die, welches Ergebnis überhaupt erwartet werden kann und welche Abweichung davon gut oder welche schlecht ist, also welcher Wertemaßstab anzulegen ist. Vergleichswerte liefert z. B. der Wettbewerb. Was aber, wenn das eigene Unternehmen Marktführer ist? Vielleicht sogar mit Abstand? Wie den Vorsprung weiter ausbauen? Hier dienen meist historische Daten aus dem eigenen Haus als Benchmark. Doch auch diese sind nicht immer auf die Zukunft projizierbar.

Geht es um Prozessperformance, kann es auch ratsam sein, Unternehmen anderer Branchen als Vorbild heranzuziehen, deren Prozessmanagement aufgrund ihres Geschäftsmodells bereits sehr weit entwickelt ist. Die Reflexion der eigenen Situation ist dafür genauso wichtig wie für die spätere Umsetzung der Maßnahmen. Und letztlich ist die Art und Weise des Umgangs mit Performance auch immer ein Spiegel der Zeit.

1.2 Trendthema Performance Management

Was haben Performance Management und Mode gemeinsam? Beide folgen Trends. Vielleicht nicht ganz so offensichtlich hat sich das Performance Management seit den 1990er Jahren mehrmals gewandelt. Damals war es stark vom Total Quality Management (TQM) geprägt – einer Weiterentwicklung des bereits in den vierziger Jahren in den USA erforschten Qualitätsmanagement-Ansatzes. Im aufstrebenden Japan fiel der Gedanke nach dem zweiten Weltkrieg auf fruchtbaren Boden und entwickelte sich seitdem nicht nur dort schnell zum Erfolgsrezept. Passend zur japanischen Kultur des Kollektivs handelt es sich bei TQM um eine ganzheitliche Betrachtungsweise, die zahlreiche Erfolgsfaktoren wie Kunden, Mitarbeiter, öffentliche Verantwortung oder auch lebenslanges Lernen mit einbezieht. Die Stärke des TQM war jedoch in der Ableitung und operativen Umsetzung eines Performance Managements auch dessen Achilles-Ferse: Der stark qualitative Ansatz eignete sich nur bedingt, um das Ergebnis zu verbessern, denn er war eben darauf ausgerichtet, hervorragende Qualität zu erzielen. Dabei entstand eine Reihe von wertvollen Konzepten, die auch heute noch Gültigkeit haben – auch wenn sich der Fokus verändert hat. Dazu gehören zum Beispiel:

- Intelligente Mitarbeiterbefragungen,
- 360°-Feedbacks,
- Prozessmanagement-Tools oder auch
- Ansätze wie das Quality Function Deployment (Ausrichtung der eigenen Entwicklung und Produktion am Bedarf des Kunden).

In der Folge orientierte sich das Performance Management deutlich stärker am monetären Ergebnis des Unternehmens. Ebenfalls um 1990 veröffentlicht, löste der Begriff des Shareholder Value, also die Reduzierung auf das erzielte Ergebnis anhand freier Cashflows, den ganzheitlichen TQM-Ansatz im Performance Management weitestgehend ab. Mit einhergingen eine stärkere Zentralisierung des Themas und eine deutlichere Steuerung durch das Management. Während vorher in einzelnen Standorten analysiert und optimiert wurde, beschäftigten sich nun ganze Zentralabteilungen mit der Erfassung und Analyse von Finanzkennzahlen sowie mit steuernden Maßnahmen.

Die nächste Veränderung kam, als eine Reihe von aufsehenerregenden Missbrauchsfällen die öffentliche Aufmerksamkeit auf die Entstehung des Shareholder Value lenkte. Die Gewinne sollten nicht nur hoch sein, sondern auch fair erwirtschaftet. Regeln wurden gefordert und hielten in Form von Compliance (Regelkonformität) Einzug in die Unternehmen. Compliance-Prozesse durchzogen alle Ebenen und Compliance-Beauftragte stellten deren Einhaltung sicher. Das wirkte sich auch auf das Performance Management aus. Leistung wurde nun auch nach der Art und Weise beurteilt, wie sie zustande gekommen war. Von zentralen, vom operativen Geschäft unabhängigen Stellen aus wurden Geschäftszahlen, aber auch Prozesse, Kunden- und Lieferantenbeziehungen genauestens geprüft und anhand eines klar definierten Regelwerks beurteilt. Der Fokus entfernte sich dadurch vom chancengetriebenen operativen Geschäft. Administrative Prozesse und neue Kennzahlen prägten das Bild, ganze Stabsfunktionen und -bereiche sind allein zur Sicherung der Compliance entstanden.

Heute spielt das Thema inhaltlich noch immer eine wichtige Rolle, doch erfordert der internationale Wettbewerb im Rahmen der Globalisierung eine Anpassung der operativen Umsetzung an die Spielregeln der Märkte. Im Rahmen dieser Neuausrichtung wird das Thema Performance Management zunehmend wieder dezentralisiert und im Zuge des Unternehmer-im-Unternehmen-Ansatzes zur Aufgabe der Verantwortlichen von Standorten, Geschäftseinheiten oder Produkten. Ziel ist eine höhere Flexibilität und Geschwindigkeit von der Kennzahlenerhebung bis zu deren positiver Beeinflussung. Drei Modelle haben sich heute herauskristallisiert (Abb. 1.1).

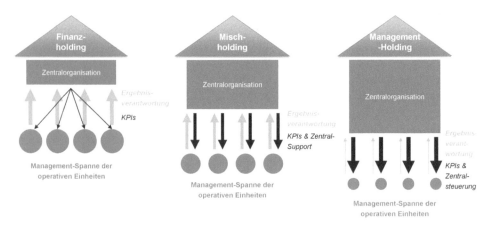

Abb. 1.1 Steuerungsmodelle (vereinfacht). (Quelle: eigene Darstellung)

Die extrem schlank aufgestellte Finanzholding gibt ein überschaubares Set monetärer Ziele vor, deren Erreichung in der Verantwortung der operativen Einheiten liegt. Was an Ergebnis rückgemeldet wird, ist der Erfolg der jeweiligen Einheit.

Die Mischholding hält eine im Vergleich umfangreichere Zentralorganisation vor, in der Support-Einheiten die operativen Einheiten in ihrer Arbeit fördern sollen. Gleichzeitig gibt ein etwas umfangreicheres Set an Key Performance Indicators (KPI) die zentralen Steuerungskennzahlen für die wichtigsten Bereiche vor. Der Einfluss auf die eigenen Ergebnisse ist zentralseitig beeinflusst, aber noch eindeutig den operativen Einheiten und ihrem Management zuzuordnen.

Die Management-Holding ist eng mit den operativen Einheiten verwoben. Über breit aufgestellte Zentraleinheiten erfolgt direkte Einflussnahme in die operativen Einheiten. Diese melden ein breites Set an KPI an die Holding zurück, die auf dieser Basis die Steuerung der operativen Einheiten vornimmt. Der Einfluss auf die eigenen Ergebnisse ist eher gering.

Neben dieser idealisierten Darstellung gibt es eine ganze Reihe weiterer Mischformen. Welches Modell zum Einsatz kommt, wird z. B. durch Faktoren wie die eigene Historie, das Geschäftsmodell oder die Unternehmensgröße bestimmt.

1.3 Die Situation bestimmt das Rezept

Je größer ein Unternehmen ist und je komplexer die Strukturen sind, desto notwendiger ist eine bereichsspezifische Betrachtung des Performance Managements. Globale KPI wie Umsatz und Ertrag sind zu weit weg von der Leistungserbringung der Personalentwicklung oder des Fuhrparkmanagements. Die Gratwanderung besteht darin, die richtige Anzahl von Steuerungskennzahlen zu erheben. Zu viele Kennzahlen verursachen unnötigen Erhebungs- und Auswertungsaufwand, zu wenige spiegeln die Erhebungsinhalte nur unzureichend wider. Gleichzeitig geht es darum, die geforderten KPI durchgängig und nachvollziehbar von den obersten Schlüsselindikatoren des Unternehmens abzuleiten. Nur wenn alle Ebenen bis zum Mitarbeiter verstehen, wo ihr Anteil am Ergebnis und ihre

Optimierungsmöglichkeiten liegen, funktioniert eine unternehmensweite Performance-Steuerung.

Aufgrund ihrer Größe, ihrer Prozesse, gut ausgebildeter Hierarchieebenen und häufig einer beachtlichen Historie sind Großkonzerne häufig bereits mit einem funktionierenden Performance Management ausgestattet. Dennoch ist es immer wieder nötig, Kennzahlen, Regelkreise und Interventionsmaßnahmen an sich verändernde Rahmenbedingungen anzupassen. Fusionen, Marktverwerfungen durch neue Wettbewerber, Innovationen oder die Globalisierung sind nur einige Faktoren, die Veränderungen an einem bestehenden Set von KPI erfordern können.

Gleichzeitig verlangt die sich in vielen Branchen verschärfende Wettbewerbssituation einen immer präziseren Blick auf die Leistungserbringung in allen Bereichen eines Unternehmens. Genügte es in der Vergangenheit vielleicht, Kennzahlen auf Bereichsebene zu messen, können heutige Systeme Leistung bis hin zum einzelnen Mitarbeiter erfassen – so z. B. dessen Auslastungsgrad. Das macht Sinn, wenn auch danach gesteuert wird.

Neben der stärkeren Detaillierung der Kennzahlen liegt ein weiterer wichtiger Erfolgsfaktor komplexer Organisationen in der sinnvollen Verknüpfung der Daten. Zum Beispiel bringt eine hohe Erfolgsquote im Mahnwesen allein keinen Mehrwert, wenn dadurch Kunden vergrault werden. Eine enge Zusammenarbeit zwischen Vertrieb und Rechnungswesen ist hier eher sinnvoll.

Ihre Attraktivität als Arbeitgeber ist ein wesentlicher Vorteil großer, bekannter Konzerne. Dadurch haben sie die Möglichkeit, aus den besten Kandidaten zu wählen. Insbesondere bei der Besetzung von Führungspositionen bedeutet das einen Multiplikatoreffekt für das Performance Management, denn gute Führungskräfte ziehen gute Mitarbeiter nach sich – sei es im Auswahlprozess oder aufgrund persönlicher Beziehungen.

Eine besondere Situation entsteht, wenn ehemalige Konzernteile in neue Eigentumsverhältnisse übergehen. Innerhalb des Konzerns oft auf eine bestimmte Funktion im Gesamtorganismus festgelegt, haben sie plötzlich die Aufgabe, sich eigenständig am Markt beweisen zu müssen. Das hat gravierende Auswirkungen auf Kennzahlen und Steuerungsmodelle, die plötzlich nicht mehr passen und vielleicht von Grund auf neu zu entwickeln sind. Die noch größeren Hürden sind jedoch die mentalen, die die Anpassung an die neue Situation erschweren. Kommen weitere Herausforderungen hinzu, wie z. B. interkulturelle Themen aufgrund der Herkunft des neuen Eigentümers oder ein – verglichen mit der bisherigen Konzernmutter – weniger attraktives Image am Arbeitsmarkt, entsteht schnell ein Change-Prozess, der alle Ressourcen des Unternehmens fordert.

Bisherige Messwerte greifen nicht mehr und es bedarf äußerster Anstrengung, im laufenden Betrieb ein neues Kennzahlensystem – oft gegen die eigenen Beharrungskräfte – zu implementieren. Und oft sind die KPI nur der überschaubare Teil der Aufgabe. Die mentale und kulturelle Veränderung ist der im Vergleich wesentlich langwierigere Prozess, der jedoch die Grundvoraussetzung für den Erfolg ist. Vor diesem Hintergrund wird klar, dass ein neues Kennzahlensystem Bestandteil eines Gesamtkonzeptes sein muss. Einführung, Kommunikation und Schulung sind klar festzulegen und aufeinander abzustimmen. Denn viel Zeit bleibt heute nicht, ist doch der Wettbewerb bereit, jede Schwäche zu nutzen, um Marktanteile zu gewinnen.

Ein weiteres, in Deutschland weit verbreitetes Beispiel ist das Unternehmen in Familienbesitz. Irgendwo zwischen Eigentümerverantwortung und Vermögensverzinsung angesiedelt, wird hier das Thema Performance Management sehr heterogen gehandhabt. Alle Arten der in Abb. 1.1 genannten Holding-Strukturen sind anzutreffen. Anders als in Unternehmen mit einem angestellten Management hängt die Entscheidung über das Ob und Wie in dieser Art Unternehmen maßgeblich vom Eigentümer und dessen Aufgeschlossenheit für das Thema Performance Management ab. Kriterien wie eine Kosten-Nutzen-Betrachtung, die Verbesserung der Transparenz im Unternehmen oder die kulturellen Einflussfaktoren auf die Leistungserbringung sind nicht selten dem Ego des Eigentümers zum Opfer gefallen – oft genug mit fatalem Ausgang.

Doch es gibt hier auch die anderen Beispiele der hochdynamischen, erfolgreichen Familienunternehmen, die ein konsequentes Kennzahlenmanagement betreiben. Es lohnt sich also, einen Benchmark-Vergleich durchzuführen und die eigenen Strukturen immer wieder auch kritisch zu hinterfragen. Passt mein Set an Kennzahlen zum Unternehmen, den Märkten, Kunden, Mitarbeitern …? Sind sie durchgängig vom Managementlevel bis zum Mitarbeiter ableitbar? Stimmen Visualisierung und Kommunikation? – Wichtige Fragen für den nachhaltigen Erfolg.

1.4 Das Management muss zur Performance passen

Passen die Kennzahlen nicht zum Unternehmen und dessen Geschäft, ist eine Steuerung des Unternehmens und dessen Leistungserbringung kaum möglich. Ein Beispiel: Ein Konzernteil hatte in der Vergangenheit die Aufgabe, flexible personelle Kapazität bereitzustellen, um kurzfristig Projekte unterschiedlicher Größe und Komplexität zu unterstützen. Dafür wurde eine interne Leistungsverrechnung durchgeführt. Am Jahresende wurden die Konten ausgeglichen, da der Teilbereich einen verschwindend geringen Anteil am Ergebnis des Konzerns ausmachte. Wiederholte Versuche, auch am externen Markt Geschäft zu generieren, führten zu keinem signifikanten Ergebnisanteil, da die Kapazitäten in erster Linie für den Konzern reserviert blieben. Das Kennzahlensystem orientierte sich stark am Konzern, was im Vergleich zur eher mittelständischen Größe des Konzernteils zum Aufbau ausgeprägter Strukturen führte. Ein breites Set an Kennzahlen wurde erhoben, doch die Steuerung reduzierte sich auf den Einsatzzweck, personelle Kapazität zu rekrutieren, zu qualifizieren und vorzuhalten.

Die Veränderung kam mit dem Verkauf des Konzernteils an einen neuen Eigentümer, der stark kennzahlengesteuert und aufgrund seiner Börsennotierung zu regelmäßigen Berichten verpflichtet war.

Das Performance Management, so wie es all die Jahre vorher ausgerichtet war, passte nicht zur neuen Anforderung, marktorientiert zu wirtschaften und neue Kunden zu gewinnen. Plötzlich spielten KPI wie Auslastung, Brutto- und Nettomarge eine überlebenswichtige Rolle. Eine Rolle allerdings, die weder im Kennzahlensystem verankert noch in der Kultur widergespiegelt war.

Die Konsequenz war ein mehrjähriger intensiver Anpassungsprozess, um aus dem abhängigen Konzernteil ein selbstständiges, marktorientiertes und profitables Unternehmen im Verbund des neuen Eigentümers zu machen.

Hier zeigt sich, wie stark das Kennzahlensystem vom Geschäftszweck geprägt ist und wie schwer es fällt, ein über Jahre verinnerlichtes Performance-Konzept in den Köpfen der Mitarbeiter zu verändern. Ein intensives Change Management, loyale, engagierte Führungskräfte in einer funktionierenden Kaskade sowie nachvollziehbare Kennzahlen sind dabei wichtige Erfolgsfaktoren.

1.5 In guten wie in schlechten Zeiten

Eine weitere, immer wieder diskutierte Fragestellung ist die nach dem richtigen Maß der Selbstverantwortung. Geschehen Kennzahlenmessung, -analyse, -interpretation und Maßnahmenableitung dezentral oder werden alle Daten zentral gesammelt und verarbeitet?

Es zeigt sich, dass die wirtschaftliche Situation eines Unternehmens darauf erheblichen Einfluss hat. Während gute, erfolgreiche Jahre tendenziell zu einer Abgabe von Verantwortung und zu mehr Selbstbestimmung führen, sorgt eine angespannte Lage in der Regel für eine reflexartige Zentralisierung des Performance Managements. Der Anspruch, selbst besser steuern zu können als die Einheiten vor Ort, die mitverantwortlich für die Situation gemacht werden, ist weit verbreitet. In der Folge werden ganze Funktionsbereiche wieder zentralisiert und die Einflussnahme auf das Geschäft der einzelnen Einheiten wächst. Im nächsten Schritt werden Budgets gekürzt und in der weiteren Folge Mitarbeiter abgebaut.

Die Frage sei erlaubt, ob ein antizyklisches Vorgehen, also gerade das Management der Situation von der Front aus, nicht Erfolg versprechender wäre. Und tatsächlich, der Trend des Unternehmers im Unternehmen gilt in guten – wie auch in schlechten Zeiten. Mit der richtigen Mannschaft an Bord lassen sich auf diese Weise Einbrüche in neue Stärke ummünzen. Niemand kennt die Situation besser als die Einheiten, die tagtäglich mit Kunden wie Wettbewerbern in Kontakt stehen und neue Mitarbeiter rekrutieren. Stimmt die Qualität der Manager, lassen sich daraus wichtige Erkenntnisse ziehen und geeignete Gegenmaßnahmen entwickeln. Die Frage, die es zur Verbesserung der Situation zu stellen gilt, ist die nach der Optimierung der eigenen Produkte und Dienstleistungen. Wer seine Wettbewerbsfähigkeit erhöht, geht als Sieger aus der Krise hervor. Aggregiert können Best-Practice-Beispiele der einzelnen Einheiten übergreifend von der Zentrale umgesetzt werden. Die Lösungskompetenz wird gewissermaßen multipliziert.

1.6 Eine Frage der Kultur

Sprechen wir von der Qualität der Manager, hat das sehr viel mit dem Kulturraum zu tun, in dem wir uns bewegen. Was in einem Land als erstrebenswerte Managerqualität gilt, kann in einem anderen Land als Versagen gewertet werden.

Sehr gut lässt sich das anhand der Kulturdimensionen nach Hofstede veranschaulichen. Nach den Dimensionen Machtdistanz, Individualismus/Kollektivismus, Maskulinität/Feminität, Unsicherheitsvermeidung und Kurz-/Langfristorientierung stuft er auf Basis einer groß angelegten Befragung verschiedene Kulturen nach ihrem Grad der jeweiligen Ausprägung ein.

Für das Performance Management multinationaler Unternehmen ist das Ergebnis besonders interessant, lässt sich daran doch eine Reihe von kritischen Situationen im Führungsalltag erklären und durch Anpassung der entsprechenden Kennzahlen und Führungssysteme lösen.

Fragt eine deutsche Führungskraft z. B. ihren einheimischen Projektleiter in China, ob das Projekt rechtzeitig abgeschlossen wird und ob es noch Hürden zu überwinden gilt, wird er stets die Antwort erhalten, dass alles wie geplant läuft und rechtzeitig beendet wird. Eine andere Antwort ist für den Mitarbeiter gar nicht möglich. Aufgrund der hohen Machtdistanz in China ist der Zeitplan des Vorgesetzten nicht infrage zu stellen. Gleichzeitig ist dem Mitarbeiter aufgrund der niedrigen Unsicherheitsvermeidung bewusst, dass sich alles noch ändern kann. Seine Langfristorientierung schließlich sagt ihm, dass das Projekt irgendwann mit Erfolg abgeschlossen sein wird. Ein klassischer Fall eines interkulturellen Missverständnisses. Der deutsche Vorgesetzte hat dagegen versucht, den chinesischen Mitarbeiter in die Planung mit einzubeziehen (geringe Machtdistanz), er will sichergehen, dass das Projekt zeitgerecht beendet wird (hohe Unsicherheitsvermeidung), und er will kurzfristig erfolgreich sein (Kurzfristorientierung).

Ein anderes Beispiel innerhalb von Europa: Eine Führungskraft in Schweden gilt als erfolgreich, wenn sie ihre Mitarbeiter möglichst stark in Entscheidungen integriert und einen kooperativen Führungsstil lebt. Würde das skandinavische Unternehmen nun von einem französischen übernommen werden, fiele die Bewertung der Führungskraft wahrscheinlich katastrophal aus: Die fehlende Rückmeldung der Mitarbeiter zu ihren einzelnen Arbeitsschritten, die weitreichende Problemlösungsbefugnis auf Mitarbeiterebene sowie die zurückgenommene Führungsrolle würden als Schwäche oder gar Unfähigkeit der Führungskraft gedeutet werden.

Entwicklungen wie die Erhöhung des weiblichen Anteils an Top-Managern in deutschen Unternehmen wären für ein japanisches Unternehmen undenkbar.

Weiterhin täte sich ein japanischer Manager in einem US-Konzern eher schwer, eine Produktentwicklung voranzutreiben. Sein kultureller Hintergrund würde verlangen, jegliche Unsicherheit zu vermeiden, alle relevanten Stellen mit einzubeziehen und erst, wenn alle Faktoren ausreichend gewürdigt sind, mit der Umsetzung zu beginnen. Sein Ziel wäre, ein Produkt zu entwickeln, das möglichst perfekt ist und langfristig eingesetzt werden kann. Die Erwartung der amerikanischen Vorgesetzten wären dagegen eher ein eigeninitiatives Auftreten des Managers mit dem Ziel, kurzfristig ein Produkt auf den Markt zu bringen, das auch in der Folge noch optimiert werden kann, falls es Schwächen zeigen sollte.

Die Beispiele zeigen, wie groß der Einfluss der kulturellen Hintergründe auf die Zusammenarbeit und das Management im internationalen Kontext ist. In transnationalen Projekten gehören sie zu den Hauptgründen für ein mögliches Scheitern.

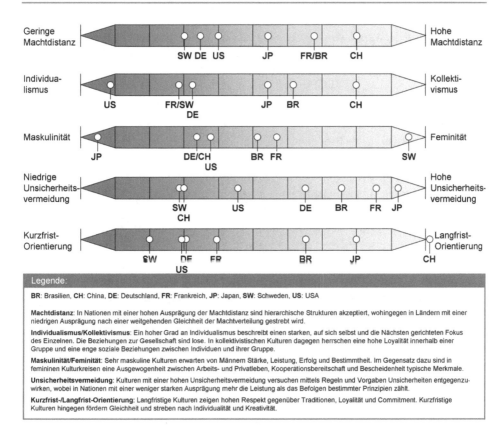

Abb. 1.2 Kulturdimensionen nach Hofstede. (Quelle: angelehnt an Hofstede 2001)

Umso deutlicher wird, dass gerade hier das Thema Performance Management sehr individuell zu handhaben ist. Kennzahlen und Steuerungssysteme müssen neben dem thematischen Bezug und der Anpassung an die Rahmendaten des Unternehmens insbesondere auch die betroffenen Kulturen im Blick haben und auf deren Besonderheiten ausgerichtet sein (Abb. 1.2).

1.7 An den richtigen Stellschrauben drehen

Keine Performance-Steuerung über Kennzahlen ohne Umsetzungsverantwortliche. Das sind die Führungskräfte eines Unternehmens. Sie haben die Aufgabe, ihre Einheit zum Erfolg zu führen und ihre Zielerreichung anhand der KPI zu dokumentieren. Doch wie sieht das konkret in der Praxis aus?

Alles beginnt mit der Fähigkeit, den Mitarbeitern die Ziele klar und nachvollziehbar zu kommunizieren und die individuellen Einflussmöglichkeiten deutlich zu machen. Nur so kann die Motivation entstehen, die Ziele zu erreichen oder gar zu übertreffen. In der

Folge liegt es in der Verantwortung der Führungskraft, die Mitarbeiter entsprechend ihrer Fähigkeiten und Neigungen gewinnbringend einzusetzen und bei Bedarf deren Wirksamkeit durch Weiterbildung zu erhöhen. Das alles ist gelebtes Performance Management.

Es wird deutlich, welche tragende Rolle die Führungskräfte einnehmen. Umso entscheidender ist die Frage für das Unternehmen, wie erfolgreich es gelingt, geeignete Kandidaten am Arbeitsmarkt zu gewinnen oder intern weiterzuentwickeln und zu binden. Und auch in der Folge geht es darum, die Effektivität der Führungsmannschaft durch geeignete Personalentwicklungsmaßnahmen weiter zu steigern und ihre Bindung zum Unternehmen zu stärken.

Dabei sind die Führungskräfte nicht nur ein unmittelbarer Erfolgsfaktor für die Leistungsfähigkeit eines Unternehmens, sondern auch ein mittelbarer. Durch ihren Einfluss auf die Rekrutierung neuer Mitarbeiter, die Besetzung einzelner Positionen innerhalb eines Teams oder Projektes mit den möglichst besten Kräften sowie der Identifikation und Förderung von Potenzialträgern sind sie vielmehr Multiplikatoren der Performance ihres Bereiches.

Und nicht nur das. Über ihre fachliche Führungs- und Entscheidungsrolle hinaus steigern erfolgreiche Manager die Wirksamkeit ihrer Mitarbeiter, indem sie sie möglichst gut kennen. Dabei geht es nicht um das fachliche Profil, um Kompetenzen oder Berufserfahrung. Vielmehr ist es die Kenntnis der Persönlichkeit und ihrer Lebensumstände. Damit ist nicht der „gläserne" Mitarbeiter gemeint, sondern die Voraussetzung, um als Coach der Mitarbeiter zu fungieren und ihre Leistungsfähigkeit gezielt auch auf persönlicher Ebene zu fördern.

Geht beispielsweise ein Mitarbeiter regelmäßig freitags um 15 Uhr und macht auch ungern Ausnahmen, lässt sich schnell Unflexibilität und im schlimmsten Fall Illoyalität vermuten. Anders ist die Situation einzuschätzen, wenn bekannt ist, dass der Mitarbeiter dann regelmäßig ein krankes Familienmitglied besucht und über das Wochenende pflegt. Während die erste Annahme zu einer distanzierten Haltung und tendenziell zu Vertrauensverlust führt, weist die tatsächliche Situation auf einen engagierten, vertrauenswürdigen Mitarbeiter hin, der nicht zuletzt eher auf den Fortbestand seiner Anstellung angewiesen ist und im Zweifelsfall an den anderen Wochentagen zu Mehrleistung bereit wäre.

Verhält sich in einem anderen Fall ein Mitarbeiter eher schwierig im sozialen Gefüge des Teams, ist aber als hervorragender Analytiker geschätzt, kann auch hier der Vorgesetzte über die persönliche Beziehung positiven Einfluss nehmen. Mit der Aufgabe, seine Rolle im Team zu analysieren, kann er beim Betroffenen eine Initialzündung erreichen, die in eine positive Veränderung mündet.

Neben der fachlichen Vorgesetztenrolle liegt das größte Potenzial zur Leistungssteigerung also im Coaching der Mitarbeiter und in der idealen Entfaltung der individuellen Stärken.

Das hat viel mit Rückmeldung zu tun. Feedback ist kein neues Instrument, doch dessen effektive Anwendung und die Ableitung von Maßnahmen wird noch immer nicht in allen Bereichen gelebt. Förderlich für die Performance-Steigerung ist positives Feedback für erfolgreich erbrachte Leistungen. Der Mitarbeiter realisiert, dass er gut gearbeitet hat und idealerweise auch, was dabei seine Stärken waren.

Die Identifikation von Entwicklungsfeldern bei weniger erfolgreichen Leistungen ist der erste Schritt, über Qualifizierungsmaßnahmen – gegebenenfalls „on the job" – künftig ein höheres Leistungslevel zu erreichen und den Anforderungen besser gerecht zu werden.

Im Fall von Misserfolg sollte zunächst geprüft werden, ob die Leistungsfähigkeit des Mitarbeiters zu hoch eingeschätzt wurde. Konnte er die Aufgabe mit seinen Fähigkeiten gar nicht lösen, würde ein entsprechendes Feedback zur Demotivation führen, da der Mitarbeiter selbst nicht zu einer besseren Leistung fähig wäre und auch keine Hilfestellung angeboten bekäme. Schon der Misserfolg an sich ist eine frustrierende Erfahrung für den Mitarbeiter, was dessen weitere Leistungsfähigkeit tendenziell einschränkt. Ein wenig konstruktiver Umgang des Vorgesetzten damit verstärkt den Effekt nur. Es gilt also – selbst nach einer nachvollziehbaren ersten gefühlsmäßigen Reaktion – zurückzukehren zur sachlichen Analyse und der Identifikation von Optimierungsmaßnahmen.

Ein wichtiger Aspekt in der Vermeidung schwerwiegender Fehler ist der zeitliche Abstand der Performance-Messungen. Je dichter sie beieinander liegen, desto schneller werden Abweichungen sichtbar – im Idealfall, bevor sie zu massiven Eskalationen führen.

Neben der Rückmeldung an die Mitarbeiter liegt ein weiterer Erfolgsstellhebel des Performance Managements in der Bewertung der Wirksamkeit der Führungskraft durch dessen Mitarbeiter bzw. im Sinne eines 360°-Feedbacks auch durch weitere relevante Gruppen wie Vorgesetzte, Kunden, Kollegen auf dem gleichen Level und andere.

Erfolgt dieses Führungsfeedback ebenfalls konstruktiv und stehen dabei die Identifikation von Stärken sowie die gezielte Bearbeitung von Entwicklungsfeldern im Vordergrund, kann die Leistungsfähigkeit der Führungskraft in der Folge steigen. Entscheidend ist auch in diesem Fall, ob im Rahmen der Personalentwicklung geeignete Programme und Maßnahmen verfügbar sind, um an identifizierten Defiziten zu arbeiten – im anderen Fall entsteht auch hier Frustration mit den bekannten Folgen.

Vielfach diskutiert wird in diesem Zusammenhang die Kopplung des Führungsfeedbacks an die Zielerreichung und damit an monetäre Incentivierung bzw. Sanktionierung. Insgesamt sind monetäre Anreizsysteme im Hinblick auf die nachhaltige Performance-Steigerung eher kritisch zu sehen. Die Diskussion um Manager-Boni trotz Unternehmensverlusten ist nur die sichtbare Spitze des Eisbergs. In vielen Fällen verbringen die Zielgruppen der entsprechenden Systeme viel Zeit damit, die Bewertungskriterien zu identifizieren, und richten dann ihr Verhalten auf deren optimale Erfüllung aus. Konkret heißt das z. B., den Erfolg der eigenen Abteilung über den des Bereiches zu stellen. Zusammenarbeit erfolgt nur noch dann, wenn sie den eigenen Erfolg fördert. Oder im Fall des Führungsfeedbacks: Die eigenen Mitarbeiter werden durch entsprechendes Verhalten „gekauft".

Vielmehr sollte Feedback intrinsisch wirken und die persönliche Entwicklung begünstigen – gefördert durch entsprechende Entwicklungsmaßnahmen.

Zu den häufigsten Ursachen für Ineffizienzen in Organisationen zählen menschliche Konflikte auf der Beziehungsebene. Durch die Kenntnis der Persönlichkeit der eigenen Mitarbeiter und den gezielten Einsatz von Feedback auf allen Ebenen sowie durch geeignete Abstellmaßnahmen und die Überprüfung von Anreizsystemen sind persönliche und auch Bereichsegoismen zu überwinden.

Weitere Hürden in der Performance-Steigerung verbergen sich in zu hohen administrativen Aufwänden – im schlimmsten Fall verbunden mit mangelhafter Kenntnis der Abläufe bei den Betroffenen. Als Folge entstehen immer wieder Situationen, in denen z. B. dringend benötigtes Material nicht zeitgerecht vorliegt, weil Bestellvorgänge zu kompliziert oder Durchlaufzeiten zu lang sind.

Gerade das Design sowie die Anwendung der Prozesse eines Unternehmens haben erheblichen Einfluss auf dessen Leistungsfähigkeit. Die Gratwanderung zwischen schlanker Prozessgestaltung und Kontrolle fällt häufig schwer. Zu viele Instanzen sind eingebunden – u. a. mit entsprechendem Einfluss auf die Durchlaufzeiten. Gravierend wird die Situation dann, wenn diese nicht mehr den Branchenbenchmark erfüllen. Langsame Prozesse sind ein Wettbewerbsnachteil. Umgekehrt können schnellere Prozesse im Vergleich zum Wettbewerb echte Mehrwerte in der Leistungserbringung für die Kunden sein. Neben einer zu hohen Zahl von Entscheidungs- und Kontrollinstanzen liegen die Ursachen häufig auch auf der Systemseite. Medien- und Systembrüche bremsen das effektivste Prozessdesign aus.

1.8 Praxis-Empfehlungen zum Aufbau eines Performance Managements

Wie soll den nun das ideale Performance Management aussehen? Zunächst ist die Entscheidung zu treffen, welche Art von Steuerung für die eigene Leistung sinnvoll ist. Einem Fondsverwalter, bei dem wenige Mitarbeiter milliardenschwere Investments verantworten, wird ein ausgefeiltes Set an KPI, nach dem der Papierverbrauch am Kopierer, die Zahl der Arbeitsunfälle sowie der Wasser- und Stromverbrauch des Unternehmens erfasst werden, wenige Stellhebel zur Leistungssteigerung bringen. In diesem Fall genügt eine überschaubare Zahl von Messgrößen und es kommt eher darauf an, den Aufwand für Messung und Analyse gering zu halten.

Anders sieht es in einem produzierenden Unternehmen aus, wo die Beeinflussung der zuvor genannten Kennzahlen deutlich größere Auswirkungen hat. Betrachtet man das Performance Management also eher ganzheitlich, lohnt der Blick auf folgende Faktoren:

Umfang
Die Frage, wie viele Kennzahlen ein Unternehmen braucht, ist nicht pauschal zu beantworten. Der Grat zwischen zu wenig und zu viel ist dabei schmal. Um den Erhebungsaufwand möglichst gering zu halten und die Nutzbarkeit zu gewährleisten, sollten alle KPI intensiv geprüft werden. Für die erhebenden Stellen sind ca. zehn bis 15 KPI, die sich an ihrer tatsächlichen Leistungserbringung orientieren, noch gut leistbar.

Zeit
Die Erhebungsfrequenz ist ein entscheidender Faktor für die Nutzbarkeit der Kennzahlen. Eine retrospektive Betrachtung ermöglicht lediglich die nachträgliche Ursachenfor-

schung, lässt aber in den wenigsten Fällen Ableitungen für die Zukunft zu. Auch auf die Entstehung schwerwiegender Fehler hat eine verzögerte KPI-Messung mitunter dramatische Auswirkungen. Fallen Qualitätsmängel an den Flügeln eines Flugzeugs erst beim Testflug auf, dauert die Mangelbehebung lang und kostet viel Geld. Im Idealfall erfolgt die Leistungsmessung also in Echtzeit.

In vielen Branchen heute schon Realität, werden Output- und Ausschussquote, Pünktlichkeit, Auslastung und viele weitere Werte realtime erfasst. Steigt z. B. die Ausschussquote an einer Werkzeugmaschine dramatisch an, kann die Maschine gestoppt und überprüft werden. Wird dagegen die Mitarbeiterzufriedenheit einmal jährlich – vielleicht noch nach einer ausgesetzten Bonuszahlung – erhoben, ist deren Aussagekraft gering. Sinnvoll wäre auch hier eine zeitnahe, laufende Erhebung. So gibt es Beispiele, in denen Mitarbeiter einmal täglich beim Einloggen am Computer nach einer einfachen Smiley-Skala nach ihrer Zufriedenheit befragt werden. Abweichungen werden auch hier sofort sichtbar und ermöglichen die Prüfung und Einflussnahme.

Aufwand
Neben der Frage, wie viele Kennzahlen erhoben werden, spielt die Art und Weise der Erhebung und Auswertung eine wichtige Rolle bei der Kosten-Nutzen-Rechnung. Müssen z. B. Datenbanken händisch gepflegt werden, deren Werte dann in Excel exportiert und in Powerpoint aufbereitet werden? Oder misst ein System automatisch beispielsweise die Zeiten für Kommen und Gehen der Mitarbeiter? Müssen zig Einzelwerte nach komplexen Formeln kombiniert und berechnet werden? Oder ermöglicht eine Datenbankanwendung bereits die automatische Berechnung und im Idealfall auch die übersichtliche Darstellung? Es kann also sinnvoll sein, in die Automatisierung der Kennzahlenerhebung zu investieren. Häufig unterschätzt oder gar ganz unterschlagen werden nämlich die internen Kosten, die auch für fest angestelltes Personal gerechnet werden müssen. Schließlich wird hier Zeit aufgewendet, die anderweitig genutzt oder eingespart werden könnte.

Durchgängigkeit
Kennzahlen müssen vom Top-Managementlevel bis zum einzelnen Mitarbeiter nachvollziehbar abzuleiten sein. Nur dann kann jeder Einzelne seinen Anteil am Gesamterfolg nachvollziehen und Maßnahmen entwickeln, die eigene Leistung zu verbessern. Je transparenter das gelingt, desto weniger Kommunikationsleistung ist in der Kaskade nötig. Ein gutes Verfahren zur Kennzahlenableitung ist der Treiberbaum, der alle erfassten Werte auf einen einzigen zurückführt und dabei sogar die Art und Weise der Berechnung nachvollziehbar ausweist (Beispiel: Abb. 1.3).

Aussagekraft
Kennzahlen, die keine Aussage haben, sind unnötig. Das klingt banal, doch ermöglicht beispielsweise die Fabrikdigitalisierung die automatische Erhebung einer Vielzahl von Messdaten und Kenngrößen aus der laufenden Produktion. Sie alle zu verarbeiten wäre

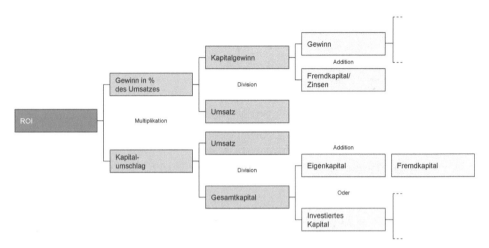

Abb. 1.3 Treiberbaum (erweitertes Du-Pont-Kennzahlensystem) nach Staehle. (Quelle: angelehnt an Staehle 1973)

ein erheblicher Aufwand und die Aussagekraft im Zweifelsfall gering. Daher ist nicht alles, was möglich ist, auch sinnvoll. Es lohnt sich jeweils, den praktischen Nutzen für die Steuerung und Maßnahmenableitung zu überprüfen.

Nutzung
Kennzahlen, die erhoben, aber nicht genutzt werden, kosten unnötig Geld. Sie werden erhoben, gesammelt, analysiert, aufbereitet, präsentiert – und dann? Performance Management ist kein Selbstzweck, sondern ein Steuerungsinstrument, um den Unternehmenserfolg zu steigern, ein Werkzeug, das genutzt werden will – oder eben abgeschafft bzw. neu entwickelt, wenn es die Anforderungen nicht oder nicht mehr erfüllt.

Visualisierung
Excel-Tabellen mit mehreren Tabellenblättern und tausenden von Zellen mögen alle relevanten Kennzahlen enthalten, verstehen kann sie außer deren Ersteller niemand. Damit sich die Arbeit lohnt und vom Top-Manager bis zum Mitarbeiter jeder das Ergebnis verstehen und Maßnahmen ableiten kann, müssen Auswahl und Form der Darstellung zielgruppenkonform stimmen. Jeder sollte zunächst nur die für ihn relevanten Kennzahlen sehen und das auf möglichst klare, anschauliche Weise.

Einführung und Kommunikation
Niemand im Unternehmen wartet auf eine neue Kennzahl oder gar ein ganzes Kennzahlensystem. Vielmehr werden diese Messgrößen eher kritisch als Kontrolle und fehlendes Vertrauen empfunden. Damit die Erhebung auf allen Ebenen wie geplant stattfindet und die Ergebnisse akzeptiert werden, bedarf es eines entsprechenden Change-Konzeptes und einer unterstützenden Kommunikation. Nur wenn jeder seine Rolle, seinen Einfluss, Nutzung und Ziele kennt, kann Akzeptanz entstehen.

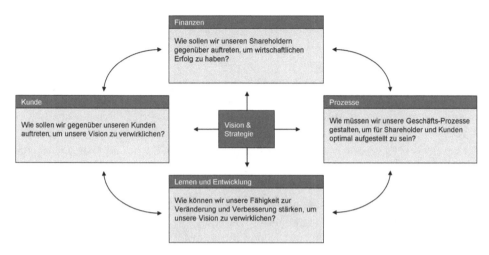

Abb. 1.4 Perspektiven der Balanced Scorecard. (Quelle: angelehnt an Kaplan und Norton 1996)

Als besonders wirksame Maßnahme zur strukturierten Messung und Bewertung der Leistung in den verschiedenen Bereichen eines Unternehmens hat sich die Balanced Scorecard erwiesen. Klassischerweise werden in ihr die vier Perspektiven Finanzen, Kunden, Prozesse sowie Mitarbeiter erfasst (Abb. 1.4).

Sie setzt für jede der dargestellten Betrachtungsperspektiven die Fragestellungen „Tun wir das Richtige?" und „Tun wir es richtig?" in Bezug zueinander und ermöglicht bei Abweichungen die Ableitung von Maßnahmen. Damit ist sie die ideale Grundlage eines integrierten Managementsystems.

Ein weiteres Erfolgskonzept kann darin bestehen, erfolgreiche Systeme strategischer Kunden zu übernehmen. Durch die enge Zusammenarbeit sind sie in vielen Bereichen des eigenen Unternehmens zumindest in Teilen bereits bekannt, was die Akzeptanz verbessert. Darüber hinaus kann die Synchronisierung der Performance-Steuerung mit dem Kunden Vorteile für die weitere Zusammenarbeit bringen. Zudem lässt sich auf ein bereits eingeführtes, bewährtes System aufsetzen und die eigene Entwicklungs- und Implementierungsphase verkürzen.

1.9 Fazit

Bei näherer Betrachtung wird klar, dass Performance Management ein sehr individuelles Thema ist, das von einer Vielzahl von Faktoren abhängig ist. Angefangen bei der Zielermittlung und der Benchmark-Definition über den Abgleich mit dem eigenen Managementmodell und der Unternehmensgröße bis hin zur Frage, welche kulturellen Einflüsse wirken, sind viele Einflüsse bei dessen Konzeption zu berücksichtigen.

Versucht man, einem Unternehmen einfach ein Korsett von Kennzahlen überzustülpen, wird das Gegenteil einer Leistungssteigerung erreicht. Widerstände auf allen Ebenen, erheblicher Aufwand für die Einführung, lange Wirkungsverzögerung sowie die Beschädigung des Unternehmensimages mit entsprechend negativem Einfluss auf Kunden und Bewerber sind zu erwarten.

Entsprechend sensibel gilt es vorzugehen und dabei auf den Schlüsselfaktor Nummer eins zu setzen: die eigenen Führungskräfte. Ihnen kommt ein erheblicher Stellenwert zu, was sich in der richtigen Auswahl, ihrer langfristigen Bindung und ihrer Weiterentwicklung im Unternehmen niederschlagen sollte. Gelingt es, sie als Multiplikatoren im Veränderungsprozess zu gewinnen, gelingt die Implementierung in Breite und Tiefe. Dabei wirken Anreizsysteme oft kontraproduktiv, da sie in der Regel von zu wenigen Kenngrößen abhängig sind und damit manipulierbar werden. Besser ist die intrinsische Motivation der Führungskräfte durch gezielte Weiterentwicklung und eine gute kommunikative Unterstützung ihrer Aufgaben im Change-Prozess.

Voraussetzung für den Erfolg eines Kennzahlensystems ist ein überschaubares Set von KPI, das unter Berücksichtigung der Faktoren Umfang, Zeit, Aufwand, Durchgängigkeit, Aussagekraft, Nutzung und Visualisierung entwickelt entstanden ist. Diese Steuerungskennzahlen gilt es, mit einem durchdachten Einführungskonzept, das der Kultur des Unternehmens Rechnung trägt, und daraus abgeleiteten Maßnahmen nachvollziehbar auf allen Ebenen zu kommunizieren.

Das lohnende Ergebnis ist die nachhaltige Steigerung Ihrer Performance.

Literatur

Hofstede, G. (2001). *Culture's consequences – comparing values, behaviors, institutions and organizations across nations* (2. Aufl.). Thousand Oaks: Sage Publications.

Kaplan, R. S., & Norton, D. (1996). *The balanced scorecard. Translating strategy into action.* New York: Harvard Business School Press.

Staehle, W. (1973). *Kennzahlen und Kennzahlensysteme als Mittel der Organisation und Führung von Unternehmen. Überarbeitete Auflage.* Wiesbaden: Gabler.

Performance Management: Anspruch und Realität zusammenführen

2

Hansjörg Künzel

2.1 Das Ziel ist klar

Performance Management und Kommunikation haben etwas gemeinsam – es ist bei beidem nicht möglich, es zu unterlassen, es geschieht quasi automatisch. Selbst wer sich morgens, wenn der Wecker klingelt, noch einmal auf die andere Seite dreht und keinen Gedanken an Leistung verschwendet, betreibt Performance Management. Die Tagesleistung sinkt durch das spätere Aufstehen womöglich, dafür steigt unter Umständen deren Qualität. Wer mittags zu einem Fertiggericht greift, statt selbst zu kochen, spart Zeit für andere Tätigkeiten – vielleicht jedoch zulasten des Wohlbefindens. Ständig treffen wir Entscheidungen, die Einfluss auf unsere Leistung bzw. Leistungsfähigkeit haben – mal mehr, mal weniger bewusst.

Die Beispiele machen deutlich, worauf es bei der Leistungssteuerung ankommt: Es gilt, sich bewusst zu machen, dass Performance ein ganzheitliches Prinzip ist, was unter Leistung zu verstehen ist, wie sie erbracht wird, in welcher Form welcher Aspekt von Leistung eine Steigerung erfahren kann und soll und wie diese zu messen ist – sonst bleibt es bei nicht ausgeschöpften Potenzialen und/oder ungesteuerten Zufallsergebnissen.

Für die Messung der Performance von Unternehmen gibt es in der Ökonomie eine einfache Kenngröße: den Gewinn. Ähnlich einem Aktienkurs vereinigt er alle relevanten Faktoren, die auf ihn Einfluss haben, wie Produkte, Prozesse, Mitarbeiter etc. Steigt der Gewinn, überwiegen die positiven Einflussfaktoren, sinkt er, gibt es (zu) viele Baustellen. Und aktienähnlich lässt sich das prozentuale Wachstum dieser Messgröße auch mit ande-

---

H. Künzel (✉)
München, Deutschland
E-Mail: h.kuenzel@kuenzel.consulting

© Springer-Verlag Berlin Heidelberg 2016
H. Künzel (Hrsg.), *Erfolgsfaktor Performance Management*, Erfolgsfaktor Serie,
DOI 10.1007/978-3-662-47102-9_2

ren Unternehmen vergleichen. Bleibt das Wachstum hinter dem Benchmark zurück, läuft es anderswo optimaler und es lohnt sich, genauer hinzuschauen.

In der Vergangenheit war es möglich, mit dieser einen Kennzahl ganze Konzerne zu steuern, denn Produkte, Branchen, Märkte und Marktanteile waren vergleichsweise fest verteilt, Innovationen und Veränderungen meist bewusst und planbar. Wer Marktanteile gewinnen wollte, konnte errechnen, welches Investment dafür nötig werden würde, und es stellten sich in nicht wenigen Branchen Gleichgewichte ein.

Heute ist das anders. Dynamik und Flexibilität haben sich als zentrale Erfolgsfaktoren etabliert und sind als Teil der Performance eines Unternehmens inzwischen überlebenswichtig geworden. Wer gestern wie das Unternehmen Blackberry noch Marktführer mit Milliardenumsätzen war, kann wenige Jahre später tief in der Krise stecken – und das nur, weil die Dynamik des Marktes unterschätzt wurde. Wer heute mit Automobilherstellern konkurriert, sieht sich beim autonomen Fahren künftig im Wettbewerb mit einem Internetkonzern wie Google.

In der Folge schnellerer Entwicklungs- und Marktzyklen genügt es nicht mehr, den Gewinn (oder Verlust) zu betrachten und zur Steigerung der Performance lediglich rückblickend Folgerungen aus dessen Entstehung zu ziehen. Vielmehr geht es darum, möglichst in Echtzeit Leistung zu messen und auf dieser Basis jeden einzelnen Einflussfaktor optimal zu gestalten. Das klingt so, als genüge es, einfach eine Vielzahl von Steuerungskennzahlen (Key Performance Indicators, KPI) zu erheben und bei Abweichungen sofort gegenzusteuern. Dagegen sprechen der Aufwand, der dafür notwendig wäre, und die Interdependenz der einzelnen Faktoren. Steigen beispielsweise die Einkaufspreise, ist es meist nicht möglich, diesen Effekt über höhere Verkaufspreise automatisch an die Kunden weiterzugeben. Vielmehr ist es notwendig, an vielen Stellschrauben gleichzeitig zu drehen – von der Erschließung neuer Lieferanten über Produktanpassungen, die die Verwendung günstigerer Materialien erlauben, bis hin zur Diversifizierung, die geringere Margen in einem Bereich durch höhere in einem anderen ausgleichen hilft.

Leistung und damit deren Erbringung und -steuerung sind komplexer geworden. Zeit also für einen näheren Blick auf das Thema Performance Management heutiger Prägung.

Ziel der Leistungssteuerung ist es, die Effektivität der Mitarbeiter eines Unternehmens zu fördern und zu verbessern. Anders als im eingangs beschriebenen Beispiel soll das geplant, strukturiert, ganzheitlich und unter Berücksichtigung der Interdependenzen geschehen. In einem idealen Unternehmen mit voller Transparenz für die schwarmintelligenten, nach gemeinsamem Erfolg strebenden Führungskräfte und Mitarbeiter ohne individuelle Egoismen ist es eine einfach zu lösende Aufgabe – in allen anderen eine Herausforderung.

Wesentliche Erfolgsfaktoren sind damit schon genannt:

1. Einstellung und Verhalten der Führungskräfte und Mitarbeiter,
2. Vermeidung von Egoismen sowie
3. Schaffung eines Umfelds, das Performance zulässt

– und das mit dem klaren Blick auf den Kunden, der gewonnen, gebunden und gepflegt werden soll. Performance ist kein Selbstzweck. Wenn die Erhöhung der Leistung am Ende des Tages nicht das Geschäft fördert und zu einem besseren Ergebnis führt, wurden unnötig wertvolle Ressourcen verschwendet. Nun lässt sich einwenden, dass das Ergebnis auch über Kosteneinsparungen gesteigert werden kann. Das stimmt, doch wie schon in der betriebswirtschaftlichen Nutzenfunktion beschrieben, lassen sich trotz eines höheren Aufwands irgendwann kaum noch nennenswerte Erfolge erzielen. Auch wenn ein gesundes Kostenbewusstsein und die Vermeidung von Verschwendung eine wichtige Basis sind, verspricht Kundenorientierung mit dem Ziel höherer Erlöse auf Dauer mehr Erfolg.

Auch die Umsetzung des Performance Managements sollte auf Ermöglichung statt auf Vermeidung ausgelegt sein. Ein starker Fokus auf das Management der Leistung im Sinne von Erhebung, Verarbeitung, Interpretation und Dokumentation von KPI ist ebenfalls nicht zielführend. Eigentlich ist das selbstverständlich und kaum erwähnenswert – doch verwenden noch immer viele Unternehmen enorm viel Energie auf die Erstellung von Reports, deren Ergebnisse später jedoch nicht genutzt und die oft nicht einmal gelesen werden. Wertschätzung erfahren nicht selten diejenigen, die „ihre Zahlen im Griff haben", und nicht die, die beispielsweise Customer Relationship Management ernst nehmen – auch wenn der Wert einer Kundenbeziehung in der Aufbauphase schwer messbar ist.

Das Kapitel soll daher den Blick auf die qualitativen Faktoren in der Leistungssteuerung lenken, statt auf die reine Betrachtung von Kennzahlen.

2.2 Fruchtbare Voraussetzungen schaffen

Der Grundstein für bestmögliche Leistung wird schon gelegt, noch bevor Führungskräfte und Mitarbeiter den ersten Handgriff am Arbeitsplatz verrichten. Das Geheimnis liegt darin, für die jeweilige Anforderung den idealen Mitarbeiter (oder entsprechend die ideale Führungskraft) zu identifizieren und an die Mitarbeiter zu ihren Neigungen und Stärken passenden Tätigkeiten zu delegieren.

Das beginnt mit dem Verfassen von präzisen Stellenbeschreibungen, die die Aufgaben klar umreißen. Nur so lassen sich auch geeignete Kandidaten – intern wie extern – finden. Aufgrund der Veränderungsgeschwindigkeit heutiger Unternehmen genügt es zudem nicht mehr, diesen Prozess lediglich zu Beginn einer Anstellung durchzuführen. Zu oft wandeln sich die Aufgabenumfänge einzelner Stellen, ändern sich Zusammensetzung und Zusammenarbeitsmodelle von Abteilungen, werden ganze Unternehmen oder Unternehmensteile abgespalten und an anderer Stelle neu integriert. Hier gilt es, die Stellenbeschreibungen anzupassen und immer wieder aufs Neue mit den Kenntnissen, Fähigkeiten und Neigungen der Mitarbeiter abzugleichen. Nur wer das benötigte Wissen hat, es zum Einsatz bringen kann und will, kann Höchstleistung erbringen. Und nur wer Transparenz über die Qualitäten seiner Mitarbeiter hat, kann sie ideal einsetzen, Arbeit optimal verteilen oder, wenn Anforderungen und Gegebenheiten nicht mehr zusammenpassen, Konsequenzen ziehen.

Um motiviert zu arbeiten, brauchen Mitarbeiter Identifikation. Diese entsteht durch klar umrissene Stellenbeschreibungen. Wer weiß, welche Anforderungen er mit seinen

Kenntnissen und Fähigkeiten erfüllt und welche Aufgaben er im Unternehmen verantwortet, kann seine Arbeit mit Stolz ausführen – eine wichtige Grundlage für die Leistungserbringung. Gleichzeitig erhält die tägliche Arbeit durch die Aufgabenbeschreibung und Einordnung in einen Gesamtzusammenhang Sinnhaftigkeit und wirkt motivierend auf die Mitarbeiter.

Damit zur Performance auch das Bewusstsein für deren Management im Sinne von Messung und Steigerung entsteht, ist es wichtig, Leistungssteuerung nicht als eigenständiges Thema neben dem Tagesgeschäft zu begreifen, sondern als untrennbaren Teil davon. Das ist Führungsaufgabe, die damit beginnt, dass top-down die Leistung aller Ebenen transparent von der Strategie und der Gesamtleistung abgeleitet wird.

2.3 Was Hänschen nicht lernt …

Wie im Sprichwort „Was Hänschen nicht lernt, lernt Hans nimmermehr", ist es zunächst Aufgabe des Top-Managements, die Grundlagen für ein funktionierendes Performance Management zu schaffen: Die Entwicklung einer Vision für die Zukunft des Unternehmens und diese über das Unternehmensleitbild, also die (Führungs-)Grundsätze zur Verwirklichung der Vision, bis hin zur Strategie herunterzubrechen. In der Strategie ist der Weg definiert, auf dem sich das Unternehmen stetig der Vision annähert. Damit dies nicht per Trial-and-Error geschieht, steht vor ihrer Verabschiedung ein Planungsprozess, der die Umwelt und die Gegebenheiten des Unternehmens einbezieht. Es ist erstaunlich, wie wenig Wissen darüber häufig in den Vorstandsetagen der Unternehmen vorliegt. Strategien werden nicht selten am grünen Tisch entwickelt und schon der nächste Schritt, die Überführung in konkrete Unternehmensziele, scheitert (Abb. 2.1).

Wer eine tragfähige Strategie entwickeln will, sollte Stärken, Schwächen, Chancen und Risiken des Unternehmens kennen, wissen, wie das Zukunftsbild ausschauen soll, den

Abb. 2.1 Ableitung von Zielen aus der Version eines Unternehmens. (Quelle: eigene Darstellung)

Zweck des Unternehmens kennen, dessen Mehrwerte im Vergleich zum Wettbewerb ermittelt haben und ein Gefühl dafür haben, welche Kompetenzen zum Ziel führen.

Die Strategie ist keine Modeerscheinung, die von Sommer zu Sommer wechselt. Ihr Planungszeitraum liegt bei drei bis fünf Jahren. So könnte die Strategie einer Apotheke z. B. lauten, in drei Jahren 50 % des Geschäfts über den Onlinehandel zu generieren. Dabei versucht die strategische Planung, Antworten auf (störende) externe Einflüsse zu finden und effektive Gegenmaßnahmen zu identifizieren. Ziel der Strategie ist es, einen Wettbewerbsvorteil zu erlangen. Dazu dienen Leitfragen wie:

- Was ist die Vision des Unternehmens und wodurch ist das Unternehmensleitbild definiert?
- Wo stehen wir heute intern wie extern und welche Einflüsse wirken auf das Unternehmen ein?
- Wo wollen wir morgen stehen?
- Welche Hürden können uns auf diesem Weg begegnen und wo liegen unsere Chancen?
- Wie sieht das Zielfoto innerhalb des Planungshorizonts aus?
- Wie ist das Ziel erreichbar und was sind die einzelnen Schritte?
- Welche Entwicklung haben wir genommen, (wie) haben sich die Rahmenbedingungen verändert und welche Anpassungen müssen wir ggf. vornehmen?

Anders als in Großunternehmen, wo bei der Beantwortung dieser Fragen eine Vielzahl von Abteilungen und Bereichen, wie z. B. Unternehmensführung, Spartenleitung und Funktionsbereiche, involviert werden, lassen sich Antworten auch in kleinerem Rahmen finden. Erfolgsfaktor Nummer eins dabei ist die intime Kenntnis des Unternehmens. Wichtigste Ergebnisse einer fundierten strategischen Planung sind die Risikoreduzierung, die eindeutige Definition des Geschäftserfolgs sowie die Unterstützung der Entscheidungsfindung im Tagesgeschäft.

Dabei unterliegt die strategische Planung einer Reihe wichtiger Einflussfaktoren. Dazu gehören:

Die Unternehmenskultur
Sie ist die Summe der Menschen, Ideen, Einstellungen, Führungsprinzipien und Prozesse eines Unternehmens. Eine effektive Strategie kann diese Einflüsse nicht ignorieren, denn das hieße, das Unternehmen als solches zu missachten. Ist die Kultur des Unternehmens gestört, wird sich das auch immer nach außen auswirken.

Eigenes Befinden und Umwelt
Während Mitarbeiterbefragungen, Selbsteinschätzung des Managements sowie qualitative Faktoren wie der Jahresabschluss einen guten Eindruck des eigenen Befindens wiedergeben, spiegeln die Kundenzufriedenheit, die Wettbewerbsbeobachtung, Branchen- und Zukunftstrends sowie der gesetzliche Rahmen die relevanten Umweltfaktoren wider.

Der Markt
Wer die Strategie an den Kunden vorbei entwickelt, ist von vornherein zum Scheitern verurteilt. Am Ende des Tages entscheidet der Kunde mit dem Portemonnaie, ob die Strategie aufgeht oder nicht. Marktforschung, der Austausch mit Fokuskunden oder die konsequente Rückmeldung aus den operativen Einheiten sind wirksame Möglichkeiten, die Kundenmeinung zu erfassen.

Steht die Strategie, kommt es darauf an, sie in Ziele herunterzubrechen, deren Verfolgung top-down vorzuleben – insbesondere in schweren Zeiten – und sie zu kommunizieren. Dabei kommt der Kaskade eine essenzielle Rolle zu. Oft ist das Top-Management zu weit entfernt von den operativen Einheiten, um deren Verhaltensweisen direkt zu beeinflussen. Anders ist es mit den direkten Vorgesetzten. Entsprechend muss die Kommunikation von oben nach unten entlang der Kaskade konsequent und mit eindeutigen Botschaften erfolgen.

Umgekehrt ist es wichtig, bottom-up die Anmerkungen und Bedenken der Mitarbeiter weiterzugeben. Sie sind der Maschinenraum des Unternehmens. Steht er still, ist der Erfolg in Gefahr. Entsprechend sensibel sollte mit den Fragen, Ängsten, Vorbehalten und Optimierungsvorschlägen dieser Zielgruppe umgegangen werden. Wo fehlt es an Information? Wo an Erklärungen? Und wo lässt sich etwas verbessern?

In der Mehrzahl der Fälle entsteht Minderleistung nicht aufgrund einer falschen Strategie, sondern durch deren unzureichende oder inkonsequente Umsetzung. Wenn dagegen jeder den Einfluss seiner Arbeit auf das Gesamtergebnis kennt, ist Leistungsmessung keine jährliche Inventur im Rahmen des Zielerreichungsgesprächs mehr. Vielmehr sind Ergebnisse und Abweichungen im regelmäßigen Austausch zwischen Mitarbeiter und Führungskraft sofort erkennbar, Maßnahmen können zeitnah ergriffen werden. Das Jahresgespräch dient dann eher zur Richtungsbestimmung für die Zielvereinbarung sowie für die Weiterentwicklung der Mitarbeiter. Wird das Prinzip konsequent auf allen Ebenen verfolgt, sind unternehmensweit vorhersagbare Ergebnisse möglich.

Doch selbst wenn die Strategie erfolgreich implementiert und in konkrete Ziele heruntergebrochen ist, schadet es keinesfalls, Feedback einzuholen und Lessons Learned abzufragen. Die Erfahrung zeigt – zum Glück –, dass es immer noch Möglichkeit zur Optimierung gibt. Das ist die Grundlage der lernenden Organisation und ein echter Wettbewerbsvorteil.

Schließlich multiplizieren Führungskräfte ihre Wirksamkeit durch die kontinuierliche Einbindung der Mitarbeiter in das Performance Management. Die Verantwortung für die Leistungserbringung wird von mehreren getragen, was die Führungskraft für andere Aufgaben entlastet.

Gleichzeitig können bestehende Abteilungsegoismen aufgedeckt und in der Folge behoben werden. Mitarbeiter und Bereiche, die aus den unterschiedlichsten Gründen die Zusammenarbeit erschweren, kosten Unternehmen jährlich immens viele Ressourcen und reduzieren die Leistung. Diese zu (er-)kennen ist wichtig, da ansonsten sogar Maßnahmen zur Förderung der Unternehmenskultur versagen und gegenteilige Wirkung haben können.

> **Ein Beispiel**
>
> In einem großen Produktionsunternehmen hatten die Entwicklungsabteilungen A und B ein historisch schlechtes Verhältnis zueinander. Der vorgesetzte Bereichsleiter mehrerer Entwicklungsabteilungen, selbst ein engagierter Fußballsportler, richtete ein Turnier aus, um die Stimmung und Zusammenarbeit in seinem Bereich zu verbessern. Dazu rief er seine Abteilungen auf, Mannschaften zu bilden und gegeneinander anzutreten. Es kam, wie es kommen musste: Die beiden Entwicklungsabteilungen spielten gegeneinander und eine der beiden gewann deutlich. Im Ergebnis war der Graben zwischen den beiden Teams noch tiefer, da die unterlegene Mannschaft den Sieg als Ergebnis unfairen Spiels ansah und die bessere Leistung des „gegnerischen" Teams nicht akzeptieren konnte.

2.4 Führungskräfte mit der Kraft zu führen

Führungskräfte als Multiplikatoren der Unternehmensstrategie und Vorbilder für die Mitarbeiter haben eine Schlüsselrolle im Performance Management. Zu ihren besonderen Aufgaben gehört in diesem Zusammenhang:

- Vorleben der Unternehmenswerte und Übersetzung der Unternehmensstrategie sowie der Ziele für die Mitarbeiter
- Verabschiedung relevanter Zielvereinbarungen mit den Mitarbeitern
- kontinuierlicher Abgleich der Ziele mit dem Grad der Zielerreichung
- ggf. Ergreifen von geeigneten Steuerungsmaßnahmen (materielle und ideelle Unterstützung, aber auch disziplinarische Maßnahmen)
- Coaching der Mitarbeiter (Entwicklung effizienter Teams, Förderung individueller Kenntnisse und Fähigkeiten, konstruktiver Umgang mit Entwicklungsfeldern, Motivation, Feedback etc.)

Der Stellenwert von Attributen wie Führungstalent, Entscheidungs- und Kommunikationsstärke sowie emotionaler Intelligenz machen den Unterschied zwischen Mitarbeiter und Führungskraft aus. Gute Führung kommt aus Überzeugung. Genau hier haben jedoch viele Unternehmen Handlungsbedarf. Die noch immer gängige Praxis, den fachlich besten und leistungsstärksten Mitarbeiter im Team zur Führungskraft zu befördern, führt nicht automatisch zur besten Führungsmannschaft. Der Umfang operativer Tätigkeiten nimmt von Hierarchieebene zu Hierarchieebene nach oben ab. Was auf Mitarbeiterebene noch Garant des Erfolgs war, verliert zunehmend an Relevanz. Dagegen ist es ab dem ersten Tag als Führungskraft wesentlich, die Beziehung zu Mitarbeitern, Kollegen und Vorgesetzten zu pflegen. Wer daran keine Freude hat, wird sich heute auf Dauer als Führungskraft schwertun.

Bei der Auswahl geeigneter Führungskandidaten ist es daher sinnvoll, folgende Faktoren zu beachten:

- Es gilt, den Kandidaten die Anforderungen sowie den Umfang der Tätigkeit klar zu kommunizieren – ebenso wie das Verhältnis operativer Tätigkeiten zu Führungs- und Verwaltungsaufgaben.
- Die aktuellen Fähigkeiten des Kandidaten sollten mit den Anforderungen der Führungsposition abgeglichen werden und das Potenzial des Kandidaten, in die neue Aufgabe hineinzuwachsen, sollte realistisch eingeschätzt werden.
- Entscheidend ist, dass die Kandidaten die Anforderungen und Herausforderungen der neuen Tätigkeit verstehen, gewillt sind, diese Verantwortung zu tragen und den zu erwartenden zeitlichen Mehraufwand zu leisten.

Dafür ist es unerlässlich, die Kandidaten gut zu kennen.

Die wenigsten Mitarbeiter würden eine Beförderung nicht ablehnen, die mit einem Gehaltsanstieg und zusätzlichen Benefits verbunden ist – auch wenn ihnen vielleicht bewusst wäre, dass diese sie überfordern könnte. Es ist die Aufgabe des Vorgesetzten, hier die richtige Einschätzung zu treffen. Dabei kann ein externer Coach oder Psychologe gute Unterstützung leisten. Oft wird auch ein Assessment für angehende Führungskräfte organisiert. Da meist jedoch bereits ein langer Weg hinter den Teilnehmern liegt und ihre Vorgesetzten in der Regel alles daran setzen, „ihren" Kandidaten zum Erfolg zu führen, ist dessen Wert mitunter überschaubar.

Zahlreiche Unternehmen haben erkannt, dass nicht jeder zur Führungskraft geboren ist und selbst der Einsatz von Coaching nicht in jedem diese Eigenschaft zu wecken vermag. Eine parallel zur Führungslaufbahn bestehende Expertenlaufbahn bietet talentierten Mitarbeitern dennoch eine Entwicklungsperspektive – ein guter Weg, sie und ihre Expertise an das Unternehmen zu binden.

Doch auch für Mitarbeiter, die Führungstalent mitbringen, bringt die Beförderung von einem Tag auf den anderen eine Reihe neuer Herausforderungen mit sich (Abb. 2.2):

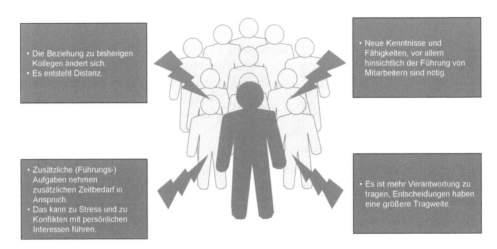

Abb. 2.2 Vom Mitarbeiter zur Führungskraft – oft kein leichter Schritt. (Quelle: eigene Darstellung)

Hier gilt es, die Führungsneulinge von Beginn an – oder idealerweise sogar im Vorfeld – zu unterstützen. Ob strukturiertes internes Entwicklungsprogramm oder gezieltes Einzelcoaching, das neben der Führungsqualität auch die Persönlichkeit reifen lässt, – die Wahl des Modells richtet sich nach dem individuellen Bedarf. Oft hilft auch eine erfahrene Führungskraft des Unternehmens als Mentor, sich in die neue Rolle einzufinden.

Mit erfolgter Beförderung fängt die Hauptaufgabe des Vorgesetzten des Kandidaten erst an. Um die Ernennung mit Erfolg zu krönen und der Nachwuchsführungskraft einen guten Start zu ermöglichen, sollte er einige wesentliche Punkte beachten:

- Zum Coaching und um Orientierungshilfe geben zu können, sollte sich der Vorgesetzte Zeit für die Nachwuchsführungskraft reservieren.
- Wichtige Führungseigenschaften, die auch für den Neuling relevant sind, sollte er konsequent vorleben.
- Er sollte sicherstellen, dass Unterstützungsinstrumente seitens des Unternehmens zur Verfügung stehen, wie z. B. Prozesse und Werkzeuge zur Planung, Steuerung und für das Berichtswesen. Auch sollten die Regeln und Verfahren des Performance Managements definiert und festgeschrieben sein.
- Die Einführung in das persönliche Netzwerk des Vorgesetzten ist für den angehenden Manager äußerst hilfreich, um sich auszutauschen und verschiedene Führungspersönlichkeiten und -stile kennenzulernen.

2.5 Performance zulassen

Nicht nur Führungskräfte benötigen geeignete Werkzeuge, um ihre Leistung zu entfalten, sondern auch die Mitarbeiter. Wer kennt nicht die freundlichen Kommentare der Kollegen, wenn das Computernetzwerk wieder einmal langsam ist oder der Heimrechner über effektivere Programme verfügt als der am Arbeitsplatz.

Dabei gibt es so viele vermeintlich gute Gründe, die Erneuerung bzw. Ausweitung der IT-Systeme aufzuschieben: Zunächst muss die aktuellste Version eines Betriebssystems oder Programms eine Weile im Einsatz sein – sie könnte ja aktuell noch Programmierfehler enthalten. Oder das Argument, dass viele unterschiedliche Anwenderprogramme einen nicht mehr zu überschauenden Aufwand für die IT darstellen. „Ein Wechsel des Betriebssystems an allen Arbeitsplätzen ist derzeit zu teuer – besser auf wirtschaftlich bessere Zeiten warten ..." etc. Alles richtig – und doch falsch.

So gut wie nie kalkulieren Unternehmen die Leerlaufzeiten gewichtet mit dem Gehalt der jeweiligen Mitarbeiter ein, um die Opportunitätskosten zu ermitteln. Warum auch? – Die Mitarbeiter sind ja sowieso da. Das an dieser Stelle schlummernde Potenzial an zusätzlicher Performance würde in vielen Fällen die nötigen Investitionen in kürzester Zeit refinanzieren.

Und die IT ist nur ein Beispiel. Ob es um ein Vertriebsbudget für Key Account Manager geht, das Angebot von Pool-PKW für die Fahrt zwischen zwei Standorten, einfache

Bestellprozesse für benötigte Materialien oder kurze Freigabewege: Mitunter entsteht das Gefühl, Unternehmen versuchen Leistung eher zu verhindern als zu fördern.

Umso erstaunlicher ist, welches Engagement die Mitarbeiter an den Tag legen, um schlechte Voraussetzungen zum Teil sogar zu überkompensieren. Doch das ist keine Dauerlösung – über kurz oder lang lässt auch bei den Motiviertesten der Einsatz nach und Zermürbung macht sich breit. Innere oder faktische Kündigung sind die Folge.

Nicht umsonst sind Unternehmen wie Apple und Google überdurchschnittlich innovativ und leistungsstark. Es sind Beispiele für Unternehmen, die ihren Mitarbeitern ganz bewusst ein möglichst ideales Arbeitsumfeld schaffen, um deren Performance zu maximieren. Im Fall von Google USA geht das so weit, dass die Mitarbeiter über Freizeit- und Kinderbetreuungsangebote, Wäschereidienste und sogar eigene Supermärkte mit längeren Öffnungszeiten bis weit nach dem offiziellen Feierabend an das Unternehmen gebunden werden. Von der Öffentlichkeit sowie von Aussteigern dieser Performance-Systeme zunehmend kritisch gesehen, funktioniert die Strategie offensichtlich und ist zumindest in Ansätzen eine Überlegung wert.

Was für Werkzeuge, Material und das Arbeitsumfeld gilt, ist auch auf die Prozesslandschaft übertragbar. Nachdem Unternehmen viel Aufwand und etliche Unternehmensberater-Stunden in die Verschlankung ihrer Prozesse gesteckt haben, ist das Ergebnis zum Teil ernüchternd – obwohl die optimierten Prozesse allesamt von ihrer Architektur her sinnvoll sind. Wie kann das sein? Die Gründe für das Scheitern sind vielfältig. Oft fangen sie bereits bei der Akzeptanz der Prozessteilnehmer an. So ist der Effizienzgewinn einer Datenbank überschaubar, wenn die Nutzer dem System nicht trauen, alle Inhalte ausdrucken und parallel in Ordnern archivieren. Häufig kommt es auch vor, dass durch die Einführung neuer Prozesse bestehende informelle Netzwerke zwischen den Mitarbeitern ersetzt werden. Es fördert die Transparenz im Sinne der Kennzahlensteuerung, wenn Angebote von einer zentralen Stelle erstellt und versandt werden. Die Bearbeitungsmenge und -geschwindigkeit wird im Vergleich zur Bearbeitung durch die jeweilige Fachabteilung jedoch nicht unbedingt gesteigert. Insbesondere die Kundenorientierung, in deren Sinne es ist, auch freitags nachmittags noch kurzfristig ein Angebot zu versenden, leidet oft darunter. Kunden haben bei den Effizienzanstrengungen der Unternehmen auch an anderer Stelle das Nachsehen. Wer hat sich z. B. noch nie über den Sprachcomputer beim Anruf einer Hotline geärgert?

Was die Prozesse der Unternehmen verschlanken hilft, ist oft unattraktiv für Kunden und Mitarbeiter. Die Folgen reichen von Demotivation und Reaktanz bei den Mitarbeitern bis zum Verlust von Kunden. Vor diesem Hintergrund lohnt es sich, Prozessen bewusst und zielgerichtet etwas „Speck" zu lassen – eben gewusst wo.

2.6 Drei Stufen der operativen Umsetzung im Performance-Management-Kreislauf

Unternehmen, die die Voraussetzungen geschaffen haben, Leistung zu erbringen, und diese fördern, statt sie zu verhindern, können beginnen, das Performance Management auf Mitarbeiterebene zu etablieren. Das geschieht in einem Kreislauf, der von Periode zu Periode darauf angelegt ist, ein höheres Leistungsniveau zu erreichen (Abb. 2.3).

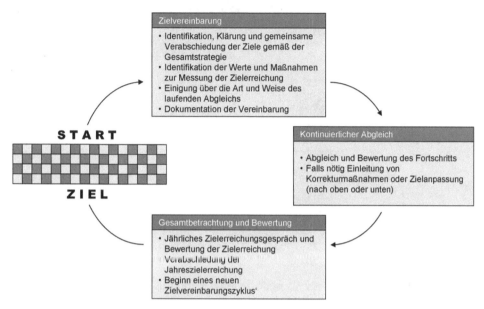

Abb. 2.3 Der Performance-Management-Kreislauf. (Quelle: eigene Darstellung)

2.6.1 Zielvereinbarung

Um die richtige Leistung zu bringen, müssen Mitarbeiter wissen, was sie leisten sollen. Um dabei motiviert zu bleiben, sollten sie wissen, warum sie Leistung bringen. Und um daran zu wachsen, ist ein guter Coach nötig, der sie auf dem Weg begleitet. Das sind in Kürze die Aufgaben des Vorgesetzten im Rahmen der Leistungssteuerung.

Der Performance-Management-Kreislauf beginnt für die Führungskraft damit, gemeinsam mit den Mitarbeitern individuelle Ziele zu vereinbaren, die sich von der Unternehmensstrategie ableiten sollten. Nur wenn der Mitarbeiter den Wert seiner Leistung kennt und als Teil des Gesamtergebnisses einordnen kann, wird er bereit sein, sein Bestes zu geben. Hier gilt es, die Führungskräfte von Unternehmensseite her zu unterstützen: Das kann z. B. mittels Leitfäden für die Mitarbeitergespräche oder Abstimmungsrunden für die Definition von Mitarbeiterzielen je Hierarchielevel und vergleichbare Tätigkeitsbereiche geschehen. Idealerweise sind sie bereits nach der SMART-Formel aufgebaut, die ein guter Anhalt für die Vereinbarung von Zielen ist (Abb. 2.4).

Neben der gemeinsamen Festlegung der Ziele gehört zur ersten Phase auch die Überprüfung der Stellenbeschreibung dahingehend, ob sie noch zu den tatsächlich ausgeführten Aufgaben und den vereinbarten Zielen passt. Ist das nicht der Fall, ist es nötig, diese in Abstimmung mit dem Mitarbeiter an die neuen Gegebenheiten anzupassen oder den Aufgabenumfang im Vergleich zur bestehenden Stellenbeschreibung einer kritischen Prüfung zu unterziehen.

Begleitend zur Zielvereinbarung erfolgt die Identifikation von Trainingsbedarfen, die im Hinblick auf die Zielerreichung relevant sind, sowie die Auswahl passender Weiterbildungsprogramme. Dazu ist es sinnvoll, die Zielvereinbarung um einen Schulungs- und

S pezifisch	Wie viel von **was** ist (bis) **wann** von **wem** zu tun?
M essbar	Wie kann der Fortschritt **gemessen** werden, beispielsweise in Menge, Qualität, Zeit und Kosten?
A nspruchsvoll & akzeptabel	Ist das Ziel für den jeweiligen Mitarbeiter mit seinen Kenntnissen und Fähigkeiten, den zur Verfügung stehenden Arbeitsmitteln, dem rechtlichen Rahmen etc. realistisch **erreichbar**? Stellt es dabei auch eine **Herausforderung** dar?
R elevant	Passt das Ziel zur **Gesamtstrategie**? Zahlt es auf den **Gesamterfolg** ein, ohne anderen Zielen zuwiderzulaufen?
T erminiert	Ist **Anfang und Ende** des Ziels klar abgegrenzt? **Bis wann** ist es zu erreichen?

Abb. 2.4 SMARTe Zielvereinbarungen. (Quelle: eigene Darstellung)

Entwicklungsplan zu ergänzen, in dem die vereinbarten Trainingsziele und -maßnahmen festgeschrieben sind (Abb. 2.5).

Schließlich ist die langfristige Karriere- und Entwicklungsplanung des Mitarbeiters eng mit dem Zielvereinbarungsprozess verbunden. Jede Zielvereinbarung sollte außer auf den Erfolg des Unternehmens selbst auch auf die weitere Perspektive des Mitarbeiters im Unternehmen einzahlen. Dem intrinsischen Anreiz der Selbstbestätigung durch die Erreichung anspruchsvoller Ziele sollte auch eine extrinsische Komponente folgen. Die Verbindung aus persönlicher und finanzieller Entwicklung ist ein wichtiger Grundstein der langfristigen Mitarbeiterbindung.

Trainingsziele	Welche **Kenntnis oder Fähigkeit** soll durch das Training konkret gesteigert werden?
Bezug zur Tätigkeit	Welchen **Mehrwert** bringt das Training für das Unternehmen?
Aktivitäten	Was ist **konkret** zu tun? Welche **Art** von Training ist durch welchen **Anbieter** durchzuführen – extern/intern/on the job?
Benötigte Ressourcen	Mit welchen **Aufwänden** ist zu rechnen?
Zeitrahmen	**Wann** ist das Ziel erreicht?
Ergebnisse	**Wie gut** hat das Training die gesteckten Ziele erreicht?

Abb. 2.5 Strukturierter Schulungs- und Entwicklungsplan. (Quelle: eigene Darstellung)

2.6.2 Kontinuierlicher Abgleich

Die Ziele, die Führungskraft und Mitarbeiter zu Beginn des Betrachtungszeitraums vereinbart haben, bedürfen eines regelmäßigen Abgleichs mit den Arbeitsergebnissen sowie mit der Unternehmensstrategie. Andernfalls besteht entweder die Gefahr, dass die Leistung des Mitarbeiters doch nicht den Anforderungen zur Erreichung der Ziele entspricht, er zu viel Zeit für nicht zielrelevante Leistungen aufwendet oder dass sich die Unternehmensstrategie innerhalb der Periode ändert – ohne Anpassung der Ziele. In allen diesen Fällen wäre das Ergebnis Minderleistung statt Performance-Steigerung. Zusätzlich ist es wichtig, auch das Sozialverhalten des Mitarbeiters sowie die Teamdynamik im Blick zu behalten. Zielerreichung ist Kollektivaufgabe bis hin zum Unternehmensergebnis.

Die Herausforderung für die Führungskraft besteht darin, ein gesundes Maß zwischen notwendigem Abgleich und Überregulierung bzw. Mikromanagement zu finden. Überregulierung hat viel mit Risikoaversion zu tun. Die Angst, Fehler zu machen, lähmt ganze Unternehmen. *So kommt es vor, dass die Unternehmensführung bewusst Querdenker sucht, um das mittlere Management zu beleben. Dort angekommen, haben die Neulinge meist jedoch nur dann eine Chance, Teil der Führungsmannschaft zu werden, wenn sie sich an die etablierten Regeln und Gewohnheiten halten.* Große Performance-Steigerungen brauchen jedoch Freiheit und Vertrauen.

> **Ein Beispiel**
>
> Die tesa®-Erfolgsgeschichte beginnt mit der missglückten Entwicklung eines Wundpflasters. An diesem hatte der Apotheker Paul C. Beiersdorf gearbeitet, als Dr. Oscar Troplowitz das Labor des Unternehmensgründers 1890 übernahm. Es klebte hervorragend, reizte aber die Haut. Aus der Not heraus brachte Troplowitz 1896 das erste technische Klebeband auf den Markt. Heute ist tesa® einer der weltweit führenden Hersteller selbstklebender Produkt- und Systemlösungen für Industrie, Handwerker und Konsumenten.

Ganz ehrlich: Welches Unternehmen hätte heute noch den Mut und die Geduld, ein solches Produkt zum Erfolg zu führen?

Mikromanagement ist die Angst vor Kontrollverlust und eng mit der Angst, Fehler zu machen, verwandt. In beiden Fällen kann ein Coaching den Führungskräften helfen, eine souveräne Haltung zu gewinnen, um Mitarbeitern Raum zu lassen – und bessere Leistung zu bringen.

Ein wichtiger Aspekt im kontinuierlichen Abgleich ist die Verwendung der gewonnenen Daten. Das beste Reportingsystem zeitigt am Ende keinen Erfolg, wenn aufgrund einer zu hohen Erhebungsfrequenz und -fülle dessen Ergebnisse ungenutzt bleiben.

2.6.3 Gesamtbetrachtung und Bewertung – Die Stunde der Wahrheit

Am Ende der Zielvereinbarungsperiode steht das Bewertungsgespräch. Das ist der Moment, die Zeit seit der Zielvereinbarung noch einmal Revue passieren zu lassen und Erfolge sowie kritische Situationen gezielt zu betrachten. In einem ersten Schritt sollte das durch den Mitarbeiter selbst geschehen. Anhand der schriftlichen Zielvereinbarung sollte er zu einer eigenen Einschätzung (Selbstbild) kommen, die dann im Bewertungsgespräch mit der Bewertung des Vorgesetzten (Fremdbild) abgeglichen wird.

Im Gespräch geht es zunächst darum, die geleistete Arbeit der vergangenen Periode zu betrachten und mit den Zielen zu vergleichen: Welche Leistungen waren erfolgreich, welche nicht? Und welche davon zahlten nicht auf die Ziele ein? Situationen, in denen Ziele nicht erreicht wurden, bilden die Basis für einen neuen Trainings- und Entwicklungsplan. Leistungen, die die vereinbarten Ziele nicht tangierten, aber relevant für die Unternehmenszielerreichung waren, sind für die Aufnahme in die Stellenbeschreibung zu prüfen. Passen sie weder zu den vereinbarten noch zu den generellen Zielen des Unternehmens, sind sie in der nächsten Periode zu vermeiden.

Schließlich erfolgt der Abgleich des Selbstbildes des Mitarbeiters mit dem Fremdbild des Vorgesetzten. Wo passt es? wo gibt es Abweichungen? Diese sind zu diskutieren, Differenzen möglichst beizulegen. Ist das nicht möglich, kann z. B. ein Mitarbeiter der Personalabteilung hinzugezogen oder ein Schlichtungsgremium eingerichtet werden. Wichtig ist stets, im Hinblick auf die Tätigkeit, die Leistung und das Sozialverhalten des Mitarbeiters eine klare, eindeutige und dabei konstruktive Bewertung abzugeben. Dem Mitarbeiter als Mensch ist dabei freundlich und wertschätzend zu begegnen. Kein Mitarbeiter bringt unter normalen Umständen absichtlich oder gar aus bösem Willen heraus eine schlechte Leistung. Fiele ein solches Verhalten zu irgendeinem Zeitpunkt des kontinuierlichen Abgleichs auf, wäre der Mitarbeiter kurzfristig freizusetzen.

Mit Abschluss des Zielerreichungsgesprächs ist die Basis für die nächste Zielerreichungsperiode gelegt. Entwicklungsfelder ergeben sich aus der aktuellen Bewertung, Stärken, die relevant für die weitere Perspektive des Mitarbeiters im Unternehmen sind, ebenfalls.

Neben der Bewertung der Mitarbeiter ist es wesentlich, auch den Führungskräften als wesentlichen Multiplikatoren des Performance Managements im Unternehmen Feedback zu geben. Das muss nicht zwangsläufig zum gleichen Zeitpunkt geschehen. Oft ist es sogar besser, die Zeitpunkte zu trennen, um keine Abhängigkeiten in den Bewertungen auszulösen.

Für Führungskräfte bietet sich ein 360°-Feedback an, das neben der Beurteilung durch den eigenen Vorgesetzten weitere nahestehende Personen im Umfeld der Führungskraft einbezieht. In der Regel geschieht es – abgesehen von der Bewertung durch den Vorgesetzten – auf Basis einer anonymisierten Befragung, um die Feedbackgeber nicht zu exponieren (Abb. 2.6).

Führungsfeedback sollte ein geführter Prozess sein, der neben den Fremdeinschätzungen auch die Selbsteinschätzung der Führungskraft ermittelt. Der Abgleich zwischen

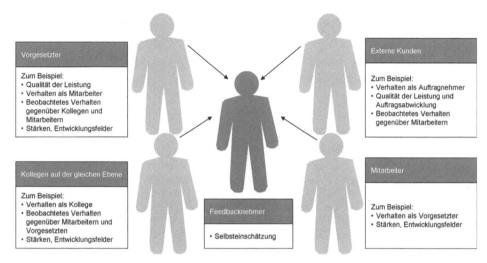

Abb. 2.6 360°-Feedback. (Quelle: eigene Darstellung)

Selbst- und Fremdeinschätzung erfolgt am besten unter Begleitung der Personalabteilung. Je nach Grad bzw. Mangel an Übereinstimmung ist es wichtig, die Ergebnisse zu moderieren und weitere Schritte abzuleiten. Diese können z. B. aus einem Teamworkshop bestehen, in dem die Ergebnisse thematisiert und gemeinsam Entwicklungsaufgaben für die Führungskraft abgeleitet werden.

Bei der Bewertung der Führungskräfte ist ebenfalls ein entwicklungsorientiertes, konstruktives und dem Menschen gegenüber wertschätzendes Vorgehen wichtig. Da die weitere Entwicklung als Führungskraft von der Leistung des Teams abhängig ist, geben auch Führungskräfte ihr Bestes. Führt das nicht zum Ergebnis, sind die möglichen Ursachen zu ermitteln. Sind soziale Fähigkeiten (noch) nicht weit genug entwickelt? Ist der Druck zu hoch? Passt eine Fachkarriere besser als eine Führungskarriere? Performance kann nur bringen, wer am richtigen Platz sitzt und für den jeweiligen Platz die passenden Fähigkeiten und Kenntnisse mitbringt.

2.7 Lernen aus verpassten Chancen

Verlässt ein performanter Mitarbeiter trotz Coachings, Schulungs- und Entwicklungsplans, eines (aus Sicht des Vorgesetzten) günstigen Arbeitsumfelds sowie der möglichst idealen Zuordnung von Aufgaben das Unternehmen, sollte mit ihm ein sogenanntes Exit-Interview geführt werden. Das Ausstiegsgespräch ist eine sehr gute Möglichkeit, Antworten auf Fragen wie die folgenden zu erhalten:

- Was macht das Unternehmen heute schon richtig?
- Was ist zu verbessern?

- Passte der Aufgabenumfang zum Stellenprofil?
- Waren die Prioritäten und Ziele klar?
- Welches Wissen und welche Fähigkeiten, Erfahrungen und Eigenschaften sind für die Nachbesetzung der Stelle essenziell?
- Wie war das Verhältnis zum Vorgesetzten?
- Wie ist dessen Leistung zu bewerten?
- Warum erfolgt der Weggang?
- Sind diese Gründe vorher intern adressiert worden? Mit welchem Ergebnis?
- Würde der Mitarbeiter zu einem späteren Zeitpunkt wieder einmal für das Unternehmen arbeiten?

Auch wenn die Antworten die subjektive Meinung des Mitarbeiters repräsentieren, ermöglichen sie doch Rückschlüsse für die künftige Optimierung – gerade, wenn Interviews mit unterschiedlichen Personen und in unterschiedlichen Bereichen gleiche Ergebnisse zeitigen.

Das Interview sollte durch den Personalbereich oder durch eine neutrale externe Instanz erfolgen, damit auch kritische Aspekte z. B. im Hinblick auf den Vorgesetzten angesprochen werden können.

2.8 Zusammenfassung

Die wichtigste Erkenntnis ist, dass Performance Management eine ganz natürliche Eigenschaft des Menschen ist. Genauso sollte das Thema auch im Unternehmensumfeld gehandhabt werden – als Teil des Alltags und eben nicht als zusätzliches Programm. Dazu müssen Mitarbeiter jedoch den Wert ihrer Arbeit im Gesamtzusammenhang erkennen können. Entsprechend sind die Ziele des Unternehmens auf nachvollziehbare, relationale Zielvereinbarungen herunterzubrechen und gemeinsam mit den Mitarbeitern festzuschreiben.

Dabei kommt den Führungskräften ein besonderer Stellenwert als Multiplikatoren des Performance Managements zu. Mit einer möglichst genauen Kenntnis des Know-hows und der Fähigkeiten ihrer Mitarbeiter können sie diese ideal einsetzen, sie fordern und fördern. Das geschieht im kontinuierlichen Abgleich der Ziele mit den Leistungen der Mitarbeiter. Nur so können Anpassungen zeitnah erfolgen und Ergebnisse prognostiziert werden.

Parallel ist es wichtig, Performance durch geeignete Voraussetzungen zu begünstigen, statt sie zu verhindern. Das betrifft z. B. Infrastruktur, Prozesse und die Kultur des Unternehmens. Wichtig bei der Realisierung des Performance Managements ist es, das Ziel – meint in der Regel die Kunden – im Blick zu behalten. Qualitative Ziele spielen dabei mindestens eine ebenso wichtige Rolle wie quantitative. Gelingt es, diese Faktoren im Blick zu behalten, ist der Boden für gute Leistung bereitet und die Realität kann den Anspruch einholen.

2.9 Anhang: Performance-Management-Checkliste für Führungskräfte

Die nachfolgende Checkliste dient als Anhalt für Führungskräfte, Performance Management im eigenen Bereich umzusetzen. Aufgrund der Vielfalt von Unternehmen und Aufgabenbereichen kann sie nicht vollständig sein. Sie ist vielmehr eine Basis, die an die jeweilige Unternehmensrealität angepasst werden sollte.

Stellenbesetzung

- Alle meine Mitarbeiter haben aktuelle Stellenbeschreibungen, die regelmäßig an Veränderungen angepasst werden.
- Ich habe Transparenz über die Stärken und Entwicklungsfelder meiner Mitarbeiter.
- Effektive Einarbeitungsprozesse stellen sicher, dass Mitarbeiter ihre Rolle, Aufgaben, Verantwortlichkeiten, Prozesse und Erwartungen kennen.
- Ich prüfe während der Einarbeitungszeit, wie gut Mitarbeiter mit neuem Funktionsumfang für die Aufgaben geeignet sind.
- Kündigen Mitarbeiter, führe ich Exit-Interviews durch, um die Gründe für den Weggang zu ermitteln.

Planung und Steuerung

- Ich übersetze die Unternehmens- und Bereichsstrategie sowie die Mission und Vision allen meinen Mitarbeitern.
- Ich stelle sicher, dass alle meine Mitarbeiter die Prioritäten und Ziele kennen.
- Ich beziehe die Mitarbeiter in die Identifikation von Zielen sowie die Erstellung von Jahresplänen ein.
- Ich gleiche die Entwicklung laufend mit den Vorgaben ab und informiere die Mitarbeiter über den Fortschritt sowie ggf. über Veränderungen in den Prioritäten.
- Ich kommuniziere meine Ziele den Mitarbeitern gegenüber transparent und schaffe damit Klarheit über die Ausrichtung.

Zielvereinbarung

- Ich führe jährliche Zielvereinbarungs- und -erreichungsgespräche mit jedem Mitarbeiter.
- Mit allen Mitarbeitern habe ich aktuelle, herausfordernde aber erreichbare Ziele vereinbart (SMART).
- Alle Mitarbeiter kennen die Bereichs- und Unternehmensprioritäten und -ziele und wissen, welchen Beitrag sie mit ihren individuellen Zielen dazu leisten.
- Ich vergleiche Ziele und Ergebnisse regelmäßig mit jedem Mitarbeiter und beziehe Veränderungen mit ein.

- Ich kläre den Unterstützungsbedarf mit den einzelnen Mitarbeitern und vereinbare Entwicklungsziele.

Mitarbeiterentwicklung

- Ich stelle sicher, dass individuelle Entwicklungspläne auf den Bedarf der Organisation abgestimmt sind.
- Alle Mitarbeiter haben einen individuellen Entwicklungsplan.
- Ich führe Gespräche mit meinen Mitarbeitern über deren Vorlieben und Abneigungen sowie Stärken und Entwicklungsfelder. Dabei motiviere ich meine Mitarbeiter, ihre Entwicklungsbedarfe selbst zu identifizieren.
- Ich unterstütze meine Mitarbeiter darin, individuell geeignete Lernmethoden zu entwickeln und kreativ über alternative Weiterbildungsmethoden nachzudenken.
- Ich führe regelmäßige Coaching-Gespräche mit den einzelnen Mitarbeitern.

Kommunikation

- Ich biete regelmäßig Gelegenheit zum Eins-zu-eins-Dialog und zum Austausch von Feedback.
- Team-Meetings finden regelmäßig statt.
- Ich führe mit meinen Mitarbeitern regelmäßig Einzelgespräche über deren Entwicklung und Erfolge.
- Meine Mitarbeiter würden sagen, dass sie sich in die Findung von wichtigen Teamentscheidungen einbezogen und beteiligt fühlen.
- Ich informiere meine Mitarbeiter regelmäßig über Aktuelles zum Unternehmen.

Wertschätzung und Belohnung

- Ich kommuniziere Einzel- und Teamerfolge regelmäßig.
- Ich stelle persönlich sicher, dass meine Mitarbeiter Beachtung und Dank für ihre Leistungen erhalten.
- Wir feiern Erfolge (einzeln und im Team).
- Ich stelle sicher, dass meine Mitarbeiter Belohnungssysteme und Benefits des Unternehmens kennen.

UND *Ich ergreife geeignete Maßnahmen, um schwacher Performance zu begegnen und hole mir gegebenenfalls Rat.*

Project Performance Management: Rivalität zwischen Tages- und Projektgeschäft

3

Thao-Binh Steinmann

3.1 Einleitung

Projekte nehmen neben dem Tagesgeschäft einen immer größeren Stellenwert in der Arbeitswelt ein. Um ihre Wettbewerbsfähigkeit zu sichern, müssen Unternehmen Veränderungen schnell und erfolgreich umsetzen. Das erfordert von den Mitarbeitern ein Höchstmaß an Flexibilität und die Fähigkeit, in kürzester Zeit effektiv und effizient reagieren zu können. Aus diesem Grund werden häufig Projekte initiiert, um neben dem stetigen Tagesgeschäft für den Unternehmenserfolg relevante und kritische Themen zu entwickeln und zu realisieren. Dabei stoßen Projektmanager und das Projektteam häufig auf Herausforderungen wie z. B. Ressourcenknappheit und eine erhöhte Komplexität.

Projekte binden signifikant Ressourcen. Jedoch ist die „Manpower" nur begrenzt verfügbar, da von den Mitarbeitern erwartet wird, dass sie neben dem Tagesgeschäft gleichzeitig auch ihre Projekte vorantreiben. Dies führt zu einer gewissen „Ressourcenrivalität" zwischen dem Projektleiter und dem Linienvorgesetzten, der das Tagesgeschäft zu verantworten hat. Leider führt das auch oft zu Überlastung der Mitarbeiter sowie zu Qualitätsverlusten im Tages- oder Projektgeschäft.

Darüber hinaus ist Projektarbeit in vielerlei Hinsicht sehr komplex. Zum einen erfordert sie Veränderungen in der gewohnten Aufbau- und Ablauforganisation. Mitarbeiter finden sich in einer Matrixorganisation und Mehrfachunterstellung wieder, in welcher sie temporär dem Projektleiter inhaltlich unterstellt sind, aber disziplinarisch weiterhin an ihren Linienvorgesetzten berichten. Dies führt teilweise zu Konfusionen, weil Projektinhalte mit dem Projektleiter besprochen werden, jedoch die Qualität der Projektergebnisse weiterhin

---

T.-B. Steinmann (✉)
Berlin, Deutschland
E-Mail: thaobinh80@googlemail.com

von dem Linienvorgesetzten verantwortet wird. Zudem sind Projektaktivitäten interdisziplinär und – vor allem in Großkonzernen – international und virtuell. Die krossfunktionale Zusammenarbeit mit unterschiedlichen Nationalitäten über verschiedene Regionen hinweg steigert die Komplexität und erfordert von allen Beteiligten ein Höchstmaß an Teamwork, interkultureller Sensibilität und Flexibilität, um die Projektziele zu erreichen.

Im Gegensatz dazu werden Projekte häufig nicht nach einer stringenten Vorgehensweise oder mit professionellen Methoden durchgeführt. Durch fehlende ganzheitliche Projektplanung, einheitliche Standards und ein rudimentäres Projektmanagement werden wertvolle Ressourcen des Unternehmens ineffizient eingesetzt. Dies führt dazu, dass anfänglich mit hohen Erwartungen aufgesetzte Projekte „im Sande" verlaufen und die Zielerreichung der Projekte (Termine, Qualität, Kosten) unbefriedigend ist. Letzten Endes werden durch mangelhaftes Projektmanagement die Unternehmensziele verfehlt.

Vor diesem Hintergrund rückt das Thema Project Performance Management (PPM) zunehmend in den Vordergrund. Im Fokus von PPM steht die Leistung der Teammitglieder und die Fragestellung, wie die Leistung der einzelnen Teammitglieder optimal gemanagt, gefördert und gesteigert werden kann, damit das Projektziel unter den Restriktionen Zeit, Qualität und Ressourcen erreicht werden kann.

Somit stehen folgende Fragestellung im Zentrum dieses Beitrags: Wie können Projekte erfolgreich gemanagt werden? Welche Voraussetzungen, Ansätze und Fähigkeiten sind notwendig, um die Leistung der Projektmitarbeiter maximal zu fördern und zu steigern? Zunächst sollen insbesondere die typischen Erfolgs- und Misserfolgsfaktoren herausgearbeitet werden. Anschließend werden die Kernelemente eines ganzheitlichen Projekt Performance Managements aufgezeigt, die dem Leser konkrete Ansätze für ein erfolgreiches Management von Projekten geben.

3.2 Grundlagen des Projektmanagements

3.2.1 Begriffliche Grundlagen

In diesem Kapitel werden zunächst einführend die begrifflichen Grundlagen gelegt. Zunächst wird der Begriff „Projekt" definiert, um eine Abgrenzung zum Tagesgeschäft zu schaffen. Anschließend wird auf den Begriff „Project Performance Management" eingegangen, als Basis für die weiteren Ausführungen.

Projekte sind zeitlich begrenzte Einzelvorhaben von relativer Neuartigkeit mit einer großen Bedeutung für das Unternehmen. Projekte werden durch einen Anfangs- und einem Endtermin zeitlich befristet. Innerhalb dieser Frist sollen abgestimmte Aktivitäten unter Berücksichtigung von Limitation bezüglich Zeit, Ressourcen und Qualität durchgeführt werden, um ein vordefiniertes Projektziel zu erreichen (Gabler 2014a). Ferner sind Projekte komplex, da Personen aus unterschiedlichen Organisationseinheiten beteiligt sind und es keine etablierten Abläufe gibt. In interdisziplinären Teams werden Projektaktivitäten durchgeführt, die in der Form im Unternehmen bislang noch nicht stattgefunden haben. Letztlich impliziert jedes Projektziel eine gewisse Veränderung im Unternehmen. Neue Prozesse, Rollen und Verantwortlichkeiten werden eingeführt oder die Organisationsstruktur und die damit zusammenhängenden Machtverhältnisse werden neu definiert.

Projekte sind mit einem hohen Grad an Innovation verbunden und lassen sich daher nur schwer in etablierte Strukturen und Unternehmensorganisationen integrieren. Die Abläufe sind demnach von dem routinierten Alltagsgeschäft zu unterscheiden. Routineprozesse werden im Unternehmen typischerweise dauerhaft etabliert und durch entsprechende organisatorische Maßnahmen strukturiert. Dies führt dazu, dass diese Prozesse von den Mitarbeitern ohne große Reibungen beherrscht werden. Die Projektdurchführung kann dagegen nur auf Erfahrungswerte vorangegangener Projekte zurückgreifen.

Project Performance Management (PPM) setzt genau da an. PPM befasst sich mit dem Managen, Fördern und Steigern der Leistung der Projektteammitglieder unter Berücksichtigung des komplexen und dynamischen Umfelds eines Projektes. Das Hauptziel des PPM ist, ein exzellentes Projektmanagement im Unternehmen zu etablieren, welches Projekte mit den vorhandenen Ressourcen, Fähigkeiten und Kosten sowie unter den festgelegten Plänen erfolgreich durchführt und den erwarteten Nutzen aus dem Projekt für das Unternehmen sicherstellt.

Projektmanagement wird in Projektdefinition, Projektdurchführung und Projektabschluss gegliedert. Ziel ist, dass Projekte richtig geplant, initiiert, gesteuert, überwacht und abgeschlossen werden. Zusätzlich sollen Risiken begrenzt und Chancen genutzt werden. Dazu gehört zum Projektmanagement auch das Motivieren des Projektteams, um die Projektziele zu erreichen (Gabler 2014b). Das Konzept des Projektmanagements umfasst somit sowohl prozess- als auch führungsorganisatorische Bestandteile und kann in drei Komponenten unterschieden werden (Enzyklopädie der Wirtschaftsinformatik 2014):

1. *Projektorganisation:* Die Organisationskomponente des Projektmanagements befasst sich mit der Aufstellung einer Projektorganisation und der Definition von Rollen und Verantwortlichkeiten innerhalb des Projektes.
2. *Projektleitung:* Die Leitungskomponente des Projektmanagements konzentriert sich auf die Planung, Steuerung und kontinuierliche Kontrolle der Projektaktivitäten.
3. *Projektführung:* Die Führungskomponente des Projektmanagements fokussiert sich auf die Führung der Projektbeteiligten; der Projektmanager bedient sich hierbei Kommunikations- und Gesprächsführungstechniken sowie Konflikt- und Motivationstechniken.

3.2.2 Das „dynamische" Dreieck des Projektmanagements

Projektmanagement ist ein stetiger „Balanceakt" aus den folgenden drei Steuerungsgrößen: Qualität, Zeit und Kosten (Personalkosten, Materialkosten etc.). In der Praxis werden diese drei Größen das „dynamische" oder „magische" Dreieck des Projektmanagements genannt (Projektmanagement 2014). Alle drei Steuerungsgrößen stellen konkurrierende Ziele dar, weil sie dieselben Ressourcen beanspruchen. Das heißt, eine Änderung an einer

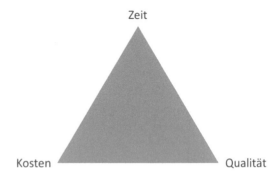

Abb. 3.1 Anforderungsebenen des „magischen Dreiecks". (Quelle: eigene Darstellung)

der drei Größen, wie z. B. höhere Qualität der Projektresultate, kürzere Projektlaufzeit oder geringere Kosten bzw. Projektbudget, führt automatisch zu Änderungen an einer oder bei den anderen Größen. Dabei handelt es sich um eine negative Änderung der Steuerungsgröße. Beispielsweise passiert es häufig in Projekten, dass das Projekt früher als geplant fertiggestellt werden muss. Dem Projektmanager wird ein neues Enddatum mitgeteilt und er hat den Auftrag, das Projekt entsprechend durchzusteuern. Das kann jedoch oftmals nur unter Qualitätsverlusten oder durch eine Steigerung der Investitionen und somit höhere Kosten realisiert werden. Hauptaufgabe des Projektmanagements ist es, die drei Anforderungsebenen des „magischen Dreiecks" in ein vernünftiges Gleichgewicht zu bringen (Abb. 3.1).

3.3 Praxisbeispiel aus der Pharmaindustrie – „Reorganisation in Marketing und Vertrieb"

3.3.1 Projektbeschreibung und -zielsetzung

Traditionell haben Pharmaunternehmen sich in der Vergangenheit auf den Auf- und Ausbau einer starken Forschungs- und Entwicklungskompetenz (F&E-Kompetenz) konzentriert und ihr Geschäftsmodell hauptsächlich auf die Entwicklung von innovativen Arzneimitteln gestützt. Neue Blockbuster-Produkte wurden mittels eines großen Außendienstes und somit einer großen „Share of Voice" in den Markt eingeführt. Dieses Modell brachte in der Vergangenheit Pharmaunternehmen Milliardengewinne ein.

Mit der starken Zunahme an Neuprodukteinführungen in den letzten Jahren, durchschnittlich über 40 pro Jahr, der intensivierten Wettbewerbssituation durch Generika sowie einem erschwerten Marktzugang wurde es jedoch immer schwerer, Ärzte und Patienten von der Neuartigkeit, der Effektivität und daraus folgend von dem Premiumpreis des neuen Arzneimittels zu überzeugen. Dies trifft insbesondere bei Indikationen zu, die bereits effektive Behandlungsmethoden haben und bei denen günstigere Alternativen existieren (z. B. Generika von ehemaligen Blockbustern). Viele neue Arzneimittel, deren herausragende Effektivität gegenüber existierenden Arzneimitteln nicht nachgewiesen werden kann, enden im Markt als „Me-too"-Produkte mit einer Preisbindung an Generika. Somit lagen viele Neuprodukteinführungen weit hinter ihren Umsatzerwartungen. Es wurde zunehmend ersichtlicher, dass die Unternehmen sich nicht mehr nur noch auf ihre F&E-Kompetenz konzentrieren konnten. Die Etablierung einer starken Marketing- und Vertriebskompetenz mit neuen innovativen Vertriebsansätzen gewann immer mehr an Bedeutung. Dabei lag die Priorität auf einer abgestimmten Interaktion mit dem Kunden im Sinne des „one face *to* the customer" sowie auf einer holistischen Betrachtung der Kundenbedürfnisse durch integrierte Daten und Systeme im Sinne des „one face *of* the customer" (Accenture 2013).

Diese Entwicklung war einer der Hauptgründe für die Initiierung des hier dargestellten Beispielprojektes „Reorganisation in Marketing und Vertrieb". Daneben war ein weiterer Hauptgrund die Notwendigkeit, neue Marketing- und Vertriebskompetenzen (z. B. Digital Marketing, e-Sales, Key Account Management und Vertragsmanagement sowie Pricing) aufzubauen, um auf neue Herausforderungen im Markt, wie die Digitalisierung in Marketing und Vertrieb, Zunahme von Einkaufsverbänden und beschränkter Zugang zu Ärzten, zu reagieren. Immer mehr Unternehmen setzen auf neue digitale Verkaufsansätze und -medien, wie bspw. e-Detailing (Nutzung von iPads oder anderen mobilen Medien zur Überbringen von Informationen während des Kundengesprächs) und e-Sales Rep (Kundengespräch durch „remote" Kommunikationskanäle wie Telefon, Web, Video etc.).

Somit war die Zielsetzung des Projektes, die Marketing- und Vertriebsorganisation so auszurichten, dass sie erfolgreich auf gegenwärtige und zukünftige Herausforderungen im Markt reagieren kann. Im Detail sollten eine auf dem Kunden ausgerichtete flexible Organisationsstruktur, neue Marketing- und Vertriebskompetenzen und schlanke Prozesse entwickelt und im Unternehmen erfolgreich implementiert werden.

Das Projekt erforderte ein hohes Maß an Veränderungen und forderte von den Beteiligten sowie dem gesamten Unternehmen viel Flexibilität und Aufnahmebereitschaft, diese Veränderung voranzutreiben und umzusetzen. Die Rahmenbedingungen waren jedoch nicht sehr förderlich: Es gab viele erfahrene Außendienstmitarbeiter, die bereits sehr lange beim Unternehmen arbeiteten und der neuen Stoßrichtung im Bereich Marketing und Vertrieb sehr skeptisch gegenüberstanden. Es herrschten die Aussagen „Das haben wir doch schon immer so gemacht und es hat doch funktioniert", oder „Uns geht es doch gut, warum sollten wir etwas ändern?" Diese Aussagen verdeutlichen die Skepsis und den anfänglichen Widerstand gegenüber dem Projekt.

3.3.2 „Projekt Pitfalls"

Das Projekt wurde erfolgreich abgeschlossen und erfüllte die definierten Projektziele. Wie in jedem Projekt gab es jedoch während des Projektverlaufs einige Herausforderungen und Barrieren, die den Projekterfolg gefährdet haben. In einem Abschlussgespräch mit dem Projektteam wurde nochmals über den Projektverlauf gesprochen, um insbesondere die „Lessons Learned" zu identifizieren. Zunächst wurde mit dem Team darüber diskutiert, was gut oder schlecht lief. Was waren die wesentlichen „Project Pitfalls", auf die das Team gestoßen ist und die es bewältigen musste? Und warum konnte das Projekt letzten Endes trotzdem nach Plan erfolgreich abgeschlossen werden? Die Ergebnisse wurden festgehalten mit der Absicht, damit eine Hilfe für vergleichbare zukünftige Projekte zu geben.

In der Diskussion um die Fragen „Was ist nicht so gut gelaufen? Was waren die ‚Project Pitfalls'?" wurden viele unterschiedliche Punkte genannt, die auch in der Studie von PA Consulting in Kooperation mit GPM Deutsche Gesellschaft für Projektmanagement e. V. (2005) aufgeführt wurden (Abb. 3.2). Obwohl viele Unternehmen, insbesondere Großkonzerne, heutzutage bereits standardisierte Methoden nutzen und Projekte nach einem etablierten Projektleitfaden führen, scheitern dennoch viele Projekte. Sie werden eingestellt oder beendet, ohne die Ziele und Erwartungen zu erfüllen. Dabei scheitern Projekte nicht am Geld, sondern vielmehr an den „weichen Faktoren", wie z. B. Kommunikation und Bereichsegoismen oder Top-Management Commitment (PA Consulting 2005).

Auch in dem hier beschriebenen Projekt waren es hauptsächlich die „weichen Faktoren", die viele Barrieren und Probleme hervorgerufen haben und den Projekterfolg gefährdeten. Nachfolgend werden die fünf wesentlichen „Project Pitfalls" näher erläutert, die sehr spezifisch für dieses Projekt waren.

1. *Anfängliche selektive Kommunikation des Projektes:* Zu Beginn des Projektes wurde eine intransparente Kommunikation ausgewählt. Es fand lediglich eine selektive Kommunikation zu den wesentlichen Stakeholdern statt, die sich auf die obere Managementebene beschränkte. Das mittlere Management sowie die operative Ebene wurden nicht einbezogen. Es wurde diese Art der Kommunikation gewählt, weil das Thema

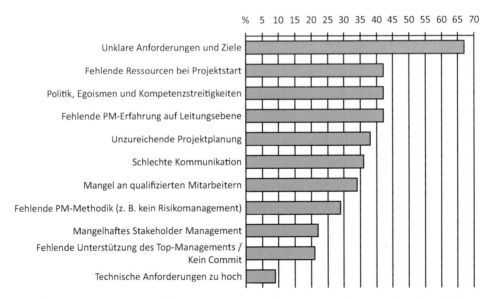

Abb. 3.2 In der Studie von PA Consulting genannte „Project Pitfalls". (Quelle: eigene Darstellung)

„Reorganisation" sehr sensibel ist und man verhindern wollte, dass eine große Unruhe in der Organisation entsteht. Dennoch war das Projektteam abhängig von der Mitarbeit einiger Personen aus dem mittleren Management und aus der operativen Ebene. Somit ließ es sich nicht verhindern, dass entsprechende Gerüchte im Umlauf gingen und das Projekt schnell im Unternehmen „bekannt" war. Die Unruhe, die verhindert werden sollte, trat schneller ein als erwartet. Somit wäre eine vorherige unternehmensweite Kommunikation durch das Top-Management die bessere Wahl gewesen. Diese hätte das Aufkommen von Gerüchten und Unruhen sowie falschen Aussagen verhindern und dem Projekt einen besseren Start und ein besseres Image geben können.

2. *Mangelnde Akzeptanz in der Organisation:* Aus der anfänglich intransparenten Kommunikation entstand ein mangelndes „Buy-in" in der Organisation gegenüber dem Projekt, dem Projektleiter und Projektteam. Dies führte zu einem sehr holprigen Projektstart mit vielen Hindernissen. Der Projektleiter und das Team mussten das Projekt und den Projektnutzen bei vielen Besprechungen rechtfertigen und verteidigen, stießen auf offene Widerstände, Sabotage und eine sehr geringe Unterstützung. Da das Projektteam aber von der Mitarbeit einzelner Personen aus der Organisation abhängig war, musste diese Schieflage schnell geklärt werden, damit das Projekt entsprechend „Fahrt aufnehmen" konnte. Die Projektaktivitäten wurden somit erstmal „geparkt" und das ganze Team konzentrierte sich auf die Bewerbung des Projektes im Rahmen von Townhall Meetings, Workshops und Team Meetings.

3. *Relevanz des Change Managements anfänglich unterschätzt:* Der Projektansatz hat einen eigenen Change Management Workstream vorgesehen, da das Projekt eine große Veränderung für das Unternehmen implizierte und diese Veränderung entsprechend gemanagt werden musste. Wie so oft in anderen Projekten wurde dieser Vorschlag, „bereits von Anfang an das Thema Change Management ernsthaft anzugehen", auch in diesem Projekt von den Verantwortlichen abgelehnt und dessen Relevanz unterschätzt.

4. *Existierende Politik und Bereichsegoismen vernachlässigt:* Das Projekt hatte zum Ziel, die Organisationsstruktur neu zu definieren und dementsprechend die Machtverhältnisse zu verändern. Obwohl dieses Ziel an das Team sehr klar kommuniziert wurde, wurde nicht genug Zeit in eine umfassende und tiefe Analyse und Bewertung der Stakeholder investiert. Dies führte zu einigen Überraschungen im Projektverlauf, die zeitaufwendig und mit Kosten verbunden „korrigiert" werden mussten. Typischerweise sollte für jedes Projekt, insbesondere für Projekte, die in Machtverhältnisse eingreifen, eine Stakeholder-Analyse durchgeführt und eine „Power Map" erstellt werden, um die individuelle Motivation und die Ziele einzelner Stakeholder zu verstehen und dadurch die Beziehungen und politischen Zusammenhänge besser nachzuvollziehen. Ferner ermöglicht eine strukturierte Stakeholder-Analyse ein systematisches und stringentes Stakeholder Management. Konkrete Maßnahmen können auf Basis der identifizierten Sorgen, Unsicherheiten, Bedürfnisse der Stakeholder definiert und umgesetzt werden.

5. *Unstimmigkeiten im Lenkungsausschuss:* Der Lenkungsausschuss des Projektes bestand aus wesentlichen Entscheidungsträgern aus dem Top-Management. Die Schwierigkeit für das Projektteam und den Projektmanager war, dass es im Lenkungsausschuss

Unstimmigkeiten hinsichtlich der Projektzielsetzung, strategischen Stoßrichtung und inhaltlichen Ausarbeitung gab. Dies führte dazu, dass einige Projektergebnisse wiederholt ausgearbeitet werden mussten, es oft im Lenkungsausschuss nicht zu einer Einigung kam und Entscheidungen nicht getroffen wurden. Letzten Endes war die Konsequenz, dass einige wichtige Meilensteine nicht rechtzeitig erreicht wurden und der Projektplan angepasst werden musste.

Schlussfolgernd lässt sich sagen, dass das Scheitern von Projekten hauptsächlich in den „weichen Faktoren" liegt, wie das Praxisbeispiel zeigt. Projektmanager sind dadurch mit dem „Krisenmanagement" beschäftigt und verlieren wertvolle Zeit für die Kommunikation, für die Repräsentation des Projektes in wichtigen Entscheidungsgremien, für die Steuerung des Projektes sowie für das Management des Projektteams. Ferner lässt sich beobachten, dass die dargestellten „Project Pitfalls" eng miteinander verknüpft sind. Wird ein „Project Pitfall" übersehen, steigt damit die Wahrscheinlichkeit, dass dies andere „Project Pitfalls" hervorruft.

3.3.3 Kritische Erfolgsfaktoren

Dennoch konnte das Projekt erfolgreich abgeschlossen werden. Anhand des Praxisbeispiels soll dargestellt werden, dass trotz vorhandener essenzieller Schwierigkeiten das Projekt durchaus erfolgreich zu Ende gebracht werden kann, sofern bestimmte Erfolgsfaktoren vorhanden sind. Am Ende des Projektes wurde mit allen Beteiligten nochmals über die kritischen Erfolgsfaktoren gesprochen, um ein weiteres „Learning" für zukünftige Projekte sicherzustellen. In der Teamdiskussion kristallisierten sich folgende Erfolgsfaktoren für das Praxisbeispiel heraus (Abb. 3.3):

1. *Erfahrener Projektleiter:* Ein erster Schritt in Richtung Projekterfolg ist die Verfügbarkeit eines kompetenten Projektmanagers. Dieser sollte möglichst erfahren sein, da man Projektmanagement nur wenig lernen kann, weil sich die Kompetenz über die Zeit und Erfahrung bildet. Das Projekt hatte einen sehr erfahrenen Projektleiter, der vorher bereits viele kritische und politische Projekte erfolgreich im Unternehmen durchgeführt hatte. Zudem war der Projektleiter gut in die Organisation integriert und hatte eine gute Position im Unternehmen inne. Somit kannte er das Unternehmen sehr gut, beherrschte das Thema „Stakeholder Management" und verstand die vorherrschende „Politik" in dem Unternehmen. Eine wichtige Sache war auch, dass er die Standpunkte des Teams und das Projekt nach außen hin zu den verschiedenen Stakeholdern gut verteidigen konnte. Das lag daran, dass er die Kommunikation sowohl „upwards" zum Management als auch „downwards" zur operativen Ebene sehr gut beherrschte. Das ist sehr wichtig, um dem Projekt und dem Team Stabilität und Selbstvertrauen zu geben.
2. *Komplementäres Team mit ausgeprägtem Leadership-Fähigkeiten:* Das Projekt verlangte vom Projektteam neben einem umfassenden inhaltlichen Wissen auch einen

3 Project Performance Management: Rivalität zwischen Tages- und Projektgeschäft

Projekterfolgsfaktoren		
	1	Erfahrener Projektleiter
	2	Komplementäres Team mit ausgeprägtem Leadership Fähigkeiten
	3	Flexible und dynamische Projektplanung
	4	„Langsames Tempo" entsprechend der Unternehmenskultur
	5	Risiken von Anfang an im Blick
	6	Pragmatismus und auf Standards setzen
	7	Informelle Kommunikation fördern
	8	Teammitglieder als Projektbotschafter
	9	Project Intelligence aufbauen
	10	Teamgeist und Teamwork aufbauen und fördern

Abb. 3.3 Im Praxisbeispiel genannte Erfolgsfaktoren. (Quelle: eigene Darstellung)

hohen Grad an Leadership-Fähigkeiten, insbesondere waren die Eigenschaften „selbstständiges Arbeiten und Eigeninitiative, lösungsorientiertes Denken, Konfliktbereitschaft und Durchsetzungsvermögen" von hoher Relevanz. Die notwendigen Fähigkeiten waren bei jedem Teammitglied unterschiedlich ausgeprägt. Durch die komplementäre Teamzusammenstellung waren jedoch alle notwendigen Kenntnisse und Fähigkeiten vorhanden und die Teammitglieder haben sich gegenseitig gut ergänzt.

3. *Flexible und dynamische Projektplanung:* Projektplanung umfasst die Fragen „Was – Was soll getan werden?" (Aktivitätenplanung), „Wann – Wann bzw. bis wann soll was getan werden?" (Zeitplanung), „Wer – Wer soll was machen?" (Rollen-/Verantwortlichkeitenplanung) und „Wie viel – Wie viel wird es kosten?" (Ressourcen-/Kostenplanung). Die Herausforderung liegt hierbei in der Definition von realistischen Deadlines und in einer guten Abschätzung des Ressourcenbedarfs, welche bereits entsprechende potenzielle Verzögerungen („Contingency") mit abdeckt. Mangelnde Erfahrung des Projektmanagers ist oft ein Grund für die Definition von unrealistischen Deadlines sowie eines unzureichenden Ressourcenbedarfs. In diesem Projekt konnte das Team von der langjährigen Erfahrung des Projektleiters profitieren, der eine realistische Projektplanung ermöglichte und diese vor allem auch vor dem Top-Management verteidigen konnte. Das Top-Management hatte einen schnelleren Projektabschluss erwartet, jedoch sich von den Argumenten des Projektleiters für eine längere Projektlaufzeit überzeugen lassen. Zudem war die Projektplanung sehr flexibel und dynamisch. Das bedeutete, dass der Projektmanager nicht auf dem zu Anfang vorgeschlagenen Ansatz verharrte, sondern bereit war, diesen nach veränderten Rahmenbedingungen zu ändern. Nach anfänglichen Startschwierigkeiten wurden Projektansatz und Zeitplan kurzerhand umgestellt. Die Mobilisierungsphase konzentrierte sich nicht auf die Datensamm-

lung, sondern zunächst auf den Aufbau des „Buy-ins" der Organisation im Rahmen von Workshops und Meetings mit der Belegschaft. Diese Planänderung bereits zu Anfang des Projektes war sehr wichtig, um eine solide Basis für den weiteren Projektverlauf aufzubauen. Ferner war es sehr kritisch, dass die Erkenntnis und die Entscheidung dazu schnell getroffen wurden, da sonst viel Aufwand umsonst gewesen wäre. Ferner wurden Planänderungen bzw. -abweichungen kontinuierlich überwacht, um zeitnah Korrekturen vornehmen zu können.
4. *„Langsames Tempo" entsprechend der Unternehmenskultur:* Das Projekt wählte nicht einen ambitionierten, sondern einen für das Unternehmen „verdaubaren" Projektplan. Somit wurden die Meilensteine nicht zu eng definiert und die gesamte Projektzeitschiene länger gestreckt, um genügend Zeit für Abstimmungsmöglichkeiten zu geben. Dieses langsame Tempo wurde bewusst gewählt, weil dies mehr der Unternehmenskultur entsprach, die sehr stark konsensorientiert war. Für Unternehmen, die eher zentral organisiert und es gewohnt sind, Entscheidungen „top-down" umzusetzen, wäre ein ambitionierter Projektplan eher angebracht gewesen.
5. *Risiken von Anfang an im Blick:* Was Projektmanager und auch das Management nicht mögen, sind Überraschungen. Daher ist es wichtig, sich bereits von Anfang an Gedanken über mögliche Projektrisiken zu machen, um genau diese Überraschungen im Projektverlauf zu vermeiden. Wenn man sich erst über Risiken Gedanken macht, nachdem diese bereits eingetreten sind, ist es zu spät. Somit ist es zu empfehlen, sich bereits in der Projektvorbereitungsphase und vor dem Start in die eigentliche Projektarbeit im Team Gedanken über die Wahrscheinlichkeit und Auswirkungen möglicher Risiken zu machen und entsprechende Gegenmaßnahmen zu definieren. Im Anschluss an diese Reflexionsphase wurde ein Risikomanagement etabliert, das die identifizierten Risiken und deren Bewertung dokumentierte und kontinuierlich überwachte. Die ständige Überwachung erforderte, dass einige Risiken und Gegenmaßnahmen neu bewertet werden mussten, je nachdem, wie sich die Rahmenbedingungen verändert haben. Ein dynamisches Risikomanagement war ein wesentlicher Erfolgsfaktor in dem Projekt.
6. *Pragmatismus und auf Standards setzen:* Während des Projektes galt es, Zeitersparnisse herauszuholen, um die anfängliche Verzögerung einigermaßen aufzufangen. Daher arbeitete das Team nach dem Motto: „Pragmatismus: Die 80:20-Regel". Es sollten pragmatische Lösungen ausgearbeitet und nicht bis ins Detail alles diskutiert werden. Dieses Denken wurde im Team aktiv eingefordert. Ferner sollte das Rad nicht jedes Mal „neu erfunden" werden. Das Team sollte auf standardisierte Instrumente und Prozesse, die unternehmensweit gelten, zurückgreifen und diese aktiv nutzen.
7. *Informelle Kommunikation aufbauen und fördern:* Während des Projektes wurde darauf geachtet, dass nicht nur die formelle Kommunikation (Berichtswesen und Dokumentation) funktioniert, sondern es wurde auch die informelle Kommunikation, dass also die Beteiligten miteinander reden, aktiv gefördert. Es wurden informelle Kommunikationsmöglichkeiten, wie z. B. ein gemeinsames Projektbüro, genannt „war room", mit einer Kaffeeecke etabliert, intranetgestützte Tools wie Pinnwand und Foren eingerichtet und diverse Team Events organisiert.

8. *Teammitglieder als Projektbotschafter:* Es wurde ein aktives und systematisches Stakeholder Management eingeführt. Dabei blieb die Verantwortung nicht allein beim Projektmanager. Jedes Teammitglied hatte seinen Beitrag zum Stakeholder Management zu leisten. Es wurden Stakeholder auf verschiedenen Hierarchieebenen identifiziert, analysiert, mit entsprechenden Maßnahmen versehen und einem bestimmten Teammitglied zugeordnet. Somit war jeder im Projektteam dafür verantwortlich, dass die Stakeholder auf verschiedenen Hierarchieebenen entsprechend gemanagt werden. Aus jedem Teammitglied war somit ein „Projektbotschafter" geworden, der die Aufgabe hatte, das Projekt nach außen hin gegen Widerstände zu vertreten. Neben einer Steigerung der Effektivität hatte dieser Teamansatz den Vorteil, dass das Team sensibilisiert wurde und verstanden hat, wie herausfordernd aktives Stakeholder Management ist, und somit gut die Politik im Projekthintergrund nachvollziehen konnte.

9. *Project Intelligence aufbauen:* Das Projekt wurde durch eine umfassende Projekt Intelligence (PI) unterstützt, die dem Projektmanager und Team ermöglichte, zu jeder Zeit einen vollen Überblick über den Projektstatus und -fortschritt zu haben. PI bestand aus einem Project Controlling, welches dem Projektmanagement in Echtzeit den aktuellen Projektstatus und Ressourcenverbrauch bereitstellte. Es wurde ein sogenanntes „Project Cockpit" mit allen relevanten Kennzahlen zum Projektstatus, zu Meilensteinen und zum Ressourcenverbrauch eingerichtet, das einfach „per Knopfdruck" einen Projektstatusreport erstellen konnte. Somit konnten potenzielle Planabweichungen frühzeitig erkannt und Gegenmaßnahmen definiert werden. Ferner umfasste die PI auch ein proaktives Risikomanagement, das dem Projektmanagement ein kontinuierliches Monitoring aller Projektrisiken ermöglichte.

10. *Teamgeist und Teamwork fördern:* Das Projektteam bestand aus einzelnen Mitgliedern aus verschiedenen Funktionsbereichen, die vorher noch nicht miteinander gearbeitet haben. Viele von ihnen hatten bislang als „Individuum" in ihrer jeweiligen Abteilung gearbeitet und waren keine ausgesprochen Teamplayer. Daher war es eine echte Herausforderung, ein Team aus diesen Mitgliedern zu formen. Jedoch war es sehr wichtig, ein Wir-Gefühl aufzubauen, da Projektarbeit aus Teamarbeit besteht und nur durch einen starken Teamgeist und ausgeprägtes Teamwork erfolgreich zu bewältigen ist. Es wurde am Anfang viel Zeit in das Team Building investiert und mithilfe von externen Trainern wurden Team Events abseits der Arbeit organisiert. Ziel war, das Team zusammenzubringen, um miteinander über elementare Aspekte zu sprechen, wie z. B. „Warum existieren wir? Was ist unser Ziel, unsere Mission? Was macht uns aus?", und die Stärken und Schwächen des anderen im Team kennenzulernen. Diese Übungen können sich banal anhören. Jedoch haben das Praxisbeispiel sowie vorangegangene Projekterfahrungen gezeigt, dass die Durchführung solcher Übungen eine enorme Auswirkung auf das Teambewusstsein der Beteiligten hat und sehr erfolgreich für den Aufbau eines Teams sein kann.

3.4 Kernelemente eines ganzheitlichen Projekt Performance Managements

3.4.1 Voraussetzungen

Wesentliche Voraussetzung für ein effizientes Projektmanagement sind: das Vorhandensein einer Fehlerkultur, eine klare Rollendefinition und eine offene Kommunikation im Team.

Projekte durchführen bedeutet oftmals, mit Unsicherheiten umgehen zu können und Risiken bewusst einzugehen. Dies kann jedoch nur erfolgen, wenn das Unternehmen eine entsprechende Kultur pflegt, in der Mitarbeiter nicht für Fehler bestraft, sondern ermutigt werden, Risiken einzugehen. Eine sogenannte *Fehlerkultur* ist von elementarer Bedeutung für ein effizientes Projektmanagement. Wenn die Mitarbeiter wissen, dass „you can't do anything wrong" gilt, dann ist die Bereitschaft, Risiken einzugehen, sehr viel größer. Wichtig ist auch, dass Mitarbeiter dazu ermutigt werden, bei anderen um Hilfe oder Rat zu fragen, ohne dass gleich der Eindruck entsteht, dass sie inkompetent und nicht in der Lage seien, die Probleme selbst zu lösen. Dabei darf es kein „Finger Pointing" auf andere oder von anderen Beteiligten geben, Lösungen sollten nicht persönlich, sondern sachlich erarbeitet werden.

Eine zweite wichtige Voraussetzung für ein effizientes Projektmanagement ist eine *klare Definition der Rollen und Verantwortlichkeiten* für den Projeksponsor (Auftraggeber), den Projektmanager und das Projektmitglied. Oft werden die Verantwortlichkeiten und Rollen nicht eindeutig definiert. Ein Grund dafür ist, dass den Beteiligten ihre Rollen oft selbst unklar sind. Entscheidungen werden nicht getroffen und Aufgaben nicht erfüllt, weil sich keiner so richtig dafür verantwortlich fühlt. Dies kann zu Missverständnissen, Frustration und letzten Endes Ineffizienzen in der Projektdurchführung führen. Die Aufgabe des Projektmanagers besteht darin, die Verantwortlichkeiten, Rollen und damit verbundenen Aufgaben innerhalb des Projektes klar zu benennen und mit allen Beteiligten abzustimmen.

Die *offene Kommunikation* im Team ist eine dritte Kernvoraussetzung für ein erfolgreiches Projektmanagement. Sie sorgt dafür, dass entsprechendes Vertrauen im Team an das Projektmanagement aufgebaut wird, jedes Teammitglied sich ernst genommen fühlt und die Motivation entsprechend ansteigt. Ferner ist Transparenz über den tatsächlichen Projektstatus, mögliche Risiken und bevorstehende Veränderungen wichtig für eine effiziente Projektarbeit. Es ermöglicht schnellere Entscheidungsprozesse und vermeidet redundante Tätigkeiten oder umsonst investierten Aufwand.

3.4.2 Wesentliche Kernelemente eines ganzheitlichen PPM

Auf Basis des geschilderten Praxisbeispiels werden in folgendem Kapitel die Kernelemente eines ganzheitliches PPM abgeleitet, um der Praxis konkrete Handlungsmaßnahmen zu geben. Ein ganzheitliches PPM beinhaltet vier Kernbereiche: 1) Projektplanung und -steuerung, 2) Projektkommunikation, 3) Projekt Intelligence und 4) Projektführung.

Die *Projektplanung und -steuerung* sollte flexibel und dynamisch sein. Am vordefinierten Projektplan sollte nicht blind festgehalten werden, wenn die Rahmenbedingungen sich verändern. Der Projektmanager sollte in der Lage sein, Veränderungen in den Rahmenbedingungen zu verstehen, diese in der Projektplanung und -steuerung zu berücksichtigen, und wenn nötig, die Planung anzupassen. Des Weiteren sollten der Projektplan und die Zeitlinien an die „Geschwindigkeit" des Unternehmens angepasst sein. Zu eilige Projektpläne und zu eng geplante Meilensteine werden oft nicht erfüllt, weil dies nicht für die Organisation „verdaubar" ist. Darüber hinaus sollte für die Projektmobilisierungsphase viel Zeit genommen werden, da der „erste Eindruck" eines Projektes einen wichtigen Grundstein für den weiteren Verlauf legt und dessen Wahrnehmung im Unternehmen maßgeblich beeinflusst.

Bei der *Projektkommunikation* gilt die Devise: „Man kann nicht überkommunizieren". Die Projektkommunikation sollte daher offen sein und eher zu viel als zu wenig kommunizieren. Ferner sollte die Kommunikation sich nach den Informationsbedürfnissen der einzelnen Stakeholder-Gruppen richten. Zunächst sollte eine „Stakeholder Power Map" entwickelt werden, welche die wesentlichen Stakeholder bzw. Stakeholder-Gruppen und deren Beziehungen zueinander darstellt. Auf Basis dieses Power Maps findet eine detaillierte Stakeholder-Analyse statt. Jeder Stakeholder wird auf verschiedene Aspekte hin analysiert: Bedeutung für das Projekt (Entscheidungsträger, Beeinflusser), Einfluss auf das Projekt (Stärke des Einflusses, negativer vs. positiver Einfluss), Auswirkung des Projektes auf den Stakeholder, erhoffter Nutzen vom Projekt, mögliche Bedenken hinsichtlich des Projektes. Diese detaillierte Analyse liefert einen wichtigen Hinweis für das Informationsbedürfnis des jeweiligen Stakeholders, welches in einem strukturierten Kommunikationsplan seine Beachtung findet.

Die *Project Intelligence* ist das sogenannte „Rückgrat" des Projektmanagements. Hier werden alle relevanten Projektdaten und -informationen so aufbereitet, dass sie dem Projektmanagement eine unkomplizierte, schnelle und transparente Handlungsgrundlage für die Projektsteuerung bereitstellen. Die Project Intelligence besteht aus einem umfassenden Projektcontrolling, das alle relevanten Projektdaten zum Projektstatus und -fortschritt intelligent aufbereitet, damit Statusreports in Echtzeit aufrufbar sind und frühzeitig Planabweichungen identifiziert werden können. Ferner sitzt in der Project Intelligence auch das proaktive und dynamische Risikomanagement. Hier gilt das Motto: „Je früher, desto besser". Risiken sollten proaktiv identifiziert werden und nicht erst, wenn sie schon eingetreten sind. Ferner sollte das Risikomanagement dynamisch sein, d. h. die Risiken müssen kontinuierlich auf ihre Wahrscheinlichkeit und Auswirkungen überprüft und neue, potenzielle Risiken aufgenommen und bewertet werden. Hier hilft es, Kennzahlen für ein Frühwarnsystem zu definieren, um dem Projektmanagement ausreichend Zeit für ein Gegensteuern der Risiken zu ermöglichen. Die Project Intelligence umfasst auch ein Knowledge Management. Hier werden Projektdaten und -informationen so aufbereitet, dass sie dem Team und anderen an der Projektarbeit Beteiligten von Nutzen sein könnten. Mit einem funktionierenden Knowledge Management stellt das Unternehmen sicher, dass eine nachhaltige Hochleistungskultur im Bereich Projektmanagement aufgebaut werden kann.

Der vierte wichtige Bestandteil eines Project Performance Managements ist die *Projektführung*. Hierbei liegt die Betonung auf dem Wort „Führung". Es reicht nicht aus, eine gute Projektplanung sicherzustellen. Zu einem effektiven Project Performance Management gehört auch eine effektive Führung des Projektteams. Diese beinhaltet den Aufbau eines starken Teams. Dafür ist die Etablierung eines Wir-Gefühls in einem zusammengewachsenen Team sehr motivierend. Wenn alle Teammitglieder sich miteinander wohlfühlen, sorgen sie automatisch dafür, dass der gemeinsame Erfolg sich einstellen wird. Daher gilt es, Teamkonflikte sofort zu lösen und negative Stimmungen zu vermeiden. Des Weiteren gehört zur Führung auch die persönliche Weiterentwicklung der Teammitglieder. Sie begeistern sich erst recht dann für ein Projekt, wenn es ihrer beruflichen Entwicklung nutzt. Daher sollte der Projektmanager den Mitarbeitern Möglichkeiten zur Weiterentwicklung geben, sei es durch die Einarbeitung in neue Fachgebiete, durch mehr Verantwortung, wie z. B. Teilprojektleitung oder durch Knüpfen von interessanten Kontakten am Markt. Darüber hinaus sollte der Projektmanager die Work-Life-Balance nicht vernachlässigen. Überstunden sind in Projektarbeit leider nicht zu vermeiden, da der Arbeitsaufwand in Projekten oft „wellenförmig" verläuft, je nachdem, welche wichtigen Meetings und Meilensteine anstehen. In einem straff geplanten und gut geführten Projekt sollten diese Überstunden aber überschaubar sein. Als Projektmanager kann man bereits kleine Sachen einbauen, die Zeit ersparen, wie z. B. generell weniger Meetings abhalten, lange Meetings vermeiden oder eine gute Vorbereitung von jedem Mitarbeiter vor den Meetings einfordern.

3.5 Fazit

Projekte sind komplexe Vorhaben mit einem hohen Innovationsgrad, die aber auch ein hohes Maß an Unsicherheit aufweisen. Gleichzeitig stehen Projekte unter einem hohen Erfolgsdruck, da der erhoffte Projektnutzen und die mit dem Projekt einhergehenden Veränderungen für den Unternehmenserfolg von großer Bedeutung sind.

Trotz standardisierter Methoden und vorhandener Projektleitfäden jedoch scheitern viele Projekte. Neue Ansätze, wie die *Scrum*-Methode, können wichtige Impulse geben, indem das Projektmanagement beispielsweise iterative Prozesse beinhaltet und regelmäßige Rückkopplungen mit den Projektsponsoren einplant. Aus Sicht der Autorin eignen sich die aus der Softwareentwicklung stammenden Methoden eher für Produktentwicklungen, auf stark „politisch" geprägte Projekte (z. B. Reorganisation) sind sie nicht übertragbar.

Der Grund hierfür liegt hauptsächlich in den „weichen", weniger in den „harten Faktoren", etwa dem Budget oder dem fachlichen Wissen. Die „weichen Faktoren" wurden anhand eines Praxisbeispiels aus der Pharmaindustrie näher erläutert, um den Lesern einen

Eindruck über die Herausforderungen im Projektalltag und die dazugehörigen relevanten „Werkzeuge" für ein erfolgreiches Projektmanagement zu geben.

Zusammenfassend können aus der Praxis drei Kernschlussfolgerungen gezogen werden:

Erstens: Projektmager sollten „weiche Faktoren" von Anfang an im Blick haben und als relevante Erfolgsfaktoren bewerten. Schlechte Kommunikation und Akzeptanz in der Organisation verbunden mit Politik und Bereichsegoismen sind häufige Gründe für das Scheitern von Projekten in der unternehmerischen Praxis. Dennoch werden eben diese Faktoren zu Beginn von Projekten von den Entscheidungsträgern oft ignoriert oder unterschätzt. Dabei ist es von großer Relevanz, diese „weichen Faktoren" von Anfang an in das Projektmanagement zu integrieren und proaktiv entsprechende Maßnahmen zu unternehmen.

Zweitens: Projektmager sollten sich von anfänglichen Startschwierigkeiten nicht entmutigen lassen und im Idealfall bereits einen Plan B im Kopf haben. Vorausschauendes Denken ist eine Kunst des Projektmanagements. Wer den anderen immer einen oder zwei Schritte voraus ist, kann schnell und rechtzeitig in mögliche Planabweichungen eingreifen. Hierbei spielen Erfahrung, Flexibilität und Pragmatismus des Projektmanagers eine große Rolle.

Drittens: Projektmanagement impliziert eine Führungsaufgabe, die von großer Bedeutung für den Projekterfolg ist. Auch wenn die Projektmitglieder organisatorisch einer anderen Person unterstellt sind, liegt beim Projektmanager eine große Führungsverantwortung. Der Aufbau eines starken Teams, das sich gegenseitig unterstützt, und die Etablierung eines Wir-Gefühls motivieren und sorgen dafür, dass alle im Team ambitioniert an dem gemeinsamen Projektziel arbeiten.

Die drei aufgeführten Kernschlussfolgerungen verdeutlichen, dass die Person des Projektmanagers für den Erfolg von zentraler Bedeutung ist. Daher empfiehlt die Autorin Entscheidungsträgern eine große Sorgfalt bei der Auswahl des Projektmanagers. In Abhängigkeit des jeweiligen Projektes sollte er Eigenschaften besitzen, die neben der fachlichen Qualifikation insbesondere auch Führungsqualitäten beinhalten. Projektmanager sollten idealerweise diesen Anforderungen entsprechen, zumindest jedoch das Potenzial besitzen, diese im Projektverlauf zu erfüllen. Ist ein geeigneter Kandidat gefunden, so sollten Entscheidungsträger diesem ihr Vertrauen aussprechen und offen den Rücken stärken, damit er mit der notwendigen Autorität ausgestattet ist, ein ganzheitliches Projekt Performance Management entlang der zehn aufgeführten Erfolgsfaktoren sicherzustellen.

Literatur

Accenture (2013). http://www.accenture.com/SiteCollectionDocuments/PDF/Accenture-Life-in-the-Normal-The-Customer-Engagement-Revolution.pdf. Zugegriffen: 26. Feb. 2015.

Enzyklopädie der Wirtschaftsinformatik (2014). http://www.enzyklopaedie-der-wirtschaftsinformatik.de/wi-enzyklopaedie/lexikon/is-management/Software-Projektmanagement/Projektfuhrung. Zugegriffen: 26. Feb. 2015.

Gabler (2014a). http://wirtschaftslexikon.gabler.de/Definition/projekt.html. Zugegriffen: 26. Feb. 2015.
Gabler (2014b). http://wirtschaftslexikon.gabler.de/Definition/projektmanagement-pm.html. Zugegriffen: 26. Feb. 2015.
GPM (2008). http://www.gpm-ipma.de/fileadmin/user_upload/Know-How/Ergebnisse_Erfolg_und_Scheitern-Studie_2008.pdf.
PA Consulting (2005). http://www.gpm-ipma.de/fileadmin/user_upload/Know-How/Ergebnisse_Erfolg_und_Scheitern-Studie_2008.pdf. Zugegriffen: 9. März 2015.
Projektmanagement (2014). http://projektmanagement-definitionen.de/glossar/magisches-dreieck/. Zugegriffen: 26. Feb. 2015.

Höchstleistung ermöglichen: Praxisbeispiel der High Professional Service Industry

4

Claudia Drews

4.1 Prolog

Blick ins Kino Raj Mandir in Jaipur, Indien. Es läuft ein richtiger Bollywood-Film mit einer entsprechenden kulturellen Atmosphäre. Der Held des Films ist selbstverständlich eine Art James Bond und rettet die Welt. Es gibt die klassischen Bollywood-Merkmale: Im Film wird sehr viel getanzt und die Romantik wird ganz groß geschrieben, ohne dass sich die Hauptakteure wirklich zu nahe kommen. Die Rollen sind klar verteilt und die zentrale Liebesgeschichte wird in einer aufregend emotionalen Dramaturgie im Film betont. Dazu gehören vor allem die persönliche Bindung und die Verantwortung füreinander der unterschiedlichen Parteien.

Auf der „anderen Seite" der Leinwand passieren ebenfalls unglaubliche Dinge. Ich sitze recht weit hinten im Kinosaal und wenn es auf der Leinwand „brenzlich" wird, bleiben die indischen Besucher einfach nicht auf ihren Plätzen. Auch ich muss aufstehen, um noch etwas sehen zu können. Und es wird oft brenzlich. Ich spüre eine gemeinschaftliche Energie und Haltung zum Geschehen auf der Leinwand, die unglaublich ist. Hat der Leinwand-Held bereits von den „bösen Jungs" mehrere Kugeln im Körper, rast er dennoch auf dem Motorrad dem brennenden Flugzeug hinterher. In diesem liegt seine Liebste bewusstlos und es sind sich alle Inder im Zuschauerraum einig: Sie müssen den Helden anfeuern und unterstützen. Laut rufend motivieren Sie den Filmhelden – „Don't give up!" – „Please make it!" – „Save her, save her!" – und legen all ihre Emotionen und Willensstärke in den Erfolg. Hat der bereits schwer angeschlagene Filmheld das brennende Flugzeug vor dem Abheben erreicht und zum Stillstand gebracht, gibt es die nächsten Aufforderungen im

---

C. Drews (✉)
München, Deutschland
E-Mail: c.drews@kuenzel.consulting

© Springer-Verlag Berlin Heidelberg 2016
H. Künzel (Hrsg.), *Erfolgsfaktor Performance Management*, Erfolgsfaktor Serie,
DOI 10.1007/978-3-662-47102-9_4

Umgang mit seiner Filmpartnerin; viele Besucher haben Tränen in den Augen: „Get out of the fire!" – „Please don't die!" – „Kiss her!"

Was habe ich erlebt? Eine gemeinschaftliche Begeisterung, Betroffenheit und Verantwortung aller Beteiligten, das „Projekt" zum Erfolg zu bringen. Und das in einem Kinosaal. Bollywood hat mitgespielt und den Film ins Happy End laufen lassen. Unabhängig von einer indischen Kulturdiskussion und deren Hintergründen: In der Übertragung auf die Berufswelt schwanke ich zwischen Befremdung, weil es in der Praxis einfach nicht üblich ist, und dem Wunsch nach einer ähnlichen Richtung in Punkto authentische Zusammenhalt und Unterstützung – für mich persönlich, in der kollegialen Zusammenarbeit von Mitarbeitern untereinander sowie im Dialog zum Kunden. Doch wie stehen eigentlich Mitarbeiter und Kunden zum Thema Engagement und Verantwortung wirklich? Setzen sie die festgelegten Rollen und Aufgaben mit Engagement um? Was bewegt sie heute? Was treibt sie an, genau welche Leistung zu bringen? Es scheint, als ob die Welt sich sehr schnell verändert: Neue Regeln und Haltungen haben in deutschen Unternehmungen Einzug gefunden.

4.2 Führungskräfte, Mitarbeiter und Kunden im Ungleichgewicht

„Alle für einen und einer für alle", scheint im Alltag nicht mehr wirklich zu funktionieren. Immer wieder fällt ein Mitarbeiter wegen starker Stresssymptome oder gar Burn-outs aus. Ein anderer hat ganz andere Karrierepläne und nutzt die globalisierte Welt, um alle zwei bis drei Jahre über das mittlerweile anerkannte „Job Hopping" einen neuen Job mit größerem Karrierepotenzial zu beginnen; lässt das alte Unternehmen schnell hinter sich. Nur auf der „Durchreise", nie wirklich Verantwortung übernommen oder nachhaltige Ergebnisse geschaffen. Und ein Dritter, vielleicht sogar aus der heute viel diskutierten Generation Y (geboren zwischen 1980 und 1995), stellt die privaten Ziele in den Vordergrund und verlangt Teilzeit, um sich um seine Familie oder seine Weltreiseziele zu kümmern.

Viele andere hingegen kämpfen jedoch einfach „nur" um das alltägliche „Überleben" im Büro, wollen Anerkennung von ihrem Vorgesetzten und wünschen sich nichts anderes als einen geregelten Alltag und ein Gefühl der Zugehörigkeit. Sie haben nicht vor, das Unternehmen oder das Land zu verlassen. Genau diese Mitarbeiter spüren die „Gesetze Darwins" recht deutlich: Es überlebt nicht der Stärkste – wie man es so oft im Hinterkopf hat –, sondern vor allem derjenige, der sich am schnellsten der Veränderung anpassen kann. Heutzutage gilt diese Anforderung wohl mehr als je zuvor im Beruf. Im Vordergrund stehen für diese Mitarbeiter die Absicherung der eigenen Existenz und damit der Erhalt der eigenen Leistungsfähigkeit. „Alle für alle einen" verbunden mit „überlebenssicherndem Selbstschutz" ist die neue Kombination, die Führungskräfte, Mitarbeiter und Kunden anstreben.

Damit entsteht im Reverse-Gedanken der Risikofaktor „Einer für alle". Sich für andere, die Firma oder ein Projekt zu engagieren, macht für viele keinen Sinn mehr. Der dagegen verrechnete Gewinn – gemeinsam und vertrauensvoll über einen längeren Zeitraum für eine große und sinnstiftende Sache zu kämpfen, wie einst bei den Musketieren – gilt nicht mehr. Kein Wunder, dass in der Wirtschaft immer mehr der Zusammenhalt vermisst wird und die Sehnsucht nach gemeinsamer Zielorientierung und das Einstehen füreinander steigt. Die Entscheidung der Leistungserbringung für wen, wann, wie viel und wozu wird von Mitarbeitern neu definiert. „Ausgeglichene Selbstführung" ist das Stichwort von heute, an dem sich immer mehr Mitarbeiter orientieren, um sich selbst zu schützen: im Sinne von Vermeidung von Enttäuschungen und negativem Stress im Beruf sowie dem damit verbundenen Erkennen von limitierten Entwicklungschancen. Und immer dabei auf der Suche nach einem Verbündeten.

Spiegel Online schreibt dazu: „Wir leben in einer Zeit, in der Individualismus das höchste Gut zu sein scheint. Auf Facebook versucht jeder, sich so originell und einzigartig wie möglich darzustellen. Feste Familienbande gibt es nur, wenn man Glück hat. Und dazu verlangt der moderne Arbeitsmarkt von uns, dass wir an drei Unis studiert haben und ständig für eine neue Arbeitsstelle umziehen. Freunde sind vielleicht unsere letzte Konstante im Leben. In unserer schnellen und technisierten Gesellschaft haben wir alle die Sehnsucht, Teil eines Teams zu sein, auf das wir uns hundertprozentig verlassen können (…)" (Brück 2013).

Was sind die Ursachen? Mit Einzug der Globalisierung – ewig diskutiert, heute voll präsent mit allen Konsequenzen –, den Finanzkrisen und technologischen High-Speed-Entwicklungen ist vieles anders geworden. Veränderungen sind Alltag geworden. Mitarbeiter arbeiten heute meistens in Instabilität, müssen jährlich mit den richtigen, aber auch falschen Entscheidungen ihres Top Managements leben. Ein Management, das jährlich Restrukturierungen, neue Organisationsstrukturen, Mergers, neue Prozesse, IT-Systeme und Kosteneinsparungsprogramme durchführt, kann nicht alles perfekt im Griff haben, vielmehr sind die meisten Entscheidungen schon nach wenigen Wochen durch andere überholt (Pettinger 2010). Der Wettbewerb erzeugt ebenfalls Druck, das Management versucht alles, um am Markt mit seinen Produkten zu punkten und die Anteilseigner mit immer höheren Gewinnen zu befriedigen (Leseure 2010).

Dies bedeutet für die Mitarbeiter: ständig neue Chefs, zusätzliche Aufgaben durch Personaleinsparungen, vor allem aber Verzicht auf stabile und langfristig gültige Entwicklungschancen. Kein Wunder, wenn die Organisation jedes Jahr anders aussieht (Doppler und Lauterburg 2008). Die Rollen im Unternehmen verändern sich, stabile Hierarchien oder ein stereotypisches Kompetenzset pro Mitarbeiter gibt es nicht mehr wirklich. Und das weiß auch jeder. Heute haben Sekretärinnen studiert und Top-Manager nehmen regelmäßig „zähneknirschend" wieder Expertenstellen an, wenn ein alljährliches Bewertungsprogramm mal wieder die leistungsschwachen Führungskräfte identifiziert und aussortiert hat. Bestandsschutz war gestern, den kann sich keine Organisation mehr leisten. Und dann gibt es auch noch den Kunden, der ebenfalls Ansprüche stellt und seine persönlichen wie beruflichen Ziele erfüllt sehen möchte. Gegenüber seinen Zulieferern und Dienstleistern fordert er hohe innovative Qualitätsstandards in einem für ihn idealen Preis-Leistungsverhältnis (Calvo-Manzano et al. 2010).

Es fehlt allen Beteiligten die Zeit, Erfolge zu planen und zu realisieren, ist doch alles schon „kalter Kaffee" von gestern, wenn man sich zu lange Zeit lässt. Die Folge: Arbeiten in Desorientierung und ein Berufsleben mit viel mehr Frust, weil keiner mehr weiß, wohin „die Reise wirklich geht".

Welche Steuerungsmöglichkeiten hat vor diesem Hintergrund ein Manager, der neue Strömungen und Bedürfnisse mit den Zielen der Unternehmung übereinbringen muss? Wie kann er welche Leistung fördern und mit welchen Maßnahmen? Gerade zahlenorientierte Steuerungsmodelle gibt es hinreichend genug, aber werden sie dem heutigen Bild der Stellhebel für Motivation gerecht oder sind es „Nebelbomben", die an der von den Mitarbeitern gewünschten Handlungsrealität vorbei messen? Die drei Musketiere würden an dieser Stelle über persönliche Ergebnissteigerung, individuelle Performance-Messung und Zielerreichungsgrade nach KPI-Sets wohl nur Staunen.

Dieser Artikel beschäftigt sich mit der Frage, wie Führungskräfte ein ganzheitliches Performance Management verstehen können – mit den individuellen Stellhebeln der eigenen Branche, den Bedürfnissen der Mitarbeiter sowie den organisatorischen Stärken und Schwächen ihres Unternehmens. Das Management soll die Möglichkeit haben, genau dort zu steuern und einzugreifen, wo es notwendig ist. Es soll wieder „das große Ganze" erkannt werden, das der eigenen Organisation – individuell gewachsen und individuell entwickelt. Manager und Mitarbeiter sollen wissen, worauf es genau ankommt, einer klaren Führung und sicheren Abläufen folgen können. Zunächst werden die Herkunft, Entstehung und Einflussfaktoren von Performance Management beleuchtet, um anschließend am Beispiel einer Branche die relevanten Erfolgsstellhebel zu identifizieren und zu bewerten. In einer Studie der sogenannten „High Professional Service Industry" – also Unternehmen, die im Dienstleistungssektor tätig sind und mit hoch ausgebildeten Mitarbeitern u. a. Prozess- und Strategie-Beratung sowie IT- und Engineering-Dienstleistungen anbieten, werden die zentralen Stellhebel für Höchstleistung ermittelt und bestätigt. Eine Empfehlung aus dieser Studie heraus soll übergreifend für andere Branchen und Organisationen erfolgen.

4.3 Bedeutung von Performance Management

4.3.1 Performance Management als Regelkreis

Performance Management klingt sehr allumfassend in der Managementlehre – und das ist es auch. In der Literatur finden sich die unterschiedlichsten Definitionen, je nach Branche, Produkt- und Servicearten, sogar nach Maschinen- oder Mitarbeitereinsatz, gewählten Prozessabläufen sowie Managementkonstrukten. Fakt ist jedoch, dass jedes Unternehmen am Ende des Tages Output erzeugt, welches nach Möglichkeit in Gewinn umgewandelt wird. Um dies so optimiert wie möglich zu gewährleisten, setzt das Management Ziele auf, organisiert, plant, führt und kontrolliert die Vorgänge hin zu den gewünschten Resultaten. In der Definition der Harvard-Business-Essentials-Reihe ist Performance Management das Werkzeug zur Erhöhung der Effektivität der eigenen Mitarbeiter. Klingt gut, aber wie umsetzen? Manager weltweit entscheiden sich daraufhin sehr schnell für einzelne oder ganze Kombinationen von wohlklingenden Maßnahmen, wie der klassischen strategischen Planung, dem Shareholder- oder Customer-Value-Ansatz, dem Lean und Cost Management, Qualitätsmanagementansätzen wie Six Sigma bis hin zur Erhebung von Key Performance Indicators in Performance-Evaluation- und Measurement-Systemen. Ebenso gehören Benchmarking, Entwicklung von Mission Statements, Customer Relationship Management oder Outsourcing dazu. Das kostet Geld, viel Geld – und verpufft in vielen Organisationen doch wirkungslos. Nur etwa 30 % der eingeführten Maßnahmen zeigen die erwünschte Wirkung, da sich niemand vorab die Frage gestellt hat: „Welches Problem wollen wir eigentlich lösen?" Zu diesem Ergebnis kommen Jeremy Hope und Steve Player in ihrem Buch „Beyond Performance Management" (Hope und Player 2012, S. 2–3).

Das Management will Mitarbeiter in Höchstleistung sehen und damit die maximale Performance fördern. „Organizational and employee fit" ist also die Herausforderung in einem ganzheitlichen Bild.

Die Lösung scheint ganz einfach zu sein: 1) Definition der Strategie und Ableitung der Unternehmensziele (also Formulierung und Beantwortung der Frage nach dem zu lösenden Problem)", verbunden mit 2) der „Aufstellung eines Kennzahlensystems, das in der Folge über die Kaskade bis auf den einzelnen Mitarbeiter herunterzubrechen ist. Dieser Mitarbeiter bekennt sich zu diesem Regelwerk und handelt künftig danach. An diesem Punkt setzt ein Regelkreis ein, der nach der Implementierung von Zielen, abgeleitet an dem Kennzahlensystem den Fortschritt misst und auswertet, das Ergebnis als Feedback an den Mitarbeiter zurückmeldet und Optimierungsbedarfe ableitet, die dann mittels unterschiedlicher Maßnahmen, in denen der Mitarbeiter in seinen Entwicklungsfeldern dazulernt, gedeckt werden. Im Ergebnis wird mit jedem Durchlauf ein höheres Leistungsniveau erreicht. Soweit die Theorie, die sich im Modell von Jetter (2006) widerspiegelt (Abb. 4.1).

4.3.2 Performance-Management-Modellentwicklungen

Otley (1999) bezeichnet Performance Management als einen Steuerungsrahmen für das Management; gar eine „Forschungsaufgabe", um im Unternehmen Strategien und Ziele erfolgreich umzusetzen. Dies soll mithilfe von effektiven Belohnungssystemen, Informationsweitergabe-Systemen und Feedbackprozessen geschehen. Dieser Rahmen hat sich in Wissenschaft und Wirtschaft schrittweise entwickelt, einige Modelle versuchen sogar, alle relevanten Stellhebel in ein für das Unternehmen relevantes Konstrukt zu bringen. Der effiziente Einsatz von Finanz- und Sachmitteln soll zudem ebenfalls im Performance Management gefördert werden. Das wohl bekannteste Modell ist die von Kaplan und Norton 1990 entwickelte Balanced Scorecard (Kaplan und Norton 1996). Nachdem sich Vorläufer fast ausschließlich an finanziellen Kennzahlen sowie Ergebnis- und Leistungszahlen orientiert haben, setzten Kaplan und Norton vor allem auf einen neuen Schwerpunkt: die immateriellen Vermögenswerte. Diese machen im Informationszeitalter den wirklichen

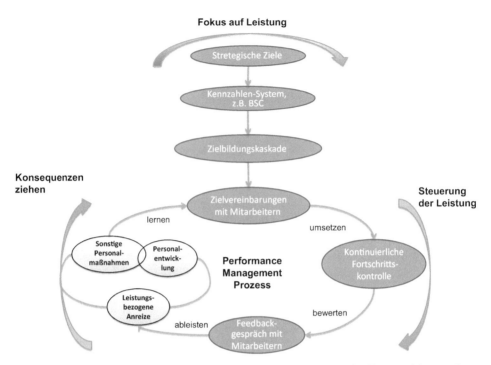

Abb. 4.1 Gesamtprozess eines Performance-Management-Systems. (Quelle: angelehnt an Jetter 2006, S. 12)

Wert eines Unternehmens aus. Die bisherigen klassischen betriebswirtschaftlichen Kennzahlen wie der ROI (Return on Investment: Messung der Rendite einer unternehmerischen Tätigkeit, gemessen am Gewinn im Verhältnis zum eingesetzten Kapital) oder der ROCE (Return on Capital Employed: Messung der Effizienz und Profitabilität eines Unternehmens zum eingesetzten Kapital, die Weiterentwicklung der Gesamtkapitalrentabilität) werden somit ergänzt.

Die Absicht war, eine „Balance" zwischen den alten und neuen relevanten Stellhebeln herzustellen. Die neuen Stellhebel bezeichnen Kaplan und Norton als „leistungstreibende" Variable und implementieren eine weitere, neue Sichtweise: die internen und externen Ziele. Zur Bestimmung aller Variablen entwickeln sie vier Perspektiven: Die Kunden- und die Finanzperspektive in Balance zur Prozess- und Entwicklungsperspektive. Die zunächst operative Ausrichtung der Kennzahlen verknüpfen Kaplan und Norton mit der Unternehmensstrategie und der Vision. Das heißt, sie machen die Entwicklung der Key Measurements abhängig von einer guten Unternehmensstrategie und leiten diese über eine sog. „top-down reflection" ab. Damit haben sie Erfolgsmerkmale geschaffen, die bis heute allgemeingültig sind. Die Abb. 4.2 veranschaulicht die Messung der vier Schwerpunkte, ihre Ableitungen in einer Kaskade und die damit verbundenen Erfolgsfragen, die jede Organisation beantworten sollte.

4 Höchstleistung ermöglichen: Praxisbeispiel der High Professional Service Industry

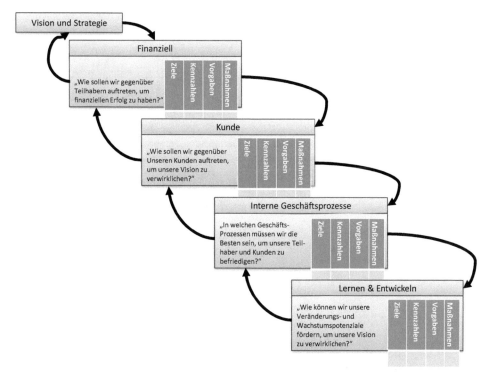

Abb. 4.2 Balanced Scorecard: strategy's cause-and-effect relationships. (Quelle: Kaplan und Norton 2001, S. 91)

Ein Vergleich der Balanced Scorecard mit vorangegangenen Performance-Modellen, der „Budgetary Control" und „Economic Value Added" (EVA) zeigt die Entwicklung auf, die Kaplan und Norton in Unternehmen provoziert haben.

Allgemeingültig kann vorab festgehalten werden: Die Frage nach den Strategien im Unternehmen und den Bewertungskriterien für deren Erreichung, den Hauptzielen und Plänen sowie den Prozessen und Aktivitäten für die Implementierung im Unternehmen sollte heute in jedem Modell und von jeder Unternehmung beantwortet werden. Dies gilt ebenso für das Performance Level, das erreicht werden soll. Dazu gehören z. B. Belohnungs- und Bestrafungssysteme, die das Erreichen der Ziele durch Anreize für die Mitarbeiter steuern sollen. Ein aktuell viel diskutiertes Thema in Unternehmen. Zuletzt stellt sich auch die Frage nach dem Information Flow. Eine Unternehmung kann nur lernen, wenn Informationen und Feedbackschleifen top-down und umgekehrt effektiv laufen. Neue Erfahrungen schließlich sollen das Verhalten von Mensch und Organisation in Punkto verbesserter Leistung anpassen. Die Tab. 4.1 fasst diese Punkte in einer Übersicht zusammen – ein Vergleich der genannten Modelle zeigt an diesen Kriterien Unterschiede und Gemeinsamkeiten auf.

Der Basisgrundsatz in der altbewährten „Budgetary Control" oder EVA-Methode ist ausschließlich finanzieller Natur, Strategie und Pläne sind eher halbherzig an die finanziellen

Tab. 4.1 Vergleich von drei Steuerungsmodellen innerhalb der Performance-Management-Grundstruktur. (Quelle: Otley 1990, S. 378)

Fragestellung	Budgetary Control	EVA (Economic Value Added)	Balanced Scorecard
1. Grundsätze und Ziele	Finanzielle Ziele: – Profit – Cashflow – ROCE	Definierte finanzielle Ziele	Multiple Ziele ausgerichtet an der Strategie
2. Strategien und Pläne	Mittel und Beziehungen nicht ausdrücklich berücksichtigt, wenngleich die Budgetplanung auf einer Maßnahmenliste beruht	Delegiert an verantwortliche Manager; wird ggf. berücksichtigt, wenn Ziele definiert werden	Berücksichtigt in der Auswahl der Leistungsmessgrößen, keine formale Vorgehensweise vorgegeben
3. Sollvorgaben	Bestmögliche Schätzung für die Finanzplanung; die Literatur gibt hier für die Zielsetzung einige Steuerungsvorgaben	Einige Vorgaben sind gegeben in Bezug auf den „Nachfolger-Effekt"	Nicht berücksichtigt, trotz zentraler Bestandteil der „Balance"
4. Belohnung	Nicht adressiert, trotz einiger Vergütungsmöglichkeiten basierend auf Erreichung des Finanzplans	Angemessene Anreiz-Systeme ein zentraler Teil der Methode	Nicht enthalten
5. Feedback	Kurzfristiges Feedback der Finanzplan-Abweichungen; ansteigende Finanzplanung von Jahr zu Jahr	Einige Diskussionen über die Langzeitwirkung gegeben	Beinhaltet Leistungsberichterstattung, jedoch nicht explizit mit Vorgaben beschrieben

Vorgaben angeschlossen. Das Soll-Ziel ist eine möglichst genaue zahlenorientierte Schätzung und deren ideale Steuerung. Die oben in der Definition von Otley geforderten Belohnungssysteme jedoch sind in allen drei Modellen suboptimal. Während sogar die „weiterentwickelte" Balanced Scorecard diese gar nicht im Konzept vorsieht, haben zumindest die finanziell orientierten Modelle in der Erreichung der Ziele diesen Aspekt inbegriffen.

Hier wiederum sind genaue, zahlenorientierte und finanziell belegbare Kennzahlen von Vorteil: Das Belohnungssystem ist „auf Heller und Pfennig" nachweisbar. Bei „Soft-Kennzahlen" hingegen ist es eine konzeptionelle Herausforderung, das Belohnungssystem so zu gestalten, dass ein echtes Belohnungsprinzip als fair wahrgenommen werden kann. Die dadurch entstehende ungenaue Bewertung ermöglicht Beeinflussungen, die durchaus auch als unfair gesehen werden können – Auslegungssache also. Zahlen sprechen da doch die genauere Sprache. Information und Feedback sind im Budgetary-Control-Modell ausschließlich auf den Status des Budgets bezogen, in der EVA-Methode werden lediglich Diskussionsansätze beschrieben, die keine weitere Auswirkung haben.

Feedbackschleifen in die Umsetzung der Strategien und in die Zielerreichung zu implementieren, ist sicher für viele Unternehmen eine große Herausforderung (Ferreira und Otley 2009). Die Balanced Scorecard sieht Feedback in der Theorie vor, gibt jedoch keine Vorgaben, wie es genau erfolgen kann oder soll. Doch das „Wie genau?" ist die eigentliche Herausforderung in der unternehmerischen Praxis, denn das Studium theoretisch komplex angelegter Modelle ist sicherlich intelligent, aber keine Erfolgsgarantie.

4.4 Herausforderungen der High Professional Service Industry

4.4.1 Grundsätzliches

„Nothing is more constant than change" (Lauer 2010, S. 3). Unternehmen haben sich permanentem Wandel und Anpassungen zu stellen: Produktinnovationen, ewiger Preisdruck, immer kürzer werdende Produktlebenszyklen sowie der ewig globale Wettbewerbsdruck. Wie bekomme ich die Leadership-Position am Markt, die notwendig ist? Durch permanente Entwicklung von eigentlich dynamischen, aber dann auch wieder robusten Businesssystemen und -prozessen, um die größtmögliche, qualitativ bestmögliche sowie schnellstmögliche Leistung abzuliefern. Hinzu kommt: Die Anforderungen an den Mitarbeiter steigen stetig, weil „Lieferkriterien" härter werden und den Kunden im Ergebnis begeistern müssen. Dies erfordert hoch kompetente Mitarbeiter, die Veränderungen am Markt, Produkt und am Kunden tagesaktuell kennen. Die Folge: ein ewiges „Market & Customer Monitor fit" für die Unternehmen, Performance Management bedeutet ständige Anpassungen.

Daher existieren weitaus komplexere Modelle als oben genannt. Sie „pflastern" die Bücher der Wissenschaft mit Vorschlägen, wie sich Sichtweisen, Stellhebel und Einflüsse am besten miteinander kombinieren lassen könnten. Zum Beispiel das 2010 entwickelte Burke-Litwin-Modell, das die organisationale Performance mit den Veränderungsanforderungen eines Unternehmen in Bezug setzt und ein Konstrukt erstellt, das zwölf Hauptfelder, die sich auch noch gegenseitig beeinflussen, in einer komplizierten Kreuz-Pfeil-Verbindungsmatrix aufwendig miteinander verknüpft. Einige dieser Elemente sind in den bereits oben genannten Managementaktivitäten berücksichtigt (Anderson 2010):

- Mission und die Strategie
- Unternehmensstruktur
- Aufgabenanforderung
- individuelle Skills und Fähigkeiten
- externe Organisationsumgebung
- Führungsverhalten in der Organisation
- Managementmethoden
- Arbeitsklima
- Motivation der Mitarbeiter
- individuelle und organisationale Leistung

- Unternehmenskultur
- Vorgaben und Abläufe

Und diese werden dann alle in Bezug zu Feedback gebracht. Das Modell messen und steuern? Undenkbar in dieser nicht zahlenfixierbaren Komplexität.

Wer schon in einem Controlling Department gearbeitet hat, kennt die Albträume der Mitarbeiter dort. Möchte doch jedes Management am liebsten in einem einfachen, bunten Dashboard den Status der „Performance" seines Unternehmens in einem Mausklick tages-, oder lieber noch minutenaktuell auf dem Schirm haben. Performance und ihre Kriterien und Einflüsse werden gerne mal im Management auf's Vielfältige diskutiert. Aber weil sie nicht genau fixierbar sind, können die Meinungen je nach Ansatz auch schon mal sehr weit auseinandergehen. Unternehmen, die schnell gewachsen sind – mit unterschiedlichsten Datenbanken und systemgestützten Workflows (ob mit SAP oder vielen weiteren IT-Applikationen) – werden es mit der Erhebung von perfekt abgestimmten Kennzahlen nicht einfach haben; das „Meisterstück" eines maßgerechten Performance Measurements nie wirklich hinbekommen: Die Daten lassen sich aufgrund unterschiedlicher Erhebungsmerkmale und Zeitpunkte nicht miteinander vergleichen oder in Bezug setzen. Weil jede Kennzahl pro IT-System für sich steht, wird ein ganzheitlicher Ansatz unmöglich, zumal auch die Einflüsse und Bedingungen sich untereinander schlecht definieren lassen.

Trotzdem haben Manager heute schon vieles verstanden. Im organisationalen Kontext stellen sich viele der Herausforderung, auch den sozialen Stellhebeln, z. B. Kultur, Einfluss- und Politikstrukturen, Beziehungsnetzwerke oder Fairness und Vertrauen, im Unternehmen gerecht zu werden (Martin und Fellenz 2010). Wohlwissend, dass diese einen großen Einfluss auf Mitarbeiter haben. Eine wichtige Rolle spielen auch formale Systeme wie Organisationsstruktur, vorherrschende Technologie, formale Steuerungs- und Belohnungssysteme sowie Human-Resource-Managementsysteme. Hier werden Konzepte erstellt – aber oft auch an den Bedürfnissen der Mitarbeiter vorbei. Wie aber kann der „Mensch" in das Unternehmen eingebettet und motiviert werden unter Berücksichtigung seiner persönlichen und individuellen Unterschiede, seiner Fähigkeiten, Einstellungen und Eigenschaften sowie seiner eigenen Motive und Ziele? Inwieweit das gelingt, hängt von den im Unternehmen eingeschliffenen „Interaktionen" ab: Führungs- und Managementstile, Gruppendynamiken, Kommunikationswege und -arten, Entscheidungsfindungsprozesse, Konfliktmanagement bis hin zum Verhandlungsverhalten (ebd.). Hier gilt es anzusetzen und all diese Stellhebel auf ihre Bedeutung und Relevanz hin zu überprüfen, um bestmögliche Performance im Unternehmen zu gewährleisten. Eine Mammutaufgabe für jeden, der nicht Jahre dafür übrig hat.

4.4.2 Die Branche der High Professional Services

Die Spezifikationen der High Professional Service Industry oder auch der Beraterbranche im weitesten Sinne lassen sich mit folgenden Attributen belegen: Es geht um jene Dienstleistungen, die von Unternehmen eingekauft werden, weil sie das Wissen nicht dauerhaft inhouse parat haben wollen oder können und weitestgehend nur situativ oder problembezogen benötigen. Die Rede ist bspw. von klassischen IT-Leistungen: die einmalige große Einführung eines SAP-Systems, das temporär mehr Ressourcen als die anschließende Pflege benötigt, oder auch die Restrukturierung des Unternehmens mithilfe von Strategieberatern, die ebenso nicht „auf Lager" gehalten werden müssen, weil dieses Thema nicht ständig auf der Tagesordnung steht. Nicht zu vergessen die Heerscharen an Spezialisten, die hinzugekauft werden, um größere Projekte über einen gewissen Zeitraum mit hoher Qualität und fristgerecht fertigstellen zu können. All diese „Berater" von außen bringen Kompetenzen mit sich, die erfolgsrelevant sind.

Zum einen ist es die wissensintensive Dienstleistung, die sich bereits im Wort „Professional" der Branche widerspiegelt. Deren Service erbringende Mitarbeiter sind hoch qualifiziert, üblicherweise mit einem Studienabschluss und durch Weiterbildungen sowie „Learning on the Job" mit neuesten Erkenntnissen strategischer und technologischer Weiterentwicklungen vertraut. Sie wird auch als „innovationsgetriebene Branche" bezeichnet, da sich über ihr Know-how die neuesten Kenntnisse des Marktes bestens verkaufen lassen. So etwas wollen die Kunden. Problemlösungsorientiertes Denken ist selbstverständlich, inklusive bester Servicequalität inbegriffen. Dieses Know-how kaufen Unternehmen bei Bedarf von außen ein, sozusagen als „real time service". Die Berater müssen selber in der Lage sein, autonom zu arbeiten, zumal sie keinen „Chef" des eigenen Unternehmens „im Rücken haben", der ihnen täglich sagt, was sie zu tun haben.

Diese Eigenschaften werden um die sog. „emotional contagion", wie es im Englischen als feststehender Begriff treffender bezeichnet wird, ergänzt. Er ließe sich als „emotionale Ansteckung" oder „Gefühlsansteckung" übersetzen, was im Deutschen etwas unglücklich klingt, aber dennoch ein wichtiges Attribut beschreibt: den Kunden von der eigenen Leistung zu seinem Vorteil zu begeistern und an sich zu binden. Eine der schwierigsten Aufgaben in dem Geschäft. Sicherlich auch von persönlichen Charaktermerkmalen bestimmt – von beiden Seiten. Berater und Kunde müssen sich ein Stück weit finden, „die Chemie muss stimmen". Höchste Priorität aber hat letztendlich die Zufriedenheit des Kunden, der sich – einmal begeistert – in diesem Geschäft als sehr loyal erweist. Wer es nicht schafft, diese Loyalität aufzubauen, hat einen Wettbewerbsnachteil.

Der Kunde erwartet vom Berater zudem viele Arbeitsstunden und einen hohen Einsatz, geschuldet dem hohen Tagessatz, der üblicherweise in dieser Branche anfällt. Er will kontinuierlich mit Ideen, Informationen und intellektuellem Wissen wie dazugehörigen materiellen Ressourcen versorgt werden. Der Berater hat im Gegenzug viele Freiheiten bei der Gestaltung seiner Leistungserbringung. Ist er zu Höchstleistungen bereit, bietet sich ihm eine große Spielfläche an Möglichkeiten.

Trotzdem wird hier ein Spannungsfeld deutlich: Der Berater ist nicht freiberuflich unterwegs, sondern in einer Firma der sog. „High Professional Service Industry" angestellt. Sie kann es sich nicht leisten, dem Mitarbeiter kein möglichst ideales Arbeitsumfeld zu bieten, wenn er Höchstleistung erreichen soll. In dieser Branche können keine Maschinen das Know-how von Mitarbeitern, die täglich an innovativen Lösungen und Strategien arbeiten, ersetzen. In diesem Umfeld steht der Kunde im Vordergrund, der beste Ergebnisse erwartet.

Abbildung 4.3 veranschaulicht die Herausforderungen, denen sich der Mitarbeiter oder Experte, der liefern soll, gegenübersieht. Sein Einsatz ist meist vor Ort beim Kunden (Kasten rechts). Dort hat er seine Leistung abzuliefern und wird nach den oben genannten Kriterien bewertet. Sein Vorgesetzter in der eigenen Unternehmung (Kasten links) stellt ebenso Erwartungen an ihn, die zu erfüllen sind. Darunter fallen vor allem Unterstützung der Unternehmensstrategie und bei der Kundenakquise Beteiligung an Produktentwicklungen oder schnelle Anpassung an neue IT-Systeme und interne Prozessvorgaben im Rahmen der Organisationsentwicklung. Zudem gibt die Organisationskultur sowohl der eigenen Unternehmung als auch des Kunden Regeln und Werte vor, an die sich der Mitarbeiter zu halten hat, wenn er nicht „querschießen" und sich damit das Leben schwer machen will. Über die Jahre haben sich so Kommunikations- und Entscheidungsfindungsprozesse, Gruppendynamiken oder Managementstile entwickelt, an die sich alle Beteiligten halten, um gemeinsam effizient arbeiten zu können.

Nicht zuletzt hat der Mitarbeiter seine eigenen, individuellen Bedürfnisse, die es zu befriedigen gilt, will er nicht in permanente Unzufriedenheit abgleiten. Bis wohin geht sein eigenes Commitment gegenüber seinem Unternehmen und dem Kunden? Wo liegt sein gesundheitsgefährdender Stresslevel? Was motiviert ihn, auch finanziell, Höchstleistungen zu bringen? Die Einflüsse, die auf den Mitarbeiter einwirken, sind vielfältig.

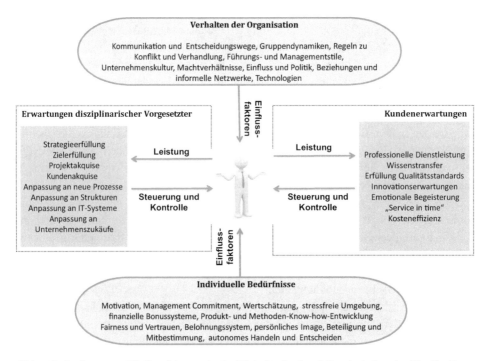

Abb. 4.3 Performance-Einflussfaktoren in der High-Professional-Serviceindustrie. (Quelle: Drews 2014)

Die Branche selber schreibt sich abschließend folgende Attribute zu: hohe Wissensintensität mit schnell an Aktualität verlierendem Know-how, hohe Serviceorientierung, hohe Qualitäts- und Innovationsanforderungen, hohe Kundenloyalität, ein hoher Stellenwert von Kundenvertrauen und Unternehmensreputation sowie hohe Relevanz der Mitarbeiter- und Kundenzufriedenheit.

Abschließend lassen sich einige Daten und Entwicklungen zur allgemeine Marktentwicklung der „High Professional Service Industry" festhalten, die seit Jahrzehnten profitabel wächst. Die Bedarfe der Kunden – insbesondere in der produzierenden Industrie – steigen. Um die Produktivität, Kosteneffizienz und Innovationsführerschaft gegenüber den Wettbewerbern weiter zu gewährleisten, setzen Unternehmen vermehrt auf das Wissen von „außen". Dies bedeutet einen Shift an Personal von einer Industrie in die nächste – genau gesagt in die High-Professional-Service-Industrie (Fitzsimmons und Fitzsimmons 2008). Die Kunden schreiben zunehmend ihre Bedürfnisse am Markt aus und setzen neben Outsourcing auch auf individuelle Unterstützung inhouse, z. B. bei Projekten und in der Organisationsentwicklung. Die Professionalität, aber auch die Komplexität der Dienstleistungen steigt stetig an.

Die Lünendonk-Studie, führend für das Beratungssegment in Deutschland, führt folgende Zahlen an: Die Unternehmensberatungsbranche in Deutschland verzeichnet 2012 eine Umsatzsteigerung von 8,2 %. Insgesamt arbeiten mittlerweile 54.277 Mitarbeiter (Stand 2012) in der Unternehmensberatungsbranche in Deutschland, eine Steigungsrate von 11,1 % im Vergleich zum Vorjahr. Es werden weitere Umsatzsteigerungen erwartet. Ein Problem der gesamten Branche ist die hohe Fluktuation der angestellten Berater in den größeren Beratungshäusern mit einer Quote von 18 %, die als „kritischer Wert" bezeichnet wird (Lünendonk 2013). Verglichen mit anderen deutschen Branchen liegt dieser Wert deutlich über dem Durchschnitt und ist laut IHK unter Umständen in Wirklichkeit deutlich höher, da Angaben über die eigene Fluktuation aus Imagegründen schon mal „geschönt" werden (IHK 2015). Der gemessene Durchschnitt in Deutschland heißt: Jeder siebte Deutsche (14 %) wird in diesem Jahr seinen Arbeitgeber verlassen, um bei einer neuen Firma „anzuheuern", mit steigender Tendenz in den nächsten Jahren, so eine Studie der Unternehmensberatung Hay Group (2013).

Die Fluktuation der High-Professional-Service-Branche lässt sich mit dem hohen Ausbildungsniveau der Mitarbeiter erklären, die im Laufe ihrer Karriere Aufstiegschancen und Weiterentwicklungen wahrnehmen, um die Potenziale ihrer Qualifikation auszuschöpfen. Um es salopp zu sagen: Mehrere „Häuptlinge" können nicht warten, bis an der Spitze nach Jahren mal eine hohe Position frei wird. Andererseits ist auch zu verzeichnen, dass nicht jeder Mitarbeiter die Position einer Führungskraft anstrebt oder „die Weltherrschaft an sich reißen" möchte. Im Folgenden wird gezeigt, wie Unternehmen der High-Professional-Service-Branche ihre Mitarbeiter durch Anerkennung ihres Expertentums und angemessene Bezahlung bei interessanten und vielfältigen Projekten so zufriedenstellen können, dass sie bleiben.

4.5 Zwischen Unabhängigkeit und dem Wunsch nach Zugehörigkeit

4.5.1 Kritische Stimmen aus der Branche

Erneut zur Fluktuation: Sie ist in der High-Professional-Service-Branche relativ hoch, was grundsätzlich mal nichts Gutes bedeutet. Aus betriebswirtschaftlicher Sicht ist die Abwanderung von Mitarbeitern und der damit einhergehende Wissensverlust ein ökonomischer Schaden. Abwanderung von Mitarbeitern bedeutet die Notwendigkeit des Wiederaufbaus von Wissen – die Rekrutierung und Einstellung von immer wieder neuen Mitarbeitern jedoch ist kostspielig. Bis sich die „Neuen" in der Organisation eingewöhnt, Netzwerke und Allianzen aufgebaut und sich bei den Kunden etabliert haben, vergehen keine Wochen, sondern vielmehr Monate oder sogar Jahre. Regelmäßiger Aderlass von Mitarbeitern kann also für eine Organisation nicht gesund oder erfolgreich sein, sondern ist eher mit großen Anstrengungen verbunden.

Die Studie (Drews 2014) bestätigt diese Annahme und veranschaulicht bereits Bekanntes sowie neue Entwicklungen über diese Branche aus einem anderen Blickwinkel. Einleitend wurde eine kleinere Stichprobe ausgewählter Mitarbeiter aus unterschiedlichen Beratungsunternehmen ($n=20$) befragt, wie sie ihre Branche erleben. Auf dieser Frage baute die breit angelegte Befragung dieser Studie auf, die darauf abzielte, zu identifizieren, wo nach Meinung der Mitarbeiter im Unternehmen die Schwachstellen liegen, die einer höheren Performance entgegenstehen. Die Eingangsfrage ist offen gestellt, lässt aber nichts an Eindeutigkeit missen: „Was hindert Sie im Unternehmen bei ihrer täglichen Arbeit daran, Höchstleitungen zu erbringen, und welche Bedingungen müssten vorliegen, damit Sie Top-Leistungen abrufen können?" Die Antworten sind interessant, machen aber zugleich betroffen: Ist dies der Standard an Mitarbeiterzufriedenheit in dieser Branche angesichts der heutigen Herausforderungen?

Die wichtigsten Befunde: Alle Befragten zeigten sich während der Befragung recht selbstkritisch, gaben an, ihre Lage genau einschätzen zu können, formulierten ihre Antworten klar und bestimmt. Zurückhaltung oder gar Angst, auch kritische Aspekte anzusprechen, war nicht festzustellen. Vor dem Hintergrund sozialer Netzwerke ist diese Haltung nicht ungewöhnlich: Bewertungen im Netz, offene Kritik und Lob im Sinne von „Like" und „Dislike" sind mittlerweile „gang und gäbe". Die Angst, kritische Meinungsäußerung könnte berufliche Nachteile nach sich ziehen, doch deutlich geringer ausgeprägt als früher. Entsprechend nannten die Befragten die Hindernisse für eine höhere Performance deutlich „bei Namen" und brachten ihre Bedürfnisse klar zum Ausdruck. Zwischen den Zeilen war aber auch deutlich ein eher klagender Ton zu vernehmen, positive Errungenschaften und Rahmenbedingungen wurden eher wenig genannt. Liegt hier etwa „Jammern auf hohem Niveau" vor? Oder gibt es tatsächlich große Missstände in der High Professional Service Industry?

Die Interviewpartner beschrieben bspw. das Spannungsverhältnis zwischen Kundenerwartungen, Erwartungen des eigenen Unternehmens und dem Druck des Marktes, flankiert von Konkurrenzdenken und den Herausforderungen aufgrund neuer Marktentwicklungen:

1. Der Kunde erwartet schnelle, qualitativ hochwertige, gleichzeitig aber auch preisgünstige „maßgeschneiderte" Lösungen. Die Folge: Sinkende Preise und kaum Zeit für die Kreierung großer Lösungen. Also wird auf Standards zurückgegriffen, die fix adaptiert werden. Gleichzeitig erwarten die Kunden Loyalität, fluktuationsbedingte Mitarbeiterwechsel, meist aufgrund eigener Kündigung, sehen sie nicht gerne.
2. Das eigene Unternehmen, das der Mitarbeiter bei voller Auslastung, die seine Anwesenheit beim Kunden vor Ort erfordert, eher weniger zu Gesicht bekommt, erwartet ebenfalls volle Aufmerksamkeit von ihm. Da in dieser Branche Merger & Akquisition als Wachstumsstrategie und Know-how-Einkauf zur Wahrung der Wettbewerbsfähigkeit üblich sind, heißt es für die Mitarbeiter, über die Entwicklung ihres Arbeitgebers „auf dem Laufenden" zu bleiben. Die Zusammenlegung von Bereichen, neue Vorgesetzte und ggf. ein Aufeinanderprallen von Kulturen bei Mergers werden von vielen Mitarbeitern nur von außen beobachtet. Manche Interviewpartner in der Studie beschreiben diese Entwicklung als kritisch und hoffen, von solchen Entwicklungen nicht betroffen zu sein oder sie irgendwie zu „überstehen". Oftmals bleibt ihnen einfach nicht die Zeit, sich mit solchen Entwicklungen zu beschäftigen. Was sie aber sollten, inbesondere wenn Prozesse und IT-Systeme in ihrem Unternehmen regelmäßig nach neuestem Stand der Dinge aktualisiert werden. Dem sollte sich der Mitarbeiter nicht entziehen, will er seine Reisekosten abgerechnet haben, sein Projekt im Controlling sauber gelistet oder seine Akquisebemühungen anerkannt sehen. Strategien und Ziele wechseln für diese Mitarbeiter „gefühlt" monatlich: Kehren sie ihrem Unternehmen für einige Wochen den Rücken, z. B. wegen eines Auslandseinsatzes bei einem Kunden, kann es passieren, dass sie bei Rückkehr das Gefühl haben, nichts sei mehr wie früher und alles liefe anders. Strategien und Ziele können schon bei Abreise veraltet sein und sich bis zur Rückkehr mehrfach gedreht haben. Dieser Umstand belastet viele der in der Studie Befragten. Bei der Frage nach den Hindernissen und Bedürfnissen für eine bessere Performance war „fehlende Stabilität" das meistgenannte Stichwort.

Hindernisse und Bedürfnisse im persönlichen Bereich waren ebenso Gegenstand der Befragung. Hier äußerten die Befragten einerseits Ängste, nicht mehr auf dem neuesten Wissensstand zu sein, veraltete Methoden und Standards anzuwenden und in Bezug auf ihr Methodenwissen von der Konkurrenz bzw. von jüngeren Kollegen „überholt" zu werden. Des Weiteren wurde die Sorge geäußert, das in ihren Zielvereinbarungen schriftlich fixierte und geforderte Sales-Volumen nicht liefern zu können. Vielfach genannt wurden neben fehlendem Vertrauen in die eigene Firma Befürchtungen, keinen rechtzeitigen Zugang zu Marktinformationen zu haben, Entwicklungen im eigenen Unternehmen zu verpassen oder Ängste vor dem Alleinsein in der schnellen und anonymen Beraterwelt. Den meisten gemein ist die Angst vor Burn-out. Sie fürchten emotionale Überforderung als Folge von Arbeitslast verbunden mit privaten Problemen bei fehlendem Verständnis dafür in der Umgebung. Hier sind die Bedürfnisse und Forderungen der Befragten klarer formuliert: Sie wünschen eine klare Unternehmensstrategie, ein starkes Management, das sich um seine Mitarbeiter kümmert, regelmäßiges Feedback und Coaching. Kurz: ein starkes „Wir-Gefühl" in einer Kultur von Fairness und Vertrauen. Vielfach geäußert wird der Wunsch nach einem fairen Belohnungssystem und stabilen Prozessen, aber auch nach Innovationsmanagement und einem starken Qualitätsmanagement. Letztere, um die Themen „Wissen" und „Best in Class" auf dem höchsten Stand zu halten. Hier erwarten die Befragten höhere Investitionen in ihrer Organisation. Ein meist frommer Wunsch angesichts der Tatsache, dass bei Sparmaßnahmen gerade dieser „Posten" zu den ersten gehört, die gestrichen werden.

Alles längst in der Wirtschaft bekannt – und „links liegengelassen"? Eine Auswahl weiterer O-Ton-Antworten bietet einen Einblick in die Emotionen dieser intelligenten Hochleistungsmitarbeiter und ihre menschliche Seite:

a. „Die menschliche Behandlung ist nicht auf dem höchsten Stand in dieser Branche, nur gute Zahlen gelten was. Die Konkurrenz untereinander macht es auch nicht einfacher."
b. „Ich kenne meinen Job und weiß, was ich beim Kunden zu leisten habe, aber die Prozesse des Unternehmens scheinen anderen Bedürfnissen zu dienen; mich hindern sie nur, als zu unterstützen."
c. „Ich glaube, mein Boss kennt mich gar nicht richtig, weiß gar nicht, wer ich bin. Solange ich Leistung bringe, ist alles gut. Habe ich ein Problem, bleibt es mein Problem."

Angesichts solcher Statements drängt sich die Frage auf, warum Massen an High Professionals sich auf ein Angestelltenverhältnis einlassen und nicht gleich auf eigene Rechnung arbeiten. Diese Frage ist schnell beantwortet: Auch in dieser Branche haben die Mitarbeiter Familien und ziehen das risikoarme Angestelltenverhältnis vor. Auch sie wollen ihr „Häuschen" abbezahlen, ohne schlaflose Nächte zu verbringen. Hinzu kommt die Tatsache, dass die Kunden immer die neuesten Einkaufsstrategien bevorzugen und je nach ihrer Strategie zwischen kleinen und großen Zulieferern hin und her entscheiden. Die anhaltende Diskussion der Vertragsarten – Arbeitnehmerüberlassung, Dienstvertrag, Werkvertrag etc. – des Themas „Scheinselbständigkeit" ist auch nicht unbedingt motivierend für den risikoreichen Schritt in die Selbstständigkeit.

Des Weiteren treibt viele der Befragten um, ob sie für immer Berater bleiben wollen oder sich nicht lieber abwerben lassen und auf die Seite des Kunden schlagen sollten, zugunsten eines vermeintlich stressfreieren Arbeitslebens. Diesen inneren Kampf trägt wohl jeder Berater regelmäßig mit sich aus. Was in der Studie deutlich herauskommt: Berater betrachten das freie und unabhängige Arbeiten als ein hohes Gut, das beim Wechsel auf die Seite des Kunden verloren geht. In manchen Lebensphasen wird dieser Preis gerne in Kauf genommen, andere jedoch würden ihre Freiheit um keinen Preis aufgeben, egal mit welchem Stress diese verbunden ist.

Hier geht es letztlich um den ewigen *Disput zwischen der „geliebten" Unabhängigkeit und dem Wunsch nach Zugehörigkeit*. Welche Themen treiben Berater angesichts dieses Spannungsfelds am meisten um und welchen Einfluss haben sie auf das Performance Management in der Beratungsbranche?

4.5.2 Die Verifizierung

Erst nach Beantwortung der Eingangsfrage der Studie, welche Hindernisse im Unternehmen beseitigt werden sollen, um Performance Management implementieren zu können, können konkrete Maßnahmen entwickelt und Controlling-Konstrukte aufgestellt werden. Für dieses Praxisbeispiel ergeben sich daher folgende Fragestellungen, insbesondere vor dem Hintergrund der Vorstudie:

1. Wie kann die auf Unzufriedenheit zurückzuführende Fluktuation der Mitarbeiter verringert werden?
2. Wie können organisatorische Strukturen und Prozesse die Leistung der Mitarbeiter unterstützen?
3. Wie können Vorgesetzte ihre Mitarbeiter zur Höchstleistung motivieren?
4. Mit welchen Maßnahmen können die individuellen Bedürfnisse der Mitarbeiter befriedigt werden?

Zur Bewertung der Leistung der Mitarbeiter werden fünf Kategorien herangezogen, und zwar ihre Beziehungen zu:

a. den Kunden
b. den Strukturen und Abläufen der Organisation
c. seiner Kompetenz
d. seiner Zufriedenheit mit den Arbeitsbedingungen
e. dem Management seines Arbeitgebers

Jede Kategorie beinhaltet drei bis fünf zu Stellhebel, die die Leistung des Mitarbeiters beeinflussen und geprüft sowie in ihrer Stärke gemessen werden sollen. Tabelle 4.2 bietet einen Überblick über diese Kategorien, ihre Hauptaussagen und Stellhebel, die laut Studie auf die Leistung der Mitarbeiter Einfluss nehmen.

4.5.3 Die Erkenntnisse

Die Befunde der Studie (2014) bieten einen Überblick über die Zahlen, Daten und Fakten der Beratungsbranche: 24,5 % der Befragten (insgesamt 204 Teilnehmer) haben bisher einmal die Firma gewechselt, 27,5 % haben zwei- bis dreimal die Firma gewechselt und 16,2 % mehr als dreimal. 1,3 % der Befragten können auf eine Berufserfahrung von null bis drei Jahren, 38,7 % auf vier bis zehn Jahre zurückblicken und 51,0 % haben zehn Jahre und mehr Berufserfahrung. Die zehn wichtigsten Gründe für eine Kündigung sind:

1. interessantere Projekte bei der Konkurrenz
2. keine Aufstiegsmöglichkeiten

Tab. 4.2 Liste der überprüften Kategorien, Hauptaussagen und deren Stellhebel. (Quelle: eigene Darstellung)

Kategorie	Hauptaussage	Wirksamer Stellhebel
1. Management	Positiver Einfluss auf die Mitarbeiterleistung durch motivierendes Management	Regelmäßige Kommunikation und Information
		Unterstützendes Konfliktmanagement
		Management Commitment und Wertschätzung
2. Zufriedenheit	Positiver Einfluss auf die Mitarbeiterleistung durch hohe Mitarbeiterzufriedenheit	Atmosphäre von Vertrauen und Zusammenhalt
		Motivierendes Bonussystem
		Autonomes Handeln und Entscheiden
		Ausgeglichenes Stressmanagement
		Beteiligung und Mitbestimmung
3. Kompetenz	Positiver Einfluss auf die Mitarbeiterleistung durch gesteigerte Know-how-Entwicklung	Wissensmanagement und Netzwerke
		Schulungen und Fortbildungen
		Know-how-Anwendung on the Job
4. Organisation	Positiver Einfluss auf die Mitarbeiterleistung durch unterstützende Organisationsentwicklungsmaßnahmen und Unternehmensprozesse	Business-Process-Reengineering-Projekte
		Erfolgreiches Change Management
		Unterstützendes Prozessmanagement
		Unterstützende Unternehmenskultur
5. Kundenbeziehung	Positiver Einfluss auf die Mitarbeiterleistung durch eine starke Kundenbeziehung	Professionalität und Produktivität
		Einhaltung von Innovations- und Qualitätsstandards
		Aufbau von Kundenloyalität
		Übertragung emotionaler Begeisterung
6. Mitarbeiterleistung	Positiver Einfluss auf die Mitarbeiterleistung durch ein faires Leistungssteuerungssystem	Klar definierte und kommunizierte Unternehmensstrategie
		Zieldefinition über alle Hierarchien hinweg
		Kennzahlendefinition pro Ziel
		Regelmäßige Zielerreichungsüberprüfungen
		Zielerreichungsfeedback des direkten Vorgesetzten

3. zu wenig Stabilität und zu viele Restrukturierungen
4. unattraktives finanzielles Belohnungssystem
5. schlechte Unternehmenskultur
6. schlechte Beziehung zum Vorgesetzten
7. keine ausgewogene Work-Life-Balance
8. ständige Fusionen und Zukäufe
9. Suche nach neuen Herausforderungen
10. Insolvenz des Arbeitgebers

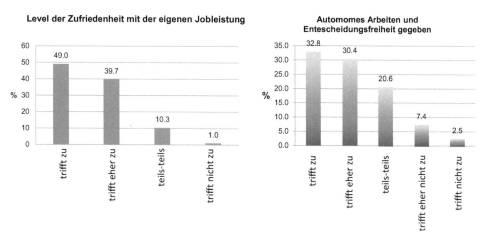

Abb. 4.4 Zufriedenheit Job Performance sowie Autonomes Arbeiten & Entscheidungsfreiheit. (Quelle: eigene Darstellung)

Positive Statements sind bei der Frage nach der Zufriedenheit mit der eigenen Leistung, den Möglichkeiten autonomen Arbeitens und genügender Entscheidungsfreiheiten zu verzeichnen (Abb. 4.4).

Unzufriedenen sind die in der Studie Befragten insbesondere mit:

1. dem Bonussystem
2. den Arbeitszeiten und dem Stresslevel
3. der Beteiligung an Veränderungsprozessen in Unternehmen
4. Restrukturierungsprojekten zur Leistungssteigerung im Unternehmen

Alle vier Bereiche werden als äußerst kritisch angesehen (Abb. 4.5).

Alle geprüften Stellhebel zusammen ergeben in ihrer statistischen Auswertung und damit als wertemäßige Bedeutung für die Mitarbeiter zunächst folgende Top-3-Kombination, die in der positiven Beeinflussung von Leistung weit voraus ist. Gefragt sind

1. Wertschätzung und Commitment des Managements
2. Kommunikation und Information durch das Management
3. klare Zieldefinitionen

Wenn also ein Unternehmen in diesen Top-3-Feldern Maßnahmen und Aktivitäten zur Steigerung der Mitarbeiterperformance fördert, ist schon viel gewonnen. Zudem bestätigt dieses Ergebnis, dass die Mitarbeiter der High-Professional-Service-Branche sich durch die zeitlich hohe Präsenz beim Kunden in ihrem Unternehmen eher ausgeschlossen fühlen. Deshalb sollte die Unternehmenskommunikation und -information diesem Umstand mehr Aufmerksamkeit widmen und prüfen, auf welche Weise sie ihre Mitarbeiter besser erreichen kann. Sie sollen nicht das Gefühl bekommen, „da draußen" im „Stich gelassen"

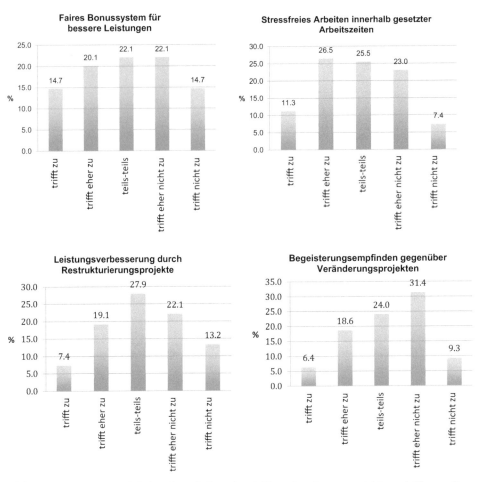

Abb. 4.5 Bonussystem, Arbeitszeiten & Stresslevel, Restrukturierungsprojekte und Change-Projekte. (Quelle: eigene Darstellung)

zu werden. Der Wunsch der Berater nach mehr Wertschätzung seitens des Managements und nach klar gesetzten Zielen spiegeln ihr grundsätzliches Bedürfnis nach Sicherheit und Stabilität wider.

Die im Rahmen der Studie befragten Berater haben aber noch weitere Stellhebel zur Verbesserung der Mitarbeiterperformance genannt, die in Tab. 4.3 in der Reihenfolge von 4 bis 21 aufgeführt werden:

Der Indikator „Unternehmenskultur" ist zwar aus den Top 3 rausgefallen, jedoch an vierter Stelle gleich die nächste wichtige Komponente. Die Werte und Normen eines Unternehmens sind unverrückbare Pfeiler im Umgang miteinander. So entwickelt sich das „Wir-Gefühl", das die Art und Weise des Miteinanders festsetzt. Für die High-Professional-Service-Industrie in Deutschland ist zu konstatieren: Die Unternehmenswerte spielen eine eher nachrangige Rolle.

Tab. 4.3 Statistische Ergebnisse der Indikatoren. (Quelle: eigene Darstellung)

4	Unternehmenskultur – Kategorie ORGANSATION
5	Zielerreichungsüberprüfung – Kategorie MITARBEITERLEISTUNG
6	Bonussystem – Kategorie ZUFRIEDENHEIT
7	Change Management – Kategorie ORGANISATION
8	Professionalität/Produktivität – Kategorie KUNDENBEZIEHUNG
9	Unternehmensstrategie – Kategorie MITARBEITERLEISTUNG
10	Beteiligung und Mitbestimmung – Kategorie ZUFRIEDENHEIT
11	Business Process Reengineering – Kategorie ORGANISATION
12	Feedback – Kategorie MITARBEITERLEISTUNG
13	Innovations- und Qualitätsstandards – Kategorie KUNDENBEZIEHUNG
14	Autonomes Handeln und Entscheiden – Kategorie ZUFRIEDENHEIT
15	Wissensmanagement und Netzwerke – Kategorie KOMPETENZ
16	Kennzahlendefinition – Kategorie MITARBEITERLEISTUNG
17	Kundenloyalität – Kategorie KUNDENBEZIEHUNG
18	Begeisterungsübertragung – Kategorie KUNDENBEZIEHUNG
19	Prozessmanagement – Kategorie ORGANISATION
20	Fortbildung – Kategorie KOMPETENZ
21	Konfliktmanagement – Kategorie MANAGEMENT

Bei der „Zielerreichung" ist das Bedürfnis nach Kontrolle stark ausgeprägt, nicht im negativen Sinne, sondern verstanden als aufmerksame Beobachtung der eigenen Leistung. In der Zielvereinbarung für den Mitarbeiter festgeschriebene Ziele jedoch, nach denen keiner mehr fragt, werden verständlicherweise nicht weiter verfolgt.

Das finanzielle Belohnungssystem hat in Sachen moderne und leistungsorientierte Ausgestaltung noch „Luft nach oben". Angesichts der Tatsache, dass Strategien ständig „über Bord geworfen" werden, Ziele sich laufend ändern und damit die Bewertung am Ende des Jahres nicht mehr ernst genommen wird, wird der Ruf nach neuen Konzepten laut. Glaubwürdigeren, die wieder lohnenswerte Anreize bieten.

Das Management sollte das Thema „Veränderungsmanagement" kritisch hinterfragen. Es kann schnell etwas beschließen, das auch durchaus sinnvoll für den Erhalt der Wettbewerbsfähigkeit des Unternehmens ist. Die dahinterliegenden Kennzahlen, die dabei erfüllt werden müssen, sind aber schnell vergessen. Größere Veränderungen müssen gut vorbereitet sein, und vor allem: Alle Beteiligten müssen abgeholt und „mit ins Boot" genommen werden. Das kann, je nach Thema, bis zum Beginn der Veränderungsmaßnahmen durchaus ein ganzes Jahr beanspruchen. Wenn die gewünschten Veränderungen dann auch noch zwei Jahre später greifen, kann von einer erfolgreichen Implementierung gesprochen werden. Es kann aber auch passieren, dass in der Zwischenzeit ein nächster Manager die verantwortliche Position übernommen hat und das Thema nach seinen Karrierevorstellungen komplett „umkrempelt".

Kein Wunder, dass unter diesen Umständen die Belegschaft irgendwann „entnervt" ist und auch nach außen hin keinen Hehl daraus macht, wie es in ihrem Unternehmen hinter den Kulissen zugeht. Was hat sie auch zu verlieren? Zu viele Veränderungen pro Jahr, die womöglich nach einer überschaubaren Zeit nur noch Makulatur sind, frustrieren. Irgendwann nimmt niemand sie mehr ernst. Es gilt deshalb, für die wirklich drängenden Herausforderungen und kritischen Fragestellungen des Unternehmens das richtige Maß und die richtige Anzahl an Veränderungen zu finden, alles andere außen vor zu lassen.

Die Sorge der Experten, ob ihre Professionalität und Produktivität beim Kunden höchsten Ansprüchen auf neuestem Stand der Dinge genügt, ist berechtigt, ist sie doch der Hauptgrund, warum der Kunde ihre Leistungen in Anspruch nimmt und dafür Geld ausgibt. Auf diese Weise also Umsätze generiert, die das Serviceunternehmen ebenso finanzieren wie die Gehälter der Mitarbeiter. Mit ihren Ängsten und Befürchtungen werden die meisten Experten, wie in der Vorstudie erläutert, alleingelassen. Ein kritisches Handlungsfeld, dessen sich die Führungskräfte der Serviceunternehmen annehmen sollten.

Alle in Tab. 4.3 aufgeführten Indikatoren sind in ihren statistischen Ergebnissen ebenfalls von hoher Signifikanz – die Reihenfolge stellt lediglich die ihnen beigemessene Bedeutung im Sinne von „eher hoch" bis „eher sehr hoch". Somit ist auch noch dem Platz 21 eine hohe Bedeutung beizumessen.

Es fällt auf, dass der Einfluss von drei Indikatoren auf die Leistung der Mitarbeiter an Bedeutung verloren hat und sie in dem statistischen Konstrukt nicht mehr auftauchen. Das bedeutet nicht, dass sie für das Unternehmen nicht mehr wichtig sind, sondern vielmehr, dass ihnen kein unmittelbarer Einfluss auf die Leistung der Mitarbeiter zugestanden wird. So ist aus dem Konstrukt „Kompetenz" die „Know-how-Anwendung on the Job" als nicht mehr relevant bewertet, ebenso die beiden Indikatoren „Atmosphäre von Vertrauen und Zusammenhalt" und „ausgeglichenes Stressmanagement" aus dem Konstrukt „Zufriedenheit". Warum dies genau der Fall ist, müssten andere Studien klären.

Festzuhalten ist, dass sich nahezu alle Hauptaussagen der Tab. 4.1 im Gesamtbild bestätigt haben. Nur der „Kompetenz" wird keine unmittelbare Relevanz auf die Performance zugebilligt, obwohl sie als wichtige Verkaufsvariable in dieser Branche gilt. Auch hier ließe sich über die Gründe spekulieren. Möglicherweise spielt hier eine Rolle, dass sich die Experten für ihre Fort- und Weiterbildung im hohem Maße selbst verantwortlich fühlen und ihr daher keinen hohen Stellenwert beimessen – trotz der Sorge um ihre Wettbewerbsfähigkeit. Ähnlich scheint es bei den drei verlorenen Stellhebeln „ausgeglichenes Stressmanagement", „Atmosphäre von Vertrauen und Zusammenhalt" und „Know-how-Anwendung on the Job" zu verhalten: wichtig fürs Leben, aber nicht ausschlaggebend und von großem Einfluss auf die eigene Leistung. Die Steuerung des eigenen Stresslevels bspw. gehört nach weitläufiger Meinung immer noch in die eigene Selbstverantwortung, bedauert wird lediglich das ungünstige Arbeitsumfeld, in dem das Bemühen um eine gesunde Work-Life-Balance immer wieder torpediert wird. Die „Atmosphäre von Vertrauen und Zusammenhalt" steht für den klassischen Konflikt eines Beraters – den Wunsch nach Unabhängigkeit einerseits und Zugehörigkeit andererseits: Gebe ich zu viel von meinem Wissen preis, laufe ich Gefahr, dass mich Kollegen überholen und ich Wissensmacht verliere. Zusammenhalt wiederum ist zum Preis von Teilen und Vertrauen „zu haben". Daher wird bei den High Professionals die Tendenz wohl oder übel weiterhin stärker in Richtung Konkurrenz und Einzelgängertum gehen als in anderen Branchen. Im Grunde ein Dilemma, widerstrebt diese Haltung doch gegen den menschlichen Drang nach Miteinander und Zusammenhalt. Der volle Einsatz des eigenen Know-hows in Projekten wird von den Beratern wohl ebenfalls als eine Komponente gesehen, die sie selber am stärksten beeinflussen können und die von ihrer eigenen Vertriebsleistung abhängt. Sie sind selbst in der Lage, interessante und/oder herausfordernde Projekte zu akquirieren, ohne auf Vorgesetzte oder eine Organisation Rücksicht nehmen zu müssen.

4.6 Empfehlung: Lösungsbedarfe erkennen und Mitarbeiter ernst nehmen

Was lernen wir aus dieser Studie? Trotz der Bemühens des Managements, High-Professional-Serviceunternehmen für die Zukunft ideal aufzustellen und im Eiltempo neue Prozesse, Unternehmenszukäufe und Strategien anzupassen, laufen ihnen die Mitarbeiter weg. Diejenigen, die bleiben, sind wiederum größtenteils unzufrieden und damit weit davon entfernt, freiwillig Höchstleistung zu erbringen.

Bevor wir auf die vier Fragen eingehen, welche Hindernisse im Unternehmen es zu beseitigen gilt, um Performance Management implementieren zu können, vorab noch ein kurzer Hinweis zu den Handlungsempfehlungen: Allgemeingültig formuliert gelten sie auch für andere Branchen und helfen ihnen, ihre Mitarbeiter zur Höchstleistung zu motivierten. Diese Übertragbarkeit auf andere Branchen ist möglich, weil die genannten und überprüften Stellhebel sich eher auf menschliche Kriterien beziehen. So gelten bspw. im produzierenden Unternehmen für externe und interne Kunden nahezu die gleichen Spielregeln und das gleiche Verständnis im Miteinander für den größtmöglichen Erfolg: „Nur wenn sich die Mitarbeiter im Unternehmen selbst als Kunden behandelt fühlen, entfalten sie eine Sensibilität für die Belange des Endkunden" (Künzel 2012, S. 99). In diesem Sinne werden im Folgenden die vier in Abschn. 4.5.2 gestellten Fragen näher beleuchtet und Handlungsempfehlungen für Manager von High-Professional-Service-Unternehmen vorgestellt.

(1) Wie kann durch Unzufriedenheit verursachte Mitarbeiterfluktuation verringert werden? Beachten Sie folgende Regeln:

- Akquirieren Sie für Ihre Mitarbeiter interessante Projekte und kommunizieren Sie diese bei Abschluss intern als Erfolgsgeschichte.
- Schaffen Sie für Ihre Mitarbeiter ein attraktives Karrieresystem mit Expertenlaufbahn.
- Führen Sie ein finanzielles Bonussystem ein, das direkt mit der Leistung des Mitarbeiters zusammenhängt und zeitnah zum Einsatz kommen kann.

Vertrauen und Verlässlichkeit, darauf kommt es an. Ihre Aufgabe ist es, beides aufzubauen. Sorgen Sie dafür, dass die Unternehmenskultur Werte und Regeln vorgibt und ein

Wir-Gefühl ermöglicht, die den Mitarbeitern Stabilität vermitteln und sie zur Selbstbestimmung motivieren. Pflegen Sie einen persönlichen Umgang mit Ihren Mitarbeitern und zeigen Sie ihnen Ihr Interesse. Sie sollen spüren, dass Sie sie mögen und unterstützen. Die Mitarbeiter ihrerseits sollten ihre Bedürfnisse einfordern und ihren Job mitgestalten, wenngleich dies keine Erfolgsgarantie ist. Es schadet auch nichts, wenn die Mitarbeiter bei ihrer Einstellung ihren Vorgesetzten genau checken und sich schnell im Unternehmen und mit seiner Kultur zurechtfinden.

(2) Wie können organisatorische Strukturen und Prozesse die Leistung der Mitarbeiter unterstützen? Die Antwort: Durch Stabilität in der Organisation und damit verbundene übersichtliche Prozesse, die an den Kunden ausgerichtet sind. Letzten Endes arbeitet der Mitarbeiter immer für den Kunden, egal in welcher Branche oder Organisation. Die Ausrichtung an anderen Kennzahlen kann nichts daran ändern. Hier nach Einsparungspotenzialen zu suchen, ist nicht empfehlenswert. Vielmehr dagegen, die Prozesslandschaft nur wenig zu verändern, um Stabilität und Berechenbarkeit zu gewährleisten. Größere Restrukturierungen sollten eher die Ausnahme bilden. Sie als Manager sind gut beraten, in ein gutes und ausgewogenes Change Management zu investieren. Aber überstürzen Sie dabei nichts, nehmen Sie sich Zeit. Schließlich wollen die Mitarbeiter überzeugt und mitgenommen werden. Und der Mitarbeiter? Er soll die Hand heben! In Zeiten schneller Bewertungen im Internet versprechen Beschwerden innerhalb der Organisation mehr Erfolg als noch vor 20 Jahren. Liefen Beschwerdeführer in der Vergangenheit noch oft Gefahr, ihre Karriere zu ruinieren, finden Sie dank Social Media zunehmend mehr Gehör. Mittlerweile kann kaum eine Organisation mehr wegsehen, wenn im Web oder im Intranet die Blogs überquellen mit Statements von Mitarbeitern, die ihre Hände erheben!

(3) Wie können Vorgesetzte ihre Mitarbeiter zur Höchstleistung motivieren? Worauf sollten sie dabei achten? Die Antwort: Stehen Sie hinter Ihren Mitarbeitern, zeigen Sie ihnen Ihre Wertschätzung – und loben Sie. Im Grunde genommen eine Selbstverständlichkeit im Umgang mit Mitarbeitern, in der Praxis aber häufig immer noch defizitbehaftet. Weitere Empfehlungen: Lernen Sie Ihre Mitarbeiter kennen – persönlich und beruflich. Zeigen Sie Interesse für ihre Belange: Wie läuft's beim Kunden? Wo gibt es Schwierigkeiten? Manchmal reicht es aus, einfach nur zuzuhören, die Problemlösung kennt der Mitarbeiter ja schließlich selbst. Versuchen Sie ferner, Ihren Mitarbeitern Unwichtiges vom Leib zu halten, das baut nur zusätzlichen Leistungsdruck auf. Ewig neue „Anforderungen" und „Anreize" haben nichts mit Abwechslung zu tun, sondern werden eher als Belastung empfunden. Und: Unterstützen Sie Ihre Mitarbeiter bei allen Leistungen, die direkt mit dem Kunden zu tun haben. Legen Sie klare Ziele fest und überprüfen Sie regelmäßig den Status der Zielerreichung – am besten in Form von Motivationsgesprächen. Worauf sollen die Mitarbeiter achten? Vertrauen und Orientierung einfordern – das ist ihr gutes Recht. Sie sind die „Schutzbefohlenen", auf die ihr Vorgesetzter zu achten hat und für die er verantwortlich ist. Unterstützen Sie sie dabei, diese Aufgabe optimal wahrzunehmen.

(4) Mit welchen Maßnahmen können die individuellen Bedürfnisse der Mitarbeiter befriedigt werden? Freiheitlich bestimmtes Handeln fördern und Entscheidungen im Sinne

der Mitarbeiter treffen lautet hier die Antwort. Optimale Rahmenbedingungen und Prozessabläufe, die das autonome Handeln und Abarbeiten von Aufgaben ermöglichen, sind die idealsten Voraussetzungen, um Höchstleistung zu fördern. Engen Sie Ihre Mitarbeiter nicht ein, sondern geben Sie ihnen einen Orientierungsrahmen, das reicht völlig aus. Bieten Sie ihnen den Raum, sich persönlich zu entwickeln und zu entfalten, in diesem Umfeld und dieser Atmosphäre sind beste und kreativste Lösungen sicher. Informieren Sie ihre Mitarbeiter regelmäßig über die neuesten Entwicklungen, eine gute Kommunikation bedeutet ebenso Sicherheit und Vertrauen.

Unter Berücksichtigung des oben Gesagten lässt sich ein weiterentwickelter Performance-Management-Ansatz als ein ganzheitliches, an den Menschen in der Organisation und den wenigen wirklich überlebenswichtigen Fragestellungen ausgerichtetes System beschreiben. Viele Fachbücher raten Führungskräften, sich die Eigenschaft anzueignen, zu jeder Sitzung einen Stuhl mitzubringen – den Stuhl, auf dem der Kunde sitzt. Mit dem Platznehmen auf diesen Stuhl, d. h. den Wechsel in die Rolle des Kunden, werden die Belange der Mitarbeiter aus der Perspektive eines Kunden sichtbar (Wehrle 2010). So können kompetente und motivierte Mitarbeiter zu Höchstleistungen motiviert werden, weil ihre Belange berücksichtigt sind und sie ein optimales Arbeitsumfeld vorfinden. Einen solchen relativ einfachen Perspektivenwechsel in ein überschaubares Kennzahlensystem zu übertragen, dürfte eher schwierig sein. Es gibt aber auch noch andere Methoden, die Bedürfnisse der „Kunden" herauszufinden, z. B. über Umfragen zur Mitarbeiterzufriedenheit.

Die Baumarktkette OBI bspw. bedient sich hierfür einer simplen Abfragesystematik: Mit einem Buzzer-System am Ausgang der Kassen können Kunden ihre Meinung mit einem Klick abgeben. In den Farben dunkelgrün mit einem ausgewiesenen Lächeln, hellgrün mit einem schüchternen Lächeln und hellrot mit einem unzufriedenen Gesicht sowie dunkelrot, wo der Simile wirklich alles andere als glücklich dreinschaut. „Ihre Meinung ist uns wichtig! Wie hat es Ihnen heute bei OBI gefallen? Bitte hier drücken" lautet die Aufforderung an die Kunden, ihr Stimmungsbild abzugeben. Dies auf die Mitarbeiter ausgedehnt: Ein einfacher Klick im Intranet, und schon weiß das Management, wo es steht. Teamspirit aufbauen durch gemeinsame Entwicklung von Maßnahmen zur Verbesserung von Kunden- und Mitarbeiterzufriedenheit, das ist das Ziel eines ganzheitlichen Performance-Management-Ansatzes. Das setzt allerdings ein System mit klaren Strukturen im Unternehmen voraus, das Feedbackprozesse ernst nimmt. Kommunikation mit dem Mitarbeiter ist die wichtigste Ausrichtung, nicht etwa Controlling. Sie ermöglicht kleine, gezielte und „verdaubare" Entwicklungsschritte, die weitaus wertvoller sind als große Restrukturierungen, welche das Unternehmen möglicherweise überfordern. Sicherlich sind dafür ein sehr mutiger Führungsstil und Willensstärke erforderlich, die Stabilität an erster Stelle setzen, Werte schaffen und den Mitarbeitern freiheitliches und unterstützendes Arbeiten gewährleisten. Dies bedeutet für Führungskräfte, sich selber zurückzunehmen und den Dienst in die Organisation stellen. Kurzfristige Profilierung ist dabei nicht möglich, langfristiger Erfolg aber schon. Bei diesem Ansatz werden Kennzahlen zugunsten einer eher philosophischen Managementhaltung getauscht. Eine Haltung, die Lösungsbedarfe erkennt, mit Bedacht die nächsten wirklich wichtigen Schritte in der Organisationsentwicklung auswählt und den Mitarbeiter ernst nimmt.

Zum Abschluss sei noch eine Auffälligkeit erwähnt, die in der Studie zutage kam: Es haben „nur" 18,6 % Mitarbeiterinnen an der Studie teilgenommen. Dies entspricht auch ungefähr der Durchschnittsrate dieser männerdominierten Branche, die nicht einmal im Ansatz von Frauen erobert ist. Um im Sinne eines erfolgreichen Diversity-Ansatzes auch weibliche Attribute und Sichtweisen in Projektarbeit, Führung und Organisationsentwicklung verstärkt einfließen zu lassen, sollte als grober Richtwert mindestens ein Drittel der High Potentials in dieser Branche aus Frauen bestehen. Davon ist Deutschland noch weit entfernt.

Des Weiteren fällt auf, dass die Hauptgruppe der Befragten (47,6 %) zwischen 30 und 39 Jahre alt sind, 32,4 % liegen zwischen 39 und 49 Jahren, d. h. fast 80 % der Mitarbeiter sind zwischen 30 und 49 Jahre alt. Dies verdeutlicht die bereits erwähnte starke Abwanderung ab einem bestimmten Alter in andere Experten- oder Führungspositionen – und damit die Entschlossenheit vieler, dem Treiben in dieser Branche früher oder später den Rücken zu kehren. Viele Mitarbeiter, die in der High Professional Service Industry in einem Angestelltenverhältnis in Rente gehen, findet man nicht.

Literatur

Anderson, D. L. (2010). *Organization development – The process of leading organizational change*. Thousand Oaks: Sage.

Brück, K. (2013). „Jugendliche über Beziehung: Ein Freund, ein guter Freund". Spiegel Online vom 15. Oktober 2013. http://www.spiegel.de/schulspiegel/leben/freundschaften-helfen-in-unsicheren-zeiten-in-job-und-beziehung-a-923990.html. Zugegriffen: 27. Feb. 2015.

Calvo-Manzano, J. A., Cuevas, G., Mejia, J., Munoz, M., San Feliu, T., Sanchez, A., & Rocha, A. (2010). Approach to identify internal best practices in a software organization. In A. Riel, R. O'Connor, S. Tichkiewich, R. Messnarz (Hrsg.), *Systems, software and service process improvement* (GWV Fachverlage S. 107–118). New York: Gabler.

Doppler, K., & Lauterburg, C. (2008). *Change management: Den Unternehmenswandel gestalten*. Frankfurt a. M.: Campus.

Drews, C. (2014). Performance Management within the high professional service industry: A human factor review in times of restructing and change. Dissertation. Nikosia.

Ferreira, A., & Otley, D. (2009). The design and use of performance management systems: An extended framework for analysis. *Management Accounting Research, 20*, 263–282.

Fitzsimmons, J. A., & Fitzsimmons, M. J. (2008). *Service management: Operations, strategy, information technology* (6. Aufl.). New York: McGraw-Hill.

Hay Group. (2013). Jeder fünfte Deutsche wechselt in diesem Jahr seinen Arbeitsplatz. Pressemitteilung vom 13.8.2013. Frankfurt a. M. http://www.haygroup.com/de/press/details.aspx?id=38211. Zugegriffen: 17. Juli 2015.

Hope, J., & Player, S. (2012). *Beyond performance management*. Boston: Harvard Business Review Press.

IHK. (2015). http://www.frankfurt-main.ihk.de/branchen/wirtschaftsberatung/personalberatung/fachbeitraege/versteckte-kosten/. Zugegriffen: 26. Feb. 2015.

Jetter, W. (2006). Performance Management entwickeln und einführen. Personal Manager, *1*, 12–14.

Kaplan, R. S., & Norton, D. P. (1996). *The balanced scorecard: translating strategy into action*. New York: Harvard Business Review Press.

Kaplan, R. S., & Norton, D. P. (2001). Transforming the balanced scorecard from performance measurement to strategic management, part I. *American Accounting Association Accounting Horizons, 15*(1), 87–104.

Künzel, J. (Hrsg.). *Erfolgsfaktor Kundenzufriedenheit. Handbuch für Strategie und Umsetzung* (2. Aufl.). Gabler 2012.

Lauer, T. (2010). *Change Management. Grundlagen und Erfolgsfaktoren*. Heidelberg: Oxford University Press.

Leseure, M. (2010). *Key concepts in operations management*. London: Sage.

Lünendonk. (2013). TOP 25 IT-Beratungs- und Systemintegrations-Unternehmen in Deutschland 2012. http://luenendonk.de/wp-content/uploads/2013/05/LUE_Liste_u_PI_2013_IT_Top25_f160513_01.pdf. Zugegriffen: 26. Feb. 2015.

Martin, J., & Fellenz, M. (2010). *Organizational behaviour and management*. Hampshire: Cengage Learning Business Press.

Otley, D. (1999). Performance management: A framework for management control systems research. *Management Accounting Research, 10*, 363–382 (Article No. mare.1999. 0115, 1990).

Pettinger, R. (2010). *Organizational behaviour – Performance management in practice*. New York: Routledge.

Wehrle, M. (2010). *Die 100 besten Coaching-Übungen: Das große Workbook für Einsteiger und Profis zur Entwicklung der eigenen Coaching-Fähigkeiten*. Bonn: managerSeminare Verlag.

Kooperative Unternehmenskultur und Führung: Erfolgsgrundlagen des Performance Managements

5

Christine Falkenreck

5.1 Wie motivieren wir Mitarbeiter?

Geschäftsführer weltweit sind sich einig: Mitarbeiter – ihre Leistungsbereitschaft, Kreativität und ihr überdurchschnittliches Engagement sichern die Zukunft von Unternehmen. Unternehmer wünschen sich motivierte, leistungsbereite Mitarbeiter, die sich ständig weiterentwickeln und als nachhaltige Unternehmensressourcen den Unternehmenserfolg in die Zukunft tragen. Das folgende Beispiel aus der Automobilwelt zeigt anschaulich solche Bemühungen auf. Der BMW-Konzern spricht auf seiner Internet-Website unter der Rubrik „Karriere" ganz offen und selbstbewusst von der konzernweiten Hochleistungskultur, damit potenzielle Bewerber erkennen sollen: Die Bereitschaft zu Höchstleistungen ist die Basis von zukünftigem beruflichem Engagement für BMW.

Im Original heißt es nachdrücklich: „Nicht nur mit wegweisenden Innovationen und unserem technischen Know-how im Fahrzeugbau, sondern auch mit unserer Unternehmenskultur unterscheiden wir uns deutlich von anderen Unternehmen. Diese Kultur zu pflegen und nachhaltig zu entwickeln ist uns enorm wichtig. Denn nur auf ein starkes kulturelles Fundament kann man nachhaltigen Erfolg bauen. Dem Qualitätsanspruch unserer Fahrzeuge und Dienstleistungen entsprechend pflegen wir eine Hochleistungskultur. Daher suchen wir Mitarbeiterinnen und Mitarbeiter, die Teamgeist und Eigeninitiative mitbringen – sowie den unbedingten Willen, ständig dazuzulernen. Denn unsere Überzeugung lautet: Wer aufhört, besser werden zu wollen, hat bereits aufgehört, gut zu sein" (www.bmwgroup.com).

C. Falkenreck (✉)
Hof, Deutschland
E-Mail: christine.falkenreck@hof-university.de

© Springer-Verlag Berlin Heidelberg 2016
H. Künzel (Hrsg.), *Erfolgsfaktor Performance Management*, Erfolgsfaktor Serie,
DOI 10.1007/978-3-662-47102-9_5

Was steckt eigentlich hinter dem Begriff „Unternehmenskultur"? Die Werte, das Verhalten und die Einstellungen einer Organisation, in die Praxis getragen durch die Mitarbeiter, die über alle Hierarchieebenen hinweg als Botschafter dieser Unternehmenskultur wirken – und im Idealfall bereits basierend auf den Unternehmenswerten für das Unternehmen ausgewählt und angeworben wurden. Wir können davon ausgehen: BMW wird seine Neueinstellungen gezielt als potenzielle Leistungsträger im Hinblick auf die favorisierte Hochleistungskultur auswählen. Die Frage, wie eine Hochleistungskultur im Unternehmen aufgebaut und wie Leistung in Unternehmen gemanagt, gefördert und gemessen werden kann, bleibt bis heute in Theorie und Praxis weitgehend unbeantwortet (Homburg et al. 2012). Woher beziehen bzw. wie motivieren, entwickeln und binden Unternehmen ihre wichtigste Ressource – den engagierten, leistungsbereiten Mitarbeiter? Es lohnt sich, diese Frage zeitnah näher zu betrachten – diese Ressource wird in naher Zukunft immer härter umkämpft werden. Dieses Kapitel geht der Frage nach, welche Unternehmenskultur und welche Führungsgrundsätze ein Unternehmen tatsächlich dabei unterstützen können, eine Hochleistungskultur im Unternehmen zu implementieren.

Unser Unternehmensumfeld ist permanenten Veränderungen unterworfen, Güter, Arbeits- und Informationsmärkte sind globalisiert. Die neuen Kommunikationsmedien verschaffen Lieferanten und Kunden weltweiten Zugang zu Märkten, die vor 15 Jahren noch als schwer erreichbar galten. Käufer sind anspruchsvoller geworden, in vielen Bereichen werden lange Lieferzeiten und organisatorisch bedingte Koordinationsprobleme nicht mehr akzeptiert. Das neue Käuferverhalten ist einer der Gründe für die Entwicklung neuer Güter und Dienstleistungen bei wachsenden Qualitäts- und Individualitätsansprüchen. Heute müssen Unternehmen effizienter, effektiver und vorausschauender denn je arbeiten, um der Konkurrenz und wirtschaftlichen Krisen zu trotzen. Mit zunehmendem Wettbewerb und aufgrund gesättigter Märkte ist es notwendig, das Unternehmen permanent an die Gegebenheiten des Marktes anzupassen, um auf politische, technische oder gesellschaftliche Veränderungen und innovative Trends schnell zu reagieren. Die Mikroelektronik verändert nicht nur Produktinnovationsprozesse, sondern lässt auch viele Maschinen wirtschaftlich schneller altern, weil neue, leistungsfähige Technologien in immer kürzeren Zeitabständen auf den Markt kommen. Die betriebswirtschaftlichen Ziele „Zeit" und „Flexibilität" haben sich zu kaufentscheidenden Kriterien entwickelt.

Der Wertewandel innerhalb der Industriegesellschaft ist auch an der Arbeitswelt nicht spurlos vorbeigegangen. Die Einstellung zur Umwelt, die sich ändernde Altersstruktur von Arbeitnehmern, aber auch der sich wandelnde Qualitätsanspruch der Arbeitnehmer an ihren Arbeitsplatz sind aktuelle Herausforderungen für Unternehmen. Teamkonzepte, Gruppenarbeit, Arbeit in mobilen Büros oder in dezentralen Arbeitsstätten, Telekooperationen und virtuelle Unternehmen gehören heute zum Arbeitsalltag. Viele Arbeitsleistungen werden heute global beschafft. Die Leistungsfähigkeit eines Unternehmens – und damit seine Wettbewerbsfähigkeit – hängt heute viel stärker als früher von seinen einzigartigen, nicht imitierbaren, wertvollen Ressourcen (z. B. Mitarbeiter, Patente, Produkteigenschaften) ab. Auch die Unternehmenskultur kann zu den wesentlichen Erfolgsfaktoren und einzigartigen Ressourcen eines Unternehmens gerechnet werden – sie ist ebenfalls nur schwer von Wettbewerbern zu kopieren.

Der Wertewandel in der Arbeitswelt wird sichtbar in einer zunehmenden Ablehnung von Unterdrückung, Verpflichtung und reiner Arbeitsausführung ohne eigenen Handlungsspielraum. Neue Studien belegen zudem die gestiegenen Erwartungen von Mitarbeitern an ihre Führungskräfte und den Stellenwert einer Work-Life-Balance. Auch in der betriebswirtschaftlichen Literatur finden wir den Wandel vom Produktionsfaktor und passiven Arbeitnehmer, der von der Organisation kontrolliert werden muss, hin zum wandlungs- und lernfähigen Mitarbeiter mit sich verändernden Bedürfnissen. Der gesellschaftliche Wandel sollte deshalb vor der bisher üblichen Leistungsmessung nicht Halt machen.

Performance oder Leistung – der bewertete Beitrag zur Erreichung der Ziele einer Organisation – wird von Unternehmen bis heute in Form von Kennzahlen gemessen. Führungskräfte sollen durch die Instrumente der Leistungsmessung in die Lage versetzt werden, den Erfolg der Geschäftsprozesse auf strategischer, taktischer und operativer Ebene aktiv zu planen, zu überwachen und zu steuern. Zielsetzung der Ansätze des Performance Managements ist eine systematische Leistungsmessung, -steuerung und -kontrolle sowie Verfolgung verschiedener Anwendungsobjekte oder Leistungsebenen (Mitarbeiter, Teams, Abteilungen, Prozesse) mit dem Ziel der kontinuierlichen Verbesserung von individueller und Unternehmensleistung.

Für die systematische Leistungsmessung in Unternehmen wurden sowohl in Wissenschaft als auch in der (Beratungs-)Praxis zahlreiche Ansätze und Methoden entwickelt. Hinter den Bezeichnungen Excellence, Total Quality Management, Balanced Scorecard (Kaplan und Norton 1992) und Performance Management existieren in vielen Unternehmen verschiedene Modelle. So wurde eine Zeit lang den – finanziellen, qualitativen, kunden- oder prozessbezogenen – Perspektiven der Balanced Scorecard für das Unternehmen eine wesentliche Rolle bei der Unternehmenssteuerung zugeschrieben. Jede dieser Perspektiven für sich alleine betrachtet beschreibt allerdings nur eine Komponente von Managementaktivitäten und Prozessen. Nur wenn es dem Unternehmen gelingt, die einzelnen Perspektiven so in das Unternehmen einzubinden, dass ein höherwertiger und langfristiger Erfolg geschaffen wird, ist die Verwendung von Balanced Scorecards ein Mehrwert für Manager und ein Gewinn für den Leistungserstellungsprozess im Unternehmen. Die komplexen Strukturen der Balanced Scorecard machen die Verwendung dieses Steuerungsinstruments nach wie vor zu einer großen Herausforderung für das Management. Zu diesem Resultat kommt auch Marr in seiner 2012 durchgeführten Studie „20 Years of Measuring and Managing Business Performance – From KPIs and Dashboards to Performance Analytics and Big Data". Er befragte über 3000 internationale Unternehmen zum Thema „Performance Measuring und Managing". Die Abb. 5.1 zeigt, dass Key-Performance-Indikatoren (KPI) für mehr als zwei Drittel aller befragten Unternehmen ein gängiges Werkzeug des Performance Managements sind. Erstaunlicherweise ist die Orientierung der Manager an Unternehmensmission und -vision nur bei etwas mehr als der Hälfte der befragten Unternehmen gängige Praxis. Dabei sollte sich doch – folgt man der Theorie – die Unternehmenstätigkeit an diesen ausrichten.

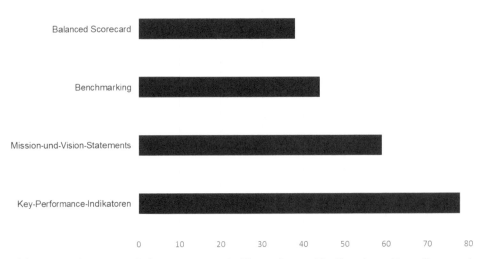

Abb. 5.1 Werkzeuge zur Leistungsmessung in Unternehmen. (Quelle: eigene Darstellung nach Marr 2012, S. 7)

Trotz ihrer teilweise weiten Verbreitung sind Konzepte zur systematischen Leistungsmessung bis heute als Managementsteuerungsinstrumente unbeliebt oder zumindest nicht in dem Maße erfolgreich, wie sie eigentlich sein müssten: Im Rahmen einer Befragung aus dem Jahr 2009 waren mehr als 80 % der befragten Manager mit der Art der Leistungsmessung in ihrem Unternehmen unzufrieden. Im Widerspruch zu der Studie von Marr (2012) steht insbesondere, dass nur 17 % der Manager angaben, über ein funktionierendes Leistungsmessungssystem im Unternehmen zu verfügen (CMO Council 2009). Die Unzufriedenheit vieler Manager mit Leistungskennzahlen zur Unternehmenssteuerung mag darin begründet sein, dass sich diese Kennzahlen nicht nur – wie die Namensgebung vermuten lässt – auf eine Leistung beziehungsweise ein Performance Level beziehen, sondern oft als Wirtschaftlichkeitsindikatoren auch Kosten beschreiben. Dieser Ansatz zur Unternehmenssteuerung scheint in vielen Unternehmensbereichen zu kurz zu greifen und wichtige Leistungsaspekte auszuklammern.

Klassische Kennzahlensysteme gelten heute als unflexibel, da ihr Fokus häufig ausschließlich auf Prozessen und monetären Vorgängen liegt. Heute besteht die Notwendigkeit, „weiche Faktoren" wie Kunden- und Mitarbeiterzufriedenheit in ein System ebenso mit einbinden zu können wie den „Blick in die Zukunft" durch die Überwachung von Zielen und Strategien. Erst die Bedeutung für das Unternehmen und die Unternehmensleitung kann aus einer Kennzahl einen KPI entwickeln, der kritische Erfolgsfaktoren im Unternehmen beschreibt. Diese Steuerungskennzahlen sind jedoch schwierig zu bilden – es gibt grundlegende Anforderungen, die in Unternehmen oftmals nicht ausreichend berücksichtigt werden:

- Es handelt sich um Kennzahlen, die einen für das Unternehmen kritischen Erfolgsfaktor abbilden.
- Eine regelmäßige Datenerhebung (Idealfall: 24/7) sollte gegeben sein.
- Die KPI müssen vom Vorstand und Management vorgegeben und gelebt werden.
- Inhalt, Funktionalität und Auswirkung der Kennzahlen sind für alle Mitarbeiter verständlich.
- Die auf den KPI Einfluss nehmenden Mitarbeiter sind sich ihrer Verantwortung bewusst.
- Die KPI haben signifikante positive Auswirkungen auf den Prozess bzw. das Unternehmen.

Aus obiger Auflistung wird die Herausforderung für Führungskräfte deutlich: Wer definiert die kritischen Erfolgsfaktoren? Und: Handelt es sich dabei um Ziele, die tatsächlich von der jeweiligen Abteilung beeinflusst werden können? Für den Vertrieb werden bis heute als KPI häufig folgende Standardkennzahlen vorgeschlagen: Kundenzufriedenheit, Reklamations- und Stornoquote, Deckungsbeitrag je Produkt bzw. die Anzahl der Kundenkontakte (Angebote, Telefonate, Besuche). Oftmals haben Vorstand und Geschäftsführung an nicht finanziellen Kennzahlen wenig Interesse, die vorgegebenen Steuerungskennzahlen beziehen sich auf Gewinn bzw. Return on Investment. Fraglich ist auch, inwieweit Mitarbeiter tatsächlich Einfluss auf die Reklamations- und Stornoquote haben – und ob im Unternehmen die Kundenzufriedenheit derart gemessen, regelmäßig erfasst und interpretiert wird, dass es sich de facto um einen KPI handelt.

Sind KPI tatsächlich der passende Ansatz, eine Hochleistungskultur im Unternehmen zu verankern, anspruchsvolle Mitarbeiter zu motivieren und Innovationen voranzutreiben? Wie sollen die neuen wettbewerbsentscheidenden Kriterien „Zeit" und „Flexibilität" in die Leistungsmessung integriert werden? Neuere Forschungsansätze zeigen, dass Vertriebsergebnisse und Mitarbeiterloyalität dann steigen, wenn Mitarbeiter im Unternehmen wertschätzend als „interne Kunden" behandelt werden. Wenn wir einen Blick auf das St. Gallener Managementmodell werfen, stellen wir fest, dass es einen Zusammenhang zwischen Unternehmenskultur, Unternehmensstruktur und dem Verhalten im Unternehmen gibt. Nur wenn in der Unternehmenskultur und der daraus abgeleiteten Unternehmensmission die passenden Leistungsziele, -prinzipien und -normen verankert sind, wird das strategische Management darauf zurückgreifen und aufbauen können und dadurch über letztendlich motivierte Mitarbeiter verfügen können.

Der Begriff „Kultur" bezeichnet die hintergründigen Strukturen eines Unternehmens: Normen und Werte, Einstellungen, Haltungen und Argumentationsmuster. Die Unternehmenskultur prägt in starkem Maße die interne Situation des Unternehmens sowie dessen Sichtweise auf externe Bedingungen, Trends, Wettbewerb und Marktbedingungen. Sie beeinflusst die Art und Weise, wie die Unternehmensmitglieder bezogen auf den Markt reagieren und handeln – welchen Wachstumsstrategien sie also folgen. Das Zusammenspiel zwischen Unternehmenspolitik und Unternehmensmission kann u. a. im Rahmen von Langfrist-Programmen die Zielsetzung verfolgen, Unternehmenswerte zu etablieren,

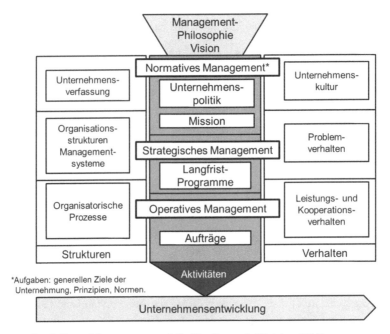

Abb. 5.2 Das St. Gallener Managementmodell. (Quelle: nach Bleicher 2011)

die für Mitarbeiter erfahrbar sind und die sie an Kunden, Lieferanten und Investoren im Sinne einer „gelebten Marke" weitergeben. Das St. Gallener Managementmodell zeigt den unterschätzten Einfluss der Unternehmenskultur auf das Verhalten des strategischen und operativen Managements im Unternehmen (Abb. 5.2).

Was bedeutet dies für den eingangs zitierten „Hochleistungskultur-Ansatz"? Dass sich das strategische und operative Management in ihrem Problemlösungs-, Leistungs- und Kooperationsverhalten diesem Ansatz unterordnen und alle organisatorischen Prozesse ebenfalls an diesem Ansatz ausrichten. Bringt diese Art der Unternehmenskultur engagierte, kreative Mitarbeiter und nachhaltige Unternehmensleistung hervor? Motivieren und binden wir diese Mitarbeiter durch Steuerungs- und Leistungskennzahlen – oder gibt es andere Mittel des Managements, um als Unternehmen dauerhaft auf Erfolgskurs zu halten?

5.2 Leadership als Führungsgrundsatz: Verantwortung übernehmen, Resultate erzielen

Unsere globalisierten Märkte sind ständigen Veränderungen ausgesetzt, die von Unternehmen in immer kürzeren Zeitabständen eine Überprüfung ihrer Kernkompetenzen, ihres Produktportfolios, ihrer Ressourcen, Fertigungsprozesse und Zielgruppen verlangen. Der Wettbewerb ist international und wird immer unübersichtlicher, Schlagworte wie Industrie 4.0 und das Internet der Dinge beeinflussen Unternehmensprozesse und den Erfolg neuer

5 Kooperative Unternehmenskultur und Führung

Produkte nachhaltiger als Steuerungskennzahlen. Darauf müssen gerade die Unternehmen, die eine Hochleistungskultur als Kern ihrer Unternehmenskultur anstreben, schnell reagieren können. Erfolgsfaktoren wie aufgabennahe Entscheidungen und eigenverantwortliches Handeln eignen sich heute eher, Unternehmen fit für den Wandel zu machen, als die Berechnung von vergangenheitsorientierten Kennzahlen – sofern diese Erfolgsfaktoren in der Unternehmenskultur verankert sind und von allen Führungskräften vorgelebt werden.

Bevor wir uns mit den Faktoren beschäftigen, die die Leistungsbereitschaft von Mitarbeitern beeinflussen, werfen wir zunächst einen Blick auf aktuell diskutierte und verwendete Führungsansätze. Von Managern wird im Sinne einer kooperativen Führung häufig gefordert, die Unternehmensziele durch Management of Objectives bzw. Management by Results zu erreichen. Oberziele werden durch die Führungskraft in Teilziele aufgeteilt und lediglich die fristgerechte Zielerreichung überwacht. Der „Weg zum Ziel" bleibt dem Mitarbeiter überlassen. Ein in den letzten Jahren viel diskutierter Führungsstil basiert auf dem Gedanken des Leadership. Leadership bedeutet, die Geführten mit Visionen zu inspirieren und zu motivieren. Das Resultat des Leadership-Führungsstils sind Kreativität, Innovation, Sinnerfüllung und gegebenenfalls Wandel im Unternehmen. Firmen müssen ihre Talente gezielt und mit langfristiger Perspektive entwickeln.

Das Leadership-Führungskonzept beinhaltet vier Dimensionen, die den Erfolg dieses Führungsansatzes maßgeblich beeinflussen:

- die konsequente Einbeziehung von Unternehmensdaten bei der Entscheidungsfindung,
- die Berücksichtigung von internen und externen Moralstandards,
- Offenheit in der Beziehung zu anderen Mitarbeitern und Führungskräften und
- ein Selbstbewusstsein, das groß genug ist, sowohl populäre als auch unpopuläre Entscheidungen zu treffen und zu verantworten.

Offene und ehrliche Beziehungen im Unternehmen führen zu einer Arbeitsumgebung, die von Vertrauen und Sicherheit geprägt ist. Leadership kann sich auf breiter Ebene nur dort entfalten, wo ein geeignetes Umfeld geschaffen wird. Eine entsprechende Unternehmenskultur bildet die Grundlage für die Entwicklung von „Leadership als Führungsansatz". Um im Unternehmen den Gedanken des Leadership zu implementieren, sollten sich Führungskräfte zunächst – im Sinne der „offenen und ehrlichen Beziehung" – in Strategieworkshops die nachfolgenden Fragen stellen. Sie führt zu Antworten über die Leistungstreiber und die bestehenden Ressourcen des Unternehmens.

Was macht unser Unternehmen leidenschaftlich gerne? Diese Frage sollte in unterschiedlichen Unternehmensbereichen und von verschiedenen Hierarchieebenen im freien Brainstorming möglichst breit beantwortet werden. Es kann damit gerechnet werden, dass zunächst Antworten kommen wie: „Rechnungen schreiben" oder „Kaffeepause" usw. Früher oder später kann jedoch davon ausgegangen werden, dass substanziellere Vorschläge wie etwa „bestehende Branchenlösungen verbessern", „neue Wege beschreiten" oder

„schneller, präziser, moderner oder günstiger sein als der Wettbewerb". Wichtig ist, dass man in diesem Brainstorming alles zulässt, was die Mitarbeiter im Inneren eines Unternehmens wirklich bewegt!

Was kann das Unternehmen am besten? Gemeint sind die aktuellen Stärken des Unternehmens – weltweit und schon heute. Es geht hier nicht um strategische Absichten, sondern um wettbewerbliche Einsichten. Wo ist das Unternehmen Branchenführer? Für welche Aktivitäten bzw. Produkte oder Services steht es? Auch hier ist wichtig, diese Frage unvoreingenommen anzugehen, d. h. nicht etwa auf die Antworten der vorherigen Frage zu schauen – und auch keine Antworten auszublenden.

Wovon kann das Unternehmen leben? Was hält das Unternehmen finanziell am Leben? Auch diese Frage wird im Brainstorming so breit wie möglich beantwortet und aufgelistet.

Die Beantwortung obiger Strategietreiber im Unternehmen, die Frage danach, was das Unternehmen mit Leidenschaft vorantreibt, bringt neue Ressourcen – Aktivitäten, Produkte und Dienstleistungen – hervor. Im Anschluss an die Workshops konzentrieren sich die Führungskräfte auf diese Strategietreiber, formulieren Abteilungsziele, setzen Prioritäten und identifizieren die wesentlichen Aufgaben ihrer Mitarbeiter. An dieser Stelle werden Abteilungsleiter wieder auf die Entwicklung von KPI zurückgreifen, um die Erreichung der Abteilungsziele nachverfolgen zu können.

Offensichtlich ist: Die Dinge, die Unternehmen gerne, gut und erfolgreich machen, werden gemeinsam mit engagierten, innovativen Mitarbeitern identifiziert, entwickelt und schließlich erreicht. Das hat auch BMW erkannt und stellt den leistungsorientierten Mitarbeiter, der sich gerne weiterentwickelt, in den Mittelpunkt seiner Hochleistungskultur. Wenn der Unternehmenserfolg oder Misserfolg so stark von der Ressource Mitarbeiter abhängt, wird deutlich, warum der Ansatz, Unternehmensleistung ausschließlich über Kennzahlensysteme erfassen zu wollen, heute nicht mehr ausreicht. Wie gewinnen oder halten Unternehmer leistungsbereite, engagierte Mitarbeiter? Wie können Unternehmen ihre Mitarbeiter so in den Unternehmensentwicklungsprozess einbinden, dass neue Ressourcen entstehen? Auch die Antworten auf diese Fragen resultieren letztendlich aus einer kooperativen Unternehmenskultur.

5.3 Mitarbeiter – Herausforderung für Performance Management im Unternehmen

Hinter jedem unternehmerischen Erfolg stehen die Kreativität, die Motivation und die Leistung von Mitarbeitern. Mitarbeiter sind motiviert – oder sie sind es nicht. Was genau beeinflusst die Leistungsbereitschaft von Mitarbeitern positiv? Homburg, Schäfer und Schneider (2012) identifizieren insbesondere fünf Einflussfaktoren, die bereits bei der Personalauswahl berücksichtigt werden sollten:

- Persönlichkeitseigenschaften (z. B. Empathie, Optimismus),
- soziale Kompetenz (z. B. Kommunikationsstil, Verhalten im Team),
- Fachkompetenz (z. B. produkt- und kundenbezogenes Wissen),
- Motivation und
- Klarheit bezüglich der Zielsetzung und der Aufgabenstellung (Kenntnisse über Unternehmens- und Abteilungsziele und die daraus abgeleiteten Anforderungen und Erwartungen an den Mitarbeiter).

Neben den persönlichen Eigenschaften von potenziellen oder aktuellen Mitarbeitern haben die Rahmenbedingungen im Unternehmen einen wichtigen Einfluss auf die Mitarbeitermotivation: Kriterien der Personalauswahl und Personalentwicklung, Führungsverhalten, Leistungsbeurteilung und Anreizsysteme bilden im Unternehmen und für die persönlichen leistungsbeeinflussenden Elemente die Grundlage. Offene Kommunikationsstrukturen sowie gelebte Mitarbeiterorientierung in flachen Hierarchien haben ebenfalls einen maßgeblichen Anteil an der Motivation von Mitarbeitern und Führungskräften.

In diesem Zusammenhang wird heute der Gedanke des Organisational Citizenship Behaviour (OCB) diskutiert. OCB bezieht sich auf das freiwillige Verhalten von Personen, welches nicht direkt von formalen Belohnungssystemen beeinflusst wird, aber trotzdem maßgeblich zu einer effektiv arbeitenden Organisation beiträgt. OCB beschreibt eine positive Einstellung von Mitarbeitern und Vorgesetzten, die mit Optimismus und hoher Belastbarkeit – gepaart mit freiwilligem zusätzlichem Engagement – das Thema Höchstleistungsorganisation persönlich vorantreiben. OCB wird gefördert durch eine Beteiligung der Mitarbeiter an Entscheidungen, die Bindung an das und die Identifikation mit dem Unternehmen sowie die wahrgenommene Unterstützung und Förderung des Mitarbeiters durch die Führungskraft. Das OCB ist durch Kennzahlen nur schwer zu beeinflussen, da ihm – wie erwähnt – freiwilliges Mitarbeiterverhalten zugrunde liegt, welches nicht auf formalen Belohnungssystemen gründet.

Wenn dieses Verhalten Erfolg versprechend ist, wie kann ein Unternehmen Organisational Citizenship Behaviour fördern? Mitarbeiterorientierung im Unternehmen liegt vor, wenn Mitarbeitern prinzipiell Wertschätzung entgegengebracht wird. Die Unternehmensleitung hat ein Interesse an den Bedürfnissen der Mitarbeiter und bindet sie bei wichtigen Entscheidungen ein. Die Zusammenarbeit zwischen Führungskräften und Mitarbeitern gründet auf Vertrauen und Mitarbeiter werden als Schlüssel zum Erfolg betrachtet.

Ein Unternehmen verfügt über offene Kommunikations- und Informationsstrukturen, wenn Informationen innerhalb des Unternehmens automatisch an andere Bedarfsträger weitergeleitet, Umfeldinformationen berücksichtigt und die Unternehmensziele und -strategien an die Mitarbeiter nicht nur kommuniziert (top-down), sondern diese soweit wie möglich in den Ziel- und Strategiebildungsprozess mit einbezogen werden (bottom-up). Ziele, die sich Mitarbeiter im Rahmen vorgegebener Unternehmensoberziele selber setzen können, werden im Sinne eines Performance Managements deutlich häufiger erreicht. Strategien, die Marketing-, Vertriebs- und Entwicklungsmitarbeiter gemeinsam erarbeiten, sind in der Regel erfolgreicher (Was machen wir leidenschaftlich gern?), näher an den

Unternehmensressourcen (Was können wir am besten?) und näher am Kunden (Wovon kann das Unternehmen leben?) als die von der Geschäftsführung vorgegebenen Strategieansätze.

Werfen wir der Vollständigkeit halber nun noch einen Blick darauf, was die Leistungsbereitschaft von Mitarbeitern behindert und einen negativen Einfluss auf Kreativität und Motivation hat. Umfragen zu diesem Thema zeigen, dass Bürokratie, unklare Zielsetzungen und Erwartungen, Arbeitsüberlastung, hierarchische Strukturen, ein hoher Verwaltungs- und Dokumentationsaufwand sowie langsame oder unklare Prozesse die Leistungsfähigkeit von Führungskräften und Mitarbeitern negativ beeinflussen. Mitarbeiter sind weniger motiviert, kreativ und engagiert, wenn:

- sie darüber im Unklaren gelassen werden, ob ihr Vorgesetzter mit ihnen und ihrer Arbeit zufrieden ist,
- Aufgabenbereiche und Zuständigkeiten unklar sind,
- sie selten oder nie positives Feedback für eine erfolgreiche Arbeitsleistung erhalten, sie im Unklaren über die Unzufriedenheit ihres Vorgesetzten mit ihrer Arbeit gelassen werden und
- ihnen das Unternehmen keine Möglichkeit bietet, neue Fachkenntnisse zu erwerben.

Kundenorientierung im Unternehmen muss deshalb auch intern auf Mitarbeiter angewendet werden. Folgende Fragen sind in diesem Zusammenhang hilfreich:

- Wer sind meine internen Kunden?
- Was benötigen diese internen Kunden, um erfolgreich zu arbeiten?
- Wie kann ich diese Bedürfnisse decken?

5.3.1 Der Einfluss motivierender Kommunikation auf Mitarbeiterleistung

Unternehmen möchten technologisch führend im Markt sein und für ihre Kunden Besonderes leisten, täglich besser zu werden, sich weiterentwickeln und Neues wagen. Mit einer Unternehmenskultur, die es Mitarbeitern ermöglicht, ihre Ideen und Initiativen einzubringen und motiviert zu arbeiten, kann dieses ambitionierte Ziel erreicht werden. Welche Rolle kommt in diesem Zusammenhang der Kommunikation zwischen Vorgesetzten und Mitarbeitern zu? Ist es möglich, die Mitarbeitermotivation durch Kommunikation positiv zu beeinflussen?

Der Unterschied zwischen Kommunikation im Allgemeinen und motivierender Kommunikation liegt darin, dass der Mitarbeiter von seinem Vorgesetzten mehr als nur Arbeitsanweisungen erhält: Die Kommunikation mit den Mitarbeitern geht weit über den eigentlichen Arbeitsauftrag hinaus und hat zum Ziel, die zu übertragende Aufgabenstellung so zu vermitteln, dass die Mitarbeiter motiviert an die Arbeit gehen. Der Vorgesetzte kann den Mitarbeitern mehr Hintergrundinformationen zur Aufgabe geben, um sie stärker in die Problemlösung einzubeziehen und sie – wenn nötig – emotional und intellektuell einzubinden. Die motivierende Kommunikation läuft optimalerweise in folgenden Stufen ab (Hiam 2003):

- Der Vorgesetzte präsentiert das Problem bzw. die Aufgabenstellung seinem Mitarbeiter.
- Der Mitarbeiter bereitet unterschiedliche Lösungsalternativen vor, die zunächst ohne strikte Vorgaben entwickelt werden dürfen.
- Der Mitarbeiter stellt die unterschiedlichen Lösungsvorschläge vor und wird gebeten, diese auf die Machbarkeit hin zu bewerten.
- Der Vorgesetzte unterstützt den Mitarbeiter bei der Auswahl der optimalen Alternative sowie – wenn erforderlich – bei deren Planung und anschließenden Umsetzung.
- Während des Umsetzungsprozesses hält der Vorgesetzte engen Kontakt zum Mitarbeiter und überwacht so die termingerechte Aufgabenlösung.

Weil die motivierende Kommunikation durch ihren integrativen Problemlösungsansatz die Mitarbeiter stärker einbindet, hat der Vorgesetzte direkten positiven Einfluss auf die Art, wie Mitarbeiter den Wert ihrer Arbeit für das Unternehmen beurteilen. Funktionale Kommunikation hat ihren Schwerpunkt in der Aufgabenübertragung – während motivierende Kommunikation den Mitarbeiter in die verschiedenen Arten der Problembewältigung aktiv mit einbezieht und sein Mitdenken einfordert. Motivierende Kommunikation bezieht dadurch die Einstellungen, Gefühle und Gedanken der Mitarbeiter in den Arbeitsalltag mit ein, der Mitarbeiter fühlt sich ernst genommen und ist dadurch zur Erarbeitung und Umsetzung der (seiner) Problemlösung stark motiviert:

- Mitarbeiter erfahren, dass ihre Initiative und Problemlösungskompetenz gefragt ist.
- Mitarbeiter fühlen sich wertgeschätzt – ihr Vorgesetzter fragt sie nach Ideen und Lösungsvorschlägen.
- Mitarbeiter sind durch motivierende Kommunikation in der Lage, das übergeordnete Abteilungs- oder Unternehmensziel zu verstehen.
- Mitarbeiter verbessern die Qualität ihrer Arbeit, weil sie mehr Zeit damit verbringen, Lösungsalternativen zu durchdenken und sich für die beste Lösung zu entscheiden.
- Mitarbeiter entwickeln sich mittelfristig zu engagierten, kreativen Problemlösern.
- Mitarbeiter lernen von ihren Vorgesetzten motivierende Kommunikation, machen sich diesen Kommunikationsstil zu eigen und involvieren so andere Mitarbeiter im Team.
- Nichts ist so beständig wie die Veränderung: Motivierende Kommunikation hilft Mitarbeitern, sich in einer Welt globaler Herausforderungen zurechtzufinden.

Im Rahmen motivierender Kommunikation wird empfohlen, den Mitarbeitern offene Fragen anstelle von geschlossenen Fragen zu stellen. Offene Fragen geben Mitarbeitern mehr Raum für eigene Überlegungen und Ideen. Beispiele für offene Fragen sind die folgenden: „Welche Faktoren haben Ihrer Meinung nach dazu geführt, dass das Angebot letzte Woche zu spät fertiggestellt wurde?", „Warum wird diese Aufgabe in dieser Art und Weise erledigt?", „Wer ist durch unsere Entscheidung betroffen?" Wichtig ist außerdem, dass der Vorgesetzte mehr als die halbe Rücksprachezeit nur zuhört – und weniger als die halbe Rücksprachezeit selber spricht. Der Mitarbeiter wird durch Fragen, Pro- und Kontraansätze sowie Fragen zur Lösungsimplementierung geführt und entwickelt schnell Selbstvertrauen in seine Problemlösungskompetenz. Abschließend sollte der Vorgesetzte zusammen mit dem Mitarbeiter die Zielsetzung (Zeitraum, Menge, Qualität, Detaillierungsgrad) bei der Lösung der Aufgabenstellung festlegen.

Nur wenn Mitarbeiter über die wichtigsten Vorgänge im Unternehmen, über die Ziele und zukünftigen Herausforderungen informiert sind, fühlen sie sich als „Partner auf Augenhöhe" und können sich konstruktiv und motiviert einbringen.

5.3.2 Kooperative Unternehmenskultur und -führung: Partner auf Augenhöhe

Wodurch beeinflusst die Unternehmenskultur die Unternehmenspolitik? Die Unternehmenskultur setzt den Rahmen und die Werte für den Umgang mit den Mitarbeitern: Welche Führungsgrundsätze sollte man über die Unternehmenskultur vorgeben, um motivierte Führungskräfte und Mitarbeiter zu gewinnen und zu halten und langfristig eine Hochleistungskultur zu entwickeln? Basierend auf einem respektvollen, offenen und ehrlichen Umgang miteinander bilden folgende Grundsätze die Basis für eine kooperative Unternehmenskultur:

Auf das Wesentliche konzentrieren und auf Stärken der Mitarbeiter setzen Führungskräfte werden dazu aufgefordert, durch ihre Führungstätigkeit Strukturen und Prozesse zu schaffen, damit Mitarbeiter effizient arbeiten können. Hier stellt neben den KPI die motivierende Kommunikation einen wichtigen Erfolgsfaktor dar. Die Führungskräfte identifizieren die Stärken ihrer Mitarbeiter und bauen sie systematisch aus. Sie fördern die Entwicklung ihrer Mitarbeiter und geben Raum für das Lernen durch eigene Erfahrungen.

Konstruktives und lösungsorientiertes Handeln Führungskräfte stellen Bestehendes infrage und wagen Neues. Sie und ihre Mitarbeiter schöpfen ihre Kreativität und Motivation aus der erfolgreichen Bewältigung schwieriger Aufgaben in der Vergangenheit. Viele der besten Ideen kommen von den Mitarbeitern selbst. Wer als Führungskraft annimmt, alles am besten zu können, vertut die Chance, durch verantwortungsvoll handelnde Mitarbeiter erfolgreich zu sein.

Vertrauen schaffen, Vertrauen erhalten – motivierend und offen kommunizieren Gegenseitiges Vertrauen beginnt immer mit dem Vertrauensvorschuss durch die Führungskräfte. Ihre Führung ist verständlich, kalkulierbar und nachvollziehbar. Der Umgang mit ihren Mitarbeitern ist durch Wertschätzung, Offenheit und Fairness geprägt.

Führungskräfte sorgen dafür, dass jeder Mitarbeiter seinen Beitrag zum Ganzen erkennt, Ziele, Strategien und Hintergründe versteht, Veränderungen mitträgt und seine Ideen einbringen kann. Konfliktsituationen begegnet die Führungskraft zeitnah, mutig, offen, konstruktiv und lösungsorientiert.

Besser werden – Vorbild sein Führungskräfte sorgen dafür, dass das Unternehmen besser wird, indem sie ihren Mitarbeitern ermöglichen, ihre Ideen und Anregungen in die Arbeit einzubringen. Führungskräfte suchen bei Fehlern nicht nach Schuldigen, sondern nach geeigneten Maßnahmen zur Behebung und zukünftigen Vermeidung von Fehlern. Die Führungskraft ist unweigerlich Vorbild – was sie von ihren Mitarbeitern erwartet, sollte sie vorleben.

5.4 Kooperative Unternehmenskultur: Anforderungen an Führungskräfte und Mitarbeiter

Die zentralen Steuerungsinstrumente eines Unternehmens im Rahmen einer kooperativen Unternehmenskultur basieren auf

1. dem Festlegen und Kommunizieren einer klaren Vision, Mission und Unternehmenswerten,
2. dem Aufbau von flexiblen Strukturen, Systemen und Prozessen im Rahmen einer motivierenden Kommunikationsstruktur,
3. dem Schaffen von Mitarbeitermotivation nicht nur über monetäre Anreizsysteme und Ziele, sondern auch durch kooperative Führung, Freiräume, Vertrauen und eine konstruktive Fehlerkultur,
4. dem Vertrauen in die Stärken der Mitarbeiter und einer offenen Informationspolitik.

Wenn es dem Unternehmen gelingt, das Performance Management im Rahmen eines nachhaltigen Veränderungsprozesses in der Kultur des Unternehmens zu verankern und permanent an sich ändernde Markt- und Kundenanforderungen anzupassen, steigt die Akzeptanz der Führungskräfte für die Unternehmenssteuerung durch integriertes Performance Management. Dabei sollten verschiedene Ansätze der Leistungsstrukturierung geprüft werden (Sponheuer 2009):

- Bezieht sich die Performance-Messung auf die ausschließliche Konfiguration nach Produkten, Kundenprozessen oder Kundennutzen – oder werden auch Kennzahlen für das Innovationsmanagement oder die Mitarbeiterzufriedenheit entwickelt und durch die kooperative Unternehmenskultur im Unternehmen verankert?
- Ist es möglich, einen Performance-Management-Ansatz über die gesamte Leistungspalette anzuwenden und neben den „offensichtlichen" Leistungen auch intangible und „versteckte" Leistungen zu integrieren?

- Besteht die Möglichkeit, eine einfache, verständliche Visualisierung (Piktogramme, Grafiken) für die eigenständige Leistungskonfiguration der Führungskräfte zu entwickeln, damit die Effekte der motivierenden Kommunikation dargestellt werden können?
- Werden die Werte der kooperativen Führung im Rahmen der Unternehmenskommunikation sichtbar (Website, Broschüren, Präsentationen, Messestand etc.), damit die zur Unternehmenskultur passenden Mitarbeiter auf das Unternehmen aufmerksam werden?
- Wird das gefundene Modell des Performance Managements im Rahmen der kooperativen Unternehmenskultur als Orientierung im ganzen Unternehmen angewendet, in Führungsgrundsätze integriert und von allen Unternehmensebenen gelebt?

Einer der Gründe für die hohe Unzufriedenheit von Führungskräften und Mitarbeitern mit Leistungsmessungssystemen liegt darin, dass der Prozess des Performance Managements nicht gemeinsam mit ihnen entwickelt wird. Nach den Grundsätzen der kooperativen Unternehmensführung ist es unrealistisch anzunehmen, dass Mitarbeiter nach Kennzahlen des Performance Managements oder KPI arbeiten und erfolgreich sind, wenn ihnen diese Kennzahlen lediglich „übergestülpt" werden.

Im Grunde genommen dient die Gesamtheit aller Performance-Management-Maßnahmen dazu, die Mitarbeiter dabei zu unterstützen, für das Unternehmen eine messbar bessere Leistung zu bringen. Dies kann nur dann gelingen, wenn diese Mitarbeiter durch ihre Führungskräfte in Entscheidungsprozesse eingebunden werden und verstehen, wodurch sie zum Unternehmenserfolg beigetragen haben oder beitragen können. Performance-Management-Instrumente können dazu genutzt werden, die Entscheidungsfähigkeit der Führungskräfte und Mitarbeiter im Alltag zu verbessern und an den Unternehmenszielen und -strategien auszurichten. Dies kann durch eine aktive Performance-Planung geschehen – die Führungskraft und der Mitarbeiter erarbeiten gemeinsam, welche Ziele der Mitarbeiter im nächsten Jahr verfolgen und wie der Erfolg seiner Anstrengungen gemessen werden soll. Im Rahmen dieses Planungsgesprächs geht es auch darum, welche Unterstützung die Führungskraft dem Mitarbeiter bei seiner Zielerreichung anbieten kann und will, welche möglichen Hindernisse es bei der Zielerreichung geben könnte und wie diese Hindernisse überwunden werden können. Im Rahmen dieses Planungsgesprächs sollte auch darüber gesprochen werden, welche Aufgaben für die Abteilung und den Mitarbeiter Priorität haben sollen. So wird die Zielerreichung der Abteilung durch den Ansatz der motivierenden Kommunikation vereinfacht und transparent und kooperativ gestaltet.

Abschließend sollten sich Unternehmensleitung und Führungskräfte darüber bewusst sein, dass Performance Management mehr ist als das einmalige Ausfüllen von Leistungsmessbögen. Es ist mehr als ein Verfahren, Mitarbeiter in Zeiten schwachen Outputs zu höherer Leistung zu bringen. Performance Management ist ein andauernder Prozess: Ändern sich Rahmenbedingungen, Vorgaben oder Unternehmensziele, müssen die Führungskraft und der Mitarbeiter sich kontinuierlich in Planungsgesprächen zusammensetzen, um auf Veränderungen schnell zu reagieren. Dies erfordert Disziplin, Verständnis und schnelle

Reaktion von allen Beteiligten. Je detaillierter z. B. der Vorgesetzte dem Mitarbeiter eine Leistungsschwäche kommuniziert, desto einfacher kann er sie gemeinsam mit dem Mitarbeiter überwinden. Die Art der Leistungs- bzw. Zielerreichungsmessung wird zwischen Führungskraft und Mitarbeiter ausgehandelt, festgelegt und nachgeprüft – und nicht aus einem standardisierten Kennzahlensystem vorgegeben.

Zusammenfassend lässt sich sagen, dass Performance Management im Unternehmen nur dann erfolgreich implementiert und genutzt werden kann, wenn die Art der Leistungsmessung sich an ein wandelndes Mitarbeiterbild anpasst. Dazu gehört, dass der Mitarbeiter

- die Erwartungen seines Vorgesetzten an ihn und seine Aufgaben kennt.
- weiß, was es konkret bedeutet, wenn der Vorgesetzte sagt, man solle „einen guten Job machen".
- weiß, was sein Beitrag zum Erfolg der Abteilung bzw. des Unternehmens ist und welche Ziele das Unternehmen mit seiner Unterstützung erreichen möchte.

Fortlaufende, motivierende Kommunikation im Rahmen einer kooperativen Unternehmenskultur ist der Schlüssel zu einer erfolgreichen Unternehmensführung und Grundlage eines akzeptierten, praktizierten Performance Managements. Mitarbeiter werden nicht durch die Erreichung von Kennzahlen an ein Unternehmen gebunden – vielmehr dadurch, dass sie sich wertgeschätzt fühlen und stolz auf ihren Arbeitgeber und ihren Anteil am Unternehmenserfolg sind. Dies gilt insbesondere, wenn Unternehmen in einer schnelllebigen, globalen Arbeitsumgebung auf eine Hochleistungskultur setzen. Wer motivierte, kreative, engagierte Mitarbeiter will, muss eine kooperative Unternehmens- und Führungsstruktur schaffen. Trotz einer sorgfältigen Gestaltung von Anreiz- und Entlohnungssystemen können diese Instrumente niemals vollständig die Ziele von Unternehmen und Mitarbeitern abbilden. Führungskräfte müssen ihre Aufmerksamkeit verstärkt dem „Wertemanagement" im Unternehmen zuwenden und dafür sorgen, dass zwischen ihnen und den Mitarbeitern genug Möglichkeiten der Kommunikation und Interaktion entstehen, um den Zusammenhalt des Unternehmens zu gewährleisten. Gemeinsame Werte wie Vertrauen, Zuverlässigkeit und Fairness bilden dann die Grundlage für eine nachhaltige Hochleistungskultur. Ein Mitarbeiter, von dem über viele Jahre voller Einsatz für das Unternehmen abverlangt wird, verlangt zurecht auch eine ganzheitliche Aufgabenabwicklung mit Gestaltungsfreiräumen und Entwicklungspotenzialen. Kooperative Unternehmenskultur braucht die gemeinsame Anstrengung von der Unternehmensleitung, den Führungskräften und den Mitarbeitern. Die Führung des Unternehmens muss hier die geeigneten Rahmenbedingungen schaffen. Im positiven Miteinander, im Offensein für Veränderungen liegt das Potenzial einer Hochleistungskultur. Visionäre Ideen, Expertise, Engagement und Mut zum Risiko werden durch motivierende Kommunikation gefördert.

Fragen Sie sich: Wie sollten die Mitarbeiter sein, die für Sie bzw. mit Ihnen zusammenarbeiten? Was zeichnet den „optimalen Mitarbeiter" aus? Berücksichtigen Sie diese Eigenschaften bei der nächsten Stellenbesetzung. Machen Sie Unternehmens- und Abteilungsziele deutlich, kommunizieren Sie motivierend. Helfen Sie aktiv mit, in Ihrem Unternehmen eine kooperative Unternehmenskultur zu verankern, indem Sie Ihre Führungsgrundsätze daran messen.

Literatur

Bleicher, K. (2011). *Das Konzept Integriertes Management* (8. Aufl.) Frankfurt a. M: Campus.

CMO Council. (2009). Umfrageresultate zitiert in Stewart, D. W. (2009). Marketing accountability: Linking marketing actions to financial results. *Journal of Business Research, 62*(6), 637.

Hiam, A. (2003). *Motivational management: Inspiring your people for maximum performance.* New York: AMACOM.

Homburg, C., Artz, M., & Wieseke, J. (2012). Marketing performance measurement systems: Does comprehensiveness really improve performance? *Journal of Marketing, 76,* 56–77.

Homburg, C., Schäfer, H., & Schneider, J. (2012). Sales Excellence. *Vetriebsmanagement mit Sytem.* Wiesbaden: Gabler.

Kaplan, R. S., & Norton, D. P. (1992). *The balanced scorecard – Measures that drive performance.* Boston: Havard Business Review.

Marr, B. (2012). *20 years of measuring and managing business performance.* Buckinghamshire: Advanced Performance Institute.

Sponheuer, B. (2009). *Employer Branding als Bestandteil einer ganzheitlichen Markenführung.* Wiesbaden: Gabler.

Wettbewerbsvorteil durch Hochleistungsproduktivität: Wie Fertigungsunternehmen durch eine innovative Methode der Produktionsoptimierung zu Hochleistung gebracht werden

Andreas Ginger und Uwe Büchner

6.1 Fertigungsproduktivität: ein wichtiger Teil von Performance Management

Es ist eine alte Weisheit, dass der Erfolg eines jeden Unternehmens durch viele unterschiedliche Dinge beeinflusst wird. Stimmt die Unternehmensstrategie? Hat das Unternehmen die richtigen Produkte für die entsprechenden Märkte? Ist es zur rechten Zeit am richtigen Ort? Entscheidend ist immer ganz simpel, dass die Umsätze die Kosten übersteigen und Gewinne erwirtschaftet werden.

Erreichen wollen das heute viele Unternehmen durch ein Performance Management, mit dem sie die Leistungserbringung im Unternehmen erfolgreich entwickeln und steuern. Entscheidend für den angestrebten Unternehmenserfolg sind dabei aber die im Performance Management eingesetzten Mittel und Wege, mit denen das Management des Unternehmens dies umsetzen will.

Aktuell zeigt sich, dass insbesondere die Ansätze durchschlagenden und nachhaltigen Erfolg haben, die im Unternehmen auf dem Weg zur kontinuierlichen Leistungssteigerung, sprich Prozessoptimierungen unter konsequenter Einbindung der Mitarbeiter führen. In produzierenden Unternehmen kommt dabei der ständigen Optimierung der Produktionsprozesse eine überragende Bedeutung zu. Fertigungsproduktivität wird so zu einem wichtigen Bestandteil des Performance Managements.

A. Ginger (✉) · U. Büchner
Speyer, Deutschland
E-Mail: andreas.ginger@pq-partner.com

U. Büchner
E-Mail: uwe.buechner@pq-partner.com

6.1.1 Die Bedeutung von Fertigungsproduktivität im Wettbewerb

Manager haben in ihren Unternehmen gerne die Reduzierung der Kosten zur Steigerung der Wettbewerbsfähigkeit im Auge. Ein verständliches Vorgehen. Scheint es doch einfacher zu sein, die leichter fassbaren Kosten zu senken, als die schwerer beeinflussbaren Erträge zu steigern.

So stehen in produzierenden Unternehmen auch immer wieder die Fertigungskosten im Fokus der Manager. Über Verlagerungen von Produktionen an Standorte in Niedriglohnländern, Automatisierung der Fertigung, Einsatz neuer Technologien und Lohnmodelle etc. versuchen sie, die Fertigungskosten zu senken und damit die Wettbewerbsfähigkeit ihres Unternehmens zu steigern.

Alles Maßnahmen, die – wie die vergangenen Jahre gezeigt haben – durchaus erfolgreich sein können, aber nicht müssen. Zu viele Unwägbarkeiten stecken dabei im Detail in den einzelnen Aktionen und erzielen oft gegenteilige Effekte. Mehr Erfolg haben Unternehmen, indem sie in ihrem Performance Management bestimmte Methoden zur Steigerung der Fertigungsproduktivität – und damit zur Verbesserung ihrer Wettbewerbsfähigkeit – einsetzen.

6.2 Methoden zur Steigerung der Fertigungsproduktivität

Es gibt eine Vielzahl von Methoden zur Steigerung der Fertigungsproduktivität. Hier führen wir die nach unserer Erfahrung Wichtigsten auf.

Weit verbreitet sind zeitwirtschaftliche Ansätze der Optimierung, wie sie von REFA (Verband für Arbeitsgestaltung, Betriebsorganisation und Unternehmensentwicklung) und der MTM-(Methods-Time-Measurement-)Vereinigung angeboten werden.

Ziel der REFA-Zeitaufnahmen mit der Stoppuhr ist es, Arbeitsabläufe so zu messen und festzulegen, dass sie die Basis für die Entlohnung der Mitarbeiter bilden. Dabei sollen aber auch durch Veränderung der Arbeitsschritte so viel wie möglich Arbeitszeit eingespart und damit der Fertigungsprozess produktiver werden.

Mit der MTM-Methode werden Arbeitsabläufe nach einem System vorbestimmter Zeiten analysiert und optimiert. Dabei werden die vom Menschen ausgeführten Arbeitsbewegungen auf bestimmte Grundbewegungen zurückgeführt, für die die benötigte Zeit bekannt ist. Die Optimierung der Fertigungsprozesse kann so auf der Basis erprobter Standards erfolgen und ist auch schon in der Planungsphase möglich.

Die aus Japan stammende „5s"-Methode wird bei der Gestaltung und Organisation der Arbeitsumgebung im Arbeitsalltag eingesetzt. „5s" steht für die japanischen Begriffe:

Seiri: fehlerhafte Teile, die bei der Arbeit anfallen, aussortieren
Seiton: Ordnung am Arbeitsplatz schaffen
Seiso: das Arbeitsumfeld ständig sauber halten
Seiketsu: die Ordnung am Arbeitsplatz standardisieren
Shitsuke: beim Arbeiten Disziplin wahren und ein solches Verhalten trainieren

Basis der Produktivitätssteigerung durch die „5s"-Methode ist die konsequente und nachhaltige Einhaltung und Umsetzung dieser fünf Vorgaben im Arbeitsablauf durch alle Mitarbeiter.

Die aus USA kommende und aufs ganze Unternehmen anwendbare „Six Sigma"-Methode (6σ) beschreibt, misst, analysiert und verbessert Prozesse mit statistischen Mitteln des Qualitätsmanagements. Häufig wird in der Umsetzung die DMAIC-Methodik (Define – Measure – Analyze – Improve – Control) eingesetzt. Die Ziele der Prozessoptimierung orientieren sich dabei an finanzwirtschaftlich wichtigen Kenngrößen des Unternehmens und an den Kundenbedürfnissen.

Sehr häufig werden in den Unternehmen Methoden zur kontinuierlichen Verbesserung der Prozesse unter Einbindung der Mitarbeiter eingesetzt, wie z. B. KVP- und Kaizen-Workshops.

Der „Kontinuierliche Verbesserungsprozess" (KVP) ist eine Denk- und Vorgehensweise, die mit stetigen Verbesserungen in kleinen Schritten die Produktivität und damit die Wettbewerbsfähigkeit der Unternehmen stärken will. KVP wird im Rahmen von Teamarbeit (Workshops) umgesetzt, bei der die Mitarbeiter die Erkenntnisse aus ihrer täglichen Arbeit zur Verbesserung der Fertigungsprozesse einbringen.

KVP ist mit dem japanischen Kaizen vergleichbar. Besonders bei Toyota haben die Mitarbeiter die Kaizen-Methode sehr erfolgreich eingesetzt. Beide Methoden setzen in der Teamarbeit den PDCA-Zyklus (Plan – Do – Check – Act) zur Erarbeitung der Optimierungen ein.

Bei Maschinen wird in den letzten Jahren häufig die SMED-Methode (Single Minute of Exchange Die) eingesetzt. Hierbei geht es darum, die Stillstandzeit der Maschinen beim Auftrags- bzw. Werkzeugwechsel so gering wie möglich zu halten. Das erfolgt in der Regel durch Veränderung von Arbeitsfolgen und Vermeidung von Bereitstellungswegen.

In jedem Fall, in dem diese oder ähnliche Methoden zur Steigerung der Produktivität im Unternehmen eingesetzt werden, stellt sich bei der Umsetzung die entscheidende Frage: Um wie viel kann dabei die Produktivität tatsächlich gesteigert werden? Unsere Erfahrung in den vergangenen Jahren hat gezeigt, dass die Produktivität in den meisten Fällen nur in kleinen einstelligen Prozentschritten verbessert wird.

Da solche Verbesserungen den Managern in der Regel nicht ausreichen, haben wir in unserer Arbeit nach Ansatzpunkten und Vorgehensweisen gesucht, die den Unternehmen eindeutige und nachhaltige Produktionskostensenkungen und Produktivitätssteigerungen im zweistelligen Prozentbereich bei geringen bis gar keinen Investitionskosten bringen – ohne Wenn und Aber.

Den Durchbruch, diese Zielsetzung zu erreichen, haben wir geschafft, als wir die medialen Erkenntnisse aus den neuen sozialen Netzwerken für die Anwendung in Unternehmen nutzten. Im Zeitalter von Facebook und Youtube ist es inzwischen nicht nur für die jüngere Generation selbstverständlich, mit visuellen Medien, insbesondere der Videotechnik, umzugehen.

Die Entwicklung und der Einsatz unserer Videoanalytik mittels AviX® gibt den Führungskräften und Mitarbeitern produzierender Unternehmen eine innovative Methode zur Steigerung der Produktivität im geforderten Prozentbereich – und damit den angestrebten Wettbewerbsvorteil – an die Hand.

AviX® steht dabei für **A**nalysieren, **v**isualisieren, **i**mplementieren und das **X** (10) Mal schneller als jede andere Methode.

6.3 Planung optimaler Produktionsprozesse

Optimale Produktionsprozesse zu haben, ist die Zielsetzung eines jeden fertigenden Unternehmens und die Basis für eine hohe Produktivität. Dabei achtet schon die Produktionsplanung darauf, dies zu realisieren. Sie greift zurück auf bewährte Prozesse und gängige Verfahren und arbeitet neue Erkenntnisse in die Planung der Produktionsprozesse ein.

Aber wie immer im Leben steckt der Teufel im Detail: Sind Teile, Behälter, Werkzeuge, Schalter etc. am richtigen Platz geplant? Sind die Bewegungsabläufe der Mitarbeiter, der Maschinen und der Roboter optimal vorgegeben? – Und Ähnliches mehr.

Ob das so ist, wird erst sichtbar, wenn die Produktion gemäß Planung aufgebaut ist und läuft. Allerdings ist „sichtbar werden" relativ. Im Regelfall akzeptieren die Produzierenden zunächst die Vorgaben – der Produktionsprozess schwingt sich ein – allerdings oft nicht optimal. „Gesehen" werden die „Mängel" nur selten – meistens nur von den Mitarbeitern, die die Tätigkeiten ausführen. Und die schweigen oft.

Und selbst wenn die Produktionsprozesse optimal geplant und aufgesetzt werden, so unterliegen sie gerade in der heutigen Zeit einer enormen Veränderungsdynamik. Die Produkte werden angepasst oder es kommen neue hinzu, die Variantenzahl steigt, die Bestell- und Produktionschargen verändern sich, die Maschinen und Werkzeuge werden ausgetauscht. Häufig werden die Prozesse dabei nicht angepasst.

6.3.1 Voraussetzung: Fähige und motivierte Mitarbeiter in der Produktion

Fähige und motivierte Mitarbeiter in der Produktion zu haben, die nicht schweigen, ist deshalb für jedes produzierende Unternehmen, das im Wettbewerb steht, von großem Vorteil. Denn sie sind die Garanten einer hohen Produktivität. Eine gute Grundausbildung der Mitarbeiter in den geforderten Fähigkeiten ist dafür ebenso ein Muss wie die begleitende Schulung der jeweils konkret auszuführenden Fertigungstätigkeiten.

Wesentlich ist auch, dass die Führungskräfte die Mitarbeiter zum eigenverantwortlichem Arbeiten motivieren. Das gelingt nur, wenn die Mitarbeiter sich ernst genommen fühlen, an Entscheidungen beteiligt und ihre Erkenntnisse berücksichtigt werden. Wettbewerbsdifferenzierend ist dabei, den Mitarbeitern Vorgehensweisen und Methoden an die Hand zu geben, bei deren Einsatz all dies einfließt. In unseren Projekten haben wir die wichtige Erkenntnis gewonnen, dass die Mitarbeiter den Einsatz unserer Videomethode in diesem Sinne positiv aufnehmen und engagiert begleiten.

6.3.2 Einbindung der Führungskräfte, der Mitarbeiter und des Betriebsrats in die Produktionsprozessoptimierung mittels Videoanalytik

Der Einsatz von Videoanalytik löst oft Unsicherheit im Unternehmen aus. Video wird – aufgrund schlechter Beispiele in der Vergangenheit – mit Überwachung oder Kontrolle assoziiert. Deshalb ist es unbedingt notwendig, die Führungskräfte, die Mitarbeiter und den Betriebsrat des Unternehmens rechtzeitig und eng in die videobasierten Optimierungsaktivitäten einzubinden sowie die Zustimmung des zu filmenden Mitarbeiters einzuholen.

Es geht ja dabei nicht um „schnelleres" Arbeiten, sondern um das konsequente Vermeiden von unnötigen Vorgängen ebenso wie um die Verbesserung von Ergonomie und Handhabung am Arbeitsplatz. Nur so können Mitarbeiter optimale Leistung bei bester Qualität regelmäßig erbringen. Dazu ist es wichtig, nicht nur unnötige Tätigkeiten zu vermeiden, sondern auch unergonomische, belastende und ermüdende Tätigkeiten.

Hierbei kommt der Videotechnik eine hilfreiche Rolle zu: Eine Aufnahme auf Video erlaubt es nicht nur, den Prozess mehrfach und im Detail (bis hin zur Zeitlupe) anzuschauen, sondern sie ermöglicht es auch, gemeinsam mit den produzierenden Mitarbeitern und den Produktionsexperten (Produktionsplaner, Arbeitswirtschaftler, Vorarbeiter, Meister) den Prozessablauf im Detail zu diskutieren, Verschwendungen und Verbesserungspotenziale aufzudecken und Lösungsansätze zu erarbeiten.

In der Diskussion geht es überhaupt nicht darum, die Leistungsfähigkeit des einzelnen Mitarbeiters, der in der Videoaufnahme gerade einen bestimmten Vorgang ausführt, zu bewerten. Schließlich werden an derselben Arbeitsstation durch Rotation, Schichtbetrieb oder andere Umstände immer wieder verschiedene Mitarbeiter tätig sein. Es geht ausschließlich darum, dass die Arbeitsstationen und die Produktionsprozesse für die Mitarbeiter optimal organisiert werden.

Unsere Erfahrung zeigt, dass die produzierenden Mitarbeiter durch die Erkenntnisse ihrer täglichen Arbeit am besten Bescheid wissen, wo und wie Verbesserungen zu finden sind. Deshalb muss eine gute Moderation der Video-Diskussionen die Erkenntnisse der Mitarbeiter und der Produktionsexperten optimal zusammenbringen. Die Durchführung der begleitenden Prozessanalyse erfolgt durch einen im System geschulten Mitarbeiter.

Hilfreich ist es, dem Betriebsrat die Methodik frühzeitig zu erläutern und ihn zu den Analysediskussionen der Videos einzuladen. So erkennt er schnell, dass es bei der videobasierten Prozessoptimierung nicht um eine Leistungsmessung der Mitarbeiter, sondern um die Verbesserung der Produktionsabläufe geht. Außerdem sieht er, dass die Arbeitsbelastungen der Mitarbeiter durch die Optimierungen reduziert und die Arbeitsabläufe für die Mitarbeiter ergonomischer werden. Empfehlenswert ist auch, zumindest in Deutschland, eine Betriebsvereinbarung für Videoaufnahmen im Betrieb abzuschließen.

+ In drei Schritten führt AviX® zur optimierten Arbeitsstation, mit einem weiteren Schritt zum ausgetakteten Prozess
+ Eine AviX® Optimierung einer Fertigungslinie dauert nur wenige Tage
+ Eine Ausbalancierung bei Nachfrageschwankungen kann per drag & drop unmittelbar realisiert werden

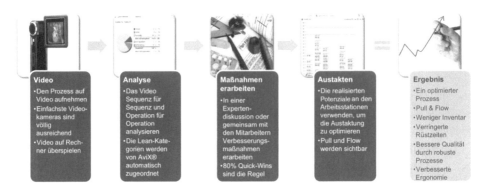

Abb. 6.1 Arbeiten mit der videobasierten Prozessoptimierungsmethode AviX®. (Quelle: PQ Unternehmensberatung GmbH)

6.4 Steigerung der Produktivität mittels videobasierter Produktionsprozessanalyse

Bei der Verbreitung von Video in der heutigen Medienwelt, von unzähligen Reality Shows bis hin zum Smartphone-Video, ist es eigentlich verwunderlich, dass Video in der industriellen Optimierung noch nicht umfangreich Einzug gehalten hat. Immer noch gilt die Beobachtung mit dem Auge, das Aufschreiben und Diskutieren von Produktionsaktivitäten fernab vom Geschehen als Stand der Technik.

Längst ist es jedoch möglich, unterstützt durch die fortschreitende Miniaturisierung von Videokameras ebenso wie durch immer kompakter werdende Videoformate, durch intelligenten Einsatz von Videoanalyse gemeinsam mit den Mitarbeitern erhebliche Produktivitätssteigerungen zu erreichen und dauerhaft umzusetzen.

Unsere Methode zur videobasierten Prozessoptimierung AviX® läuft in der Regel in drei (in getakteten Produktionen in vier) Schritten ab, bis die verbesserten Produktionsergebnisse in Schritt vier (bzw. fünf) erzielt sind. In Abb. 6.1 ist diese Abfolge dargestellt:

1. *Video* vom Produktionsablauf aufnehmen
2. *Analyse* des Produktionsablaufs auf Basis des Videos
3. *Maßnahmen erarbeiten* zur Verbesserung des Produktionsablaufs
4. *Austakten* im Falle einer getakteten Produktion
5. *Ergebnis* der Verbesserung: ein optimierter Produktionsprozess

Abb. 6.2 Einsatz einfachster Videotechnik. (Quelle: PQ Unternehmensberatung GmbH)

6.4.1 Schritt 1: Video

Basis des Ganzen ist im ersten Schritt die Videoaufnahme des Produktionsprozesses. Dabei werden Abläufe im Detail sichtbar und können immer wieder – gemeinsam mit den Mitarbeitern – betrachtet werden. Das schafft mehr Transparenz und Objektivität als jede Produktionsbegehung und Betrachtung des Prozesses mit dem Auge des Einzelnen.

Wichtig ist: Die Aufnahme von Produktionsabläufen auf Video kann von Jedermann mit jeder heute verfügbaren Videokamera oder einem geeigneten Smartphone durchgeführt werden (Abb. 6.2). Sie stört die Produktion nicht und beschränkt sich auf zwei bis drei Produktionszyklen. Das Video muss die Produktionsschritte und ihr benötigtes Umfeld klar erkennbar darstellen.

Sobald die Videoaufnahme in einen Rechner überspielt ist, kann sie dort in einem der heute üblichen Videoplayer jederzeit abgespielt und großflächig angeschaut werden. Abb. 6.3 zeigt dies am Beispiel der Endmontage eines Separators.

Abb. 6.3 Wiedergabe einer Videoaufnahme z. B. im AviX® Media Player. (Quelle: PQ Unternehmensberatung GmbH)

Abb. 6.4 Darstellung der Analyse eines Produktionsprozesses. (Quelle: PQ Unternehmensberatung GmbH)

6.4.2 Schritt 2: Analyse

Die Analyse des Produktionsprozesses erfolgt dann im zweiten Schritt bei der gemeinsamen wiederholten Betrachtung des Videos durch die am Prozess beteiligten Mitarbeiter. Unterstützt wird dieses Vorgehen durch den Einsatz einer intelligenten Software, die eine Integration von Videobild und Industrial Engineering für die Prozessoptimierung ermöglicht.

Komplexe Prozesse können so schnell und systemunterstützt erst in einzelne Arbeitspakete (Operationen/Sequenzen) und dann in Aktivitäten (z. B. „Montieren", „Holen", „Platzieren", „Ausrichten") zerlegt werden (Abb. 6.4). Berücksichtigt werden z. B. alle Griffe (in Abb. 4 als A, B, C, D dargestellt: kurze und lange Bewegungen mit und ohne Schwierigkeiten), Streckungen, Beugungen, Drehungen, Schritte und auch Kraftaufwendungen (KA in Abb. 6.4) der Mitarbeiter, aber auch alle eingesetzten Hilfsmittel (u. a. Werkzeuge).

Auf diese Weise kann jeder Produktionsprozess visuell analysiert werden, auch Werkzeugwechsel, Wartungen oder andere Unterstützungsaktivitäten, sogar automatisierte Prozesse: Die Erfahrung zeigt, dass gerade Maschinen und Roboter mehr unter Komfort- oder Einfachheitsgesichtspunkten programmiert werden als unter Produktivitätsaspekten.

Bewertet und farblich gekennzeichnet werden die einzelnen Produktionsaktivitäten im unterstützenden System, wie Abb. 6.5 zeigt, nach den Lean-Kriterien Wertschöpfung (grün/grau), notwendige Unterstützungsleistung (gelb/hellgrau) und Verschwendung/Verluste/Warten (rot/orange/dunkelgrau). Ziel einer jeden Produktion ist es natürlich, möglichst viel Wertschöpfung, nur notwendige Unterstützungsleistung und kaum Verschwendung in ihren Prozessen zu haben. In der Produktionsrealität bilden die Unterstützungsleistungen jedoch den größten Block in den Produktionsprozessen – und damit auch das größte Optimierungspotenzial.

6 Wettbewerbsvorteil durch Hochleistungsproduktivität

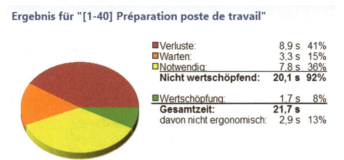

Abb. 6.5 Bewertung der Aktivitäten eines Produktionsprozesses. (Quelle: PQ Unternehmensberatung GmbH)

Die so erreichte Gesamtdarstellung der Analyse des zu optimierenden Produktionsprozesses wird in Abb. 6.6 dargestellt:

Links oben: das Video
Links unten: der Produktionsprozess
Rechts oben: die Prozessgrunddaten
Rechts unten: das Ergebnis der Prozessanalyse

Sie ist der Ausgangspunkt für alles Weitere.

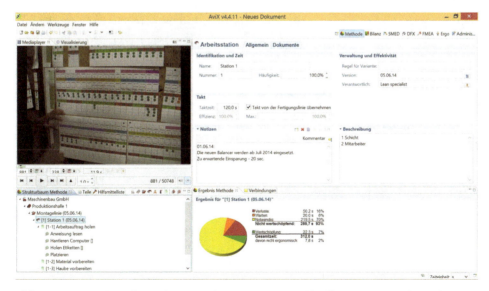

Abb. 6.6 Gesamtdarstellung des analysierten Prozesses. (Quelle: PQ Unternehmensberatung GmbH)

6.4.3 Schritt 3: Maßnahmen erarbeiten

Im dritten Schritt werden nun gemeinsam mit den Mitarbeitern und Experten Verbesserungen für den Produktionsprozess erarbeitet. Typische Maßnahmen zur Optimierung der Arbeitsabläufe der Mitarbeiter sind:

- verbesserte Anordnung von Werkzeugen/bessere Werkzeuge
- verbesserte Teilezuführung und Platzierung
- Einsatz von Hebezeugen, Aufnahmen oder anderen Vorrichtungen, die auch körperlichen Langzeitschäden vorbeugen
- geänderte Anordnung von Maschinen bei Mehrmaschinenbedienung
- optimierte Reihenfolge der Prozessschritte

Verbesserungspotenziale werden aber ebenso oft in automatisierten Vorgängen erkannt. So kann erst in der Zeitlupenbetrachtung erkannt werden, dass z. B. ein automatischer Greifer schon früher in eine Bearbeitungsmaschine einfahren kann, als das mit bloßem Auge zu erkennen wäre.

6.4.4 Schritt 4: Austakten (fakultativ)

Eine weitere Möglichkeit der Verbesserung besteht in der Optimierung getakteter Produktionsprozesse. Die detaillierte Betrachtung erlaubt es, Arbeitsinhalte zwischen Arbeitsstationen gezielt zu verlagern, sodass eine gleichmäßigere, gerechtere Belastung der Mitarbeiter an der Linie (durch besser ausgetakteten Prozess) erreicht wird. Im Produktionsbeispiel der Abb. 6.7 wäre das der Fall, wenn Arbeitssequenzen der Station 2 zur Arbeitsstation 1 oder 4 verlagert würden, sodass die „Balken" in den Stationen in etwa gleich groß werden. Als Ergebnis kann damit die Taktzeit (z. B. bis zur grauen Linie in Abb. 6.7) gesenkt werden, wodurch eine größere Menge der Produkte in der gleichen Zeit produziert werden kann.

Ein zusätzlicher, aber ganz wesentlicher Aspekt bei der Verbesserung der Produktionsprozesse mittels AviX® ist der ergonomische.

Entsprechende physische Belastungen der Mitarbeiter (z. B. Belastungen der Schulter, des Nackens, des Rückens und der Hände wie in Abb. 6.8 am menschlichen Körpermodell dargestellt) werden in dieser ergonomischen Analyse je nach Schweregrad genauso farblich gekennzeichnet wie die Verschwendungen (rot/dunkelgrau: starke Belastung oder gelb/hellgrau: geringe Belastung, grün/grau: belastungsfrei) in der Produktionsprozessanalyse. Die Erkenntnisse aus der ergonomischen Analyse bilden die Grundlage für die Diskussion der ergonomischen Prozessverbesserungen mit den betroffenen Mitarbeitern.

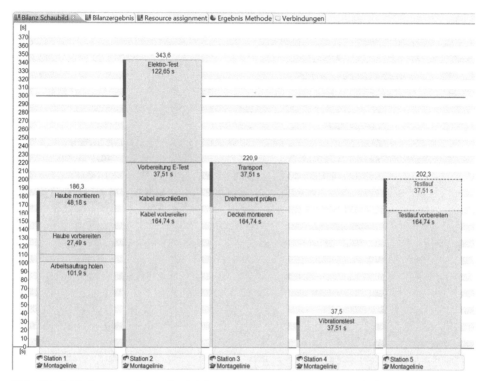

Abb. 6.7 Schlecht ausgetakteter Produktionsprozess. (Quelle: PQ Unternehmensberatung GmbH)

Für die zunehmend im Durchschnitt älter werdende Belegschaft eines Unternehmens ist der Fokus auf Ergonomie ein wichtiger Teil der Optimierungsarbeit. Die Arbeitsplatzgestaltung kann schon in der Planung besser auf die ergonomischen Belange der Mitarbeiter abgestimmt werden. Unsere Erfahrung zeigt, dass fast jede ergonomische Verbesserung eines Arbeitsablaufs mit einer Produktivitätssteigerung einhergeht.

6.4.5 Schritt 5: Ergebnis

So liefert der Einsatz unserer videobasierten Produktionsprozessanalyse im Gesamtergebnis deutlich verbesserte Produktionsergebnisse. Zusätzlich zur Steigerung der Produktivität ergeben sich eine höhere Produktionsqualität und stabilere Prozesse. Wichtig ist, dass die gesteigerte Produktivität nicht aus einer Leistungserhöhung oder Leistungsverdichtung bei den Mitarbeitern, sondern ausschließlich aus optimierten Arbeitsabläufen und der besseren Auslastung der Arbeitsstationen in einer Produktionslinie kommt.

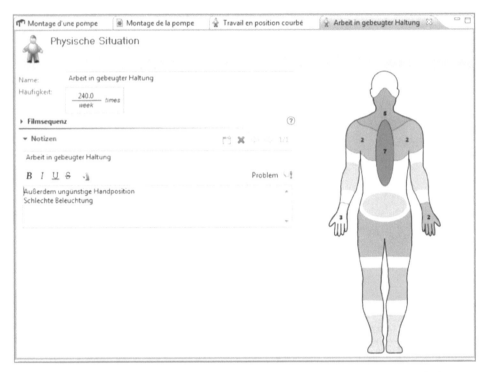

Abb. 6.8 Darstellung physischer Belastungen. (Quelle: PQ Unternehmensberatung GmbH)

6.5 Beispiel für die Optimierung einer Montage

In diesem Beispiel wird die Optimierung der Endmontage eines Separators (Zentrifuge) in einer ersten Projektphase im Zeitraum von fünf Monaten gezeigt. In Abb. 6.9 sind die wesentlichen Fakten und Ergebnisse dieses Projektes zusammengefasst:

Links oben: der Zeitplan des Optimierungsprojektes
Links unten: die durchgeführten Optimierungsmaßnahmen
Rechts oben: die Ergebnisse der Optimierung
Rechts unten: die Ergebnisse der IST-Analyse im Verhältnis zum SOLL-Prozess

Ein Separator besteht hauptsächlich aus hoch präzisen mechanischen Komponenten, die eigens in der gleichen Fabrik hergestellt werden. Die Komponenten rotieren zum Teil mit über 10.000 Umdrehungen pro Minute. Daher bedarf es höchster Präzision sowohl bei der Fertigung als auch bei der Montage. Das Projektziel war die Reduktion der Montagezeit von minimal 10 % und die Standardisierung der Endmontage über alle Schichten hinweg.

Zunächst wurde die vorhandene Montage auf Video aufgenommen. Die dann folgende Analyse und Optimierung in AviX® wurde gleichzeitig für die Schulung der Mitarbeiter

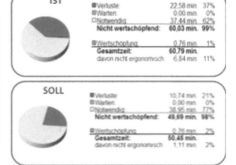

Abb. 6.9 Beispiel der Optimierung einer Endmontage. (Quelle: PQ Unternehmensberatung GmbH)

in der Videoanalytik genutzt. So konnte das Know-how für weitere Optimierungen im Unternehmen aufgebaut werden.

In der anschließenden Umsetzung der beschlossenen Optimierungsmaßnahmen wurde die Verbesserung des Montageprozesses stabilisiert und standardisiert. Der Standard wurde schichtübergreifend eingeführt. So gab es auch seitens des Controllings keine Schwankungen mehr bei der Kostenerfassung.

Im Ergebnis führten die vielen einzelnen Optimierungsmaßnahmen, die in Abb. 6.9 aufgeführt sind, zu einer Reduktion der Montagezeit um 20 % von 60 auf 50 min – und das Ganze ohne Investitionen. Damit verbunden sind in diesem Fall jährliche Kosteneinsparungen von circa 100.000 € für das Unternehmen.

Eine wesentliche Verbesserung war dabei die Neuorganisation der Lagerregale und -plätze in einer Linie zu einem prozessgeführten Kanban-Lager (Abb. 6.10).

Hier ist zu sehen, wie das zu montierende Material in der richtigen Montagefolge farblich gekennzeichnet aufgebaut wurde. Das förderte nicht nur den Produktionsfluss erheblich, sondern führte auch zu einer deutlichen Verbesserung der Arbeitsergonomie. So wurden die Greifwege zum Aufnehmen der Montageteile für die Mitarbeiter von unnötigen Beugungen, Drehungen und Streckungen befreit und Wege verkürzt.

Ein Nebenergebnis war die automatisch in AviX® erzeugte und bebilderte Arbeitsanweisung, die sowohl zu Schulungszwecken für die neuen Mitarbeiter als auch für die Zertifizierung des Qualitätssicherungssystems herangezogen wurde.

- Prozessgeführtes Kanban-Lager
- Sicherheits – und Qualitätshinweise
- Variantenberücksichtigung
- Grössenangepasste Behältnisse
- Verkürzte Wege
- Reduktion des Lagerplatzes
- Reduktion der Suchvorgänge

- Materialbereitstellung für eine Linie
- Ordnung (Platz, Farbe, Grösse, Sauberkeit)
- Richtige Platzwahl (nahe am AP)
- Im Produktionsfluss
- Kanban

Abb. 6.10 Beispielhaft optimierter Endmontageplatz. (Quelle: PQ Unternehmensberatung GmbH)

6.6 Beispiel für die Optimierung eines Rüstprozesses

Das Umrüsten von Maschinen während des Produktionsprozesses wird in den meisten Unternehmen höchst ineffizient durchgeführt, da es oft als ein unwesentlicher Nebenprozess betrachtet wird.

Besonders aber in Produktionen, in denen die Maschinen wegen geringer Stückzahlen verschiedener aufeinanderfolgender Produkte häufig umgerüstet werden müssen, gilt es, die Maschinenstillstandszeiten zu minimieren und so die Produktivität zu erhöhen. Das lässt sich fast immer durch eine bessere Organisation und Gestaltung des Rüstprozesses erreichen.

Durchweg alle fertigenden Betriebe berichten außerdem, dass die Fertigungslosgrößen aufgrund der Kundenabfragen mit geringerer Stückzahl und dafür höherer Häufigkeit zu immer häufigerem Rüsten führen und dass der Trend sich in Richtung Fertigungslosgröße 1 entwickelt.

In diesem Beispiel wird der Rüstprozess einer Maschine zur Fertigung von Trommeln (sehr schnell drehende hohle Rotationskörper) betrachtet. Die Maschine ist eingebettet in die Produktion der bereits im ersten Beispiel erwähnten Separatoren. Das Ziel war es, die Effektivität der Maschinen extrem zu steigern und somit die Verlagerung des Fertigungsprozesses aus wirtschaftlichen Gründen in ein Niedriglohnland zu vermeiden.

6 Wettbewerbsvorteil durch Hochleistungsproduktivität

Zeitplan:
November - Video-Aufnahme und -Analyse
Dezember - Optimierungen in AviX
Februar - Umsetzung an der Maschine in zwei Phasen
- Stabilisierung, Standardisierung und Verbesserung des Rüstprozesses

Fakten:
Aufgenommene Prozessdauer → **230 min**
PD nach der 1. Optimierungsphase → **190 min**

PD nach der 2. Optimierungsphase →**70 min**

Optimierungspotenziale:
+ Wegreduktion (ca. 5 min)
+ Externe Vorbereitung der Werkzeuge (ca. 10 min)
+ Externe Anteile auslagern (Haken, WZ, usw.) (ca. 15 min)
+ Nutzung der Wartezeiten (ca. 10 min)
+ Angepasste Reihenfolge der Tätigkeiten (ca. 10 min)
+ Einsatz vom einem Vorbereiter (2. MA) (ca. 30 min)
+ Umorganisation des Arbeitstisches (ca. 10. min)
+ Kennzeichnung der Werkzeuge (ca. 10 min)
+ Sonstiges (ca. 10 min)

Abb. 6.11 Beispiel der Optimierung eines Rüstprozesses. (Quelle: PQ Unternehmensberatung GmbH)

In Abb. 6.11 sind die wesentlichen Ergebnisse dieses Projektes zusammengefasst:

Links oben: der Zeitplan des Optimierungsprojektes
Links unten: die Optimierungspotenziale
Rechts oben: die Ergebnisse der Optimierung
Rechts unten: die für die verbesserte Umrüstung eingerichtete Maschine

Das zu Beginn des Projektes aufgenommene Video zeigte sehr deutlich, warum der Umrüstprozess mit 230 min so lange dauerte. z. B. lagen die zu wechselnden Werkzeuge viel zu weit entfernt von der Maschine – lang andauernde Wege des die Umrüstung durchführenden Mitarbeiters waren die Folge. Auch hätten die neuen Werkzeuge schon während der noch laufenden Produktion vorbereitet werden können (Umwandlung der internen Rüstprozesse zu externen).

So ergaben die in der Abb. 6.11 zusammengefassten Optimierungen im Rahmen dieses Projektes eine Reduzierung der Dauer des Rüstprozesses über eine erste Optimierungsphase auf 190 min und in einer zweiten Optimierungsphase auf nur noch 120 min. Damit standen der Maschine in diesem Teil der Produktion fast 50 % mehr Produktionszeit zur Verfügung – eine immense Steigerung der Produktivität.

In der Folgezeit wurden auch die Umrüstprozesse der anderen Maschinen dieser Produktion in ähnlicher Größenordnung optimiert.

6.7 Das Ergebnis: Wettbewerbsvorteil durch Hochleistungsproduktivität

Die hier gezeigten Beispiele aus unseren Projekten reihen sich ein in die typischen Resultate der Anwendung unserer videobasierten Produktionsprozessoptimierung:

- Produktivität   +15 bis +45 %
- Rüstzeiten   −50 bis −70 %
- Durchlaufzeiten   −5 bis −30 %
- Flächenbedarf   −25 bis −60 %

Diese eindrucksvollen Produktivitätssteigerungen werden ergänzt von positiven Effekten für das Training und die Einarbeitung neuer Mitarbeiter durch die stets aktuelle, visuelle Dokumentation der Prozesse. Außerdem werden das Engagement und die Motivation der Mitarbeiter durch die Einbindung in Videoaufnahme, -analyse und gemeinsame Erarbeitung von Maßnahmen und Vereinbarungen gesteigert. Verbesserung der Ergonomie und höhere Qualität der Produkte durch die Schaffung optimierter und robuster Standardabläufe runden die positiven Ergebnisse ab. Insgesamt ein Ergebnis, das den Unternehmen, die diese Vorgehensweise konsequent einsetzen, zu erheblichen Wettbewerbsvorteilen verhilft. Hochleistungsproduktivität führt in diesem Sinne zu sicheren Arbeitsplätzen, zufriedenen Kunden und erfolgreichen Unternehmern.

6.7.1 Absicherung der erzielten Ergebnisse

Natürlich besteht rein menschlich immer das Risiko, dass die Mitarbeiter in alte Verhaltensweisen und zu früheren Tätigkeitsfolgen zurückkehren. Deshalb lassen sich langfristig die hier beschriebenen Wettbewerbsvorteile nur erhalten, wenn alle Mitarbeiter konsequent und nachhaltig in den optimierten Prozessen arbeiten und dabei auch immer wieder überprüft werden. Das erfordert nicht nur den disziplinierten Arbeitseinsatz eines jeden Mitarbeiters, sondern auch ein waches und förderndes Verhalten der Führungskräfte den Mitarbeitern gegenüber.

Außerdem machen es die mit der Zeit aufkommenden neuen Erkenntnisse und Entwicklungen in Produktion und Technik ebenso wie veränderte Rahmenbedingungen erforderlich, die Videoanalysen und Optimierungen von Zeit zu Zeit zu wiederholen. Deshalb ist es sinnvoll, dass die Unternehmen, die die Methode einsetzen, ausgewählte Mitarbeiter zu Methodenanwendern ausbilden lassen. Die Ausbildung erfolgt in drei Schulungstagen an konkreten Produktionsprozessen des Unternehmens.

So kann die Vorgehensweise jederzeit bei Bedarf wieder angewendet und die nachhaltige Absicherung der erzielten Ergebnisse gewährleistet werden.

Konsequente Ausrichtung auf den Kunden und Respekt vor den Mitarbeitern: Ein Baustein des Performance Managements bei der SAP SE

Sehen lernen durch Genchi Genbutsu am Beispiel einer Behinderteneinrichtung

Christof Walter

Performance Management setzt einen Leistungswillen und eine Bereitschaft für die Erfüllung von Vorgaben voraus. Aber wie lässt sich das im hoch dynamischen Umfeld der Softwareindustrie mit ihren kurzen Produktentwicklungs- und Lebenszyklen, den hohen Kundenansprüchen und der globalen Vernetzung sicherstellen? Unter welchen Voraussetzungen sind Mitarbeiter bereit, diese Herausforderungen anzunehmen?

Die SAP SE (im Weiteren „SAP") als ein global agierender Marktführer in der Softwareindustrie hat sich 2008 für die Einführung von Lean und die Vereinfachung von Abläufen entschieden, um den Kunden besser in die Produktentstehung zu integrieren. Die Bedürfnisse des Kunden sollen durch ausgebildete Mitarbeiter zielgerichtet erfasst, in die technische Softwareterminologie übersetzt und schnell entwickelt werden.

Ausgehend von den Kundenerwartungen erfolgt die Überleitung ins Performance Management im Unternehmen in acht Schritten (Abb. 7.1).

Hierbei wird Performance Management in drei unterschiedlichen Ausprägungen diskutiert:

- Mitarbeiterperformance-Management
  Bewertung der Erbringung einer definierten Leistung von Mitarbeitern im Vergleich zu zuvor abgestimmten Zielwerten. Die Leistungen beruhen auf Motivation, Ausbildung, Qualifizierung, Fähigkeiten, Kompetenzen und Erfahrungen der Mitarbeiter.
- Produktperformance der Software

C. Walter (✉)
Heilbronn, Deutschland
E-Mail: christof.walter@gmx.net

© Springer-Verlag Berlin Heidelberg 2016
H. Künzel (Hrsg.), *Erfolgsfaktor Performance Management*, Erfolgsfaktor Serie,
DOI 10.1007/978-3-662-47102-9_7

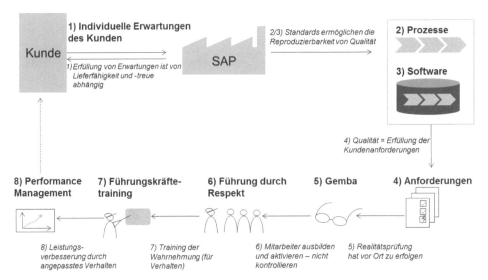

Abb. 7.1 Acht Schritte der Überleitung ins Performance Management. (Quelle: eigene Darstellung)

Bewertung der Produktfunktionalitäten einer Softwarelösung hinsichtlich der Leistungsfähigkeit, Zuverlässigkeit und Fehlerrate im Vergleich zu zuvor definierten Mess-, Übergabe- oder Abgabekriterien
- Prozessperformance der Softwareentwicklung
Bewertung von Effektivität und Effizienz von Entwicklungsabläufen in der Software im Vergleich zu Ziel- oder Grenzmesswerten.

7.1 Sicherstellung der individuellen Erwartungen eines Kunden durch Optimierung der Lieferfähigkeit und Liefertreue nach dem Just-in-Time-Prinzip

Software wird vielfach als ausführbares und in ein Bedienkonzept eingebettetes Wissen verstanden. Somit unterliegt es wie kaum ein anderes Produkt einem sehr schnellen Wandel an Anforderungen und Änderungen.

Bereitstellungsoptionen von Software
On Premise:
Der Kunde kauft Software und betreibt diese eigenständig im Unternehmen.
On Demand:
Der Kunde mietet Software von einem Softwareanbieter an. Er kann diese Software selbst betreiben oder durch einen Anbieter betreiben lassen.
Cloud:
Der Kunde mietet Software von einem Softwareanbieter an, welche extern betrieben wird.
Customizing Solution:
Standardsoftware wird durch externe IT-Berater und hausinterne IT-Experten an die Unternehmensprozesse angepasst. Hierbei wird vielfach in die Standardprogrammierung eingegriffen, um individuelle Anforderungen eines Unternehmens zu realisieren.

7.1.1 Anbieter-Kunden-Interaktion

Kunden verfolgen beim Kauf (On Premise) oder bei der Anmietung (On Demand/„Cloud") von Software einerseits das Interesse, möglichst umfassendes Markt-/Branchenwissen und Best Practices in einer Standardsoftware zu bekommen. Andererseits wünschen sie sich einfach anzupassende und individuelle Abbildungen ihrer Unternehmensstandards (Customizing Solutions). Natürlich sollen diese Lösungen kostengünstig, leicht zu bedienen und jederzeit schnell und einfach anpassbar sein. SAP setzt an dieser Stelle an und stellt den Kunden in den Mittelpunkt.

SAP arbeitet in vielen Bereichen eng mit den Kunden zusammen – über den gesamten Produktlebenszyklus hinweg. Der Kunde wird gezielt nach seinen Anforderungen und seiner Beurteilung der Investitionsbereitschaft befragt – ein Kernelement der Leanphilosophie (Abb. 7.2).

Abb. 7.2 Kunden-Lieferanteninteraktion. (Quelle: eigene Darstellung)

Mögliche Investitionen hängen davon ab, welchen Mehrwert eines Produktes oder Services der Kunde ermittelt hat, der auch „Value Add" genannt wird. Das heißt, ein Anbieter muss die Werthaltigkeit definieren, wenn er neue Produkte oder Services platzieren will.

Sobald der Kunde Interesse zeigt, findet ein Austausch von Anforderungen und Erwartungen statt, die der Anbieter schnellstmöglich zu realisieren hat. Ein einmal geweckter Bedarf sollte schnellstmöglich bedient werden, bevor das Kundeninteresse abnimmt. Dabei sind zwei zentrale Punkte wichtig:

a) Das Anbieter-Unternehmen ist technisch, kapazitiv und wirtschaftlich in Lage, den Bedarf umgehend zu befriedigen. Das heißt, es besitzt die Fähigkeit, das Produkt gemäß den Anforderungen zu liefern.
b) Das Anbieter-Unternehmen führt die Lieferung gemäß den Lieferkriterien aus, d. h., es ist liefertreu. Diese Lieferkriterien sind im Begriff „Just in Time" zusammengefasst, der die Bereitstellung
   - des richtigen Produktes oder richtigen Services
   - zur richtigen Zeit

- am richtigen Ort
- in der richtigen Menge/Häufigkeit
- in der richtigen Qualität
- zum richtigen Preis

an den Kunden definiert. Die Lieferfähigkeit und Liefertreue dieser Leistungen sind wesentliche Kriterien für die Kaufentscheidung und entscheiden maßgeblich für die Kundenzufriedenheit. Das Vermessen und Beurteilen ist ein Aspekt des Performance Managements in der Softwareindustrie.

7.1.1.1 Die Rolle des Softwarekunden in der Performance-Steuerung des Anbieterunternehmens

Durch die Nutzung des Internets ist der Kunde in der Lage, Produkte, Verfügbarkeiten, Qualitätskriterien und Preise nahezu jederzeit und überall abzufragen. Das Resultat ist ein ausgezeichnet informierter und wählerischer Kunde hinsichtlich Produktfunktionen und Lieferkriterien. Die Kaufentscheidung findet dann statt, wenn seine Anforderungen so umfänglich wie möglich realisiert werden.

Anbieter-Unternehmen können ihrerseits die produktrelevanten Daten und Informationen in Echtzeit zur Verfügung stellen und sehen anhand des Interesses, Verhaltens und Kapitalflusses des Kunden, wie Konsumenten und Interessenten aktuell darauf reagieren. Durch Marktbeobachtungen und die zunehmende Nutzung von Big Data, d. h. Verbindungs- und Metadaten von Internetnutzern, lassen sich Konsumentenverhaltensmuster ableiten und neue Bedarfspotenziale prognostizieren. Die Konsolidierung der Informationen und Daten versetzt Anbieter-Unternehmen in die Lage, „ihren" Kunden zu identifizieren, zu erschließen und dessen Investitionsbereitschaft für Innovationen oder attraktive Produkte bzw. Services einzuschätzen. Die Herausforderung für den Anbieter und dessen Mitarbeiter liegt in der Ermittlung des Kundeninteresses und der eindeutigen Erfassung des Kundenwunsches. Ist dies erfolgt, so hat das Unternehmen schnell und möglichst kundenindividuell darauf zu reagieren. Auch in diesem Fall muss der Anbieter die Lieferfähigkeit und Liefertreue sicherstellen und den Kunden aktiv bedienen. Diese Vorgänge werden ihrerseits durch Performance-Kennzahlen abgebildet.

7.1.2 Geschäftsprozess-Standards für Reproduzierbarkeit, hohe Qualität und gute Geschäftsergebnisse

Wie ist dies in der Praxis zu erreichen? Zur Erfüllung der Just-in-Time-Kriterien bedarf es der Standardisierung der wesentlichsten Abläufe, Aktivitäten, Regeln und Verhalten (-smuster). Vielfach werden die Inhalte als Geschäftsprozesse abgebildet. Ziele der Standardisierung sind:

- ein gleichmäßig hohes Ausbildungsniveau der Mitarbeiter, Lieferanten und Partner auf Basis einer einheitlichen Unternehmenskonvention, in der die unternehmensspezifischen Begrifflichkeiten, Definitionen, Sprachgebräuche, Abläufe, Verhaltensanforderungen und Vorgehensweisen zusammengefasst werden;
- das wiederholbare und möglichst fehlerfreie Erreichen einer mit dem Kunden vereinbarten Qualität und der angestrebten Kundenzufriedenheit;
- die Steigerung des Profits durch Ausführung der Aktivität sowie im Schadensfall beschriebene Handlungsprozeduren zur Problemlösung/Schadensbekämpfung;
- zufriedene Kunden und eine wachsende Kundenbasis.

Die aufgeführten Merkmale werden durch den Kunden definiert, neu und permanent weiterentwickelt.

Meist jedoch wird Standardisierung mit Bürokratisierung und übermäßiger Dokumentation gleichgesetzt. Dokumentationen, die nicht aktiv im Gebrauch bzw. brauchbar sind, haben keinen Wert.

Ein guter Prozessstandard ist einfach anwendbar und wird auch tatsächlich im Geschäftsalltag genutzt. Die Übergabepunkte und Schnittstellen in einer Prozesskette sind hinreichend mit den zu erwartenden Ergebnissen harmonisiert und bilden einen fließenden Ablauf. Jeder einzelne Schritt ist einfach und klar verständlich beschrieben, besser noch: visualisiert.

Beispiel: Zu Beginn eines Projektes wird innerhalb eines Anbieter-Unternehmens eine spezifische Qualität definiert. Diese wird als Meilenstein zu einem definierten Messzeitpunkt überprüft bzw. aktiv durch das Projektteam vermessen (passive Messung). Die interessantere Betrachtung ist eine zusätzliche Bewertung durch den Kunden, der den realisierten Reifegrad- und Funktionszuwachs in der Meilensteinbewertung durchführt. Diese aktive Bewertung sollte je (Kunden-)Anforderung stattfinden, doch ist dies in der Realität eher selten der Fall. Erst durch die aktive Einbindung des Kunden lassen sich werthaltige Verbesserungen hinsichtlich der Performance von Prozessen, Abläufen und Aktivitäten während des Lebenszyklus erzielen. Die Basis für kontinuierliche Verbesserungen ist dadurch gelegt. Oftmals resultieren aus der Weiterentwicklung der Rückmeldungen neue Ideen und Innovationen.

7.1.3 Software als tägliches Werkzeug zur Anwendung der Standards – kritische Betrachtung

Zur Vereinfachung im täglichen Leben soll Software die oben genannten Standards einfach, verständlich und bedienerfreundlich abbilden. Kunden, die die erste Hürde geschafft und Prozessstandards entwickelt haben, treffen bei der Überleitung von Prozessen zur Software häufig auf ein noch viel größeres Hindernis.

Die Anforderungen von Software werden durch hoch qualifizierte Experten und Berater mit meist exzellenter akademischer Laufbahn aufgenommen und in einer Fachsprache erfasst, die den meisten Anwendern nicht mehr zugänglich ist. Ein typischer Fall ist auch die Modellierung eines zunächst einfachen Ablaufs, der durch technische Bedienmöglichkeiten, die Anwendungsvielfalt und mögliche Sonderformen sehr komplex geworden ist. Ziel sollte jedoch sein, Komplexitäten durch den Einsatz von Software beherrschbar zu machen.

Somit bedarf es einer Bewertung und Priorisierung von Anforderungen, welche dann in eine Anforderungsliste zur Weiterverarbeitung übernommen werden. Hier spricht man vom Requirement Management, d. h. einer koordinierten Vorgehensweise zur Abarbeitung von (Kunden-)Anforderungen.

In der Realität steigt die Komplexität jedoch massiv an und der Grundgedanke eines Standards wird ad absurdum geführt. Jede mögliche Aktivität wird modelliert, mit Performance-Kennzahlen versehen und mittels multimedialer Kennzahlencockpits konsolidiert. Dabei wird in vielen Fällen unternehmerisches Management auf die rückwärtige Betrachtung von nicht entscheidungsrelevanten Ereignissen reduziert.

7.1.4 Erfassung von Kundenanforderungen als Schlüsselfähigkeit

Wie die meisten Produkte sollte auch Software Funktionsumfänge nach einer 80:20-Lösung abbilden, d. h. die tatsächlichen täglichen Anwendungsfälle und Komplexitäten. Sonderfälle und Ausnahmen sollten durch qualifizierte Mitarbeiter und deren Führungskräfte nach Dringlichkeit, Eintrittswahrscheinlichkeit und Risiko erfasst und bedarfsgerecht beschrieben werden. Hierbei ist die Unterweisung, Qualifizierung und das szenarienbasierte Training der Mitarbeiter von besonderer Bedeutung. Jedem Mitarbeiter sollte klar sein, welcher Arbeitsschritt und welche Aktivität für den Kunden eine Bedeutung haben.

Neben der eingangs beschriebenen Analyse des Kundenverhaltens (passive Erfassung) sind die Kundenerwartungen nur direkt mit dem Kunden zu konsolidieren (aktive Erfassung). Das Hauptaugenmerk liegt auch hier auf der Abklärung der Inhalte nach dem Sender-Empfängerprinzip, um Missverständnisse, Fehlinterpretationen oder sprachlich unterschiedliche Begriffsdefinitionen zu vermeiden.

Nach der Erfassung der Anforderungen sowie der Abstimmung der Inhalte mit dem Kunden erfolgt der nächste Schritt innerhalb des Anbieter-Unternehmens: Die Anforderungen müssen in der Prozesskette konstant weitergegeben und nachgehalten werden. Jeder, der das Kinderspiel „Stille Post" kennt, weiß jedoch auch um die Fehler in der Kommunikation und deren Auswirkungen auf das Produkt. Dies lässt sich nur verhindern, wenn die *relevanten Übergabepunkte durch die Teilnahme mit dem Kunden oder einem „Repräsentanten des Kunden" – oder auch „Voice of the Customer" im Anbieter-Unternehmen – im Prozessschritt erfolgen.* Diese wichtige Funktion stimmt sich permanent mit dem Kunden ab und sichert die Lieferung bestehender Anforderungen an den Kunden und neuer Anforderungen an das Unternehmen ab.

Der Kundenrepräsentant stellt ebenso sicher, dass *die Anforderungen innerhalb der Prozessschritte eindeutig und von jedem verstanden wurden, und er vereinbart die Lieferfähigkeitszusagen.*

7.1.5 Gemba und Genchi Genbutsu als Führungsaufgabe

Ein zentraler Bestandteil der Leanphilosophie bildet hierbei der Gemba Walk oder Genchi Genbutsu. Gemba ist japanisch und bedeutet, an den „Tatort", also den Ort des Problemgeschehens zu gehen. Unter Genchi Genbutsu versteht man, „zur Quelle zu gehen", um Lösungen und weitere Schritte festlegen zu können. Um die Fähigkeit, die Problemlösungskompetenz und die Ursachenanalyse zur Wahrnehmung von Problemen zu erlangen, ist es sehr empfehlenswert, zusätzlich zu den unternehmensinternen Gemba Walks auch Begehungen in anderen, unternehmensfremden Bereichen vorzunehmen.

Führungskräfte innerhalb der Prozessschritte helfen ihren Mitarbeitern dadurch, indem sie täglich an den „Platz des Geschehens", sprich an die Arbeitsstellen gehen (Gemba Walk), um sich ein eigenes Bild zu machen. Dort sehen sie, inwieweit die Kundenanforderungen realisiert werden und erfassen mögliche Probleme (Abb. 7.3). Das setzt natürlich voraus, dass Führungskräfte tief in den Arbeitsprozessen verwurzelt und nicht nur mit Verwaltungsaufgaben beschäftigt sind.

Die Führungskraft fragt die Mitarbeiter aktiv nach dem aktuellen Fortschritt, den aktuellen Problemstellungen und Lösungspotenzialen sowie Verbesserungsmöglichkeiten. Bei Problemen gehen die Führungskräfte mit den betroffenen Mitarbeitern bis an die Fehlerursache oder den Ort der Ursachenentstehung (Genchi Genbutsu). Dort können die Experten Fehlerursachen diagnostizieren und mögliche Lösungswege gemeinsam entwickeln und durch die Führungskräfte schnell zur Entscheidung bringen. Eine häufig genutzte Methode ist die „A3-Methode", welche ein standardisiertes Vorgehen unter Zuhilfenahme eines Blattes Papier im DIN A3-Format und eines Stifts beschreibt.

Abb. 7.3 Unterstützung durch die Führungskraft am Arbeitsplatz. (Quelle: eigene Darstellung)

7.1.6 Vertrauen und Respekt für die Menschen (Kunden, Partner, Lieferanten, Mitarbeiter) als Führungs- und Verhaltensgrundlage

Wenn Mitarbeiter das erste Mal von Gemba Walks hören, kommt schnell das Vorurteil auf, dass Führungskräfte nur kontrollieren und maßregeln wollen. Die Folgen sind Widerstände und Ablehnung.

Für das Verhältnis zwischen Mitarbeitern und Führungskräften bedeutet Vertrauen, dass die Führungskraft die Stärken und Potenziale ihrer Mitarbeiter kennt und sie entsprechend ihren Fähigkeiten einsetzt und fördert. Teil dieser Förderung sind Qualifizierung und Training, welche in einer übersichtlichen Fähigkeitsmatrix (Skill Management) von Level zu Level weiterentwickelt werden. Regelmäßige Kommunikation sowie die Gemba Walks der Führungskräfte bieten Möglichkeiten für die Weiterentwicklung des Mitarbeiters.

Seitens der Führungskraft findet eine Aufgabenzuteilung statt, nachdem die relevanten Kundenanforderungen beschrieben und diskutiert worden sind. Der Mitarbeiter kann in die sinnbildlichen Schuhe des Kunden geführt werden, um dessen Wertmaßstäbe zu erkennen. Diese intensive Zusammenarbeit zwischen Führungskraft und Mitarbeiter setzt gegenseitigen Respekt für die Fähigkeiten und Aufgaben des jeweils anderen voraus. Aus der engen Zusammenarbeit entwickelt sich Vertrauen. Die Führungskraft übergibt die Aufgabenerfüllung des Arbeitsschritts inklusive der Entscheidungsgewalt, Umsetzungskraft und notwendigen Freiräume in der Art der Arbeitserbringung an den Mitarbeiter, auch „Empowerment" genannt. Der Mitarbeiter setzt seine Selbstbestimmung ein, um seine Arbeitsumgebung und Produktivität stetig zu verbessern. Die Gemba Walks der Führungskraft bieten gute Möglichkeiten, um erkannte Probleme, Potenziale oder innovative Ideen im Sinne von Kaizen schnell zur Entscheidung zu bringen.

In der Realität der Führungskräfte in Unternehmen, die nicht nach dem Lean-Grundsatz betrieben werden, ist der Tagesablauf leider meistens anders strukturiert. Die Erfüllung von Kennzahlen und das Reporting von Erfolgen beanspruchen neben einer Vielzahl von Besprechungen Hauptanteile der Arbeitszeit. Weniger Raum nimmt die Führung im Sinne der Erfüllung der abgestimmten Kundenanforderungen zur Generierung von Profit sowie das Management durch die direkte Arbeit mit Menschen durch zielgerichtete Kommunikation und abgestimmte Entscheidungen ein. Das Resultat ist in vielen Unternehmen durch die Kluft zwischen Führung und Mitarbeiter, Vertrauensverluste, mangelndes Engagement sowie psychische Probleme durch Stress und fehlendes Verständnis zu erkennen.

7.2 Führungskräftetraining am Beispiel einer Werkstatt für behinderte Menschen

7.2.1 Hintergrund

Gemba und Genchi Genbutsu setzen voraus, dass man in der Lage ist, die Situationen richtig zu erfassen. Das heißt: Sehen lernen, um verändern zu können. Problematisch hierbei ist, dass weder Manager noch Mitarbeiter dafür ausgebildet sind, die Bedürfnisse in dieser hoch technischen Welt zu erfassen.

In der Belegschaft der SAP SE ist ein universitärer Abschluss und bei ca. 40 % der Mitarbeiter eine Promotion üblich. Problemlösungen basieren daher eher auf der logisch-rationalen und weniger auf der menschlichen Wahrnehmung. Der folgende Bericht über einen durchgeführten Gemba Walk gibt weitere Aufschlüsse.

7.2.2 SAP-Manager besuchen eine Behindertenwerkstatt

In der Ausbildung von Managern hat ein SAP-Fachbereich zu einem Besuch in einer Behindertenwerkstatt mit Auftragsfertigung eingeladen. 20 erfahrene Führungskräfte gingen durch Elektro-, Metall- und Mechanikwerkstätten und erlebten, wie sich eine respektvolle Führung direkt auf Leistungswillen und -bereitschaft auswirkte. Das Performance Management begann dort direkt bei der Führungskraft und endete auch dort – eine für viele Manager völlig neue Erfahrung.

Die Werkstätten stehen im Wettbewerb zu anderen Unternehmen im Markt. Die etwas längere Bearbeitungszeit durch geistig und körperlich behinderte Menschen wird durch geringere Stundensätze ausgeglichen, sodass die Preise für die Produkte mit den Marktpreisen vergleichbar sind.

Ein Kunde wird durch einen Werkstattmeister persönlich betreut (Voice of the Customer). Im Erstgespräch werden alle Auftragsdetails besprochen, d. h. die Anforderungen des Kunden beispielsweise in den Bereichen Technik, Maßhaltigkeit, Verarbeitung und Abnahmekriterien. Des Weiteren werden Zwischengespräche vereinbart, in denen der Kunde sowohl über den Zwischenstand informiert wird und gegebenenfalls neue bzw. angepasste Anforderungen einbringen kann.

Während des Gesprächs beschreibt der Werkstattmeister die relevanten Arbeitsschritte in einer leicht verständlichen Darstellung in Form einer Abnahmeskizze. Bereits während des Gesprächs geht er in Gedanken die Mitarbeiter durch, die für die Auftragsbearbeitung infrage kommen. Er überlegt, wer verfügbar ist, wer bereits über die notwendigen Fähigkeiten verfügt oder wer in der Lage ist, diese zu erlernen. Durchführbar ist dies nur, wenn die Führungskraft die Fähigkeiten, Interessen und Möglichkeiten jedes Einzelnen gut kennt und einzuschätzen vermag. Jede Führungskraft in den Werkstätten hat eine intensive und persönliche Beziehung zu ihren Mitarbeitern.

Der Kunde erhält auf Wunsch eine Führung durch die Werkstatt und lernt mögliche Bearbeiter seines Auftrags kennen. Die Mitarbeiter lernen ihren Auftraggeber kennen und sehen hinter dem Produkt einen reellen Kunden.

Die SAP-Manager zeigten sich von dem tiefen Fachwissen der Führungskräfte über die einzelnen Prozessschritte sowie die intensive Kenntnis über die Mitarbeiter sehr beeindruckt. In Softwareprojekten steuern viele Manager vielfach die Budgets und haben die disziplinarische Verantwortung. Die Fachexpertise für Projekte obliegt den Projektleitern, welche jedoch nicht über spezifische Kapazitäten und Fähigkeiten entscheiden. Ein weiterer Unterschied in der Softwarebranche ist auch, dass der Kunde hinter dem Produkt nur selten derart präsent in Erscheinung tritt. Viele Anforderungen des Kunden müssen in der technischen Umsetzung detaillierter und aufwendiger umgesetzt werden. Dafür sind die Kenntnis des Kunden und die Möglichkeit zur direkten Abstimmung sehr hilfreich.

Nachdem der Kundenauftrag durch beide Seiten akzeptiert wurde, beginnt der Werkstattmeister mit der Auftragsplanung. Im ersten Schritt werden die Teilschritte vom fertigen Produkt bis zur Zeichnung in Rückwärtsperspektive heruntergebrochen (Dekonstruktion). Mögliche Problembereiche und Übergabepunkte von einem Werkzeug zum nächsten werden markiert und nochmals mit den spezifischen Kundenanforderungen abgeglichen – gegebenenfalls auch direkt mit dem Kunden.

Bei der Softwareentwicklung startet der Prozess mit der Erstellung der Anforderungsliste, in der Fachsprache „Backlog" genannt, sowie der Beschreibung der relevanten Kundenfunktionen in einem ersten Funktionsbaum, dem „User Story Mapping". Die Ergebnisse werden meist mit dem Kunden direkt erstellt oder durch den Kunden abgenommen.

Anschließend findet in den Werkstätten die Personaleinsatzplanung statt. Jeder Mensch, ob gesund oder geistig und/oder körperlich behindert, hat gewisse Präferenzen und Abneigungen. Gemäß diesen Präferenzen kann die Führungskraft Mitarbeiter für die Auftragsbearbeitung auswählen und die notwendigen fachlichen Qualifizierungen und Einweisungen einplanen. Neben der guten Menschenkenntnis leistet auch eine Fähigkeits- und Interessenmatrix Hilfestellung, die den Werkstattmeister bei der Auswahl schnell und einfach weiterbringt.

Bei der Ressourcenplanung in der Softwareindustrie geht es in der Realität meist nur um verfügbare Kapazitäten aus einem Team. Interessen werden wenn möglich berücksichtigt, doch individuelle Ziele werden infolge des hohen Termin- und Lieferdrucks eher selten beachtet. Vielfach wird von Hochqualifizierten ein gewisses Maß an eigenständigem Lernen und Weiterentwickeln vorausgesetzt – in Teilbereichen ist es bereits in der Rollenbeschreibung verankert.

Nach der Auswahl der Auftragsbearbeiter geht der Werkstattmeister zur Arbeitsvorbereitung über. Die körperlichen und geistigen Limitationen eines Mitarbeiters bei der Bearbeitung eines Auftrags können durch geeignete Vorrichtungen, Hilfswerkzeuge und Hilfsmittel beseitigt oder gemildert werden. Bei der Führung schilderte uns ein Werkstattmeister den Bau einer Vorrichtung für eine einseitig gelähmte Frau mit starker Kurzsichtigkeit. Er baute eine Grenzlehre – eine Vorrichtung, die die Maßhaltigkeit eines explosionsgeschützten Bauteils in ein Gutteil oder Schlechtteil durch eine Passform und jeweilige Farbgebung unterscheidet. Nach Fertigstellung wollte er die Vorrichtung an seine Mitarbeiterin übergeben und die fachliche Einweisung beginnen. Bereits vor der Erklärung sagte ihm seine Mitarbeiterin, dass er doch nach zwei Jahren als Chef wissen sollte, dass sie mit rechts nicht arbeiten könne, da sie doch rechtsseitig gelähmt sei. Er hatte bei der Vorrichtung die Seiten verwechselt!

Insbesondere geistig behinderte Menschen haben eine sehr offene und direkte Art zu kommunizieren. Sie sagen und zeigen zuweilen recht deutlich, wenn sie motiviert oder gelangweilt sind bzw. wenn sie ein Thema interessiert und sie sich einbringen wollen oder nicht. Für die SAP-Manager waren diese Reaktion und das grundehrliche Verhalten vielfach neu. Heute hat die Kommunikation enorm an Dichte, Häufigkeit und Teilnehmeranzahl zugenommen, ohne jedoch an Qualität zu gewinnen. Die Einfachheit der ehrlichen Antwort mag nicht immer angenehm sein, doch drückt sie den aktuellen Zustand aus. Dadurch ist eine ausgebildete Führungskraft in der Lage, entsprechende Reaktionen einzuleiten.

Nachdem auch die Arbeitsvorbereitung abgeschlossen ist, findet die Übergabe an die eingebundenen Mitarbeiter statt. Die Einweisungen erfolgen durch den Werkstattmeister direkt und sind individuell auf den Empfänger ausgerichtet. Die jeweiligen Stärken werden angesprochen, die Abläufe durch den Werkstattmeister demonstriert. Danach wird der Arbeitsablauf gemeinsam durchgeführt und anschließend durch den Mitarbeiter unter Aufsicht und Korrektur des Werkstattmeisters. Nachdem der Mitarbeiter sich im Ablauf wiederfindet, darf er die Arbeitsschritte selbstständig durchführen. Regelmäßige Gemba Walks der Führungskraft geben dem Mitarbeiter Sicherheit und Rückmeldung bei Problemen. Die Führungskraft sieht die Fortschritte und kann jeweils unterstützen.

Der Kunde erhält zu den jeweiligen Arbeitsschritten einen Status zu Fortschritt und Abarbeitungsgrad. Änderungen und neue Anforderungen fließen hierbei automatisch in den Prozess mit ein.

Sobald sich der Mitarbeiter an den Arbeitsprozess gewöhnt hat, fragt der Werkstattmeister nach, ob man etwas besser machen kann. Alle Rückmeldungen werden gesammelt, gemeinsam diskutiert und mit Prämierung abgestimmt. Durch die Zusammenarbeit bekommen die meisten Mitarbeiter einen Überblick über die Aktivitäten. Das Interesse, die Arbeit selbst durchzuführen, nimmt der Werkstattmeister in die Interessenmatrix auf.

Die SAP-Manager waren auch bei der Vorführung einer Weichlötung eines elektronischen Bauteils dabei. Der Werkstattmeister nahm dabei wahr, dass sein Mitarbeiter nervös wurde. Er reagierte ganz natürlich auf die Situation, nahm ihn in den Arm und sprach ihm volles Vertrauen in seine Fähigkeiten aus. Voller Stolz zeigte der Mitarbeiter durch diese Bestätigung seine Arbeit und erntete Applaus von seinen Kollegen.

Die Erfahrung, den Menschen in seinem Verhalten wahrzunehmen, beeindruckte viele SAP-Manager. Die Wirkung auf die Leistung des Mitarbeiters und die positive Reaktionen des Teams zeigten auch auf, dass das richtige Maß an Natürlichkeit und Ehrlichkeit viele Barrieren überwindet.

7.3 Rückschlüsse zum Performance Management auf Basis von Vertrauen und Respekt

Am Beispiel des Gemba Walks lassen sich die Erkenntnisse wie folgt zusammenfassen: Vertrauen und Respekt bilden die Grundlage einer leangeprägten Unternehmens- und Führungskultur. Im Einzelnen bedeutet dies:

- Respekt für den Kunden
  Der Kunde bestimmt die Werthaltigkeit von Produkten und Services durch sein Interesse, das in eine Investitionsbereitschaft mündet. Diese lässt sich in drei Kategorien auf-

teilen: Qualität, Kosten/monetäre Investitionen und Lieferzeit (im Englischen: Quality – Cost – Delivery):
a. Qualität:
Der Kunde hat marktspezifische und individuelle Anforderungen an ein Produkt, z. B. an die Technik, Funktion, Zuverlässigkeit etc. Respektiert ein Unternehmen diese Kundenwünsche und macht sie in messbarer Form für den Kunden transparent, so fühlt sich der Kunde ernst genommen und ist zu einer vertrauensvollen und partnerschaftlichen Zusammenarbeit bereit.
b. Kosten/monetäre Investitionen:
Sobald der Kunde brauchbare Innovationen und passende Anwendungen im Produkt erkennt, wird er sich für den Kauf oder die Anmietung entscheiden, um das maßgeschneiderte Produkt zu nutzen.
c. Lieferzeit mit zwei Ausprägungen:
   - die zeitlichen Investitionen des Kunden, um die Anforderungen zu benennen und abzugleichen
   - die Dauer der Inbetriebnahme des Produktes
   Letztere spiegelt die Fähigkeit des Unternehmens wider, gemäß den Just-in-Time-Kriterien liefern zu können. Innovative Ideen eines Anbieter-Unternehmens bedürfen daher einer schnellen Markteinführung, um Interessenten zu treffen.

- Alle Lieferanten eines Unternehmens sind in die erforderlichen Abläufe im Unternehmen auf Basis eines gemeinsamen Vertrauensverhältnisses einzubinden. Für neue Produkte und Services ist es wichtig, durch gegenseitigen Respekt das optimale Ergebnis für den Kunden zu erreichen. Mit abnehmender Entwicklungs- und Fertigungstiefe im Anbieter-Unternehmen steigt die Notwendigkeit eines partnerschaftlichen Umgangs mit den Lieferanten.
- Führungskräfte sind ebenfalls Experten für die von ihnen zu verantwortenden Arbeitsschritte. Sie binden ihre Mitarbeiter aktiv und selbstbestimmend in die produktrelevanten Entscheidungen ein und begleiten sie aktiv bei der kontinuierlichen Verbesserung durch Gemba Walks und regelmäßige Kommunikation. Durch die kontinuierliche Verbesserung von Prozessen und Standards sorgen Führungskräfte für Orientierung in den Abläufen innerhalb des Unternehmens.
Die Realisierung der Kundenwünsche sollte durch die Führungskräfte in den Mittelpunkt der Arbeit gestellt und mit Weitblick bei der Kapazitäts- und Einsatzplanung, Ausbildungs- und Trainingsplanung sowie der Mitarbeiterentwicklung praktiziert werden.
- Die Mitarbeiter respektieren die Erfahrungen ihrer Vorgesetzten und wenden sich mit ihren Rückmeldungen offen und direkt an sie. Nur durch gegenseitiges Vertrauen lässt sich eine gemeinsame Arbeitskultur aufbauen und leben, in der Führungskraft und Mitarbeiter unterschiedliche Aufgaben haben, jedoch das gleiche Ziel verfolgen – den Kunden zufriedenzustellen.

Innerhalb des SAP-Unternehmensbereiches finden die Gemba Walks einen regen Zuspruch. Mittlerweile findet ein regelmäßiger Erfahrungsaustausch zwischen Führungskräften und Mitarbeitern anderer Unternehmen statt, die zu den SAP-Kunden gehören. Die Rückmeldungen zeigen, dass der offene Umgang in den Arbeitsprozessen mit den Kunden sehr positiv wahrgenommen wird. Die Teilnehmer in diesen Treffen sind immer wieder überrascht, wie ähnlich Problemstellungen sind und wie hilfreich ein offener Austausch für neue Perspektiven, Sichtweisen und Ideen sein kann.

Einen weiteren wichtigen Aspekt bildet die Kommunikation. Für SAP ist beispielsweise der direkte, offene und zeitnahe Austausch von Informationen sehr wichtig. An der Weiterentwicklung einer Feedbackkultur wird aktiv gearbeitet und viele Projekte schließen mit einer gemeinsamen Rückwärtsbetrachtung, der Retrospektive, ab.

Vertrauen und Respekt bilden im Unterschied zu Stress und Angst eine gesunde Grundlage für Leistung. Voraussetzung ist die Wahrnehmung des anderen und der anschließende offene und ehrliche Umgang miteinander.

Die Kunden-, Lieferanten- und Mitarbeiterzufriedenheit lässt sich zwar messen, doch wirklich relevant ist nach wie vor das „gute Gefühl" der beteiligten Menschen. Eine respekt- und vertrauensvolle Zusammenarbeit schlägt sich als Performance-Kennzahl in den Verkaufszahlen, der Innovationskraft und Profitabilität nieder. Einfach zusammengefasst: Engagierte Mitarbeiter stärken das Unternehmen und zufriedene Kunden kommen wieder.

E-Leadership: Führung und Leistungssteigerung in digitalen Kontexten

8

Rainer Zeichhardt

8.1 Leistung, Führung und Digitalität

Das Phänomen *Leistung* ist seit jeher ein zentraler Gegenstand betriebswirtschaftlicher Diskussionen. Immer dann, wenn es darum geht, mit knappen Ressourcen optimal zu wirtschaften, geraten Effizienz-, Leistungs- und Erfolgskriterien in den Blick (vgl. Thommen und Achleitner 2012, S. 109 ff.).

In der Praxis und Forschung der BWL existieren daher zahlreiche Konzepte und Tools, mit denen die Leistungserstellung gemessen, ausgewertet und interpretiert wird. Die Idee eines *Performance Managements* (vgl. z. B. Hirtzel und Gaida 2010) setzt genau hier an: Leistung wird im Idealfall auf Basis einer grundlegenden Strategie geplant, es werden Ziele definiert und anschließend werden Leistungserstellungsprozess und Erfolg evaluiert (*Performance Measurement*; vgl. Gladen 2014). Ein populäres Tool, das in diesem Zusammenhang zum Einsatz kommt, ist die Balanced Scorecard.

Ein Performance Management im engeren Sinne fokussiert primär auf betriebswirtschaftliche Kennzahlen, was aber nicht darüber hinwegtäuschen darf, dass sich Leistung und Erfolg nicht nur in ökonomischen Zielen oder Strategien, Strukturen und Prozessen abbilden, sondern auch weitere Dimensionen umfassen. Leistung und Erfolg haben immer auch soziale und individuelle Perspektiven, wie z. B. das Organisationsklima, die Zufriedenheit der Mitarbeiter oder eine Interessenrealisierung von Individuen und Gruppen (vgl. Robbins und Judge 2013).

Aus einem solchen ganzheitlichen Framework betrachtet, kommt dem Phänomen *Führung* eine besondere Bedeutung zu (vgl. Rosenstiel et al.2009): Führungspersonen sind

---

R. Zeichhardt (✉)
Berlin, Deutschland
E-Mail: rainer.zeichhardt@businessschool-berlin.de

© Springer-Verlag Berlin Heidelberg 2016
H. Künzel (Hrsg.), *Erfolgsfaktor Performance Management*, Erfolgsfaktor Serie,
DOI 10.1007/978-3-662-47102-9_8

Schlüsselakteure in Organisationen, deren Aufgabe es nicht nur ist, selbst Leistung auf verschiedenen Ebenen zu erbringen, sondern auch durch spezifisches Verhalten Mitarbeiter zu Leistung zu motivieren und optimale Rahmenbedingungen für die Leistungserstellung in Organisationen zu gestalten. Führung ist damit ein kritischer Erfolgsfaktor im Rahmen der betrieblichen Leistungserstellung. In Managementpraxis und -forschung existieren diverse Erkenntnisse und Gestaltungsempfehlungen dafür, wie erfolgreiche Führung (z. B. über spezielle Führungsstrategien und -stile) gelingen kann (vgl. dazu Steinmann et al. 2013, S. 591 ff.).

Der Kontext für Leistungserstellung und Führung verändert sich ständig. Aktuell ergeben sich wesentliche Veränderungen durch *digitale Transformationsprozesse*, die zu neuen Formen des Arbeitens und damit auch zu einer veränderten Art der Leistungserstellung beitragen. So findet das Zusammenarbeiten in Organisationen vermehrt vermittelt über verschiedene digitale Medien statt (z. B. E-Mails, Videokonferenzen, Mobiltelefonie, soziale Medien wie Blogs und Microblogs) und Organisationen selbst weisen zunehmend virtuelle Strukturen auf (z. B. mobiles Arbeiten, virtuelle internationale Teams, Homeoffice).

Digitale Kontexte und neue Kommunikationsmedien haben erhebliche Auswirkungen auf Management und Personalführung, sodass in der Unternehmenspraxis ganz aktuell Forderungen nach einem neuen Führungsstil für das digitale Zeitalter geäußert werden (vgl. z. B. Wieselhuber 2014 sowie Seeger 2015: Spezial Heft 2015 des Harvard Businessmanagers zum Thema „Wie geht Führung im Zeitalter digitaler Transformation?"). Auch in der Forschung wird die empirische und konzeptionelle Relevanz erkannt, was die Diskurse zu virtueller Führung, Leadership 2.0 und E-Leadership verdeutlichen (vgl. dazu z. B. Müller 2008; Reichwald und Möslein 2009; Hofmann und Regnet 2009; Lehky 2011; Wald 2013; Zeichhardt 2013).

Digitale Medien verändern aber nicht nur die Art des Zusammenarbeitens und Führens und damit den Leistungserstellungsprozess selbst, sondern auch direkt das Performance Management. Dies zeigt besonders plastisch das hochaktuelle Thema „Big Data" (vgl. z. B. Reichert 2014): Durch digitale Tools, IT-Lösungen, Datenbanken und Algorithmen lassen sich beträchtliche Datenmengen erfassen, auswerten und bewerten und damit wiederum Rückschlüsse für die Optimierung von Leistungsprozessen ziehen.

Im Rahmen dieses Beitrags werden die Phänomene Leistung, Führung und Digitalität (vgl. Abb. 8.1) diskutiert. Dabei wird der Frage nachgegangen, welche Möglichkeiten und Grenzen sich für E-Leadership im Rahmen der Leistungssteigerung in digitalen Kontexten ergeben.

8.2 E-Leadership – Rahmenbedingungen und Akteure

Führung findet in Organisationen auf verschiedenen hierarchischen Ebenen statt und reicht vom Top-Management über das mittlere Management bis hin zur Abteilungs- und Teamleitung.

Im Vergleich mit klassischer Führung, die sich vor allem in direkter Face-to-Face-Interaktion realisiert, unterscheidet sich E-Leadership insbesondere hinsichtlich folgender Parameter (vgl. dazu z. B. Hofmann und Regnet 2009; Abb. 8.2):

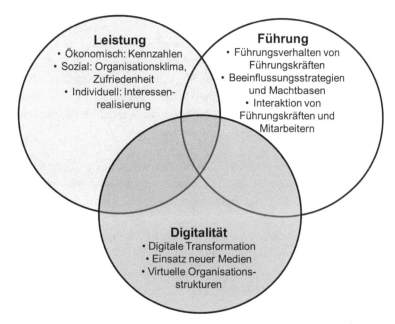

Abb. 8.1 Leistung, Führung und Digitalität. (Quelle: eigene Darstellung)

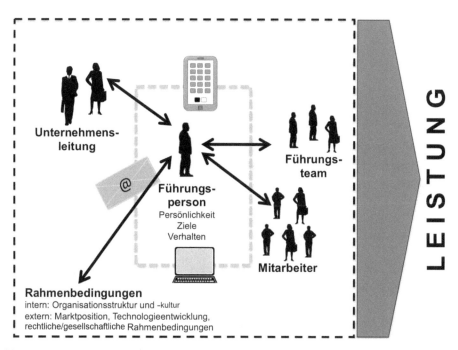

Abb. 8.2 E-Leadership: Rahmenbedingungen und Akteure. (Quelle: eigene Darstellung)

- *Technik:* E-Leadership bedarf komplexer technischer Apparaturen, die funktionieren und von den Interaktionspartnern beherrscht werden müssen.
- *Raum:* Bei E-Leadership sind die Kommunikationspartner nicht mehr räumlich zusammen. Die Akteure sehen und hören sich nicht mehr unmittelbar, Interaktion erfolgt vermittelt über spezifische Kommunikationskanäle bzw. Medien. Die nonverbale Kommunikationsebene (Stimme und Körpersprache) entfällt bei digitaler Interaktion entweder ganz (z. B. bei E-Mail-Kommunikation) oder gestaltet sich spezifisch aus (z. B. bei Videotelefonie).
- *Zeit:* Face-to-Face-Führung erfordert Gleichzeitigkeit, die bei E-Leadership nicht mehr nötig ist. Der Sender kann z. B. jederzeit eine Nachricht per E-Mail, Messenger oder Microblog verschicken, der Empfänger sofort, innerhalb eines beliebigen Zeitintervalls oder gar nicht antworten.
- *Menge:* Face-to-Face-Führung ist mengenmäßig auf die durch den jeweiligen Sprachduktus vermittelbare Anzahl von Wörtern und auf die Zahl der räumlich anwesenden Kommunikationspartner beschränkt. Bei E-Leadership bestehen grundsätzlich weder Begrenzungen bezüglich der Datenmenge noch bezüglich der Adressaten, denen diese Datenmenge übermittelt wird.

Allein diese Ausführungen weisen schon auf die Ambivalenz von E-Leadership für die Leistungserstellung in Organisationen hin.

Im Idealfall lassen sich Effizienzvorteile realisieren, da Interaktionsprozesse durch Digitalität aufgrund der zeitlichen, räumlichen und mengenmäßigen Flexibilität erheblich optimiert werden können. Zugleich sind aber auch Störungen der Leistungserstellung möglich, z. B. wenn die Interaktion scheitert, weil die Technik nicht funktioniert oder die digitale Datenmenge durch die Akteure nicht mehr zu beherrschen ist bzw. die Informationsqualität sinkt. Digitale Interaktion kann hohe Opportunitäts- und Transaktionskosten verursachen, wie z. B. hohe Rüstkosten durch mediale Ablenkung und fragmentiertes Arbeiten (vgl. Jackson et al. 2001).

Ob sich die idealtypischen Chancen im Rahmen der Leistungserbringung durch E-Leadership entfalten und die Risiken minimiert werden, hängt in besonderem Maße von dem konkreten Verhalten der am Führungsprozess beteiligten Akteure ab.

8.3 E-Leadership als digitaler Einflussprozess

Führung kann als Interaktionsprozess zwischen Akteuren verstanden werden. Unabhängig vom Kontext (digital oder Face-to-Face) geraten damit vielfältige formale und informale Machtbasen in den Blick (vgl. dazu Steinmann et al. 2013, S. 626): Anweisungsbefugnis qua Hierarchie (Legitimationsmacht), Belohnungs- und Bestrafungsmacht (materiell z. B. durch Beförderungen und immateriell z. B. durch Wertschätzung), Experten- und Informationsmacht sowie Macht durch Persönlichkeitswirkung.

Ein interaktionszentriertes Führungsverständnis macht darauf aufmerksam, dass Führung ein wechselseitiger Prozess ist. Die Beeinflussung kann je nach Machtbasis sowohl

8 E-Leadership: Führung und Leistungssteigerung in digitalen Kontexten

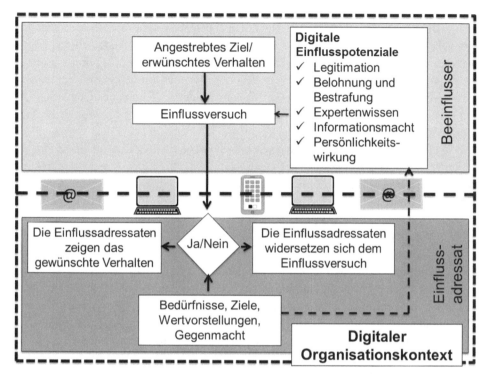

Abb. 8.3 E-Leadership als digitaler Einflussversuch. (Quelle: in Anlehnung an Steinmann et al. 2013, S. 620)

von einer Führungskraft ausgehen (insbes. bei Top-down-Führung durch Legitimationsmacht) als auch von hierarchisch unterstellten Mitarbeitern (z. B. Bottom-up-Beeinflussung durch Expertenmacht).

Ob Führung erfolgreich ist oder nicht, hängt einerseits von der Machtbasis des Beeinflussers und dessen Einflussversuch ab, andererseits von den Bedürfnissen, Zielen und Wertvorstellungen des Einflussadressaten. Zeigt der Einflussadressat das intendierte Verhalten nicht, kann Führung nicht gelingen, was gleichzeitig Auswirkungen für die Leistungserstellung mit sich bringt.

In den folgenden Kapiteln werden die verschiedenen Einflusspotenziale auf E-Leadership in digitalen Organisationskontexten spezifiziert und mit Beispielen aus der Praxis illustriert (Abb. 8.3).

8.4 Digitale Einflusspotenziale und Machtbasen

8.4.1 Von legitimierter Hierarchie zur digitalen Selbstorganisation

Legitimationsmacht ist die Basis klassischer Top-down-Führung: Eine Führungskraft ist qua Hierarchie mit Anweisungsbefugnissen ausgestattet und darüber legitimiert, andere Akteure in einer Organisation direkt zu beeinflussen.

Ein Blick in die Praxis zeigt, dass Digitalität zunehmend dazu führt, dass sich ein traditionelles Verständnis von hierarchischen Organisationsstrukturen verändert und Legitimationsmacht aufgeweicht oder gar umgekehrt wird. Einige moderne Führungskräfte in der digitalen Economy verzichten sogar ganz bewusst auf Legitimationsmacht, um ihre Mitarbeiter zu Leistung anzuspornen (vgl. dazu im Folgenden Dörner und Obmann 2013). Ein plastisches Beispiel für einen solchen E-Leader ist der Gründer von Wordpress, Matt Mullenweg. Seine Mitarbeiter arbeiten mobil und projektbasiert ohne Begrenzungen von Zeit- und Raum: Es gibt keine Büros, keine festen Arbeitszeiten und interne Kommunikation erfolgt über ein firmeneigenes Chatsystem und Blogs. Henry Stewart, CEO von des EDV-Trainingsanbieters Happy in London, geht sogar noch einen Schritt weiter: Die Mitarbeiter von Happy können ihren direkten Vorgesetzten selbst bestimmen und jederzeit wechseln. Chef wird derjenige, der seine Kollegen am besten unterstützt, fördert und inspiriert. Die formale Vorgesetztenposition steht demnach ständig zur Disposition.

Das IT-Unternehmen Synaxon (http://synaxon.de) ist ein weiteres Bespiel für umgekehrte Legitimationsmacht. Von der Unternehmensleitung wurde hier im Jahr 2012 das sogenannte „Liquid Feedback" implementiert (vgl. http://liquidfeedback.org). Dabei handelt es sich um eine open-source-basierte Softwarelösung, die in Organisationen virtuelle Abstimmungsprozesse ermöglicht. Ähnlich wie bei der physischen „Open Space Technology" (vgl. Owen 2008) können Organisationsmitglieder auf einem virtuellen „Schwarzen Brett" Themen einstellen und durch die virtuelle Community bewerten lassen. Bewertungs- und Entscheidungsprozesse finden dabei anonym statt. Jedes Organisationsmitglied kann frei von Person und Position ein Thema zur Abstimmung einstellen und Themen bewerten.

Für die Leistungserstellung ergeben sich durch ein derartiges E-Leadership verschiedene *Vorteile*: Digitale Tools wie das Liquid Feedback basieren auf einer basisdemokratischen Idee und ermöglichen Empowerment und Selbstorganisation der Mitarbeiter im virtuellen Raum. Frei von formaler Hierarchie und unabhängig von mikropolitischen Taktiken kann sich im Sinne eines betrieblichen Vorschlagswesens die beste Idee transparent durchsetzen. Darüber lässt sich nicht nur die Motivation der Belegschaft steigern, sondern auch eine effiziente Schwarmintelligenz entfalten.

Grundsätzlich sind aber auch *Risiken* denkbar: Wenn Digitalität legitimierte Hierarchien auflöst oder umkehrt, kann das subversive Tendenzen freisetzen und negative Auswirkungen auf die Leistungserstellung haben.

Die Zukunft wird zeigen, wie sich Legitimationsmacht durch E-Leadership verändern wird, erste Erfahrungen in der Praxis scheinen aber zu positiven Ergebnissen zu führen (vgl. dazu den Selbstbericht von Synaxon vom 21. Mai 2012 unter http://www.synaxon.de/blog).

8.4.2 Gruppendynamik und Führung in Online-Communities

Es ist konstitutiv für das Internet und „Social Media", dass sich diverse Akteure in Portalen und Online-Communities zusammenschließen, um zu kommunizieren und gegenseitig

Informationen auszutauschen (vgl. dazu Döring 2003). Eine solche Gruppenbildung findet nicht nur in sozialen Netzwerken wie Facebook statt, sondern ebenso in spezifischen Business-Netzwerken (z. B. Xing, LinkedIn), Messenger-Diensten oder in firmeneigenen Intranets und E-Mail-Verteilerlisten.

Digitale Anwendungen, die eine Gruppenbildung im virtuellen Raum unterstützen, haben ambivalente Implikationen für E-Leadership und betriebliche Leistungserstellung. Aus ökonomischer Perspektive ist es einerseits funktional, wenn Akteure durch digitale Mitgliedschaft einer Gruppe einen exklusiven Zugang zu einer Interaktionsarena erhalten, Informationen austauschen und das Forum zur effizienten Entscheidungsfindung nutzen. Andererseits werden durch die Grenzziehung aber nicht nur In-Groups, sondern auch Out-Groups definiert. Wenn Akteure vom Informationsaustausch und von der Entscheidungsfindung ausgeschlossen werden und ihre Kompetenzen und ihr Wissen nicht einbringen können, hat das negative Konsequenzen für die Leistungserstellung.

Ambivalenz zeigt sich ebenso auf sozialer Ebene. Mitgliedschaft in einer Online-Community kann Identität stiften und Wertschätzung signalisieren, eine Ausgrenzung kann dagegen demotivierend wirken und Ursache für Konflikte sein.

Ein E-Leadership, das auf Leistungsoptimierung abzielt, muss sich daher mit folgenden wichtigen Fragen auseinandersetzen: Welche Akteure müssen mit welchen Kompetenzen Teil einer Online-Community sein? Wie und wann werden Wertschätzung und Sanktionierung durch Akteure in digitalen Kontexten erlebt? Welche positiven oder negativen Auswirkungen können sich für Mitglieder und Nichtmitglieder auch außerhalb der Online-Community ergeben?

Erschwerend kommt hinzu, dass Gruppen in digitalen Kontexten nicht immer intentional initiiert und aktiv geführt werden, sondern sich oft emergent, spontan und temporär begrenzt entwickeln. Online-Communities können daher eine spezifische Eigendynamik freisetzen. In positiven Fällen führt dies zu aussagekräftigen Stimmungs- und Meinungsbildern der Mitglieder einer Community, weil diese in kürzester Zeit ihre Zustimmung („Like") oder Ablehnung zu diversen Themenstellungen kommunizieren können. Den Chancen einer freien Meinungsäußerung in Echtzeit stehen jedoch die Gefahren einer digitalen Eskalationsdynamik entgegen. In der Anonymität der Digitalität oder unter dem Deckmantel eines Pseudonyms sind destruktive Kommentare und sogar beleidigende „Shitstorms" möglich, mit entsprechenden negativen Konsequenzen für die Leistungserstellung sowohl aus ökonomischer als auch sozialer Perspektive.

Soziale Netzwerke und Online-Communities lassen sich nur begrenzt steuern. Ein erfolgreiches E-Leadership wird sich in solchen digitalen Gruppenkontexten daher primär über eine indirekte Beeinflussung und moderierende Funktion realisieren lassen, wie z. B. durch Einbringen relevanter Themen zur Abstimmung, das Stellen relevanter Fragen an die Community, Anstoßen von Interaktion und rechtzeitige Kanalisierung destruktiver Konfliktpotenziale.

8.4.3 Digitale Führungskommunikation – Strategische Lenkung und indirekte Manipulation

Interpersonale Face-to-Face-Kommunikation findet auf verschiedenen Ebenen statt: auf der Sach- und Beziehungsebene, auf der nonverbalen Ebene sowie auf der für Führung zentralen Lenkungs- bzw. Appellebene (vgl. Schulz von Thun 2010). Diese Ebenen spielen ebenso bei Führungskommunikation in digitalen Kontexten eine Rolle, wenn auch in spezifischen Ausprägungen.

Bezüglich der *nonverbalen Kommunikation* ergeben sich je nach Medium starke Unterschiede: Mimik, Gestik und Körpersprache lassen sich z. B. über Videotelefonie – zumindest bei funktionierender und stabiler technischer Verbindung – medial authentisch übertragen, dagegen fallen körpersprachliche Elemente bei digitaler Kommunikation in Online-Communities, per Messenger oder E-Mail entweder ganz weg oder werden rudimentär simuliert – z. B. über sogenannte „Emoticons" (vgl. Niedermeier 2001).

Die *Sachebene* der digitalen Kommunikation unterscheidet sich je nach Medium: Informationsübermittlung als klassische Top-down- und Einweg-Kommunikation findet z. B. per E-Mail-Verteiler oder als Twitter-Nachricht („Tweet") an eine Vielzahl von Followern statt. Eine dialogische digitale Kommunikation kann sowohl sequenziell, z. B. in Chats und Foren, oder simultan, z. B. in Videokonferenzen, erfolgen.

Die *Lenkungsebene* umfasst sämtliche Strategien der Beeinflussung und ist damit für das Thema E-Leadership von besonderer Relevanz. Strategisches Verhalten ist in digitalen Kontexten nicht nur eindeutig und direkt (z. B. klare Anweisung per E-Mail), sondern kann vielfältige subtile und oftmals manipulative Ausprägungen haben (für eine ausführliche Darstellung mit vielen Beispielen vgl. Zeichhardt 2013).

Digitale Kommunikation ist dokumentiert, für immer auf Datenträgern gespeichert und kann beliebig reproduziert werden. Das *Kopieren und Weiterleiten* von Informationen ermöglicht es dem Sender, den Adressatenkreis beliebig zu erweitern und sich dadurch implizit formale Macht zu leihen. Setzt der Sender z. B. bei Versendung einer Nachricht an einen Empfänger zugleich einen weiteren hierarchisch höhergestellten Empfänger in den Verteiler (z. B. durch die CC-Funktion einer E-Mail), kann er darüber indirekt Druck auf den originären Empfänger der Nachricht ausüben: Der hierarchisch Höhergestellte ist über den Kommunikationsvorgang und die Inhalte der Nachricht informiert, sodass infolge im Extremfall eine Sanktionierung des eigentlichen Empfängers auf Basis dieser Nachricht möglich ist. Der Sender kann sich jederzeit darauf berufen, sämtliche Informationen an einem konkreten Tag an bestimmte Akteure versendet zu haben. Als Kopie versendete E-Mails sowie Mails mit umfangreichen Dateianhängen werden in der Unternehmenspraxis daher manchmal auch augenzwinkernd als „Save-your-Ass-Mails" bezeichnet (Lehky 2011, S. 42).

Digitale Kommunikation birgt grundsätzlich die latente Gefahr, dass *Dritte* über vertrauliche Inhalte informiert werden, ohne dass der Sender davon Kenntnis hat. Eine solche subtile Beeinflussung erfolgt z. B. dann, wenn Nachrichten durch Nutzung der BCC-Funktion einer E-Mail im „blinden Fleck" des Empfängers kommuniziert werden.

Weil digitale Interaktion jederzeit möglich ist, hat ferner der *Zeitpunkt* des Sendens und Empfangens von Nachrichten stark lenkende Wirkung. So wird mit digitaler Kommunikation außerhalb der regulären Dienstzeiten (z. B. eine E-Mail am Wochenende, ein Kommentar mitten in der Nacht) manipulativ signalisiert, dass der Sender um diese Uhrzeit aktiv Themen bearbeitet. In diesem Zusammenhang spielt auch die *Antwortfrist* eine bedeutsame Rolle. Eine ausbleibende oder späte Antwort kann durch den Sender als Signal dafür interpretiert werden, dass der Empfänger den Kommunikationsinhalt der Nachricht als unwichtig erachtet oder der Beziehung eine geringe Wertigkeit beimisst. Dieses Phänomen verdeutlicht die aktuelle Diskussion über die „WhatsApp-Haken", die in unterschiedlicher Stufung dem Sender rückmelden, ob der Empfänger die Nachricht nicht nur empfangen, sondern auch gelesen hat (vgl. Töpper 2014). Wenn ein Empfänger auf einen dialogisch angelegten Kommunikationsvorgang des Senders (z. B. auf eine Frage) zu spät oder gar nicht antwortet, kann dies zu Störungen auf der *Beziehungsebene* führen. Die Beziehungsebene stellt den Kontext der digitalen Interaktion dar und ist damit Maßstab für die soziale Effizienz eines E-Leaderships.

Die obigen exemplarischen Ausführungen verdeutlichen die anspruchsvollen Herausforderungen für digitale Führungskommunikation. Ein E-Leadership wird demnach nur dann erfolgreich sein, wenn Störungen der Interaktion durch Missverständnisse, Interpretationsspielräume und mikropolitische Taktiken vermieden werden und stattdessen Lenkungsstrategien kongruent auf Sachebene (ökonomische Effizienz) und Beziehungsebene (soziale Effizienz) abgestimmt sind.

8.4.4 Digitale Experten und Kompetenzen – CDOs und Digital Natives

Experten sind die zentralen Akteure der Leistungserstellung in Organisationen und Expertenmacht ist ein wichtiges Einflusspotenzial der Führung. Dies gilt in gleichem Maße für digitale Kontexte. Für E-Leadership ergeben sich daraus zwei wichtige Themenfelder: zum einen die Führung durch digitale Experten und zum anderen die Leistungssteigerung durch digitale Kompetenzen von Führungskräften.

Im Hinblick auf den ersten Themenbereich lässt sich in der Praxis der Trend erkennen, dass insbesondere in Großunternehmen zunehmend Experten für Führung und Digitalität institutionalisiert werden. Sogenannte CDOs – Chief Digital Officers – verantworten auf höchster Führungsebene strategische Fragen der digitalen Transformation in und von Organisationen (vgl. dazu die Website des CDO Clubs unter http://cdoclub.com). Zu den Aufgabenfeldern eines CDOs gehören z. B. die Festlegung von Social-Media-Strategien, das Wirken als Change Manager bei der Implementierung von digitalen Prozessen im Unternehmen, aber auch ganz explizit die Optimierung der Leistungserstellung durch Einführung von IT-Lösungen (z. B. durch „Big Data").

Die Etablierung und Institutionalisierung dieser spezifischen Profession verdeutlicht die Relevanz eines professionellen E-Leaderships auf oberster Unternehmensebene. Zugleich scheint es aber auch vor dem Hintergrund der bisherigen Ausführungen problematisch, Digitalität auf einen separaten Experten zu konzentrieren. Paradoxerweise könnte das sogar dazu beitragen, dass sich in Organisationen eher ein elitäres digitales Ressortdenken herausbildet, statt dass sich Digitalität als Querschnittsthema etabliert.

E-Leadership ist für alle Führungsbereiche und Hierarchieebenen relevant, weshalb digitales Expertenwissen viel breiter als ubiquitäres Beeinflussungspotenzial zu verstehen ist. Sowohl das Beherrschen von Soft- und Hardware als auch der reflektierte Umgang mit verschiedenen Medien stellen spezifische Schlüsselqualifikationen dar. Akteure, die in Organisationen über IT-Kompetenz verfügen und die Technik bzw. Software beherrschen, sind aufgrund dieser spezifischen Expertise in der Lage, Einfluss auszuüben.

Eine hohe Medienkompetenz wird derzeit vor allem den sogenannten Digital Natives zugeschrieben, die als Vertreter der Generation Y mit neuen Medien aufgewachsen sind und durch diese sozialisiert wurden (vgl. Parment 2009; Appel und Michel-Dittgen 2013). Aus Gesichtspunkten der Leistungserstellung wäre es jedoch dysfunktional, digitales Expertenwissen lediglich auf diese Subgruppe in Organisationen zu beschränken. Schließlich lassen sich durch Diversität in Organisationen grundsätzlich Effizienzvorteile generieren. Dies gilt auch für digitale Kontexte, sodass sich kollektives Wissen und eine breite Expertise in Organisationen erst dann entwickeln können, wenn Mitarbeiter aller Funktionsbereiche, Alters- und Hierarchiestufen für die Möglichkeiten und Grenzen von Digitalität sensibilisiert werden.

Eine zentrale Voraussetzung für E-Leadership ist daher ein kontinuierlicher digitaler Kompetenzerwerb auf allen Organisationsebenen. Erst dann, wenn sowohl Führungskräfte als auch Mitarbeiter über spezifische Kompetenzen verfügen, kann digitale Führung gelingen: Beide Seiten, sowohl Beeinflusser als auch Einflussadressat, müssen den digitalen Kanal (z. B. Social-Media-Anwendungen, Software und Hardware …) beherrschen und nutzen. Das ist die Bedingung dafür, dass die Einflussadressaten die digital vermittelten Einflussversuche der Führungskräfte verstehen und das intendierte Verhalten umsetzen können.

Digitale Kompetenzen können in Organisationen auf unterschiedliche Art und Weise entwickelt werden, wie z. B. im Rahmen von Personal- und Führungskräfteentwicklungsprogrammen (z. B. Medienschulungen für Führungskräfte). Ein nachhaltiger Kompetenzerwerb wird sich aber erst dann einstellen, wenn alle Organisationsmitglieder Digitalität selbstverständlich in ihre Arbeitsabläufe integrieren und ihre digitalen Kompetenzen durch Erfahrungslernen sukzessive weiterentwickeln. Führungskräfte übernehmen dabei eine zentrale Vorbildfunktion.

8.4.5 Digitale Informationen, Gatekeeper und Transparenz

Der Zugang zu Informationen ist ein wichtiger Erfolgsfaktor für die Leistungserstellung in Organisationen und ein wirksames Einflusspotenzial der Führung.

Einige Akteure verfügen in digitalen Organisationskontexten über besondere Informationsmacht. So können z. B. IT-Administratoren oder Moderatoren erheblichen – oftmals indirekten – Einfluss ausüben (z. B. durch Einrichten und Löschen von Accounts, Generierung und Verwaltung von Passwörtern, Zulassen und Löschen von Kommentaren in Online-Communities …). Sie fungieren als Gatekeeper und können damit über die Kanalisierung und Verbreitung von Informationen entscheiden.

Durch zunehmende Digitalisierung haben sich die Informationsarten und -möglichkeiten grundlegend verändert. Durch Nutzung mobiler Endgeräte, Datenbanken, Intra- und Internet ist mittlerweile jedem jederzeit und von jedem Ort aus ein unbegrenzter Zugang zu Informationen möglich. Das bedeutet für ein E-Leadership, dass nicht mehr nur der Zugang zu Informationen, sondern vielmehr ein systematisches Informationsmanagement eine Machtbasis darstellt. Diejenigen Akteure, die mithilfe digitaler Tools gezielt Daten generieren und sammeln, nach Wichtigkeit filtern, auswählen und auswerten können, verfügen unabhängig von ihrer hierarchischen Position über bedeutsame Einflussmöglichkeiten.

Informationsmacht impliziert für E-Leadership ein ambivalentes Spannungsfeld: Zum einen ergeben sich Effizienzvorteile, z. B. wenn unternehmensrelevante Daten digital aufbereitet, transparent und schnell zugänglich sind und damit den Leistungserstellungsprozess optimieren. Auf der anderen Seite können sich auch destruktive soziale und ökonomische Auswirkungen ergeben. Der Leistungsprozess wird gestört, wenn die Qualität der Informationen durch zunehmende Datenflut leidet oder wenn digitale Medien im Extremfall zu gläsernen Firmen, gläsernen Führungskräften und Mitarbeitern beitragen. Das düstere Szenario, das sich durch absolute Transparenz ergeben könnte, wird von Eggers (2014) plastisch in seiner Roman-Dystopie „Der Circle" skizziert.

Beeinflussung durch Informationen und damit Leistungserstellung in digitalen Kontexten kann zudem immer dann scheitern, wenn digitale Systeme manipuliert werden, z. B. wenn durch Cyberangriffe von Hackern wertvolles Wissen umgelenkt wird oder abfließt.

E-Leadership muss sich daher sowohl mit den Themen Sicherheit und Datenschutz auseinandersetzen als auch mit einer spezifischen digitalen Führungsethik, die sich explizit zu den Möglichkeiten und Grenzen des Erhebens und Nutzens von Daten und Informationen positioniert.

8.4.6 Persönlichkeitswirkung in digitalen Kontexten – reale und virtuelle Identitäten

Ein besonderes Einflusspotenzial kann in der Persönlichkeit einer Führungskraft gründen. Manche Führungspersönlichkeiten sind in der Lage, andere Menschen allein durch ihre besondere Ausstrahlung zu Leistung zu motivieren. Seit Langem fasziniert das Phänomen charismatischer Führung (vgl. dazu Neuberger 2002, S. 142 ff.). Die Diskussionen beschränken sich bisher jedoch auf reale Kontexte, in denen Führungspersonen z. B. durch Rhetorik, Körpersprache und gezieltes Impression Management – oftmals auch manipulativ – auf ihre Mitarbeiter einwirken.

Für ein E-Leadership stellt sich daher die grundsätzliche Frage, ob auch in digitalen Kontexten eine Beeinflussung durch Persönlichkeitswirkung möglich ist oder gar charismatische E-Leader existieren (vgl. dazu kritisch Körner 2013).

Charisma wird Führungskräften vor allem dann zugeschrieben, wenn sie über eine Vision verfügen und in Krisenzeiten als Entrepreneure den Status quo verändern. Demnach scheinen die Bedingungen für charismatische Führung in digitalen Kontexten dann günstig, wenn E-Leader eine digitale Vision verfolgen und als Game Changer die digitale Transformation einer Organisation vorantreiben.

Ob die Persönlichkeit einer Führungskraft als besonders oder gar charismatisch beurteilt wird, hängt dabei vor allem von der Attribution durch die Geführten ab. Mit dem Verhalten von Führungskräften in digitalen Kontexten werden zugleich Rollenerwartungen der Geführten geweckt. Werden diese nicht erfüllt, sind Interaktionsstörungen möglich. Besonders problematisch ist es, wenn Führungspersonen in realen und digitalen Kontexten unterschiedliche Identitäten entwickeln. Wird die digitale Kommunikation als unauthentisch oder unprofessionell wahrgenommen, werden sich die Geführten dem Einflussversuch widersetzen. Inkongruentes Verhalten zwischen den Sphären der Realität und Digitalität kann im Extremfall sogar zum Autoritätsverlust führen.

Die obigen Ausführungen verdeutlichen noch einmal die vielfältigen Herausforderungen, mit denen sich Führungskräfte zugleich in realen und digitalen Kontexten auseinandersetzen müssen. E-Leadership wird dann erfolgreich sein, wenn Führungskräfte ihre digitale Identität als Teilidentität der Führungspersönlichkeit erkennen und aktiv leben sowie ihr Verhalten in digitalen und realen Kontexten harmonisieren. Eine Ausprägung der virtuellen Identität könnte auf folgende Bereiche fokussieren: Digitales Impression Management durch Optimierung der individuellen Profile von Führungskräften in Business-Netzwerken und Social Media, aktive Pflege der Follower-Kontakte in Blogs und Microblogs, professionelle Inszenierung von Führungskräften in Videopodcasts etc.

8.5 Checkliste E-Leadership – Leitlinien für Führungskräfte in der Praxis

Im Rahmen des Beitrags wurde das aktuelle Phänomen E-Leadership aus Perspektive verschiedener Beeinflussungspotenziale der Führung diskutiert. Dabei konnten zahlreiche Chancen, aber auch einige Risiken von Führung in digitalen Kontexten für die betriebliche Leistungserstellung herausgearbeitet werden. Zusammenfassend lassen sich folgende Empfehlungen ableiten, deren Berücksichtigung dazu beitragen kann, E-Leadership in der Praxis zu etablieren und zu optimieren.

Rahmenbedingungen für E-Leadership
- Digitale Transformation ist Realität. Setzen Sie sich aktiv mit den grundsätzlichen Möglichkeiten und Grenzen digitaler Arbeitskontexte auseinander. Wie wird im Unternehmen mit technologischem Fortschritt umgegangen? Mit welchem Menschenbild ist virtuelle Arbeit in der Unternehmenspraxis kompatibel?

- Digitale Transformation verändert legitimierte Organisationsstrukturen. Überdenken Sie den hierarchischen Status quo in Ihrem Unternehmen vor dem Hintergrund der Chancen und Risiken digitaler Tools (z. B. Empowerment und Selbstorganisation der Mitarbeiter).
- Digitale Kommunikation (z. B. Nutzung spezifischer Medien, Art der Sprache in E-Mails, Foren und Blogs) prägen eine Unternehmenskultur. Verstehen Sie Digitalität als wichtigen Teilbereich der Unternehmenskultur.
- Schaffen Sie Akzeptanz für digitale Prozesse. Entwickeln Sie partizipativ mit der Belegschaft Leitlinien zum produktiven Umgang mit neuen Medien und implementieren Sie diese gemeinsam im Unternehmen.
- E-Leadership erfolgt immer computervermittelt. Stellen Sie daher eine funktionsfähige und zuverlässige IT-Kommunikationsinfrastruktur bereit.
- Seien Sie offen für digitale Transformationsprozesse und informieren Sie sich über aktuelle Trends in der technologischen Umwelt, um E-Leadership rechtzeitig auf Veränderungen anzupassen.

Führung von Online Communities
- Interaktionsbeziehungen und Gruppen können im virtuellen Raum eine spezifische Eigendynamik entfalten. Zudem lassen sich Online Communities nur begrenzt steuern. Bleiben Sie gelassen, akzeptieren Sie diese Emergenz.
- Unterstützen Sie die produktiven Potenziale einer Online Community und versuchen Sie, destruktive Potenziale durch indirekte Einflussnahme zu kanalisieren (z. B. als Moderator und Content Manager oder durch gezieltes Zusammensetzen der Mitglieder einer Community).
- Fördern Sie ein virtuelles Teamgefühl der Online Community und achten Sie darauf, dass Höflichkeitsregeln auch im virtuellen Raum beachten werden („Netiquette"), um Beziehungsstörungen zu vermeiden.
- Praktizieren Sie Metakommunikation über digitale Kommunikation im Unternehmen, sodass mögliche Konfliktpotenziale prophylaktisch bearbeitet werden können.

Digitales Führungsverhalten
- Nutzen Sie virtuelle Kommunikation zur transparenten offenen Führungskommunikation und nicht als subtiles Beeinflussungsinstrument und mikropolitische Taktik (z. B. durch Verzicht auf die Nutzung der CC- und BCC-Funktionen und die Weiterleitung vertraulicher Informationen).
- Kommunikation im virtuellen Raum ist für immer dokumentiert. Senden Sie daher keine Nachrichten, die irgendwann gegen Sie verwendet werden könnten.
- Kommunizieren Sie verständlich und inhaltlich konkret (z. B. durch direkte Ansprache einzelner Empfänger).
- Achten Sie im Rahmen der virtuellen Kommunikation auf Qualität statt Quantität. Es geht um die inhaltliche Komponente (Information, Arbeitsauftrag o. Ä.), nicht um die Schnelligkeit der Aktion und Reaktion. Vermeiden Sie Informationslawinen durch unreflektierte Nutzung von Adressbuchverteilern, umfassende Anhänge, CC- und Weiterleitungsfunktionen.

Digitale Führungskompetenzen
- Kommunikationsverhalten in digitalen Kontexten (z. B. Umgang mit Software, Hardware, Social Media) ist eine zentrale Schlüsselqualifikation. Unterstützen Sie daher digitale Kompetenzentwicklung auf allen Organisationsebenen.
- Bauen Sie Ihre eigene digitale Kompetenz aus, damit Sie digitale Einflusspotenziale gezielt realisieren können. Entwickeln Sie ein Gespür für die Spezifika virtueller Kommunikationskanäle, damit Sie die Medien ziel- und adressatenspezifisch nutzen können.
- Das bedeutet auch: Verzichten Sie auf virtuelle Kommunikation, wenn Kommunikationsziele und Adressaten besser durch ein persönliches Face-to-Face-Gespräch erreicht werden können.
- Entwickeln Sie immer auch die digitale Kompetenz Ihrer Mitarbeiter, denn das ist die Voraussetzung dafür, dass Ihre digital vermittelten Einflussversuche verstanden werden und Ihre Einflussadressaten das intendierte Verhalten zeigen können.

Digitales Informationsmanagement
- Transparenz bedeutet nicht, dass jeder alles wissen muss! Institutionalisieren Sie ein systematisches Informationsmanagement (Daten generieren, aufbereiten und auswerten), weil für E-Leadership nur qualitativ hochwertige Daten relevant sind.
- Führen Sie im Unternehmen verbindliche Verhaltensrichtlinien zum Umgang mit digitalen Informationen ein: Wer informiert wen? In welchem Zeitraum sollte eine Reaktion auf eine digitale Nachricht erfolgen? Wie wird mit virtueller Kommunikation außerhalb formaler Dienstzeiten umgegangen? Dürfen z. B. dienstliche E-Mails auf privaten Endgeräten abgerufen und bearbeitet werden? Und so weiter.
- Versuchen Sie, E-Leadership als Element des Performance Managements zu etablieren (z. B. durch Integration digitaler Führungsprozesse in die Balanced Scorecard), damit sich die Effizienz digitaler Führung messen und optimieren lässt.
- Nehmen Sie auch in digitalen Kontexten Stellung zu wichtigen Themen wie Führungsethik, Sicherheit und Datenschutz.

Führungspersönlichkeit in digitalen Kontexten
- Werden Sie zum E-Leader, indem Sie im Unternehmen für eine digitale Vision einstehen und als Game Changer die digitale Transformation einer Organisation vorantreiben.
- Bauen Sie Ihre virtuelle Identität als Teilidentität Ihrer Führungspersönlichkeit aus und harmonisieren Sie Ihr Führungsverhalten in digitalen und realen Kontexten.
- Betreiben Sie ein professionelles digitales Impression Management (z. B. durch Optimierung Ihrer Profile in Business Netzwerken und Social Media sowie durch aktive Pflege Ihrer Follower-Kontakte in Blogs und Microblogs).
- Aber: Lassen Sie sich trotz aller Digitalität nicht von der Technik determinieren! Ständige Erreichbarkeit im virtuellen Raum kann zu digitalem Stress, Ablenkung und ineffizientem fragmentiertem Arbeiten führen. Eignen Sie sich daher wirksame Coping-Strategien an (z. B. durch Einplanen kompakter Zeitfenster im Arbeitstag für virtuelle Kommunikation, aber auch explizite Offline-Zeiträume), damit Sie die Technik beherrschen – und nicht umgekehrt!

Literatur

Appel, W., & Michel-Dittgen, B. (Hrsg.). (2013). *Digital Natives: Was Personaler über die Generation Y wissen sollten*. Wiesbaden: Springer.

Döring, N. (2003). *Sozialpsychologie des Internet. Die Bedeutung des Internet für Kommunikationsprozesse, Identitäten, soziale Beziehungen und Gruppen* (2. Aufl). Göttingen: Hofgrefe.

Dörner, A., & Obmann, C. (2013). Die etwas anderen Chefs. *Handelsblatt* Nr. 57, 21.03.2014–23.03.2014. 52–53.

Eggers, D. (2014). *Der Circle*. Köln: Kiepenheuer & Witsch.

Gladen, W. (2014). *Performance Measurement: Controlling mit Kennzahlen* (6. Aufl). Wiesbaden: Gabler.

Hirtzel, M., & Gaida, I. (2010). *Performance-Management in der Praxis: Die Wettbewerbsfähigkeit von Organisationen aufbauen und sichern*. Wiesbaden: Gabler.

Hofmann, L. M., & Regnet, E. (2009). Führung und Zusammenarbeit in virtuellen Strukturen. In L. Rosenstiel, E. Regnet, & M. E. Domsch (Hrsg.), *Führung von Mitarbeitern – Handbuch für erfolgreiches Personalmanagement* (pp. 611–620). Stuttgart: Schäffer-Poeschel.

Jackson, T., Dawson, R., & Wilson, D. (2001). The cost of email interruption. *Journal of Systems and Information Technology, 5*(1), 81–92.

Körner, T. (2013). Charisma in Zeiten des Internet – Das Verzwergen der Helden", Tagesspiegel Online, 17. August 2013. http://www.tagesspiegel.de/medien/digitale-welt/charisma-in-zeiten-des-internet-das-verzwergen-der-helden/8651514.html. Zugegriffen: 15. Feb. 2015.

Lehky, M. (2011). *Leadership 2.0: Wie Führungskräfte die neuen Herausforderungen im Zeitalter von Smartphone, Burn-out & Co. managen*. Frankfurt a. M.: Campus.

Müller, R. C. (2008). *E-Leadership – Neue Medien in der Personalführung*. Norderstedt: Books on Demand.

Neuberger, O. (2002). *Führen und führen lassen – Ansätze, Ergebnisse und Kritik der Führungsforschung* (6. Aufl). Stuttgart: UTB.

Niedermeier, K. (2001). *emoticons. Kultkommunikation ohne Worte*. Mainz: H. Schmidt.

Owen, H. (2008). *Open space technology: a user's guide* (3. Aufl). San Francisco: McGraw-Hill Publishing Company.

Parment, A. (2009). *Die Generation Y – Mitarbeiter der Zukunft*. Wiesbaden: Gabler.

Reichert, R. (Hrsg.). (2014). *Big Data – Analysen zum digitalen Wandel von Wissen, Macht und Ökonomie*. Bielefeld: Transcript.

Reichwald, R., & Möslein, K. (2009). Management und Technologie. In L. Rosenstiel, E. Regnet, & M. E. Domsch (Hrsg.), *Führung von Mitarbeitern – Handbuch für erfolgreiches Personalmanagement (621–636)*. Stuttgart: Schäffer-Poeschel.

Robbins, S. P., & Judge, T. A. (2013). Organizational Behavior, 15. Aufl., Essex.

Rosenstiel, L. V., Regnet, E., & Domsch, M. E. (Hrsg.). (2009). *Führung von Mitarbeitern – Handbuch für erfolgreiches Personalmanagement*. Stuttgart: Schäffer-Poeschel.

Schulz von Thun, F. (2010). *Miteinander reden 1: Störungen und Klärungen – Allgemeine Psychologie der Kommunikation* (48. Aufl). Rororo: Reinbek.

Seeger, C. (2015). Wie geht Führung im Zeitalter digitaler Transformation? *Harvard Biusiness manager,* Spezial Heft 2015.

Steinmann, H., Schreyögg, G., & Koch, J. (2013). *Management: Grundlagen der Unternehmensführung* (7. Aufl). Wiesbaden: Gabler.

Thommen, J.-P., & Achleitner, A.-K. (2012). *Allgemeine Betriebswirtschaftslehre: Umfassende Einführung aus managementorientierter Sicht* (7. Aufl). Wiesbaden: Gabler.

Töpper, V. (2014). „Blaue Haken bei WhatsApp: Nutzer protestieren gegen ‚Gelesen'-Funktion". Spiegel Online, 6. November 2014. http://www.spiegel.de/netzwelt/apps/whatsapp-blaue-haken-zeigen-an-wenn-nachricht-gelesen-wurde-a-1001311.html. Zugegriffen: 15. Feb. 2015.

Wald, P. M. (2013). Virtuelle Führung. In R. Lang & I. Rybnikova (Hrsg.), *Aktuelle Führungstheorien und -konzepte* (S. 355–386). Wiesbaden: Sporinger und Gabler.

Wieselhuber, N. (2014). Die gläserne Firma – Unternehmen brauchen für das digitale Zeitalter einen neuen Führungsstil. *Handelsblatt*, Nr. 238, 10.12.2014. 27.

Zeichhardt, R. (2013). E-Mail Kommunikation in Organisationen – Störungen und Lösungen. In G. Bentele, M. Piwinger, & G. Schönborn (Hrsg.), Kommunikationsmanagement (Loseblatt 2001 ff.). Köln. Beitrag 3.98.

Mitarbeiterperformance im Fokus: Implementierung eines flexiblen Produktivitätssteuerungssystems am Flughafen Stuttgart

Georg Fundel

9.1 Einleitung: Was „bewegt" die deutschen Flughäfen?

Der durchschnittliche europäische Flughafen ist ineffizient. Wer die Zahlen analysiert, stellt schnell Folgendes fest: Während der Aviation-Bereich ständig wächst, steigt die Effizienz der „Passagierbewegungen" innerhalb der Flughäfen nicht im gleichen Ausmaß (Pels et al. 2003). Auch die deutschen Flughäfen bilden hier keine Ausnahme. Dennoch liegt der Schwerpunkt vieler Artikel und Forschungsprojekte immer noch auf dem Bereich der Fluglinieneffizienz und weniger auf der Performance der Flughäfen selbst. Sprich: Viele Experten ignorieren, dass auch der Flughafen selbst von den dynamischen Entwicklungen im Aviation-Markt stark betroffen ist (Gillen und Lall 1997). In Deutschland schlagen sich diese vermeintlich harten Aussagen auch deutlich in der Profitabilität nieder: Von 18 Flughäfen verdienen nur fünf mit ihrem Aviation-Bereich Geld (Quelle: Flughafen Stuttgart).

Doch was macht einen profitablen Flughafen aus bzw. welche Faktoren beeinflussen seine Profitabilität? Die Wirkbeziehungen sowie Strukturen und die Entwicklung von Flughäfen sind speziell durch die Kräfte des Marktes sowie durch Regelungen von außen bestimmt (Pels et al. 2001). Auch der Stuttgarter Flughafen bildet hier keine Ausnahme und unterliegt im Wesentlichen vier Einflüssen:

- Die Notwendigkeit hoher Flexibilität, da Belastungsschwankungen je nach Tages-/Jahreszeit sowie Reiseverhalten der Passagiere auftreten. Betrachten wir den Stuttgarter Flughafen, zeigt sich beispielsweise, dass die Wochenenden bis zu 40 % schwächere

---

G. Fundel (✉)
Stuttgart, Deutschland
E-Mail: fu30@gmx.de

Fluggastzahlen aufweisen. Ebenso ist der Sommer mit rund einer Million Flugreisenden deutlicher stärker als der Winter. Interessant ist auch der Anteil der Reisenden mit Business-Hintergrund: Immerhin 29 % der Stuttgarter Gäste fliegen im Rahmen von Geschäftsreisen. Aus Studien wissen wir, dass Kunden, die geschäftlich fliegen, meist die kürzeste Reise von A nach B bevorzugen. Hier spielen die Anreise-Infrastruktur zum Flughafen und die Abwicklung innerhalb des Flughafens eine ebenso große Rolle wie die Flugzeit an sich. Rund 30 % der Stuttgarter Flüge sind innerdeutsch. Bei diesen meist kurzen Flügen spielen Anreise und Abwicklung ebenfalls eine zentrale Rolle. In diesem Zusammenhang ist mit Business- und Kurzstreckenfliegern die Frequenz der angebotenen Verbindungen ebenfalls wichtig. Freizeit-Reisende hingegen legen mit hoher Wahrscheinlichkeit einen wesentlich stärkeren Fokus auf die Kosten ihrer Reise. Dennoch erwarten auch diese Fluggäste eine angenehme Anreise und vernünftige Abwicklung (Pels et al. 2001).

- Der Transportbereich „Fliegen" erlebt ein enormes Wachstum. Aus diesem Wachstum resultieren aber auch Infrastrukturprobleme (z. B. Abfertigungsprobleme) – bei gleichzeitigem Preisverfall im Flugverkehr und dadurch bedingtem höherem Kostendruck.

Flughäfen, die in einer Marktwirtschaft existieren wollen, müssen hier „Mitgehen". Dieses Mitgehen bedeutet: Attraktiv genug auf Passagiere wirken, um mindestens kostendeckend zu arbeiten. Idealerweise sollten auch Gewinne erwirtschaftet werden. Dies gilt gerade in Regionen mit attraktiven Alternativen im Flugverkehr (sei es durch eine gute Bahn-Infrastruktur oder andere Flughäfen) (Pels et al. 2001).

Der Preisverfall – insbesondere verursacht durch Low-Cost-Airlines – ist kein neues Phänomen: Bereits in den 1990er Jahren konnten mehrere Studien eine durchschnittliche Reduktion der Flugpreise von 30 bis 40 % belegen. Gleichzeitig löste diese Preisreduktion auf bestimmten Routen einen Anstieg der Passagierzahlen von bis zu 200 % aus. Da die Infrastruktur der Flughäfen oft begrenzt ist, kommt der effizienten Nutzung der bestehenden Infrastrukturen eine große Bedeutung zu. Engpässe am Boden beispielsweise sind keine Seltenheit mehr (Busacker 2005). Auch darf in dieser Rechnung nicht vernachlässigt werden, inwieweit besonders günstige Angebote auch solche Flughäfen zu Wettbewerbern werden lassen, die zwar für potenzielle Fluggäste weit(er) entfernt sind, allerdings dennoch eine vertretbare Anfahrt haben (Dresner et al. 1996).

- Flughäfen sind überwiegend im Besitz der öffentlichen Hand. Das heißt es gilt nicht nur, bei deren Betrieb rein wirtschaftliche, sondern auch politische, gesellschaftliche und infrastrukturelle Interessen zu beachten.

Ein effizienter Flughafen ist für seine Region unumstritten ein wirtschaftlicher und gesellschaftlicher Katalysator, der Unternehmen und Menschen gleichermaßen mit der Welt verbindet. Er beeinflusst die Lebensqualität in einer Region entscheidend (Oum et al. 2008). Aus diesem Grunde kann ein Flughafen nie außerhalb von politischen und gesellschaftlichen Interessen agieren. Werden Veränderungsprozesse innerhalb eines Flughafens angestoßen, stehen diese oft auch im Fokus der Öffentlichkeit.

Dennoch wurden in den vergangenen Jahren etliche Flughäfen zumindest teilprivatisiert, nicht nur, um die Liquidität für Kommunen oder Länder zu erhöhen, sondern ganz klar auch, um die Effizienz der betreffenden Flughäfen zu steigern. Mittlerweile konnte auch wissenschaftlich nachgewiesen werden, dass die Beteiligungsform bzw. Rechtsform eine nachweisbare Auswirkung auf die Wirtschaftlichkeit von Flughäfen hat (Oum et al. 2008). Für Experten kommt diese Erkenntnis sicherlich nicht überraschend.

- Die Performance und/oder Flexibilität des Mitarbeiterstammes ist ebenfalls ausschlaggebend. Nicht selten wird es als notwenig erachtet, den „öffentlichen Dienst" in ein wirtschaftlich wettbewerbsfähiges und performantes System zu transformieren, das in einer freien Marktwirtschaft bestehen kann. Aus einschlägigen Forschungsprojekten zu diesem Thema wissen wir, dass rein staatlich geführte Unternehmen eher zu bürokratischen Strukturen und Prozessen neigen, während (teil-)privatisierte Unternehmen eher auf Effizienz setzen. Letztere weisen öfter klare Incentivierungssysteme für die Mitarbeiter auf, was wiederum einen positiven Einfluss auf ihre Performance-Entwicklung nehmen kann (Oum et al. 2008). Eine derartige Transformation musste auch am Stuttgarter Flughafen vollzogen werden.

Diese vier Randlagen bestimmten maßgeblich das Umfeld, in dem der Stuttgarter Flughafen mit seinem Performance-Management-System ansetzte.

9.2 Der Flughafen Stuttgart: Zahlen und Fakten

Die Flughafen Stuttgart GmbH (FSG) zählt mit ihren zwei Geschäftsfeldern, dem Aviation- und dem Non-Aviation-Bereich, sowie den Tochtergesellschaften zu den profitabelsten Flughäfen in Deutschland. Im vergangenen Jahr wurde mit 224 Mio. Euro Umsatz ein Gewinn nach Steuer von 23,8 Mio. Euro erwirtschaftet, was zu einer Umsatzrendite von über 10 % führt. Mit 9,6 Mio. Passagieren im Jahr 2013 zählt der Stuttgarter Flughafen zu den sechs größten Verkehrsflughäfen in Deutschland. Die Flughafen Stuttgart GmbH hat zwei öffentliche Gesellschafter: Das Land Baden-Württemberg ist zu 65 % und die Stadt Stuttgart zu 35 % beteiligt. Wie die überwiegende Zahl aller deutschen Verkehrsflughäfen wird er als ein privatrechtliches Unternehmen in der Rechtsform der GmbH betrieben. Während der Non-Aviation-Bereich die klassischen Verwaltungs- und Facilityaufgaben wahrnimmt, findet die gesamte Fluggastabwicklung im Aviation-Bereich statt, der ca. 65 % des Umsatzes ausmacht und im Fokus dieses Artikels stehen soll.

Mit diesen Zahlen befindet sich der Stuttgarter Flughafen hinsichtlich seiner Größe und des Fluggastvolumens im deutschen vorderen Drittel. Dies wirft zunächst auch die Überlegung auf, ob kleinere Flughäfen per se „schlechtere Karten" in Sachen Profitabilität haben. Dieser Frage gingen verschiedene Veröffentlichungen über den europäischen Flugraum nach und es konnte nachgewiesen werden, dass Flughäfen im Mittelfeld annähernd die gleichen Chancen haben, effizient zu wirtschaften, wie Großflughäfen (Pels et al. 2003).

9.3 Die Ausgangssituation: Wo kann Performance Management ansetzen?

Aufgrund dieser eingangs beschriebenen Rahmenbedingungen war auch der Flughafen Stuttgart in der Vergangenheit gezwungen, Maßnahmen zur Absicherung der heute vorhandenen Rentabilität zu ergreifen. In der Wirtschaftskrise im Jahre 2009 kam es zu einem deutlichen Gewinnrückgang. Grund genug für das Flughafenmanagement, die eigene Performance stringent auf den Prüfstand zu stellen. Im Rahmen eines groß angelegten Performance-Management-Projektes zur Steigerung der Effizienz des Flughafens Stuttgart, das sich maßgeblich mit seiner Kostenstruktur beschäftigte, wurden die flughafentypischen Herausforderungen identifiziert. Als „Knackpunkte" erwiesen sich – wie bei den meisten anderen Dienstleistungsunternehmen auch – dabei: die Produktivität und die Mitarbeitereffizienz. Die Situationsanalyse führte insbesondere zu folgenden Daten und Rahmenbedingungen, die dieses Projekt maßgeblich beschäftigen sollten:

- Die Volatilität in der Abfertigung wurde durch folgende Schwankungen maßgeblich beeinflusst: Unterschiede im Sommer- und Winterflugplan. Circa eine Million Passagiere nutzen den Stuttgarter Flughafen im Sommer, wohingegen diese Zahl im Winter auf rund 600.000 Passagiere zurückging (Abb. 9.1).
- An Wochenenden waren bis zu 40 % weniger Passagiere zu vermerken. Unter der Woche lag der Abfertigungspeak am Freitag. Ebenfalls gab es tageszeitabhängige Schwankungen: Frühe Flugzeiten sowie Mittags- und Abendflüge wurden deutlich stärker nachgefragt als Flüge, die im Laufe des Vor- oder Nachmittags stattfaden. Aufgrund dieser Schwankungen mussten die Mitarbeiter flexibel eingesetzt werden, um Kapazitätsüberschüsse zu vermeiden (vgl. Abb 9.2).

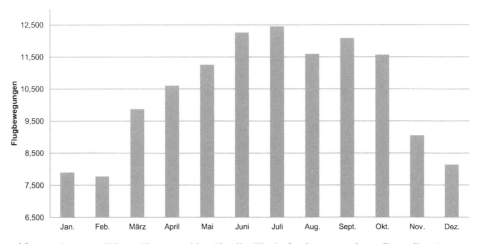

Abb. 9.1 Sommer-/Winter-Fluggastzahlen (Quelle: Flughafen Stuttgart, eigene Darstellung)

9 Mitarbeiterperformance im Fokus

Abb. 9.2 Schwankungen des Personalbedarfs im Tagesverlauf. (Quelle: Flughafen Stuttgart, eigene Darstellung)

Neben den enormen Herausforderungen, die diese Schwankungen mit sich brachten, war das Performance Management zudem durch folgende Einflussfaktoren gefordert:

- Im Einsatz seiner Mitarbeiter kann kein Unternehmen völlig frei und im Alleingang agieren. Herausforderungen entstehen automatisch aus den tarifvertraglichen Vereinbarungen und daraus, wie diese in den jeweiligen Tochter- und Fremdfirmen ihre Anwendung finden. Am Stuttgarter Flughafen waren dies Haustarifverträge, die mit den beiden am Flughafen maßgeblichen Gewerkschaften verhandelt worden waren.
- Im Fokus der Produktivitätsdiskussion standen insbesondere die Kernprozesse der Fluggastabwicklung, beispielsweise der Check-in-Prozess und die mit ihm verbundenen Herausforderungen in der Vertragsgestaltung mit den Fluggesellschaften. Hier gibt es klare Definitionen, wie diese Prozesse zu bedienen sind, denen auch der Stuttgarter Flughafen unterliegt. Die Standards, beispielsweise einer Abfertigung, sind normiert und im IATA Ground Handling Agreement festgelegt. Zusatzdienste hingegen werden mit jeder Airline individuell verhandelt.
- Allen Beteiligten war klar, dass die erforderliche Unterstützung seitens der IT nicht ausbleiben durfte. Eine Dokumentation und Digitalisierung der Workflows musste eine unstrukturierte „Zettelwirtschaft" ablösen. Natürlich musste in diesem Zusammenhang auch geprüft werden, ob eine Standardsoftware infrage kam oder mit einer individuellen Softwarelösung gearbeitet werden musste bzw. ob diese die bessere Alternative zur Bedienung der spezifischen Anforderungen aus dem Performance Management versprach.
- Auch die Reaktion der Mitarbeiter auf das bevorstehende Change Management und die damit einhergehende Motivation waren eine große Herausforderung für den Stuttgarter Flughafen bei der Umsetzung des Effizienzsteuerungsprojektes. Denn es war unklar, wie die Mitarbeiter den Veränderungen gegenüber eingestellt waren. Auch die Führungskräftemotivation durfte nicht vergessen werden. Man sieht, es waren Maßnahmen mit viel Fingerspitzengefühl und klare Argumente geboten, um alle Beteiligten abzuholen und sie sogar als Vorreiter für die Umsetzung des Projektes zu gewinnen.

- Wie für Projekte unter Beteiligung der öffentlichen Hand (im Falle des Stuttgarter Flughafens insbesondere der Stadt Stuttgart und des Landes Baden-Württemberg) kennzeichnend, war das regionale, aber auch überregionale Interesse für die Vorhaben am Stuttgarter Flughafen nicht zu unterschätzen. Aber es gab auch sehr gewichtige Stakeholder (z. B. die beiden Gewerkschaften am Standort), die bei der Durchführung des Effizienzsteuerungsprojektes berücksichtigt werden mussten.

Auf Basis dieser Fakten wurde eine detaillierte Situationsanalyse durchgeführt und nach deren Maßgabe ein konkretes Maßnahmenpaket verabschiedet und umgesetzt.

9.4 Das Maßnahmenpaket: Kernstück des Performance Managements

9.4.1 Unternehmensstruktur flexibilisieren

Bei Betrachtung der oben beschriebenen Auslastungsschwankungen wird schnell klar, dass diese große Auswirkungen auf den Personalbedarf des Stuttgarter Flughafens haben. Es zeigt sich, dass eine Abdeckung ausschließlich durch einen eigenen Mitarbeiterstamm schwierig ist, da immer wieder Belastungsspitzen auftreten können. Nicht umsonst ist Outsourcing von bestimmten Arbeiten bzw. Aktivitäten eine gängige Kostensenkungsmaßnahme im Betrieb von Flughäfen in ganz Europa (Pels et al. 2003).

In Stuttgart bediente man sich ebenfalls dieser Maßnahme. Allerdings in einem dreistufigen Konzept: Die Grundauslastung wurde durch die Muttergesellschaft abgedeckt, normale bzw. zu erwartende Schwankungen durch die Tochtergesellschaften Airport Ground Service GmbH (AGS) und Stuttgart Ground Services (SGS), lediglich bei absoluten Belastungspeaks wurde auf zusätzliche Zeitarbeiter von externen Unternehmen zurückgegriffen (Abb. 9.3).

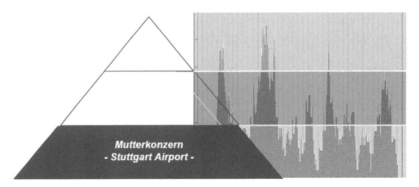

Abb. 9.3 Stufenkonzept (Quelle: Flughafen Stuttgart, eigene Darstellung)

Die Make-or-buy-Entscheidung für dieses Stufenkonzept wurde durch Ermittlung der Kosten sowie sorgfältige Abwägung der Vor- und Nachteile sachlich begründet. Auch wurde gemeinsam mit den eigenen Mitarbeitern, der Tochtergesellschaft und den potenziellen Zeitarbeitanbietern die beste wirtschaftliche Lösung gesucht. Die Flughafengesellschaft musste es sich zur erklärten Aufgabe machen, diese kapazitive Steuerung als Kernkompetenz zu beherrschen. Die Vermeidung von Über- oder Unterlast war genauso wichtig wie die flexiblen Strukturen für den Mitarbeitereinsatz. Gleichzeitig wurde eine Qualitätskontrolle installiert.

9.4.2 Performance Management der Mitarbeiter gestalten

In der Steuerung der Performance setzten Flughäfen in der Vergangenheit traditionell sehr stark auf die Messung der Profitabilität als einzige Kenngröße für Erfolg oder Misserfolg. Diese Perspektive ist allerdings viel zu ungenau, um zum Kern der Effizienz eines Flughafens vorzustoßen bzw. aus dieser Steuerungskonzepte für den einzelnen Mitarbeiter abzuleiten (Gillen und Lall 1997). Im Falle des Stuttgarter Flughafens wurde hier auf eine Mischung aus Flexibilisierung der Arbeitszeit und einer stringenten Performance-Messung gesetzt. So wurden zum einen flexiblere Zeitkonten eingeführt, zum anderen das Verhältnis zwischen Arbeitslast und Arbeitsstunden ermittelt und zur Performance-Steuerung herangezogen. Dabei wurde die Arbeitszeit im Verhältnis zu den bearbeiteten Vorgängen als Messgröße herangezogen (Abb. 9.4).

Flexiblere Zeitkonten mit größeren Schwankungsbreiten ermöglichten gezielten Stundenabbau im Vorfeld, beispielsweise um für Ferienpeaks gerüstet zu sein.

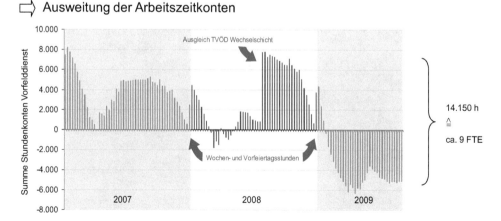

Abb. 9.4 Zeitkontenauszug. (Quelle: Flughafen Stuttgart, eigene Darstellung)

Die Mitarbeiterperformance-Messung wurde aus den Stempelzeiten der einzelnen Mitarbeiter sowie deren Leistung abgeleitet. Hier wurden arbeitseinsatzbezogen die Produktivität bzw. auch vermeintliche Verspätungen in der Abfertigung gemessen und der Arbeitszeit der zuständigen Mitarbeiter gegenübergestellt. Diese Daten wurden in ein Punktesystem transferiert, wobei jeder Mitarbeiter jederzeit sein Punktekonto einsehen kann. Dadurch hat er jederzeit Transparenz über den Status seiner Performance und kann im Zweifelsfall reagieren, z. B. in dem er zusätzliche Aufgaben übernimmt.

9.4.3 IT-Support für das Performance Management hinzuziehen

Sämtliche Prozesse und Steuerungstools wurden seitens der IT unterstützt. Die Eingaben wurden in einem automatisierten System durchgeführt. Die Auswertung dieses Systems führen dafür verantwortliche Mitarbeiter durch. Da aus der Analyse der möglichen Systeme kein Angebot hervorging, das die Anforderungen des Performance Managements ganz abzudecken vermochte, wurde ein IT-Dienstleister mit der Entwicklung eines geeigneten Systems für den Stuttgarter Flughafen als Pilotanwender beauftragt, das seit 2014 vollumfänglich eingesetzt wird. Es erlaubt, jederzeit eine mitarbeiterbezogene Auswertung vorzunehmen. Damit wird die für jeden Einzelnen notwendige Transparenz gewährleistet (Abb. 9.5).

9.4.4 Mitarbeiter motivieren

Ein zentrales Instrument der Mitarbeitermotivation war und ist die einmal im Jahr mögliche Gehaltsprämie, die sich Mitarbeiter durch bessere Produktivität im wahrsten Sinne des Wortes verdienen können. Um ihnen dies zu ermöglichen, wurden ihnen zum einen

Abb. 9.5 IT-Steuerungssystem mit Auftragsverwaltung. (Quelle: Flughafen Stuttgart, eigene Darstellung)

Mitarbeiterinformation: TopGround VD1-21

Wie entwickelt sich der Geldtopf?:

| Personalnr. | XXX |
| Name des Mitarbeiters | Josef Musterman |

Einzelmonat: Dezember

| Ihre Arbeitsleistung: | 43 Punkte | Platzierung 145 von 194 |
| Beste Arbeitsleistung: | 186 Punkte | |

Gesamtjahr: Januar - Dezember

| Ihre Arbeitsleistung: | 901 Punkte | Platzierung 6 von 194 |
| Beste Arbeitsleistung: | 1073 Punkte | |

Abb. 9.6 Mitarbeiterauszug. (Quelle: Flughafen Stuttgart, eigene Darstellung)

Weiterqualifizierungen angeboten, z. B. für die Bedienung der neuen IT-Systemerfassungsgeräte, mit denen einzelne Prozessarbeitsschritte mobil erfasst werden können. Sie konnten sich aber auch darin schulen lassen, wie sie durch Flexibilität gezielt Pluspunkte für die Prämienberechnung sammeln können. Diese Weiterqualifizierungen waren freiwillig, hatten aber dennoch Einfluss auf die Art und Weise sowie auf die Produktivität der zu verrichtenden Tätigkeiten. Zudem wurde den Mitarbeitern die Möglichkeit geboten, in Zeiten schlechterer Auslastung Tätigkeiten außerhalb des eigenen Aufgabengebietes anzunehmen. So konnte sich jeder Mitarbeiter entscheiden, ob er durch etwaige Fremdtätigkeiten einen positiven Einfluss auf die Entwicklung seiner Performance-Prämie nehmen wollte oder auf Kosten seiner Prämie diese Tätigkeiten ablehnte. Des Weiteren wurden Krankenstand und Fluktuation als Symptome für das allgemeine Betriebsklima genau beobachtet. Dafür waren maßgeblich die Führungskräfte verantwortlich, die bewusst nicht in ihren Funktionen rotiert wurden, um diese Aufgabe wahrzunehmen (Abb. 9.6 und 9.7).

Einen wichtigen Stellenwert hatte auch die kontinuierliche Kommunikation mit den Stakeholdern zur Umsetzung dieser Maßnahmen. Es war klar, dass die Umsetzung des Effizienzsteuerungsprojektes Einfluss auf das tägliche Arbeitsleben der Mitarbeiter nehmen würde. Wie bereits erwähnt, war im Falle des Stuttgarter Flughafens der Betriebsrat ein zentraler interner Stakeholder, der in das Projekt eingebunden wurde, um Vertrauen aufzubauen. Hier war der sichere Arbeitsplatz der Stammmitarbeiter in der Muttergesellschaft das oberste Ziel. Klar war von vornherein auch, dass die Tochtergesellschaft Airport Ground Service GmbH (AGS) mit einer besseren Kostenstruktur würde arbeiten müssen.

✈ Leistungsprämie
✈ Steigerung der Effizienz füllt Geldtopf
✈ Ausschüttung erfolgt in Abhängigkeit der Leistung jeden Mitarbeiters

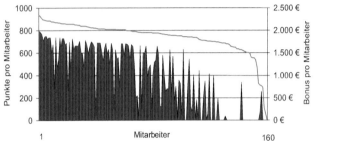

Abb. 9.7 Prämienberechnung. (Quelle: Flughafen Stuttgart, eigene Darstellung)

Der Betriebsrat sah die Vorteile einer Tochterstruktur und begleitete die Projekte positiv. Bei Einsatz von Zeitarbeit stimmte er ebenfalls zu, denn er sah auch hier den Vorteil für die originären Flughafenstammmitarbeiter.

9.4.5 Effizientes Vertragsmanagement mit den Kunden etablieren

Flughafen und Airline befinden sich in einer gewissen Form von Co-Abhängigkeit. Die Airline muss sich im Konkurrenzkampf durchsetzen. Dies ist oft nur über den Preis und damit mit erhöhtem Kostendruck möglich. Ein Teil dieses Kostendrucks landet auch aufseiten des Flughafens, der parallel zu den schlanker werdenden Airlines ebenfalls seinen Beitrag zur Kosteneffizienz bringen muss (Gillen und Lall 1997). Gleichzeitig gilt es als statistisch erwiesen, dass die Regelungen, Richtlinien und Preise der Flughäfen zwar das Flughafen-Auswahlverfahren der Fluggesellschaften beeinflussen, das entscheidende Auswahlkriterium jedoch die Anzahl der potenziellen Passagiere ist. Da Fluggäste in aller Regel zuerst den Abflugort und dann die Airline bestimmen, hat der Flughafen durch die Gewinnung von Fluggästen die Karten mit in der Hand (Pels et al. 2001). Dies bedeutet, dass er sich durch ein intelligentes Vertragsmanagement mit den Airlines bezüglich der Abwicklung der Fluggäste nicht unbedingt einen Wettbewerbsnachteil einhandelt – solange die Passagierzahlen attraktiv genug sind. Das Vertragsmanagement mit den Kunden umfasst Prozessstandardisierungen und Lieferumfänge des Flughafens gegenüber Fluggesellschaften. Extras müssen transparent gemacht und in der Regel zusätzlich bezahlt werden. Am Stuttgarter Flughafen gibt es (außerhalb der genormten Mindestanforderungen) keine standardisierten Leistungen für die Kunden. Die Serviceleistungen können so kombiniert werden, wie immer sie der Kunde wünscht. Den Leistungspaketen werden entsprechend Preise zugeordnet. Mit diesem „Caféteria-Prinzip" hat der Kunde selbst Einfluss auf die Kosten, die er mit seinen Leistungsanforderungen verursacht, und kann diese entsprechend transparent managen.

9.5 Sicherung der Performance: Fazit und weiterer Ausblick

Messbare Effizienzprojekte sind ein unternehmerischer Erfolg. Zu leicht passiert es jedoch, dass nach Projektabschluss die gewonnen Erkenntnisse nicht in eine entsprechende Linienorganisation überführt werden, mit der Folge, dass nachhaltige Erfolge ausbleiben.

Zunächst einmal war es wichtig, präzise zu messen, ob und wie erfolgreich das eingeführte Effizienzsteigerungsprojekt überhaupt ist. Dies wurde anhand von betrieblichen Kennzahlen durchgeführt, wobei die Performance-Verbesserung als zentrales Element herangezogen wurde. Die Produktivität des Stuttgarter Flughafens im Bodenverkehrsdienst beispielsweise konnte von durchschnittlich 52 % vor dem Projekt auf durchschnittliche 63 % Produktivität nach der Umsetzung des Projektes kontinuierlich gesteigert werden. An einem konkreten Beispiel betrachtet, bedeutet dies, dass für eine Abfertigung, die vor dem Projekt vier bis acht Mitarbeiter erforderte, heute nur noch drei bis sieben Mitarbeiter benötigt werden.

Neben der reinen Arbeitseffizienz ist genauso wichtig, durch eine gute Kapazitätssteuerung Überkapazitäten zu vermeiden. Hierfür wurde die Flexibilität, mit der auf Belastungsschwankungen reagiert werden konnte, gemessen und als Kenngröße herangezogen. Heute können Bedarfspeaks deutlich besser durch flexiblen Kapazitätseinsatz abgedeckt werden. Was allerdings noch viel wichtiger ist: Überhangkapazitäten, die durch eine Nichtauslastung entstehen, können viel besser als vorher vermieden werden. Dieses Thema gewinnt immer weiter an Bedeutung, da für die Zukunft zu erwarten ist, dass die Belastungsschwankungen durch volatile Passagierzahlen bzw. volatiles Flugverhalten tendenziell noch größer werden: Zwischen Sommer- und Winterflugplan sind weiter steigende Diskrepanzen zu verzeichnen (Abb. 9.8).

Für die Zukunft wird das IT-Steuerungssystem gemäß neuer Anforderungen weiterentwickelt, sodass die notwendige Kapazitätssteuerung immer genauer wird. Dennoch spielen die Mitarbeiter nach wie vor eine wichtige Rolle: Sie müssen die Notwendigkeit von Flexibilität erkennen und diese umsetzen.

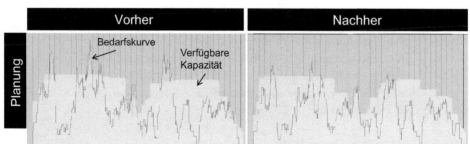

Flugbewegungen die nicht von der FSG-Stammbelegschaft abgedeckt werden können, werden an die Tochterfirma AGS zur Abfertigung abgegeben.

Abb. 9.8 Kapazitätsverbesserung. (Quelle: Flughafen Stuttgart, eigene Darstellung)

Neben der Verbesserung der Kennzahlen war und ist die Mitarbeitereffizienz das Herzstück der Performance, vor allem in Verbindung mit der Leistungsprämie, die die Zufriedenheit der Mitarbeiter und ihre Akzeptanz des Effizienzsteuerungsprojektes maßgeblich beeinflusst. Hier wird mit den dargestellten IT-Tools eine monatliche Berichterstattung durchgeführt, an die die Zahlung der Leistungsprämie geknüpft ist. Mittlerweile ist dieses System der Belegschaft in Fleisch und Blut übergegangen und das Tool wurde von den Mitarbeitern so positiv aufgenommen, dass sich diese bereits nach einem Jahr sogar selbst für diese Form der leistungsgerechten Bezahlung ausgesprochen haben. Dieses Beispiel verdeutlicht, dass Veränderungen nach einer gewissen Zeit durchaus positiv wahrgenommen werden, wenn die Mitarbeiter Vorteile auch für sich erkennen bzw. sich fair behandelt fühlen. Dennoch erwies sich dieses Thema in der Umsetzung zunächst als schwierig. Zunächst einmal versuchte die Leitung des Stuttgarter Flughafens, der Belegschaft das Konzept von Anfang an transparent zu kommunizieren: Das Konzept des „gläsernen Mitarbeiters", der mittels Kundenfakturierung über die automatisierte Datenerfassung entstand, wurde den Mitarbeitern und dem Betriebsrat vorgestellt. Gleichzeitig wurde die Leistungsprämie erläutert, die die Mitarbeiter erhalten, wenn Produktivitätsfortschritte erzielt werden. Nach einem Probejahr und unter intensiver Beteiligung von Mitarbeitern bei der Nachjustierung des Systems wurde in einer Betriebsversammlung zuerst mit der Geschäftsführung, dann ausschließlich mit dem Betriebsrat über die Fortführung der Messung der mitarbeiterbezogenen Daten beraten – und positiv entschieden. Die größte Herausforderung für die Zukunft bleiben jedoch weiterhin Zeiten mit schwacher Auslastung des Flughafens. Hier wird sich zeigen, ob der Betrieb flexibel genug aufgestellt ist und es ihm auch weiterhin gelingen wird, alle Arbeitsplätze am Flughafen zu sichern. Durch kontinuierliche Berichterstattung der „Zahlen – Daten – Fakten" werden regelmäßig die Situation transparent gemacht und die Ziele des Flughafenmanagements adressiert. Die Belegschaft hat hier regelmäßig die Möglichkeit, mitzudiskutieren und Feedback zu geben.

Ein weiterer Erfolg des Performance-Management-Projektes am Stuttgarter Flughafen ist die Gründung einer eigenen Beratungsgesellschaft als eigener Geschäftsbereich, der seit 2013 in der Aviation-Beratung tätig ist. Hier werden andere Flughäfen in den Methoden und Tools für das Flughafen-Performance-Management beraten.

Mittlerweile hat dieser Geschäftsbereich sein erstes Geschäftsjahr hinter sich. Die Mitarbeiter, die für die Beratung geeignet und in dieser engagiert sind, sind hoch motiviert. Nach nur elf Monaten kann man hier bereits von einem großen Erfolg sprechen: Das erste Geschäftsjahr konnte mit positiver Bilanz abgeschlossen werden, das Kundenportfolio für das Beratungsgeschäft befindet sich ebenfalls im Wachstum. Dieses Beispiel zeigt, wie aus einer internen Notwendigkeit für Performance-Steigerung sogar ein externes Geschäftsmodell erwachsen kann.

Literatur

Busacker, T. (2005). *Steigerung der Flughafen-Kapazität durch Modellierung und Optimierung von Flughafen-Boden-Rollverkehr – Ein Beitrag zu einem künftigen Rollführungssystem*. Berlin: Technische Universität Berlin.

Dresner, M., Lin, J., & Windle, R. (1996). *The impact of low cost carriers on airport and route competition*. Baltimore MD: University of Maryland.

Gillen, D., & Lall, A. (1997). Developing measures of airport productivity and performance: An application of data envelope analysis. *Transportation Research Part E. Logistics and Transportation Review, 33*(4), 261–273.

Oum, T., Yan, J., & Yu, C. (2008). Ownership forms matter for airport efficiency: A stochastic frontier investigation of worldwide airports. *Journal of Urban Economics, 64,* 422–435.

Pels, E., Nijkamp, P., & Rietveld, P. (2001). Airport choice in a multiple airport region: An empirical analysis for the San Francisco Bay Area. *Regional Studies, 35*(1), 1–9.

Pels, E., Nijkamp, P., & Rietveld, P. (2003). Inefficiencies and scale economies of European airport operations. *Transportation Research Part E, 39,* 341–361.

Performance der Generation Y: Management der Generationenkonflikte

10

Natalie Pospolit und Jennifer Weiher

10.1 Notwendigkeit der Generationenbetrachtung

Ein ganzheitliches und langfristiges Performance Management zielt darauf ab, den Managern und Mitarbeitern die nötigen Mittel zu geben, um das Unternehmen trotz Wettbewerbstreibers langfristig konkurrenzfähig zu halten. Dazu müssen die Leistungen der Mitarbeiter gemanagt, gefördert und gemessen sowie eine Hochleistungskultur aufgebaut werden. Für die Wettbewerbsfähigkeit ist es demnach essenziell, Nachwuchskräfte gewinnbringend in das Unternehmen aufzunehmen, sie zu entwickeln und an das Unternehmen zu binden.

Das Management sieht sich jedoch aktuell einer neuer Generation von Absolventen gegenüber, der Generation Y (GenY). Sie sind hoch ausgebildet, international erfahren und gut im Umgang mit der Technik. Gleichzeitig fordern sie das Höchste vom Unternehmen. Sie wollen hohe Löhne, in kurzer Zeit alles erreichen und gleichzeitig genug Freizeit haben, um das Leben genießen zu können. Wie schafft man es demnach als Unternehmer, diese junge Generation mit den neuen Eigenschaften und Anforderungen so in das Unternehmen zu binden, dass sie richtig angetrieben werden und somit beide Seiten von der Höchstleistung profitieren?

Die Autorinnen dieses Artikels sind selbst Vertreterinnen der GenY. Ihre bisherigen Erfahrungen aus der Praxis bieten damit einen unmittelbaren Einblick und zeigen den Unternehmern aus Mittelstand und Industrie die Herausforderungen im Umgang mit der GenY.

N. Pospolit (✉) · J. Weiher
Stuttgart, Deutschland
E-Mail: Natalie.Pospolit@gmx.net

J. Weiher
E-Mail: jennifer_weiher@gmx.de

Sie beschreiben bereits bekannte, in der Praxis angewandte sowie neue Möglichkeiten und Maßnahmen, die Performance der GenY im Unternehmen bestmöglich einzusetzen.

Beim Performance Management der GenY liegt das Hauptaugenmerk auf der Akquise, der Entwicklung sowie Bindung der High Potentials. Hierzu werden in Form des dreiphasigen Managementkonzeptes „find them – grow them – keep them" Maßnahmen, Hilfsmittel und Modelle vorgestellt, mit denen das Management die besten Young Professionals auswählt, ihre Kernkompetenzen gezielt fördert und so eine hohe Performance erzielen kann.

10.2 Die Generation Y – ein kurzer Steckbrief

Um die GenY erfolgreich managen zu können, ist der erste Schritt, sich mit dieser Generation auseinanderzusetzen. Daher beinhaltet folgender Steckbrief zunächst die Beschreibung ihrer Eigenschaften, Forderungen und Leistungen. Es wird aufgezeigt, in welchen Punkten sich die GenY von anderen Generationen unterscheidet und warum sie so ist wie sie ist. Des Weiteren behandelt dieses Kapitel die Unterschiede innerhalb der GenY sowie internationale Charakterisierungen.

10.2.1 Eigenschaften der Generation Y

Die neue Generation hat viele Namen: Generation Y, Ypsiloner, Millennials, Net-Generation, Digital Natives, Echo Boomers, Baby Boom Echo Nexters oder die „look at me"-Generation. „Generation Y" ist dabei die weitläufige Bezeichnung in der einschlägigen deutschen Literatur. Anhand der am weitesten gefassten Definition umfasst die GenY alle zwischen 1977 und 1998 Geborenen. Eine engere Definition, die in der vorwiegenden Literatur verwendet wird, ist hingegen 1980 bis 1995. Unabhängig von der genauen Festlegung auf das Geburtsjahr geht es bei der Stereotype eher um die Beschreibung der neuen Generation, welche aktuell den Arbeitsmarkt betritt. Benannt als direkter Nachfolger der Generation X, wird das „Y" aus dem Begriff „GenY" oft mit dem beschreibenden „Why" (aus dem englischen „Warum") in Verbindung gebracht. Es ist jene Generation, die gelebte Praktiken hinterfragt und damit die Neuausrichtung des Arbeitsmarktes forciert.

Es wurden bereits einige Studien zu den unterscheidenden Merkmalen der GenY veröffentlicht und auch viele Autoren haben versucht, die Charakteristika der GenY zu beschreiben. Stichwortartig lassen sich daraus folgende Eigenschaften ableiten:

- technologieaffin
- sehr gut ausgebildet/qualifiziert
- international ausgerichtet (mehrsprachig, reisefreudig)
- grundsätzlich optimistisch, engagiert
- teamorientiert, vernetzt, tolerant, flexibel

- digital und gemeinschaftlich denkend
- anspruchsvoll

Diese Eigenschaften können sich für das Berufsleben sowohl positiv als auch herausfordernd auswirken. Beispielsweise kann die GenY aufgrund ihrer Technologieaffinität neue Medien schnell und problemlos einsetzten, doch erwartet sie andererseits, dass das Unternehmen ihr diese neuen Medien zur Verfügung stellt.

Die hohen Erwartungen an das Berufsleben stellen die Personaler und Manager vor neue Herausforderungen. Während die Vorgänger nach schnellem Aufstieg gestrebt haben, ist die Liste der Erwartungen und Forderungen der GenY lang und anspruchsvoll:

- attraktive Projektarbeit statt Funktionserfüllung oder Routinearbeit
- kontinuierlich geforderte Weiterbildung
- Aufstiegsmöglichkeiten
- internationale Einsätze
- hohe Gehälter
- Work-Life-Balance
- sozialer Beitrag

Um die obigen Forderungen in den Unternehmen zu erreichen, bringt die GenY eine hohe Leistungsbereitschaft mit. Ihre Stärken und Begabungen sind für die Unternehmen vielversprechend und in folgenden Bereichen zu erwarten:

- problemloser Umgang mit neuen Technologien
- positive Unterstützung bei der Einführung neuer Programme
- uneingeschränkte Einsatzbereitschaft
    - Flexibilität, Umzugsbereitschaft
    - ortsübergreifende oder internationale Einsätze
- Erfolg versprechende Teamarbeit
- schnelle Informationsbeschaffung
- Infragestellen von Etabliertem
- Einbringen neuer, kreativer Lösungen
- effiziente Kommunikation

10.2.2 Unterschiede zu anderen Generationen

Wie bei jeder Generation werden Eigenschaften größtenteils durch die Erziehung, Gesellschaft und Umwelt geprägt, in der die Generation aufgewachsen ist. Die Tab. 10.1 zeigt die zentralen Unterschiede hinsichtlich der Sozialisierung und Denkweisen zwischen der GenY und ihren beider Vorgängergenerationen Generation X und Babyboomer.

Tab. 10.1 Unterschiede bei der Sozialisierung und Denkweisen zwischen GenY, Generation X und Babyboomer. (Quelle: in Anlehnung an Schmidt et al. 2011)

Jahrgang	1946–1964	1965–1980	1981–1995
Typisierung	Konkurrenzverhalten, von der Masse abheben	Unabhängig, pragmatisch, flexibel	Hohes Selbstbewusstsein, teamorientiert, überbehütet
Denkweise	Idealistisch, revolutionär, kollektiv	Pessimistisch, individualistisch	Pragmatisch, kooperativ
Verhältnis zur Arbeit	Leben, um zu arbeiten	Arbeiten, um zu leben	Leben beim Arbeiten
Motivation	Leistung und Erfolg	Work-Life-Balance	Optimale Ausbildung, Betreuung und Führung
Verhältnis zu anderen Generationen	Verstehen die Arbeitsauffassung der jungen Generationen nicht	Sehen Babyboomer als „workaholics" und GenY für verwöhnt	Sehen Babyboomer als „Workaholics" und Gen X als „Nörgler"

In Punkto Performance sind die Babyboomer als Zeitgenossen der Hochkonjunktur eine Art von Workaholics, die kritisch jenen gegenüberstehen, die nicht dieselben Werte teilen. Lineare und hierarchische Strukturen mit klaren Aufgabenbeschreibungen haben ihr Arbeitsumfeld geprägt. Die Arbeit wird als Pflicht angesehen, um finanzielle Sicherheit für die Familie zu schaffen.

Als Kritiker der Werte ihrer Vorgängergeneration ist die Generation X im Technologiewandel aufgewachsen. Um möglichst schnell individuellen Erfolg zu erreichen, arbeiten sie teilweise über die Bürozeiten hinaus. Dazu bot ihnen die Technologie die Möglichkeit, Arbeit mit nach Hause zu nehmen, sodass es erstmalig zur Vermischung zwischen Leben und Arbeit kam. Die Work-Life-Balance wird zum ersten Mal ein relevantes Thema. In ihrer Performance beschreibt man die Generation X als Skeptiker, die gern autonom arbeiten und keine Meetings oder Teamarbeit mögen.

Die GenY ist im Gegensatz zu den vorherigen Generationen in einer globalen, digitalisierten Welt wohlbehütet aufgewachsen. Um sie zu gewinnen, zu entwickeln und zu binden, müssen Unternehmen und deren Manager sie erst einmal kennen und wissen, wodurch ihre Persönlichkeit und Arbeitsverhalten geprägt sind:

Weil sie so aufgewachsen sind In der heutigen Gesellschaft ist jede persönliche Ansicht zu respektieren und in einer Hinsicht valide. Das wirtschaftliche Umfeld ist von Wohlstand und emotional gesteuertem Konsum geprägt. Durch den rasanten technologischen Wandel und die Globalisierung ist die GenY international vernetzt und hat schnellen Zugang zu Wissen. Daraus ergeben sich zum einen Neugier und Drang nach Überprüfung von Informationen und zum anderen Toleranz. Respekt ist etwas, was man sich durch eine besondere Leistung verdient und ist nicht beispielsweise durch Hierarchie gegeben.

Weil Sie es so gewohnt sind Im Gegensatz zu den Vorgängergenerationen ist die GenY an Änderungen und einen rasanten Umweltwandel gewohnt. Werden Gefahren nicht rechtzeitig erkannt, kommt es zu Wirtschafts-, Finanz- oder Lebensmittelkrisen, um entsprechend Änderungen begründen und durchsetzen zu können. Änderungen sind notwendig für den wirtschaftlichen Erfolg – das hat die GenY gelernt. Dahingegen fühlen sich die anderen Generationen bei strukturellen Änderungen unsicher. Die fehlende Beständigkeit führt zu Unsicherheit und Angst.

Weil sie so erzogen wurden Die GenYer sind oft als Einzelkinder aufgewachsen und sind es gewohnt, der Stolz der Familie zu sein. Ihnen wurde das Gefühl gegeben, dass jeder individuell und in seiner Hinsicht etwas Besonderes ist. Daher sind die Familienwerte sehr hoch angesiedelt. Bei Entscheidungen zu ihren Hobbys oder ihrem Beruf wurde die GenY von ihren Eltern nach ihrer Meinung gefragt. Die neue Generation erwartet daher auch im Berufsalltag, in allen Belangen um ihre Meinung gefragt sowie auch in ihren berufsspezifischen Entscheidungen unterstützt zu werden.

Weil sie von ihren Eltern gelernt haben Als Kinder der Generation X ist die GenY die erste, welche damit aufgewachsen ist, die negativen Folgen der langen Arbeitszeiten an ihren Eltern zu erleben. Die steigende Zahl an Scheidungsraten, Entlassungen und Burnouts führen dazu, dass die GenY sich dazu entschieden hat, dem Leben und der Zeit mit der Familie und Freunden eine höhere Priorität zu geben. Das spiegelt sich in dem verstärkten Streben nach Work-Life-Balance der Generation wider.

Weil es von ihnen erwartet wird Die Kehrseite der hohen Ausbildung ist der hohe Wettbewerbsdruck, den die GenY erfährt. Die Anzahl der Abitur- und Studienabschlüsse ist steigend. Sowohl die Eltern der Generation X als auch die Unternehmen selber haben hohe Anforderungen. Um sich von der Konkurrenz abzuheben, muss sich die Generation durch Praktika oder Berufserfahrungen im Lebenslauf profilieren. Dies ist auch Grund dafür, dass sich die GenY ständig weiterentwickeln möchte und kontinuierlich auf der Suche nach neuen Herausforderungen oder auch internationalen Einsätzen ist.

10.2.3 Unterschiede innerhalb der Generation Y

Durch diese Vielzahl an prägenden Rahmenbedingungen wird deutlich, dass es auch innerhalb der Generation Y starke Unterschiede geben kann. So erleben nicht alle Anhänger der GenY das gleiche offene politische Umfeld oder die gleiche Erziehung. Eine Unterscheidung innerhalb der Stereotype ist daher nicht zu vernachlässigen.

Die Stereotype GenY hilft grundsätzlich dem Verstehen, Beschreiben und Ableiten von Handlungsmöglichkeiten der gesamten Generation. Dabei spielt die Sozialisation durch wirtschaftliche, politische und technologische Rahmenbedingungen eine große Rolle. So wird beispielsweise in der Praxis die Technologieaffinität der GenY einheitlich erlebt. Dennoch gibt es wie bei anderen Einstufungen auch Ausnahmen und Differenzen. Große individuelle Differenzen bei der „Internationalität" sind ein Beispiel hierfür. Die bedeutendsten Unterschiede wurden in Studien aufgrund des Geschlechts, des Bildungsgrades, der Lebensphasen und der Arbeitsinhalte festgestellt.

Geschlecht Bei der Arbeitsplatzsuche nach dem Studium hat sich herausgestellt, dass Frauen geringere Gehaltsvorstellungen haben als Männer. Während die männlichen GenYer mit höheren Gehaltsvorstellungen in die Bewerbungsgespräche gehen, halten sich die weiblichen GenYer eher zurück. Zudem neigen die Frauen dazu, sich längerfristig einen Arbeitgeber zu suchen. Gleichzeitig hat die GenY mehr hoch ausgebildete und berufstätige Frauen als die Vorgängergenerationen.

Bildungsgrad Studenten mit mehr Berufserfahrung und besseren Noten haben im Vergleich höhere Erwartungen als weniger erfahrenen Studienkollegen. Es gibt einen Zusammenhang zwischen besserer Leistung und Einstiegsgehältern sowie Leistungserbringung im Beruf. Zudem legen die High Performer mehr Wert auf Entwicklungsmöglichkeiten sowie abwechslungsreiche und herausfordernde Arbeit. Im Gegensatz dazu geben sich Absolventen mit weniger guten Leistungen mit geringeren Einstiegsgehältern und einer Arbeit zufrieden, die nicht ihrem Traumjob entspricht. Grund dafür ist vermutlich der reale Blick auf den Arbeitsmarkt.

Lebensphase Die Lebensphase, in der sich der Mitarbeiter befindet, beeinflusst dessen privaten Bedürfnisse und Ziele und somit auch die berufsspezifischen. Mit Blick auf ältere Yer, bei denen der Aufbau von Familie ansteht, werden Verschiebungen der Forderungen erkannt: Der Anspruch auf internationale Einsätze geht zurück, das Augenmerk richtet sich auf die Work-Life-Balance.

Arbeitsinhalte und Funktion im Unternehmen Die Erwartungshaltungen der GenY sind erfahrungsgemäß auch an die jeweiligen Arbeitsinhalte geknüpft und zeigen hierbei deutliche Unterschiede. So hat beispielsweise der Wunsch nach einer herausfordernden Tätigkeit einen besonders großen Stellenwert bei den jungen Mitarbeitern im Personal und Vertrieb. Ihre Kollegen aus den administrativen Bereichen hingegen sehen diesen Punkt eher weniger relevant an. Auch die Flexibilität steht bei den Vertriebsleuten oben auf der Wunschliste, wohingegen die GenY der administrativen Bereiche sich dadurch weniger beindrucken lässt. Folglich besteht bei der GenY das Bewusstsein, dass nicht alle Anforderungen in Einklang mit den jeweiligen Arbeitsinhalten zu meistern sind. Doch bei einem Thema sind sie sich einig: Das Gehalt ist relevant.

10.2.4 Internationale Unterschiede der Generation Y

Die Charakteristika und Eigenschaften einer Generation werden auch regional geprägt. Das soziale und politische Umfeld sowie die Wirtschaftslage, in der sie aufgewachsen sind, spielen eine bedeutende Rolle bei der Persönlichkeitsentwicklung und beeinflussen maßgeblich das Verhalten von Absolventen und Managern. Beispielsweise werden von den Autorinnen regionale Unterschiede bei der Arbeitserwartung wahrgenommen. Während deutsche Studenten bemerken, begehrt zu sein, da sie in Zeiten von Fachkräftemangel auf Jobsuche gehen, überwiegt bei den nordamerikanischen GenYern der Gedanke an die derzeit schlechte Wirtschaftslage und die hohe Arbeitslosigkeit innerhalb ihrer Generation. Auch in den EU-Nachbarländern wie Spanien und Griechenland stellt sich die Jobsuche für junge Talente als herausfordernd dar. Solche Situationen beeinflussen maßgeblich die Erwartung an den Job. „Froh zu sein, einen Job zu bekommen" versus „auf der Suche nach dem Traumjob".

Angeworben mit einem hohen Gehalt und interessanten Tätigkeiten in deutschen Ingenieursunternehmen sind internationale GenYer bereit, nach Deutschland zu ziehen. Die Frage, die sich dadurch stellt, ist jene nach weiteren internationalen Unterschieden innerhalb der Generation Y hinsichtlich ihrer Anforderungen an das Arbeitsumfeld. Es sei zu erwähnen, dass nach heutigem Stand keine herausragenden heterogenen Anforderungen bei internationalen GenYern in der Praxis erlebt wurden, es sind jedoch unterschiedliche Gewichtungen erkennbar. Dies wird im Folgenden am Beispiel von Japan aufzeigt.

Laut der Studie von Hays (2013) sind für japanische GenYer die wichtigsten Faktoren am Arbeitsplatz eine interessante Tätigkeit, Autonomie, eine moderne Arbeitsumgebung, flexible Arbeitszeiten sowie strukturierte Aufgaben und Zeiten. Vergleicht man dieses Ergebnis mit Forderungen der westlichen GenY, wie sie im Kap. 10.2.1 vorgestellt wurden, so ist eine große Ähnlichkeit festzustellen. Den wesentlichen Unterschied birgt dabei lediglich die strukturierte Aufgabenstellung, die ihnen hilft, ihre Zeit einzuteilen, um die Arbeit zum definierten Zeitpunkt erledigen zu können. Dies liegt vermutlich in dem kulturellen Unterschied hinsichtlich der Hierarchien.

Zudem ist der Respekt gegenüber älteren Personen und Hierarchien in Japan stark ausgeprägt. Daher wünscht sich die Mehrheit der dortigen GenY eine Führungskraft, die ihnen die zu erledigende Arbeit delegiert, sie führt und berät. Lediglich eine geringe Anzahl wünscht sich die Führungskraft als Mentor oder Freund. Die deutsche GenY hingegen erwartet sehr wohl von ihrer Führungskraft, dass diese gleichzeitig auch als Mentor auftritt. Den Unternehmern und Managern wird dazu geraten, sich mit den kulturellen und individuellen Bedürfnissen des neuen internationalen GenY-Mitarbeiters auseinanderzusetzten.

10.3 Herausforderungen für das Management

Die Besonderheiten der GenY und die Unterschiede zu den Mitarbeitern anderer Generationen zeigen sich in der Praxis in verschiedenen Bereichen der Zusammenarbeit. Die GenY bringt neuartige Erwartungen und Anforderungen mit, die eine Anpassung hinsichtlich der Anreizsysteme und des Führungsstils erfordern. Zudem bedarf es einer gewissen Kommunikationsart und Organisationsstruktur, um eine Höchstleistung zu erreichen. Anhand von Praxisbeispielen werden im Folgenden die damit für das Management einhergehenden Herausforderungen sowie Lösungsvorschläge vorgestellt.

10.3.1 Generationenkonflikt bei der Zusammenarbeit

In der Zeit des Arbeitsmarkteintritts der GenY tritt die Generation der Babyboomer allmählich aus den Unternehmen aus, während das vorherrschende Management größtenteils noch aus der Generation X besteht. Dies birgt Konfliktpotenzial beim ersten Zusammentreffen mit der GenY, das von kleinen Unstimmigkeiten über die Vorstellungen des Ablagesystems in Papierform oder digital bis hin zu leistungshemmenden Missverständnissen reichen kann.

Als ehemalige Soldaten der Wehrpflicht haben die vorwiegend männlichen Generation-X-Anhänger im Management einen militärisch angehauchten Führungsstil mit klaren *Strukturen* und fest definierten Hierarchiestufen. Die GenY, die in geringerer Anzahl eine Wehrpflicht absolviert hat, ist zwar in strukturierten Schulsystemen ausgebildet worden, arbeitet jedoch besser im gewohnten Umfeld in Form von Gruppen- bzw. Teamarbeit auf gleicher Augenhöhe. So haben es die Autorinnen erlebt, dass ein Praktikant aus der GenY in einem offenen Meeting einem hierarchisch höher angesiedelten Kollegen der Generation X das „Du" angeboten hat. Die Intention des Yers, die Zusammenarbeit auf gleichem Level fortzuführen, ist in diesem Beispiel an der hierarchiegetriebenen Einstellung des Xers gescheitert.

Hierarchiestufen werden von der GenY zunehmend abgelehnt. Sie führen häufig zu Entscheidungsverzögerungen. Erfahrungen zeigen, dass oftmals viel Zeit und Arbeit in eine Entscheidungsvorlage investiert wird, diese jedoch aufgrund von zahlreichen und langwierigen Freigaberunden über Hierarchiestufen hinweg zu keiner Entscheidung kommt. Das Nichtvorankommen aufgrund fehlender Entscheidungsfreiräume oder „klarer Ansagen von oben" wirkt sich auf die GenYer demotivierend aus, da sie sich nicht fähig fühlen, etwas zu bewegen. Abstimmungs- und Freigabeschleifen sind in Konzernen kaum wegzudenken und man kommt auch daran nicht vorbei. Es werden daher gerne KMU aufgesucht, bei denen Themen schneller umgesetzt und Ergebnisse schneller sichtbar werden.

Das *Arbeiten im Team* ist eine Stärke der GenY, die sie gleichzeitig motiviert. Gegenseitiger Austausch und Lernen voneinander werden dabei am meisten geschätzt. Der hohe Wert des sozialen Faktors bei der Arbeit könnte so weit gehen, dass die Loyalität der GenY zu ihren Kollegen höher ist als jene zum Arbeitgeber. So ist es denkbar, dass ein Manager der GenY sein Team zu seinem neuen Arbeitgeber mitziehen würde, um seine Kollegen und Mitarbeiter zu behalten. Demgegenüber stehen die Vorgängergenerationen, die eher ungern in Teams zusammenarbeiten. Einzelkämpfer im Team, die sich besonders herausheben wollen, oder „Finger Pointing" sind Zeichen misslungener Teamkultur, die sich negativ auf die außerordentliche Teamarbeit auswirken.

Oft wird die direkte Art der Yer, *Feedback* zu geben, missverstanden und führt zu Konfrontationen, wenn dieses ungefragt kommt. Hier ist es wichtig, eine Arbeitsatmosphäre zu schaffen, bei der konstruktives Feedback wohlgesehen und als positiv wahrgenommen wird. Oft erleben es die Autorinnen, dass Einwände oder Ideen mit der Begründung abgeschlagen werden, es wäre schon immer so gewesen und weshalb bräuchte man nun eine *Änderung*. Während die GenY auf der einen Seite mit einem schnellen Wandel aufgewachsen ist, aktuelles Wissen aus der Ausbildung mitbringt und es gewohnt ist, dass Anpassungen notwendig sind, halten die Nachkriegsgenerationen gerne an der Beständigkeit fest. In einem solchen Fall sollten die Generationen unabhängig von ihrem Alter sachlich zwischen Erfahrungen und Wissen abwägen. Es wird in diesem Zusammenhang eine Generationenanalyse empfohlen, die die Herkunft von aktuellen Arbeitsmethoden und Kundenprozessen nach Veralterung hinterfragt. Prozesse und Methoden müssen dahingehend bewertet werden, ob sie nur aufgrund des Beständigkeitsstrebens der Babyboomer oder aus fundierten Gründen existieren. Umgekehrt darf die junge Generation Erfahrungen nicht unterschätzen.

10.3.2 Anforderungen an Anreizsysteme

In der einschlägigen Literatur besteht die Erkenntnis, dass die junge Generation in einem voll ausgestatteten Dienstwagen und gläsernen Eckbüro in der obersten Etage keine Motivation sieht. Daher fragen sich natürlich die Manager, mit welchen Anreizsystemen sie die GenY antreiben können.

Laut der ILM-Studie sind die Top Prioritäten der GenY (Institute of Leadership & Management 2011):

- interessante Arbeit (33 %),
- gute Bezahlung (33 %)
- Aufstiegsmöglichkeiten (24 %)

Diese Studie zeigt die höhere Bedeutung einer *interessanten Arbeit* im Gegensatz zu den Aufstiegsmöglichkeiten. Dies steht im Einklang zu der Aussage, dass die GenY zwar nach Herausforderungen sucht, jedoch nicht unbedingt in Form eines klassischen Aufstiegs. Projekte oder Bereiche eigenverantwortlich zu betreuen, ist für die GenY ebenso eine herausfordernde Tätigkeit, in der sie sich selbst verwirklichen kann.

Auch die Erfahrung der Autorinnen zeigt, dass die Mehrheit der GenY eine sinnvolle Aufgabe sucht. Das Wissen, mehr als vierzig Jahre arbeiten zu müssen, verbunden auch mit den Neuregelungen des Rentenalters, verstärkt die Berufssuchenden darin, sich eine Arbeit zu suchen, von der man überzeugt ist und nicht nur „durchhalten" muss. Nach Abschluss des Wunschstudiums sucht die GenY nach einer Tätigkeit, die sie mit Leidenschaft ausüben kann. Mit dem Wissen, dass das gelernte Studiumwissen nicht für immer hält, besteht der Wunsch nach ständiger Weiterentwicklung. Dabei zu implizieren, dass Yer täglich eine neue Herausforderung suchen, wäre zu hoch gegriffen. Routinearbeiten werden nicht konsequent abgelehnt, denn auch hier gibt es Möglichkeiten, diese interessant zu gestalten. Angenommen, der Mitarbeiter ist verantwortlich für die Organisation von Seminaren. Im Tagesgeschäft kann das beispielsweise so aussehen, dass je Seminar eine exakte Arbeitsanweisung und eine To-do-Liste existieren. Der Mitarbeiter wird daher Tag für Tag dieselben Arbeitsschritte ausführen, die To-do-Liste „abhaken", ablegen und in den Feierabend gehen. Auf eine gewisse Zeit entsteht eine Demotivation, die gerne auch als Unterforderung wahrgenommen wird und für Unzufriedenheit sorgt. Wird jedoch dem Mitarbeiter vermittelt, dass er für den Bereich „Seminarorganisation" verantwortlich ist, wird ihm die Möglichkeit gegeben, die Seminarorganisation seinem Arbeitsstil anzupassen. Es ist ihm nun möglich, seine Arbeitsschritte infrage zu stellen, zu überdenken und eigene Ideen einzubringen. Das kann bedeuten, den Anmeldeprozess anders, effizienter zu gestalten, einen passenderen oder günstigeren Ausführungsort zu finden oder sogar andere Lernmethoden (z. B. E-Learning, Blendend Learning) anzustoßen. Das ursprüngliche Ergebnis ändert sich dadurch nicht, es wird weiterhin dieselbe notwendige Anzahl an Seminaren organisiert. Was sich jedoch ändert, ist die Betrachtungsweise des Mitarbeiters für seine Arbeit. Das ist der Schlüssel, um den Mitarbeiter der GenY zum Performen zu bringen.

Zu dem zweiten Punkt *gute Bezahlung* gibt es unterschiedliche Meinungen. Aussagen wie „Glück schlägt Geld" können die Autorinnen nicht ganz zustimmen. Es sollte eher als „angemessenes Geld-Glück-Verhältnis" bezeichnet werden. Die zutreffende Beschreibung lautet hier: „Die Mischung macht's". Die GenY ist sowohl im beruflichen als auch im persönlichen Umfeld anspruchsvoll. Als Zeitgenossen der Konsumgesellschaft möchte die GenY die Welt bereisen können und sich „tolle" Autos, ein Haus und ein gutes Leben leisten können. Auch erwarten die Absolventen eines mühsamen Studiums eine entsprechende Entlohnung. Dennoch erfüllt eine hohe Bezahlung allein nicht die Bedürfnisse der GenY und kann daher als alleinstehende Motivation die neue Generation weder zur Hochleistung anregen noch langfristig an das Unternehmen binden. Unterschieden werden sollte darüber hinaus zwischen dem Nettogehalt und anderen Geldleistungen. So können Leistungen wie ein Weiterbildungsbudget, Geld für's Fitnessstudio, eine Bahncard 50/100 oder Bonus-Flugmeilen für die GenY durchaus attraktiv sein. Den Ideen sind keine Grenzen gesetzt. So bietet beispielsweise Google seinen Mitarbeitern an, das nicht ausgeschöpfte Reisebudget für einen guten Zweck zu spenden.

Der dritte Punkt *Aufstiegsmöglichkeiten* wird von der Generation Y anders definiert. Leistungen wurden bisher mit einer Beförderung belohnt, die mehr Mitarbeiterverantwortung und Macht impliziert. Doch nicht jeder der jungen Generation ist an solch einer Stelle interessiert. Sie bringt vielmehr Aufstieg mit fachlicher Verantwortung in Verbindung als mit Mitarbeiterverantwortung und Macht. Die GenY sucht zwar die Herausforderungen und wünscht sich Aufstiegsmöglichkeiten, diese müssen jedoch nicht zwingend in Form eines klassischen Aufstiegs sein. Projekte oder Bereiche eigenverantwortlich zu betreuen, ist für die GenY ebenso eine herausfordernde Tätigkeit, in der man sich selbst verwirklichen kann. Dieser Veränderung von Karrierevorstellungen sind bereits einige Konzerne gerecht geworden. Sie bieten ihren Mitarbeitern sowohl eine Führungs- als auch eine Expertenlaufbahn an. Nach Meinung der Autorinnen ist dies ein gelungenes System. Die Unternehmen bieten ihren High Potentials den Karriereweg an, der zu ihnen passt.

Neben den genannten Anreizsystemen wie interessante Arbeit, gute Bezahlung und Aufstiegsmöglichkeiten spielt zudem das soziale Commitment des Arbeitgebers eine immer größere Rolle. So erwartet die junge Generation von dem Unternehmen, für dessen

Gewinn sie bereit ist viel zu leisten, auch eine gewisse Gegenleistung. Eine angemessene *Work-Life-Balance* ist beispielsweise ein wichtiges Anreizsystem für die GenY. Andere Anreizsysteme erleben die Autorinnen vor allem Arbeitszeitmodellen: Flextime, Homeoffice, Sabbatical, Elternzeit und Auszeit.

Flextime und Homeoffice Was die GenY ablehnt und daher von Unternehmen nicht gefördert werden sollte, sind starre Arbeitszeiten und Präsenzpflicht. Arbeiten, die an Ort und Zeit gebunden sind, gelten als Relikt aus der Industriezeit und in vielen Bereichen als nicht mehr zeitgemäß. Denn wenn im Unternehmen die Philosophie herrscht, dass die Leistung daran bemessen wird, wie viele Stunden man präsent ist, und nicht daran, was am Ende dabei rauskommt, wird natürlich viel Zeit mit wenig Arbeit verbracht. So haben die Autorinnen zahlreiche Momente erlebt, bei denen Arbeitnehmer die Zeit im Internet, in der Zigarettenpause oder beim Kaffeetrinken verbringen und dennoch aufgrund ihres Arbeitszeitkontos positiv beim Chef auffallen. Diejenigen Mitarbeiter, die ihre Arbeit erledigt haben und anschließend in den Feierabend gehen, fallen hingegen negativ auf. Eine Vielzahl an Studien belegt, dass Mitarbeiter, die selbst entscheiden können, wann und wo sie arbeiten, kreativer, produktiver und effizienter sind als solche, die in einem starren, kontrollierten Umfeld arbeiten. Warum also den Mitarbeitern nicht die Möglichkeit der Flextime oder Homeoffice geben? Beide Modelle kennt man zwar bereits in Konzernen oder bei mittelständischen Unternehmen der Industrie. Sie sind aufgrund der genannten Studienergebnisse und Erfahrungen der Autorinnen generell zu empfehlen. Besonders bei Tätigkeiten, die mehr Kreativität oder Denkarbeit benötigen, ist ein fester Arbeitsplatz im Großraumbüro eher hinderlich. Zweifel oder Angst vor Kontrollverlust können mithilfe von definierten Arbeitszielen und Deadlines behoben werden. Somit bewahrt sich das Management eine gewisse Kontrolle. Durch die praktischen Erfahrungen der Autoren zeigt sich, dass Homeoffice-Zeiten von Kollegen eher akzeptiert werden, wenn aktiv mit ihnen in Form von Telefonaten oder Schriftverkehr kommuniziert wird. Dieses Angebot wird sowohl von der GenY als auch von der Generation X genutzt.

Sabbatical/Elternzeit/Auszeit Ein weiterer Wandel im Arbeitsmarkt zeigt sich in der Einstellung junger Väter. Seit der Einführung des Elterngeldes im Jahr 2007 steigt die Anzahl der Väter, die Elternzeit nehmen. Da die Mitarbeiter, die momentan Elternzeit nutzen, den Generationen X und Y angehören, ist dies nicht unbedingt ein Generationenthema. Dennoch ist zu erwähnen, dass sich die GenY weniger Gedanken darüber macht, ob die Inanspruchnahme der Elternzeit mit einen schlechten Eindruck oder einen Karriererückgang einhergeht. Sie erwartet vielmehr, dass ihre Elternzeit ohne Einschränkung vom Unternehmen unterstützt wird.

Des Weiteren haben die Autorinnen erlebt, dass Arbeitgeber oftmals mit einer mehrmonatigen Auszeit liebäugeln. Trotz unbefristeten Arbeitsvertrags besteht beispielsweise der Wunsch, einmal um die Welt zu reisen. Denn die Zeit, in der man jung und ungebunden ist, eignet sich ideal dafür. Was für ältere Generation fast undenkbar ist, nutzt die GenY und fragt einfach unverbindlich mal beim Chef oder in der Personalabteilung nach, ob die Inanspruchnahme eines unbezahlten Urlaubs möglich wäre. Erfahrungen zeigen, dass solche proaktive Handlungen Erfolg versprechend verlaufen. Teilzeitkräfte konnten ihre Arbeitszeit erhöhen, Auszubildende wurden schneller mit eigenverantwortlichen Arbeitsgebieten belohnt und der Auszeitnehmende dankt dem Unternehmen mit seiner verstärkten Loyalität.

10.3.3 Anforderungen an den Führungsstil

Die GenY strebt danach, früh Verantwortung zugewiesen zu bekommen und dabei die notwendige Flexibilität zur Erreichung der Ziele auf eigene Art zu erhalten. Gleichzeitig ist es wichtig, Ergebnisse von der GenY zu verlangen und ihr aufzuzeigen, inwieweit sie einen Beitrag für die Unternehmensziele leistet. Die GenY strebt keinen autoritären Führungsstil an, schon eher einen kooperativen, und wenn der Vorgesetzte als Mentor auftritt, ist es perfekt. Bei der Suche der jungen Absolventen nach einem Mentor anstelle eines Bosses sollten Unternehmen daher auf folgende Faktoren achten:

Vertrauen, Verständnis, Respekt und Freiheit Diese „weichen" Faktoren können beispielsweise durch frühzeitige Übertragung von Aufgaben und Verantwortung erreicht und vermittelt werden. Dennoch brauchen die Mitarbeiter gewisse Grenzen verbunden mit einer gewissen Autorität, die ihnen die Richtung vorgibt. Das sind Bedingungen, die sich auch bei gängigen Beschreibungen von Managementfunktionen wiederfinden. Jedoch überwiegt bei der Generation Y der Wunsch nach Kommunikation „auf Augenhöhe". Beim dem Faktor Vertrauen ist ihr wichtig, dass keine falschen Versprechungen gemacht werden. Hat ein GenYer einen Boss, dem er nicht vertraut, wird er demotiviert und bringt nicht die geforderte Leistung.

Regelmäßiges Feedback Oft liest man in diesem Zusammenhang, dass es die GenY gewohnt ist, von ihren Eltern gelobt zu werden. Selbst wer nicht den ersten Preis gewonnen hat, wurde mit einem kleinen Preis für die Teilnahme belohnt. Dies ist jedoch nicht mit regelmäßigem Feedback gemeint. Was die GenY wirklich fordert, sind keine Lobeshymnen, sondern ein offenes und ehrliches Feedback, das ihnen ermöglicht, sich zu verbessern, dazuzulernen und sich weiterzuentwickeln. Die Studie von Parment (2013) zeigt, dass 36,4 % der befragten GenYer Feedback als sehr wichtig ansehen, weil es die Leistung fördert. Da Rücksprachen der jungen Generation derart wichtig sind, erwartet sie auch, dass das Management jederzeit für Feedback erreichbar ist.

Kommunikation Gute Kommunikation im Sinne von Reden und auch Zuhören ist das A und O. Das bedeutet, dass der Vorgesetzte mit den Mitarbeitern offen über dessen als auch seine eigenen Erwartungen sprechen muss. Wenn Erwartungen, Rollen und Aufgaben im Konsens sind, sind Fehlleistung und Demotivation sehr unwahrscheinlich.

Die Schlussfolgerung lautet, dass es essenziell ist, ein positives Arbeitsumfeld zu schaffen, eine enge Beziehung mit den Mitarbeitern aufzubauen und ihnen gleichzeitig Raum zum Mitbestimmen zu geben. Dies ist die große Herausforderung für jede Führungskraft. Sie muss die Balance zwischen Freiheit, Kontrolle, „Freund", „Vater/Mutter" und „Chef" finden.

10.3.4 Kommunikationskanäle, -form und -stil

Weltweite Vernetzung über Social Media oder Instant Messenger sind mittlerweile Standards in der Kommunikation und ändern damit das gesamte Kommunikationsverhalten. Für Manager, die nicht in dieser Umgebung aufgewachsen sind, ist es wichtig, diese Änderung wahrzunehmen, um künftig Probleme beim Umgang mit verschiedenen Kommunikationsformen zu vermeiden.

Chat statt E-Mail Eine Generation, die mit Instant Messenger aufgewachsen ist, ist kurze, knappe und vor allem zeitnahe Textnachrichten gewohnt. Die GenY benötigt solche Kommunikationskanäle, um im täglichen „Doing" effektiv arbeiten zu können. Das bedeutet nicht, dass der Chat die E-Mail ersetzt, sondern vielmehr für einen schnellen Austausch und die E-Mail für Zusammenfassungen und offizielle Kommunikationsthemen genutzt wird. So werden beispielsweise der Ablauf und die Inhalte eines Meetings gerne über Chat besprochen und anschließend das Besprochene zusammenfassend in einer offiziellen E-Mail versendet.

Zudem sind auch bei den Inhalten einer E-Mail Veränderungen festzustellen. Achtet die ältere Generation noch sehr darauf, eine gut formulierte E-Mail in deutscher Sprache zu verfassen, hält sich die junge Generation eher knapp, ist direkter, offener und verwendet international gängige Begriffe und Abkürzungen. Festgestellt wurde dies beispielsweise bei der Weiterleitung informativer E-Mails. Mitarbeiter der älteren Generation schreiben mindestens einen Einzeiler vorab, wie „Liebe Kollegen, anbei sende ich Ihnen die E-Mail von Herrn Mayer für Sie zur Information", im jungen Kollegenkreis hingegen wird die E-Mail mit dem Hinweis „fyi" (for your intrest") weitergeleitet. Es werden auch E-Mails wie „bitte um Vorbereitung Thema ‚XY' für Meeting am Mittwoch – Danke" ohne Begrüßungs- oder Verabschiedungsteil im jungen Kollegschaftskreis nicht als unverschämt oder missverstanden. Ältere Mitarbeiter hingegen wünschen sich eine angemessene verfasste Bitte. Hier werden der internationale Einfluss sowie die vermehrte Nutzung von Chats sichtbar.

Kommunikationsstil und Kommunikationskanäle Die offene Kommunikation spiegelt sich auch in den Umgangsformen und dem Umgangston wider. So kommt in der Praxis vor, dass der Praktikant in das Unternehmen kommt und gleich am ersten Tag alle duzt. Natürlich gibt es im internationalen Geschäft, in dem die englische Sprache vorherrscht, keine Unterscheidung zwischen Du und Sie. Dennoch ist es nicht angemessen, in einem deutschen Unternehmen ohne vorherige Abstimmung die „Du"-Form anzuwenden. Erfahrungsgemäß regulierten sich solche Fehlverhalten jedoch von selbst. In den meisten Fällen erinnern die Mitarbeiter den jungen Neuen ohne Umschweife an die gängige Businessettikette.

Praxiserfahrungen zeigen auch, dass die GenY der Meinung ist, die hierarchische Kommunikation sei noch viel zu arg in den Unternehmen verankert. Fünf umgeschriebene E-Mails mit einem und demselben Inhalt über fünf Hierarchieebenen und jeweils noch weitere Personen in „cc" stößt bei ihnen zum einen auf Unverständnis und zum anderen erwarten sie, mit eingebunden zu werden. Sie wollen gesehen werden. Sie wollen direkt kommunizieren. Sie wollen nicht nur „Erlediger" sein. Hierfür gibt es bereits Aktionen in Unternehmen, bei denen Traineegruppen ihre Vorschläge direkt mit dem Vorstand besprechen dürften. Das kommt gut an und motiviert zugleich die jungen Mitarbeiter.

Firmenhandy/Tablet Ein Firmenhandy ist kein Privileg mehr, sondern eine Selbstverständlichkeit. Die Möglichkeit, auch unterwegs erreichbar zu sein und von überall zu arbeiten, wünschen sich die Mitarbeiter der GenY und kommen somit auch dem Management entgegen. Doch innerhalb dieser Generation gibt es unterschiedliche Meinungen hierzu. Ein häufig genannter Kritikpunkt ist, dass ein Businessphone gleichzeitig mit der Erwartung der Führungskraft einhergeht, immer und jederzeit erreichbar sein zu müssen. Darauf haben bereits einige Unternehmen reagiert und Richtlinien zur Regelung der Erreichbarkeit eingeführt. Eine gute Idee, um sich als Unternehmen abzusichern. Die Praxis jedoch zeigt, dass auch außerhalb dieser geregelten Zeiten geschäftlich telefoniert wird. Befindet sich die GenY in einem spannenden Projekt und kurz vor dem „Go-Life", will sie nichts verpassen und bleibt lieber erreichbar.

Bei diesem Thema spielt durchaus das Alter eine Rolle. Die GenY – jung, flexibel und ungebunden – nimmt Businessphones, Tablets und Laptops eher positiv wahr. Wird die Generation älter, kann sich die Meinung sehr wohl ändern. Nichtsdestotrotz ist die Bereitstellung neuer Kommunikationsgeräte für die Mitarbeiter empfehlenswert, wenn nicht sogar notwendig. Jede technologische Neueinführung im Unternehmen als „State oft the Art" ist eine finanzielle Überlegung und zugleich eine Herausforderung für Mitarbeiter der älteren Generation. Dennoch sind die Autorinnen der Meinung, dass Unternehmen, die State of the Art sind, attraktiver für die junge Generation sind. Sie geben ihr die Möglichkeit, auf ihre gewohnte Art zu arbeiten und zu performen. Auch die folgenden Generationen sind mit diesen Geräten aufgewachsen und erwarten im geschäftlichen Leben einen ähnlichen technologischen Standard wie im privaten.

10.3.5 Organisationsstruktur und -kultur

Teamwork in kleinen Teams ist die angesagte Arbeitsstruktur für die GenY. Sie fühlt sich durch ein gutes Team, in dem alle auf ein gemeinsames Ziel hinarbeiten, deutlich motivierter. Daher sollten passende Organisationsformen gewählt werden, die von flachen Hierarchien geprägt sind, Teamwork fördern und mit einer minimalen Bürokratie, wie z. B. bei Matrixorganisationen, verbunden sind.

Die Kehrseite ist, dass es beim Teamwork schwer ist, jeden Einzelnen zu bewerten. Wenn der Mitarbeiter innerhalb eines Teams, einer Abteilung oder eines Bereiches gute Arbeit leistet, will er entsprechend gefördert werden. Selbst wenn der Bereich insgesamt keine guten Ergebnisse liefert, möchte der Einzelne für seine individuelle Leistung trotzdem belohnt werden. Hierfür muss das Management ein System schaffen. Die GenY ist jene, die gerne gemessen wird. Zu Zeiten des „wie viele Schritte bin ich gelaufen?", offenen Feedbacks und ständiger offener Bewertung muss speziell die Performance durch Ziele definiert werden, um den Erfolg zu messen. Eine Bewertung ist in den Bereichen Teamarbeit, Kollegschaft und neue Ideen realisierbar.

Ein wichtiges Tool, um die GenY ins Unternehmen einzugliedern und eine leistungsorientierte Arbeitsatmosphäre zu schaffen, ist die *Unternehmenskultur*. Sie entsteht durch die Gemeinschaft der Mitarbeiter und hat rückwirkend Einfluss auf jeden Einzelnen. Mit gemeinsamen Unternehmenswerten schafft es das Management, verschiedene Generationen zusammenzuführen. Darüber hinaus bildet sie eine Basis für die Zusammenarbeit mit internationalen Kollegen, indem sie die verschiedenen internationalen Kulturen zu einer gesamten Unternehmenskultur überführt.

Auch die Gestaltung des Arbeitsplatzes ist ein Thema. Die GenY ist es gewohnt, überall und zu jeder Zeit mithilfe des Internets mit Freunden und Familie im Kontakt zu stehen. Dieser Wohlfühlfaktor ist auch am Arbeitsplatz sehr wichtig. Daher ist der *Zugang zu Wissensquellen* im Rahmen der Arbeitsorganisation ein wichtiges Thema für die GenY. Die Autorinnen haben es erlebt, dass verschiedene Internetseiten, wie beispielsweise YouTube, im Unternehmensnetzwerk gesperrt sind. Begründet wird dies als Mittel zur Vermeidung nicht arbeitsbezogener Tätigkeiten. Dies ist aus zwei Gründen nicht unbedingt zielführend. Zum einen ist die GenY bestens damit vertraut, mit ihrem Smartphone auf diese Seiten zuzugreifen und somit die Sperrung zu umgehen. Zum anderen dienen das Internet und Seiten wie YouTube für die GenY als Wissensquelle. Während ältere Generationen sich bei Kollegen durchfragen, wenn sie bei Excel eine bestimmte Formel nicht kennen, findet ein GenYer innerhalb kürzester Zeit die Lösung im Internet.

10.4 Der Drei-Phasen-Plan fürs Management

Beim Performance Management der GenY liegt das Hauptaugenmerk auf der Akquise, Entwicklung und Bindung der High Potentials. Hierzu werden im Folgenden anhand des dreiphasigen Managementkonzeptes „Find them – grow them – keep them" Vorschläge, Hilfsmittel und Modelle vorgestellt, mit denen das Management die besten Young Professionals gewinnt, ihre Kernkompetenzen gezielt fordert und so eine hohe Performance erzielt.

10.4.1 Phase 1: find them

Die erste Phase beim Performance Management der GenY zielt auf die Selektion der besten High Potentials im Bewerbungsprozess ab. Meldungen zum Fachkräftemangel sind in den Medien allgegenwärtig. Während im Jahr 2008 die Erwerbsfähigkeit in Deutschland noch bei 50 Mio. lag, wird sie 2035 nur noch bei 39 Mio. liegen (Buchhorn und Werle 2011). Aufgrund des demografischen Wandels ist die Auswahl an Nachwuchskräften geringer, als es noch vor zwanzig Jahren der Fall war. Wenn man als Unternehmen die besten High Potentials der GenY selektieren will, muss man sich auf Änderungen im Bewerbungsprozess einstellen. Die jungen High Potentials wissen um ihre Begehrtheit und wählen den Arbeitgeber daher mit Bedacht aus.

Eine ansprechende Homepage reicht nicht mehr aus Aufgrund der Internetaffinität der GenYer sammeln diese bei der Jobsuche nicht nur die Informationen von der Unternehmenshomepage, sondern auch Berichte auf Internetseiten wie Kununu oder über soziale Netzwerke wie Xing oder LinkedIn – nur so erfahren die Jobsuchenden, ob das Versprochene oder die eigene Vorstellung auch wirklich so vorliegt. Eine ansprechende Homepage reicht daher nicht mehr aus. Hier sind Kreativität und Aktivität gefragt. Erfahrungsberichte von Mitarbeitern auf Facebook, Xing und Co. zu posten ist ein Anfang. Dabei nicht zu vergessen sind die internationalen Bewerber. Ist das Unternehmen offen für internationale Arbeitnehmer, muss es darauf achten, die Homepage und auch Posts in Englisch zu verfassen. Gleichzeitig sollte es auch inhaltlich darauf achten, dass die von der GenY gewünschten Themen wie beispielsweise Team- und Projektarbeit oder Work-Life-Balance (sofern im Unternehmen auch in solch einer Form vorhanden) betont werden.

Onlinebewerbungsverfahren sind „must haves" Konzerne und ein Großteil der Mittelständer haben bereits auf Onlinebewerbungsverfahren umgestellt. Doch gerade bei kleineren Unternehmen wird noch die klassische Bewerbungsmappe angefordert. Eine solche zu kaufen, den Fotografen für das Bewerbungsphoto physisch aufzusuchen, die Bewerbung auszudrucken und der Weg zur Post können Bewerber durchaus abschrecken. Daher ist ein Onlinebewerbungsverfahren auf jeden Fall empfehlenswert. Eine Bewerbungsplattform mit Einsicht in den Bewerbungsstatus wäre optimal, es reicht aber auch schon eine einfache E-Mail-Adresse, zu der die Bewerbung digital verschickt werden kann, aus.

Der Bewerbungsprozess hat sich umgedreht Aus der Erfahrung der Autoren sind Ansprachen über Xing und LinkedIn für High Potentials nahezu Standard. Der Bewerbungsprozess hat sich umgedreht. Die GenY hat ein gepflegtes Xing- oder LinkedIn-Profil mit Lebenslauf, Skills, Interessen und Status. Sie sind in Kontakt mit anderen Professionals, tauschen sich über fachliche Themen aus und knüpfen Kontakte mit anderen Mitarbeitern und Unternehmen. Wenn Sie auf der Suche nach beruflichen Veränderungen sind, stellen Sie ihr Profil einfach auf „Offen für Angebote" und warten ab, was Ihnen angeboten wird. Daher ist eine proaktive Suche nach den jungen High Professionals durchaus sinnvoll.

Mitarbeiter sind die besten Recruiting und Branding Tools Die GenY ist die „Bewertungsgeneration". Sie bewertet gerne. Ob es ein einfaches „gefällt mir" auf Facebook, die Produktbewertung auf Amazon oder die Restaurantbewertung auf Yelp ist: Die eigene Meinung sowie das Erlebte möchten mit anderen geteilt werden. So werden auch Arbeitgeber, Praktika oder Ausbildungs- und Arbeitsstellen ehrlich und kritisch auf Netzwerke wie Kununu bewertet.

Die Autorinnen haben die ersten Bewertungen bereits im Studium durchgeführt. Im Studienprogramm ist der Erfahrungsaustausch von Praktikumsstellen fest verankert. Nach einem erfolgten Praxissemester wird das Praktikum kritisch betrachtet und in einem halbstündigen Vortrag anderen Studenten vorgestellt. Wurde ein sehr gutes Praktikum bei einem tollen Unternehmen mit freundlichen Mitarbeitern in einer reizenden Stadt absolviert, möchte dies unbedingt weiterempfohlen werden. Aber auch schlechte Erfahrungen möchten mit anderen Studenten geteilt sowie diese vor Enttäuschungen gewarnt werden. Speziell bezogen auf den zweiten Fall haben die Autorinnen erlebt, dass negative Erfahrungen zusätzlich auf mehreren Plattformen weitergegeben werden, damit auch Studenten anderer Universitäten und Hochschulen diese Warnung erhalten. Erhält ein Unternehmen schlechte Erfahrungsberichte, bedeutet das nicht gleich, dass alle Bewerber abgeschreckt werden. Es wird jedoch durchaus bei mehreren negativen Bewertungen das Thema im Vorstellungsgespräch angesprochen. Eine valide Erklärung ist hilfreich. Offenheit und Ehrlichkeit sind die Dinge, die zählen. Daher ist es für Personaler ratsam, sich regelmäßig die Bewertungen im Netz anzusehen, um auf kritische Fragen im Vorstellungsgespräch vorbereitet zu sein.

Vor dem Arbeitseintritt kennenlernen Mitarbeiter, die eine hohe Schnittmenge zwischen ihren eigenen Wertvorstellungen und denen des Unternehmens haben, sind zufriedener mit ihrem Leben und Arbeitsumfeld. Zufriedenheit mit der Arbeit wirkt sich wiederum positiv auf die Performance aus. Daher empfehlen die Autorinnen Personalern, bereits bei der Auswahl des potenziellen Mitarbeiters zu überprüfen, ob er zu den Werten des Unternehmens passt.

Eine gute Option zur Feststellung, inwiefern der Bewerbungskandidat zum Team passt, ist ein kurzes Kennenlernpraktikum. Im Gegensatz zu einem Assessment Center kommt der Bewerber so für ein bis drei Wochen in direkten Kontakt mit den Kollegen. Obwohl hierbei beide Seiten von dem Einblick profitieren, werden Kennlernpraktika kaum angeboten – oder bestenfalls erst nach Eigeninitiative eines GenYers ermöglicht. Hier besteht seitens der Unternehmen noch Handlungsbedarf.

Duale Studiengänge sind ebenfalls besonders hervorzuheben, da hier die GenYer bereits nach dem Schulabschluss in das Unternehmen integriert werden und sich im Umfeld der Unternehmenskultur entwickeln können. Aufgrund der hohen Investition des Unternehmens in die Ausbildung der Young Professionals sind insbesondere diese Modelle von hoher Bedeutung für die Arbeitnehmerbindung.

Abzuraten hingegen ist von monatelangen Praktika nach einem abgeschlossenen Studium. Diese kamen bereits mit der Diskussion über Mindestlöhne in die Kritik der Medien (Handelsblatt 2014) und können deshalb dem Image des Arbeitgebers schaden.

Ein Programm für neue Mitarbeiter wird erwartet Der erste Eindruck zählt. Das gilt nicht nur im Privatleben. Auch die erste Zeit in einem Unternehmen prägt das Arbeitgeber-Arbeitnehmer-Verhältnis. Erfahrungen zeigen, dass man sich in einem Unternehmen mit strukturierter Einarbeitungszeit und einem „Welcome Day" von Anfang an gut aufgehoben fühlt. Ein „Neuer-Mitarbeiter-Programm" ist daher zu empfehlen. Auch einen Besuch des höheren Managements beim Welcome Day wird von der jungen Generation sehr positiv wahrgenommen, denn es zeigt Wertschätzung. Vor dem Hintergrund, dass die GenY eher kurzfristiger plant, ist eine Erzählung, derzufolge der CEO 20 Jahre gebraucht hat, um nun im Unternehmen an oberster Stelle zu sein, zu überdenken. Kurzfristige Erfolgsgeschichten von jungen Leuten kommen hingegen gut an.

Employer Branding Eine Folge aus dem Kampf um die Attraktivität als Arbeitgeber ist die zunehmende Bedeutung des Employer Brandings. Laut der Studie von Trendence über examensnahe Studierende der Wirtschafts- und Ingenieurwissenschaften ist die Wichtigkeit einer Work-Life-Balance im Vergleich von 2006 zu 2011 von 38,6 % auf 50 % gestiegen, die soziale Verantwortung von Unternehmen im gleichen Zeitrahmen von 14,5 % auf 21,5 % und die Wichtigkeit des Einstiegsgehalts von 17 % auf 27,6 % (Buchhorn und Werle 2011). Bei der Suche und Auswahl eines passenden Arbeitgebers orientieren sich High Potentials daher bei der Bewertung dieser Faktoren am Image des potenziellen Arbeitgebers. So werden Arbeitgeber beispielsweise mit einer Auszeichnung als „Fair Company" für Arbeitssuchende attraktiver. Für Unternehmen ist es daher unerlässlich, sich der Attraktivität ihrer Arbeitgebermarke zu widmen.

10.4.2 Phase 2: grow them

Die zweite Phase des Managementkonzeptes zur Performance der GenY beschäftigt sich mit der Forderung, Förderung und Nutzung der Kernkompetenzen der neuen Generation. Als herausragende Fähigkeiten der GenY haben sich der Umgang mit neuen Technologien, das Netzwerken, die Wissensgenerierung, Teamwork und Kreativität herauskristallisiert. Wie schafft es also das Management, die GenY und ihre Fähigkeiten weiterzuentwickeln?

Führung auf Augenhöhe Bei den Erfolgsfaktoren für ein langfristig erfolgreiches Performance Management liegt das Hauptaugenmerk auf der Motivation und Führung der Mitarbeiter. Unabhängig von den Generationen ist eine hohe Leistungsbereitschaft durch die Einbeziehung persönlicher Interessen und eine wertschätzende Mitarbeiterführung erzielbar. Mitarbeiter erwarten Flexibilität in der Ausführung ihrer Tätigkeiten in einem sicheren Umfeld und verbunden mit individueller Förderung. In Bezug auf die GenY müssen diese generationsspezifischen Ansprüche beachtet werden.

Am besten motiviert man die GenYer, indem man sie aktiv in Fachfragen und Entscheidungen einbindet. Sie fühlen sich dadurch geschätzt und bringen sich gerne für den Unternehmensgewinn ein. Auf diese Weise werden neue Studieninhalte in die Praxis aufgenommen und durch den Austausch mit vorhandenen Erfahrungen der eingelebten Mitarbeiter optimal genutzt. Demgegenüber ist eine To-do-Checkliste „zum Abhaken" und Abheften im Ordner ein No-Go für die neue Generation.

Des Weiteren hat sich als sehr empfehlenswert erwiesen, mit Berufsanfängern der jungen Generation einen Karriereplan zu entwickeln bzw. mit ihnen die nächsten Entwicklungsschritte durchzusprechen. Dies hilft beispielsweise zu erklären, weshalb bestimmte Tätigkeiten durchgeführt werden müssen, auch wenn sie auf den ersten Blick nicht unbedingt anspruchsvoll erscheinen mögen, im Kontext der beruflichen Entwicklung jedoch in einem anderen Licht erscheinen. In Kenntnis solcher Zusammenhänge verrichtet die GenY ihre Aufgaben mit derselben Energie wie bei weitaus anspruchsvoller erscheinenden Tätigkeiten.

Große Bedeutung kommt dem Gespräch zwischen direkten Führungskraft und dem neuen Mitarbeiter zu. Hier kommen die beiderseitigen Erwartungen in Hinblick auf die zu erledigende Arbeit, Verhaltensweisen, erstrebenswerte Eigenschaften, Entwicklungsschritte und Ergebnisse zur Sprache. Im Idealfall werden diese Erkenntnisse schriftlich festgehalten. Auch die junge Generation orientiert sich an klaren Strukturen und definierten Rollen. Deshalb ist es wichtig, dass die Führungskraft bei den Feedbackgesprächen immer wieder nachfragt, ob sich die Erwartungen des neuen Mitarbeiters erfüllt haben. Sie sollte ihm zudem bereits im ersten Gespräch vermitteln, dass er sich für das richtige Unternehmen entschieden hat, um sich beruflich weiterzuentwickeln und seine Potenziale voll auszuschöpfen.

Talentmanagement Ein unternehmensweites funktionierendes Talentmanagement unterstützt zum einen die Führungskraft, indem es sie mit der Ausbilderrolle nicht alleine lässt. Zum anderen bietet es den Young Professionals die Sicherheit, dass sie weiterentwickelt werden und nicht in einer Routinetätigkeit stecken bleiben. Zum Dritten ist es für das gesamte Unternehmen von Vorteil, die Talentförderung im Rahmen des gesamten Unternehmens zu betrachten, sodass die Weiterentwicklung auch bereichsübergreifend zugunsten des Unternehmenswohls stattfinden kann. Versuche, eine Stelle in einem bestimmten Bereich zu schaffen, um die Fähigkeiten der neuen Generation optimal einzusetzen, können schnell scheitern, wenn sie nicht zur Struktur des Unternehmens passen.

Buddy- und Mentorenprogramme Buddy- und Mentorenprogramme helfen, den Eintritt der GenY in die Organisation sowie die schnelle Einfindung an die unternehmensspezifischen Umgangsformen gelingend zu gestalten. Bei einem Buddy-Programm beispielsweise wird einem oder mehreren neuen Mitarbeitern der GenY ein erfahrener

Mitarbeiter zur Seite gestellt, der weiß, wie man sich als Neuankömmling fühlt. Der Buddy steht dem neuen Mitarbeiter vor allem in der Anfangszeit mit Rat und Tat zur Seite. Ein Mentor hingegen ist eine erfahrene Person, die ihre Erfahrung und ihr Know-how aus freien Stücken an den unerfahrenen GenYer weitergibt. Auf diese Weise unterstützt sie sowohl die berufliche als auch individuelle Entwicklung „des Neuen". Wichtig bei beiden Programmen ist, dass sich für beide Seiten eine Win-win-Situation ergibt.

Erfüllendes und förderndes Teamwork Sehr motivierend sind auch ein gutes Arbeitsklima und Teamwork. Die GenY braucht den Zusammenhalt und den Teamspirit. In einem guten Team zusammenzuarbeiten und ein gemeinsames Ziel zu verfolgen ist in punkto Performance unglaublich lohnenswert. Hierfür muss nicht gleich die komplette Unternehmensstruktur „umgekrempelt" werden, es reicht völlig aus, je nach Projekt lediglich eine Führungsperson im Team einzusetzen. Auf diese Weise wird mehr Verantwortung an die Einzelnen delegiert. Solche Konstellationen kommen der GenY sehr entgegen.

Flexible Leistungserbringung mit konkreten Zielen Auch die Arbeitszeit hat Einfluss auf die Leistungserbringung. Der GenY ist es nicht wichtig, dass die Arbeit von 8:00 bis 17:00 Uhr erledigt wird, sondern dass die Arbeit am nächsten Morgen um 8:00 Uhr fertig ist. Es gibt ganz unterschiedliche Zeiten, in denen ein Mensch produktiv ist. Die Generation Y erwartet, dass das Unternehmen dies weiß und Verständnis dafür hat. Wenn also die Aufgaben in Flextime erledigt werden können, sollten Unternehmen diese Möglichkeit nutzen und der GenY eine flexible Leistungserbringung mit konkreten Zielen und Deadlines anbieten.

Weiterentwicklung als Motivationstreiber Das Streben der GenY nach immer mehr Wissen wird zwar am besten durch herausfordernde Aufgaben und berufliche Weiterbildung erfüllt. Aber auch der Erwerb neuer Fähigkeiten gibt der GenY einen zusätzlichen Motivationsschub. Diesem Wunsch nach beruflicher Weiterentwicklung und Förderung sollten Unternehmen unbedingt in Form von Promotionen und Gehaltserhöhungen nachgehen. Denn die GenY ist ungeduldig, was ihre Weiterentwicklung anbelangt. Um eine gehaltliche und berufliche Weiterentwicklung zu erreichen, ist sie sogar bereit, den Arbeitgeber zu wechseln.

10.4.3 Phase 3: keep them

Mitarbeiter sind die Träger des Know-hows in Unternehmen, was zunehmend als Wettbewerbsvorteil anvisiert wird. Verlust an Mitarbeitern bedeutet Verlust an Wissen. Zudem sind die Kosten für den Ersatz eines Mitarbeiters sehr hoch. Deshalb ist es für Unternehmen entscheidend, in diesem Fall die Mitarbeiter dazu zu bringen, ihre kompletten Potenziale und Energien zum Wohl des Unternehmens einzusetzen. Die Autorinnen erleben es immer wieder, dass sich anstelle von herausfordernden Tätigkeiten Routinearbeiten einstellen und die Young Professionals in festgefahrenen Prozessen feststecken.

Die hohe Motivation und Leistungsbereitschaft der GenY nach dem Studium zeigt sich oft in übermäßig vielen Überstunden. Gleichzeitig wird ihr häufig vorhandener Wunsch nach „Umkrempeln" nicht erfüllt, es fehlt der Mentor und Fortbildungsmaßnahmen werden aus Budgetgründen gestrichen. Der Wunscharbeitgeber, der sich im Bewerbungsprozess als attraktiv dargestellt hat, kann die beworbenen Leistungen und Weiterentwicklungsmaßnahmen schlicht nicht einhalten. Falsche Versprechungen sind für die vertrauensorientierten GenYer ein absolutes No-Go. Deshalb prüfen und vergleichen die gut vernetzten und informierten GenYer ihre Arbeitsverträge sorgfältig auf Änderungen, Korrektheit und Einhaltung der Zusagen hin. Hat der GenYer das Gefühl, hintergangen zu werden, stellt sich bei ihm Frustration und Unzufriedenheit ein. Frustrierte Young Professionals aber suchen nach neuen Herausforderungen. Sie quälen sich nicht ewig, sondern wechseln den Arbeitgeber. Studien belegen, dass eine Vielzahl der GenY den Job innerhalb von zwei Jahren wechselt. Sie will weiterkommen, sich weiterbilden, neue Bereiche kennenlernen. Die junge Generation ist oft nicht ortsgebunden und möchte vor dem dreißigsten Lebensjahr auch nicht sesshaft werden. All dies spricht für einen Standortwechsel. Hinzu kommt, dass noch vor ein paar Jahren Auslandserfahrungen Pflichtbestandteil eines guten Lebenslaufs waren. Heute hingegen fordert die GenY das Arbeiten in einem internationalen Umfeld oder einen eventuellen Auslandseinsatz von sich aus ein. Es liegt daher am Unternehmen, seinen Arbeitnehmern Möglichkeiten zu bieten, sich nach circa zwei Jahren, wenn die Arbeit zur Routine wird, unternehmensintern oder anderweitig zu orientieren. Hier bieten sich Formen der Job Rotation oder eine definierte Karriereplanung an. Um zu verhindern, dass Young Professionals das Unternehmen verlassen, weil sie wegen des vielen „Work" keine Zeit für das ihnen sehr wichtige „Life" finden, sollten Unternehmen Möglichkeiten zur Inanspruchnahme von Auszeiten anbieten. Das Beratungsunternehmen McKinsey beispielsweise sieht hierfür das Modell „Take Time" vor, bei dem Mitarbeiter bis zu zwei Monate freinehmen können; das Gehalt wird anteilig weiter ausbezahlt und auch die Sozialversicherung läuft weiter. Erfahrungen zeigen, dass dieses Angebot sehr gerne auch von der Generation X angenommen wird und die Akzeptanz bei der Belegschaft insgesamt ebenfalls hoch ist. Sabbaticals, die aus dem Langzeitkonto der Überstunden genommen werden, sind ebenso ein häufig praktiziertes Beispiel für solche Maßnahmen.

Beim Faktor „Life" spielen zudem die Rahmenbedingungen des Unternehmensstandortes eine wichtige Rolle. Um ihr Leben genießen zu können, benötigt die GenY ein kulturell und sozial attraktives Umfeld. Dieses bieten ihnen am ehesten große Städte. Auf dieses Kriterium legen vor allem international angeworbene GenYer großen Wert. Das Gehalt motiviert die GenY nur bedingt, wenn es nicht ausgegeben werden kann und das Leben rein aus Arbeit besteht. Deshalb sind Unternehmen gut beraten, sich in ihrer Region für die Förderung des Standortes einsetzen, wenn sie attraktiv bleiben wollen.

Besonders im Vorteil bei der Bindung der GenY sind vor allem KMU. Aufgrund der meist familiär geprägten Unternehmenskultur erzeugen sie schnell Verbundenheit zwischen neuen Mitarbeitern und Unternehmen, was dem Wunsch der GenYer entgegenkommt, nach der Phase des beruflichen Weiterziehens und Sondierens endlich „angekommen" zu sein.

10.5 Fazit

Die GenY mit ihren klaren Vorstellungen von Arbeit, Leben und Karriere stellt Unternehmen und deren Führungskräfte vor neue Herausforderungen, verbunden mit einem Umdenken ihrer bisherigen Rekruiting- und Kommunikationsstrategien, Anreizsysteme, dem Führungsverhalten sowie der Arbeits-und Organisationsstrukturen.

Diesen Wandel und die von der GenY erwarteten Leistungen empfinden Unternehmen oft als belastend und übersehen, welche hohen Wettbewerbsvorteile damit verbunden sein können. Denn in einer Zeit, in der die Schnelligkeit zunehmend an Bedeutung gewinnt, in der die Zwei-Minuten-Nudeln noch zu lange dauern und das Mobiltelefon, das heute „als neuester Schrei" auf dem Markt kommt, morgen schon veraltet ist, brauchen Unternehmen Mitarbeiter, die solcher Schnelllebigkeit gewachsen sind. Die GenY sind Zeitgenossen von Instant Message, On Demand und Just in Time. Sie erleben die Bedeutung des schnellen Handels und können darauf reagieren und damit umgehen.

Wohlwissend, dass Unternehmen solche Mitarbeiter benötigen und ihnen deshalb etwas bieten müssen, stellen GenYer verständlicherweise hohe Erwartungen und Forderungen an den Arbeitsplatz. Werden diese Erwartungen erfüllt und stimmen sowohl Arbeitskultur als auch die Arbeitsinhalte mit ihren Vorstellungen überein, dann vermag diese Generation nicht nur Erhebliches zu leisten, sie ist auch auffallend loyal.

In diesem Artikel wurden mehrere praktische Maßnahmen in den Bereichen „find them", „grow them" und „keep them" vorgestellt, die die Erwartungen und Forderungen der Gen Y erfüllen. Werden diese Erfolgsstellhebel nach Maßgabe der Unternehmensgröße, Branche und der vorhandenen Möglichkeiten ganz oder teilweise umgesetzt, steigen die Chancen, die GenYer optimal im Unternehmen einzusetzen und zur Höchstleistung zu motivieren.

Dabei sollte aber nicht außer Acht gelassen werden, dass die Typisierung der GenY eine Verallgemeinerung ist. Jeder Mitarbeiter hat seine individuellen beruflichen Vorstellungen und Erwartungen an den Arbeitsplatz. Hinzu kommt, dass auch die Generation X ähnliche Erwartungen, beispielsweise in Bezug auf die Work-Life-Balance, hat. Der wesentliche Unterschied liegt darin, dass die GenY durch den demografischen Wandel den nötigen Druck zur Änderung der Arbeitsbedingungen ausüben kann.

Auch in Zukunft wird es Generationenunterschiede in der Zusammensetzung der Belegschaften geben. Es bleibt abzuwarten, was geschieht, wenn die Generation X allmählich aus dem Berufsleben ausscheidet, die GenY das Management übernimmt und die nachfolgende Generation Z in die Unternehmen einzieht. Es ist anzunehmen, dass für Unternehmen die Auseinandersetzung mit Generationsunterschieden nicht an Bedeutung verliert.

Literatur

Buchhorn, E., & Werle, K. (2011). „Kampf um Talente – Die Generation des schnellen Aufstiegs", manager magazin online. http://www.manager-magazin.de/magazin/artikel/a-757208.html. Zugegriffen: 25. Feb. 2015.

Handelsblatt. (2014). Fair Company Guide. Beilage zur Ausgabe vom Wochenende 18./19./20. Juli 2014.

Institute of Leadership & Management. (2011). Great expectations: managing Generation Y. https://www.i-l-m.com/~/media/ILM%20Website/Downloads/Insight/Reports_from_ILM_website/research_rpt_generation_y_july2011%20pdf.ashx. Zugegriffen: 25. Feb. 2015.

Myers, K., & Sadaghiani, K. (2010). Millenials in the workplace: A communication perspective on millenial's organizational relationships and performance. *Journal of Business and Psychology, 25*(2), 225–238.

Parment, A. (2013). *Die Generation Y: Mitarbeiter der Zukunft motivieren, integrieren, führen*. Heidelberg: Gabler.

Schmidt, C. E., Möller, J., Schmidt, K., Gerbershagen, M. U., Wappler, F., Limmroth, V., et al. (2011). Generation Y. *Der Anaesthesist, 60*(6), 517–524.

11 Langfristige Unternehmensperformance: Rekonfiguration des Unternehmens durch Geschäftsmodellinnovation

Thomas Clauß und Sascha Pietruska

11.1 Einführung

Nach Michael Porter (1980) benötigen Unternehmen eine Strategie, um sich gegenüber Wettbewerbern dauerhaft zu unterscheiden. Langfristig werden nur diejenigen erfolgreich sein, die es schaffen, Wettbewerbsvorteile zu erreichen und aufrechtzuerhalten. Unternehmen suchen deshalb beständig nach neuen Möglichkeiten, ihre Prozesse und Produkte zu optimieren, um ihre Leistungen kurzfristig und langfristig zu verbessern und auszuweiten. Innovationen innerhalb dieser Bereiche sind jedoch zumeist kosten- und zeitintensiv; außerdem bieten sie oft keine ausreichenden Differenzierungsvorteile. Hintergrund dafür ist insbesondere, dass Akteure im internationalen Wettbewerb oft schnell in der Lage sind, Innovationen zu kopieren und als Wettbewerbsprodukte mit Preis- und Kostenvorteilen auf den Markt zu bringen. Produktlebenszyklen verkürzen sich zudem zunehmend, dies erhöht die Entwicklungskosten von Innovationen (Matzler et al. 2013). Ungewissheit über die Rentabilität von umfassenden Investitionen in Forschung und Entwicklung sowie der stetig steigende Wettbewerbsdruck haben dazu geführt, dass Manager und Unternehmer nach neuen Konzepten und Ansätzen suchen, um die Unternehmensperformance auch in volatilen Märkten dauerhaft zu sichern oder auszubauen.

Einen vielversprechenden Ansatz im strategischen Performance Management stellt die Ausweitung von Innovationen auf das Geschäftsmodell dar. Im Gegensatz zu einer Strategie, welche nicht in jedem Unternehmen vorliegt, verfügt jedes Unternehmen

---

T. Clauß (✉) · S. Pietruska
Marburg, Deutschland
E-Mail: thomas.clauss@wiwi.uni-marburg.de

S. Pietruska
E-Mail: sascha@pietruska.net

zwangsläufig über ein Geschäftsmodell (Casadesus-Masanell und Ricart 2010). Dieses bildet einen strategischen Analyserahmen, der die operativen Strukturen und Aktivitäten der Leistungserstellung von Unternehmen beschreibt. Die Steuerung und Kontrolle der operativen Leistungserstellung in den Führungs- und Ausführungssystemen eines Unternehmens erfolgt über die Definition strategischer Ziele. Das Geschäftsmodell als Bindeglied zwischen strategischem und operativem Management hat demzufolge eine kritische Rolle im Rahmen der aktiven Steuerung der Unternehmensperformance (Möller et al. 2011). Einzigartige und innovative Geschäftsmodelle eröffnen Möglichkeiten, neue Formen der Wertschöpfung zu entwickeln und einzigartige Wettbewerbsvorteile zur erzielen, die zu einer Steigerung der Unternehmensperformance führen können (Amit und Zott 2012). Das Interesse an innovativen Geschäftsmodellen vonseiten der Unternehmenspraxis entstand im Rahmen des E-Commerce-Booms zu Beginn der 1990er Jahre, da zahlreiche Unternehmen zwar bereits etablierte Leistungen anboten, jedoch aufgrund neuer Geschäftsmodelle enorme Erfolge verzeichnen und schnell wachsen konnten (Bucherer et al. 2012). Eins der prominentesten Beispiele stellt wohl das Unternehmen *Amazon* dar, welches aufgrund seines einzigartigen Geschäftsmodells vom Buchhändler zum diversifizierten Weltkonzern gewachsen ist. Amazon konnte das Geschäft klassischer Versandhäuser angreifen und hat somit maßgeblich zum Niedergang traditioneller Versand- und Stationärhändler wie *Quelle* und *Karstadt* beigetragen. Heute ist die Aufmerksamkeit für den Ansatz in der Unternehmenspraxis und der Öffentlichkeit dementsprechend groß. Unternehmen wie beispielsweise *Apple*, *Zara*, *Car2Go* oder *Vapiano* erschließen durch die Entwicklung einzigartiger, schwer zu imitierender Geschäftsmodelle neue oder dominieren bestehende Märkte. Eine Analyse ausgewählter Fachpublikationen im Zeitverlauf untermauert die Bedeutung des Geschäftsmodellbegriffs (Abb. 11.1). Während der Geschäftsmodellbegriff vor dem Jahr 2000 nahezu keine Erwähnung findet, lässt sich bis 2009 ein enormer Interessenzuwachs verzeichnen, der sich heute auf einem konstant hohen Niveau eingependelt hat.

Eine weltweite Umfrage unter Managern der Economist Intelligence Unit (2005) hat herausgefunden, dass die Mehrheit (54 %) der knapp 4000 befragten Senior Manager neue Geschäftsmodelle gegenüber neuen Produkten oder Dienstleistungen als Innovationsansatz für zukünftige Wettbewerbsfähigkeit bevorzugt. Eine weitere von IBM durchgeführte globale Studie (Pohle und Chapman 2006), an der über 750 CEO aus dem privaten und öffentlichen Sektor teilgenommen haben, konnte feststellen, dass Geschäftsmodellinnovationen als Quelle für die Unternehmensperformance einen bereits sehr hohen Stellenwert genießt. Darüber hinaus konnte die IBM-Studie ebenfalls zeigen, dass bei Unternehmen, deren Umsatzrenditen in einem Zeitraum von fünf Jahren schneller gestiegen sind als bei ihren Wettbewerbern, dies zum Großteil auf die Verwendung von Geschäftsmodellinnovationen zurückzuführen ist. Damit sind Geschäftsmodellinnovationen ein klarer Treiber von Performance. Unternehmen haben erkannt, dass Geschäftsmodellinnovationen die Kommerzialisierung von Dienstleistungen und Technologien unterstützen und helfen können, die Performance traditioneller Ansätze im Wettbewerb zu steigern (Chesbrough 2010; Teece 2010).

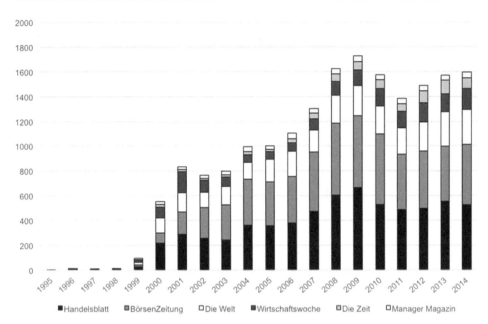

Abb. 11.1 Verwendungshäufigkeit des Begriffs „Geschäftsmodell" in der deutschen Fachpresse. (Quelle: eigene Recherche mittels wiso-net.de)

Apple ist ein sehr gutes Beispiel für die Bedeutung von Geschäftsmodellinnovationen im technologischen Wettbewerb. Zu Beginn der 1990er Jahre beherrschten Computerfirmen wie *Creative Labs* oder Unterhaltungselektronik-Riesen wie *Sony* den Markt für digitale Musik. Apple, das zum Großteil ihrer Unternehmensgeschichte auf Hardware- und Softwareinnovationen im Personalcomputer-Bereich fokussiert war, hatte keine Anteile an dem wachsenden Markt für mobile und digitale Musikgeräte, den MP3-Playern, und war aus rein technologischen Gesichtspunkten unterlegen. Mit der Entwicklung des *iPods* und der inhärenten Verknüpfung dessen mit dem Musikstreaming-Dienst *iTunes* brachte Apple als erstes Unternehmen jedoch eine legale Möglichkeit auf den Markt, Musik digital aus dem Internet herunterzuladen. Zudem verbindet Apple seine Angebote für technologische Produkte und digitale Musik zu einer für den Konsumenten untrennbaren Einheit und schafft damit eine nachhaltige Kundenbindung. Wer sich einmal für ein Apple Gerät entschieden hat, wird zwangsläufig auch auf Angebote auf iTunes zurückgreifen; diejenigen, die eine gewisse Anzahl an Musiktiteln oder Applikationen aus iTunes erworben haben, werden umgekehrt aufgrund hoher Wechselkosten mit hoher Wahrscheinlichkeit bei einem Endgerät von Apple verbleiben. Apple revolutionierte damit die Musikbranche und erschuf einen neuen Markt, in dem Apple und seine Partner an den Verkäufen des iPods sowie den Lizenzgebühren für den Verkauf von Musik auf der Onlineplattform iTunes verdienen (Zott und Amit 2009).

Die Veränderung des Geschäftsmodells hinsichtlich einer langfristigen Bindung des Endkunden über den klassischen Erwerb von Hardware und Software in der Computerindustrie hinaus gleicht interessanterweise dem Geschäftsmodell von *Gillette*. Bei dem sogenannten „Köder und Haken"-Modell (Johnson 2010) wird durch den Kauf eines vergleichsweise günstigen Einstiegsproduktes ein Lock-in-Effekt (Amit und Zott 2001) erzeugt, da der Großteil des Umsatzes bei Gillette über den langfristigen Verkauf von Rasierklingen generiert wird. Im Fall von Apple sind es die Umsätze, welche über die Lizenzgebühren für den Onlineverkauf von Musik erzeugt werden. Der iPod bietet dafür die Plattform, dessen Wertschöpfung somit über den reinen Abverkauf des Produktes hinaus mithilfe des Onlineservices iTunes verlängert werden konnte. Der Erfolg der Verschiebung des Innovationsansatzes vom Produkt zum Geschäftsmodell wurde an der Entwicklung des Umsatzes und des Gewinns sowie dem stark steigenden Aktienpreis im Vergleich zum Wettbewerb deutlich (Abb. 11.2).

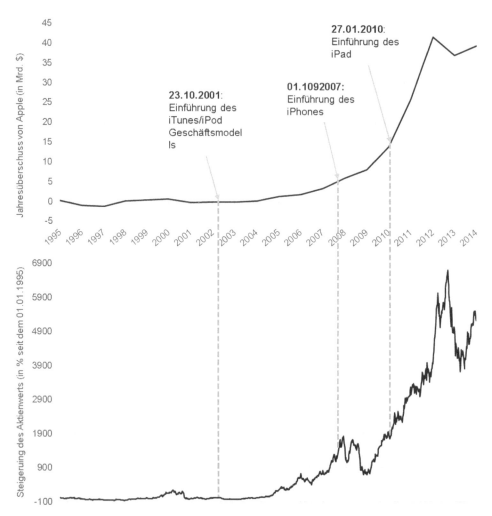

Abb. 11.2 Entwicklung der Unternehmensperformance von Apple. (Quelle: eigene Darstellung in Anlehnung an Amit und Zott 2012)

Neben der Erschließung neuer Wachstumsmöglichkeiten bieten Geschäftsmodellinnovationen die Chance, durch die Entwicklung von schwer zu imitierenden und einzigartigen Geschäftsmodellen die Unternehmensperformance langfristig zu sichern. Für Wettbewerber ist es schwieriger, ganze Aktivitätensysteme zu imitieren als einzelne Produkte oder Prozesse (Amit und Zott 2012).

Die skizzierten Entwicklungen und Beispiele verdeutlichen die Bedeutung des Geschäftsmodells für die Sicherung der Unternehmensperformance. Um Geschäftsmodellinnovationen jedoch als Werkzeuge im strategischen Performance Management einsetzen zu können, müssen wesentliche Fragen beantwortet werden: Was ist ein Geschäftsmodell und welche Gestaltungsoptionen weist dieses auf? Welchen konkreten Einfluss haben Geschäftsmodellinnovationen auf die Unternehmensperformance im Vergleich zu klassischen Innovationsansätzen? Wie können die Geschäftsmodellinnovationen gestaltet werden, um die Leistung meines Unternehmens nachhaltig zu verbessern und verlässlich zu steuern? Diese relevanten Fragen des strategischen Performancemanagements werden in den folgenden Kapiteln aufgegriffen und beantwortet.

11.2 Zum Begriff des Geschäftsmodells und der Geschäftsmodellinnovation

11.2.1 Geschäftsmodell

Generell versteht man unter einem Geschäftsmodell ein strukturelles Muster, das aus einer ganzheitlich-systemischen Perspektive beschreibt, wie ein Unternehmen wirtschaftet und zusammen mit Kunden, Partnern und wichtigen Anspruchsgruppen Wert schafft. Es beschreibt ein Aktivitätensystem aus miteinander verbundenen und in Beziehung stehenden Geschäftsbereichen. Dieses definiert, auf welche Art und Weise einzelne Einheiten und Anspruchsgruppen interagieren und wertschöpfen, um die Bedürfnisse des Marktes zu befriedigen (Zott und Amit 2009). Analog zu diesem Verständnis wurden mittels einer systematischen Literaturanalyse wissenschaftlicher Publikationen zu Geschäftsmodellinnovationen zwischen 2002 und 2014 drei Bereiche (3 Vs identifiziert, die das Geschäftsmodell eines Unternehmens beschreiben können: *Value Creation (Wertschöpfung)*, *Value Proposition (Leistungsangebot)* und *Value Capture (Ertragslogik)* (Clauß und Hock 2014; Clauß et al. 2014). Mittels Inhaltsanalyse konnten diesen drei Dimensionen insgesamt zehn konkrete Elemente zugeordnet werden, welche die Beschreibung und Abgrenzung von Geschäftsmodellen ermöglichen (siehe Kap. 11.3).

Die Value-Creation-Dimension beschreibt, wie und mit welchen Aktivitäten ein Unternehmen entlang der Wertschöpfungskette Wert generiert. Hierzu zählen insbesondere die in der Wertschöpfung benötigten internen und externen Fähigkeiten und Ressourcen sowie die Prozesse und Strukturen, in denen diese eingesetzt werden. Die zentrale Frage ist dabei: Welche Kernkompetenzen besitzt das Unternehmen und wie gestaltet sich die Wertschöpfung? Dabei sollte berücksichtigt werden, welche strategischen Partnerschaften eingegangen werden sollten und welche Schlüsselressourcen sowie Aktivitäten für die Erstellung des Leistungsangebots erforderlich sind.

Die Value-Proposition-Dimension dagegen definiert, welches Leistungsangebot ein Unternehmen als konkrete Lösung eines Problems für eine oder mehrere Zielgruppen anbietet und auf welche Art und Weise diese umgesetzt wird. Diese Dimension bezieht sich insbesondere auf die Vermarktung und die dafür notwendigen Mittel, Kanäle, Beziehungen und Maßnahmen.

Die Value-Capture-Dimension definiert, mit welchem Ertragsmodell Unternehmen Umsätze generieren, Kostendeckung erreichen und Gewinne erzielen, die eine nachhaltige und wachstumsorientierte Unternehmensleistung sichern. Hierbei spielen heutzutage insbesondere die Wahl und Kombination von verschiedenen Umsatzkanälen und Umsatzvarianten eine bedeutende Rolle.

Bedeutsam für die Performance des Geschäftsmodells ist es, dass die genannten drei Dimensionen nicht losgelöst voneinander existieren, sondern zu einem abgestimmten, funktionsfähigen und einzigartigen System integriert sind. Beispielsweise ist das Leistungsangebot eines Low-Cost-Carriers wie *Ryanair* nur dadurch erfolgreich umzusetzen, weil die gesamte Wertschöpfung sehr standardisiert abläuft (z. B. Einsatz nur eines Flugzeugtyps), auf günstigen Ressourcen basiert (z. B. Mitarbeiter ohne gewerkschaftliche Vertretung; Nutzung ausgedienter Flughäfen) und neben den daraus resultierenden niedrigen Kosten zusätzliche Ertragsquellen nutzt (z. B. Bezahlpflicht für Check-in-Gepäck) (Casadesus-Masanell und Ricart 2010).

11.2.2 Geschäftsmodellinnovation

Das Konzept der Geschäftsmodellinnovation verwendet im Vergleich zu Produkt- oder Prozessinnovationen das Geschäftsmodell als Untersuchungsgegenstand des Innovationsmanagements (Baden-Fuller und Haefliger 2013). Als solches bezieht sich die Innovationsaktivität auf die Veränderung und Erneuerung des besagten Systems aus Leistungsangebot (Value Proposition), Wertschöpfung (Value Creation) und Ertragsmodell (Value Capture). Der Ursprung von Geschäftsmodellinnovationen kann grundsätzlich in verschiedenen Dimensionen des Geschäftsmodells liegen und somit auch in der Entwicklung von neuen Produkten und Dienstleistungen. Jedoch können diese – insbesondere bei bahnbrechenden Neuerungen – in vielen Fällen erst durch die zusätzliche Anpassung weiterer Dimensionen des Geschäftsmodells erfolgreich kommerzialisiert werden. Somit erfordert eine Geschäftsmodellinnovation, dass alle Dimensionen – Value Creation, Value Proposition und Value Capture – verändert werden. Als Beispiel hierfür ist das Nespressosystem von Nestlé zu nennen (Matzler et al. 2013). Während die Brühtechnologie der Kapselmaschinen sowie die Kaffeekapseln selbst (Value Proposition) bereits 1974 entwickelt und patentiert wurden, waren zahlreiche Anpassungen des Geschäftsmodells notwendig, um letztlich im Jahr 1995 den Break Even zu erreichen (Kashani und Miller 2000). Beispielsweise mussten neue Manager eingesetzt, organisationale Umorganisationen vorgenommen und neue strategische Partner (Maschinenhersteller) eingesetzt werden (Value Creation). Zudem war es notwendig, einen passenden Ertragsansatz zu finden, wie die Entwicklung eines Direktmarketingkanals mit Abonnements für Club-Mitglieder. Das Gleiche galt für die Marketingkommunikation und Vertriebskanäle im Bereich der Value Proposition.

Zusammengefasst beschreibt das Management von Geschäftsmodellinnovationen die Entwicklung von neuen Modellen, die über klassische Produkt- und Technologieinnovationen hinaus inkrementelle bis radikale Veränderungen des gesamten Geschäftsmodells erfordern und somit die Regeln des Wettbewerbs durchbrechen. Die einzelnen Dimensionen des Geschäftsmodells können dabei den Ausgangspunkt markieren und eine Neukonfiguration von bestehenden bzw. neuen Modellen sein.

11.2.2.1 Value Creation – Innovationen im Bereich der Wertschöpfungsstruktur

Geschäftsmodellinnovationen mit dem Schwerpunkt in dieser Dimension können durch die Nutzung neuer Wertschöpfungsmechanismen die bestehende Branchenlogik durchbrechen. Die realisierte Steigerung der Produktivität, Senkung der Kosten oder eine verbesserte Befriedigung der Kundenwünsche können zur Steigerung der Performance beitragen. Erreicht werden kann dies beispielsweise durch eine erhöhte Spezialisierung, die Restrukturierung von Prozessen, die Nutzung neuer Technologien, den Aufbau von Partnerschaften mit Zulieferern und/oder Kunden, die Einbeziehung Dritter in die Wertschöpfung oder durch den Aufbau neuer Kompetenzen (Clauß et al. 2014).

Vapiano als exzellentes Beispiel hat die Branchenlogik mit seinem Restaurantkonzept durchbrochen. Das Leistungsangebot basiert auf weitgehend traditionellen italienischen Speisen. Jedoch hat Vapiano die Wertschöpfungslogik der Systemgastronomie adaptiert und mithilfe von Lean-Management-Methoden den Herstellungsprozess so optimiert, dass eine hohe Qualität der Speisen zu geringen Preisen angeboten werden kann. Durch die Modularisierung der Speisen (diverse Pasti, Saucen, Käsesorten etc.) nach dem Vorbild der Automobilindustrie kann der Kunde zusätzlich eine hoch individuelle Leistung erhalten, ohne damit die Effizienz des Herstellprozesses zu gefährden (sog. Mass Customization). Der Schwerpunkt der Geschäftsmodellinnovation lag dementsprechend auf der Rekonfiguration der Value-Creation-Dimension. In Verbindung mit einem modernen Restaurant-Design und dem Selbstbedienungskonzept konnte Vapiano die Branchenlogik für die italienische Gastronomie neu definieren und sich mit einem innovativen Geschäftsmodell zwischen Fastfoodanbietern (verhältnismäßig geringere Qualität) und der gehobenen italienischen Küche (verhältnismäßig höhere Preise) positionieren. Im direkten Vergleich kam das erst 2002 gegründete Unternehmen Vapiano im Jahr 2013 laut Bundesverband der Systemgastronomen auf einen Nettoumsatz von ca. 163 Mio. € mit knapp 60 Filialen in Deutschland. Pizza Hut, 1958 gegründet und bereits seit 1982 in Deutschland ansässig, dagegen setzte im Jahr 2013 nur knapp 63 Mio. € mit insgesamt 62 Filialen in Deutschland um (Bundesverband Systemgastronomie 2014).

11.2.2.2 Value Capture – Innovationen im Bereich des Ertragsmodells

Ertragsmodellinnovationen im Bereich der Value-Capture-Dimension können ebenfalls ein Ausgangspunkt für neue Geschäftsmodelle und somit Treiber für die Unternehmensperformance sein. Beispielhafte Innovationsmöglichkeiten im Bereich des Ertragsmodells sind neue Pricing-Ansätze, Ertragsformen oder neue Quellen für zusätzliche Erträge (Clauß et al. 2014).

Unternehmen wie das Berufsnetzwerk *LinkedIn* oder der Übersetzungsdienst *LEO.org* bieten ihren Kunden kostenlosen Zugang zu Dienstleistungen und können dadurch hohe Nutzungszahlen erreichen. Diese Nutzungszahlen sind wichtig, um Netzeffekte zu realisieren, die sich durch einen steigenden Nutzen des Angebots mit zunehmender Nutzeranzahl ergeben; ein soziales Netzwerk ohne weitere Nutzer hat faktisch keinen Nutzen. Zum anderen sind die Nutzerzahlen Ausgangspunkt für die Attraktivität der Schaltung von Werbung auf den Plattformen durch andere Unternehmen. So entsteht ein mehrseitiges Geschäftsmodell, das dem Endkunden eine kostenlose Dienstleistung bietet und sich durch Quersubventionen aus anderen Ertragsquellen finanziert (zu Knyphausen-Aufseß et al. 2011) Durch die Steigerung der Nutzungszahlen der Onlineservices lässt sich das Ertragsmodell skalieren, da mit steigender Reichweite der Plattformen die Höhe der zu erzielenden Umsätze durch Schaltung von Werbung durch Dritte ebenfalls wächst.

Weitere Beispiele sind die gesamte App-Branche, in der oftmals Leistungen in sog. Freemium-Geschäftsmodellen kostenlos angeboten werden. Die Generierung von Umsätzen ergibt sich durch den Wunsch der Kunden, die strategisch in der Leistungsfähigkeit begrenzte kostenlose Version (free) aufzuwerten (premium). Über den Erwerb einer Bezahlversion oder über sog. In-App-Verkäufe, wie beispielsweise bei Spielen durch den Zukauf von neuen Gegenständen oder Charakteren, werden Umsätze generiert, die eine deutlich verbesserte Umsatzsteigerung im Gegensatz zum einmaligen Kauf der App beim Download erlauben. Ermöglicht hat diese neuen Geschäftsmodelle die technologische Entwicklung innerhalb der Computer- und Mobilgerätebranche in Kombination mit Softwareplattformen, wie beispielsweise der App Store von Apple oder der Google Play Store.

Eines der prominentesten Beispiele aus dem Bereich der traditionellen Branchen ist der Markt für Car-Sharing in der Automobilindustrie. Das Angebot *Car2go* von Smart in Kooperation mit dem Autovermieter Europcar gilt als Vorreiter in der deutschen Automobilindustrie. In ihrem Geschäftsmodell wird das traditionelle und bis dahin weitgehend alternativlose, transaktionsbasierte Geschäftsmodell in der Automobilindustrie, bei dem der Besitz des Automobils an den Kunden gegen einen entsprechend hohen Preis übergeht, revolutioniert und die klassische Branchenlogik des Verkaufs von Fahrzeugen durchbrochen. Die Fahrzeuge werden von Car2Go in einem begrenzten Stadtgebiet bereitgestellt und können von angemeldeten Nutzern auf Minutenbasis entliehen werden. Die Fahrzeuge werden mittels einer Smartphone-App aufgefunden, die Abstellung erfolgt auf einem beliebigen freien Parkplatz innerhalb des definierten Stadtgebietes. Die Kosten des Fahrzeugs in einer kollektiven Nutzung mit hoher Nutzungsfrequenz amortisieren sich, da Kunden insbesondere in urbanen Gebieten dazu bereit sind, für eine flexible, zeitlich begrenzte und wartungslose Mobilität einen verhältnismäßig hohen Nutzungsbetrag zu zahlen. Durch die Bereitstellung eines Dienstleistungskonzeptes mit einem innovativen

Ertragsmodell für Mobilität konnte die strategische Kooperation zwischen den beiden Unternehmen einen neuen wachsenden Markt erschließen. Dieser umfasste Ende 2011 in Europa knapp 700.000 Nutzer und soll laut einer Prognose der Beratung Frost & Sullivan bis 2020 auf knapp 15 Mio. Nutzer anwachsen. Car2Go war 2012 weltweit in 16 Städten verfügbar und konnte laut *WirtschaftsWoche* mehr als 120.000 Buchungen pro Woche verzeichnen (Schlesinger 2014). Damit erzielte Car2Go mit seinem Geschäftsmodell einen geschätzten Jahresumsatz von 125 Mio. €. Der Erfolg von Car2Go hat dazu geführt, dass weitere Anbieter in den wachsenden Car-Sharing-Markt eintreten. Heute gibt es unter anderem Angebote von BMW, die zusammen mit der Autovermietung *Sixt* den Dienst *DriveNow* anbieten. Andere Hersteller wie beispielsweise Volkswagen befinden sich noch in den Testphasen für eigene Geschäftsmodelle.

11.2.2.3 Value Proposition – Innovationen im Bereich des Leistungsangebots

Neue Leistungsangebote können dagegen ebenfalls ein Ansatz für die Entwicklung neuer oder die Rekonfigurierung bestehender Geschäftsmodelle sein. Die Value Proposition entscheidet darüber, welche Leistungen welchen Kunden über welche Kanäle angeboten werden. Dahinter verbirgt sich für Geschäftsmodellinnovationen unter anderem die Chance, bei substituierbaren Produkten und gesättigten Märkten differenzierungsfähige Kundenbeziehungen zu etablieren und somit neues Wachstum zu stimulieren (Clauß et al. 2014). Darüber hinaus umfasst die Value Proposition die Interaktion etablierter Beziehungen zwischen Kunde und Unternehmen, welche eine wesentliche Grundlage der Kundenloyalität sowie Informationsquelle für Kundenideen und Bedürfnisse darstellt (Baden-Fuller und Haefliger 2013).

Das bereits genannte Nespressosystem von Nestlé ist ein Beispiel für eines der erfolgreichsten Geschäftsmodelle des letzten Jahrzehnts, das durch mehrere Innovationen im Bereich Value Proposition überzeugt, mit einem abgestimmten Geschäftsmodell als Basis. Seit Anfang 2000 ist Nespresso mit einem jährlichen Wachstum von 30 % zu einer der am stärksten wachsenden Geschäftsbereiche von Nestlé geworden. Im Jahr 2009 erzielte Nespresso einen Umsatz von 2,77 Mrd. Schweizer Franken und es wurden weltweit jede Minute mehr als 10.000 Tassen Nespresso getrunken (Matzler et al. 2013). Das individuelle Kapselsystem mit dem Nespresso Club als Direktmarketingkanal und Kundenbindungsinstrument sowie einem einzigartigen, an Designerboutiquen erinnernden Stationärhandel hat zu einer entscheidenden Differenzierung am Markt geführt. Nespresso-Kunden erhalten die Möglichkeit, in Abhängigkeit ihrer Vorlieben individuell zu Hause Espresso in Restaurantqualität zu konsumieren. Dieses zum Zeitpunkt der Markteinführung einzigartige Leistungsangebot bedeutete einen schwer zu imitierenden Wettbewerbsvorteil für Nespresso und kreierte einen neuen Massenmarkt für Espresso Kaffee. Erst mit dem Auslaufen des Patents 2014 auf das Kapselsystem wurde der geschlossene Markt gegenüber anderen Kaffeeherstellern geöffnet, die nun ebenfalls Kapseln für Nespresso-Maschinen produzieren und verkaufen dürfen.

Aufgrund des einzigartigen Geschäftsmodells, das Nespresso um sein Kaffeeangebot geschaffen hat, werden Kunden trotz kostengünstiger Wettbewerbsprodukte auch weiterhin an das Unternehmen gebunden und die Gefährdung für Nespresso hält sich weiterhin in Grenzen. Insbesondere die langfristige Bindung der Kunden mithilfe des Nespresso Clubs kann hierfür als ausschlaggebend angesehen werden. Über sieben Mio. Mitglieder hatte der Club im Jahr 2010 und mehr als die Hälfte der neuen Mitglieder gibt an, dass sie aufgrund der Empfehlung von bestehenden Kunden dem Club beigetreten sind. Hinzu kommt, dass die Exklusivität des Clubs, basierend auf einem geschlossenen Onlinehandel in Verbindung mit dem Boutiquen-Konzept in ausgewählten Städten, ein starkes Markenimage erzeugt hat, das höhere Margen im Vergleich zum Wettbewerb erlaubt. Dadurch kann Nespresso mit seinem Geschäftsmodell langfristige Wettbewerbsvorteile erzielen und die Unternehmensperformance trotz steigenden Wettbewerbs und zunehmenden Preisdrucks nachhaltig sichern (Matzler et al. 2013).

Zusammenfassend hat die Betrachtung des Geschäftsmodellansatzes mit seinen verschiedenen Innovationsansätzen anhand von konkreten Beispielen gezeigt, dass Unternehmen, die Geschäftsmodellinnovationen umsetzen, positive Effekte auf ihre Stellung im Wettbewerb und die Unternehmensperformance erzielen können. Neben dem geschaffenen Verständnis für das Konzept des Geschäftsmodells und dem anekdotisch aufgezeigten grundsätzlichen Zusammenhang von Geschäftsmodellinnovationen und Performance bleiben weiterhin die folgenden Fragen unbeantwortet: Welchen konkreten Einfluss haben Geschäftsmodellinnovationen auf die Unternehmensperformance im Vergleich zu klassischen Innovationsansätzen? Wie können die Geschäftsmodellinnovationen gestaltet werden, um die Leistung meines Unternehmens nachhaltig zu verbessern und verlässlich zu steuern?

11.3 Performance-Effekte unterschiedlicher Geschäftsmodellinnovationen

Einige der vorliegenden empirischen Studien wie beispielsweise die eingangs aufgezeigte IBM Studie bestätigen einen generellen, positiven Zusammenhang zwischen Geschäftsmodellinnovationen und der Steigerung der Unternehmensperformance. Darüber hinaus gibt es Fallstudien wie die von Amit and Zott (2012), welche den Einfluss von Geschäftsmodellinnovationen auf die Unternehmensleistung am Beispiel von Apple und HTC gezeigt haben. Andere Betrachtungen wie Aspara, Hietanen und Tikkanen (2010) haben den Erfolg von Geschäftsmodellstrategien in Abhängigkeit der Unternehmensgröße betrachtet und konnten durchweg positive Performance-Effekte von Geschäftsmodellinnovationen vor allem für kleinere Unternehmen belegen. Vergleicht man, wie eingangs erfolgt, Unternehmen wie etwa Apple, Vapiano oder Nespresso und deren Performance nach der Durchführung von Geschäftsmodellinnovationen mit denen anderer Wettbewerber, so stellt sich aufgrund der Unterschiedlichkeit der jeweiligen Ansätze jedoch die Frage, wieso die einen erfolgreicher sind als die anderen. Um diese Frage zu beantworten, ist es nicht nur notwendig, Handlungsmuster zu verstehen. Daher wurde eine großzahlige quantitative Mittelstandsstudie im Bereich Elektronik und Elektrotechnik durchgeführt, mit dem Ziel, generalisierbare Handlungsmuster für Geschäftsmodellinnovationen zu identifizieren. Top-

11 Langfristige Unternehmensperformance

Manager und Geschäftsführer von 151 Unternehmen wurden zum Ausmaß der Veränderung in den Teilkomponenten des Geschäftsmodells sowie zu ihrer Performance (finanzielle Performance im Vergleich zu ihren Wettbewerbern sowie Zielerreichungsgrad) befragt. Mithilfe einer hierarchischen Clusteranalyse (Punj und Stewart 1983) konnten fünf typische Handlungsmuster in Bezug auf die Veränderung des Geschäftsmodells extrahieren: Geschäftsmodellinnovationsverweigerer, Produktinnovatoren, Strategen, Diversifizierer und Geschäftsmodellinnovatoren. Neben einem differenzierteren Verständnis verschiedener Arten von Geschäftsmodellinnovationen lassen sich zudem deutliche Performance-Unterschiede dieser Typen erkennen.

11.3.1 Geschäftsmodellinnovationsverweigerer

Geschäftsmodellinnovationsverweigerer bilden rund 15 % der befragten Unternehmen. Diese nehmen in nahezu allen Bereichen deutlich geringere Veränderungen des Geschäftsmodells vor als der Durchschnitt der Befragten (Abb. 11.3). Insbesondere in den Komponen-

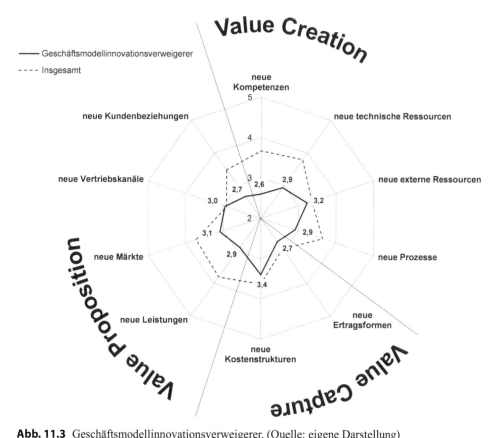

Abb. 11.3 Geschäftsmodellinnovationsverweigerer. (Quelle: eigene Darstellung)

ten neue Leistungen, neue Kompetenzen, neue Kundenbeziehungen, neue technische Ressourcen und neue Prozesse werden keine oder nur minimale Anpassungen vorgenommen. Verweigerer von Geschäftsmodellinnovationen zeichnen sich aus durch das Fehlen der Bereitschaft oder Fähigkeit, Innovationen innerhalb der einzelnen Komponenten sowie den übergeordneten Dimensionen des Geschäftsmodells zu entwickeln. Ihre finanzielle Performance ist im Vergleich zum Wettbewerb weit unter dem Durschnitt, genauso wie die Zufriedenheit mit der Erreichung von Unternehmenszielen (Abb. 11.8).

11.3.2 Produktinnovatoren

Produktinnovatoren umfassen gut 26 % der befragten Unternehmen (Abb. 11.4). Sie konzentrieren sich im Vergleich zu den anderen Typen inbesondere auf die Differenzierung im Bereich der Wertschöpfungskette. Sie zeigen eine hohe Ausprägung bei der Nutzung oder Entwicklung neuer Technologien als Teil der Value-Creation-Dimension. Dies lässt

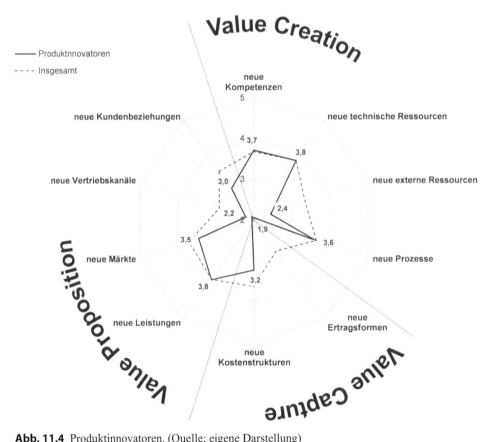

Abb. 11.4 Produktinnovatoren. (Quelle: eigene Darstellung)

insgesamt auf stark ausgeprägte Forschungs- und Entwicklungsaktivitäten schließen. Außerdem besitzen sie ein hohes Level bei der Entwicklung neuer Kompetenzen und Prozesse. In der Konsequenz bedeutet dies, dass Produktinnovatoren insbesondere in der Entwicklung neuer Leistungsangebote erfolgreich sind. Sie besitzen die Schlüsselkompetenz, ihre operative Excellenz in neuen marktfähigen Produkten und Dienstleistungen zu reproduzieren. Obwohl sie ein geringes Level in dem Aufbau neuer Ertragsformen erreichen, zeigen die Veränderungen der Kostenstruktur doch eindeutige Erfolge. Die Beibehaltung etablierter Ertragsmodelle und Vertriebskanäle sowie eine sehr geringe Einbeziehung externer Partner sind kongruent mit dem strategischen Fokus dieses Geschäftsmodells. Durch die interne Entwicklung neuer Leistungen und die Anpassung existierender Prozesse und Strukturen können Effizienzvorteile ausgenutzt werden. Radikale Abweichungen von der traditionalen Produktentwicklung würden in diesem Geschäftsmodell Risiken und Mehrkosten verursachen, die mit der eher konservativen strategischen Grundhaltung nur schwer zu vereinbaren wären. Insgesamt überzeugen Produktinnovatoren als Veränderer der Value-Creation-Dimension mit vereinzelten Stärken in den Komponenten der Value-Propostion- und Value-Capture-Dimensionen. Die finanzielle Performance ist im durschnittlichen Bereich im Vergleich zu allen befragten Unternehmen und die Zufriedenheit mit der Zielerreichung liegt innerhalb dieser Gruppe sogar noch unterhalb des Durchschnitts (Abb. 11.8).

11.3.3 Strategen

Die Strategen bilden mit 31 % der befragten Unternehmen die größte Gruppe (Abb. 11.5). Sie zeigen im Vergleich zu den bisher vorgestellten Typen überdurchschnittlich häufig Veränderungen des Geschäftsmodells in den Bereichen neue Kundenbeziehungen, neue externe Ressourcen und neue Ertragsformen. Somit akzentuieren die Strategen besonders solche Optionen, die sich in der Interaktion mit den Stakeholdern des Unternehmens ergeben und legen einen geringeren Fokus auf die unternehmensinterne Entwicklung. Strategen bauen gezielt Partnerschaften mit anderen Unternehmen auf, um von deren technolgischem Know-how und Marktwissen für das eigene Unternehmenswachstum zu profitieren. Dies gilt auch für die Pflege langfristiger Kundenbeziehungen. Diese dienen zum einen als Informationsquelle über latente Marktbedürfisse und Ideen und schaffen zum anderen auch Loyalität und eine langfristige Kundenbindung. Zusammen passt die strategische Ausrichtung auch mit der gezielten Nutzung neuer Ertragsformen. Beispielsweise können durch die Bindung von Kunden in langfristigen Verträgen (Abonnements, Wartungsverträge etc.) Wettbewerbsvorteile des Geschäftsmodells auch ohne erhebliche interne Veränderungen realisiert werden.

Die Strategen weisen im Vergleich zu den anderen Gruppen eine leicht überdurchschnittliche Performance auf, wobei hingegen die Zufriedenheit mit der Zielerreichung knapp unterdurchschnittlich abschneidet (Abb. 11.8).

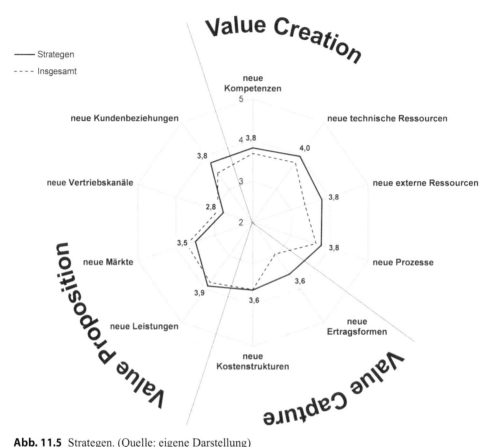

Abb. 11.5 Strategen. (Quelle: eigene Darstellung)

11.3.4 Diversifizierer

Die vierte Gruppe der Diversifizierer umfasst 12 % der teilnehmenden Unternehmen (Abb. 11.6). Diese verfolgen insbesondere im Bereich der Value-Proposition- und Value-Capture-Dimensionen hohe Innovationsaktivitäten. Es werden neue Kundenbeziehungen und Vertriebskanäle entwickelt, in Kombination mit der Erschließung neuer Märkte und Ertragsformen. Auf Basis der Ausschöpfung bestehender Prozesse, Ressourcen und Leistungsangebote zeichnet sich diese Gruppe durch eine Steigerung der Profitabilität ihres Geschäftsmodells auf Basis der Diversifikation in neue Märkte sowie eine effektivere Bearbeitung dieser aus. Hierzu werden ebenfalls neue Ertragsformen genutzt. Als Beispiel für einen solchen Typus kann *Hilti* als Hersteller von Werkzeugen für den privaten und professionellen Baubedarf angeführt werden. Das Unternehmen hat ein Mietmodell für seine bestehenden Produkte, die bisher ausschließlich verkauft wurden, etabliert und

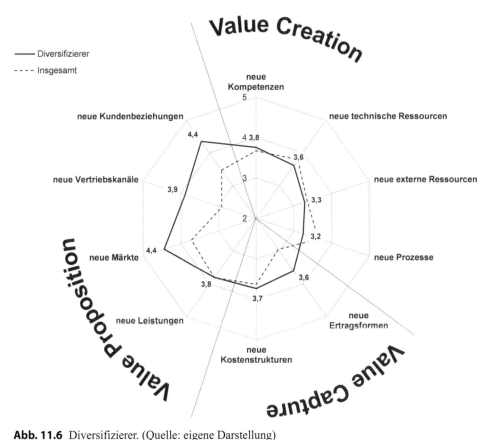

Abb. 11.6 Diversifizierer. (Quelle: eigene Darstellung)

somit einen neuen Markt erschlossen. Unter Nutzung bestehender Kompetenzen und Prozesse (Markenbekanntheit, Produkte, Vertriebsnetz etc.) wurde eine Vermietung der Maschinen auf Tagesbasis komplementiert durch den Verkauf von Verbrauchsmaterialien (z. B. Sägeblätter oder Schleifpapier) zusätzlich zum etablierten Ertragsmodell angeboten. Hierdurch wurde einer neuen Zielgruppe Zugang zu den kostenintensiven Produkten ermöglicht und das erfolgreiche Geschäftsmodell diversifiziert. Heimwerker, die beispielsweise für einmalige Renovierungsarbeiten niemals eine solche Maschine erworben hätten, können diese heute für einen einmaligen Gebrauch mieten.

Die finanzielle Performance der Diversifizierer liegt leicht unter dem Durschnitt und unterhalb der Strategen und Produktinnovatoren. Die Zufriedenheit mit der Zielerreichung liegt dagegen deutlich über dem Durchschnitt und wird nur noch von den Geschäftsmodellinnovatoren übertroffen (Abb. 11.8).

11.3.5 Geschäftsmodellinnovatoren

Die letzte Gruppe der identifizierten Handlungsmuster umfasst mit 16 % aller Unternehmen den Typ der Geschäftsmodellinnovatoren (Abb. 11.7). Dieser deckt sich mit dem idealtypischen Verständnis von einer Geschätsmodellinnovation nach Zott und Amit (2010). Demnach ist für eine erfolgreiche Innovation des Geschäftsmodells die ganzheitliche Veränderung aller Dimensionen notwendig. Unternehmen aus dieser Gruppe bestätigen, dass Aktivitäten über alle Bereiche hinweg weit über dem Durchschnitt liegen. In acht von zehn Bereichen haben Geschäftsmodellinnovatoren die höchsten Ausprägungen im Vergleich zu den anderen Typen. Obwohl der Ursprung der Innovation nicht bekannt ist, erfinden Geschäftsmodellinnovatoren ihr gesamtes Geschäftsmodell neu oder entwickeln systematisch alle Dimensionen weiter, um ein ganzheitlich neues, innovatives Geschäftsmodell zu etablieren.

Ein Grund für ihre ganzheitlichen Innovationsaktivitäten ist unter anderem ein starker Wettbewerb und die Bedrohung des Geschäfts durch externe Turbulenzen. Trotz des unsicheren Umfelds liegen die finanzielle Performance und die Zufriedenheit mit der Zielerreichung weit über den Ausprägungen der anderen Handlungsmuster. Ein Beispiel dafür

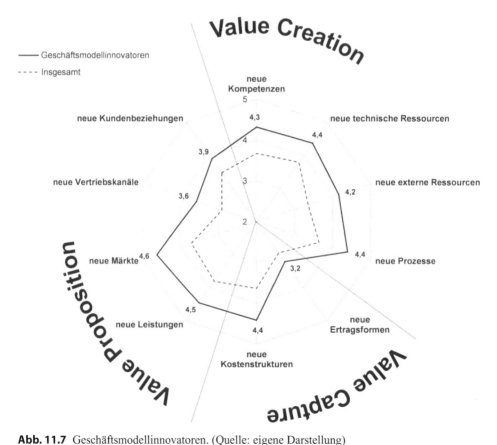

Abb. 11.7 Geschäftsmodellinnovatoren. (Quelle: eigene Darstellung)

11 Langfristige Unternehmensperformance

ist Apple mit seinem iPod- und iTunes-Geschäftsmodell, das die Marktlogik durchbrach und die Unternehmensperformance signifikant gesteigert hat. Ein weiteres Beispiel ist das Unternehmen Nespresso, das sich mit seinem schwer zu imitierenden Geschäftsmodell am Markt etablieren hat. Selbst nach dem Wegfall der Markteintrittsbarrieren durch das ausgelaufene technologiebasierte Kapselpatent verspricht dieses in sich stimmige Geschäftsmodell mit seiner umfangreichen Kundenbasis, dem diverzifizierten Leistungsangebot und dem exklusiven Kundenbindungswerkzeug Nespresso Club langfristiges Wachstum sowie den Erhalt der Wettbewerbsfähigkeit.

11.4 Handlungsempfehlungen

Welche Fähigkeiten benötigen Unternehmen, um Geschäftsmodellinnovationen umzusetzen, und welche Handlungsempfehlungen lassen sich aus den Erkenntnissen ableiten?

Die vorliegende empirische Untersuchung der Typen von Geschäftsmodellinnovation leistet nicht nur einen Beitrag zur Forschung im Bereich der Geschäftsmodellinnovationen, sondern zeigt mit den identifizierten Handlungsmustern auf, worauf Manager bei einer leistungsorientierten Gestaltung von Geschäftsmodellinnovationsstrategien achten müssen. Die Gegenüberstellung der fünf Geschäftsmodelltypen mit der Unternehmensperformance (Abb. 11.8) zeigt zudem, dass eine Geschäftsmodellinnovationsverweigerungsstrategie die schlechteste Alternative für ein strategisches Performance Management darstellt. Umgekehrt können ganzheitliche Geschäftsmodellinnovatoren insgesamt die größte Performance realisieren und sich somit deutlich von ihren Wettbewerbern abset-

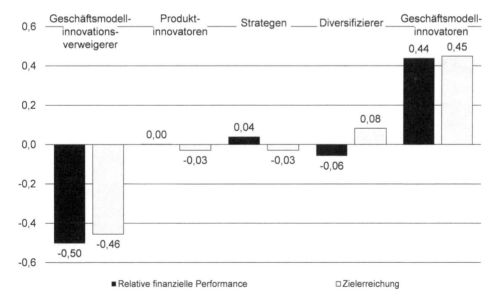

Abb. 11.8 Finanzielle Performance und Zielerreichung der Geschäftsmodelltypen. (Quelle: eigene Darstellung)

zen. Produktinnovatoren, Strategen und Diversifizierer wenden Partikularstrategien an, in denen in Abhängigkeit ihrer Kompetenzen langfristige Strategien und ggf. Budgetrestriktionen gezielt Teilbereiche des Geschäftsmodells innoviert werden. Diese drei Gruppen unterscheiden sich bzgl. der realisierten Performance nur marginal. Somit kann festgehalten werden, dass Unternehmen im Sinne eines optimierten Performance Managements versuchen sollten, Geschäftsmodellinnovationen umzusetzen. Sofern dies jedoch nicht möglich ist, sollten gezielte Veränderungen von Teildimensionen vorgenommen werden, um im Rahmen der existierenden Kompetenzen den Erfolg zu maximieren.

Neben den Zusammenhängen zwischen den skizzierten Handlungsmustern und der Unternehmensleistung konnte in der durchgeführten Mittelstandsstudie festgestellt werden, dass Manager und Unternehmen bestimmte Fähigkeiten benötigen, um Geschäftsmodelle erfolgreich zu verändern. Dabei wurden zwei Schlüsselfähigkeiten identifiziert: Umsetzungsstärke des Top-Managements einerseits und das Verständnis des eigenen Geschäftsmodells andererseits. Beide Faktoren wurden von den Befragten als erfolgskritisch eingestuft. Manager müssen, um dementsprechend erfolgreich Geschäftsmodelle zu verändern, über Abteilungen hinweg schnell zu kollektiven Entscheidungen kommen, die nicht durch Machtkämpfe um Zuständigkeiten behindert werden.

Gleichzeitig müssen Unternehmen ein Verständnis ihres Geschäftsmodells entwickeln und verinnerlichen, dass Innovationen mehrstufige Prozesse sind, die mindestens jeweils mehrere der drei Dimensionen betreffen. Voraussetzung dafür ist, dass eine Systemperspektive auf das Unternehmen eingenommen wird (Casadesus-Masanell und Ricart 2010). Ansonsten besteht die Gefahr, dass einseitige Änderungen nicht kompatibel mit anderen Komponenten des Geschäftsmodells sind. Als Tool zur ganzheitlichen Abbildung und Reflexion des Unternehmens haben Osterwalder and Pigneur (2010) das sog. *Business Model Canvas* entwickelt und damit einen wichtigen Beitrag zur Erarbeitung von Geschäftsmodellinnovationsansätzen mit Mitarbeitern und externen Stakeholdern geleistet. Dieses bietet Unternehmen eine Blaupause für die strukturelle Abbildung und Entwicklung eines Geschäftsmodells. In Kombination mit Methoden aus dem Design Thinking lassen sich damit in moderierten Workshops neue Innovationsansätze entwickeln und innerhalb der Organisation und mit externen Bezugsgruppen kommunizieren.

Ergänzt werden operative Ansätze um die organisationale Verankerung von Reflexionsfertigkeiten. Unternehmen müssen innerhalb ihrer Prozesse und der Unternehmenskultur Möglichkeiten schaffen, damit Geschäftsmodelle überdacht und neue Ideen entwickelt werden können. Um einen ganzheitlichen Blick zu erhalten, muss neben dem Verständnis für das Geschäftsmodell insbesondere strategische Sensitivität als Fähigkeit zur externen Analyse der Unternehmensumwelt geschaffen werden. Dafür müssen Ressourcen aufgebaut werden, die sich zum einen mit der Umwelt und dem Wettbewerb beschäftigen und wertvolle Impulse für neue Geschäftsmodelle in die strategische Planung mit einfließen lassen. Neben Ansätzen klassischer Marktforschung, Szenarioanalysen oder Trendscouts ist hierbei entscheidend, dass Verantwortungsträger aus dem Top Management einbezogen werden, um auf neue Ideen mit strategischen Entscheidungen und der Allokation von Ressourcen reagieren zu können (Clauß und Hock 2014). Ein integratives Managementwerkzeug, das sowohl die interne als auch die externe Geschäftsmodellanalyse verbindet, ist der *Business Model Navigator* (Gassmann et al. 2013). Mithilfe von 55 erfolgreichen Geschäftsmodellmustern, wie z. B. dem bereits erwähnten Ansatz „Köder und Haken", bietet der Navigator zudem die Möglichkeit, durch Adaption verschiedener Geschäftsmodelle sowie einen strukturierten Prozess neue Innovationsansätze zu entwickeln und zu testen. Entscheidend für den Erfolg von Geschäftsmodellinnovationen sind, zusammenfassend betrachtet, die

- Sicherung der Zustimmung und Umsetzungsbereitschaft des Managements sowie der Bereitstellung von Ressourcen;
- Untersuchung und Reflexion des eigenen Geschäftsmodells in Zusammenarbeit mit Mitarbeiten und externen Partnern, um potenzielle Inkonsistenzen zu erkennen und den Einfluss externer Treiber zu bewerten;
- Übertragung von erfolgreichen Geschäftsmodellmustern für die strategische Neugestaltung oder Rekonfigurierung der einzelnen Geschäftsmodelldimensionen und Komponenten;
- Bearbeitung aller Geschäftsmodelldimensionen als abgestimmtes System zur Erzielung größtmöglicher finanzieller Erfolge;
- Schaffung von abteilungsübergreifenden Teams und Arbeitsräumen zur Durchführung von Innovationsprojekten;
- Durchführung von Weiterbildungsmaßnahmen zum Aufbau von Innovations- und Managementfähigkeiten im Rahmen von Geschäftsmodellinnovationen.

Im Ergebnis ist festzuhalten, dass dieser Beitrag auf Basis von Praxisbeispielen und wissenschaftlichen Erkenntnissen Unternehmern und Managern einen Einblick in die Potenziale von Geschäftsmodellinnovationen für die Sicherung und Verbesserung der Unternehmensperformance bietet. Zusätzlich wurden Erfolgsfaktoren und Handlungsempfehlungen aufgezeigt, um bestehende Prozesse und Ansätze zu reflektieren und gegebenenfalls neu zu justieren. Geschäftsmodellinnovationen über alle drei Dimensionen sind sehr anspruchsvoll, bieten aber bei erfolgreicher Umsetzung, wie die Beispiele von Vapiano, Nespresso und Apple gezeigt haben, die Aussicht auf langfristiges Wachstum und nachhaltige Wettbewerbsvorteile. Mit der Steuerung des eigenen Geschäftsmodells bzw. der Entwicklung von neuen Geschäftsmodellen können Unternehmen langfristig erfolgreich und dem Wettbewerb einen Schritt voraus sein.

Literatur

Amit, R., & Zott, C. (2001). Value creation in E-business. *Strategic Management Journal, 22*(6–7), 493–520. doi: 10.1002/smj.187.

Amit, R., & Zott, C. (2012). Creating value through business model innovation. *Mit Sloan Management Review, 53*(3), 41–49.

Aspara, J., Hietanen, J., & Tikkanen, H. (2010). Business model innovation vs replication: Financial performance implications of strategic emphases. *Journal of Strategic Marketing, 18*(1), 39–56.

Baden-Fuller, C., & Haefliger, S. (2013). Business models and technological innovation. *Long Range Planning, 46*(6), 419–426.

Bucherer, E., Eisert, U., & Gassmann, O. (2012). Towards systematic business model innovation: Lessons from product innovation management. *Creativity and Innovation Management, 21*(2), 183–198. doi: 10.1111/j.1467–8691.2012.00637.x.

Bundesverband Systemgastronomie. (2014). Vapiano Deutschland in Zahlen. http://www.bundesverband-systemgastronomie.de/vapiano.html. Zugegriffen: 14. Feb. 2015.

Casadesus-Masanell, R., & Ricart, J. E. (2010). From strategy to business models and onto tactics. *Long Range Planning, 43*(2), 195–215.

Chesbrough, H. (2010). Business model innovation: Opportunities and barriers. *Long Range Planning, 43*(2–3), 354–363. doi: 10.1016/j.lrp.2009.07.010.

Clauß, T., & Hock, M. (2014). The effect of strategic agility on business model innovation. *Academy of Management Proceedings,* (1), 2014. doi: 10.5465/AMBPP.2014.17621abstract.

Clauß, T., Lehmann, C., & Bouncken, R. B. (2014). *Business model reconfigurations of SMEs in the electronic industry: A taxonomic classification.* Working Paper der Arbeitsgruppe Innovative Wertschöpfungskonzepte. Marburg: Philipps-Universität Marburg.

Economist Intelligence Unit. (2005). *Business 2010: Embracing the challenge of change.* London: The Economist.

Frost & Sullivan. (2013). Cost Efficiency and Convenience Convints Residents in Selsct European Cities to Consider Car Sharing. Pressemitteilung vom 21.10.2013. http://www.frost.com/prod/servlet/press-release.pag?docid=286560225. Zugegriffen: 17. Juli 2015.

Gassmann, O., Frankenberger, K., & Csik, M. (2013). Geschäftsmodelle entwickeln: 55 innovative Konzepte mit dem St. Galler Business Model Navigator. München: Hanser.

Johnson, M. W. (2010). *Seizing the white space: Business model innovation for growth and renewal.* Boston: Harvard Business Press.

Kashani, K., & Miller, J. (2000). *Innovation and renovation: The nespresso story.* Lausanne: IMD.

Matzler, K., Bailom, F., Friedrich von den Eichen, S., & Kohler, T. (2013). Business model innovation: Coffee triumphs for Nespresso. *Journal of Business Strategy, 34*(2), 30–37. doi: 10.1108/02756661311310431.

Möller, K., Drees, A., & Schläfke, M. (2011). Performance Management zur Steuerung von Geschäftsmodellen. In T. Bieger, D. zu Knyphausen-Aufseß & C. Krys (Hrsg.), *Innovative Geschäftsmodelle* (S. 213–227). Wiesbaden: Springer.

Osterwalder, A., & Pigneur, Y. (2010). *Business model generation: A handbook for visionaries, game changers, and challengers.* Hoboken: Wiley.

Pohle, G., & Chapman, M. (2006). IBM's global CEO report 2006: Business model innovation matters. *Strategy & Leadership, 34*(5), 34–40. doi: 10.1108/10878570610701531.

Porter, M. E. (1980). *Competitive Strategy. Techniques for Analyzing Industries and Competitors.* New York: Free Press.

Punj, G., & Stewart, D. W. (1983). Cluster Analysis in Marketing Research: Review and suggestions for application. *Journal of Marketing Research, 20*(2), 134–148.

Schlesinger, C. (2014). Carsharing-Markt. http://www.wiwo.de/technologie/auto/carsharing-markt-15Mio.-nutzer-bis-2020/7245234-2.html. Zugegriffen: 14. Feb. 2015.

Teece, D. J. (2010). Business models, business strategy and innovation. *Long Range Planning, 43*(2), 172–194.

Zott, C., & Amit, R. (2009). Business model innovation: Creating value in times of change. *Universia Business Review, 23,* 108–121.

Zott, C., & Amit, R. (2010). Business model design: An activity system perspective. *Long Range Planning, 43,* 216–226.

zu Knyphausen-Aufseß, D., van Hettinga, E., Harren, H., & Franke, T. (2011). Das Erlösmodell als Teilkomponente des Geschäftsmodells. In T. Bieger, D. zu Knyphausen-Aufseß & C. Krys (Eds.), *Innovative Geschäftsmodelle* (S. 163–184). Wiesbaden: Springer.

WERDER BREMEN: Von der Philanthropie zu einem strategisch verankerten Corporate Social Responsibility Management

12

Anne-Kathrin Laufmann

12.1 Einleitung

Der SV Werder Bremen gehört laut Umfragen zu den sympathischsten Fußballvereinen der Bundesliga. Maßgeblich dafür sind neben den jahrelangen sportlichen Erfolgen gelebte Werte wie soziale Verantwortung, Langfristigkeit und Toleranz. Was mit einer Idee des Geschäftsführers und Vereinspräsidenten Klaus-Dieter Fischer begann, ist zu einem Kernelement der Vereinsphilosophie mit einer strategisch verankerten CSR-(Corporate-Social-Responsibility-)Marke geworden. Der Ursprung des sozialen Engagements liegt in der Enttäuschung Klaus-Dieter Fischers über die Nichtnominierung Bremens zum WM-Standort 2006. Um der Region und den Fans etwas zurückzugeben, entstand somit 2002 das erste soziale Projekt „100 Schulen – 100 Vereine". Gemeinsam mit 100 Schulen und 100 Vereinen fördert der Traditionsverein seither den Sport in der Region und zeigt seine soziale Verantwortung für Fair Play, Antidiskriminierung und Gewaltprävention. Hier wurde der Grundstein für das mittlerweile professionell ausgeprägte Corporate Social Responsibility Management gelegt.

Werder Bremen zeichnet der Wille aus, neue Wege zu beschreiten. Dabei nutzt der Club die Popularität und Strahlkraft des Fußballs, um seine Werte und Ideale zu vermitteln. Die Maßnahmen von „WERDER BEWEGT" schließen zudem alle Stakeholder-Gruppen ein und fordern alle Akteure sowohl zum praktischen Handeln im Alltag als auch zur Veränderung von Denkmustern und Einstellungen heraus.

Mit der Einführung der CSR-Marke „WERDER BEWEGT – LEBENSLANG" erweitert Werder Bremen sein unternehmerisches Gesellschaftsengagement um die Dimensi-

A.-K. Laufmann (✉)
Bremen, Deutschland
E-Mail: anne-kathrin.laufmann@werder.de

onen Ökologie und Ökonomie. Der Club reagiert damit auf die veränderten Rahmenbedingungen für eine glaubwürdige und systematische Übernahme sozialer Verantwortung entlang seiner Geschäftstätigkeiten als Verein und Wirtschaftsunternehmen. Kennzeichen dieser Philosophie sind regional wie global die partnerschaftliche Umsetzung von Maßnahmen mit Vorbildcharakter sowie die dauerhafte Unterstützung der eigenen Mitarbeiter durch interne Angebote.

12.2 CSR und Performance Management

Was hat nun Corporate Social Responsability mit Performance Management zu tun? Der rote Faden lässt sich direkt ableiten. Performance Management bedeutet zuallererst das Setzen einer klaren Mission, einer Vision und den Aufbau von Grundwerten. Diese bilden die Richtlinie für die Strategie und alle abgeleiteten Aktivitäten einer Organisation, d. h. die Grundlage für alle Leistungen. Auch für CSR bedeuten Mission, Vision und Werte das Zentrum für eine erfolgreiche Anwendung – insbesondere verankert in der Organisationskultur, bedeutet es den größten Erfolg (Corporate Excellence 2011, S. 1.). Die Organisationskultur ist eine der größten Einflussgrößen auf Leistung und damit Performance Management: Die vorgelebten Werte und Normen einer Organisation bestimmen das Miteinander und das Leistungsniveau aller Beteiligten. Damit sind in einer Organisation nicht nur Mitarbeiter und Führungskräfte gemeint, sondern auch jede andere Anspruchsgruppe, die mit der Organisation in Berührung kommt: z. B. Shareholder, Kunden, Lieferanten, Familienangehörige der Mitarbeiter und die Kommunen und Städte, in denen die Organisation tätig ist. Das interne Miteinander und das regionale Gemeinwesen extern im Blick zu haben, unterstützt die gesamte Leistungsfähigkeit einer Organisation. Dieser Einfluss muss von vornherein in der Strategie verankert, durch die internen Prozesse möglich gemacht und durch eine gute Kommunikation übermittelt werden.

Somit stärkt eine Vorbildfunktion als Organisation das Streben aller Beteiligten im Unternehmen, Leistung beizubehalten und zu erhöhen. Das Engagement im Bereich CSR hat somit eine direkte positive Auswirkung auf die Leistung der Organisation. Dies gilt auch für einen Fußballclub. Projekte in diesem Bereich stärken die eigene Position und unterstützen das Gewinnen von Fans und die Motivation der eigenen Mitarbeiter. Wachstum und Leistung gehen also einher mit CSR-Aktivitäten und sind als Erfolgsfaktoren im Performance Management nicht mehr wegzudenken.

12.3 CSR im Profifußball

Fußball ist in Deutschland allgegenwärtig: Es ist der mit Abstand populärste Sport, Fußball hat die größte Fananhängerschaft und steht unter einer ganz besonderen medialen Beobachtung. Jedes Wochenende lockt die Bundesliga Tausende von Besuchern in die Stadien und Millionen Zuschauer vor die Fernseher. Darüber hinaus gibt es kaum einen Ort, wo Kinder und Jugendliche nicht täglich im Verein, in der Schule oder in der Freizeit Fußball spielen – im organisierten wie unorganisierten Sport. Daraus ergibt sich unmittelbar eine Vorbildfunktion, die der Fußball und insbesondere der Profifußball mit sich bringen.

Doch Profifußballclubs sind mittlerweile mehr als reine Sportvereine. Sie sind ökonomisch denkende und handelnde Wirtschaftsunternehmen, die zunehmend kommerzialisiert werden. Die Positionierung am Markt erfolgt dabei über Alleinstellungsmerkmale wie etwa das Image, die regionale Verankerung oder die Spielweise, durch die ein Abgrenzungsgewinn erzielt werden soll (Vöpel 2011). Als lokale Arbeitgeber und große Wirtschaftskräfte nehmen sie zudem Einfluss auf ihre Region. So muss der Fußball nicht nur im unmittelbaren Umfeld des Sports, sondern zunehmend auch als ökonomischer Akteur Verantwortung übernehmen.

In dieser Zwitterrolle steckt aus Sicht des SVW aber auch eine große Chance: Der Profifußball erlangt nicht nur durch die Medien, sondern auch durch die Gesellschaft und die Wirtschaft automatisch Aufmerksamkeit. Diese Bühne kann und muss aus unserer Sicht dazu genutzt werden, um auf soziale und gesellschaftlich relevante Themen aufmerksam zu machen.

Wie niederschwellig der Zugang zu CSR-Themen für den Profisport ist, zeigt sich an aktuellen Themen wie steigenden Ticketpreisen und Abschaffung von Stehplätzen. Zwar sind im Vergleich die Ticketpreise in England weit über dem Durchschnitt, setzt sich der aktuelle Trend aber fort, werden sich auch deutsche Fans aus sozial schwächeren Schichten bald keinen Stadionbesuch mehr leisten können. Es gilt also, sowohl das regionale Gemeinwesen im Blick zu behalten als auch ökonomisch gesund zu bleiben.

Generell bietet das Kerngeschäft der Fußballclubs viele Ansatzmöglichkeiten für CSR-Aktivitäten. Jeder Verein ist mit den Themen Umweltschutz, Antidiskriminierung und Toleranz, Bewegung und Ernährung (Gesundheitsförderung) sowie Förderung des Gemeinwesens konfrontiert. Aber auch internationale Projekte eignen sich, um sich außerhalb Europas zu positionieren und neue Fans zu gewinnen. Daher hat fast jeder Erstligaclub ein Portfolio von CSR-Aktivitäten im Ausland. Auch bei den Vereinen der 2. Bundesliga gewinnt das Thema zunehmend an Bedeutung. Als die Bundesliga-Stiftung und die Deutsche Fußball Liga GmbH (DFL) 2011 zur ersten Vollversammlung zum Thema „Gesellschaftliches Engagement" einluden, war die Resonanz sehr groß. Dort trafen sich zum ersten Mal Vertreter der Vereine und Kapitalgesellschaften der 1. und 2. Bundesliga, um über Corporate Social Responsibility zu diskutieren. Auch das Interesse der Sponsoren und die Einbindung von CSR in die Marketingaktivitäten gewinnen aus Sicht des SV Werder Bremen verstärkt an Bedeutung. Die strategische und strukturelle Ausrichtung und Verankerung ist bei vielen Vereinen zwar noch wenig ausgeprägt, aber auch hier zeigen sich Veränderungen.

12.4 Markenentwicklung, Zielsetzung und strategische Planung

Die Beobachtung des SV Werder Bremen war, dass ein strategisch verankertes Engagement und der Kommunikationsaspekt noch viel zu häufig unterschätzt werden. Somit gingen wir mit der Einführung einer eigenen CSR-Marke den für uns logischen nächsten Schritt.

Die Frage dabei war, wie es dem SV Werder Bremen gelingt, die für seine Aktivitäten relevanten Stakeholder-Bedürfnisse zu erkennen und diese zum Inhalt seiner sozialen und gesellschaftlichen Verantwortung zu machen.

Das bisherige Engagement wurde in die neue Marke und ihre sechs aus den Kernkompetenzen des SV Werder Bremen abgeleiteten Themenfelder „aktiv", „hilfsbereit", „tolerant", „umweltbewusst", „gesund" und „grün-weiß" integriert. Denn fehlt die Anbindung an Philosophie und Kernkompetenzen eines Unternehmens, ist eine glaubwürdige und transparente Kommunikation kaum möglich.

Zum Verständnis des Hintergrundes aller Überlegungen zur Entwicklung eines strategisch verankerten CSR-Engagements und einer erneuerten Kommunikationsstrategie gehört ein Verständnis für die Ausgangslage des Vereins. Im Jahre 2011 führte Werder Bremen bereits seit neun Jahren soziale Projekte in der Region durch, die fest mit der Person des Vereinspräsidenten Klaus-Dieter Fischer verbunden waren. Sein Credo lautet: „Wir wollen der Region etwas zurückgeben." Das bedeutet, das SV in SV Werder Bremen steht nicht nur für „Sport-Verein", sondern auch für „Soziale Verantwortung". Obwohl der Umfang der Projekte bereits beträchtlich war, galt dies jedoch nicht für die öffentliche Wahrnehmung der Aktivitäten. Zudem stellte sich auch die Frage nach dem Wirkungsgrad der Projekte, die zu diesem Zeitpunkt von der Abteilung Sozialmanagement mit zehn Mitarbeitern durchgeführt wurden. Um Optimierungspotenziale aufzudecken, sollte eine Neuausrichtung erfolgen. Dabei galt es, zwei Perspektiven anzulegen: Zum einen die Verankerung und Nutzbarmachung der Projektarbeit für die gesamte Unternehmens- und Vereinsstruktur des Sportvereins. Zum anderen setzten wir uns das Ziel, eine verbesserte öffentliche Wahrnehmung zu schaffen. Für beide Teilziele musste eine klare, glaubwürdige und verständliche Positionierung erarbeitet werden, auf die interne Prozesse gleichermaßen wie die externe Kommunikation ausgerichtet werden konnten. Zur Formulierung einer Vision war es im ersten Schritt notwendig, Klarheit über die gesellschaftliche Rolle des SV Werder Bremen zu erlangen und gleichzeitig die Erwartungshaltung von Mitarbeitern und externen Stakeholdern zu kennen.

Daher mussten zunächst übergeordnete Fragestellungen entwickelt werden, an denen sich die Neuausrichtung orientieren sollte. Die Kernfragen lauteten: Warum soll sich Werder Bremen gesellschaftlich engagieren? Wo sind die Grenzen des Engagements? Und welche Wirkung soll erzielt werden? Relevante Aussagen zu diesen Themen wurden über folgende Kanäle gewonnen:

a) Interne und externe Fokusinterviews mit der Geschäftsführung von Werder Bremen, leitenden Mitarbeitern verschiedener Abteilungen, der Abteilung Sozialmanagement, dem Marketing und den CSR-Verantwortlichen von Sponsoren
b) Eine Benchmark-Analyse von Bundesligavereinen, Unternehmen und Nichtregierungsorganisationen (NGO)
c) Die Analyse wichtiger CSR-Trends für die Marken- und Kommunikationsstrategie (Auswertung von Studien und Fachpublikationen aus Bildung, Wirtschaft und Politik)

12.4.1 Ergebnisse der Fokusinterviews

Die Ergebnisse der Befragungen innerhalb des Unternehmens und des Sportvereins Werder Bremen ergaben ein deckungsgleiches Bild: Die bisherige Projektstruktur wurde als unübersichtlich eingestuft. Ebenfalls wurden Sinn und Systematik der Projektarbeit infrage gestellt. Des Weiteren benannten die Befragten zwei weitere Verbesserungsoptionen: Die Integration des Themas Nachhaltigkeit in das gesellschaftliche Engagement und den Ausbau der Öffentlichkeitsarbeit. Der wichtigste Hinweis aus der Befragung externer Unternehmensvertreter wurde in der Aufforderung an Werder Bremen gesehen, eine ganzheitliche Strategie für das Engagement zu entwickeln und diese konsequent mit dem Kerngeschäft zu verbinden.

12.4.2 Ergebnisse der Benchmark-Analyse

Die Benchmark-Analyse wurde dreiteilig ausgewertet, getrennt nach Sportvereinen, Unternehmen und Nichtregierungsorganisationen (NGO). Bei den Sportvereinen stellte sich heraus, dass viele Fußball-Bundesligisten nur eine eindimensionale, fragmentarische Begründung für ihr Engagement anbieten konnten. Eingesetzte Instrumente und Projekte wirkten zusammenhangslos. Angaben über Ziele oder Instrumente zur Zielerreichung wurden nicht gemacht.

Die Analyse von NGO wie dem World Wide Fund For Nature (WWF) wurde durchgeführt, um kreative Umsetzungsszenarien offenzulegen, die eine Inspiration für die eigene, langfristige Zusammenarbeit mit Kooperationspartnern und Sponsoren liefern sollten. Im Ergebnis überzeugte insbesondere die Implementierung von Themenbotschaftern, um eine größere Öffentlichkeit zu erreichen.

Im Gegensatz zu den untersuchten Sportvereinen zeichneten sich große und mittelgroße Unternehmen durch eine sehr aktive Außenkommunikation ihres Engagements aus. Augenfällig war dabei die hohe Gefahr des Greenwashings, da häufig ganzheitliche CSR-Ansätze propagiert wurden, während die Merkmale einer internen Verankerung erkennbar fehlten.

12.4.3 Ergebnisse der Trendanalyse

Die Auswertung repräsentativer wissenschaftlicher Studien ergab schließlich folgende Ansatzpunkte: Konsumenten und Bürger erwarten und belohnen die Übernahme gesellschaftlicher Verantwortung durch Unternehmen; gelebtes Engagement muss zu den Unternehmenszielen passen und die eigenen Mitarbeiter einbeziehen; unternehmerisches Engagement ist ganzheitlich.

Die Betrachtung einer vergangenheits- und gegenwartsbezogenen Perspektive gehört zu einer erfolgreichen Unternehmensstrategie.

12.5 Entwurf einer Vision für das gesellschaftliche Engagement von Werder Bremen

Alle gewonnen Erkenntnisse definierten den Rahmen und das Vorgehen bei der Ausformulierung einer klaren Vision, der Mission und der strategischen Planung für Werders CSR-Marke.

Vision Werder Bremens gesellschaftliches Engagement geht weit über rein soziale Aktivitäten hinaus. Es umfasst auch ökonomische und ökologische Prinzipien entlang des eigenen Kerngeschäfts, integriert die Mitarbeiter und wird unter dem Dach einer wiedererkennbaren CSR-Marke WERDER BEWEGT – LEBENSLANG gebündelt. Die Marke verbindet dabei sechs zukunftsrelevante Themenfelder mit dem Unternehmen und Sportverein Werder Bremen und legt großen Wert auf transparente Kommunikation. Die Gesamtstrategie und die Positionierung der Marke werden permanent weiterentwickelt. Konkrete Leitbilder für Themenfelder und Projekte helfen dabei, sowohl die Wirkung als auch die Grenzen aller Maßnahmen zu dokumentieren. WERDER BEWEGT – LEBENSLANG will mittelfristig über Unternehmenspartnerschaften das finanzielle Volumen der projektorientierten CSR-Arbeit absichern und ausbauen. Damit möglichst viele Menschen erreicht werden, transportieren prominente Botschafter aus allen Teilen der Gesellschaft die Ziele und Botschaften von WERDER BEWEGT – LEBENSLANG in die Medien. Die Marke ist Vorreiter unter den Bundesligisten sowie bei Unternehmen und strebt Auszeichnungen durch externe Akteure aus dem CSR-Bereich an. Die Markenverantwortlichen nehmen an Diskussionen und Veranstaltungen zum Thema CSR teil und initiieren eigene Events.

12.5.1 Die Umsetzung der Vision

Das CSR-Management, das als Abteilung des SV Werder Bremen strukturell hinter der Marke steht, fungiert als Schnittstelle und realisiert Kooperationen auf Projektebene mit Unternehmen und Sozialpartnern. Ein Großteil der Maßnahmen wird evaluiert, um den Grad der Zielerreichung zu dokumentieren. In Bereichen (Themenfelder der Marke, Abteilungen), in denen noch keine oder keine ausreichenden verschriftlichten Regelungen vorhanden sind, werden diese in Abstimmung mit der Geschäftsleitung eingeführt. Für die Evaluierung auf der Durchführungsebene arbeiten die Mitarbeiter aus dem CSR-Management mit einem Projekterfassungstool, das den Aufwand, die Ziele, das Kommunikationspotenzial und die Zielerreichung abbildet.

Die Abteilung CSR-Management kommuniziert auf Augenhöhe mit entsprechenden Unternehmensabteilungen, indem sie ihr Know-how über Fortbildungsmaßnahmen und strategische Schulungen stetig erweitert. Der internen und externen Kommunikation kommt höchste Bedeutung zu. Sie ist kreativ und bietet viele Hintergrundinformationen. Dieser ganzheitliche Ansatz wird auch nach innen verankert. Die Mitarbeiter werden als wichtige Kommunikatoren verstanden, die die Marke durch ein systematisches betriebliches Gesundheitsmanagement erleben. Die Vertriebseinheiten im Unternehmen wurden geschult, sodass sie das CSR-Management als einen integralen Teil der Sponsorengespräche von Werder Bremen nutzen können.

12.5.2 Strategische Planung

Für die Kommunikation der Marke wurde ein mehrphasiger Ablauf gewählt, der sich an den speziellen Strukturen von Werder Bremen als Sportverein und Unternehmen orientiert. Dieser Ablauf bezieht sich sowohl auf interne Maßnahmen zur Verankerung und strategischen Erweiterung des CSR-Ansatzes bei Werder Bremen sowie die Außendarstellung.

Phase 1: Marken-Launch und interner Start 2012 erfolgte der Launch der Marke mittels einer Pressekonferenz. Im Zuge dessen kamen eigene Kommunikationsmittel wie Broschüren, Flyer, ein Image-Film und Straßenbahnwerbung zum Einsatz. Ab diesem Zeitpunkt startete auch die regelmäßige Pressearbeit in regionalen und nationalen Tageszeitungen über das CSR-Konzept von Werder Bremen. Um Streuverluste in der Kommunikation zu minimieren, wurden neue, zielgerichtete Presseverteiler aufgebaut. Die interne Verankerung erfolgte über die Fortbildung der Mitarbeiter der CSR-Abteilung und die Einführung eines unternehmensweiten Gesundheitsmanagements.

Phase 2: Integration der CSR-Marke in die interne und externe Gesamtkommunikation Werder Bremen wird in erster Linie als Bundesligist wahrgenommen. Alle Meldungen, die nicht das Kerngeschäft Bundesligafußball betreffen, stehen in starker Konkurrenz zu diesem. Zudem erwarten die Adressaten keine aktive Öffentlichkeitsarbeit zum Thema unternehmerische Verantwortung. Daher wurde zunächst großer Wert darauf gelegt, die Grundlagen des Engagements und seine Systematik zu erklären. Alle vereins- und unternehmenseigenen Medien wie das Stadionmagazin, die Website und der Business-Newsletter kamen zum Einsatz. Die Mitarbeitereinbindung erfolgte in dieser Phase über das regelmäßig stattfindende „Werder-Café", über die Geschäftsführung und Direktoren sowie die WERDER BEWEGT-Broschüre.

Phase 3: Begleitender Aufbau einer eigenen Facebook-Präsenz Um ein dauerhaftes Kommunikationstool zu etablieren, wurde via Facebook eine Fanpage für WERDER BEWEGT – LEBENSLANG etabliert. Sie richtet sich bewusst an Kooperations- und Sozialpartner und greift Themen und Aktionen rund um das Thema CSR auf. Auf diese Weise wird sichergestellt, dass keine kommunikative Einbahnstraße mit Usern beschritten wird, die am Thema CSR nicht interessiert sind. Für die strategische Steuerung der Inhalte kommt ein speziell entwickelter Social-Media-Content-Kalender zum Einsatz. Er dient als Redaktionssystem und ermöglicht eine langfristige Botschaftsplanung. Die Seite hat 5864 „Gefällt mir"-Angaben (Stand November 2014).[1]

Phase 4: Regelmäßige Pressearbeit in der CSR-Fachpresse und Vertriebsaktivitäten Insbesondere für die B2B-Kommunikation ist die Wahl der Plattform von entscheidender Bedeutung. Werder Bremen wendet sich daher an akzeptierte Medien aus dem CSR-Bereich und erzielt dort regelmäßig Veröffentlichungen. Um auch künftig das finanzielle Volumen des projektorientierten CSR-Engagements aufrechtzuerhalten, setzt der Verein auf strategische und/oder monetäre Partnerschaften mit Unternehmen. Aus diesem Grund werden sowohl das eigene Marketing als auch der externe Vertriebspartner Infront im Thema Umsetzbarkeit von CSR-Lösungen mit Werder Bremen regelmäßig geschult.

Phase 5: Erstellung eines ersten Nachhaltigkeitsberichts Um die eigenen Ansprüche glaubwürdig zu kommunizieren, veröffentlicht Werder Bremen ab 2015 regelmäßig einen Nachhaltigkeitsbericht. Er umfasst sowohl die strategische Ausrichtung als auch die Themenfelder, in denen Unternehmen und Sportverein sich weiterentwickeln wollen.

Der Nachhaltigkeitsbericht ist auch ein Steuerungsinstrument, da man auf der Basis von Kennzahlen sehen kann, wo der Verein bzw. das Unternehmen steht. Eine Einbindung in das interne Controlling würde dem Thema die Wichtigkeit und Stärke verschaffen, die es braucht, um glaubwürdig und dauerhaft zu wirken.

12.5.3 Zusammenfassung

Durch die Implementierung einer Struktur, die Maßnahmen und deren Steuerung strategisch miteinander verbindet, soll die Leistung kritisch beleuchtet werden, um einen neuen Erfolgsimpuls zu schaffen. CSR wird über sein gegenwärtiges geschäftliches Kerngeschäft definiert und aufgestellt, wobei der Stakeholder-Dialog eine besondere und sehr wichtige Rolle spielt, um sowohl in wirtschaftlicher als auch in sozialer und gesellschaftlicher Hinsicht einen Mehrwert zu erlangen. Die Synergien zwischen strategischer Leistung und CSR gelten als Antrieb für Managementaktivitäten, die zu wirtschaftlichem Erfolg und Zufriedenheit der Interessengruppen führen.

Ziel der Strategieentwicklung war es, die Stärken des Unternehmens auszubauen und Schwächen zu vermeiden. Da insbesondere im Fußball die Bedingungen ständigen Veränderungen unterliegen, sollten Strategien die Vereinsinteressen unterstützen und sich gleichzeitig flexibel an die Stakeholder-Bedürfnisse anpassen können.

Corporate Social Responsibility ist kein statisches Konzept, sondern ein sich wandelnder Prozess, der vom Austausch mit der Gesellschaft und der Umwelt lebt. Der SV Werder Bremen hat deshalb zwei Konsequenzen aus seiner Situation gezogen: Zum einen strukturierte der Bundesligist sein Engagement von Grund auf neu. Zum anderen wird der Ver-

---

[1] https://www.facebook.com/WerderBewegt.

ein nun in der Öffentlichkeitsarbeit professionell begleitet. Durch diese Vorgehensweise bekommt das Engagement eine andere, bedeutendere Wahrnehmung in der Öffentlichkeit sowie bei den Mitarbeitern. Die Clippingzahlen und die Teilnahme der Mitarbeiter an den CSR-Aktivitäten belegen diese positive Veränderung. Aufgrund der besseren Wahrnehmbarkeit und der strategischen Verankerung steigt das Interesse von vorhandenen wie auch potenziellen neuen Sponsoren an einer Kooperation mit WERDER BEWEGT – LEBENSLANG. Es ist ein Alternativprodukt zum Fußball entstanden, welches das Kerngeschäft zunehmend unterstützt.

In einer vorgeschalteten Analysephase wurden zunächst Studien zum gesellschaftlichen Engagement von Unternehmen sowie zu erwarteten Verschiebungen von Werten und Veränderungen an der Oberfläche von Wirtschaft, Gesellschaft und Politik im Hinblick auf Trends und Entwicklungspotenziale untersucht. Interne und externe Fokusinterviews zur Wahrnehmung der sozialen Projekte und der Erwartungen an das Sportunternehmen Werder Bremen schlossen sich an. Diese „Standortbestimmung" wurde durch eine Benchmark-Analyse bei kampagnenorientierten Non-Profit-Organisationen und Unternehmen aus Sport und Wirtschaft abgeschlossen. Als Ergebnis dieser Phase entschied sich der SV Werder Bremen, seinem Engagement künftig ein klar definiertes und strukturiertes CSR-Konzept zugrunde zu legen. Das ausgeprägte soziale Engagement war bereits eine Mischform aus Corporate Citizenship und Aktivitäten auf Basis der Kernkompetenzen des Vereins.

Im Bereich Ökologie bestanden ebenfalls verschiedene Projekte und zukunftsweisende Kooperationen mit anderen Unternehmen. Interne Umstrukturierungen, wie die Einführung eines betrieblichen Gesundheitsmanagements und der Aufbau eines internen Weiterbildungsangebots, wurden etwa zeitgleich beschlossen. Somit waren Anknüpfungspunkte für die drei Säulen von CSR vorhanden.

In Hinblick auf Glaubwürdigkeit und Transparenz in der Kommunikation wurde aus den zuvor dargelegten Gründen weiterführend eine eigene CSR-Marke entwickelt: Profifußball selbst steht für millionenschwere Spielertransfers und für prestigeträchtige Sponsorings und Heimspiele, zu denen mehrere Zehntausend Menschen anreisen. Sowohl die ökonomische Dimension als auch die im Vergleich verursachten Emissionen, die Energieverbräuche und das Müllaufkommen lassen sich nur bis zu einem bestimmten Maß reduzieren. Denn für die Gesellschaft ist Profifußball ein Erlebnis, das mit festen Konsumentenvorstellungen verknüpft ist, die sich nur langsam verändern lassen. Ausgehend von der Auffassung der Europäischen Union, wonach CSR „die Verantwortung von Unternehmen für ihre Auswirkungen auf die Gesellschaft" [2] ist, müsste der SV Werder Bremen sich mittelfristig gegen diese Konsumentenvorstellungen wenden, um dem Anspruch an eine umfassende gesellschaftliche Verantwortung gerecht zu werden – und somit seine Existenz als Sportunternehmen gefährden. Mit einer Marke, die auf den Grundwerten und der Philosophie des SV Werder Bremen aufbaut, aber bewusst soziale, ökologische und öko-

---

[2] http://www.csr-in-deutschland.de/fileadmin/user_upload/Downloads/ueber_csr/CSR-Mitteilung/Mitteilung_der_Kommission.pdf.

nomische Belange in den Mittelpunkt stellt, entsteht ein glaubwürdiges „Gegengewicht" zum Profisport. Dabei kann die Aufmerksamkeit für den Bundesligafußball für die Marke genutzt werden, um auf wichtige Themen aufmerksam zu machen, und so eine Veränderung der Erwartungen von Fans und Mitgliedern bewirken.

Zudem musste ein Weg gefunden werden, das gesellschaftliche Engagement unabhängig und gleichberechtigt zum Profifußball zu etablieren und zu kommunizieren. Ein weiteres Kriterium bestand darin, Schnittstellen für Partner und Sponsoren zu schaffen, für die die Bundesliga bisher wenig interessant war – CSR aber umso mehr. Ausgehend von diesen Punkten entstanden sieben Handlungsfelder für die zweite Phase, in der ein Zielbild sowie eine Markenstrategie festgelegt wurden. Aus der Positionierung ergaben sich Markenwerte und entlang der Unternehmenskompetenzen entwickelte Handlungsfelder mit Schlüsselbotschaften. Sie bilden die Grundlage für die Kommunikation des CSR-Engagements. Die Schlüsselbotschaft für das Handlungsfeld „Vereinsleben" lautet beispielsweise: „Der SV Werder Bremen tritt für Generationengerechtigkeit ein und berücksichtigt dies in allen Angeboten."

Im Anschluss folgte die Entwicklung der Wort-Bild-Marke WERDER BEWEGT – LEBENSLANG und der Markenarchitektur mit ihren sechs Themenbereichen „Lebenslang grün-weiß", „Lebenslang gesund", „Lebenslang tolerant", „Lebenslang umweltbewusst", „Lebenslang aktiv" und „Lebenslang hilfsbereit". Diesen Themenbereichen wurden alle bestehenden Aktivitäten ihrer inhaltlichen Ausrichtung entsprechend zugeordnet.

Durch die zunehmende Beachtung einer nachhaltigen Unternehmensperformance durch die Stakeholder (z. B. Fans, Mitglieder, Sponsoren) hat sich das Thema CSR in den vergangenen Jahren zu einem strategischen Erfolgsmodell entwickelt.

12.6 WERDER BEWEGT – LEBENSLANG

Zum Themenbereich „Lebenslang grün-weiß" gehören alle mitgliederbezogenen Aktivitäten. So ist die „Windel-Liga" beispielsweise ein Angebot für Bremer Familien, die bei einer Anmeldung maximal sechs Wochen nach der Geburt ihres Kindes eine einjährige, stark vergünstigte Mitgliedschaft beim SV Werder Bremen erhalten. Wenn die Familien dann in diesem Jahr aktiv an den angebotenen Veranstaltungen teilnehmen, kann sich die Mitgliedschaft sogar noch um ein zweites Jahr verlängern.

Ein weiteres Beispiel für diesen Themenbereich ist das Projekt „60plus". Dieses ist für Mitglieder ausgelegt, die das 60. Lebensjahr vollendet haben und sich trotzdem noch jung genug fühlen, um gemeinsam sportliche, kulturelle oder gesellschaftliche Angebote zu nutzen.

Unter dem Themenbereich „Lebenslang gesund" ist das betriebliche Gesundheitsmanagement für die Mitarbeiter des SV Werder Bremen zusammengefasst. Mithilfe von Mitarbeiterbefragungen und individuellen Beratungen wurden in Zusammenarbeit mit der AOK Bremen/Bremerhaven Angebote entwickelt, die neben der Bewältigung von Stress und der Verbesserung des Bewegungsverhaltens im Alltag und bei der Arbeit auch den verantwortungsbewussten Umgang mit dem eigenen Körper vermitteln sollen.

Den Schwerpunkt im Themenbereich „Lebenslang tolerant" bildet das Projekt „Inklusion". Der SV Werder Bremen bietet eine integrative Ballschule, Handicap-Leichtathletik, Handicap-Fußball, Blindenfußball und Sportstunden an Förderzentren an, die von Trainern der CSR-Abteilung geleitet werden. Zudem setzt Werder zusammen mit seinem Sponsor NIKE das Projekt SPIELRAUM um, dessen Ziel es ist, in Zusammenarbeit mit öffentlichen Trägern, Einrichtungen und anderen lokalen Akteuren in Bremen bislang ungenutzte oder neu entstandene Plätze gemeinsam mit jungen Menschen in lebendige Orte zu verwandeln – für Teamsport, gemeinsamen Spaß und persönliche Entfaltung. Zudem führt der SV Werder Bremen jährlich rund 50 Workshops mit Kindern und Jugendlichen zum Thema Antidiskriminierung durch.

Auf internationaler Ebene besteht die „Social Alliance", eine Kooperation des SV Werder Bremen und der Scort Foundation. Die gemeinnützige und politisch unabhängige Stiftung unterstützt junge Menschen in schwierigen Lebensumständen durch gezielte Fußballinitiativen. Zusätzlich ist Scort bemüht, die Thematik von Sport und Entwicklung voranzutreiben und durch den Aufbau und die Bildung von Partnerschaften Netzwerke zu stärken. Profifußballclubs engagieren sich gemeinsam sozial und realisieren lokale und internationale Ausbildungsprojekte.

Mit Klimaschutzmaßnahmen wie der in die Stadionfassade integrierten Photovoltaikanlage, dem Transport an Spieltagen, einer Energieeffizienzanalyse der Liegenschaften und eines CO_2-Fußabdrucks eines Bundesligaspiels engagiert sich der SV Werder Bremen im Themenbereich „Lebenslang umweltbewusst". Beispielsweise gelten die Tickets für Bundesligaspiele als Fahrkarten für den öffentlichen Nahverkehr. Die Anreise zum Stadion kann zudem sowohl mit der Fähre oder dem Bus von Park-&-Ride-Plätzen aus erfolgen. Hier arbeitet der SV Werder Bremen eng mit den städtischen Verkehrsbetrieben zusammen, die Nachhaltigkeit ebenfalls fest in ihre Unternehmensstrategie integriert haben.

„100 % Werder-Partner" im Themenbereich „Lebenslang aktiv" ist aus dem ältesten CSR-Projekt des SV Werder Bremen heraus entstanden und wird seitdem von der AOK und dem Süßwarenhersteller Mondelez unterstützt. Im Jahr 2002 startete die Aktion „100 Schulen – 100 Vereine", mit der der Bundesligist Lehrer, Trainer und Betreuer dabei unterstützt, Kinder und Jugendliche für Bewegung und einen gesunden Lebensstil zu begeistern. Mittlerweile sind 220 Schulen und Vereine, 35 Grundschulen und 25 Kindergärten „100 % Werder-Partner". Darüber hinaus bestehen Kooperationen mit sozialen Einrichtungen und Ausbildungsbetrieben. Insgesamt gibt es rund 350 Projektpartner.

Um kleinere Projekte finanziell unterstützen zu können, hat Werder 2009 eine Stiftung gegründet: die SV Werder Bremen Stiftung „Werder tut gut". Sie ist eine eigene Stiftung des Sport-Vereins „Werder" von 1899 e. V. und der SV Werder Bremen GmbH & Co. KGaA und bildet den Schwerpunkt des Bereiches „Lebenslang hilfsbereit". Sie dient der Förderung des Sports, der Bildung und Erziehung, der Völkerverständigung, der Gewaltprävention sowie mildtätigen Zwecken. Aber auch Trikotspenden in Entwicklungsländer, die Mitwirkung bei Benefizaktionen oder praktische Unterrichtseinheiten gehören zu Werders Engagement in diesem Bereich.

Alle Projekte zusammengenommen erreicht der SV Werder Bremen mit seinen CSR-Maßnahmen jährlich rund 150.000 Menschen. Elf festangestellte Mitarbeiter koordinieren die Aktionen innerhalb der Themenbereiche. Eine Abteilung vergleichbarer Größe hat bisher kein anderer Bundesligist.

12.7 Fazit

Die dargestellten Herausforderungen zeigen, dass sich die Übernahme von Verantwortung nicht länger auf interne Prozesse begrenzen ließ. Der SV Werder Bremen stellte sich rechtzeitig auf Veränderungen ein, dazu gehört u. a. auch, die bisherigen Abläufe und Tätigkeiten infrage zu stellen.

Insbesondere Krisen sollten als Auslöser von Erneuerungen zugelassen werden. Corporate Social Responsibility braucht das Greifbare, nicht das Generelle. Chancen zu erkennen, die sich durch Berücksichtigung sozialer und gesellschaftlicher Herausforderungen ergeben, ist langfristig gesehen von großer Bedeutung. Mit der Implementierung von CSR können neue Märkte erschlossen werden und neue Produkte entstehen.

Literatur

Corporate Excellence. (2011). Mission, vision and values of the company: The centre of a good CSR praxis. In Insights, Strategy Documents, 107/2011, 1–4.

Vöpel, H. (2011). Fußball-Management. Mikroökonomische und spieltheoretische Modellierung von Managemententscheidungen im Profifußball. HWWI Policy Report 17/2011.

Innovationen im stationären Handel: Self-Service-Kassen und berührungslose Zahlung

13

Martin Fiedler

13.1 Einleitung

Performance im Handel wird üblicherweise, neben den klassischen mitarbeiterorientierten Aspekten, vor allem im Rahmen der Sortimentsfunktion, der Qualitätsstandards und der Preisgestaltung gesehen. Dem stationären Handel kommen, im Gegensatz zum Internetshop, die Aufgaben der lokalen Präsentation der Ware sowie die persönliche Ansprache der Kunden im Laden zu. Diese Faktoren sind Chance und Risiko zugleich, denn sie werden über die bereitzustellende Ladenfläche mit ihren Nebenkosten aus Betrieb und Energieversorgung sowie dem Fachpersonal für den Verkauf als beträchtlicher Kostenfaktor bewertet. Die lokale Präsenz sowie die Beratungsfunktion und der persönliche Kontakt zum Kunden sind es aber, die ein Internet-Händler im Gegensatz zum Händler vor Ort nicht bieten kann. Der Einsatz moderner Technologien im klassischen Handelsunternehmen bietet dem Retailer heute die Möglichkeit, sich von Mitbewerbern abzuheben und gleichzeitig Performance-Vorteile zu generieren, die die Kostensituation zu seinen Gunsten beeinflussen können. Dieser Wandel im klassischen Handelsunternehmen kann vielen Marktteilnehmern die Chance bieten, sich im Markt neu zu positionieren.

M. Fiedler (✉)
München, Deutschland
E-Mail: m.fiedler@fiedler-online.net

© Springer-Verlag Berlin Heidelberg 2016
H. Künzel (Hrsg.), *Erfolgsfaktor Performance Management,* Erfolgsfaktor Serie,
DOI 10.1007/978-3-662-47102-9_13

13.2 Performance-Optimierung im Handel

Der Handel sieht mit anderen Augen auf die Performance-Optimierung in Unternehmen als andere Branchen, begründet im Ablauf des Verkaufsprozesses, der nicht durchgehend an die Leistung von Mitarbeitern gekoppelt ist.

Nach seinem Einkaufserlebnis, bestehend aus der Präsentation der Waren im Handelsgeschäft sowie der Sortiments- und Beratungsfunktion, ist es am Ende meist der Kunde selbst, der seine Waren zur Kasse bringt, sie verpackt und für den Abtransport sorgt. In Zeiten des Internethandels, durch ein Überangebot an Waren und die nahezu unbegrenzte Auswahl verwöhnt, stellt der aufgeklärte Kunde heute höhere Ansprüche an seinen lokalen Händler. Deshalb werden die Optimierung des Verkaufsprozesses und die positive Beeinflussung der Ressource Kunde für den Absatz von Waren im Ladengeschäft immer wichtiger. Kunden suchen im Einkauf unbewusst auch nach Unterhaltung in Form einer Mischung aus Gerüchen, Lichtszenarien und plakativer Präsentation der Produkte. Kurzum: Der Kunde erwartet im Laden neben Waren zu günstigen Preisen auch ein Unterhaltungspaket. Moderne Supermarktketten offerieren ihre Produkte mittlerweile sogar zur Lieferung frei Haus. Damit erreicht der Lebensmittelhandel nun auch die Plattform Internet und das wirft wiederum neue Fragen im Umgang und in der Kommunikation mit seinen Kunden auf. Unternehmen, die sich diesem Wettbewerb stellen, ihre Servicepalette erweitern und einen optionalen Lieferdienst anbieten, verlieren mit der Zeit allerdings den persönlichen Kontakt zu diesem Kundensegment. Ziel des lokalen Ladens ist es, den Kunden einerseits möglichst lange in der Filiale zu halten, um ein positives Einkaufserlebnis zu generieren, ihn gleichzeitig zu Spontankäufen anzuregen, andererseits aber auch den Prozess des Check-outs so kurz wie möglich zu gestalten, um den erarbeiteten positiven Eindruck beim Kunden nicht wieder zu mindern. Im Onlinehandel ist dagegen der Check-out fraglos ein sehr kurzer Vorgang ohne Warteschlagen an Kassen, sondern lediglich mit Usernamen und Passwort gesichert. Dafür wiederum entfallen zusätzliche Verkaufsflächen neben den Warteschlangen an Kassen, um Spontankäufe gezielt zu fördern.

Erfassen der Ware und Bezahlen werden im stationären Handel im Anschluss an die Warenselektion vom Kunden als notwendiges Übel angesehen. Längere Wartezeiten und Passivität in dieser Phase des Einkaufs trüben den positiven Gesamteindruck, und das gerade zu einem sensiblen Zeitpunkt, dem Moment, der in der Retrospektive den bleibenden Eindruck überproportional beeinflussen wird. Der Handel legt also gesteigerten Wert darauf, die Check-out-Phase für den Kunden möglichst kurz und effizient zu gestalten. Dieses Ziel kann im Idealfall nur durch ein Überangebot an Kassen, Scanner-Bändern und Mitarbeitern erreicht werden, was wiederum im Gegensatz zu den ökonomischen Zielen des Unternehmens steht. Bezogen auf das Magische Dreieck wird eine ideale Ausprägung der Faktoren Kosten, Zeit und Qualität gesucht: möglichst niedrige Kosten und geringer Zeitaufwand bei gleichzeitig hoher Qualität. Die Qualität wird in diesem Fall von Kunden als effiziente Scanvorgänge, optimale Leseraten an den Scannern sowie korrekte Addition und Abrechnung definiert.

Performance-Gewinn im Handel wird daher neben einer zielgerichteten Präsentation der Waren, einer zielgruppenorientierten Sortimentsfunktion, der Qualität der Produkte sowie dem Verfügbarkeitsgrad der Waren vor allem über die Erhöhung der Check-out-Geschwindigkeit erreicht. Gerade in diesem letzten Abschnitt wird ein hohes Maß an Personalressourcen gebunden, das eine intensive Personaleinsatzplanung und Optimierung erfordert. Hier setzt das Performance Management mit der Optimierung an, um das vorhandene Potenzial bestmöglich auszuschöpfen.

13.3 Self-Service-Kassen – der Kunde als Bestandteil der Wertschöpfungskette

Einen Weg zur positiven Beeinflussung des Kundenempfindens im Check-out gehen Retailer mit der Installation von Self-Service-Kassen, an denen Kunden die Waren selbst scannen können. Oft sind dabei noch bargeldfreie Zahlungsmöglichkeiten und gelegentlich auch die Annahme von Banknoten und Münzen integriert. Derlei Kassen, meist in Vierer- bis Achtergruppen installiert, werden nur noch von einem Mitarbeiter des Unternehmens als unterstützende Kassenkraft betreut. Der Kunde hat mit diesen Systemen die Wahl, sich entweder in eine Warteschlange einzureihen oder selbst aktiv in den Check-out-Prozess einzugreifen. Die aktive Teilnahme reduziert die Wartedauer und aktiviert den Kunden in einem Teilprozess der Distribution und des Absatzes für den Händler. Ein aktiver Kunde, also einer, der in den Check-out-Prozess eingreift, wird durch mehrere Faktoren charakterisiert: Zum einen handelt es sich hierbei in der Mehrheit um einen Kartenzahler, der das Bargeld aus seinem Einkaufsprozess verbannen will. Zum anderen ist diese Kundengruppe technikaffin, sie will sich selbst mit dem Scanvorgang auseinandersetzen und scheut die Herausforderung nicht, wenn dabei ein Geschwindigkeitsvorteil gegenüber dem herkömmlichen Prozess erreicht werden kann. Die persönliche Ansprache durch das Kassenpersonal spielt für diese Kunden eine untergeordnete Rolle, ihr primäres Anliegen ist ein zügiger und effizienter letzter Schritt im Einkaufsprozess.

Diese Kunden sind für den Händler zugleich mit geringer Beratungsaktivität im Laden verbunden. Sie kennen die Standorte der von ihnen benötigten Waren und sie wollen die Standardprodukte ihres typischen Warenkorbes schnellstmöglich zusammenstellen und an die Kasse bringen. Diese Kundenklientel ist für den stationären Handel sozusagen ein Cashcow-Segment, hier werden schnelle Gewinne mit wenig Aufwand realisiert.

Dem aktiven Kunden steht der passive gegenüber. Sein Einkaufsverhalten unterscheidet sich grundlegend durch die ihm zur Verfügung stehende Zeit für den Einkauf. Der passive Kunde trifft die Produktauswahl mit Bedacht, vergleicht unterschiedliche Hersteller und hat oft ein höheres Kommunikationsbedürfnis als der aktive Kunde. Diese Kundengruppe sucht nach Verkäufern, erwartet Beratung und einen persönlichen Service. Dieser Service soll über die reine Produktberatung hinausgehen, der Kunde fragt nach den Standorten bestimmter Produktgruppen im Laden, nach Verfügbarkeiten und Lieferzeiten. Passive Kunden werden bei Befriedigung ihrer Bedürfnisse schnell zu Stammkunden. Eine persönliche Begrüßung durch Mitarbeiter im Einzelhandel wird von passiven Kunden hoch geschätzt und erreicht zusätzlich eine hohe Rate an Wiederkäufern. Passive Kunden sind modernen Kassensystemen gegenüber in der Regel nicht aufgeschlossen. Die Kommunikation an Scanner-Kassen und vielleicht auch eine kleine Unterhaltung in der Warteschlage sind Bestandteil ihres individuellen Einkaufserlebnisses. Sie bewerten die Frage an der Kasse, ob sie alle Produkte gefunden haben, nach denen sie suchten, als eine Aufmerksamkeit und als Interesse an den Kundenwünschen, wogegen aktive Kunden darin oft eine unnötige Zeitverzögerung sehen.

Als Fazit moderner Kassenkonzepte bleibt, dass die Investition in Self-Service-Technologien aktive Kunden besonders anspricht, dagegen für passive Kunden keinen Mehrwert bringt. Derlei Systeme können also entweder als ergänzendes Element im Handel eingesetzt werden oder aber eine klare Strategie darstellen. Mit Self-Service-Kassen entwickeln sich Supermärkte allerdings schnell zu Automatenläden. Passive Kunden werden derlei Geschäfte sicher auf Dauer meiden. Betrachtet man diese Ausrichtung über die gesamte Breite des Händlerspektrums, wird klar, dass diese Automatenansätze eher für Läden mit niedrigpreisigen Gütern geeignet sind. Im Premiumsegment wird es schwer, den Kunden die fehlende Betreuung durch Mitarbeiter im Handel zu verkaufen.

13.4 Berührungslose Zahlung – Abkehr von Bargeld und Magnetstreifen

Vor einigen Jahren galten Kartenzahlungen in Supermärkten für deren Betreiber noch als überteuert und unrentabel. Der Business Case für Supermärkte war schwer oder gar nicht darstellbar und in der Kostenbetrachtung konnte die Kartenzahlung mit traditionellem Bargeld nicht mithalten. In den letzten fünf Jahren hat allerdings ein Umdenken unter den Betreibern von Supermärkten eingesetzt. Trotz der hohen Kosten des Systems Kartenzahlung und des hohen Initial Invests in Terminals und Kassenanbindungen konnte die Kartenzahlung in Handelsketten Einzug halten.

13.4.1 Bargeldlose Zahlung auf dem Vormarsch

Diese Entwicklung basiert auf einer Analyse des Zahlungsprozesses und der Gesamtkosten des Zahlungsverkehrs innerhalb großer Ketten. Die unterschiedlich hohen Disagios der Kreditkartenanbieter sind, je nach Branche des einziehenden Unternehmens (Hotellerie, Retail, Reisebüro), in einer exakten Potenzial- und Marktanalyse begründet. Die anfänglich als hoch eingestuften Disagios im Kreditkartenverkehr inkludierten Kosten, die von den Händlern bis dahin noch nicht als Kosten des Geldverkehrs, sondern lediglich als interne Prozesskosten wahrgenommen wurden. Dazu zählen Kosten für die Abrechnung der Kassenbestände nach jeder Schicht, Ausgabe der Kassen, situative Abschöpfung hoher Bestände im Laufe des Tages sowie Überwachungshardware in Form von Kameras und deren stichprobenhafte Auswertung. Jeder dieser Punkte hat im Vier-Augen-Prinzip zu erfolgen und bindet damit einen Mitarbeiter des Managements und einen Kassierer. Dadurch entstehen Overhead-Kosten, die den Kosten des Geldverkehrs in Form von internen Personalkosten zugerechnet werden müssen. Zählte ein Unternehmen zu diesen internen Kosten noch die Externen, wie Geldtransporte, Aufwand für Ein- und Auszahlungen, Handlingkosten für Münzrollen und die Versicherungskosten für Lagerung von Bargeldbeständen, war es nur eine Frage der Zeit, bis der deutsche Einzelhandel die Vorteile bargeldloser Zahlungen entdecken musste. Tankstellen haben lange vor dem Einzelhandel bereits die Vorteile für sich entdeckt, denn die Reduzierung von Bargeldumsätzen hat noch einen weiteren entscheidenden Vorteil: Reduzierte Bargeldbestände in Kassen führen zu einer sinkenden Attraktivität der Standorte für Raubüberfälle. Die Zahl der bewaffneten Überfälle auf Tankstellen sank in den letzten Jahren deutlich. Natürlich spiegelt diese Entwicklung die Anstrengungen der Branche auf breiter Front wider, also auch die technische Aufrüstung an Sicherheitstechnik. Festzustellen bleibt, dass die Attraktivität der Ziele für Räuber im Maße der zu erwartenden Beute konstant sinkt, bedingt durch den Einsatz von bargeldlosen Zahlungsmitteln. Der Umsatz bleibt konstant, die Zahlungsweise Bargeld wird lediglich mit Kredit- oder Debitkarten substituiert.

Die Abb. 13.1 zeigt einen Ausschnitt aus der Kriminalstatistik des Bundesministeriums des Inneren. Dabei ist der Trend der Rohheitsdelikte gegen sonstige Zahlstellen und Ladengeschäfte leicht sinkend abgebildet. In der Betrachtung fällt auf, dass die Zahl der Delikte gegen Tankstellen deutlich stärker sinkt und schließlich zu mehr als einer Halbierung der Zahlen gegenüber 1995 führt. In der Statistik ist die Zahl der Delikte für Tankbetrug nicht berücksichtigt (89.769 Fälle in 2012), hier sind lediglich die Raub- und schweren Raubdelikte erfasst. Da die Entwicklung der Kartenzahlungen an Tankstellen in gleichem

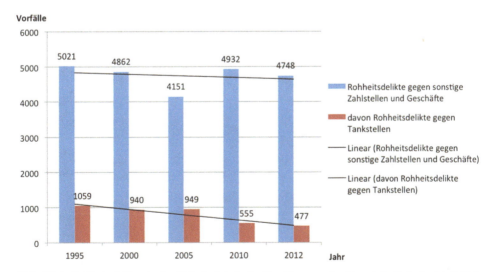

Abb. 13.1 Rohheitsdelikte in der Kriminalstatistik. (Quelle: www.bmi.bund.de, Kriminalstatistik)

Maße ansteigt, liegt der Schluss nahe, dass der sinkende Bargeldbestand die Attraktivität der Tankstellen als Ziel von Überfällen reduziert hat.

13.4.2 Nachteile nicht barer Zahlungsmittel

Nachteil des höheren Einsatzes nicht barer Zahlungsmittel ist allerdings die steigende Anzahl an Betrugsfällen in Zusammenhang mit Kredit- und Debitkarten, erfasst in der Kriminalstatistik als Betrug mittels rechtswidrig erlangter unbarer Zahlungsmittel (vgl. Abb. 13.2). Auffällig ist die stark sinkende Anzahl an Betrugsfällen mit Debitkarten ohne Persönliche Identifikationsnummer (PIN). Diese Karten waren durch ihre einfache Ausführung, basierend auf einem Magnetstreifen, sehr leicht und kostengünstig zu fälschen. Die Einführung neuerer Debitkarten mit Chip-System, verbunden mit einem aufwendig zu fälschenden System, das auf Verschlüsselung setzt, führte zu stark sinkenden Vorfällen in diesem Bereich. Auf den Chip-basierten Karten ist der PIN nicht gespeichert und die Legitimation des Zahlungsvorgangs wird in einer Onlinetransaktion mittels einer – vereinfacht gesagt – Rechenaufgabe ermittelt, deren Bestandteil die PIN ist. Hier muss die PIN aufwendig ausspioniert werden, um ein Kartenduplikat anzufertigen, das im Erfolgsfall häufig im Ausland zum Einsatz kommt. Diese Karten-Dubletten werden in Ländern eingesetzt, die das Chip-System statt dem Magnetstreifen bisher noch nicht verpflichtend umgesetzt haben. Im Grunde wird also eine Kartenkopie mit Magnetstreifen erzeugt und die ausgespähte PIN des Bankkunden für eine Zahlung oder Abhebung im Ausland genutzt. Die Vorfälle von Delikten in Zusammenhang mit den Daten von Zahlungskarten beziehen sich größtenteils auf Onlineeinkäufe, basierend auf rechtswidrig erlangten Kartendaten Dritter. Diese Delikte haben stark zugenommen und bereiten Onlinehändlern

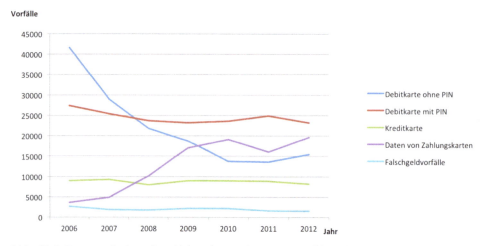

Abb. 13.2 Betrug mittels rechtswidrig erlangter Daten von Zahlungskarten. (Quelle: www.bmi.bund.de, Kriminalstatistik)

Verluste durch nicht gedeckte Zahlungen für bereits gelieferte Bestellungen. Die Zahlen in der Abb. 13.2 sind nicht auf den Deutschen Retail-Markt anzuwenden, da hier die Fälle geschädigter Endkunden dargestellt sind, deren Schaden häufig im Ausland entsteht und sich dann auf dem Konto des Geschädigten in Deutschland zeigt. Das Diagramm soll lediglich das Bedrohungspotenzial für den Endkunden verdeutlichen.

Erfreulich bleibt die niedrige Zahl der Delikte in Zusammenhang mit Kreditkarten zu vermerken. Ebenfalls einen sinkenden Trend können Debitkarten mit PIN, besonders nach der verpflichtenden Einführung der Chip-Karten, in vielen Ländern im Jahr 2011 vorweisen. Der Rückgang der Falschgeldvorgänge ist auf ein verändertes Verhalten der Verkäufer im Falle von Zahlungen mit hohem Bargeldvolumen zurückzuführen. Elektronische Testgeräte und die deutlich komplexeren Sicherheitsmerkmale neuer Euro-Noten reduzieren die Vorfälle mit Bargeldanteil zusätzlich.

13.4.3 Einsatz neuer Verschlüsselungstechnologien

Diese Entwicklung führte zur Einführung neuer, nicht barer Zahlungsvorgänge, forciert durch die voranschreitende Sicherung der Zahlungsvorgänge mit Verschlüsselungstechnologien. Die Abkehr vom Magnetstreifen wegen seiner einfachen Fälschbarkeit und der Einsatz von elektronischen Schaltungen in den Zahlungskarten der Kunden ebneten den Weg für die Vorgänge des berührungslosen Zahlens.

Diese Technologie steht nun im Fokus des Einzelhandels, weil damit zum einen das Ziel der Reduzierung der Bargeldbestände konsequent weiterverfolgt wird, zum anderen aber der verhältnismäßig lange Zahlungsvorgang mit Karten deutlich verkürzt werden kann.

Bei einem berührungslosen Vorgang wird die Karte nicht mehr in ein Lesegerät eingeführt, sondern lediglich von außen an dieses gehalten. Dabei kann eine Lesedistanz von ungefähr fünf Zentimetern erreicht werden. Das Zahlungsmedium kann während der Zahlung gegebenenfalls sogar im Geldbeutel des Kunden verbleiben. Nach erfolgreichem Leseprozess kann auf zweierlei Arten verfahren werden: Entweder wird eine PIN-Eingabe auf dem Lesegerät gefordert oder es werden bis zu einer geringen Freigrenze die Zahlungen sofort akzeptiert. Diese Grenze ist mit rund 20 € bei den meisten Kreditkartenanbietern genauso dimensioniert, dass Einkäufe im Rahmen von Kleinstbeträgen schnell und unkompliziert bezahlt werden können. Damit wird eine neue Zielgruppe von Händlern angesprochen, am ehesten charakterisierbar als „der Zeitungshändler am Bahnhof". Der Wert der gekauften Ware liegt im Bereich einer Zeitung oder Zeitschrift und der Zahlungsvorgang muss, getrieben vom Zeitdruck des Kunden, schnell und unkompliziert erfolgen. Wechselgeldzählen dauert hierfür zu lange und es bilden sich oft Warteschlagen, die weitere Kunden vom Kauf an diesem Standort abhalten. An kleinen Geschäften wird der Performance-Gewinn von neuer Zahlungstechnik für den Handel gut sichtbar. Mit nur einer Kasse können in kürzester Zeit viele Kunden bedient werden. Der Prozess des Check-outs reduziert sich auf das Scannen der Ware und das Präsentieren der Zahlungskarte im Lesefeld des Kartenterminals. Denkbar sind hier zwei Kassen, die von einem Kassierer bedient werden. Der Kunde kann seinen Artikel selbst scannen und mit der Karte bezahlen, während der Kassierer daneben die Kunden mit Bargeld bedient. Er greift erst ein, wenn beim Scannen ein Fehler auftritt und nimmt damit lediglich eine Supervisoren-Rolle ein.

Da die PIN-lose Bezahlung naturgemäß ein gewisses Risikopotenzial eröffnet, wird die Technologie über eine Sperrliste in den Terminals abgesichert. Als gestohlen gemeldete Karten werden zur Zahlung abgelehnt und ein entsprechender Fehlercode für den Supervisor ausgegeben. Die Zahlungen werden vom Terminal gesammelt und je nach Bedarf einmal oder mehrmals täglich online übermittelt. Im selben Zuge wird die Sperrliste der Karten aktualisiert. Damit entfallen während der Zahlung längere Wartezeiten durch Onlineabfragen für jeden einzelnen Zahlungsvorgang und so können auch Kleinstbeträge zügig bargeldlos bezahlt werden. Gerade dieser Bereich ist für den Einzelhandel von starkem Interesse: Die Zeit für das Herausgeben von Wechselgeld entfällt und die Fehlerquote wird zusätzlich reduziert. Auch die Kreditkartenunternehmen haben diese Zielgruppe neu entdeckt. Um die Attraktivität der bargeldlosen Bezahlung in diesem Segment zu fördern, wurden neue Tarifmodelle für den Handel entwickelt, die Kosten und Risiken nun deutlich besser verteilen. So soll eben auch dem kleinen Händler mit Niedrigpreis-Artikeln der Zugang zu bargeldlosen Zahlungen ermöglicht werden. Sollte dieses Konzept aufgehen, werden auch andere Bereiche des öffentlichen Lebens nachziehen; hier können exemplarisch Automaten jedweder Art genannt werden, z. B. Parkuhren oder Kassenautomaten in Parkhäusern.

In den kommenden Jahren wird eine Entwicklung der Kassenbereiche im Einzelhandel hin zu berührungslosem Bezahlen zu beobachten sein. Der Performance-Gewinn in Bezug auf die Anzahl der pro Kasse möglichen Zahlungsvorgänge ist – gerade in Stoßzeiten – deutlich erkennbar. Abzuwarten bleibt die Annahme der Technologie durch den Kunden und die Entwicklung weiterer Sicherheitsmaßnahmen für Kunden und Händler.

13.5 Moderne Kassen und Bezahlsysteme – Potenziale im stationären Handel

Moderne Kassensysteme sind eine konsequente Weiterentwicklung der bestehenden Aufgabenverteilung im Handel. Der Kunde transportiert nun nicht nur die Ware zur Kasse, der personalintensive Prozess des Scannens und Kassierens wird jetzt ebenfalls von ihm übernommen. Manche Unternehmen sehen darin nahezu einen Performance-Booster, der gepaart mit sinkenden Warteschlangen, erhöhter Zahlungsfrequenz und niedrigeren Personalkosten bei gleichen oder sogar steigenden Kundenzahlen das Businessmodell nachhaltig beeinflusst. Die folgenden Daten entstammen einem Interview mit dem Betreiber einer Edeka-Kette im Großraum München, der bereits seit 2011 moderne Kassensysteme einsetzt. In diesen Läden hat der Kunde die Wahl zwischen herkömmlichen Scannerbahnen mit Mitarbeitern oder den Self-Service-Stationen, an denen der Kunde selbst seine Ware scannen kann. Beiden Systemen folgen Kassen, an denen der Scan-Bon zur Zahlung vorgelegt wird, oder einem Automatensystem, an dem in bar oder per Karte der Einkaufswert beglichen werden kann.

13.5.1 Self-Service-Scanner im Check-out-Prozess

Beim Einsatz von Self-Service-Scannern ist ein Anteil von 30 % der Kunden zu beobachten, die das moderne System annehmen. 70 % nehmen den traditionellen Weg an Stationen, die mit Mitarbeitern des Marktes besetzt sind. Über 80 % der Self-Service-Kunden nutzen die in den Stationen integrierte Funktion zur Kartenzahlung und die Quote der Kunden, die die Self-Service-Stationen nach einem ersten Besuch erneut benutzen, liegt über 70 %. Damit ist das System als echter Erfolg zu bezeichnen. Wenn Kunden im Anschluss an den herkömmlichen Scanprozess die Möglichkeit erhalten, an automatisierten Kassen ihren Einkaufsbeleg zu scannen und zu bezahlen, nutzen immerhin schon 20 % von ihnen diesen maschinengestützten Check-out-Prozess. Die Quote derer, die diesen Vorgang bei einem nächsten Einkauf wiederholen, liegt bei 50 %. Anfangs nutzen Kunden Self-Service-Scanner vor allem bei kleineren Einkäufen. Später, nach positiven Erfahrungen, steuern sie auch mit größeren Einkäufen diese Stationen gezielt an. Im Moment liegt der typische Einkaufskorb an den Self-Service-Scannern bei fünf bis zehn Artikeln pro Einkauf.

Mittlerweile, nach drei Jahren Betrieb, steuern neun von zehn Kunden die Self-Service-Scanner gezielt an. Von denen, die traditionelle Bänder bevorzugen, wechseln lediglich 10 % bei zu langen Warteschlangen zu den Self-Service-Scannern. Die in der Planungsphase erwartete Zahl von Kunden, die versuchen, sich teurere Artikel durch Einscannen der Preise von günstigeren Artikeln zu erschleichen, konnte nicht bestätigt werden. Die Kunden an Self-Service-Scannern wissen das ihnen entgegengebrachte Vertrauen zu schätzen und gehen mit dem neuen System ehrlich um. Die einsetzenden Firmen sehen ihre Erwartungen an das neue Kassensystem bestätigt und bewerten dieses als erfolgreich, die Kunden wiederum schätzen es, dass sie die Wahl haben, einen schnelleren Abrechnungsweg zu nutzen, indem sie gegenüber der herkömmlichen Variante selbst Hand anlegen.

13.5.2 Moderne Kassensysteme am Beispiel Nespresso

Interessant in Zusammenhang mit modernen Kassensystemen ist der Ansatz des Kaffeeherstellers Nespresso. Sein Hauptgeschäft im Umsatz mit Kaffeemaschinen und den dazugehörigen Kapseln erzielt das Unternehmen über die Onlinevermarktung der Produkte. Um aber die Zielgruppe derjenigen Kunden, die nicht online ihre Waren beziehen, zu erreichen, und ihnen Spontankäufe sowie eine Präsentation der Waren zu ermöglichen, hat die Kette ein Filialnetz in 1-A-Innenstadtlagen etabliert. Dabei wird die Präsentation der Marke auf hochpreisigem und hochwertigem Niveau umgesetzt. Die Ladeneinrichtung hat Boutique-Charakter und die uniformierten Mitarbeiter üben ihre Verkaufstätigkeit mit äußerster Sorgfalt und entsprechend nach klar definierten Regeln aus. Der Kunde kann in den Läden die angebotenen Kaffeesorten kostenfrei oder gegen geringes Entgelt testen, sich seinen Einkauf zusammenstellen lassen und die Maschinen der Marke genauer in Augenschein nehmen. Da die Läden in ihren 1-A-Lagen aber ein teures Marketinginstrument im Portfolio des Kaffeekonzerns sind, muss die Performance innerhalb der Läden maximiert werden. Dies gilt vor allem in Stoßzeiten, beispielsweise in der Vorweihnachtszeit, in der die Verkäufer in den Geschäften dem Ansturm der Kundschaft nicht Herr wurden und so das Premiumkonzept der Kette litt.

Die Firma ging also auf die Suche nach einem Ansatz, der die Bedienung der Kunden getrennt nach zwei Segmenten ermöglichen sollte. Kunden mit Interesse an einer Kaffeemaschine, also potenzielle Neukunden, sollten nach wie vor mit höchstmöglicher Aufmerksamkeit betreut werden, die Zeit sollte auch an hektischen Tagen keine Rolle spielen und die Beratung dieser Kaufinteressenten stets Priorität haben. Die konsequente Umsetzung dieser Premiumstrategie schloss nunmehr die komplette Bedienung des Kunden inklusive dem Transport der Ware an die Kasse, die Verpackung und die persönliche Aushändigung des Einkaufs durch einen Mitarbeiter ein. Dabei war für den Kunden der Mitarbeiter, zu dem er im Laden anfänglich Kontakt aufgenommen hatte, auch derjenige, der ihn über den gesamten Verkaufsvorgang bis hin zur Bezahlung und Warenübergabe durchgehend begleitete. Dieses Konzept gilt in Geschäftszeiten mit niedrigem Kundenaufkommen auch heute noch. In Stoßzeiten hingegen erwies sich das Premiumkonzept als nicht praktikabel, da die Wartezeiten der Kunden eine kritische Grenze überschritten. Es wurde also die Fehlerverkaufsquote ermittelt und aus dieser das Potenzial für ein neues, alternatives Konzept abgeleitet.

Der Konzern reagierte mit der Einführung einer Selbstbedienungsecke, an der Stammkunden mit entsprechender Customer-Loyalty-Mitgliedschaft ihren Kaffeevorrat selbstständig aus Regalen entnehmen und zur Kasse transportieren können. Hier wurde das Premiumkonzept der Flagship Stores zugunsten der Praktikabilität im Absatz aufgeweicht. Der Kunde hat die Möglichkeit, den Service des Ladens vollumfänglich zu nutzen, oder die Alternative, aus Zeitgründen selbst aktiv zu werden. Interessant ist dabei besonders die Tatsache, dass dieser aus Supermärkten jedem Kunden bestens vertraute Einkaufsvorgang gezielt nur dem Stammkundenkreis, ausgewiesen durch die Kundenkarte des Unternehmens, zur Verfügung steht. Der alltägliche Einkauf wird nur Stammkunden zugänglich gemacht und erhält damit den Anschein des Exklusiven und der privilegierten Sonderbehandlung. Um den Premiumcharakter des Ladens weiter zu unterstreichen, wurde zusätzlich mit innovativen Kassenkonzepten gearbeitet, die den Check-out-Prozess interessant gestalten und mit ihrer Innovationskraft dem Kunden ein Image der bevorzugten Sonderbehandlung vermitteln sollen. Der Kunde stellt sich in dieser speziell abgetrennten Ecke des Ladens nun selbst seinen Kaffeeeinkauf zusammen, trägt den Einkauf zu Automaten-Kassen und beginnt mit dem Check-out. Da die Verpackung der Kaffeekapseln uniformiert ist, ergibt sich eine einheitliche Grundfläche in der ebenfalls standardisierten Einkaufstüte. Der Einkauf wird in der Tüte auf einen Self-Service-Kassentisch gestellt. Mittels der in den Kaffeeverpackungen enthaltenen Radio-Frequency-Identification-Transpondern

(RFID) wird innerhalb von Sekunden der gesamte Einkauf erfasst und auf dem Display zur Kontrolle für den Kunden abgebildet. Der Kunde kann nach erfolgter Endkontrolle seines Einkaufs mit Karte bezahlen und diesen damit selbst abschließen (FAZ 2013).

Dieses Konzept wird momentan in Flagship Stores der Nespresso-Kette auf seine Massentauglichkeit und die Annahmebereitschaft der Technik durch den Kunden hin erprobt. Der Nutzen für die Erhöhung der Verkaufsfrequenz ist derart hoch, dass die zur Verfügung gestellte Verkaufsfläche für dieses Konzept trotz der hohen Kosten der Premiumlage stetig steigt. Die für den Einkauf mit Selbstbedienung vorgesehenen Flächen wurden in den Standorten der zweiten Welle bereits größer konzipiert und ähneln vom Ambiente her hochpreisigen Humidoren oder Weinlagern. Der Kunde erlebt jetzt eine neue Form des Einkaufs im Premiumsegment, die eigentlich eine Rückführung auf die Selbstbedienungsabläufe der Lebensmittelketten darstellt. Der durch die Selbstbedienungsautomaten assoziierte „Maschinencharakter" wird durch das neue Nespresso-Einkaufserlebnis im Premiumumfeld des Ladens neutralisiert.

13.5.3 Performance im Handel

Automaten-Ansätze sind aus Kundensicht aber nicht generell und vorbehaltlos positiv belegt. Denn „weiche" Faktoren, wie das persönliche Gespräch und eine Verabschiedung durch den Kassierer, entfallen dabei zwangsläufig.

Kann Performance Management auf Basis eines Maschinenparks also zielführend sein? Dies allein wäre im Handel sicher nur eine beschränkte Option. Vielmehr müssen sich die Handelsunternehmen auf geänderte Wünsche der Kunden einstellen, die in der Hauptsache durch deren Onlineshopping-Verhalten geprägt werden. Erhöhte Ansprechbarkeit und persönliche Begrüßung sind Bestandteile einer Dienstleistung, zu der Mitarbeiter im Gegensatz zu Automaten in der Lage sind, und diese Vorteile muss der Retailer nun gekonnt ausspielen.

Im Handel kann zwischen einer technischen, prozessualen und emotionalen Performance unterschieden werden (vgl. Abb. 13.3). Diese drei Kernelemente der Performance werden durch die drei Funktionen Information, Präsentation und die Sortimentsfunktion ergänzt. Das Zusammenspiel der Funktionen und Elemente bildet die gesamte Performance im Handelsunternehmen. Die Elemente Emotion und Mitarbeiter reflektieren die vom Kunden wahrgenommene emotionale Performance des Handelsunternehmens. Dieser Faktor stellt eine rein subjektive Beurteilung dar und ist für die Kaufentscheidung in dem Fall entscheidend, in dem Kunden eine Beratung in Anspruch nehmen oder den Kontakt zu einem Mitarbeiter suchen.

Die eingesetzte Technik ist der Enabler für die in den Prozessen angewandten Ideen zur Verbesserung der Kundenzufriedenheit und zur Maximierung des Unternehmenserfolgs. Hier kann durch das Zusammenspiel von Hard- und Software die Basis für die Umsetzung der Prozesse geschaffen werden. Die dafür erforderlichen Investitionen liegen oft in Größenordnungen, die über ein Jahrzehnt oder mehr abgeschrieben werden müssen.

Abb. 13.3 Self-Service-Anlage im Checkout. (Quelle: Bildarchiv der NCR Corporation)

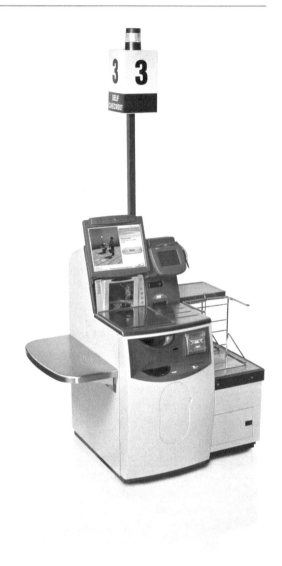

Dementsprechend ist hier eine besondere Sorgfalt erforderlich: geschickte Planung und sorgfältige Auswahl offener Technologien, die nur durch Softwareanpassungen eine lange Lebensdauer versprechen. Die Technik ermöglicht die Abfrage von unternehmensrelevanten Daten, wie Verfügbarkeit und Lieferzeiten von Waren. Darüber hinaus wird die interne Logistik eines Unternehmens gesteuert und die im Kassenraum zur Verfügung gestellte Zahlungsart vorgegeben. Der Prozess wird maßgeblich von der Technologie beeinflusst. Die an den Kassen und Scannern eingesetzte Software bestimmt den Ablauf des Kassiervorgangs und die Abfrage unternehmensrelevanter Daten für die Bestellung und Beschickung einzelner Läden (Abb. 13.4).

Abb. 13.4 Performance im Handel. (Quelle: eigene Darstellung)

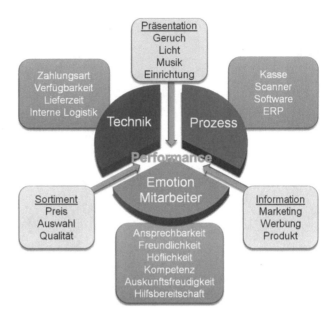

Damit sind Technologie und Prozess auch maßgeblich an der Sortimentsfunktion beteiligt. Aus den ersten beiden Elementen erwächst ein Teil der Informationen, die für die Sortimentsgestaltung wichtigen Input geben. Nicht allein das hochpreisige Sortiment eines Lebensmittelhändlers beeinflusst die Beurteilung durch den Kunden, er kann sich z. B. auch als Discounter mit Niedrigpreisen durch kundenorientierte Kommunikation und Präsenz seiner Mitarbeiter im Verkaufsraum beim Kunden von der Konkurrenz unterscheiden. Analog dazu verläuft die Einstufung des Onlinehandels zum stationären Einzelhandel. Der Ansatz des Einzelhandels, sich über verbesserten Mitarbeitereinsatz und erhöhte Kommunikationsanstrengungen vom Onlinehandel zu profilieren, wird die Unternehmenskultur nachhaltig positiv beeinflussen. Den Mitarbeitern kommt dabei die Aufgabe einer zentralen Anlaufstelle für Kundenwünsche und -fragen zu. Damit muss endgültig vom Image des „regalauffüllenden Kassierers" Abschied genommen werden. Dieser Weg wird die Motivation der Mitarbeiter erhöhen und ihr Eigenengagement fördern. Die Einsatzbereitschaft der Belegschaft wird positiv beeinflusst und darüber hinaus ihr Stellenwert beim Kunden auf ein höheres Niveau gehoben. Der Mitarbeiter im Handelsunternehmen kehrt einen Schritt weit zu seinen Ursprüngen zurück: zum Ansprechpartner und Berater (Abb. 13.5).

Neben den Self-Service-Kassen und der damit reduzierten Personaldecke an Kassen steht vor allem die Beschleunigung des Zahlungsvorgangs im Vordergrund der Anstrengungen. Frei gewordene Kassenkräfte können nun innerhalb des Ladens beschäftigt und für Kundenansprache oder gar proaktiven Einsatz geschult werden. Denkbar sind auch Ansätze, bei denen Mitarbeiter eine Art „Streifendienst" im Laden verrichten, damit im Verkaufsraum Präsenz zeigen, einzig mit dem Ziel, ansprechbar zu sein und aufmerksam die Kundenwünsche zu beobachten.

Abb. 13.5 Self-Service-Kasse. (Quelle: Bildarchiv der NCR Corporation)

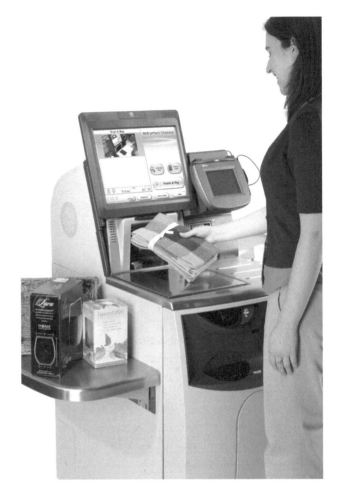

Die Präsentation der verfügbaren Waren ist ein wichtiger Bestandteil in der Performance eines Handelsunternehmens. Hochwertige Materialien im Verkaufsraum und Lichtkonzepte mit untermalender Musik spielen ebenfalls eine wichtige Rolle in der positiven Ansprache des Kunden. Gerüche werden hierfür gezielt im Verkaufsraum platziert, beispielsweise soll eine Obsttheke einen leichten Duft nach Citrus, Äpfeln oder Bananen verströmen und die Ecke mit den Backwaren einen leichten Röstgeruch, wie er bei Aufbackstationen entsteht.

Erreicht der Kunde dann die Kasse, steht ihm nach dem positiven Eindruck des Ladens noch die Saldierung und Abrechnung am Schluss bevor. Dabei ist an herkömmlichen Kassen die Dauer von Kartenzahlungen ebenso wie an Self-Service-Kassen noch ein Hemmnis. Aufgrund veralteter Übertragungstechniken sind herkömmliche Kartenzahlungen noch im Nachteil zur Bezahlung mit Bargeld, neue Techniken wie das berührungslose Bezahlen gleichen diesen Malus aber aus.

13.6 M-Payment – das Ende der Marketing-Einbahnstraße

Debit-Karten-Umsätze in Deutschland summierten sich im Jahr 2001 auf 21,4 Mrd. € und vervierfachten sich in den folgenden zehn Jahren. Das Wachstum verlangsamte sich jedoch seit 2010 etwas (Bankenverband 2012). Die Erschließung neuer Kundenkreise, eben durch das berührungslose Bezahlen mit Debit- oder Kreditkarten oder gar unter Berücksichtigung der Zukunft im M-Payment, lässt das Zahlungsverhalten der Deutschen in neuem Licht erscheinen.

Unter M-Payment oder Mobile Payment werden Bezahlvorgänge zusammengefasst, die über ein mobiles Endgerät des Kunden getätigt werden. Dazu zählen im Besonderen Zahlungen über die zahlreich vertretenen Smartphones mit ihrer permanenten Onlineanbindung. Dabei wird die Zahlung zwischen der Applikation auf dem Mobiltelefon und einer zentralen Gegenstelle des Zahlungsproviders verschlüsselt ausgehandelt. In den USA wird die Zahlung über das Mobiltelefon momentan beim Supermarktbetreiber Walmart genutzt. Hier scannen die Kunden ihre Ware während des Einkaufs sogar mit dem Mobiltelefon und übermitteln die Einkaufsliste mit dem Mobiltelefon an der Kasse. Der Schritt, danach direkt mit einer Applikation die Rechnung zu begleichen, ist da nur ein kleiner. Diese Anwendung wird in naher Zukunft aber eher einen positiven Marketingeffekt erzielen, massentauglich ist diese Anwendung nicht, zumal sie das Prinzip des aktiven Kunden zu stark überzeichnet.

Ein großer Vorteil des M-Payments ist die Öffnung neuer Kommunikationswege zwischen Händler und Kunde. Die althergebrachten Kanäle einseitiger Kommunikation vom Händler zum Kunden über Medien, wie Print, Funk und Fernsehen, haben in Zukunft keinen Alleinvertretungsanspruch mehr. Applikationen auf mobilen Geräten erlauben einen Rückkanal vom Kunden zum Handel, der beispielsweise auch für die Integration von Kundenbindungsprogrammen genutzt werden kann. Das versetzt das Handelsunternehmen in die Lage, gezielte, auf den Kunden zugeschnittene Werbung zu versenden. Die Performance eines Handelsunternehmens erhält nunmehr eine neue Dimension, die es bei der Planung von Prozessen zu berücksichtigen gilt. M-Payment, der Enabler dieser Zwei-Wege-Kommunikation, ist dabei nur eine Basistechnologie, die ihrerseits mobile Endgeräte nutzt. Händler können gezielte Push-Meldungen versenden, um auf Sonderaktionen hinzuweisen. Im Gegensatz zu Printmedien, dem Radio oder Fernsehen kann sichergestellt werden, dass den Kunden diese Meldung auch erreicht. Da nun nicht jedes Handelsunternehmen seine eigenen Applikationen entwickeln wird, bietet sich diese Technologie dafür an, in den Dialog mit anderen Marktteilnehmern zu treten. Interesse an M-Payment bekunden schon seit Längerem insbesondere die Mobilfunkanbieter. Synergien sind hier deutlich erkennbar, da Mobilfunkprovider bereits über einen funktionierenden Abrechnungsmechanismus verfügen, der erprobt und vom Kunden akzeptiert ist. Denkbar wären also Zahlungsapplikationen auf mobilen Endgeräten, die von Mobilfunkprovidern angeboten und betrieben werden. Hier könnte auch die Onlineversion des Supermarktes der Zukunft entstehen. Der Kunde kann online aus dem Angebot seines Stamm-Händlers wählen und dann den Einkauf in einer Filiale seiner Wahl zur Abholung bereitlegen lassen. Hinter dem Kassenbereich wären gekühlte Schließfächer denkbar, deren Öffnung mit der Bezahlung im M-Payment-Programm freigeschaltet wird. Indem der Kunde seine Produkte nur noch entnimmt, hat er seinen Einkauf zügig erledigt. Standardwarenkörbe in den Applikationen, von den Kunden frei konfigurierbar, können den Einkauf dabei noch effizienter gestalten. Kombiniert man Einkaufsvorgänge wie diese, erhält man einen Kunden, der die Vorteile seines Händlers zu schätzen weiß und sich so über das Alleinstellungsmerkmal zum Stammkunden entwickelt. Ähnliche Projekte werden bereits am Markt angeboten, z. B. von einem Supermarkt am Flughafen München. Hier kauft der Kunde beim Abflug ein und erhält seine Ware in der Ankunftshalle in einem Schließfach an einem vorbestimmten Tag: Vom Kofferband über den verlängerten Kühlschrank nach Hause – ein Weg, der besonders von Kunden mit Ankunftszeiten am Sonntagnachmittag angenommen wird.

M-Payment kann auch bei Lieferungen des Einkaufs an die Haustüre zum Einsatz kommen. Bereits heute arbeiten Ketten wie Rewe, Edeka, Kaufland oder das Startup Mytime an Konzepten für den bequemen Einkauf von Zuhause. M-Payment stellt eine Verknüpfung zwischen herkömmlichen, lokalen Händlern und dieser Kundenklientel dar. Es wäre ein Konzept denkbar, das den Händler zur Lieferbasis für ein definiertes Kundengebiet erhebt. Mancher Kunde gehobener Einkommensklassen ist zweifelsohne bereit, seine hart erarbeitete Freizeit nicht in einem Supermarkt zu verbringen und sich stattdessen die Lebensmittel seiner Wahl frei Haus liefern zu lassen. Davon unberührt bleiben Händler mit Premiumprodukten, deren Einkauf keinen alltäglichen Vorgang darstellt. Hier ist der Mehrwert nur schwer darstellbar und angesichts der hohen Kosten bei der Einführung sicher auch schwer in der Amortisierung.

Zusammengenommen ist M-Payment eine Technologie, die dem Handel die Kommunikation mit den Kunden erleichtert. Der Kunde kann zielgerichtet erreicht werden und die Integration von Kundenbindungsprogrammen, Punktesystemen und jeglichen Rabattprogrammen kann individuell erfolgen. Eingedenk von Bonussystemen wie Payback führt dieser Weg zwar in Richtung des gläsernen Kunden, aber die Funktionen müssen vom Kunden ja nicht zwingend in vollem Umfang angenommen werden. Hier ist die optionale Abschaltung von Komponenten in den Applikationen zu empfehlen. Dieser Service des Handels für seine Kundschaft wird komplett veränderte Prozesse und Performance-Ansprüche generieren. Das Potenzial ist enorm, denn Kunden, die Abholung oder gar Lieferung wünschen, werden für diesen Extraservice auch Aufschläge bezahlen, die dem Händler wiederum neue Einkommensquellen ermöglichen.

13.7 Fazit

Die Performance im Handel wird neben den klassischen Ansätzen der Personalführung und des Ressourceneinsatzes vor allem in der Leistung des Händlers im direkten Kontakt mit seinem Kunden wahrgenommen. Dieser legt besonderen Wert auf einen reibungslosen Ablauf seines Einkaufsprozesses, das Umfeld, die Sortimentsgestaltung und den Preis seines Produktes.

Der Ablauf des Check-out-Prozesses im Handel muss daher ebenso wie das Umfeld durch das Unternehmen priorisiert positiv beeinflusst werden. Innovative Technologien ermöglichen es, diesen Abschnitt für den Kunden möglichst reibungslos zu gestalten. Moderne Kassensysteme stellen dabei eine Ergänzung des aktuellen Portfolios dar, werden allerdings lediglich von einem Teil der Kunden vorbehaltlos angenommen. Die Check-out-Automation unter Einbeziehung der Kunden als Leistungserbringer erzielt einen enormen Performance-Gewinn – gerade in Stoßzeiten, in dem Kunden eine Alternative zur Warteschlange geboten wird. Die Wiederholungsrate bei Kunden an diesen Systemen nach dem ersten Check-out ist hoch und lässt den Schluss zu, dass derlei Kassen in Zukunft eine hohe Bedeutung zugemessen werden muss.

Insbesondere ist natürlich das positive Kosten-Nutzen-Verhältnis für den Händler hervorzuheben, das die Installation derlei Technologien besonders interessant macht. Die Entwicklung im Handel wird ähnliche Wege einschlagen, wie sie in der Luftfahrt zu Beginn des neuen Jahrtausends mit den Common-Use-Self-Service-Automaten (CUSS) begann. Der Check-in-Prozess ist hier schon in einem Maße automatisiert, das ein Auskommen ohne persönlichen Kontakt ermöglicht, jedoch den Kunden immer die Möglichkeit zur Kommunikation mit einem Mitarbeiter einräumt. Die Anzahl der besetzten Schalter im Check-in-Bereich wird hier kontinuierlich an das Kundenaufkommen angepasst, sodass den Kunden die Wartezeit an Automaten auch für die Gepäckaufgabe stets günstiger erscheint. Aus diesem optimalen Einsatz von Ressourcen sollte der Handel lernen. Die Automation im Check-out-Prozess des Supermarktes muss, zumindest am Anfang, die Ausnahme darstellen.

Zu beachten ist die Medienwirkung moderner Kassensysteme. Zum einen kann das Unternehmen eine positive Presse unter dem Aspekt der Innovation verbuchen, gleichzeitig besteht aber immer die Gefahr der negativen Auslegung. Hier sei vor allem ein möglicher Arbeitsplatzabbau genannt. Unternehmen, die mit modernen Kassensystemen liebäugeln, muss empfohlen werden, hier frühzeitig eine Argumentationskette gegen diese negativen Ansätze aufzubauen. Eine Diskussion sollte – gerade innerhalb des Unternehmens – offen geführt werden, um die positiven Aspekte zu kommunizieren und später auch in der Argumentation der Mitarbeiter gegenüber den Kunden gezielt anzubringen. Handelsunternehmen kann nur dringend angeraten werden, die Personaldecke durch moderne Kassensysteme nicht zu reduzieren, sondern vielmehr die Präsenz der freien Personalressourcen innerhalb des Verkaufsraums zu erhöhen. Persönliche Ansprechbarkeit und Hilfsbereitschaft gegenüber dem Kunden sind es, die den lokalen Händler noch von seinem Internet-Pendant unterscheiden. Den Preiskampf hat der lokale Händler in der Regel schon verloren.

Eine positive Außenwirkung moderner Check-out-Technologie wird von vielen Händlern bereits jetzt festgestellt. Der Anteil derjenigen Kunden, die gezielt wegen der Automatenkassen zum Standort des Händlers kommen, wird von einem Supermarktbetreiber auf 5 % geschätzt. Gefragt nach der Tatsache, die ihn nach Einführung der Systeme am meisten überrascht hat, antwortete derselbe Händler, es habe ihn sehr verwundert, dass einzelne Kunden sich derart über Veränderungen echauffieren können. Hier wird die Einschätzung vieler Kunden deutlich, die mit Neuerungen nicht einfach zurechtkommen, vor allem, wenn deren Einsatz von ihnen nicht gefordert wird.

Moderne Technologie kann für ein Unternehmen im Handel, das eine breite Kundengruppe ansprechen will, immer nur eine Ergänzung bleiben. Der Einsatz sollte auf Freiwilligkeit beruhen und die Initiative dazu vom Kunden ausgehen. Nur unter dieser Bedingung, gepaart mit einer starken Unterstützung und positiven Einstellung der Mitarbeiter gegenüber dieser Technologie, kann ein nachhaltiger Erfolg in Aussicht gestellt werden.

Literatur

Bankenverband. (2012). electronic cash – Umsätze. In S. S. Banken (Hrsg.), *Bankenverband – Bundesverband Deutscher Banken*. Berlin.

„Nummern ziehen für neue Kapseln", FAZ vom 1. (2013). http://www.faz.net/aktuell/rhein-main/nespresso-laden-in-frankfurt-nummern-ziehen-fuer-neue-kapseln-12600571.html. Zugegriffen: 14. April 2014.

Steigerung der Patientenorientierung: Performance Management in einem universitären Krebszentrum

14

Helge K. Schumacher

14.1 Ausgangslage

Krebserkrankungen haben die Herz-Kreislauferkrankungen als bedeutendste Erkrankung, gemessen in Neuerkrankungsraten seit dem Jahr 2010, abgelöst. Die Initiierung eines nationalen Krebsplans war die logische Konsequenz auf die Prominenz dieser Erkrankungen. Neue Therapieansätze haben zudem zu einer Chronifizierung vieler onkologischer Erkrankungen geführt. Daraus ergibt sich für die Patienten zunehmend der Bedarf an komplementärer Unterstützung neben der reinen Kuration (z. B. in Form von Psychoonkologie oder Beratung durch die Selbsthilfe). Sie benötigen einen Lotsen, der ihnen hilft, die Vielzahl an unterschiedlichen Anlaufstellen zu koordinieren, und der ihnen beratend zur Seite steht. Dieser Idee haben sich Comprehensive Cancer Centers (CCC) verschrieben. Neben der wichtigen Verbindung zur Forschung sollte ein CCC auch ein regional koordinierendes onkologisches Zentrum sein, um die Behandlungsstandards des Zentrums auch in die Fläche tragen zu können.

Das hier angeführte Beispiel eines universitären Krebszentrums hat zunächst grundsätzlich drei Kernaufgaben. Es dient als Comprehensive Cancer Center der Förderung und Intensivierung der Forschungsbemühungen eines Universitätsklinikums, der Verbesserung der krankenversorgerischen Leistungen der onkologisch tätigen Kliniken und ihrer (lokalen) Partner sowie der Fortbildung auch der assoziierten Einrichtungen. Im Zentrum sämtlicher Tätigkeiten steht dabei die Verbesserung der Morbidität und Mortalität bei möglichst hoher Lebensqualität der Zentrumspatienten. Aufgrund der hier vorliegenden positiven Zusammenhänge kann z. B. eine hohe Studienquote mit einer Verbesserung

---

H. K. Schumacher (✉)
Göttingen, Deutschland
E-Mail: helge.schumacher@gmail.com

© Springer-Verlag Berlin Heidelberg 2016
H. Künzel (Hrsg.), *Erfolgsfaktor Performance Management*, Erfolgsfaktor Serie,
DOI 10.1007/978-3-662-47102-9_14

der krankenversorgerischen Leistung einhergehen. Dies liegt an der noch umfassenden Standardisierung der Betreuung und besseren Überwachung der Therapie.

Eine insgesamt größere Herausforderung stellt die Abstimmung der Behandlung über ein interdisziplinäres Zentrum dar. Hierzu ist zu wissen, dass in Deutschland Leistungen im Krankenhaus in einzelnen Abteilungen erbracht werden, die z. T. sogar in Konkurrenz zueinander stehen. Die jeweilige Zielvorgabe führt zu einer Fokussierung auf die eigene Zielerreichung, Fallzahlerhöhung und potenziell sogar zu weniger Austausch zwischen den Abteilungen. Eine Erweiterung dieses Kreises auf externe Partner verkompliziert diese Abstimmung zusätzlich. Eine optimierte Therapie benötigt aber eine frühzeitige Öffnung für sämtliche Behandlungsmöglichkeiten aus der jeweils optimalen Abteilung. Hierzu können Instrumente eines Querschnittszentrums beitragen, wie z. B. eine interdisziplinäre Fallkonferenz.

Einen weiteren Problemkreis eröffnet die schwierige Personalausstattung eines Zentrums, da deren Leistungen von den Krankenkassen nicht vergütet werden. Die Einführung bzw. Etablierung eines solchen Zentrums ist also eine Entscheidung für ein Cost Center, welches primär der Verbesserung der Qualität dient, da es keine direkte Erlösrelevanz entwickelt. Gerade aus diesem Spannungsfeld heraus ist es umso wichtiger, wirklich gute Leistungen am Patienten und damit letztlich eine Verbesserung der Therapierfolge der Gesamtklinik zu erreichen. Hierzu stehen, wie bereits ausgeführt, sehr überschaubare Ressourcen zur Verfügung. Diese Ressourcen sollten unter Nutzung eines Performance-Measurement-Ansatzes kritisch hinterfragt und vor allem optimiert eingesetzt werden. Nur wenn die Erbringung der wichtigen und vor allem für den Erfolg kritischen Leistungen optimiert erfolgt, kann eine Rechtfertigung des Ressourceneinsatzes gelingen.

Diesem Anspruch zu genügen bedarf es des Beschreibens eines Entwicklungspfades, auf dem optimalerweise Instrumente des Performance Measurements eingesetzt werden.

Um für die Patienten und ihre Bedarfe und Ängste da zu sein, müssen Abläufe im Zentrum und die Anbindung von und Kommunikation mit den Zuweisern wie auch ReHa und Nachsorgeeinrichtungen optimal ablaufen. Der Blick hat sich dabei parallel nach innen (z. B. Anpassungen an den Fallkonferenzen, den Beratungsangeboten, etwa in Form einer Breast and Cancer Care Nurse, BCN), aber auch nach außen zu den externen Partnern (u. a. wegen der geplanten Ausweitung von Patientenvorstellungen aus externen Häusern aufgrund von neuen Verbundstrukturen) zu richten und beide Prozessebenen zu berücksichtigen.

14.2 Vorgehen/Methodik

Performance Measurement ist ein umfassender Managementansatz, die Prozesse und Ressourcen einer Organisation auf die konsentierten Ziele zu fokussieren. Häufig stellt weniger das Setzen einer Strategie als die konsensuale Umsetzung die größte Herausforderung in einem Unternehmen dar. Mitarbeiter und weitere Stakeholder wollen adressiert und als Prozessbeteiligte integriert sowie Maßnahmen förderlich implementiert werden.

Über die Zielbildungskaskade kann ein Kennzahlensystem, wie z. B. eine Balanced Scorecard, an die Ziele einzelner Mitarbeiter angebunden werden. Diese Zielerreichungen im Kleinen müssen überwacht und mit Feedback an die Mitarbeiter verknüpft werden. Prozesse und Aufbauorganisationen in großen krankenversorgerischen Organisationen weisen ihre eigene Komplexität und Herausforderungen dahingehend auf. Häufig existieren keine leistungsabhängigen Entgeltsysteme oder eine konkrete herunterbrechenbare Zielsetzung aus dem oberen Management. Hier ist das mittlere Management aufgefordert, Maßnahmen wie Mitarbeitergespräche und die Arbeitsumgebung so zu gestalten, dass eine abgestimmte Prozesskette entsteht. Das Performance Measurement unterstützt dabei die Vorgesetzten, ihrer Personalführungsverantwortung gerecht zu werden. Für die Steuernden des operativen Prozesses der Leistungserstellung werden Zielvereinbarungen, eine Fortschrittskontrolle, Mitarbeiterkommunikation und Personalmaßnahmen durch das Performance Measurement vereinfacht. Am Beispiel eines universitären Krebszentrums wird im Folgenden aufgezeigt, wie ein Performance Measurement Effektivitäts- und Effizienzvorteile zu generieren vermag. Einer Optimierung vorgeschaltet ist die Bestandsaufnahme von Prozessen und Beteiligten, die den Ansatzpunkt von Maßnahmen erst konkretisiert. Vor einer Erschließung von Verbesserungspotenzialen sollten zudem Ansprüche interner und externer Stakeholder aufgegriffen und prozessual integriert werden. Entlang dieses ermittelten Bedarfs, bei dem die u. a. auch extern gesetzten Anforderungen (wie aus dem Krebsfrüherkennungs- und Registergesetzes (KFRG) in Bezug auf die begleitende Tumordokumentation) mitberücksichtigt werden müssen, erfolgt die Umsetzung eines Optimierungsprozesses, zunächst der Fallkonferenzen und des Beratungsangebots, später der Anbindung von (Kooperations-)Partnern und der Dokumentationsstrategie.

Neben einer Fokussierung auf die relevantesten Aufgaben hat zwingend eine Ablaufoptimierung zu erfolgen. Sämtliche Maßnahmen müssen dabei aber stets das Ziel einer Verbesserung der Patientenversorgung zum Ziel haben. Erst in zweiter Linie stehen bei einem CCC Aspekte wie eine Verbesserung der Erlössituation oder Verringerung von Durchlaufzeiten. Diese können selbstverständlich auch mittelbar zu einer Steigerung des Patientennutzens führen (Abb. 14.1).

Als Erstes erfolgt die Frage nach den relevanten Stakeholdern eines Krebszentrums. Dies sind primär:

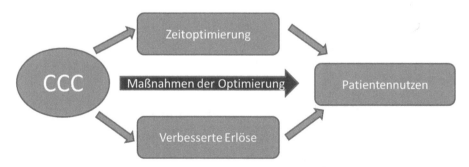

Abb. 14.1 Ebenen der Prozessoptimierung. (Quelle: eigene Darstellung)

- Patienten
- onkologisch tätige Abteilungen
- Kooperationspartner (in- & outhouse)
- Krankenkassen
- Sozial-/Wissenschaftsministerium als Normengeber

Für diese erfolgt eine „Produktion" von:

- Dienstleistungen für Patienten und Partnerabteilungen
- hoheitlichen Aufgaben (Krebsfrüherkennungs- und Registergesetz (KFRG), Gesetz über das Epidemiologische Krebsregister Niedersachsen (GEKN))
- Mehrwert durch Synergien für Abteilungen
- Reputation für das Stammhaus (durch das Zentrum)

Benötigt wird zudem eine Analyse der Tätigkeiten innerhalb des Zentrums und einer Hierarchisierung in Bezug auf die erfolgskritischsten Faktoren für die Verbesserung der Patientenversorgung. Hierzu zählen neben der Dokumentation (sowohl der Beschlüsse der Fallkonferenzen als auch der Behandlungsergebnisse im Krebsregister) vor allem die Abläufe rund um die Fallkonferenzen, die federführend vom Zentrum organisiert werden. Weitere Leistungen des Zentrums stellen vor allem die Vermittlung in komplementäre Behandlungsangebote und die Stellung eines Patientenlotsen dar.

Die Dokumentation in ein klinisches Register ermöglicht Auswertungen zur Identifikation von optimalen Therapieansätzen für die auch hausindividuellen Adaptionen von Behandlungspfaden. Die auf Basis der Registerdaten durchgeführten Studien und Analysen verbessern die Therapie und sind eine der wenigen Möglichkeiten einer externen Qualitätskontrolle. Zudem erfolgt der Aufbau eines regionalen Netzwerks zur Schaffung von Strukturen für einen schnittstellenoptimierten Behandlungspfad. Dies beinhaltet ambulante Partner, Kliniken der Grund- und Regelversorgung sowie Häuser der rehabilitativen Versorgung. Dieses regionale Netzwerk sollte konsequent qualitätsorientiert und mit dem Fokus auf eine pfadoptimierte Patientenbetreuung ausgebaut werden. Sämtliche dargelegten Aspekte beziehen sich dabei auf die direkte Verbesserung der Krankenversorgung. Über Forschungsansätze kann eine langfristige Versorgungsverbesserung erwirkt werden; diese wichtigen Aspekte translationaler Forschung werden an dieser Stelle nicht weiter vertieft.

Im Hinblick auf die für den Patienten als Erstes erfahrbare Verbesserungen wurden als Kernprozesse des Zentrums die Fallkonferenzen und das Beratungsangebot identifiziert. Auch die bereits genannten Aufgaben und eine Weiterentwicklung der gesicherten Qualität sollten weiterverfolgt werden. Aufgrund der aber sehr begrenzten Ressourcen erfolgt der Vorschlag, mit zunächst zwei Bereichen (Fallkonferenzen und Beratungsangebote) aus der Tab. 14.1 zu beginnen und dann nach erfolgreicher Implementierung weitere Handlungsfelder, deren Relevanz bereits skizziert wurde, anzugehen. Letztlich dienen sämtliche Handlungsfelder der Verbesserung des gesamten Zentrumsoutcomes. Die

Tab. 14.1 Auswahl möglicher Handlungsfelder. (Quelle: eigene Darstellung)

Fallkonferenzen	Beratungsangebote	Netzwerk	Qualitätssicherung	Krebsregister
Ablaufeffizienz	Unterstützung der Heilung/ Informationen z. B. über BCNs	Erweiterung von Partnerhäusern und Praxen	Zertifizierung von Zentren nach OnkoZert	Vollzähligkeit/ Vollständigkeit
Vorstellungsrate	Informationsmedien (Internet, Zeitschriften, Flyer etc.)	gemeinsame Qualitätsorientierung	Etablierung von DIN ISO 9001	Nutzung sämtlicher Datenquellen
optimierte Empfehlung	Kooperationen Selbsthilfe	Austausch/ Kommunikation	Durchführung von Befragungen	Auswertungen für die Patienten

zwei Fokusbereiche wurden auch aufgrund der kurzfristig möglichen Verbesserung der Behandlungsqualität als wesentliche Treiber identifiziert. Eine Optimierung der zunächst zurückgestellten Krebsregistrierung wird zudem indirekt über integrative Elemente der Fallkonferenzsteuerung erreicht (Abb. 14.2).

Für diese zwei Prozesse erfolgt die Identifikation von Messpunkten bzw. Ansätzen, das Outcome bewertbar zu machen. Dabei spielt auch der Fokus auf die Inputfaktoren eine große Rolle. Geschaffene oder umzubauende Abläufe und Strukturen sollten so ausgestaltet sein, dass sowohl Zuweiser als auch eingebundene Kooperationspartner noch stärker in den Prozess integriert werden und eine einfach zu handhabende und für sie hilfreiche Umgebung vorfinden. Beinahe noch wichtiger ist die Motivation der Mitarbeiter, für das Wohl der Patienten höchstes Engagement aufzubringen. Neben einer grundsätzlichen intrinsischen Motivation ist hierbei wichtig, dass die Arbeit wertgeschätzt wird und die Abläufe und Arbeitsplätze so gestaltet sind, dass eine fördernde Struktur entsteht.

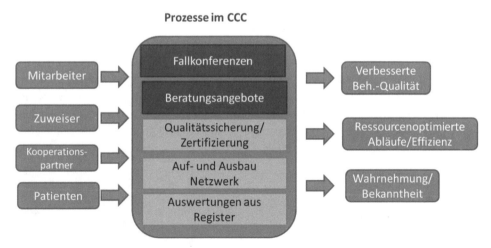

Abb. 14.2 Input, Throughput und Output eines CCC. (Quelle: eigene Darstellung)

14.2.1 Aktionsfeld Fallkonferenz

Eine Messbarmachung der Qualität der am Zentrum vorhandenen Fallkonferenzen bedingt die Möglichkeit einer fallunabhängigen Kontrolle der Abläufe. Die Einführung des Performance Measurements wird zum Ziel haben, in diesem Handlungsfeld auf Basis vorhandener Parameter eine vergleichbar hohe Qualität zu erreichen. Hierzu werden entlang des Prozesses vorhandene Messmöglichkeiten genutzt und ggf. auch neue Indikatoren eingeführt. Ziel ist, bei vorhandener Ressourcenausstattung bei hoher Anzahl an Patientenvorstellungen eine höchstmögliche Qualität zu realisieren. Die Fallkonferenzen können dabei entitätsspezifisch, d. h. symptomkomplexbezogen, oder einrichtungsbezogen organisiert sein. Im Fall einer Einrichtungsbezogenheit ist der Ablauf auf den entsprechenden Rahmen (z. B. in Bezug auf technische Unterstützung und Räumlichkeiten) und die neuen Partner einzustellen.

Konkret bedeutet dies, dass zunächst gemessen wird, ob eine vollständige Vorstellung erfolgt, da eine vor der Therapie erfolgende Besprechung den Goldstandard darstellt. Zudem sollten grundsätzlich Patienten so zeitnah wie irgend möglich vorgestellt werden, was eine zeitliche Messung bedingt. Da Fallkonferenzen in der Regel jede Woche stattfinden, ist eine große Zeitdifferenz bis zur Therapieempfehlung bereits jetzt prozessual, allerdings in Abhängigkeit der Zahl an Vorzustellenden, eher unwahrscheinlich. Wichtig ist dennoch, auf eine vollständige Vorstellung hinzuwirken und dies entsprechend kennzahlenbasiert zu prüfen. Da einige Fälle stets aufgrund der Notwendigkeit zu sofortiger Intervention oder aufgrund der vollständigen Klarheit der Behandlung nach Leitlinie herausfallen, muss diese Zahl nicht 100 % betragen. Ziel sollte aber eine Zahl im hohen 90 %-Wertebereich sein (Abb. 14.3).

Bevor ein Patient in einer interdisziplinären Fallkonferenz vorgestellt werden kann, hat zuerst eine Anmeldung des vorstellenden Arztes zu erfolgen. Hierzu stellt das Zentrum die Umgebung in Form eines gut nutzbaren Formblattes bzw. einer EDV-Umgebung, die diese Anmeldung einfach, aber auch vollständig ermöglicht. Nach der Anmeldung ist es Aufgabe der dem Zentrum zugeordneten Dokumentare, die vorhandenen Informationen aus der Akte oder durch Rücksprache mit dem Behandler auf ein für die Fallkonferenz optimales Niveau zu aggregieren. Mit dieser dann aufbereiteten Anmeldung erfolgt die Vorstellung jedes einzelnen Patientenfalles in einer i. d. R. organspezifisch organisierten Fallkonferenz. Innerhalb dieser Vorstellung werden auch z. B. histologische Befunde einbezogen und wird auf Facharztniveau gemeinsam Bildmaterial beurteilt. Für jeden Patienten hat die Fallkonferenz eine Therapieempfehlung im Konsens auf Basis einschlägiger Leitlinien und aktueller wissenschaftlicher Erkenntnisse zu skizzieren. Diese Empfehlung

Abb. 14.3 Prozesskette Fallkonferenz. (Quelle: eigene Darstellung)

wird aufbereitet und dann vom behandelnden Arzt dem Patienten als Therapievorschlag unterbreitet. Dieser behält das Letztbestimmungsrecht und hat so einen festen Ansprechpartner.

Parallel erfolgt zur Qualitätssicherung eine Dokumentation bestimmter standardisierter Parameter in ein klinisches Krebsregister, aus welchem Auswertungen zu Therapieerfolgen oder Prognosen generiert werden können. Letzteres ist zudem seit dem Krebsfrüherkennungs- und Registergesetz eine gesetzliche Pflicht, die der Qualitätssicherung onkologischer Behandlungen dient.

Der skizzierte Prozess an sich stellt bereits den optimalen Ablauf dar. Prozessual verbessert werden kann durch die Einführung einer neuen Software die Zusammenführung von Konferenz(-modul) und Dokumentationssoftware auf einer webbasierten Oberfläche, die zum einen intuitiver bedienbar ist, zum anderen über Plausibilitätskontrollen die Qualität der Einträge verbessert. Bei Vorliegen einer Verbundstruktur mit anderen Partnern müssen diese in den Ablauf der Konferenzen integriert werden. Hierzu kann eine Aufspaltung in die fallweise Zuführung in die bestehenden Boards des Zentrums für assoziierte Partner sowie das Angebot einer eigenen Konferenz für weitere Kliniken sinnvoll sein. Grundsätzlich dient der Einbezug dem Ziel einer Erhöhung des flächendeckenden Behandlungsstandards. Die Messung der laufenden Prozessqualität erfolgt dabei zum einen über die softwareseitige Kontrolle der Eingaben, zum anderen über Qualitätszirkel, in denen über eine Verbesserung der Datengenerierung gesprochen wird und Best Practices im Bereich der Dokumentation geteilt werden. Auch für die Partner gelten die Vorstellungsregeln und die Verpflichtung, die Qualität zu erhöhen.

14.2.2 Aktionsfeld Beratungsangebote

Im Prozess Beratung von Tumorpatienten gilt es zunächst, überhaupt die sinnvollsten Angebote für die Patienten zu identifizieren. Dann sollte eine Bestandsaufnahme erfolgen, was bereits vorhanden, nur noch nicht ausreichend bekannt gemacht worden ist. Letztlich geht es darum, welche Angebote zusätzlich geschaffen werden sollten, damit ein umfassendes, nicht allein auf den kurativen Aspekt fokussierendes Behandlungsangebot seitens des Zentrums gemacht werden kann. Hierbei spielen die bereits eingangs erwähnten begrenzten Ressourcen eines solchen Zentrums eine Rolle. Da es seitens der Krankenkassen keine Vergütung der Zentrumsleistungen gibt, muss eine andere Zieldimension diese Anstrengung rechtfertigen. Im Bereich komplementärer Leistungen kann dies zum einen die Abgrenzung gegenüber lokaler Konkurrenz, aber auch die Verbesserung des Behandlungsangebots sein, welches nicht zu 100 % über medizinische Aspekte abgedeckt wird. Auch „weiche" Faktoren, wie psychoonkologische Betreuung und Beratung zur veränderten Lebenssituation, fördern die Heilung. Nicht zuletzt eine positive Mundpropaganda sichert den steten Strom an Patienten, die sich nicht allein an medizinischen Parametern orientieren.

Abb. 14.4 Prozesskette Beratung von Tumorpatienten. (Quelle: eigene Darstellung)

Damit nur fundierte Angebote gemacht werden, hat eine strenge personelle und qualifikatorische Auswahl zu erfolgen. Wenn das favorisierte Leistungspaket zusammengestellt und die Finanzierung z. B. über Kooperationen mit anderen Kliniken oder Selbsthilfeeinrichtungen gesichert ist, gilt es, das (z. T. neue und erweiterte) Angebot auch über Flyer und Internet sowie persönliche Ansprache sichtbar zu machen. Dann erfolgt die Nutzung vorhandener Beratungsräume bzw. auch das niedrigschwellige Angebot über Hausbesuche bereits entlassener Patienten. Die Beratung an sich hat qualitätsgesichert und patientenbezogen zu erfolgen. Für eine spätere Analyse erfolgt zudem eine Dokumentation, welche auch von einschlägigen Zertifizierern in diesem Bereich gefordert wird. Wichtig ist neben dem Vorhalten des Angebots auch die Nachsorge und Pflege der Patientenkontakte (Abb. 14.4). Im Gegensatz zum auf einer Station tätigen Mediziner mit sehr engen zeitlichen Ressourcen ist es komplementären Leistungsträgern i. d. R möglich, längere Gesprächseinheiten zu absolvieren und sich intensiver den Sorgen und Nöten ernsthaft Erkrankter zu widmen. Mindestens ebenso wichtig ist die Integration solcher Angebote in das reguläre klinische Setting. Die behandelnden Ärzte müssen wissen, was sie ihrem Patienten zusätzlich anbieten können, und auch ein gutes Gefühl dabei haben. Gegenseitige Information und ein Austausch sind dabei unabdingbar. Eine Messung der Verbesserung des Leistungsangebots kann dabei zum einen über eine Patientenbefragung erfolgen oder zum anderen über die Erfassung von Lebensqualität bei Nachsorgebesuchen, z. B. auf einer onkologischen Ambulanz.

Wichtig ist auch die Verortung solcher Angebote nicht in einzelnen Abteilungen, sondern im Zentrum, damit diese allen Patienten zur Verfügung stehen und unabhängiger agieren können.

14.3 Ergebnisse/Implementation

Aufgrund der angestrebten und strategisch gewünschten Entwicklung hin zu einem koordinierenden Zentrum vieler regionaler kooperierender Partner kann die aktuelle Arbeitsweise und Organisation eines auf eine Einrichtung fixierten Zentrums nicht beibehalten werden. Anhand bereits erfolgter Pretests sollten neue Abläufe eruiert und dann die erfolgreichsten implementiert werden, sodass die zukünftigen Aufgaben in hoher Qualität wahrgenommen werden können. Hierzu bedarf es der Hebung von Effizienzreserven, aber auch der jeweils neu getroffenen Entscheidung, Prozesse auszulagern bzw. aufgrund von Qualitätsüberlegungen selbst vorzunehmen. Elementarer Bestandteil ist dabei die Neuaufstellung und Motivation der beteiligten Mitarbeiter. Mit einem Commitment auf die Ziele kann dabei ein Entwicklungspfad beschritten und letztlich eine höhere Arbeitszufriedenheit in klarer Strukturierung und Verantwortlichkeit erreicht werden. Erst durch begleitende Maßnahmen des Performance Measurements kann eine solche Entwicklung eingeleitet werden. Diese Messungen dienen dabei zum einen einer Kontrolle der Qualitätsverbesserung, aber auch der Transparenz nach außen.

Mit vorliegender GAP-Analyse wurde zunächst eine Reihung nach erfolgskritischsten Elementen der Zentrumsaufgaben vorgenommen. Dies erfolgte unter dem Fokus auf die am stärksten von Patienten wahrgenommenen (Beratungs-)Leistungen.

Daher begann der Prozess der Neuausrichtung mit zwei essenziellen Bereichen. Der gewählte Ansatz erhöht dabei die Qualität über die Messung der Performance. Neben einer grundsätzlichen Entscheidung für einzelne Angebote ist es vor allem wichtig, stets zu hinterfragen, ob die organisationalen Abläufe der Struktur oder dem Patientenwohl gewidmet sind. Neben einer Messung der vollständigen und vollzähligen Vorstellung in Fallkonferenzen ist auch das Vorhalten spezifischer, wichtiger komplementärer Angebote ein Parameter, der quantitativ gemessen werden kann und sollte. Ebenso wichtig ist die Implementation einer Patientenbefragung über die wahrgenommene Qualität des Zentrumsangebots. Diese muss zu festgelegten Zeitpunkten in einem klar kommunizierten Rhythmus stattfinden und unabhängig extern ausgewertet werden, da dieses wichtige Instrument Feedback zu potenziellen Feldern der Überarbeitung liefert.

Das Angebot eines universitären Zentrums differenziert sich nicht allein über die klinische Qualität, die sich anhand von Komplikationsraten oder Therapieerfolgen messen lässt. Sondern auch über Angebote für die Patienten, die sich mit den Ängsten und Copingstrategien beschäftigen, kann eine relevante Differenzierungsmöglichkeit erreicht werden. Interdisziplinäre Voten liefern einen bestmöglichen Ausgangspunkt für therapeutische Maßnahmen. Der Heilungserfolg bleibt dabei multifaktoriell. Kein Bestandteil dieses Inputpools darf vernachlässigt werden, da die genauen Zusammenhänge patientenindividuell sind. Erst die Messung von Parametern, die zu dem gewünschten Ziel einer Heilung oder zumindest zur Verbesserung von Prognose und Lebensqualität führen, ermöglicht überhaupt eine gezielte Maßnahmensteuerung. Das Performance Measurement hilft hier, die begrenzten Ressourcen auf die zunächst wichtigsten „Elemente" zu konzentrieren und dann aber auch für die weiteren Inputfaktoren konzeptionell weiterzuentwickeln. Wenn ein Qualitätsziel verfolgt werden soll, ist eine Erfolgsmessung und darauf basierende Ausrichtung unerlässlich. Gerade das eher fordernde Umfeld mit z. T. konträren Interessenlagen bedingt eine klare und nachhaltige Zentrumssteuerung. Die ersten Ergebnisse zu Erfolgen der Zentrumsbildung ermutigen, sich trotz Widerständen weiter dem Ziel eines echten Zentrums mit eigenständiger Ausrichtung und Zielsetzungen zu widmen und Ansätze zur kontinuierlichen Verbesserung zu implementieren.

Mit dieser Art der interdisziplinären Zusammenarbeit wird onkologischen Patienten die maximal mögliche Kompetenz zuteil und sie können sicher sein, dass sie auf dem Stand der Wissenschaft Therapieangebote erhalten. Die politisch nicht geförderten Strukturen bedingen eine Fokussierung auf einzelne Arbeitsfelder und eine Vorgabe der zeitlichen Abfolge der Abarbeitung.

Für die beiden Teilprojekte wurden für die noch notwendigen Schritte Umfang, Ablauf und Ziel der einzelnen Maßnahmen festgelegt. Dann werden Verantwortlichkeiten benannt, um die identifizierten kritischen Pfade konsequent aus einer Hand „bedienen" zu können.

In diesem Aktionsfeld wird das Performance Measurement dazu führen, dass die angebotenen komplementären Leistungen in gleichbleibender Qualität vorhanden sind und qualitätsgesichert zum Einsatz kommen. Hierbei handelt es sich u. a. um eine psychoonkologische Betreuung, Ernährungsberatung, Musiktherapie und die Beratung einer ambulanten Breast and Cancer Care Nurse (BCN). All diese Leistungen sprechender Therapieansätze sollen verfügbar gehalten und vor allem niedrigschwellig angeboten werden. Um die Qualität der Behandlung zu sichern, sollte eine Dokumentation durchgeführter Gespräche erfolgen und vor allem versucht werden, die „Ergebnisse" der Beratungen in „Nachsorgeterminen" festzuhalten. Hierbei ist es wichtig, dass die Angebote zu einer Stärkung der Salutogenese beitragen und neben der guten klinischen „Leistung" direkt zu einer Verbesserung der Lebensqualität neben der Morbidität führen. Sämtliche Messansätze müssen dies im Fokus halten und entsprechend qualitative Parameter zulasten von quantitativen Parametern favorisieren. Gerade in diesem sensiblen Bereich kann eine Zeitmengenrelation keinen Effizienzgradmesser darstellen. Eine nachträgliche Qualitätskontrolle kann über eine parallel zu implementierende Patientenbefragung erfolgen.

Auch im Bereich der Fallkonferenzen müssen neben der grundsätzlichen strategischen Ausrichtung (z. B. Entitätsbezogenheit vs. Einrichtungsbezogenheit) viele einzelne Parameter zielorientiert festgelegt und vor allem im Fokus behalten werden. Die Fallkonferenzen und ihre prozessuale Qualität stellen einen Kern der weiteren Abläufe und qualitätsbeeinflussenden Parameter dar, weshalb ein Start mit diesem Parameter absolut sinnvoll ist.

14.4 Fazit und Verbesserung

Der Beginn von Veränderung basiert auf dem festen Wunsch, das aktuell Verharrende abzulösen durch etwas Besseres, welches dem oder den konsentierten Zielen am besten dient. Gute Strukturen können durch äußere Veränderungen obsolet geworden bzw. einem Veränderungsdruck ausgesetzt sein. Wie im Vorangehenden gezeigt, haben auch durch äußere Vorgaben, wie dem nationalen Krebsplan und seinen länderspezifischen Ausprägungen, die veränderten Rahmenbedingungen einen Paradigmenwechsel in der Organisation der Krebsdiagnostik und Therapie bewirkt. Als wichtigste, da zahlenmäßig prominenteste Erkrankung, hat sich zudem der öffentliche Fokus erhöht. Die Anforderungen an die Krankenhäuser und Behandler steigen. Um dem gerecht zu werden, wurden gemäß den amerikanischen Vorbildern Krebszentren gegründet und der Versuch unternommen, trotz gänzlich anderer dahinterliegenden Strukturen diesen Zentren eine Behandlungsrelevanz zu geben. Gerade weil diese Strukturen zur Förderung der Interdisziplinarität und abgestimmten Therapie etwas Neues darstellen, ist es umso wichtiger, diese Strukturen und ihren Outcome für den Patienten früh zu evaluieren und bestmöglich auszugestalten.

Ein breites, qualitativ hochwertiges Angebot, welches auch komplementäre Angebote einschließt, soll regional vorgehalten werden. Da dies wiederum nicht finanziell unterstützt bzw. hinterlegt ist, kann ein Aufbau solcher Strukturen nur Schritt für Schritt erfolgen. Der hier skizzierte Ansatz eines Performance Measurements am Beispiel von zwei Angeboten eines universitären Zentrums zeigt die Angriffspunkte und Relevanz dieses Vorgehens. Die Optimierungsansätze folgen dem Patientennutzen und dessen wahrgenommener Qualität, nicht einer Logik des am einfachsten Umzusetzenden. Die Messung der Qualität ist dabei multidimensional, da zum einen quantitative, zum anderen auch qualitative Parameter abgefragt werden. Gerade auch die Integration der Behandler vor Ort kommt dem Patientenwunsch nach Wohnortnähe entgegen und transferiert Kompetenz aus Spitzenzentren in die breite Fläche. Im Bereich der Krebstherapie verbleiben noch viel Gestaltungsspielraum sowie -möglichkeiten struktureller Verbesserung. Der hohe „Need" aufgrund der zunehmenden Dominanz dieser Erkrankung rechtfertigt die dazu nötigen Anstrengungen. Neben bereits jetzt intern durchzusetzenden Veränderungen sollte auf politischer Ebene darauf hingewirkt werden, optimale Strukturen auch zu fördern, dass aus einzelnen Leuchttürmen dann Ebenen hoch qualitativer Versorgung werden.

Teamorientierte Leistung: Nachhaltiger Erfolgsfaktor im Unternehmen

15

Sophia Fritz

15.1 Hintergrund

Durch die Globalisierung ist nahezu jedes Unternehmen einem fortwährenden Wandel unterworfen. Schnelligkeit und Flexibilität sind heutzutage „must haves" für Unternehmen. Denn ohne diese Merkmale könnten sie im Zeitalter des Internets, welches durch völlige Preistransparenz und Vergleichbarkeit gekennzeichnet ist, ihre Wettbewerbsfähigkeit nicht sichern. Des Weiteren können auch Social-Media-Instrumente für ein Unternehmen Segen und/oder Fluch sein, denn die ständigen unmittelbaren Reaktionen auf Produkte und Dienstleistungen fordern die oben genannten Eigenschaften an die Unternehmen ebenso.

Das Phänomen der Globalisierung ist hinlänglich bekannt, ebenso auch die Anforderungen, welche diese mit sich bringt. Doch wie gewährleisten Unternehmen und deren Führungskräfte, dass die Belegschaft dem daraus resultierenden Hochleistungsanspruch stets gerecht wird und trotzdem motiviert bleibt? Unternehmen setzen Entscheidungen und Anpassungen teilweise schnell und kurzfristig um, achten dabei aber oft nicht darauf, dass dadurch bei den Mitarbeitern Irritationen und Desorientierung entstehen. Versteht man die Belegschaft eines Unternehmens als dessen Fundament, so kann eine Verunsicherung dieser Grundlage auch andere Anspruchsgruppen des Unternehmens irritieren (z. B. Aktionäre oder Kunden) und wird in vielen Fällen unmittelbar abgestraft.

Es gibt verschiedene Veränderungen im Unternehmen – sei es der Weggang eines direkten Vorgesetzten, die Umgliederung in einen neuen Bereich oder der Wechsel der Geschäftsführung –, jede dieser Veränderungen nimmt Einfluss auf die Mitarbeiter. Persönlichkeiten, die Veränderungen positiv und offen gegenüberstehen, sind davon weniger betroffen als Mitarbeiter, die mit Veränderungen weniger gut umgehen können. Deshalb

S. Fritz (✉)
Stuttgart, Deutschland
E-Mail: sophiafritz@gmx.de

ist es in Unternehmen sehr wichtig, Werte zu installieren, an welchen sich die Belegschaft orientieren kann. Der neue Wertekanon zielt darauf ab, als nachhaltiger Erfolgsfaktor die teamorientierte Leistung im Unternehmen zu fördern.

Dieses Kapitel beschreibt einleitend, was erfolgreiche Unternehmen und erfolgreiche Mitarbeiter ausmacht, was Letztere von ihren Arbeitgebern erwarten, um erfolgreich agieren zu können, und welche Kompetenzen die Führungskräfte mitbringen müssen, um den Erwartungen der Mitarbeiter gerecht zu werden. Das anschließende Praxisbeispiel beschreibt, mit welchen Maßnahmen es einem Konzern gelungen ist, die Effizienz und Innovationskraft im Unternehmen zu steigern und eine Hochleistungskultur aufzubauen. Beginnend mit der Formulierung von Statements bis hin zur Durchführung von flankierenden Maßnahmen zum Erreichen einer teamorientierten Leistungskultur. Anschließend richtet sich das Augenmerk auf die wichtigsten Bausteine einer zielorientierten Zusammenarbeit sowie die exemplarische Ausgestaltung von Vereinbarungen zur Work-Life-Balance in einer unternehmerischen Hochleistungskultur. Abschließend wird aufgezeigt, warum es mit der erfolgreichen Implementierung eines Werteprogramms im Unternehmen noch nicht getan ist, sondern worauf sich die verantwortlichen Führungskräfte besinnen sollten.

15.2 Kennzeichen erfolgreicher Unternehmen

Was macht ein erfolgreiches Unternehmen aus? Es gibt diverse Steuerungsinstrumente, wie beispielsweise das Setzen einer klaren Vision und Mission oder den Aufbau von sicheren Strukturen und Prozessen. Heutzutage werden diese Steuerungsinstrumente in Kennzahlen überführt, um sie messbar zu machen. Jedoch sollten Unternehmen und deren Führungskräfte sich nicht mehr nur an den Key Performance Indicators (KPI) orientieren. Denn wie viele vielleicht selbst schon festgestellt haben, sollte man keiner Statistik trauen, die man nicht selbst gefälscht hat. Viel zu einfach lassen sich Geschäftsberichte geschönt darstellen oder sie werden kurzum völlig anders interpretiert.

Der Fokus sollte auch auf die Belegschaft und deren Motivation gelegt werden. Hinter jedem erfolgreichen Unternehmen stehen talentierte, qualifizierte und hoch motivierte Mitarbeiter und Führungskräfte, die für den Kunden erstklassige Produkte oder außergewöhnlich guten Service bieten. Unternehmen respektive das Management sollten fortwährend kritisch hinterfragen, was die Belegschaft bewegt. Es sollten Rahmenbedingungen für die Mitarbeiter und Führungskräfte geschaffen werden, die es jedem Einzelnen ermöglichen, sich zu entfalten und dabei Aufgaben eigenständig und erfolgreich umzusetzen.

Hier ist die Unternehmenskultur von zentraler Bedeutung. In vielen Unternehmen wird von „Hochleistungskultur" gesprochen, aber was bedeutet das? Etwa, dass die Mitarbeiter und Führungskräfte bis an die Grenzen ihrer Belastbarkeit gehen müssen, um dem Anspruch des Unternehmens gerecht zu werden? Im Gegenteil, gemeint ist eine angstfreie Organisation, die es zulässt, dass die Belegschaft Höchstleistung erbringen und die eigenen Potenziale ausschöpfen kann, ohne auf eine ausgewogene Work-Life-Balance zu verzichten.

15.3 Merkmale erfolgreicher Mitarbeiter

Erfolg ist etwas sehr Individuelles. Aber was macht ihn aus? Zunächst einmal sollte jeder Mitarbeiter seine Stärken (und Schwächen) kennen und seine Herausforderungen realistisch einschätzen können. Denn wertschätzender Umgang mit sich selbst und das Setzen eigener privater und beruflicher Ziele verbunden mit der Definition der entsprechenden Zielgruppen (Familie, Kollegen, Vorgesetze, Umfeld) sind notwendig, um für sich selbst zu erkennen, ob und wann sich der berufliche und private Erfolg einstellt. Sind Mitarbeiter in der Lage zu erkennen, welcher Anteil ihnen an ihren Erfolgen, aber auch Misserfolgen gebührt, können sie daraus Schlussfolgerungen für ihre zukünftigen Ziele ableiten und somit letztendlich auch für das Unternehmen einen wertvollen Beitrag leisten.

Dieses wiederum kann seine Mitarbeiter bei der Umsetzung ihres eigenen, persönlichen Erfolgs unterstützen, indem es ihnen eine Kultur oder Organisation (oder beides) bietet, die gemeinsamen Werten folgt, Orientierung für die Zusammenarbeit bietet und diese fördert. Das ist das zweite wichtige Merkmal erfolgreicher Mitarbeiter: Gemeinsame Werte im Unternehmen sind der Schlüssel zum Erfolg. Denn nur mit einer klaren und selbstbewussten Haltung verbunden mit einem starken Wir-Gefühl kann es gelingen, den heutigen komplexen und teilweise kurzfristig anfallenden Anforderungen mit konstruktiven Lösungen zu begegnen.

Klare Wertedefinitionen dienen somit zur Orientierung und unterstützen die Zusammenarbeit und die Zufriedenheit der Belegschaft. Insbesondere dann, wenn Integrität, Transparenz, Disziplin und Wertschätzung zu den zentralen Eckpfeilern der Leitlinien und Grundwerte des Unternehmens gehören.

Damit sind wir schon bei einer weiteren wichtigen Voraussetzung für erfolgreiche Mitarbeiter: ehrlicher, fairer und vertrauenswürdiger Umgang miteinander. Er steht für integres Verhalten, das sich dadurch auszeichnet, dass man zu getroffenen Entscheidungen – auch falschen – steht und bei Fehlern gemeinsam nach Lösungen sucht. Das geht nur, wenn ein offener Umgang über Hierarchieebenen hinweg gepflegt wird und alle Zugang zu den für sie relevanten Informationen haben. Beides bewirkt ein gutes, sicheres und zufriedenes Gefühl der Belegschaft. Vor allem dann, wenn nicht nur Ergebnisse dargestellt und kommuniziert werden, sondern auch die Entscheidungsprozesse, die zu diesen führen oder geführt haben.

Abschließend sei auf drei weitere Voraussetzungen für erfolgreiche Mitarbeiter verwiesen: Disziplin, Wertschätzung und konstruktives Feedback. Disziplin lässt sich als verbindliches Erledigen von Aufgaben und getroffenen Vereinbarungen verbunden mit der Übernahme von Verantwortung beschreiben. Wertschätzung gehört zu den wichtigsten Leitlinien, denn bei Mitarbeitern oder Führungskräften, die sich und ihre Leistungen nicht anerkannt fühlen, macht sich mittelfristig Demotivation und Frustration breit. Konstruktives Feedback, gleichbedeutend mit authentischem Interesse an Kollegen und Mitarbeitern sowie der Fähigkeit, unterschiedliche Wahrnehmungen und Sichtweisen zu akzeptieren, leistet einen wertvollen Beitrag zum Wohlbefinden jedes Einzelnen. All die genannten Faktoren zusammengenommen wirken sich positiv auf die Leistung im Unternehmen aus.

15.4 Anforderungen und Bedürfnisse der Belegschaft an das Unternehmen

In jeder Belegschaft steckt Potenzial und viele Mitarbeiter sind motiviert. Die Kunst aber ist herauszufinden, was die Belegschaft motiviert. Zunächst einmal ist davon auszugehen, dass hoch qualifizierte Mitarbeiter größtenteils leistungsorientiert sind und mit ihrem Beruf ein entsprechendes Entgelt sowie ein gewisses Prestige verbinden, das durchaus auch vom Image des Unternehmens mitbeeinflusst wird. Geld und Prestige sind aber nicht alles, beides motiviert nur bis zu einem bestimmten Grad. Weitere Faktoren rücken zunehmend in den Fokus der Betrachtung: Welche Bedeutung misst das Unternehmen der Work-Life-Balance zu? Oder: Bietet es attraktive Angebote zur Kinderbetreuung? Natürlich kommt die Motivation des Mitarbeiters letztlich aus ihm selbst und aus seinem Streben, im Beruf etwas erreichen zu wollen. Kommen aber äußere Faktoren hinzu, die seine Zufriedenheit erhöhen, wird seine Motivation unmittelbar steigen. Zum Beispiel, wenn sein Arbeitgeber Gesundheits- und Sportangebote einführt, die Kantine eine Salatbar eröffnet oder eine Umkleidemöglichkeit mit Duschen eingerichtet wird, etwa für Mitarbeiter, die vor Ort noch Sport treiben wollen.

Dabei ist in Betracht zu ziehen, dass die Motivation und der berufliche Erfolg jedes Einzelnen auch davon abhängen, ob er die Position, die er im Unternehmen bekleidet, lediglich als Beruf zum Geldverdienen betrachtet oder ob er sie als Berufung versteht. Es ist wichtig, dass Führungskräfte ein Gefühl dafür entwickeln, welche beruflichen Ziele der Mitarbeiter verfolgt. Bei Mitarbeitern, die ihre Beweggründe im Verborgenen halten, sind Führungskräfte sogar gefordert, offen nachzufragen: Was wollen Sie im Unternehmen erreichen? Wie kann ich Sie unterstützen? Denn es gehört zu ihren Aufgaben, Mitarbeiter bei der Identifikation ihrer Antreiber bzw. Motivatoren, aber auch Kompetenzen zu unterstützen.

15.5 Kompetenzen einer Führungskraft in einer Hochleistungskultur

Führungskräfte sollten sich nicht als Herrscher über fachliche Themen ansehen, sondern darauf bedacht sein, die Mitarbeiter dazu zu bringen, für ein gemeinsames Ziel bestmöglich zusammenzuarbeiten. Deshalb sollten sie nach dem unternehmerischen Auftrag sofort den Mitarbeiter bzw. die Mitarbeiterführung im Fokus haben. Zu den zentralen Eigenschaften von Führungskräften gehören Sozialkompetenz, Motivationsfähigkeit und Dialogorientierung. Zudem ist für die teamorientierte Hochleistung förderlich, wenn diese Eigenschaften im Team integriert sind. Denn bei diesem Ansatz können Ziele gemeinsam visionär erarbeitet und vereinbart werden, was sich für alle Beteiligten motivierend auswirkt. Dabei sollten Führungskräfte ihre fachliche Kompetenz keineswegs außen vor halten, denn von ihrer Expertise profitieren die Mitarbeiter durchaus und können das so erworbene Wissen nutzen, um sich weiterzuentwickeln.

Dies können sie jedoch nur dann optimal, wenn die Rahmenbedingungen für ein selbstständiges Arbeiten stimmen und sie von sich aus – im Sinne des Unternehmens – die

Initiative ergreifen dürfen, z. B. im Rahmen eines betrieblichen Vorschlagswesens. Dies werden sie umso stärker wahrnehmen, wenn ihre Führungskräfte ihnen die Zukunftsorientiertheit und Nachhaltigkeit der Unternehmensstrategie klar und transparent kommunizieren. Damit inspirieren sie ihre Mitarbeiter, sich auf der Suche nach Lösungen für die Herausforderungen des Unternehmens zu beteiligen und diese gemeinsam zu meistern.

15.6 Praxisbeispiel: Anregung zur Nachahmung

Das in diesem Beispiel beschriebene Unternehmen agierte bis vor ein paar Jahren vom Mutterkonzern losgelöst und beschäftigte verschiedene Belegschaftsgruppierungen. Da diese weitgehend unabhängig voneinander arbeiteten, hatten sie bis dahin kein gemeinsames Teamverständnis entwickelt. Es lief alles gut, bis es in den Mutterkonzern eingegliedert wurde: Alteingesessene Mitarbeiter und Führungskräfte des Unternehmens trafen erstmals mit Kollegen des Konzerns zusammen. Erschwerend kam hinzu, dass sich mit der Expansion dieses Unternehmens eine neue Belegschaftsgruppe gebildet hatte, die weder mit den Werten ihres neuen Arbeitgebers noch des Konzerns vertraut war.

Vor diesem Hintergrund beschloss die Geschäftsführung, gemeinsam mit den Bereichsleitern Leitlinien für ein gemeinsames Teamverständnis zu definieren, um die Effizienz und Innovationskraft im Unternehmen zu steigern und eine Hochleistungskultur aufzubauen.

Entsprechend wurden in der Folgezeit die Unternehmenswerte als Fundament der Zusammenarbeit neu definiert. Das Leitbild mit den Zielvorgaben hatte nach wie vor seine Gültigkeit. Um nun das Vakuum zwischen den Werten und dem Leitbild zu füllen, haben Geschäftsführung und Bereichsleiter gemeinsam acht Statements erarbeitet, die beschreiben, wie sich die Unternehmensziele mit dem neuen Wertekanon vereinbaren lassen. Auf eines legten sie besonderen Wert: Diese Statements galten nicht nur für die Mitarbeiter und Führungskräfte, auch das Top-Management bis hin zum Vorstand sollte mit gutem Beispiel vorangehen und sich daran messen lassen, inwieweit es selbst den neuen Ansprüchen gerecht wird.

Denn die Verantwortlichen waren sich durchaus dessen bewusst, dass ein Kulturwandel nicht „auf Knopfdruck" erfolgen kann. Es handelt sich vielmehr um einen Prozess, der nur durch gemeinsames Arbeiten, Feilen und Schleifen über Monate zum Erfolg führt – vorausgesetzt, dass die Führungskräfte die neue Wertehaltung tagtäglich vorleben. Das prägende Element dieses Veränderungsprozesses ist der Teamgedanke: Die Ziele, die man sich für die Zukunft gesteckt hat, können nur gemeinsam erreicht werden!

15.6.1 Statements zur teamorientierten Leistung

Wie kamen diese acht Statements zustande? Im Folgenden wird dieser Prozess kurz skizziert, ohne inhaltlich ins Detail zu gehen. Als Erstes haben die Beteiligten zunächst unternehmensspezifische Oberbegriffe definiert, auf die sich die Statements beziehen sollten:

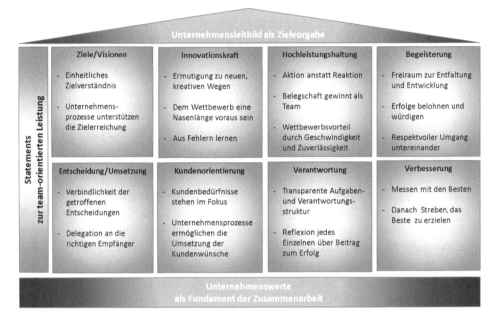

Abb. 15.1 Statements zur teamorientierten Leistung. (Quelle: eigene Darstellung)

- *Ausrichtung auf dieselben Ziele/Visionen:* Unternehmensprozesse sind auf Zielerreichung ausgerichtet. Dies erfordert ein einheitliches Zielverständnis, um die Identifikation mit dem Unternehmen zu stärken und Zielkonsistenz zu gewährleisten.
- *Innovationskraft:* Die Mitarbeiter werden zu neuen und kreativen Wegen ermutigt, ohne jedoch das Ziel aus den Augen zu verlieren. So ist das Unternehmen der Konkurrenz immer eine Nasenlänge voraus. Und: Fehler sind erlaubt! Denn aus Fehlern wird man klug.
- *Hochleistungshaltung:* Die Devise lautet: Aktion statt Reaktion! Nur eine Belegschaft, die selbstbewusst und gemeinsam agiert, ist ein starkes Winner-Team. Dies bringt in Kombination mit Geschwindigkeit und Zuverlässigkeit im Arbeitsprozess einen wichtigen Wettbewerbsvorteil.
- *Begeisterte Mitarbeiter:* Die Mitarbeiter spüren nicht nur Wertschätzung ihrer Kompetenz, Qualifikation und Erfahrung, sie erhalten auch genügend Freiraum, um sich entfalten und weiterentwickeln zu können. Beiträge zum Unternehmenserfolg werden gewürdigt und belohnt. Respektvoller Umgang miteinander genießt höchste Priorität.
- *Entscheidung und Umsetzung:* Getroffene Entscheidungen und Ankündigen sind verbindlich. Führungskräfte achten darauf, dass sie Entscheidungen in der richtigen Art und Weise an die richtigen Adressaten delegieren. Sie sind mit ihren Mitarbeitern dafür verantwortlich, dass die gewünschten Ergebnisse erreicht werden (Abb. 15.1).
- *Kundenorientierung:* Der Kunde ist König! Seine Bedürfnisse stehen im Fokus des Managements und der Belegschaft. Die Unternehmensprozesse sind so gestaltet, dass

die Kundenbedürfnisse effizient erfüllt werden können. Und: Respektvoller Umgang mit den Kunden ist das A und O.
- *Verantwortlichkeit für das Ganze:* Jeder Mitarbeiter reflektiert regelmäßig seinen Beitrag zum Unternehmenserfolg. Dafür entwickelt das Management Zielvorgaben, die es der Belegschaft umfassend vorstellt. Die Aufgaben- und Verantwortungsstruktur ist für jeden transparent und nachvollziehbar.
- *Kontinuierliche Verbesserung:* Die Mitarbeiter werden ermuntert, ihr Handeln kritisch zu hinterfragen. Die Messlatte richtet sich an den Besten der Konkurrenz. Die Mitarbeiter verinnerlichen das Streben, immer besser zu sein als der Wettbewerb.

Diese acht Statements weisen den Weg zu einer neuen, teamorientierten Leistungskultur, die wiederum auf fünf Säulen fußt: Pulsmesser, Statement-Tag für Führungskräfte, Statement-Tage für Mitarbeiter, Trainings & Seminare sowie Statement-Tage für neue Mitarbeiter.

15.6.2 Pulsmesser

Der Pulsmesser für die Bereitschaft im Unternehmen, sich an diesen acht Statements zu orientieren, ist eine Diskussionsveranstaltung zwischen Geschäftsführung, Führungskräften und Mitarbeitern zur teamorientierten Leistung. Sie bietet allen Teilnehmern Gelegenheit, konsequent nachzufragen, über das bereits Erreichte nachzudenken und über Themen wie „Quick Wins", Herausforderungen oder Zukunft und Motivation zu diskutieren. Sinn des Ganzen ist es, dass alle offen ihre Meinung dazu sagen, wie weit sie den Kulturwandel schon vollzogen sehen und an welchen Stellen noch nachgeschärft werden müsste.

15.6.3 Statement-Tage

Der Statement-Führungskräftetag und die Statement-Tage für Mitarbeiter sind inhaltlich nahezu identisch, werden aber dennoch separat voneinander durchgeführt. Bei diesen Veranstaltungen handelt es sich um teamübergreifende, eintägige „Erlebnisreisen", an denen Vertreter aller Führungskräfteebenen und der Mitarbeiter teilnehmen. Die Teilnehmer werden in acht Gruppen unterteilt, von denen sich jede intensiv mit einem der acht Statements auseinandersetzt, die dann im Plenum diskutiert werden. Die Teilnehmer des Statement-Tages für Mitarbeiter fungieren anschließend in ihren Teams als „Botschafter" der Statement-Inhalte.

Dies sei beispielhaft am Statement „Innovationskraft" erläutert. Um das Thema „Innovationskraft" zu verinnerlichen, wurde an einem Statement-Tag für Mitarbeiter thematisiert, wie sich Traditionelles mit Experimentellem verbinden lässt. Die Teilnehmer sollten kreative Wege finden, wie diese Verbindung erreicht werden kann. Des Weiteren hatten sie die Aufgabe, gemeinsam herausfinden, was sie davon im Arbeitsalltag umsetzen können.

Denkbar wären beispielsweise ein gemeinsames professionelles Kocherlebnis, um festzustellen, inwiefern die Dimension Zeit für einen gemeinsamen Austausch wichtig ist und in welchem Maße Teamarbeit die Kreativität fördert.

Neue Mitarbeiter werden ebenfalls kontinuierlich an die acht Statements herangeführt, sodass die Werte, das Leitbild und die teamorientierte Leistung die Hochleistungskultur des Unternehmens mit immer neuen Persönlichkeiten verstärken.

15.6.4 Trainings/Seminare

Zu Beginn des Veränderungsprozesses fanden die Trainings in Form von Einführungsworkshops in kleinen Gruppen statt, die für die gesamte Belegschaft durchgeführt wurden. In jedem dieser Workshops setzten sich die Teilnehmer intensiv mit den Inhalten und Zielen der Statements auseinander. Des Weiteren wurden Seminare zur zielorientierten Zusammenarbeit angeboten. Zunächst für die Führungskräfte, später auch für die Mitarbeiter.

Ziel dieser Seminare war es, bereichs- und hierarchieübergreifend zu vermitteln, wie Kommunikation und Zusammenarbeit kontinuierlich verbessert werden können. Die zielorientierte Zusammenarbeit ist von großer Bedeutung angesichts der Tatsache, dass in Unternehmen, die nicht systematisch oder zielorientiert arbeiten, zwangsläufig Missverständnisse und Komplikationen entstehen – auf Kosten der Effizienz der gesamten Organisation. Eine wichtige Voraussetzung für Hochleistung ist deshalb, dass die gesamte Belegschaft eines Unternehmens das gleiche Verständnis über systematisches Vorgehen und Zieldefinition hat. Beschrieben in Richtlinien, die eine Orientierungshilfe bieten und an die sich alle halten.

15.7 Bausteine zielorientierter Zusammenarbeit

15.7.1 Feedback

Für den Erfolg der – wie im obigen Beispiel für einen Konzern beschriebenen – Etablierung eines neuen Fundamentes zielorienterter Zusammenarbeit sind weitere Bausteine mitzuberücksichtigen. Von zentraler Bedeutung beispielsweise ist das Feedback. Deshalb ist es wichtig, dass Führungskräfte die Feedbackregeln nicht nur verinnerlichen, sondern auch den Mitarbeitern vermitteln. Denn „richtig" und gut durchgeführte Feedbackgespräche erhalten und stärken die gegenseitige Beziehung.

Jemandem Feedback (= Rückmeldung) zu geben, bedeutet, ihm mitzuteilen, wie man sein Verhalten wahrnimmt. Solche Rückmeldungen erfolgen kontinuierlich – bewusst oder unbewusst. Feedbackgespräche im Unternehmen können nicht nur zwischen Vorgesetzten und Mitarbeitern stattfinden, sondern auch mit Kollegen, Kunden, Vorgesetzten oder Vertretern der Unternehmensleitung. Wichtig ist, dass die Gesprächspartner offen und konstruktiv über das Verhalten ihres Gegenübers sprechen. Ein Baustein der Trainings war, die Kunst, Feedback zu geben und mit diesem umzugehen, zu erlernen.

15.7.2 Zieldefinition und systematische Vorgehensweise

Zielorientierte Zusammenarbeit lässt sich auch steigern, indem Führungskräfte ihren Mitarbeitern den Zusammenhang zwischen Zieldefinition und systematischer Vorgehensweise näherbringen. Dafür können sie sich eines sehr probaten Instruments bedienen – der Zielscheibe. Sie veranschaulicht unübersehbar: Im Mittelpunkt steht das Ziel. Dieses Ziel lässt sich am besten anhand einer systematischen Vorgehensweise erreichen. Daran aber hakt es in vielen Unternehmen. Mit ein Grund, warum dort die Mitarbeiter verzweifelt versuchen, ihre Vorgesetzten zufriedenzustellen, aber an den Gegebenheiten scheitern. Genau dies aber ist die logische Folge, wenn vorab nicht klar definiert wurde, wie das Endergebnis aussehen soll, welchem Zweck es dient, von wem welche Aufgabe bis wann zu erledigen ist und anhand welcher Kriterien das Endergebnis gemessen wird.

All dies aber ist Aufgabe einer Führungskraft. Es gehört zu ihren zentralen Aufgaben, Ziele klar zu formulieren und zu kommunizieren. Dies allein aber reicht noch nicht aus. Vorgesetzte müssen den Mitarbeitern auch das Gefühl vermitteln, dass sie jederzeit nachfragen können, wenn sie etwas nicht verstanden haben, sei es in Bezug auf den Sinn des Ganzen, das Endergebnis, den Kunden bzw. andere Beteiligte oder die Messkriterien.

Andernfalls ist die Gefahr groß, dass gelieferte Ergebnisse nicht den Vorgaben entsprechen – und der Frustrationspegel steigt. Bei allen Beteiligten, nicht nur den Mitarbeitern, sondern auch ihren Vorgesetzten. Letztere aber tragen dafür die Verantwortung: Sie haben falsch kommuniziert. Kommunikation ist und bleibt die Königsdisziplin in der Zusammenarbeit.

15.7.3 Delegation

Ein weiterer Baustein der Trainings zur zielorientierten Zusammenarbeit war das Thema „Delegation": Welche Voraussetzungen müssen vorliegen? Wer hat das Recht zu delegieren? Welche Pflichten hat der Delegierte? Sinn und Zweck der Delegation ist es, die übergeordnete Instanz zu entlasten und der untergeordneten Stelle Handlungsfähigkeit zuzugestehen, mit anderen Worten: dem Mitarbeiter etwas Handlungsvollmacht zu übertragen. Mit solcher Übertragung von zusätzlichen Aufgaben wird dem Mitarbeiter in den meisten Fällen ein Mehr an Verantwortung und Entscheidungsbefugnis zugestanden, was sich durchaus als motivierend und für dessen Entwicklung förderlich auswirken kann. Die Führungskraft muss gleichzeitig aber auch darauf achten, dass sie den Mitarbeiter damit nicht überfordert. Gleichwohl: Delegation von Aufgaben ist in einer Hochleistungskultur ein „must have", weil Entscheidungen oftmals an den falschen, weil übergeordneten Stellen getroffen werden, obwohl die untergebene Stelle der bessere Entscheidungsträger gewesen wäre.

15.8 Vereinbarungen zur Work-Life-Balance in einer Hochleistungskultur

Eine weitere Möglichkeit, die Hochleistungskultur eines Unternehmens bestmöglich zu unterstützen, bieten Vereinbarungen zum Arbeitsaufkommen. Auch wenn grundsätzlich jeder Mitarbeiter für seine Work-Life Balance selbst verantwortlich ist, kann das Unternehmen seiner Belegschaft zusätzlich Leitlinien zur Verfügung stellen bzw. Rahmenbedingungen schaffen, auf die sich jeder einzelne Mitarbeiter bei der Ausgestaltung seiner Arbeitszeitplanung berufen kann. Solche Vereinbarungen können entweder unternehmensweit greifen oder von Bereich zu Bereich unterschiedlich ausgestaltet sein. Denn nicht jeder Bereich hat die gleichen Anforderungen an die Mitarbeiter.

Die nachfolgenden Beispiele zeigen, welche Kriterien unternehmensweit oder für Geschäftsbereiche individuell ausgestaltet werden können, um die Work-Life-Balance jedes einzelnen Mitarbeiters positiv zu unterstützen. Hier sei angemerkt, dass sich die genannten Beispiele nicht eins zu eins auf jedes Unternehmen übertragen lassen, z. B. dann, wenn die Mitarbeiter nicht mit Mobiltelefonen oder Laptops ausgerüstet sind.

Regeltermine sollten nicht nach 17:30 Uhr festgesetzt werden, sondern nach Möglichkeit sowohl zur zeitlichen Tagesplanung, beispielsweise von Frühaufstehern, als auch zur privaten Tagesgestaltung etwa von Eltern unter den Mitarbeitern passen. Hierbei ist es wichtig, dass Vorgesetzte ein offenes Gespräch mit ihren Mitarbeitern führen, um diesbezüglich einen Konsens zu finden. Bei einzelnen Sonderterminen sind Improvisation und ein Stück weit „guter Wille" von beiden Seiten gefragt.

Erreichbarkeit Für den Fall, dass der Vorgesetzte auch nach Feierabend anruft, sollten beide Seiten vorab abgestimmt haben, dass vom Mitarbeiter nicht erwartet wird, dass er den Anruf entgegennimmt oder sogar zurückruft. Vielmehr sollte jeder Mitarbeiter in dieser Situation selbst entscheiden, wie er auf solche Anrufe reagieren möchte. Für die Urlaubszeit sollte die Vereinbarung gelten, dass E-Mails oder Anrufe nicht beantwortet werden müssen. Was Homeoffice anbelangt, hat jedes Unternehmen seine eigenen Bestimmungen, die dann im Einzelfall mit jedem Mitarbeiter persönlich abgestimmt werden.

Dringlichkeit ist eng mit der Erreichbarkeit des einzelnen Mitarbeiters verbunden. Mitarbeiter, Vorgesetzte oder Kollegen können beispielsweise vereinbaren, dass in besonders dringlichen Fällen eine SMS versendet wird und der Betroffene auf diese reagiert – sofern das Mobiltelefon angeschaltet ist. Je nach Unternehmenskultur können auch Privatnummern ausgetauscht werden, was jedoch generell nicht zu empfehlen ist.

E-Mails von Vorgesetzten, die abends oder am Wochenende eingehen, sollten grundsätzlich erst zu Beginn des nächsten Arbeitstages beantwortet werden. Selbstverständlich können auch hier Ausnahmen getroffen werden, welche mit dem Mitarbeiter jedoch explizit vorher abzustimmen sind.

Arbeitszeit Verstöße gegen die gesetzliche oder betrieblich vereinbarte Arbeitszeit sollten grundsätzlich vermieden werden. Es ist aber durchaus denkbar, dass beispielsweise ein Mitarbeiter zu Beginn einer Besprechung darauf hinweist, dass er aufgrund der fortgeschrittenen Arbeitszeit an diesem Tag pünktlich gehen muss. Ein bisweilen heikles Thema, insbesondere für Mitarbeiter, die ihren Einsatz für das Unternehmen unter Beweis stellen wollen oder befürchten, dass ihre Kollegen dies angesichts solcher Äußerungen infrage stellen könnten.

Krankheit Sind Krankheitssymptome unübersehbar bzw. -hörbar, sollte der Vorgesetzte den betreffenden Mitarbeiter im Interesse des Teams bzw. der Kollegen nach Hause schicken, um Ansteckung vorzubeugen. Im Zweifel sollte immer gelten: Gesundheit geht vor!

15.9 Reflexion des eingeführten Werteprogamms

Bei der Implementierung eines Werteprogramms ist darauf zu achten, dass die Belegschaft abgeholt wird bzw. – wie zuvor ausführlich erläutert – die Mitarbeiter in die Erarbeitung der Werte mit einbezogen werden und deren Entwicklung bzw. Sichtbarwerdung im Berufsalltag erleben und spüren. Dies wird nur gelingen, wenn die Führungskräfte bis hin zum Top-Management mit gutem Beispiel vorangehen und diese neuen Werte vorleben. Dies allein aber würde zu kurz greifen. Es sollten zudem in regelmäßigen, aber nicht zu häufigen Runden Reviews durchgeführt werden, um den Spirit des Ganzen nicht versiegen zu lassen. Aber Vorsicht! Damit ist nicht gemeint, dass das Unternehmen die Mitarbeiter ständig mit Veranstaltungen, Befragungen etc. „bombardiert" und überfrachtet. Es geht vielmehr darum, in solchen Reviews das Augenmerk auf gemeinsames, konsequentes Nachfragen und Nachdenken zu richten.

Nach der Einführung eines Werteprogramms, das sich der teamorientierten Leistung verschrieben hat, stehen erfahrungsgemäß Fragen im Vordergrund, wo sich die Teamorientierung in einer besonders erfolgreichen Zusammenarbeit in der Belegschaft niederschlägt, welche Stärken aus ihr resultieren oder welche Erfolge auf sie zurückzuführen sind. Neben der Beantwortung solcher Fragen dienen die Reviews als ideale Plattform zur Schaffung einer gemeinsamen Identität. Nicht nur durch Entwicklung eines gemeinsamen Wir-Gefühls, sondern auch durch Bereitstellung von Teamwear. Dabei sollten neben der Begeisterung für das Unternehmen und dessen Produkte auch Wertschätzung und Respekt gegenüber jedem Einzelnen über alle Hierarchieebenen hinweg nicht zu kurz kommen. Und eines sollten alle Beteiligten nicht vergessen: gemeinsam die Erfolge des Unternehmens zu feiern!

In den Reviews sollte auch deutlich gemacht werden, dass teamorientierte Leistung nicht bedeutet, lediglich gut mit den direkten Kollegen zusammenzuarbeiten, sondern das Bewusstsein dafür zu schaffen, dass das ganze Unternehmen bereichs- und hierarchieübergreifend das „Team" ausmacht. Dies wird aber nur dann gelingen, wenn das Management den Informationsfluss von Entscheidungen kontinuierlich in Augenschein nimmt und verbessert, damit die Belegschaft versteht, aus welchen Gründen bestimmte Entscheidungen getroffen werden. Des Weiteren sollten die Führungskräfte ihre Mitarbeiter dazu ermutigen, in Veranstaltungen wie beispielsweise Reviews – auch hartnäckig – nachzufragen, wenn sie etwas nicht verstanden haben.

Ein weiteres probates Mittel, die Mitarbeiter bei der Implementierung eines Werteprogramms „mitzunehmen", ist, offen Stolpersteine und Herausforderungen anzusprechen. Nur so können Mitarbeiter über alle Hierarchieebenen hinweg die Werte, das Leitbild und die Statements des Unternehmens verinnerlichen. Dabei ist es durchaus erwünscht, dass kritisch hinterfragt wird, ob die Werte tatsächlich im Arbeitsalltag gelebt und erlebbar werden oder ob die mit deren Implementierung verbundenen Erlebnisreisen und Seminare von den Verantwortlichen spürbar widerwillig „abgefeiert" werden und nicht nachhaltig stattfinden. Solche Aspekte müssen in den Review-Veranstaltungen im Klartext angesprochen werden, um den Verantwortlichen die Chance zu bieten, Verbesserungsprozesse einzuleiten. Nach dem Motto: „Auch aus Steinen, die dir in den Weg gelegt werden, kannst du etwas Schönes bauen" (Erich Kästner). Aber auch über eines sollten sich alle im Klaren sein: Ein hundertprozentiges Leben der Werte ist nicht möglich – und auch nicht unbedingt wünschenswert. Denn Mitarbeiter brauchen auch Freiräume bzw. sollten auch Grenzen überschreiten/verletzen dürfen, um daraus ihre Lehren zu ziehen.

Ein weiterer Baustein bei der Reflexion der Implementierung des Programms ist die Zukunftsorientierung. Gemeint ist damit, gemeinsam die Möglichkeiten, Herausforderungen und Chancen sowie die damit verbundenen potenziellen Veränderungen zu diskutieren: Welche Werte werden in Zukunft bleiben? Was wird das Unternehmen als Team in der Zusammenarbeit beschäftigen? Welche Grenzen müssen überschritten werden, um weiterhin erfolgreich zu sein? Dabei sollte durchaus auch berücksichtigt werden, dass Werte des Unternehmens sich über die Jahre verändern können.

Und noch einmal: Der Schlüssel zum Erfolg sind die Motivation und Begeisterung der Mitarbeiter. Deshalb sollten Vorgesetzte darauf achten, ihren Mitarbeitern den erforderlichen Freiraum und das nötige Vertrauen zur Eigengestaltung entgegenzubringen. Die Reflexion in den Reviews ist für Führungsebenen die Gelegenheit, feststellen zu können, ob und in welchem Maße sich die Hochleistungskultur verändert hat. Dabei sollte jede Führungskraft in der Lage sein, als Impulsgeber zu fungieren, damit ihre Mitarbeiter durch eigenen Antrieb zur Höchstleistung auflaufen können – angespornt durch klare Ziele, selbstverantwortliches Handeln und Anerkennung.

Ein weiteres probates Instrument, die Mitarbeiter zu Wort kommen zu lassen, um aufgrund der daraus gewonnenen Erkenntnisse das Unternehmen weiter voranzubringen, sind Umfragen. Es ist interessant festzustellen, welchen unmittelbaren Einfluss die Belegschaft auf die Wettbewerbsfähigkeit, die Produktivität und die Innovationskraft von Unternehmen hat. Anzumerken aber ist, dass Umfragen im Vergleich zu den persönlich geführten Reviews (gruppenweise) anonymisiert und nicht auf den gemeinsam geschaffenen Teamspirit ausgerichtet sind. Sie können auch nicht in dem Maße, wie dies in persönlichen Gesprächen möglich wäre, auf die Bedürfnisse der Belegschaft eingehen. Deshalb eignet sich eine Kombination aus Reviews und anonymisierten Umfragen am besten, zu erfahren, was Mitarbeiter dem Unternehmen durch konstruktive Kritik raten, sich aus ihrer Sicht den internen und externen Herausforderungen zu stellen.

Die Reflexion schließt auch die Frage nach der Motivation der Mitarbeiter mit ein. Unstrittig ist: Es gibt zahlreiche Methoden und Instrumente, um die Belegschaft zu motivieren. Die Einführung eines Wertesystems mit einer vorgelebten Haltung jedoch scheint das „Management der Zukunft" auszumachen. Von immenser Bedeutung dabei ist, sich immer wieder bewusst zu machen, dass wenn ein Veränderungsprozess der Unternehmenskultur eingeschlagen wurde, dieser nicht einen neuen Status quo darstellt, sondern immer weiterentwickelt werden muss.

Dies gelingt nur dann, wenn die Mitarbeiter durch die neu gebildete Wertekultur und das neu geschaffene Wir-Gefühl ermuntert werden, immer einen Schritt weiter zu gehen. Dies ist das A und O für den erfolgreichen Fortbestand jeglicher Hochleistungskultur. Denn sollte das neu eingeschlagene Performance Management von den Hierarchieebenen nicht mit der erforderlichen Ernsthaftigkeit vorgelebt oder gar von der Unternehmensleitung von einem auf den anderen Tag gestoppt werden, versinken die Mitarbeiter in Frustration und Demotivation. Die Konsequenzen für das betreffende Unternehmen kann sich jeder ausmalen.

15.10 Fazit

Zielsetzung von Performance Management ist die kontinuierliche Verbesserung der individuellen Leistung jedes einzelnen Mitarbeiters und damit verbunden der Unternehmensleistung. Auch hier gibt es verschiedene Methoden und Ansätze, um dem Unternehmen den größtmöglichen Wettbewerbsvorteil zu verschaffen und eine Steigerung der Effizienz und Kundenzufriedenheit zu erzielen. Dieser Artikel fokussiert sich hierbei stark auf die Mitarbeitermotivation und ihre Auswirkung, kombiniert mit einem starken Wertesystem, das ein Wir-Gefühl schaffen und ein Unternehmen befähigen kann, sich zu einer Hochleistungskultur hin weiterzuentwickeln und zu verwandeln. Hierbei ist insbesondere darauf zu achten, dass aus heterogenen Belegschaftsgruppierungen zusammengesetzte Unternehmen nicht nur zusammenwachsen, sondern einen Wertekanon schaffen, den alle verstehen und in dem sich jeder wiederfindet.

Diese Werte sollten gemeinsam mit den Mitarbeitern erarbeitet und „erlebt" werden, nur so kann eine Durchdringung des Teamspirits gelingen und dem Unternehmen nachhaltig einen Wettbewerbsvorteil erbringen. Jeder einzelne Mitarbeiter mit seiner Leistungsbereitschaft und Leistungsfähigkeit zählt, damit sich das Unternehmen hin zu einer Hochleistungskultur entwickeln kann. Wie beschrieben ist eine Voraussetzung dafür, das gesamte Unternehmen als Team zu sehen und in diesem Sinne teamorientiert zu handeln. Dazu gehört, bereichs- oder hierarchieübergreifende Projekte an den Übergabepunkten stets mit Wertschätzung und Disziplin durchzuführen. Eine entscheidende Rolle kommt dabei der Geschäftsführung und dem Top-Management zu: Sie führen das Wertesystem ein, ihre Aufgabe ist es, mit gutem Beispiel voranzugehen und die Werte vorzuleben.

Teamorientierte Leistung steht im Vordergrund dieser Abhandlung und wird als nachhaltiger Erfolgsfaktor gesehen. Die Schaffung eines Teamspirits im Unternehmen mit leistungsbereiten und hoch qualifizierten Mitarbeitern führt – vorausgesetzt, dass die notwendigen Instrumente zur zielorientierten Zusammenarbeit vermittelt werden – unweigerlich zum Erfolg. Denn wie sagte schon Henry Ford: „Zusammenkommen ist ein Beginn, Zusammenbleiben ein Fortschritt, Zusammenarbeiten ein Erfolg." Zentrale Kriterien für diesen Erfolg sind die gemeinsam erarbeiteten und erlebten Werte, an denen sich jeder in der Belegschaft orientieren kann.

Eine gepflegte und offene Feedbackkultur unterstützt den teamorientierten Gedanken zusätzlich. Im Sinne des ganzheitlich als „Team" betrachteten Unternehmens sollte Feedback bereichs- und hierarchieübergreifend stattfinden. Dabei ist aber zu beachten, dass alle Mitarbeiter, unabhängig von ihrer Position, die Feedbackregeln kennen, damit es nicht zu negativen Situationen zwischen Kollegen oder Mitarbeitern und Vorgesetzten kommt.

Des Weiteren sollten Unternehmen Rahmenbedingungen schaffen und Vereinbarungen treffen, die es den Mitarbeitern erlauben, ihre Work-Life-Balance optimal zu gestalten. Finden hoch qualifizierte Mitarbeiter beispielsweise äußere Faktoren vor, die ihre Zufriedenheit – und in der heutigen Zeit auch ihre Gesundheit (Stichwort: Burn-out) – fördern, wirkt sich dies unmittelbar positiv auf deren Motivation aus.

Zu den Aufgaben des Managements gehört es, die Wirksamkeit der eingeführten Maßnahmen zu monitoren und gegebenenfalls nachzubessern. Reviews sind ein gutes Instrument, um die Anforderungen oder die Kritik der Belegschaft aufzunehmen. Sie sollten aber nicht allzu häufig eingesetzt werden, damit sie sich nicht „abnutzen" oder gar als „nervig" empfunden werden. Ganz wichtig ist, dass das Management an dem Werteprogramm und Veränderungsprozess der Unternehmenskultur konsequent weiterarbeitet und die Belegschaft nicht durch einen Schlingerkurs frustriert.

Zusammenfassend ist festzuhalten, dass das „Management der Zukunft" sich nicht allein auf bilanz- und rechnungswesenorientierte Kennzahlen verlassen sollte, um ein Unternehmen zu steuern, sondern den Fokus auch auf die Zufriedenheit und Motivation der Mitarbeiter legen sollte, wenn es nachhaltig erfolgreich sein will. Dabei sind gemeinsame Werte von zentraler Bedeutung, um eine Hochleistungskultur aufzubauen, zu erhalten und weiterzuentwickeln.

Literatur

Unternehmenspräsentationen: interne Unterlagen.

Performance Management der öffentlichen Hand: Zufriedene Bürger als Ziel des Leistungssteigerungsprozesses einer Stadt

16

Nadja Atwaa

16.1 Einführung

Performance Management in der Kommunalverwaltung – das klingt zunächst wie ein Widerspruch in sich, irgendetwas passt hier nicht. Verwaltungen haben das Image, etwas verstaubt zu sein. Beamte sind träge, grau und brauchen für jeden Auftrag eine halbe Ewigkeit. Eine spontane Kurzumfrage bei meinen Facebook-Freunden hat ergeben, dass die Arbeit der Verwaltungen nicht wirklich greifbar ist, die Prozesse als veraltet eingestuft werden und politische Ziele bzw. Ergebnisse für die breite Öffentlichkeit gefühlt nicht zugänglich sind. Außerdem scheinen Verwaltungen nicht im digitalen Zeitalter angekommen zu sein, oder warum werden auch heute noch stapelweise Papierakten durch die Gegend getragen?

Zugegeben, ein bisschen Wahrheit steckt in jedem Vorurteil, doch ganz so schlimm ist es nicht.

Entgegen der vielerorts immer noch oft vertretenen Ansicht, dass die Beschäftigten des öffentlichen Dienstes im Allgemeinen und die Beamten im Besonderen ein eher negatives Image haben, hat sich die tatsächliche Einstellung der Bevölkerung gegenüber den staatlichen Dienstleistern in den letzten Jahren kontinuierlich verbessert. Nach einer Bürgerbefragung des dbb Beamtenbund und Tarifunion sowie des Meinungsforschungsinstituts forsa hatten im Jahr 2007 Beamte bei 28 % der Befragten ein hohes Ansehen. Im Jahr 2013 ist der Anteil auf 38 % gestiegen. Umgekehrt ist der Anteil derer, bei denen Beamte ein niedriges Ansehen haben, von 24 % im Jahr 2007 auf 17 % im Jahr 2013 zurückgegangen (DStGB 2013). Das verstaubte Image der Verwaltungen hat sich in den letzten Jahren

N. Atwaa (✉)
Stuttgart, Deutschland
E-Mail: n.atwaa@gmx.de

© Springer-Verlag Berlin Heidelberg 2016
H. Künzel (Hrsg.), *Erfolgsfaktor Performance Management*, Erfolgsfaktor Serie,
DOI 10.1007/978-3-662-47102-9_16

zwar verbessert, bei der Beurteilung der Effizienz der öffentlichen Verwaltung überwiegen aber nach wie vor eher kritische Urteile. Laut Umfrageergebnissen sind 77 % der Befragten der Meinung, dass die Verwaltung zu schwerfällig sei. Die Freiheit des einzelnen Bürgers wird durch mehr Vorschriften und Regulierungen immer stärker eingeschränkt wahrgenommen. Jeweils 68 % sind sogar der Meinung, die öffentliche Verwaltung sei zu aufgebläht und koste zu viel bzw. es werde generell zu viel verwaltet und zu wenig der Eigeninitiative der Bürger überlassen. Etwas angestiegen ist der Anteil derer, die der Verwaltung bescheinigen, heute bürgerfreundlicher als früher zu sein (vgl. ebd.).

Da stellt sich schon die Frage, ob Kommunalverwaltungen heute überhaupt den Ansprüchen der Bürgerschaft gerecht werden können? Wird Leistung hier gemessen und wenn ja, woran wird eine Leistungssteigerung festgemacht? Was sich Verwaltungen heute in der Tat zum Ziel setzen, ist die Steigerung der Bürgerfreundlichkeit und Bürgernähe. Verwaltungen sehen sich zunehmend als Dienstleister und optimieren daher interne Prozesse und Abläufe und suchen Möglichkeiten der Bürgerbeteiligung, um u. a. Transparenz in ihre Arbeit zu bringen. Ziel ist der zufriedene Bürger, der sich in seiner Stadt wohl- und aufgehoben fühlt, sich bestenfalls für die politischen Themen interessiert und sich vielleicht sogar engagiert und so seinen Beitrag dazu leistet, die Stadt zu einem liebenswerten Lebens-, Arbeits- und Wohnraum werden zu lassen.

Dieser Artikel soll erklären, wie die Förderung von zufriedenen Bürgern die Weiterentwicklung der Stadt und ihren Leistungsprozess positiv beeinflussen kann. Dies soll konkret am Beispiel der Kommunikationsarbeit während und nach dem 750-jährigen Stadtjubiläum der Stadt Sindelfingen aufgezeigt werden. Doch bevor wir zu dem Best-Practice-Beispiel der Stadt Sindelfingen kommen, sollen die Besonderheiten und Herausforderungen der Kommunalverwaltung hinsichtlich einer gesteuerten und messbaren Performance beschrieben und beleuchtet werden. Vermutlich entgegen der Erwartung vieler Leser, hat sich hier nämlich in den vergangenen Jahren bereits einiges getan.

16.2 Die öffentliche Hand und ihre Leistung

Anders als Wirtschafsunternehmen agieren öffentliche Verwaltungen im Auftrag der Bürger. Die öffentliche Verwaltung setzt die politischen Entscheidungen im Einzelfall und als Schnittstelle zwischen Staat und Bürgern um (Becker 1989). Sie ist Vollzugsorgan, das durch die Politik gesteuert und durch die Justiz kontrolliert wird und in ein politisches, soziales und ökonomisches Umfeld eingebettet ist. Dabei hat das politische System direkten Einfluss auf die Aufgaben und das Arbeiten der Verwaltung, d. h. die Stadtverwaltung entscheidet bei großen Themen nicht selber über Vorgehen und Maßnahmen, sondern benötigt den Beschluss des Gemeinderats. Der Gemeinderat ist die demokratisch gewählte Vertretung der Bürgerinnen und Bürger und das Hauptorgan der Gemeinde. Er legt die Grundsätze für die Verwaltung fest und entscheidet über alle wichtigen Angelegenheiten der Gemeinde. Verschiedene Ausschüsse (z. B. Verwaltungsausschuss, Technik- und Umweltausschuss oder Jugend- und Sozialausschuss), die aus fachlich qualifizierten Gemeinderätinnen und Gemeinderäten sowie sachkundigen Einwohnerinnen und Einwohnern bestehen, beraten die kommunalpolitischen Themen vor. Sie leisten eine wichtige Vorarbeit für den Gemeinderat, denn sie klären Sach- und Fachfragen im direkten Austausch mit den Verwaltungsmitarbeiterinnen und -mitarbeitern und überprüfen die Vorschläge der Verwaltung auf ihre Zweckmäßigkeit. Sie geben eine Beschlussempfehlung an den Gemeinderat, der dann letztendlich über die einzelnen Themen einen Beschluss fasst.

Das Verhältnis von Verwaltung und Politik hat sich allerdings verändert. Während sich die traditionelle Aufgabe der Verwaltung auf den Vollzug und die Umsetzung politischer Entscheidungen beschränkt, ist ihr eine weitere Aufgabe im Bereich des „policy making" zugewachsen: Verwaltungen haben eine entscheidende Rolle bei der politischen Meinungsbildung bekommen. Sie tragen maßgebliche Informationen für eine konsensfähige Lösung in den politischen Entscheidungsprozess hinein. Die Verwaltung ist Teil der Gesellschaft, daher ist gerade die Schnittstellenfunktion der Verwaltung zwischen Staat und Bürgerschaft so wichtig. Sie verlangt Akzeptanz und Rechtfertigung der Verwaltung in der Bevölkerung. Bedürfnisse und Haltungen der Bevölkerung verändern sich aufgrund von Werten und Vorstellungen. Diesen Werthaltungen steht die Verwaltung in zweierlei Hinsicht gegenüber. Zum einen stellen die Verwaltungsmitarbeiter einen wichtigen Faktor im Verwaltungsprozess dar, durch sie werden Werthaltungen, die auch in der Gesellschaft vorhanden sind, in die Verwaltung und deren Entscheidungen sowie Handlungen eingebracht. Zum anderen hat die Verwaltung die Möglichkeit, einseitig Werthaltungen zu prägen. Sie kann das Bewusstsein für bestimmte Werte prägen oder sogar einen Wertewandel in der Gesellschaft provozieren, wenn beispielsweise ein ganz bestimmtes Thema oder eine Problemstellung auf ein öffentliches Niveau und Interesse gehoben werden (vgl. Schedler und Proeller 2009, S. 18 f.).

Auch in Kommunalverwaltungen sind die Anforderungen der Hochleistungsgesellschaft, wie es im wirtschaftlichen Kontext immer so schön heißt, angekommen. Denn kommunale Aufgaben sind nicht auf Dauer festgelegt, sondern entwickeln sich aufgrund wandelnder gesellschaftlicher und politischer Erwartungen an die öffentliche Verwaltung weiter. Dazu gehören beispielsweise steigende Einwohnerzahlen, eine höhere Einwohnerdichte, aber auch gestiegene Erwartungen an den Umweltschutz. Auch gestiegene Ansprüche durch höheren Lebensstandard führen zu ständig wachsenden Aufgaben der Kommunen. Es geht schon lange nicht mehr nur um die Regelung der Grundbedürfnisse, sondern um die Pflege und Erhaltung des Vorhandenen. Aufgrund der Finanzkrise der letzten Jahre und dem damit einhergehenden drastischen Rückgang der Steuereinnahmen fahren die meisten Kommunalverwaltungen den Kurs der Haushaltskonsolidierung, d. h. sie haben Investitionen und Sanierungsmaßnahmen drastisch reduziert oder sogar zeitweise vollkommen eingestellt und Aufgaben umverteilt.

Im Haushaltsplan jeder Stadtverwaltung werden alle kommunalen Tätigkeiten dargestellt. Er ist ein umfassendes Spiegelbild der kommunalen Arbeit und ein zentrales Steuerungsinstrument, da hier festgelegt wird, welche Mittel für welche Aufgaben zur Verfügung stehen. Die Aufstellung und Einhaltung des Haushaltsplans ist gesetzlich verpflichtend. Die gesetzlichen Grundlagen dieser kommunalen Haushaltswirtschaft sind in der

Abb. 16.1 Aufgabe der Kommunen. (Quelle: Landeszentrale für politische Bildung Baden-Württemberg 2014)

Gemeindeordnung (GemO) und in der Gemeindehaushaltsverordnung (GemHVO) von Baden-Württemberg festgelegt. Eine Stadt hat eine Vielzahl von Aufgaben zu erfüllen, die über Einnahmen finanziert werden. Die Aufgaben lassen sich dabei in zwei Kategorien aufteilen. Die Landeszentrale für politische Bildung Baden-Württemberg hat eine aussagekräftige Grafik veröffentlicht, der man die grundsätzlichen Aufgaben einer Kommune entnehmen kann (Abb. 16.1).

Zum einen gibt es die städtischen Pflichtaufgaben, zu deren Erfüllung die Stadt per Gesetz verpflichtet ist. Darunter fallen z. B. der Bau und die Unterhaltung von Kindergärten und Schulen oder die öffentliche Sicherheit und Ordnung. Zum anderen gibt es Aufgaben, die die Stadt freiwillig ohne gesetzliche Verpflichtung wahrnimmt. Die Schwerpunkte der freiwilligen Aufgaben liegen im sozialen, kulturellen und sportlichen Bereich. Ob und welche freiwilligen Aufgaben erfüllt werden, entscheidet der Gemeinderat. Grundsätzlich gilt, dass die Pflichtaufgaben Vorrang vor freiwilligen Aufgaben haben. Ein wesentliches Entscheidungskriterium ist die finanzielle Situation der Stadt, welche vor allem durch konjunkturelle Entwicklungen starken Schwankungen unterworfen sein kann.

Festzuhalten ist, dass sich die Anforderungen an die Verwaltung verändert und weiterentwickelt haben. Strukturen und Prozesse innerhalb der Kommunalverwaltungen müssen entsprechend der Anforderungen angepasst werden. Fakt ist aber auch, dass die Rahmenbedingungen oftmals nicht mehr zum Anforderungsprofil zusammenpassen, was sich wiederum in der direkten Beurteilung der Bürger von der Verwaltungsleistung widerspiegelt. Hierauf ist sicherlich auch das relativ schlechte Image der Beamten zurückzuführen, auf das ich eingangs kurz eingegangen bin.

Die öffentliche Verwaltung hat eine Reformbewegung in den 1990er Jahren erlebt. Doch leider ist das eigentliche Ziel, nämlich die Umgestaltung der Verwaltung zu einem effizienten und effektiven Dienstleistungsunternehmen, im Laufe der Jahre ein wenig auf der Strecke geblieben bzw. wurde es nur teilweise umgesetzt. Vor allem aufgrund des unmittelbar spürbaren Finanzdrucks und zunehmenden Rechtfertigungszwangs gegenüber dem Bürger sind Kommunalverwaltungen gefordert, sich mit dem Reformprozess intensiver auseinanderzusetzen. Die vorrangigen Modernisierungsaktivitäten konzentrieren sich auf die Bereiche Haushalts- und Rechnungswesen sowie Organisations- und Personalentwicklung. Die kommunale Beteiligungssteuerung steht in den letzten Jahren ebenfalls zunehmend im Fokus, nachdem die Forderungen der Bürger nach Beteiligung und Mitbestimmung immer stärker werden.

16.3 Die Leistungsforderungen der Anspruchsgruppen

Die Leistungsforderung an öffentliche Verwaltungen kommt direkt von den Bürgern, durch ihre gewählten Vertreter in den Gemeinderatsfraktionen in Form von offiziellen Anträgen oder durch Anforderungen und Vorgaben von höheren politischen Institutionen wie dem Land oder Bund – so beispielsweise Vorgaben hinsichtlich der Bereitstellung von Kita-Plätzen oder zur Unterbringung von Flüchtlingen. Die Stadtverwaltung nimmt alle Forderungen und Anträge ernst. Sie werden dokumentiert und nacheinander, meistens in Form einer Sitzungsvorlage, bearbeitet und inhaltlich aufbereitet. Die Sitzungsvorlage zeigt in der Regel die Sachdarstellung auf und beinhaltet einen Umsetzungsvorschlag inklusive Kostenkalkulation sowie einen Vorschlag zum weiteren Verfahren und Vorgehen. Alle Sitzungsvorlagen werden den Gremien zur Entscheidung vorgelegt. Der Gemeinderat vertritt als oberstes Organ der Gemeinde die Bürgerschaft. Er kontrolliert und bewertet die Arbeit der Stadtverwaltung und stellt sicher, dass die Themen im Sinne der Bürgerschaft umgesetzt werden. Man kann durchaus sagen, dass anhand der Abarbeitung dieser Vorlagen die Leistung der Verwaltung gemessen wird.

Der Bürger steht mit seinen Erwartungen und Forderungen oftmals im Mittelpunkt. Entweder greift die Verwaltung ein Defizit oder Problem auf, das an sie herangetragen wurde. Die Lösung dieser Probleme betrifft in vielen Fällen den Bürger direkt in seinem Alltag. Gute Beispiele sind die Straßensanierung oder der Ausbau von Kindertagesstätten. Oder aber die Themen werden explizit von den Gemeinderatsfraktionen eingefordert, indem sie einen Antrag stellen und somit die Stadtverwaltung beauftragen, ein konkretes

Thema oder Anliegen zu analysieren und einen Lösungsvorschlag auszuarbeiten. Es sind also verschiedene Initiatoren, die das Leistungsspektrum der Verwaltung prägen und dadurch die Entwicklung der Stadt mitgestalten.

Hinzu kommen die Themen, die von der Stadtverwaltung selbst eingebracht werden. Sie werden vornehmlich durch die Verwaltungsspitze eingebracht, verfolgen eine bestimmte Vision oder sind strategischer Natur. Das können beispielsweise gezielte, übergeordnete Leitbilder, Zielvorstellungen und Konzepte für die weitere städtebauliche Entwicklung der Stadt oder eines Stadtteils sein, die im Rahmen der Stadtentwicklung erarbeitet werden. In enger Abstimmung mit anderen Fachbereichen wie Soziales, Sport oder Umwelt entstehen so unter anderem Bebauungs- und Raumpläne mit dem Ziel einer Verbesserung der Infrastruktur für Einzelhandel, Verkehr, Sport-, Spiel- und Grünflächen sowie zur positiven Wirtschafts-, Sozial- und Wohnungsentwicklung. Stadtentwicklung verlangt somit eine interdisziplinäre, integrierte und zukunftsgerichtete Herangehensweise, um den vielseitigen Handlungsfeldern gerecht zu werden. Durch gesellschaftliche Tendenzen, wie beispielsweise den demografischen Wandel, die Globalisierung, die Verankerung der Nachhaltigkeit sowie die zunehmende Beteiligungskultur (Bürgerbeteiligung), steht die Stadtentwicklung fortwährend vor neuen Herausforderungen. Zu den von der Verwaltungsspitze eingebrachten Themenfeldern gehören aber auch imagebildende Maßnahmen, wie beispielsweise der Auftritt in sozialen Netzwerken oder die Veranstaltungsplanung – erst diesen Sommer fand beispielsweise der Auftakt der „Tour de Ländle" in Sindelfingen statt. Dass sich die Verwaltungsspitze und der Gemeinderat diese Veranstaltung in die Stadt geholt haben, war weniger der Freude der Entscheidungsträger am Fahrradfahren geschuldet, sondern vielmehr der Möglichkeit, die Stadt und ihr Angebot überregional bekannt zu machen und viele Besucher und Gäste in das Stadtzentrum einzuladen. Neben dem Image einer Stadt stehen hier natürlich u. a. auch wirtschaftliche Ziele im Fokus, wie beispielsweise die Förderung des Tourismus und damit einhergehend die überregionale Sichtbarkeit einer Kommune und ihres Freizeit-, Kultur- und Sportangebots.

Eine Leistungssteigerung ist nur mit und durch den Bürger möglich. Aber auch Wirtschaftsunternehmen, Vereine, Institutionen, Händler sowie die politischen Gremien und Instanzen haben Einfluss auf die Performance, die Leistung der Stadtverwaltung. Performance Management wird hier als leistungs- und wirkungsorientierte Steuerung der Verwaltung zur Steigerung von deren Effizienz und Effektivität (vgl. Reichert 2002) verstanden. Ihm kommt daher eine bedeutende Funktion moderner Verwaltungsführung zu und es steht im Mittelpunkt des internationalen Public-Management-Diskurses. Performance Management im Sinne einer ergebnisorientierten Steuerung zielt darauf ab, Ergebnisse transparent zu machen, z. B. im Hinblick auf spezifische Kriterien wie Qualität, Effizienz und Wirksamkeit. Es gilt, diese Kriterien zu steuern und zu optimieren sowie die verantwortlichen Führungskräfte in Rechenschaft zu nehmen. Zielorientierung bedeutet, Ziele zu definieren, systematisch auf deren Erreichung hinzuwirken und diese zu überprüfen sowie auch langfristig Performance im Sinne einer effektiven Zielerreichung zu verbessern (vgl. Proeller und Siegel 2009). Diese Steuerung geschieht letztendlich durch das vorher beschriebene Zusammenspiel von Bürgerschaft, Gremium und Stadtverwaltung.

Auf kommunaler Ebene ist man allerdings weit von einem flächendeckenden und systematischen Performance Management entfernt. Gleichwohl ist man auf dem Weg dahin deutlich weiter als Bund und Länder. Das liegt wahrscheinlich auch daran, dass Performance Management nicht als Lösung für die aktuellen wesentlichen Managementherausforderungen und -aufgaben gesehen wird, zumindest nicht, was die Haushaltskonsolidierung betrifft. Performance-Management-Systeme sind zur Steuerung und Verbesserung von Ergebnissen und Wirkungen konzipiert und nicht zur Konsolidierung und Kostenreduktion. Die Verwaltung hat oftmals „dringendere Probleme" zu lösen als die allgemeine Leistungsfähigkeit oder Wirksamkeit. Hinzu kommt, dass die Personen in der Verantwortung an den neuesten Entwicklungen und Fortschrittstandards anknüpfen müssen. Hier stehen Kommunalverwaltungen vor einer kulturellen Herausforderung, denn viele Mitarbeiter in der Verwaltung leben noch in alten Strukturen und Denkmustern. Veränderungen im strategischen Ansatz oder im operativen Prozess selbst werden teilweise nur sehr schleppend angenommen. Da heißt es schon mal: „Das haben wir 40 Jahre so gemacht und über das Ergebnis hat sich nie einer beschwert, warum sollen wir unsere Arbeitsweise jetzt auf einmal ändern?". Dieser Change-Prozess muss von oben begleitet werden. Nur wenn die Verwaltungsspitze eine klare Marschroute vorgibt und die neuen Prozesse vorbildlich lebt und von den Mitarbeitern im Haus konsequent einfordert, hat der Verwaltungsapparat eine Chance, in Bewegung gesetzt zu werden. Selbstverständlich gehören die Führungskräfte entsprechend geschult und es ist auch ratsam, sich an der einen oder anderen strategisch wichtigen Stelle Fachexperten ins Team zu holen, die den Prozess von innen begleiten und mitgestalten.

Auf der deutschen kommunalen Ebene finden sich im Zuge der Anwendung des sogenannten Neuen Steuerungsmodells (NSM) Elemente wie Produktbildung, Bürgerorientierung und Ansätze der strategischen Steuerung, die sich im weitesten Sinne als Instrumente des Performance Managements identifizieren lassen. Der Produktansatz des Neuen Steuerungsmodells bietet die Möglichkeit, die Forderung der Bürger nach „value for money" zu erfüllen, indem deutlich wird, welche Leistungen mit welchen Kosten zu welcher Qualität vom Steuergeld des Bürgers durch die Verwaltung erbracht werden (Hill 1997). Im folgenden Abschnitt soll diese Reformbewegung, das Neue Steuerungsmodell, zumindest in seinen Grundzügen ein wenig näher beschrieben werden, ohne allerdings der wissenschaftlichen Auseinandersetzung mit diesem Thema gerecht zu werden. Wer nach Definitionen und Wirkungsmodellen sucht, den möchte ich auf Lehrbücher und Standardwerke wie beispielsweise von Bouckaert und Halligan (2008), Schedler und Proeller (2009) u. a. verweisen.

16.4 Reformbewegung im öffentlichen Sektor: Das Neue Steuerungsmodell und die strategische Leistung der Städte

Nach modernem Verständnis – und mit der Umsetzung des Neuen Steuerungsmodells in den 1990er Jahren (vgl. Schedler und Proeller 2009; Jann 2011; Hill 2011) – hat sich die öffentliche Verwaltung vom Verwaltungsapparat hin zu einem Dienstleister entwickelt. Dazu mussten betriebswirtschaftliche Steuerungsinstrumente und Bewertungsmethoden eingeführt werden, die ein neues Verständnis der Verwaltung voraussetzten. Sie reichen von Kosten- und Leistungsrechnung und Controlling über Qualitätsmanagement bin hin zur leistungs- und wirkungsorientierten Steuerung – Performance Management (vgl. Proeller und Siegel 2009; Hilgers 2009; Proeller et al. 2012).

Der Grundgedanke des Neuen Steuerungsmodells enthält einen übergreifenden Managementansatz, der vor allem die Steuerung des Verwaltungshandelns verbessern soll. Dabei steht die Vereinbarung von strategischen Zielen im Mittelpunkt. Sie lösen das bisherige starke Eingreifen der Exekutivspitze in die Steuerung der ausführenden Verwaltung ab, da diese wesentliche Grundfragen der Profilbildung und Zukunftsorientierung der Organisation ihrer Leistung vernachlässigte. Die bisherige Steuerung war vor allem am Input, d. h. der Vorgabe von Stellen und Sachmitteln, orientiert. Die Beschäftigung mit dem Output, d. h. den Ergebnissen, der Leistung und den Produkten des Verwaltungshandelns, wurde dagegen vernachlässigt. Die Kosten der einzelnen Produkte waren nicht bekannt, weil sich der Haushaltsplan nur auf Einnahmen und Ausgaben bezog.

Ein entscheidendes Merkmal des Neuen Steuerungsmodells ist die Fokussierung auf Produkte bzw. Dienstleistungen als Ergebnis von Verwaltungsprozessen. Das neue Modell geht dabei von einer Definition von Produkten und der entsprechenden Zuordnung von Kosten zu diesen Produkten aus. Die Leitlinien sollen einerseits das Steuerungsinteresse von Politik und Verwaltungsführung, andererseits das Kundeninteresse der Bürgerinnen und Bürger darstellen. Auf dieser Basis sollen zwischen Parlament bzw. Rat und Verwaltungsspitze sowie zwischen Verwaltungsspitze und den einzelnen Verwaltungseinheiten Zielvereinbarungen abgeschlossen werden. Durch Einrichtung eines Controllings sowie ein regelmäßiges Berichtswesen wird die Erreichung der Ziele gesteuert und überwacht. Ziel ist die Sicherstellung der ständigen Verbesserung der Leistung (Hill 1997). Kunden- und Bürgerbefragungen ermöglichen ein Feedback durch die Nutzer, sie werden immer häufiger durch Bewertungsportale im Internet und in Social Media ersetzt.

Die wichtigsten Elemente des Neuen Steuerungsmodells waren:

- dezentrale Ressourcenverantwortung in den Fachbereichen mittels Budgetierung;
- Definition der von den Fachbereichen erwarteten Leistungen (Outputs, Produkte);
- Steuerung der Fachbereiche auf Abstand (Zielvereinbarungen, Kontraktmanagement);
- parallel dazu Aufbau einer die Führung unterstützenden zentralen Steuerungs- und Controlling-Einheit neuer Art;
- wo immer möglich, das „Unter-Strom-Setzen" der neuen Struktur durch Wettbewerb oder Wettbewerbssurrogate;
- ein reformiertes Haushalts- und Rechnungswesen auf der Basis des Ressourcenverbrauchskonzeptes.

Die meisten Kommunalverwaltungen haben aus dem vorgeschlagenen Instrumentenkasten des Neuen Steuerungsmodells nur einzelne Teile wie z. B. Budgetierung, Produktdefinitionen, Berichtswesen und Controlling herausgepickt. Es wundert daher nicht, dass der gewünschte Modernisierungseffekt (allen voran der Steuerungsgewinn) im Großen und

Ganzen ausblieb. Schuld daran ist wahrscheinlich auch, dass es den Kommunen selbst überlassen wurde, das Neue Steuerungsmodell umzusetzen. Es gab keine Vorschriften oder Vorgaben vom Staat, die kommunale Verwaltungsmodernisierung umzusetzen, sodass viele Kommunen keinen „Zugzwang" sahen, die doch sehr aufwendigen Reformen auch tatsächlich anzugehen. Der große, flächendeckende Reformerfolg blieb somit leider aus.

Einen Lichtblick gibt es allerdings: Das neue Haushalts- und Rechnungswesen ging immerhin Ende 2009, nach über zehnjähriger Diskussion, in die Gesetzgebung über. Im Rahmen der Reform des kommunalen Haushalts- und Rechnungswesens sind die Kommunen in Baden-Württemberg aufgefordert, ihren Haushalt bis zum Jahr 2020 nach den neuen gesetzlichen Regelungen auf die Kommunale Doppik umzustellen. Außerdem werden mit der Umstellung Produkte gebildet und damit eine stärkere Verknüpfung zwischen Ressourcen und Output hergestellt. Grundlage ist der für alle Bundesländer verbindliche Beschluss der Innenministerkonferenz zur Reform des Gemeindehaushaltsrechts vom 23. November 2003, mit dem eine wesentliche Voraussetzung zur Einführung von Doppik und Produkthaushalt auf kommunaler Ebene geschaffen wurde.

Das Neue Steuerungsmodell sah vor, die Kommune insgesamt von der Bürgernachfrage her, d. h. von außen nach innen, zu organisieren und zu steuern. Dies hat sich vor allem mit der Implementierung von Bürgerämtern und Bürgerbüros erfolgreich durchgesetzt. Davon abgesehen, hat sich dieses Modell allerdings nicht weiter implementiert. Der Reformfokus blieb überwiegend binnenorientiert, die Transformation zum echten Dienstleistungsunternehmen blieb auf halbem Weg stecken.

Aktuelle Entwicklungen zeigen allerdings immer deutlicher, dass Verwaltungen in erster Linie für die Bürger da sein müssen. Alle Leistungen der öffentlichen Verwaltung sind zur Zusammenarbeit und zur Bestleistung gegenüber den Bürgern und der Wirtschaft verpflichtet. Die Anforderungen an die Führung der Verwaltung steigen damit. Der Bürger fordert mehr Transparenz und Beteiligung denn je – das zeigen beispielsweise die großen, medienwirksamen Debatten und Entscheidungen rund um „Stuttgart 21" oder den Ausbau des Flughafens von „Berlin Tegel". Ein stabiles Umfeld gibt es immer seltener, das Umfeld ist dynamisch und es entstehen immerzu veränderte Bedingungen mit jeweils neuen und neuartigen Konstellationen. Darauf muss sich die Verwaltung einstellen, hierauf muss sie reagieren können. „Evolutionär-dynamische und konstruktiv-gestaltende Strategien sind daher gefragt, um den wechselnden Verhältnissen gerecht zu werden" (Hochschule für öffentliche Verwaltung und Finanzen Ludwigsburg 2013, S. 25). Mit zunehmender Akzeptanz der Bürgerkommune (dritter Pfeil der Abb. 16.2) dürfte die in den 1990ern begonnene Reform jetzt eine neue Chance bekommen.

Leitbilderweiterung der Kommunen (Alcatel SEL Stiftung für Kommunikationsforschung)

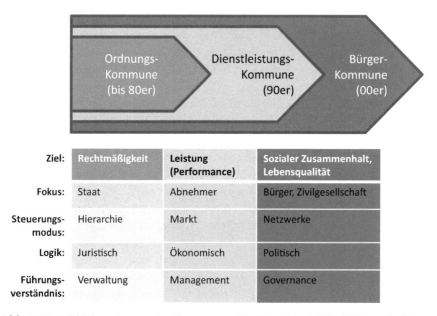

Abb. 16.2 Leitbilderweiterung der Kommunen. (Quelle: Alcatel SEL Stiftung für Kommunikationsforschung)

16.5 Die PR-Leistung der Städte – von der klassischen Pressearbeit bis hin zur Bürgerbeteiligung

Die Definition gemeinsamer Ziele und die Abgrenzung individueller Verantwortlichkeiten sowie eine realistische Ressourcenausstattung bei den ausführenden Einheiten haben einen positiven Einfluss auf die Verbesserung der Koordination und Kommunikation zwischen den verschiedenen Verwaltungseinheiten. Kooperation und Interaktivität erlangen nunmehr auch innerhalb der Verwaltung an Bedeutung, vor allem dann, wenn die strategischen Ziele feststehen und sich die Kommunikationsarbeit an ihnen ausrichtet. Das heißt zugleich, dass die Anforderungen an die Kommunikation und Öffentlichkeitsarbeit der Verwaltungen zugenommen haben.

Zum einen ist die Kommunikation nach innen gerichtet – denn in der Kommunikationsabteilung laufen die Informationen interdisziplinär zusammen, werden aufbereitet und für die Öffentlichkeit zusammengestellt. Hier werden die Informationen bewertet, priorisiert und auf Basis der Kommunikationsstrategie wird die weitere Verarbeitung der Informationen festgelegt. Und zum anderen ist die Kommunikation nach außen gerichtet, mit dem Ziel des zufriedenen Bürgers, der über die kommunalpolitischen Themen informiert ist und sein Vertrauen in die Leistung der Stadt immer wieder bestätigt sieht. Anhand von themenspezifischen Kommunikationsplänen werden die einzelnen Kommunikationsmaßnahmen zeitlich und zielgruppengerecht fixiert, um durch einen Kommunikationsmix die Zielgruppen möglichst über viele Medienkanäle zu erreichen und das Meinungsbild somit breitflächig zu beeinflussen, aber auch den Informationsbedarf zu decken.

Die Kommunikationsarbeit hat die Aufgabe, den Bürger in erster Linie zu informieren und abzuholen. Oftmals haben kommunalpolitische Themen bereits eine lange Historie, von der die Bürger nicht viel mitbekommen, da die Sachverhalte zunächst intern diskutiert werden und nicht zuletzt auch höhere politische Institutionen oder Gremien involviert sind. Bevor die Öffentlichkeit eingebunden wird, werden Rahmenbedingungen festgelegt und ein gemeinsames Ziel erarbeitet. Sobald sich Verwaltung und Gremien ein Bild von der Situation gemacht haben und alle größeren Unklarheiten oder Differenzen aus dem Weg geräumt sind, wird die Öffentlichkeit eingebunden. Dies geschieht auf verschiedenen Wegen: durch öffentliche Sitzungen der Gremien, zu denen die Bürger offiziell eingeladen sind, und durch die Veröffentlichung der Themen über die Verwaltungsmedien wie das Amtsblatt oder die Stadtzeitung, die städtische Internetpräsenz und nicht zuletzt über das webbasierte Bürgerinformationssystem, in dem alle Sitzungsvorlagen transparent und für die Öffentlichkeit zugänglich dokumentiert werden.

Zusätzlich informieren die Kommunalverwaltungen durch eine aktive Pressearbeit die Öffentlichkeit über aktuelle Themen und anstehende oder bereits gefallene Entscheidungen. Selbstverständlich werden die Themen hin und wieder auch durch Journalisten in Gang gesetzt, was nicht immer in das Kommunikationskonzept der Stadtverwaltungen passt. Manche Themen müssen zunächst intern erörtert und bewertet werden, bevor dazu eine öffentliche Stellungnahme seitens der Stadtverwaltung veröffentlicht werden kann. Es kommt allerdings immer wieder vor, dass aufgrund des Drucks der Öffentlichkeit, z. B. ausgelöst durch die Nachfrage der Pressevertreter, manche Themen und Standpunkte schon zu einem früheren Zeitpunkt in die Öffentlichkeit gelangen. Wenn man sich diese Fälle genauer ansieht, stellt man fest, dass die oftmals vagen Äußerungen und unkonkreten Antworten der Stadtverwaltung den Informations- und Aufklärungsbedarf der Öffentlichkeit nicht stillen, sondern im Gegenteil: Sie sorgen eher für Unmut und Unverständnis in der Bevölkerung und lösen weitere Diskussionen aus. Dann wird der Politik wieder vorgeworfen, intransparent zu sein und nur um den „heißen Brei" zu reden, anstatt mit der Sprache herauszurücken und die Tatsachen offenzulegen. Die Bürger vermuten, dass ihnen Informationen absichtlich vorenthalten werden, um sie letztendlich vor vollendete Tatsachen zu stellen, anstatt sie von Anfang an einzubinden. Der Verdacht, dass mal wieder nur kommunalpolitische Interessen verfolgt werden, anstatt das Wohl der Bürger in den Vordergrund zu stellen, gewinnt immer mehr Raum. Nicht zuletzt kann man diese Tatsache sicherlich auch der sogenannten Politikverdrossenheit zuschreiben.

Und genau darin liegt die Herausforderung der Presse- und Öffentlichkeitsarbeit von Stadtverwaltungen. Man muss abwägen, ob man mit einer Information frühzeitig in die Öffentlichkeit geht und Transparenz in einen noch nicht abgeschlossenen Prozess bringt oder aber Informationen bewusst so lange zurückhält, bis ein klares Bild vorliegt und die Situation eindeutig bewertet werden kann. Dass ein Thema bereits vor Abschluss des internen Analyseprozesses an die Öffentlichkeit gerät, ist nicht zu vermeiden. Und auch darauf muss die Kommunikationsarbeit vorbereitet sein. Ein gewisses Vertrauensverhältnis zwischen der Kommunikationsabteilung der Verwaltung und den Journalisten kann in solchen Situationen hilfreich sein, denn im direkten Dialog kann man schon einmal auf Probleme oder Schwierigkeiten hinweisen und klarmachen, dass es im Sinne der Bürger ist, mit der ein oder anderen Detailinformation vielleicht noch ein wenig zu warten. In anderen Fällen muss man sich auf eine Sprachregelung einigen und es aushalten, dass in den Folgetagen das Thema in den Medien kontrovers oder kritisch diskutiert wird, nicht zuletzt von der Bevölkerung, die sich z. B. in Form von Leserbriefen zum Thema äußert. Aber gerade auch aus dieser Situation kann die Kommunikationsarbeit der Verwaltung wertvolle Rückschlüsse ziehen. Aus diesem Grund ist ein sorgfältiges Presse-Monitoring so wichtig. Hier werden alle Stimmen der Öffentlichkeit zusammengetragen, analysiert und bewertet. Sie geben wertvollen Aufschluss darüber, welchen Informationsbedarf die Bevölkerung noch hat, wo Unklarheiten herrschen und was konkret von der Stadtverwaltung gefordert und erwartet wird. Die Reaktionen auf die Presseberichterstattung spiegeln das Meinungsbild der Bevölkerung wider, was unmittelbar in die weitere Kommunikationsstrategie einfließen kann.

Performance-Management-Systeme können aber auch so gestaltet werden, dass sie Informationen produzieren, die die Nachfrage der Bürger bedienen. Auf diese Weise können Performance-Management-Systeme letztendlich auch dazu beitragen, die Bürgerbeteiligung zu verbessern (vgl. Ho 2008, S. 204 ff). Performance Information erfüllt bereits dann eine wertvolle Funktion, wenn sie über öffentliche Diskurse informiert und damit Eingang in die Diskussion findet. Themen können so ganz gezielt angestoßen werden. Performance-Informationen haben Transparenz geschaffen, die öffentliche Debatte informiert und angeregt und dadurch letztendlich auch wieder den Handlungsdruck für Politiker und Verwaltungsmanager erhöht. Der Mehrwert der Performance-Information liegt deshalb meist gar nicht darin, Problemlösungen zu liefern, sondern Probleme und Handlungsbedarf zunächst überhaupt einmal aufzuzeigen und die Kommunikation darüber anzuregen (Kroll und Küchler-Stahn 2009).

Im Zeitalter der digitalen Medien profitiert die Presse- und Öffentlichkeitsarbeit von Onlineplattformen und Social-Media-Kanälen. Hierüber können die Stimmen und Meinungen der Bevölkerung direkt und ungefiltert aufgenommen werden. Mehr noch, der direkte Dialog mit den Bürgern wird erleichtert, wo wir schon bei dem heute vielleicht wichtigsten Aspekt der Kommunikationsarbeit angekommen sind: der Bürgerbeteiligung. Die Bandbreite der Bürgerbeteiligung reicht von der bloßen Verteilung von Daten bzw. Informationen über Formen des echten Dialoges bis hin zur höchsten Stufe der Beteiligung, in der die Beteiligten die finale Entscheidung treffen, beispielsweise durch einen Bürgerentscheid. Oftmals ist eine formelle Bürgerbeteiligung (z. B. Bürgerentscheid oder Bürgerbegehren) nicht möglich, da es eine klare Aufgaben- und Rollenverteilung gibt, nach der die gesamtstädtische Abwägung und Entscheidung der Gemeinderat trifft. Gerade dann ist es wichtig, dass die Verwaltung in dem Prozess transparent bleibt und die Bür-

Methoden der Bürgerbeteiligung

Zielsetzung der Bürgerinnen/Bürger \ Zielsetzung der Verwaltung	Transparenz schaffen	Meinungs-/Stimmungsbild einholen	Vorschläge einholen	Entscheidung einholen	Mitarbeit nutzen
sich informieren	Informationsmaßnahmen				
sich artikulieren		Befragung			
mitdiskutieren			Konsultationsmethoden		
mitentschieden				Wahlen, Abstimmungen	
mitarbeiten					Kooperationsmethoden

Abb. 16.3 Methoden der Bürgerbeteiligung. (Quelle: eigene Darstellung)

ger vor einer Beschlussfassung über die Sachverhalte und Ergebnisse der Untersuchungen und Abwägungen informiert.

Eine echte Bürgerbeteiligung stellt Verwaltungen vor neue Herausforderungen. Bürger wollen heute direkt mitreden und mitentscheiden, sie sind selbstbewusster als früher und zudem gut informiert, besitzen eigene Expertise und bringen staatlichen Stellen weniger Vertrauen entgegen. Es reicht daher nicht mehr aus, rechtlich und fachlich einwandfrei zu planen. Es braucht darüber hinaus vor allen Dingen Transparenz, umfassende und verständliche Informationen sowie echte Beteiligungs- und Gestaltungsmöglichkeiten für Bürger (Abb. 16.3). Auch wenn die Gesellschaft mehr Bürgerbeteiligung fordert, ist diese nicht immer so einfach umzusetzen. Es ist ein Balanceakt zwischen der Erhaltung und Würdigung unserer Mechanismen der repräsentativen Demokratie und Ermöglichung einer Beteiligung der Bürger, die allerdings hin und wieder droht, in Partikularinteressen abzufallen. Vor allem jene Bürger sind motiviert, die Projekte vor der eigenen Haustür verhindern oder beeinflussen wollen. In Politik und Verwaltung spielt die Angst vor Macht- und Kontrollverlust eine Rolle. Man darf diese Entwicklungen allerdings nicht einseitig betrachten, denn hinter jedem Wandlungsprozess stecken neben den Risiken auch Chancen. Interesse, Wissen und Engagement der Bürger tragen konstruktiv zu besseren Lösungen bei. Davon können Politik und Verwaltung profitieren. Mit dem Wissen der lokalen Bürger können qualitativ bessere und innovative Lösungen erzielt werden, die letztendlich auf eine breitere Akzeptanz innerhalb der Bevölkerung stoßen. Eine gelingende Bürgerbeteiligung muss von Anfang an ehrlich und ernsthaft gewollt sein, sie muss verbindlich erfolgen und vor allen Dingen alle Bevölkerungsgruppen gleichermaßen berücksichtigen und einbinden. In der Bürgerbeteiligung sehen Verwaltungen die Chance auf ein neues Vertrauensverhältnis zu Politik und Verwaltung.

Eine gelungene Form der Bürgerbeteiligung soll anhand eines Best-Practise-Beispiels der Stadt Sindelfingen dargestellt werden. Anlässlich des 750-jährigen Stadtjubiläums im Jahr 2013 sind Leistungsfähigkeit und Wirksamkeit der Kommunikationsarbeit der Stadtverwaltung in den Fokus geraten. Der Ruf nach einer für jedermann transparenten Bewertung des Verwaltungshandelns wurde in diesen Fällen erhört. Welchen Beitrag die Kommunikationsarbeit zur Leistungsseigerung geleistet hat und wie diese gemessen bzw. bewertet wurde, soll nun im Folgenden aufgezeigt werden.

16.6 Leistungssteigerung der Verwaltungsarbeit am Beispiel des 750. Jubiläums der Stadt Sindelfingen

Städte stehen im Wettbewerb zueinander – jede Stadt hat das Ziel, ihren Bürgerinnen und Bürgern eine bestmögliche Lebens-, Wohn- und Arbeitsqualität zu bieten, und möchte diesem Anspruch auch gerecht werden. Um sich von anderen Städten und Kommunen abgrenzen und abheben zu können, ist es vorteilhaft, wenn Alleinstellungsmerkmale herausgearbeitet werden können, das Profil der Städte geschärft und am Image gearbeitet wird. Was will man sein – Sportstadt, Kulturstadt, Kinder- und Jugendstadt? Oder wird der Fokus doch lieber auf den starken Wirtschafts- und Innovationsstandort gelegt? Wenn man die Sache nüchtern betrachtet, so hat eine Stadt zwangsläufig ein breit angelegtes Profil. Dieses eine prägende Merkmal, das die ganze Stadt ausmacht, ist eher selten zu finden. Und ich persönlich denke, das ist auch gut so, denn letztendlich treffen in der Stadtgemeinschaft viele verschiedene Menschen aufeinander, die ganz unterschiedliche Interessen verfolgen. Letztendlich sollen sich alle diese Gruppen in der Stadt wohlfühlen und sich ins Stadtgeschehen möglichst einbringen. Was macht also eine Stadt lebens- und liebenswert? Wie kann man die unterschiedlichen Interessengruppen einer Stadt vereinen und zusammenbringen, um so das Zusammengehörigkeitsgefühl innerhalb der Gesellschaft und der verschiedenen Institutionen zu stärken, die Identifikation mit der Stadt zu fördern und den Menschen somit ein liebens- und lebenswertes Umfeld zu bieten?

Diese und weitere Fragen hat sich die Stadtverwaltung Sindelfingen im Rahmen der Vorbereitungen des 750-jährigen Stadtjubiläums gestellt. Sie hat erkannt, dass die Stadt eine einmalige Chance hat, in dem Jubiläumsjahr einmal abseits von den alltäglichen kommunalpolitischen Themen die Verwaltungsleistung an anderen Faktoren zu messen, nämlich an der Zufriedenheit der Bürger in einem besonderen Jahr, im Jubiläumsjahr. Wohlwissend, dass wenn man etwas Besonderes erreichen will, es individueller Maßnahmen zur Identitäts- und Profilbildung bedarf. Nur diese verschafft den Wettbewerbsvorteil, auf den Städte und Kommunen mittlerweile angewiesen sind (vgl. Hill 2012). Übergeordnetes Ziel des Jubiläumsjahrs war es also, das Zusammengehörigkeitsgefühl innerhalb der Stadt nachhaltig zu festigen und zu stärken, die Bildung neuer Netzwerke zu fördern und alte, bestehende Netzwerke zu reaktivieren. Die Ziele waren hoch gesteckt, ob man sie erreichen konnte, wagten die Projektverantwortlichen und die Verwaltungsspitze zu Beginn nur zu hoffen.

Das Jubiläumsjahr wurde unter das Motto „So viel Geschichte – so viel Zukunft" gestellt. Die Geschichte der Stadt sowie Zukunftsthemen sollten auf verschiedene Weise aufgearbeitet und dargestellt werden. Dabei entschied man sich bewusst gegen den Einsatz einer externen Agentur zur Planung des Jubiläumsjahres. Stattdessen wurde unter der Leitung des Kultur- und Schulamtleiters eine kleine Projektgruppe gegründet, die gute zwei Jahre vorab mit den Planungen loslegte. Unterstützt wurde die Gruppe von Kolleginnen und Kollegen im Haus, die bei einzelnen Projekten hinzugezogen wurden. Außerdem wurden Experten engagiert, die für die künstlerische Konzeption und Gesamtregie der großen Hauptveranstaltungen (Festakt, Zeitspaziergang, Kuchenritt und Sindolfs Traum) verantwortlich zeichneten. Als das Jubiläumsjahr näher rückte, entschied man sich, zur Unterstützung des Presseamts eine Mediaagentur für die Planung und Koordination der einzelnen Kommunikationsaktivitäten hinzuzuziehen. Die Agentur unterstütze das Presseteam in der Mediaplanung, übernahm Rechercheaufgaben und Abstimmungen mit Dienstleistern und unterstütze bei der Vorbereitung der Tool Kits für die Mitmachprojekte.

Das Gesamtkonzept der Jubiläumsfeierlichkeiten umfasste zum einen stadtgeschichtliche Ausstellungen und zentrale Veranstaltungen, wie beispielsweise den offiziellen Festakt mit Galaprogramm, das zentrale Festwochenende mit der Neuauflage des „Sindelfinger Kuchenritts", einen Zeitspaziergang und die Multimediashow „Sindolfs Traum", ein eigens für die Stadt komponiertes Musical, ein Oktoberfest und ein kostenloses Konzert mit der Band Silbermond, als Dank für das ehrenamtliche Engagement der Jugendlichen in Sindelfingen. All diese und noch einige weitere Veranstaltungen wurden seitens der Stadtverwaltung initiiert und mithilfe von Expertenteams und vielen ehrenamtlichen Helfern organisiert. Zum anderen wurden die Bürgerinnen und Bürger sowie Institutionen, Vereine, Kirche, Schulen und Unternehmen aufgefordert, sogenannte Mitmachprojekte einzureichen, die sich mit dem Stadtjubiläum beschäftigten. Über 100 Mitmachprojekte wurden offiziell eingereicht und von der Stadtverwaltung finanziell bezuschusst. Sie haben das Programm im Festjahr maßgeblich mitgeprägt und durch ihre Vielfältigkeit bereichert. Dies war sicherlich auch die Besonderheit im Sindelfinger Ansatz, denn es wurde nicht einfach nur ein Programm für die Bürger zusammengestellt, sondern die Bürger der Stadt wurden aktiv an der Gestaltung des Jubiläums beteiligt. Es sollte ein Fest für und mit den Bürgern werden. Die Durchführung der Mitmachprojekte lag in der Verantwortung der Initiatoren selbst. Die Stadtverwaltung hat aber dafür gesorgt, dass alle Projekte von einem Verwaltungsmitarbeiter besucht und betreut wurden. Die Stadt stellte zudem Plakate, Roll-ups, Pins und andere Werbemittel zur Verfügung (das sogenannte Tool Kit), mit denen die Beteiligten auch nach außen hin zeigen konnten, dass sie mitmachen und Teil des großen Ganzen sind.

Auf die einzelnen Programmpunkte und Veranstaltungen kann im Rahmen dieses Beitrags nicht eingegangen werden. Ich möchte den Fokus an dieser Stelle auf die Kommunikationsarbeit im Rahmen des Projektes richten und zeigen, welchen Einfluss sie auf die Leistungssteigerung der Verwaltung hatte. Selbstverständlich wurden auch kommunikative Ziele während des Jubiläumsjahres gesteckt. So war es unser Ziel, im Rahmen des Jubiläumsjahres das Image der Stadt durch eine gezielte Kommunikation aufzupolieren und aufzufrischen. Wir wollten die Jugendlichkeit und Modernität, die in der Stadt steckt, ans Tageslicht bringen und auch die Stadtverwaltung selbst als moderne, junge, dienstleistungsorientierte Verwaltung präsentieren. Aufgrund eines positiven, jugendlichen Images erhofften wir uns, eine Steigerung des Zusammengehörigkeitsgefühls und damit einhergehend eine höhere Identifikation mit der Stadt zu erzielen.

Unsere Kommunikationsarbeit und Werbung zielte auf die lokalen Medien ab. Wir wollten sicherstellen, dass sich möglichst viele Sindelfinger angesprochen fühlen und an den Feierlichkeiten teilnehmen. Eine überregionale Medienpräsenz stand nicht auf unserer Agenda. Stattdessen legten wir den Fokus auf eine gezielte und ausgewählte Anzeigenpräsenz im Print- und Onlinebereich und setzten auf eine großflächige Plakatierung im Straßenraum, ergänzt durch Bannerwerbung im gesamten Stadtbild. Außerdem gingen wir eine Medienpartnerschaft mit der lokalen Tageszeitung ein, der Sindelfinger Zeitung/ Böblinger Zeitung. Durch eine gezielt platzierte Vorberichterstattung wurden die großen Veranstaltungen und Projekte begleitet und schmackhaft gemacht. Die Tageszeitung veröffentlichte in Zusammenarbeit mit der Pressestelle der Stadt Sonderhefte und spezielle Beiträge, die sich mit dem Jubiläumsjahr und den diversen Akteuren beschäftigten. Wir legten großen Wert auf eine professionelle Medienbetreuung bei den Veranstaltungen selbst. So stellten wir beispielsweise sicher, dass die Medienvertreter vorab bestens über die Programmabläufe, Akteure im Hintergrund und auf der Bühne und über unsere Intentionen und Ziele informiert waren. Das ganze Jahr über luden wir immer wieder zu Pressekonferenzen und Pressegesprächen ein, um die Journalisten über die jüngsten Entwicklungen zu informieren und so die Berichterstattung das Jahr über aktiv mitzugestalten. Diverse Flyer und Broschüren inklusive Lageplänen zur Orientierung rundeten das Kommunikationsangebot ab.

Über die eigens fürs Jubiläumsjahr programmierte Webseite wurden alle Veranstaltungen und Projekte veröffentlicht. Die Seite wurde das Jahr über mit neuen Informationen, einer Bildergalerie und Videos von den einzelnen Veranstaltungen ergänzt. Ein interaktiver Zeitstrahl lud die Besucher der Seite auf eine virtuelle Zeitreise in die Geschichte Sindelfingens ein. Highlight unserer Kommunikationsaktivitäten im Onlinebereich war die Implementierung der Social-Media-Strategie mit der Liveschaltung des ersten Facebook-Accounts der Stadt Sindelfingen. Das Social-Media-Konzept wurde circa ein Jahr im Vorfeld sorgfältig vorbereitet. Wir nutzten das Jubiläumsjahr als Einstieg, um über Facebook die vielseitigen Veranstaltungen und Projekte zu bewerben und darauf aufmerksam zu machen. Letztendlich sahen wir in Facebook eine optimale Möglichkeit, die Reichweite unserer Kommunikationsaktivitäten deutlich auszuweiten und vor allem ein jüngeres Publikum zu erreichen. Zudem war es uns möglich, zu den einzelnen Veranstaltungen direkt einzuladen, indem wir sie in Facebook einstellten. Zusätzlich richteten wir einen stadteigenen YouTube-Kanal ein, um die Ereignisse im Jubiläumsjahr den Sindelfingern auch audiovisuell zu vermitteln. Hier arbeiteten wir eng mit der ortsansässigen Kinderfilmakademie SIM TV zusammen, die für Video-Mitschnitte der Veranstaltungen sorgte und uns diese entsprechend aufbereitete.

Unsere Kommunikationsstrategie ging auf. Die crossmediale Verbreitung der Informationen über verschiedene Medienkanäle in unterschiedlichen Formaten hatte sich bewährt. Das direkte Feedback über die Sozialen Medien war durchweg positiv. Bestätigt wurde dieser Eindruck durch die hohe Anzahl der Berichterstattung in Funk, TV und in der Tagespresse. Die Begeisterung der Sindelfinger schlug sich auch in der rapide ansteigenden Anzahl von Fans unserer Facebook-Seite nieder. Die Zahl reduzierte sich auch nicht im Folgejahr – wie zunächst befürchtet – als wir die Facebook-Seite in eine städtische Seite überführten. Im Gegenteil – bis heute können wir stetig steigende Besucherzahlen verbuchen und freuen uns über jeden neuen Fan. Nicht zuletzt waren alle Großveranstaltungen im Laufe des Jubiläumsjahres sehr gut besucht, die Besucherzahlen übertrafen alle Erwartungen. Das Informationsangebot wurde angenommen und wertgeschätzt, die Sindelfinger ließen sich auf alles Neue ein – aus unserer Sicht haben wir somit unsere intern gesteckten Ziele erreicht. Wir haben im Rahmen unserer Möglichkeiten das Konzept dieses Jubiläumsjahres unterstützt und durch eine zielgruppenorientierte Informationsarbeit unseren Beitrag zu einem gestiegenen Zusammengehörigkeitsgefühl geleistet.

Das Jubiläumsjahr entwickelte eine ganz besondere Eigendynamik, was sich beispielsweise auch in unserer kurzfristig umgesetzten „Heimat-Kampagne" zeigte. Im Rahmen der Multimedia-Show „Sindolfs Traum" erschien gegen Ende der Vorführung ein Sindelfinger Schüler mit Migrationshintergrund auf der riesigen Leinwand und sagte aus tiefstem Herzen und mit einem leicht schwäbischen Akzent den Satz „Sindelfingen isch mei Heimat". Dieser Satz drückte unmissverständlich jenes Gefühl aus, das Tausende von Menschen in diesem Moment selbst verspürten, nachdem sie noch völlig gerührt von der spektakulären Show – einer Multimedia-Zeitreise durch die Geschichte Sindelfingens bis in die Zukunft – auf dem Sindelfinger Marktplatz beisammenstanden. Wir griffen diesen Slogan auf und entwickelten innerhalb kürzester Zeit ein Heimat-Design, das wir auf T-Shirts, Pullover und Jutetaschen drucken ließen und zum Feuerabend auf dem Sindelfinger Marktplatz verkauften. In einem Onlineshop konnten die Bürger die Heimat-Produkte erwerben. Die Nachfrage war so groß, dass wir im I-Punkt der Stadt eine Produktauswahl hinterlegten, um den Bedarf der Bürger decken zu können. Bis heute verzeichnen wir einen guten Absatz der Waren, die Nachfrage hat immer noch nicht nachgelassen. Aktuell diskutieren wir verwaltungsintern, wie wir mit der Kampagne zukünftig verfahren. Wir wollen das Design, das nicht nur die jüngeren Generationen angesprochen hat, auf jeden Fall beibehalten und in das städtische Repertoire aufnehmen.

Als eine weitere Determinante der Steigerung von Performance identifiziert die Literatur die Zusammenarbeit in Form von Netzwerken (Meier et al. 2006). Sie befördern die Kommunikation und Koordination zwischen den Beteiligten und bedingen eine Steigerung der Performance. Für die Stadt Sindelfingen war das Großprojekt „Stadtjubiläum" sicherlich ein positiver Auslöser, eben genau diese Form der Leistungssteigerung zu erfahren. Der Schwung und die Dynamik des Jubiläumsjahres haben auch im Jahr eins nach dem runden Geburtstag nicht nachgelassen. Wie erhofft, haben sich neue Netzwerke gebildet und alte Netzwerke wurden reaktiviert. So hat beispielsweise die Kunst- und Kulturszene einen neuen Aufschwung erlebt, es gibt bereits erste Ideen und Konzepte zur Fortführung der Musical- und Theaterdarstellungen rund um die Sindelfinger Geschichte. Und auch die Jugendlichen in der Stadt sind aktiver als zuvor. Der im Jubiläumsjahr erstmals gewählte Jugendgemeinderat geht mit Unterstützung des Jugendbüros der Stadt die

Themen, die Jugendliche bewegen, jetzt zielführender und strukturierter an. So hat der Jugendgemeinderat beispielsweise innerhalb kürzester Zeit eine Sindelfingen-App ins Leben gerufen und sich im Rahmen der Kommunalwahlen in diesem Jahr mit der Kampagne „Du hast die Wahl! YOLO (You only live once)! VOTE!" (Du lebst nur einmal) dafür eingesetzt, dass die jungen Erstwählerinnen und Erstwähler auf ihr neues Wahlrecht ab 16 aufmerksam gemacht wurden. Unterstützt wurden sie dabei vom Jugendbüro, aber auch von der Pressestelle der Stadt.

Als damalige Pressesprecherin freut es mich, dass sich die Jugendlichen so tatkräftig und produktiv einbringen und wir die jungen Leute bei der Umsetzung ihrer Ideen unterstützen können. Für mich ist dieses Engagement ein tolles Zeichen für den Kurs unserer Kommunikationsarbeit und -strategie; was mich persönlich bestärkt und motiviert, an diesen Ansätzen weiterzumachen und den Blick für Alternativen nicht zu verlieren. Auch wir in der Pressestelle haben die Welle der „Offenheit für Neues" ausgenutzt und ein weiteres innovatives, fast schon freches Konzept lanciert. Mit unserer neuen Azubi-Kampagne „Anders, als Du denkst! Chancen ergreifen – Zukunft gestalten", die ganz bewusst mit den Klischees und Vorurteilen der Ausbildungsberufe bei der Stadt spielt, sind wir seit diesem Jahr auf Azubi-Messen unterwegs und versuchen, junge Leute für die abwechslungsreichen Tätigkeiten in der Stadtverwaltung zu gewinnen. Wir haben zudem in enger Zusammenarbeit mit den Fachämtern ein Dach zur Kommunikation der Klimaschutz-Thematik entwickelt: Fokus-Klima. Und nicht zuletzt unterstützen wir mit unserer Kommunikationsarbeit den groß angelegten Beteiligungsprozess „Sindelfingen 2025 – Stadtentwicklung im Dialog", aus dem in der Zwischenzeit 32 Projekte hervorgegangen sind, die maßgeblich von den Bürgern und Experten aus Wirtschaft, Vereinen und weiteren Institutionen entwickelt wurden. Unserer städtischen Internetpräsenz haben wir einen neuen, frischen Anstrich verpasst. Neben einer deutlich moderneren und ansprechenderen Optik steht jetzt vor allem eine verbesserte Usability für den Nutzer im Fokus. Ergänzt wurde das Onlineangebot durch ein Geoportal, über das beispielsweise alle Baustellen, aber auch Bebauungspläne praktisch in einem Stadtplan angezeigt werden. Mit der neuen Webpräsenz kann die Stadt Sindelfingen nur auch im klassischen Onlinebereich den Ansprüchen des Web 2.0 gerecht werden.

16.7 Schlussbemerkung

Performance Management in der Kommunalverwaltung ist sicherlich nicht direkt vergleichbar mit Wirtschaftsunternehmen. Die Entwicklungen auf diesem Gebiet sind ausbaufähig und vielleicht ist es einfach noch nicht die richtige Zeit dafür. Die Wandlung der öffentlichen Verwaltung von einer Ordnungskommune hin zu einer Bürgerkommune bietet jedoch beste Voraussetzungen und eine Chance, die Leistungen innerhalb der Verwaltung genauer unter die Lupe zu nehmen und sie noch besser auf die Bedürfnisse der Bürger abzustimmen und auszurichten.

Zufriedene Bürger als Messgröße der Leistungssteigerung in öffentlichen Verwaltungen einzusetzen, macht durchaus Sinn. Denn immerhin sind die Aufgaben der Verwaltung stark abhängig von den Anforderungen und Bedürfnissen der Bürger. Aufgrund der zunehmenden Bürgerbeteiligung kann es Stadtverwaltungen und Kommunen zukünftig vielleicht auch noch besser gelingen, die tatsächlichen Anforderungen und Wünsche der Bürger zu erfassen und demnach ihre Leistung gezielter auszurichten. Ein zielführender Einsatz und Umgang mit Ressourcen, die Bündelung von Kompetenzen und ein verantwortungsvolles Personalmanagement führt Kommunen und Verwaltungen zu einer verbesserten Leistungserbringung. Am Ende steht eine höhere Identifikation der Bürger mit ihrer Stadt, ein höheres Interesse an der Lokalpolitik und aufgrund einer breiteren Bürgerbeteiligung auch die Chance auf ein wertvolles Engagement der Bevölkerung, die ihren Lebens-, Wohn- und Arbeitsraum aktiv mitgestaltet. Und wer weiß, vielleicht ist das der Anfang eines neuen, verbesserten Vertrauensverhältnisses zwischen der Bürgerschaft und der Politik.

Literatur

Becker, B. (1989). *Öffentliche Verwaltung. Lehrbuch für Wissenschaft und Praxis*. Percha: Schulz.

Bouckaert, G., & Halligan, J. (2008). *Managing performance, international comparisons*. New York: Routledge.

Deutscher Städte- und Gemeindebund (DSTGB). (2013). Bürgerbefragung öffentlicher Dienst 2013. www.dstgb.de. Zugegriffen: 9. August. 2014.

Hilgers, D. (2009). Management by Performance – Konturen und Instrumente eines leistungsorientierten Verwaltungsmanagements. *der moderne staat*, (2), 433–454.

Hill, H. (1997). Neue Organisationsformen in der Staats- und Kommunalverwaltung. In E. Schmidt-Aßmann & W. Hoffmann-Riem (Hrsg.), *Verwaltungsorganisationsrecht als Steuerungsressource* (S. 65–101). Baden-Baden: Nomos.

Hill, H. (2011). NPM in Deutschland: Was bleibt? Was kommt? In J. Beck & F. Larat (Hrsg.), *Reform von Staat und Verwaltung in Europa – Jenseits von New Public Management?* (S. 51–64). Baden-Baden: Zürich/St. Gallen.

Hill, H. (2012). Bewerten und bewertet werden. Anmerkungen zum Stand der Diskussion und zu Perspektiven ihrer Weiterentwicklung. *Verwaltung & Management*, (5), 225–280.

Ho, A. T-K. (2008). Reporting public performance information: The promise and challenges of citizen involvement. In W. van Dooren & S. van de Walle (Hrsg.), *Performance Information in the public sector. How it is used* (S. 192–210). Hampshire: Palgrave Macmillan.

Hochschule für öffentliche Verwaltung und Finanzen Ludwigsburg. (2013). e-Partizipation – Möglichkeiten und Grenzen bezogen auf die Stadt Sindelfingen. Ludwigsburg.

Jann, W. (2011). Neues Steuerungsmodell. In B. Blanke, F. Nullmeier, C. Reichard, & G. Wewer (Hrsg.), *Handbuch zur Verwaltungsreform* (4. Aufl., S. 98–108). Wiesbaden: VS Verlag für Sozialwissenschaften.

Kroll, A., & Küchler-Stahn, N. (2009). Performance Management in der öffentlichen Verwaltung. Zwischen Idealismus und Pragmatismus – Ein erweiterter Literaturbericht. *der moderne staat*, (2), 475–490.

Landeszentrale für politische Bildung Baden-Württemberg. (2014). Aufgaben der Kommunen. www.kommunalwahl-bw.de/aufgabe_kommunen.html. Zugegriffen: 9. August. 2014.

Meier, K. J., O'Toole, L. J., Jr., & Lu, Y. (2006). All that glitters is not gold: Disaggregating networks and the impact on performance. In G. A. Boyne, K. J. Meier, L. J. O'Toole Jr., R. M. Walker (Hrsg.), *Public service performance: Perspectives on measurement and management* (S. 152–170) New York: Cambridge University Press.

Proeller, I., & Siegel, J. P. (2009). Performance Management in der deutschen Verwaltung – Eine explorative Einschätzung. *der moderne staat,* (2), 455–474.

Proeller, I., Kroll, A., & Meier, A.-K. (2012). Performance Management in kreisfreien Städten. *Verwaltung & Management, 2012*(4), 180–187.

Reichert, C. (2002). Performance Management. In P. Eichhorn et al. (Hrsg.), *Verwaltungslexikon*, 3. Aufl. (S. 794–795) Baden-Baden: Nomos.

Schedler, K., & Proeller, I. (2009). *New Public Management*. 4. Aufl. Stuttgart: UTB.

17 Unternehmensneuausrichtung: Unterstützung von Performance Management

Norbert Benker

Im Januar 2013 beauftragte mich eine Stiftung, ihre Interessen im Aufsichtsrat dreier afrikanischer Mikrofinanzinstitutionen zu vertreten. Eine dieser Institutionen hat ihren Sitz in Daressalam, Tansanias wirtschaftlicher Metropole. Dieser Artikel erläutert, wie diese Mikrofinanzinstitution innerhalb von 2 Jahren grundlegend neu ausgerichtet wurde. Dabei unterstützte das Performance-Management-Konzept die Neuausrichtung und war von entscheidender Bedeutung, um die notwendige Unterstützung für die betroffenen Mitarbeiter sicherzustellen. Performance Management kann beschrieben werden als ein an der Unternehmensstrategie ausgerichtetes System, das sicherstellen soll, dass die erzielten Leistungen und Ergebnisse den Zielen und Anforderungen des Unternehmens entsprechen. Ich werde versuchen, mein Vorgehen einfach, anschaulich und praxisnah zu beschreiben. Für ein tieferes Verständnis von Konzepten und Werkzeugen sei der Leser auf die entsprechende Fachliteratur verwiesen, die in großer Fülle zur Verfügung steht.

An das Ende dieses Artikels habe ich eine Einführung in das spannende Thema Mikrofinanz gestellt, welches Hintergrundinformationen liefert, jedoch nicht notwendig ist, um meinen Artikel zu verstehen. Zusammenfassend sind Mikrofinanzinstitutionen besondere Banken, die armen Menschen Kredite (und mehr) anbieten, im Gegensatz zum normalen Bankensektor, der diese Kundengruppe für zu risikoreich hält. Der Mikrofinanzsektor gehört zum Finanzsektor und ist in den Ländern der Dritten Welt sehr stark von der Entwicklungszusammenarbeit geprägt. Daher müssen Mikrofinanzinstitutionen häufig den Spagat meistern, einerseits finanziell Nachhaltig zu wirtschaften, also Gewinne zu machen, und andererseits die Kredite so günstig wie möglich zu vergeben, was der Entwicklung der Volkswirtschaft dienen soll. Eine Profitmaximierung zulasten der Kunden ist explizit nicht erwünscht – im Gegensatz zum normalen Bankensektor.

N. Benker (✉)
Dar es Salaam, Tanzania
E-Mail: norbert@benkerconsulting.com

Das Informationspaket für meine erste Aufsichtsratssitzung im Januar 2013 in Daressalam beinhaltete die Bilanz zum Ende des Geschäftsjahres 2012, die Einnahmen-Ausgaben-Aufstellung von 2012 sowie eine Geschäftsprojektion (Businessplan) für die nächsten fünf Jahre. Aus den Unterlagen konnte ich ablesen, dass das Eigenkapital, mit dem die Mikrofinanzinstitution gegründet worden war, durch die Verluste der vergangenen Jahre aufgebraucht war. Die Stiftung, mein Auftraggeber, hatte über mehrere Jahre hinweg weitere Kredite zur Verfügung gestellt, ohne dass sich eine Verbesserung der Profitabilität gezeigt hatte. Somit bescheinigte die Bilanz, dass das Unternehmen mit den angehäuften Verlusten seine Kapitalgrundlage verzehrt hatte und nur noch durch die Kredite liquide war. Die monatlichen Ausgaben waren fünfmal so hoch wie die monatlichen Einnahmen. Der Businessplan zeigte ein aggressives Wachstum des Kreditportfolios, Neueröffnungen zahlreicher Filialen und die Rekrutierung neuer Mitarbeiter, ohne aufzuzeigen, woher das Geld dafür kommen sollte. Es fehlte ein Finanzierungsplan, der die gesamten Kosten für dieses Vorhaben und dessen Finanzierung aufgezeigt hätte. Der Aufsichtsrat hatte den Businessplan wiederholt abgelehnt; das Management hatte ihn wiederholt ohne nennenswerte Änderungen vorgelegt. Es war offensichtlich, dass das Unternehmen ohne Zielvorgaben über die letzten Jahre geführt worden war und dabei so manche unnötige Investition und Ausgabe getätigt hatte. Die unterschiedliche Interpretation der Aufsichtsratsmitglieder und des Managements von gemachten Versprechungen, Abmachungen und Verträgen, unklare Befugnisse und Kontrollprozesse, all dies lähmte das Unternehmen und hatte eine Blockadesituation zwischen dem Management und dem Aufsichtsrat geführt. Es gab keine Kooperation, keinen gemeinsam vereinbarten Plan und keine Indikatoren, die einen möglichen Fortschritt hätten messen können. Es gab Aktionismus, aber unterschiedliche Auffassungen, ob dieser zielführend war.

Eine Analyse der Ursachen dieser verworrenen Situation förderte zutage, dass eine mangelhafte Abstimmung der Erwartungen zum Zeitpunkt der Unternehmensgründung zwischen den Eigentümern, dem Aufsichtsrat bis hin zum Management das Unternehmen nicht strategisch ausgerichtet hatte. Zudem war die Aufsichts- und Kontrollfunktion des Aufsichtsrats mangelhaft ausgeübt worden. Es gab folglich keine effektive Verbindung von Organisation und Menschen, den Erwartungen aller Akteure, den Zielen und Anstrengungen. Notwendig war also eine Abstimmung der Erwartungen aller Beteiligten, die Ableitung von Zielen und die Messung der Zielerreichung. Performance Management gibt der strategischen Unternehmensführung, die sich vereinbarter und messbarer Ziele bedient, einen konzeptuellen Rahmen. Dabei umfasst Performance Management nicht nur die Messung der Zielvereinbarung (Performance Measurement). Es ist vielmehr ein Gesamtkonzept, das alle Bereiche des Unternehmens durchdringt und sogar tägliche Geschäftsentscheidungen beeinflusst. Performance Management ist ein praktisches, verifiziertes Konzept und in diesem Artikel möchte ich aufzeigen, dass es über Länder-, Kultur- und Sprachgrenzen hinweg erfolgreich eingesetzt werden kann.

Mein Auftraggeber hatte mich nach meiner ersten Einschätzung damit beauftragt, die Situation in der Mikrofinanzinstitution genauer zu analysieren und Handlungsoptionen zu entwerfen. Da eine Schließung aus strategischen Überlegungen für die Stiftung nicht in Betracht kam, war meine Aufgabe, die Mikrofinanzinstitution neu auszurichten und langfristig auf einen Wachstumspfad zu bringen. Also betrachtete ich das operative Kerngeschäft der Mikrofinanzinstitution: Kredite vergeben und sicherstellen, dass das Geld zurückkommt. Die Mikrofinanzinstitution besaß eine gute Reputation, die Nachfrage nach Krediten überstieg die Kapazität, diese zu bearbeiten, und die Rückzahlungsquoten waren exzellent; besser als der Branchendurchschnitt in Tansania oder Ostafrika. Mein Auftrag war, die Mikrofinanzinstitution in die finanzielle Nachhaltigkeit zu führen, welche ursprünglich unbehelligt ineffizient im Geiste der Entwicklungszusammenarbeit gegründet worden war. Der notwendige ideologische Wandel war neben der Implementierung der rationalen Umstrukturierungen die größte Herausforderung, die sich mir stellte. Auch für den Wandel im Kopf erwies sich das Konzept des Performance Managements als hilfreich.

Der Umstrukturierungsplan war komplex und erfasste alle Geschäftsbereiche. Er sah unter anderem 20 % Entlassungen, Streichung sämtlicher Gehaltserhöhungen, eine minutiöse Kostenkontrolle, die Verlegung des Geschäftssitzes und aller Filialen in günstigere Räumlichkeiten, den Verkauf aller abdinglichen Vermögensgegenstände, die Anhebung der Kreditzinsen für unsere Kunden (Verteuerung unseres Angebots) und die Einführung einer Versicherung in Verbindung mit unseren Krediten (Verbesserung unseres Angebots) vor. Die Änderungen sollten die Kosten reduzieren und die Ausgaben kontrollieren als auch die Nachfrage und damit die Einnahmen erhöhen. Ich musste sicherstellen, dass alle Mitarbeiter diese und alle weiteren Veränderungen verstanden und unterstützten. Zur betriebswirtschaftlichen Herausforderung kam ein sozialistisch geprägter kultureller Kontext. Tansania hatte mit der Unabhängigkeit im Jahre 1961 den Weg eines speziellen Sozialismus gewählt, der zwar Einigkeit gebracht und Stammeskriegen ein Ende gesetzt hatte, andererseits aber kaum Unternehmertum entwickelte, das wie in Deutschland als Mittelstand Arbeitsplätze und Einkommen geschaffen hatte. Tansania war eine zentral gelenkte Volkswirtschaft, gegeißelt von Vetternwirtschaft, Korruption und einem Ein-Parteien-System. Zudem gibt es in Afrika, insbesondere in Tansania, ein ausgeprägtes Senioritätsprinzip, das älteren Menschen automatisch mehr Autorität zuspricht. Als Mittdreißiger war ich so alt wie manche meiner Managementkollegen (oder jünger), doch wesentlich jünger als meine Kollegen im Aufsichtsrat. Ich war der externe Berater, der vom Hauptkreditgeber dem Aufsichtsrat und Management aufgezwungen worden war. Nach diesem Projekt und den damit verbundenen sozialen Härten würde ich weiterziehen, während die Mitarbeiter die Mikrofinanzinstitution mit ihren Karrierewegen und Zukunftsaussichten verbanden. In einer Volkswirtschaft mit einer hohen Arbeitslosenquote und wenigen schlecht bezahlten Positionen war jeder Arbeitsvertrag die heiß begehrte Ausnahme. Risikoreiche Umstrukturierungspläne zählen daher weder in Tansania noch in Europa zu beliebten Themen bei der Belegschaft. Die afrikanische Eigenschaft, niemanden direkt zu kritisieren und nicht zu widersprechen, insbesondere keiner Respektsperson oder dem Chef, sollte sich noch als Stolperstein in den kommenden Monaten herausstellen. Wie sollte ich da sicher sein, dass mein vorgeschlagenes Vorgehen die notwendige Unterstützung der Belegschaft sicher hatte?

Nachdem mein Umstrukturierungsplan von den Eigentümern (einer davon war mein Auftraggeber) und vom Aufsichtsrat Anfang Februar verabschiedet worden war, saß ich eines Nachmittags mit dem Management zusammen und musste irgendwie beginnen. Am Vorabend hatte ich mir darüber Gedanken gemacht, wie man das Projekt benennen könnte, um es in ein positives Licht zu rücken. Umstrukturierung (Turnaround) wäre ein passender, doch technischer Begriff. Ich entschied mich für Organisationsneuausrichtung (Organisational Redesign), wobei der Wortunterschied im Deutschen nicht ganz so evident ist wie im Englischen, aus folgenden Gründen: Erstens spiegelt dieser Begriff eine Neuausrichtung wider, Bestehendes wird nicht negiert, sondern weiterentwickelt und verbessert. Er steht für Kontinuität, was angesichts der Entlassungswelle wichtig war. Zweitens gibt es ein Buch vom Economist mit dem Titel „Guide to Organisation Design" (Stanford 2007). Ich habe jedem Manager ein Buchexemplar gegeben, das Buch als Grundlage für die anstehenden Veränderungen herangezogen und mit dem Managementteam vereinbart, die Organisationsneuausrichtung als kooperative Lernerfahrung zu organisieren. „Alles was wir zusammen umsetzen werden, werden wir gemeinsam diskutieren und erarbeiten", erklärte ich. Ich hatte mehrfach betont, dass ich zwar als Kapitän das Schiff und die Mannschaft durch den unwetterartigen Veränderungsprozess führen kann, die Implementierung der vereinbarten Schritte aber vom Managementteam (der Crew) durchgeführt werden muss. Das Management musste mir helfen, Ziele zu vereinbaren, Schritte festzulegen, Unterstützung im Unternehmen sicherzustellen und die Implementierung voranzutreiben. In diesem Meeting hatte ich ein Bild auf das Flipchart gemalt und es monatelang im Konferenzraum stehen lassen (Abb. 17.1).

Abb. 17.1 Abbildung auf Flipchart. (Quelle: eigene Darstellung)

Am darauffolgenden Tag gab es eine Konfrontation, die den gesamten Prozess „auf die Kippe" stellte. Der amtierende Chief Executive Officer (CEO) war allen Veränderungen gegenüber negativ eingestellt, da er mehr Geld von meinem Auftraggeber bekommen wollte, ohne Einsparungen oder Veränderungen vorzunehmen. Er bestellte mich am Morgen nach dem Treffen mit dem Management zu sich ein und erklärte, dass mein gestriges Gespräch bei den Managern alptraumhaften Stress verursacht habe. Er fragte mich, was mir denn einfiele, einem Menschen zuzumuten, am Umstrukturierungsprozess mitzuarbeiten, der eventuell zu seiner Rationalisierung führen kann. „Das geht vielleicht bei Euch in Europa so, aber hier kann man mit Menschen nicht so umgehen!", wurde mir bescheinigt. Ich hatte mit dieser Reaktion gerechnet, war vorbereitet und schlug ein gemeinsames Treffen mit ihm und seinen Managern vor. Nach wortgewaltigen Erläuterungen des CEO, dass er derjenige sei, der das Unternehmen immer noch führe, übergab er mir das Wort.

Mein Plan war es herauszufinden, ob das Management mich oder ihn unterstützen würde. „Der CEO hat mir gesagt, ich hätte Euch mit meinem Vorschlag gestern verschreckt, alle Pläne gemeinsam mit Euch zu erarbeiten und umzusetzen. Hierfür möchte ich mich entschuldigen. Es lag nicht in meiner Absicht, Euch zu erschrecken oder zu beunruhigen. Wenn dies also der Fall ist, und noch habe ich lediglich die Darstellung des CEO gehört, werde ich also meine Pläne alleine erarbeiten und Euch dann zur Implementierung vorlegen. Ihr müsst kein Buch lesen und es sind keine zeitaufwendigen Sitzungen notwendig. Wenn dies also so ist, und noch habe ich wie gesagt lediglich die Darstellung des CEO gehört, werde ich das so machen. Es sei denn, ich höre eine anderslautende Darstellung", schloss ich. Der CEO war sichtlich zufrieden. Stille war eingekehrt und alle Manager sahen betroffen zu Boden.

Der CEO wollte sich erheben, als eine Managerin das Wort ergriff. „Entschuldigung, sehr geehrter CEO, ich stimme ihnen zu, dass Sie weiterhin die Leitung des Unternehmens innehaben werden und sollten. Doch ich finde es durchaus interessant, wenn wir etwas von diesem Berater lernen könnten; ja, wenn wir mit ihm gemeinsam das Vorgehen abstimmen könnten." Bestätigt vom Nicken der anderen fuhr sie fort, sich des Risikos der Überschreitung sozialer Normen bewusst: „Ich will mitarbeiten, ich will das Buch lesen. Es ist offensichtlich, dass wir etwas ändern müssen." Und nach einer Pause: „Ich werde mit Norbert zusammenarbeiten." Die übrigen Manager stimmten zu, der CEO stand auf und ging wortlos aus dem Zimmer. Mein Verhältnis mit ihm war danach etwas unterkühlt, doch es blieb professionell. Er schied drei Monate später als CEO aus dem Amt und ich übernahm als CEO und Geschäftsführender Gesellschafter (Vertreter des Hauptkapitalgebers) seine Position. Hätte dieser Coup d'Etat nicht funktioniert, hätte ich einen radikal anderen Weg einschlagen müssen. Ich hätte ein bis zwei Manager als Vertraute deklariert und ihnen vertrauliche Informationen mitgeteilt. Sie hätten mir helfen sollen, meine Pläne der Umstrukturierung zu konkretisieren und so ihre eigene Rolle im Veränderungsprozess mitbestimmen zu können. Mit ihnen als Speerspitze hätte ich gehofft, die Manager einzeln für mich zu gewinnen. Glücklicherweise war das nicht notwendig.

Nachdem der CEO den Konferenzraum verlassen und mir die Führungsposition überlassen hatte, musste ich die Erwartungen der Eigentümer und des Aufsichtsrats vermitteln und mir die Sorgen und Erwartungen des Managementteams anhören. Hierfür griff ich auf obiges Bild vom Vortag zurück. Ich stellte mich neben das Flipchart und deutete auf meine Zeichnung: „Das Unternehmen ist ein Schiff mit einem Loch, durch das Wasser ins Innere dringt. Wenn wir nichts machen, gehen wir unter. Wenn wir bleiben, wo wir sind (es hat Untiefen), werden wir weitere Lecks schlagen und schließlich untergehen. Wir müssen also den Rumpf flicken und Segel setzen. Der erste Teil der Reise wird durch ein Gewitter gehen und als Kapitän werde ich die Crew und das Schiff hindurchsteuern. Ich habe das schon vorher gemacht und weiß, wie es geht. Danach kommen wir in Sonnenschein und ruhige Fahrwässer. Wichtig ist, dass ich als Kapitän den Kurs festlegen und korrigieren kann. Aber ich kann nicht Segel setzen, rudern, Anker setzen und lichten, putzen, kochen, Ausschau halten und dergleichen mehr. Dafür brauche ich mein Managementteam, dafür brauche ich Euch." Wir versprachen, uns gegenseitig zu unterstützen und gemeinsam das Schiff zu navigieren.

Für den März beriefen wir eine Unternehmensvollversammlung ein. Wichtig bei diesem Schritt ist zu betonen, dass ich mich für volle Transparenz allen Beteiligten gegenüber entschied. Ich erläuterte ausgiebig meine vorgeschlagenen Maßnahmen. „20 % der Belegschaft müssen wir entlassen. Wir werden das in Einklang mit der Gesetzgebung machen und alle Details der Arbeitsverträge honorieren. Wir werden jedem eine kleine zusätzliche Abfindung bezahlen und ein gutes Arbeitszeugnis ausstellen", versprach ich. „Das ist hart, aber wenn wir das nicht professionell durchziehen, dann verlieren alle ihren Job." Dann erläuterte ich alle übrigen Maßnahmen der Organisationsneuausrichtung. Nach vielen ernsten Fragen über Ausmaß der Illiquidität und Alternativen sowie weiteren Erläuterungen der vorgeschlagenen Maßnahmen wurde schließlich akzeptiert, dass sie unausweichlich waren. Selbstredend war dieser Prozess sehr emotional und nicht alle Beteiligten waren einverstanden. Zusammen mit meinem Managementteam erarbeiteten wir in den nachfolgenden Wochen etliche Anpassungen an nationales Recht und lokalen Usus. Danach war es wie mit einem Zug auf Schienen: Die Waggons einmal anzuschieben war ein immenser Kraftaufwand, sie am Rollen zu halten war anstrengend, aber machbar. Der Kurs war vorgegeben, lediglich Reaktionen zu neu auftretenden Problemen waren notwendig, um alles erfolgreich „über die Bühne" zu bringen. Die Entlassungen wurden im Mai vorgenommen, bis Ende Juni hatten wir alle abdingbaren Vermögensgegenstände verkauft, Anfang August waren alle Büros in neue Räumlichkeiten umgezogen, Anfang September wurden die Zinserhöhungen kommuniziert und schon im letzten Quartal fingen die Einnahmen an zu steigen, die Kosten zu sinken und der akkumulierte Jahresverlust nahm erstmals ab anstatt zu wie all die Jahre zuvor. Was nun folgte, war die Einführung von klaren Zielen und die Messung der Zielerreichung.

Mit einer einfachen Liste, die jeder Manager in einer anfangs wöchentlich, dann zweiwöchentlich stattfindenden Sitzung präsentierte, förderte ich das Verständnis der Manager für die Aufgaben der anderen Abteilungen. Ich erläuterte mein Vorgehen folgendermaßen. „Ich werde alles Erdenkliche tun, damit Ihr, mein Managementteam, einen hervorragenden Job machen könnt. Ich werde jedoch nicht selbst buchen oder Kredite analysieren oder Einstellungsgespräche organisieren, aber ich werde dafür sorgen, dass Ihr Eure Auf-

Tab. 17.1 To-do-Liste für das Managementteam. (Quelle: eigene Darstellung)

Aufgabe	Verantwortlicher	Status	Erledigt am
Kundenevents	CEO, COO, CFO, CHRO, CIO	CEO: Dokumentation der Aufsichtsratsentscheidung sicherstellen CIO: Produktänderung im System testen, live zum 01–09 CFO: Änderung Einkommensprogose für Projektionen und Cashflow COO: Kundenveranstaltungen planen (Projektplan vor 15–08) und durchführen (3 Wochen im Sept.) CHRO: Incentives neu berechnen ()	31–08
3. Quartalsbericht erstellen	CFO (Koordination), alle Manager	Alle Abteilungsberichte an CFO bis 08–09 CEO legt Termin für Aufsichtsratssitzung Mitte September fest (vor 25–08) Berichtsentwurf am 09–09 im Mgt Team Meeting besprechen	08–09
Neuer Kreditbearbeiter in Arusha	CHRO, COO	Lebensläufe sichten, Shortlist erstellen, am 18–08 besprechen Gespräche für 1. Woche September planen Mgt Team danach informieren	18–08
Neuen Kühlschrank für Küche kaufen	Stefan, CFO, Procurement Team	Stefan besorgt 3 Modelvorschläge (bis 20–08) Procurement Team entscheidet (21–08) CFO prüft Budget, bestellt, überprüft Lieferung, zahlt, stellt auf (bis 28–08) Torte für Geburtstagfeier kann im Kühlschrank überleben! Feier am 31–08	31–08

gaben kooperativ und professionell erledigen könnt. Vor allem möchte ich transparent und vorhersehbar in meiner Entscheidungsfindung sein. Das ist für mich sehr wichtig. Im Privatleben sind Überraschungen sicherlich toll, aber nicht im Geschäftsleben." Ein Beispiel für meine Liste sah wie folgt aus (Tab. 17.1):

Die Liste ermöglichte allen Managern, besser zu verstehen, wie sie zum Unternehmenserfolg beitrugen. Beispielsweise wurde die Erhöhung der Kreditzinsen dem Management vom Aufsichtsrat vorgeschrieben. Dies hatte Auswirkungen auf alle Abteilungen. Wenn der Chief Operations Officer (COO) nun Marketingveranstaltungen abhalten wollte, um Kunden hierüber zu informieren, dann musste die Finanzabteilung Budgets hierfür zur Verfügung stellen und mit dem CEO abstimmen, die Administration musste Tickets buchen und Räumlichkeiten anmieten, die Filialen mussten alle Kunden informieren und einladen, die IT-Abteilung musste die Änderungen im System erst testen und dann zum gegebenen Zeitpunkt umstellen. Diese Managementteam-Meetings dauerten drei bis vier Stunden und wurden protokoliert. Dies hatte viele Vorteile. Die Protokolle dokumentierten beispielsweise einen kooperativen und transparenten Managementstil, der sich sehr von meinem Vorgänger unterschied. Zudem konnten Aufsichtsrat, Eigentümer, neue Geldgeber (während ihrer Due Dilligence, d. h. Risikoprüfung) und interne sowie externe

Auditoren alle Entscheidungsprozesse einsehen. Die Listen ermöglichten mir ein konsequentes Monitoring getroffener Entscheidungen inklusive abgesprochener Deadlines. Es gab mir auch die Möglichkeit, die Aufgabenlast meines Managementteams zu überblicken und dafür zu sorgen, dass sie in dieser stressigen Zeit keinen Burn-out bekamen. In einem anderen Projekt hatte meine wichtigste Mitarbeiterin zum denkbar unpassendsten Zeitpunkt einen Burn-out erlitten und war ins Krankenhaus eingeliefert worden. Das Projekt wurde um Wochen zurückgeworfen, doch noch besorgniserregender war für mich die Erkenntnis, dass ich es hatte kommen sehen und hätte verhindern können. Anstatt frühzeitig einzugreifen und die Arbeitsbelastung zu steuern, hatte ich nicht gehandelt und dem Leistungswillen der Kollegin freien Lauf gelassen. Ich hatte mir damals geschworen, nie wieder eine Mitarbeiterin oder einen Mitarbeiter im Krankenhaus besuchen zu müssen. Diese einfache Liste erfüllte diesen Zweck tadellos.

17.1 Strategisches Management

Alle bisher erwähnten praktischen Maßnahmen waren eine gute Vorbereitung, um die nun folgenden Veränderungen managen zu können. Alle Großprojekte, wie etwa eine Organisationsneuausrichtung, stehen oder fallen mit dem Team, das dieses Projekt stemmt. Mit dem neuen Management- und Führungsstil, einfachen Mitteln, die die Kommunikation und Koordination erleichterten, nahm ich eine grundlegende Organisationsneuausrichtung vor.

Strategisches Management operationalisiert den Unternehmenszweck, die Mission, und leitet daraus Aufgaben ab. Dies bedeutet, dass das Management einen langfristigen Zeithorizont anlegen und die Vielschichtigkeit aller Entscheidungen berücksichtigen muss. Strategisch ist das Gegenteil von ad hoc. Da diese Betrachtungsweise komplex, zeitintensiv und allgemein schwierig ist, ist es hilfreich, auf Konzepte zurückzugreifen. In meiner Situation verlangten die Eigentümer, der Aufsichtsrat solle das Unternehmen auf einen Wachstumspfad führen, damit in Zukunft andere Kapitalgeber gefunden werden können. Diese sollten dann nicht nur Eigenkapital und Kredite zur Verfügung stellen, sondern auch Kontrollfunktionen im Aufsichtsrat übernehmen. Da dies unweigerlich Veränderungen und weitreichende Entscheidungen mit sich führen würde, mussten alle Entscheidungen auf einen langen Zeithorizont (mindestens drei Jahre in meinem Fall; alles darüber hinaus hatte zu viel Unsicherheit in seiner Vorhersagbarkeit) und auf ihre Folgen hinsichtlich aller Unternehmensbereiche überprüft werden. Ich nahm folgenden Überblick zur Hilfe, um die Veränderungen zu hinterfragen: Im Zentrum stehen die Unternehmenskultur, verwendete Systeme und Strukturen, die Menschen, Zielvorgaben und Prozesse, die von der Unternehmensmission, den Werten, den Strategien und den Zielen bestimmt werden. Alle diese Unternehmensbereiche werden verändert durch Anpassungen, Transformationen und Erneuerungen. Dies schlägt sich auf die angebotenen Produkte und Dienstleistungen nieder, welche wiederum vom Geschäftsumfeld geformt werden (Abb. 17.2).

17 Unternehmensneuausrichtung: Unterstützung von Performance Management

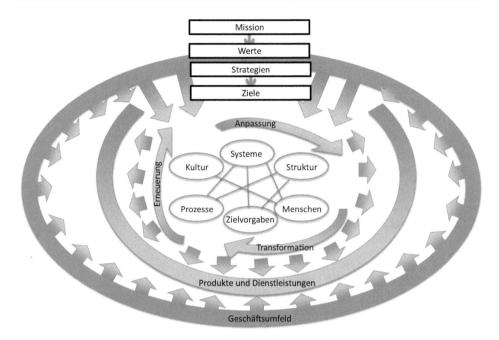

Abb. 17.2 Unternehmensbereiche im Überblick. (Quelle: Stanford 2007)

Auch wenn die Unternehmensmission Ausgangspunkt meiner persönlichen Veränderung war, so können Veränderungen über indirekte Effekte dazu führen, dass sie den tatsächlichen Fokus des Unternehmens verschieben. Im Fachjargon der Entwicklungszusammenarbeit nennt man dies Mission Drift, eine Verschiebung des Fokus der ursprünglich verfolgten Mission. Unsere Mission z. B. hat ländliche Farmer im Fokus. Es ist teuer, diese Kundengruppe zu bedienen, da sie meist in nur schwer zugänglichen Gebieten wohnen. Zudem sind ihre Kredite klein und damit der Profit gering. Um also Profit zu erwirtschaften, mussten wir folglich einen Mission Drift für eine bestimmte Zeit in Kauf nehmen. Mein Plan sah vor, mehr und größere Individualkredite zu vergeben, zulasten der Gruppenkredite, die ärmere Kundensegmente anvisierten. Dieser Mission Drift sollte gemessen und dem Aufsichtsrat berichtet werden. Sobald die Institution Gewinne erwirtschaften würde, sollte der Fokus wieder zugunsten der Gruppenkredite verändert werden. Die Unternehmenswerte wollte ich nicht im Zeitablauf verändern, sondern von Anfang an präzisieren und als „Leuchtturm" festschreiben. Strategien und Ziele würden sich im Laufe der Zeit verändern, ebenso die sechs Komponenten im Herzen des Unternehmens. Unsere Produkte und Dienstleistungen würden sich verändern müssen und wir mussten Veränderungen im Geschäftsumfeld im Auge behalten. Während Performance Management Ziele festschreibt, also eher starr ist, zwingen Einflüsse von innerhalb und außerhalb des Unternehmens, die Unternehmensführung agil und flexibel zu halten. Das Bild mit all den Pfeilen und Kreisläufen sollte das Management daran erinnern, dass Ziele, Prozesse und die Mission zwar festgeschrieben werden müssen, sie aber nicht in Stein gemeißelt sind. Sie sollen leiten, jedoch kritisches Denken nicht ausschließen. Nur so würden wir feststellen können, ob unser Planungsprozess gut war. Aber im Zeitablauf würden all die Kräfte, die im Schaubild mit Pfeilen dargestellt sind, auf alle Unternehmensbereiche einwirken und weitere Veränderungen mit sich führen. Das Sprichwort „Nichts ist so stetig wie der Wandel" wurde zu unserem Mantra. Mithilfe des neu eingeführten Talentmanagement-Konzeptes für das Personalwesen erarbeiteten wir unsere Unternehmenswerte. Da nun sowohl Mission als auch Werte feststanden, benötigte ich ein Konzept, um das Management in die Erarbeitung von Strategien und ihren Zielsetzungen einzubinden. Hierfür griff ich auf die Balanced Scorecard zurück.

17.2 Balanced Scorecard

Das Balanced-Scorecard-(BSC-)Konzept bietet einen systematischen Ansatz für strategisches Management. Mithilfe dieses Konzeptes kann man aus der Mission über mehrere Schritte Strategien ableiten, um die Ist-Situation in einem Unternehmen in die Soll-Situation zu überführen. Am Ende des Prozesses stehen drei Dokumente zur Verfügung, um das Management durch die Organisationsneuausrichtung zu führen:

- *Strategiekarte*: mit ihr entwickelt, beschreibt und vermittelt man eine kohärente Strategie mit globalen Zielen den verschiedenen Empfängern. Die Strategiekarte beleuchtet die Unternehmensstrategie aus unterschiedlichen Blickwinkeln.
- *BSC-Messungssystem*: übersetzt globale, strategische Ziele und Aussagen in ein Performance-Measurement-System mit klaren Zielen, um die Zielerreichung zu kontrollieren.
- *Veränderungsmanagementplan* leitet notwendige Aktivitäten aus dem Soll-Ist-Vergleich ab, die sich aus den beiden obigen Dokumenten ergeben.

All diese Diskussionen kosten viel Zeit, wohl investierte Zeit, die letztendlich über den Erfolg einer Organisationsneuausrichtung entscheidet.

Die Balanced Scorecard veranschaulicht das Gesamtkonzept mit den drei genannten Dokumenten (Abb. 17.3). Doch ebenso wichtig wie diese Dokumente ist deren Erstellungsprozess. Diskussionen über mögliche Strategien, das Ausloten von Optionen und die letztendliche Einigung auf eine gemeinsame Strategie vermittelten allen Beteiligten ein tiefes Verständnis für die Neuausrichtung des Unternehmens. All diese Diskussionen kosten viel Zeit, wohl investierte Zeit, die letztendlich über den Erfolg einer Organisationsneuausrichtung entscheidet.

Um am Ende diese drei Dokumente zur Verfügung zu haben, ist ein systematischer Prozess hilfreich. Abb. 17.4 zeigt, wie dieser Prozess aussehen kann.

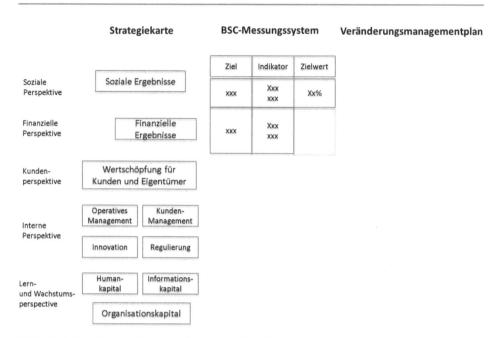

Abb. 17.3 Das Balanced-Scorecard-Konzept. (Quelle: eigene Darstellung)

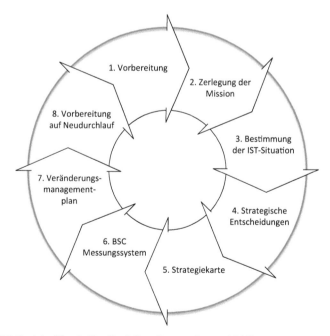

Abb. 17.4 BSC-Projektablauf. (Quelle: Microfinance Center 2007)

17.2.1 Vorbereitung

Das richtige Team und Zugang zu allen relevanten Informationen sind wichtig, um strategisches Management zu implementieren. In meinem Fall war mir wichtig, dass Unternehmensentscheidungen und -ziele transparent getroffen und nicht von oben diktiert werden. Jeder sollte verstehen, warum was von wem erwartet wurde und wie alle Abteilungen gemeinsam der Mission dienen würden. Mein Team bestand aus zwei Gruppen: dem Senior Management gemeinsam mit den Filialleitern einerseits und den Eigentümern und dem Aufsichtsratsvorsitzenden andererseits. Beide Gruppen hatten informelle Kommunikationsstrukturen, es gab Freunde und Feinde innerhalb beider Teams und teamübergreifend. Diese Strukturen zu verstehen ist wichtig, um so ein komplexes und emotionales Projekt mithilfe effektiver Kommunikation zu steuern. Es war sehr hilf- und aufschlussreich, die Lebensläufe aller Teammitglieder einzusammeln und zu studieren. Gemeinsame ehemalige Arbeitgeber, gleiche Schulen (bei ähnlichem Alter), gleiche Kirche oder gleiche Volksstämme können Indizien für informelle Kommunikationswege zwischen den Gruppen bieten. Das ausgeprägte Senioritätsprinzip, das ich oben bereits angesprochen habe, zählt ebenfalls zu den Faktoren, die Beachtung finden sollten. Dies war dann wichtig, wenn die präferierten Strategien beider Gruppen voneinander abwichen. Informelle Kommunikation zwischen den Gruppen konnte dazu führen, dass Informationen zu einem Zeitpunkt oder in einer Art und Weise weitergegeben werden, die nicht hilfreich sind. Um diese informellen Kommunikationswege zu visualisieren, schrieb ich die Namen aller Gruppenmitglieder in ein Organigramm und zog in einer anderen Farbe Freund-Feind-Verbindungslinien. Um Kommunikationskanäle zu testen, gab ich einer Person eine Information, bevor sie für alle bekanntgegeben wurde, und beobachtete, wo diese Information wieder auftauchte. Kooperatives Abstimmungsverhalten in Konfliktsitzungen zu nutzen, ist ein wesentlicher Schüssel zum Erfolg.

Alle Gruppenmitglieder erhielten einen gebundenen Ausdruck des „Mission to Action – Management Series for Microfinance Institutions, Strategic Management Toolkit Handbook" (Microfinance Center 2007), aus dem ich viele der verwendeten Grafiken entnommen habe. Ich erklärte in persönlichen Gesprächen und E-Mails allen Beteiligten, wie die jeweils nächsten Schritte aussehen würden.

17.2.2 Zerlegung der Mission

Alles fing an mit einem von mir moderierten Workshop, an dem beide Gruppen teilnahmen. Das Treffen dauerte einen kompletten Tag und zielte darauf ab, Verständnis für das Vorgehen und ein kooperatives Verhalten aller Beteiligten zu etablieren. Wir nahmen uns als Erstes unsere Unternehmensmission vor und zerlegten diese in Sätze, dann in Wortgruppen, dann in einzelne Wörter. Wir besprachen, ob diese Mission wirklich zu uns passt. Die Dekonstruktion der Mission erfolgte top-down (vom den Eigentümern über den Aufsichtsrat zum Management) und bottom-up (von den Filialleitern und ihren Mitarbeitern zum Senior Management Team). Der Top-down-Ansatz beinhaltete eine Befragung der Eigentümer zu deren Erwartungen an die Institution, formuliert in der Mission. Die Mission beschreibt die bediente Kundengruppe, angebotene Produkte und Dienstleistungen, angestrebte Ergebnisse und Veränderungen, Erwartungen an die Profitabilität der Investitionen und Zeitvorgaben. Der Bottom-up-Ansatz beinhaltete eine Befragung aller Mitarbeiter. Deren Antworten wurden dann pro Abteilung aggregiert, z. B. alle Filialangestellten pro Filiale, dann alle Filialen, dann inklusive der Rückmeldungen des Chief Operations Officer, der für das operative Geschäft zuständig ist. Dies alles war qualitativ und sollte Erwartungen einsammeln sowie allen Beteiligten aufzeigen, dass nun ein partizipatorischer Ansatz verfolgt wird. Die Mission soll SMART sein (specific, measurable, achievable, realistic, timebound). Der Top-Ansatz ist geprägt von einem Herunterbrechen der Ziele: „Um A zu erreichen, brauchen wir B, C, und D." Die wichtige Fragestellung im Bottom-up-Ansatz lautete „Wenn …, dann …?".

Die Ergebnisse beider Ansätze wurden verglichen und stimmten im Groben überein. Abweichungen betreffen überwiegend Erwartungen an den Zeitpunkt der finanziellen Selbstständigkeit der Institution, was hauptsächlich von unterschiedlichen Wahrnehmungen der Finanzierungsmöglichkeiten getrieben war. Somit waren strategische Entscheidungen notwendig, die von den Eigentümern und vom Aufsichtsrat getroffen und anschließend dem Management zur Exekution vorgelegt werden mussten. In unserem Fall umfassten diese strategischen Entscheidungen die Entlassung des amtierenden CEO, alles Notwendige zu unternehmen, um die Institution bis 2015 profitabel zu machen, und die Bereitstellung eines Kredits durch die Eigentümer, um die Kosten bis dahin abzudecken. Das Management wurde mit der Erarbeitung von konkreten Aktivitäten beauftragt, um die strategischen Ziele zu erreichen.

Als Vorbereitung für das folgende Treffen wurde die Ist-Analyse verschiedenen Personen zugewiesen, die jeweils einen bestimmten Aspekt oder eine bestimmte Abteilung untersuchen sollten.

17.2.3 Bestimmung der Ist-Situation

In einem zweiten Workshop, der drei Tage dauerte, begannen wir mit einer Bestimmung des Status quo. Ich hatte alle Analysen eingesammelt und bereitete die Sitzung vor, in der wir die Strategiekarte erstellen wollten. Die Ist-Analyse begann beim Organigramm des Unternehmens. Ich hatte zwischen den beiden Workshops individuelle Gespräche geführt und folgende drei Fragen gestellt:

1. Wie geht es dir? Wie fühlst du dich im Hinblick auf das Unternehmen?
2. Was läuft gut?
3. Was läuft nicht so gut?

Man bekommt nicht alle Informationen zu vorhandenen Problemen, aber es ist ein guter Anfang. In einer Mindmap sammelte ich Eindrücke, Kommentare und Einsichten. Als

Nächstes widmete ich mich den Zahlen. Einnahmen erwirtschaftet lediglich das operative Geschäft, also waren Zahlen wie Anzahl der Kunden, Gesamtwert des Portfolios, Zinseinnahmen, sonstige Einnahmen etc. relevant. Hinzu kommt die Bewertung des Portfolios, gemessen als „Portfolio at Risk" (PAR). Ein hoher PAR-Wert deutet auf Probleme bei der Kreditvergabe und/oder der anschließenden Kundenbetreuung. Ausgaben spiegeln sich in Berichten der Finanzabteilung wider; wichtig sind hier die Bilanz, die Gewinn- und Verlust-Rechnung und die Cashflow-Analyse. Ich präsentierte alle relevanten Informationen und verteilte Ausdrucke mit Tabellen und Grafiken.

Die Organisationsneuausrichtung sollte den Mitarbeitern eine angstfreie Arbeitsumgebung ermöglichen, in der sie eigenständig an der Mission des Unternehmens mitarbeiten können.

17.2.4 Strategische Entscheidungen

Mithilfe des beschriebenen Konzeptes identifizierten wir diejenigen Bereiche, die als Erfolgsfaktoren wichtig waren, um unsere strategischen Ziele aus der Mission zu erreichen. Wir diskutierten und entwickelten neue Ansätze, Berichtslinien und Prozesse, wir eliminierten überflüssige oder störende Prozesse und überprüften, ob alle Veränderungen der Mission dienten. Organisationsdesign und der BSC-Ansatz besitzen ähnliche Bausteine, setzen diese aber unterschiedlich zusammen und bieten so dem Leser neue Betrachtungswinkel an, um das Unternehmen, Bereiche oder Prozesse zu analysieren. Um meinem Team einen Überblick über das Organisationsdesign zu geben, habe ich auf das Buch „Guide to Organisation Design" (Stanford 2007) vom Economist Verlag zurückgegriffen. Abbildung 17.5 zeigt die vier Phasen von Organisationsdesign (analysieren, designen, implementieren und verankern) und was typischerweise in jeder Phase passiert. Viele Elemente aus Abb. 17.2 finden sich auch hier wieder. Das Buch beschreibt ausführlich die einzelnen Phasen. Diese Übersicht diente allen Teilnehmern, die vielen Elemente und ihre Abhängigkeiten im Detail zu beachten, ohne dabei das vollständige Konzept aus den Augen zu verlieren (Abb. 17.5).

Ausgehend von der vorherigen Diskussion der Ist-Situation und mit der strategischen Betrachtung des gegenwärtigen Organisationsdesigns entwickelten wir zuerst strategische Leitsätze für die Soll-Situation. Strategische Leitsätze waren beispielsweise ein Fokus auf ländliche Kommunen und Mikrounternehmer, die landwirtschaftliche Produkte herstellten (soziale Perspektive). In unserem Kontext umfasst diese Kundengruppe z. B. die Frau am Straßenrand, die Tomaten aus dem Hausgarten verkauft, oder den Bauern mit 200 Hühnern. Ein anderer Leitsatz für die interne Perspektive war der vermehrte Einsatz von Technologie, etwa Mobile-Money-Dienste wie M-PESA für die Abwicklung von grundlegenden Funktionen des Geldtransfers und des privaten bargeldlosen Zahlungsverkehrs über Mobiltelefone, um unsere Geschäftskosten zu senken. Für die Lern- und Wachstumsperspektive fassten wir den Vorsatz, dass Manager intern Schulungen und Trainings anbieten sollten, was wiederum dem Talentmanagementkonzept diente. Diese strategischen

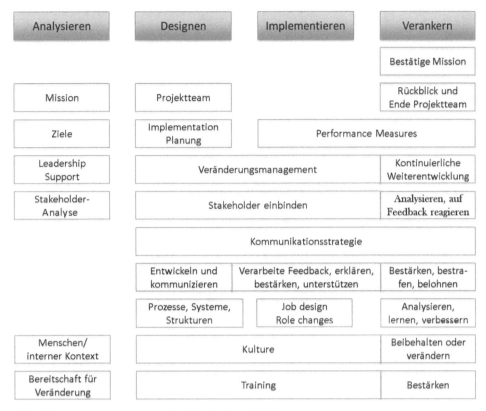

Abb. 17.5 Organisationdesign. (Quelle: Stanford 2007)

Leitsätze wurden anschließend in einer Strategiekarte miteinander verwoben und zu Ergebnissen für die fünf Perspektiven (soziale, finanzielle, Kunden-, interne sowie Lern- und Wachstumsperspektive) formuliert.

17.2.5 Strategiekarte

Die Strategiekarte umfasst fünf funktionale Ebenen: die soziale, finanzielle, Kunden-, interne sowie die Lern- und Wachstumsperspektive. Sie erzählt und veranschaulicht die Strategie und hilft, Erfolgsfaktoren im strategischen Management zu identifizieren. Von oben nach unten gelesen kann man überprüfen, ob die Geschichte logisch und kohärent ist. Sind genügend Ressourcen vorhanden, um übergeordnete Ziele zu erreichen? Von unten nach oben können Wenn-Dann-Kausalitäten überprüft werden. Dieser Aspekt der Strategiekarte ist besonders hilfreich, wenn bei der Implementierung Probleme auftreten und nach Ursachen geforscht werden muss. Die Strategiekarte einer Mikrofinanzinstitution kann wie folgt aussehen (Abb. 17.6).

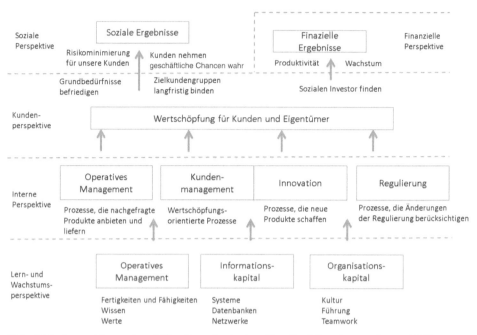

Abb. 17.6 Strategiekarte einer Mikrofinanzinstitution. (Quelle: Microfinance Center 2007)

Die Strategiekarte beschrieb konkret den Soll-Zustand unserer Institution. Nun mussten wir uns einigen, wie wir messen wollten, inwieweit wir uns diesem gewünschten Zustand angenähert haben.

17.2.6 BSC-Messungssystem

Das Balanced-Scorecard-Messungssystem ist eine Liste mit Zielen, Indikatoren und Zielwerten, die es uns ermöglichten, Fortschritt zu messen. Ein Ziel war z. B., mehr ländliche Kommunen zu bedienen. Der passende Indikator war der Prozentsatz der Kunden mit Wohnsitz in ländlichen Kommunen. Der Zielwert war 70 %. Die Suche nach passenden Indikatoren ist nicht einfach. Indikatoren bieten oft zeitversetze Einsichten. Beispielsweise ist die Registrierung von Neukunden ein vorzeitiger Indikator, ob der Indikator „Anzahl Kunden" erreicht werden kann. „Portfolio at Risk" ist ein nachzeitiger Indikator, der aufzeigt, dass die Risikobewertung der Kunden fehlerhaft war, wenn bei einem Kreditbearbeiter, einer Filiale, einem Sektor oder einem Kreditprodukt diese Kennzahl nach oben tendiert. Jeder Manager erhielt eine Liste mit Indikatoren, die er monatlich an mich berichten sollte. Ich fasste alle Indikatoren zusammen, was mir bei der Unternehmenssteuerung und dem Berichtswesen enorm half. Neben Zielen müssen auch Budgets festgesetzt werden, um die Kostenseite im Zaum zu halten.

17.2.7 Veränderungsmanagementplan

Wir wussten nun, wie der gewünschte Soll-Zustand aussehen sollte, welche Ziele und Zielwerte wir erreichen wollten und wie wir den Fortschritt messen konnten. Da wir uns auch mit der Ist-Situation beschäftigt hatten, konnten wir festlegen, welche Veränderungen in welcher Reihenfolge notwendig waren. Dies fassten wir in einem Veränderungsmanagementplan zusammen. Der Plan beschrieb das Projekt, die Zuständigkeiten sowie den Zeit- und den Kostenrahmen. Die verantwortlichen Manager berichteten in den oben genannten Managementtreffen über ihre Projekte. Die monatlich von mir verschickte Indikatorenliste informierte alle Manager über die wichtigsten Kennzahlen des Unternehmens.

Letztendlich zeigt der Veränderungsmanagementplan, wie Veränderungsstrategien einzelnen Mitarbeitern zugeordnet werden können. Bei allen Veränderungen ist es wichtig, eine passende Kommunikationsstrategie zu entwickeln. Veränderungen verursachen immer Stress und schüren Ängste, die die Produktivität und das Arbeitsklima belasten. Trainings, Fragestunden mit Vorgesetzten oder Erläuterungen via E-Mail sind Maßnahmen, die diese Sorgen adressieren können.

17.3 Vorbereitung auf Neudurchlauf

Es hat sich für uns als hilfreich herausgestellt, jährlich wieder durch den im Balanced-Scorecard-Konzept beschriebenen Prozess zu gehen (Abb. 17.3). Die Treffen werden nicht unbedingt kürzer, doch die Diskussionen und Dokumente werden präziser und detaillierter. Nach sechs Monaten, kurz vor den Mitjahresgesprächen, setzte ich mich mit meinem Managementteam wieder zusammen, um den Fortschritt zu besprechen. Dies half mir auch in den Beurteilungsgesprächen.

17.4 Performance Management im strategischen Management

Am Ende der Soll-Planung hatten alle Abteilungen klare quantitative und qualitative Ziele, die sie erreichen sollten. Die Mitarbeiter verstanden, warum diese Ziele wichtig waren und wie sie zum Unternehmenserfolg beitrugen. Diese Ziele wurden auf den einzelnen Mitarbeiter heruntergebrochen und während des Beurteilungsgesprächs als Zielvorgaben festgesetzt. Ihre Performance wurde, teils auf Kennzahlen beruhend, teils qualitativ auf Unternehmenswerten beruhend, besprochen und bescheinigt. Es gab keine Überraschungen, sondern Transparenz und Vorhersehbarkeit. Somit hat Performance Management maßgeblich bei der Organisationsneuausrichtung der Mikrofinanzinstitution geholfen. Sie hat allen Beteiligten nicht nur klare Ziele geben, sondern sie in die Zielentwicklung mit eingebunden. Aus einem Arbeitsklima, geprägt von Unsicherheit und Orientierungslosigkeit, hatten wir eine motivierende und klar ausgerichtete Institution geformt, die auch ohne mich zukünftig in der Lage sein wird, sich selbst zu analysieren, gegebenenfalls neu auszurichten und erfolgreich die Herausforderungen der kommenden Jahre zu meistern.

17.5 Nachwort: Eine Einführung in Mikrofinanz

Mikrofinanzinstitutionen sind besondere Unternehmen. Der Bangladeschi Mohammad Yunus hatte erfolgreich gezeigt, dass arme Menschen kreditwürdig sind, man ihnen also Geld geben kann und dieses mit Zinsen innerhalb der vereinbarten Frist zurückerhält. Doch Banken haben bis heute diese Kundengruppe gemieden. Mikrofinanzinstitutionen sind Unternehmen, die den sozialen Erfolg (armen Menschen Zugang zu Finanzdienstleistungen zu ermöglichen) und den finanziellen Erfolg (langfristig Gewinne erwirtschaften) in Balance bringen wollen. Die Einnahmen von Mikrofinanzinstitutionen zahlen diejenigen, denen man helfen will, was gegen reine Profitmaximierung spricht. Man spricht in diesem Zusammenhang auch von sozialem Unternehmertum. Diesen Balanceakt zu meistern, macht das Arbeiten in einer Mikrofinanzinstitution so herausfordernd und spannend. Selbstverständlich gibt es auch „schwarze Schafe": Institutionen, die Wucher betreiben und säumige Kunden massiv einschüchtern, unrechtmäßig und unverhältnismäßig hart Kredite eintreiben und dabei hohe Gewinne erwirtschaften. Ich kann nur hoffen, dass verbesserte staatliche Rahmenbedingungen, eine freie Presse und eine aufgeklärte Öffentlichkeit diese Institutionen entlarven und zur Rechenschaft ziehen.

Die Mikrofinanz-Revolution ist eine kommerzielle Revolution, basierend auf neuen Finanztechnologien und angetrieben von der gleichzeitig stattfindenden Informationsrevolution, die das neu erworbene Wissen schnell verbreitete. Die profitable Kreditvergabe an bisher von Banken verschmähte Kundengruppen, wie etwa landlose Bauern, arme Unternehmer ohne Ersparnisse oder finanzielle Sicherheiten, wurde durch neuartige Kreditverleihmethoden, Preisstrukturen, Produkte und Dienstleistungen möglich, die speziell für Mikrokreditkunden entwickelt wurden. Das Revolutionäre hieran ist, dass die Reichweite der Armutsbekämpfung mittels Kreditvergabe an arme Menschen verglichen mit bisherigen Armutsbekämpfungsmaßnahmen der Entwicklungszusammenarbeit enorm zunahm, sowohl in der Breite (Anzahl) als auch in der Tiefe (Armutsschichten). Zudem gab es die Aussicht, dass diese Maßnahmen nicht langfristig von den Zuwendungen der Geldgeber (Vereine, Stiftungen, Entwicklungsbanken, Regierungen, die Vereinten Nationen) abhängig waren, sondern eventuell sich selbst finanzieren könnten. Diese Aussicht war neu und attraktiv, hatten doch die meisten Maßnahmen seit Ende des Zweiten Weltkriegs nicht die ersehnten Fortschritte in der Dritten Welt gebracht. Armut, Elend und Verzweiflung sind immer noch Alltag für den Großteil der Weltbevölkerung und hohe Summen waren versickert auf die Konten korrupter „Eliten" und teurer Experten oder sie wurden von einer ineffizienten Bürokratie, die um ihren Selbsterhalt kämpfte, aufgebraucht. Die Mikrofinanz-Revolution gewann in den 1980er Jahren an Fahrt und wurde in den 1990er Jahren salonfähig. In vielen Ländern kam es zur Formierung von Mikrofinanzinstituten, die als informelle, semiformelle oder formelle Finanzintermediäre entstanden. Diese positive Entwicklung fand weltweit Beachtung und wurde auf internationalem Parkett viel diskutiert.

In den 1990er Jahren rückten normative Zielvorgaben in den Vordergrund internationaler Verhandlungen der Entwicklungspolitik. Partizipatorische Entwicklung wurde zum neuen Schlagwort. Auf Weltkonferenzen wurde an einer Umsetzung der Good Governance (Verantwortlichkeit der Regierenden) gearbeitet. Die Rio-Konferenz über Umwelt und Entwicklung 1992 gebar das Paradigma der nachhaltigen Entwicklung (Sustainable Development). Die Wiener Weltmenschenrechtskonferenz 1993, die Kairoer Weltbevölkerungskonferenz 1994 und der Kopenhagener Weltsozialgipfel 1995 führten zu einem Perspektivenwechsel von Basic Needs zu Basic Rights. Der Ernährungsgipfel 1996 in Rom rückte die prekäre Situation in Subsahara-Afrika in das Licht der Öffentlichkeit. Die Weltfrauenkonferenz 1995 in Beijing machte Frauen allgemein zu einem der Kernpunkte der Entwicklungszusammenarbeit. Der New Yorker Millennium-Gipfel 2000 führte zur Verabschiedung der Millennium Development Goals, die vom Johannesburger Weltgipfel für Nachhaltige Entwicklung konkretisiert wurden. Im März 2002 fand im mexikanischen Monterrey die erste Konferenz der Vereinten Nationen zur Entwicklungsfinanzierung statt, noch im Schatten der Anschläge des 11. Septembers 2001. Von der Konferenz gingen Impulse aus, die Förderung von Mikrokreditprogrammen zu verstärken. Die Consultative Group to Assist the Poorest der Weltbank organisierte im November 2002 einen Mikrokredit-Spezialgipfel. Die Aktivierung interner Ressourcen zur wirtschaftlichen Entwicklung wurde neben der finanziellen Unterstützung durch die internationale Gemeinschaft den Entwicklungsländern auf die To-do-Liste gesetzt. Das Ziel der Finanzsystementwicklung wurde vorangetrieben, um ärmeren Bevölkerungsgruppen einen besseren Zugang zu Finanzprodukten und -dienstleistungen zu ermöglichen. Sowohl politische und rechtliche Rahmenbedingungen als auch einzelne Finanzinstitutionen, Verbände oder unterstützende Dienstleistungsagenturen wurden hierfür einbezogen. Auch die Zivilgesellschaft schaltete sich in diesen speziellen Aspekt der Entwicklungszusammenarbeit ein. Den Höhepunkt der internationalen Aufmerksamkeit erreichte das Thema Mikrokredite/Mikrofinanzierung sicherlich mit dem Internationalen Jahr des Mikrokredits 2005 der Vereinten Nationen sowie der Friedensnobelpreisverleihung 2006 an den Gründer der Grameen Bank in Bangladesch, Professor Muhammad Yunus.

Anfangs sprach man von Mikrokreditinstitutionen, da diese lediglich Kredite bereitstellten. Ein besseres Verständnis der Lebensumstände armer Menschen erweiterte diesen Begriff zu Mikrofinanzinstitutionen, die neben Krediten auch Sparprodukte, Versicherungen und Überweisungen anbieten. Noch heute arbeiten ländliche Mikrofinanzinstitutionen mit Papier und Stift, um die Spareinlagen und Kredite ihrer Mitglieder zu verwalten. Modernere Institutionen stellen mittlerweile Geldautomaten, Internetbanking, POS-Systeme, Mobile Banking und Kreditkarten zur Verfügung. Mikrofinanzinstitutionen gibt es in Osteuropa, Asien, im Mittleren Osten, in Lateinamerika und Afrika; also in Ländern mit unzureichender Banken- und Filialdichte. Während der Mikrofinanzsektor in Lateinamerika und Osteuropa weit entwickelt ist, hinkt gerade Afrika bezüglich der Rahmenbedingungen für diesen Sektor und die Performance der Institutionen weit hinterher. Allen gemein ist

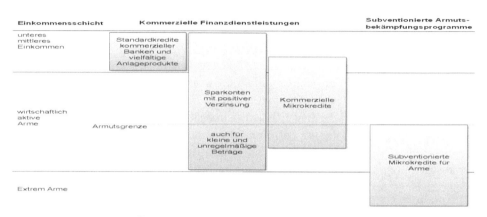

Abb. 17.7 Schematischer Überblick über die Segmentierung von Kundengruppen. (Quelle: Benker 2010, S. 38; nach Robinson 2001)

die Zielgruppe: arme Menschen. „Arm" ist ein emotionaler Begriff und daher nicht optimal, diese Kundengruppe zu beschreiben und zu segmentieren. Daher wird häufig auf das nationale Einkommensniveau zurückgegriffen. Abb. 17.7 gibt einen schematischen Überblick, wie solch eine Segmentierung aussehen kann. Die Armutsgrenze wird häufig bei einem USD pro Tag verfügbarem Einkommen gezogen.

Während Mikrofinanz also im Umfeld der Entwicklungszusammenarbeit und Armutsbekämpfung mit finanzieller Unterstützung durch die internationale Geldgebergemeinde zu verorten ist, wurde in den letzten Jahrzehnten der Ruf nach finanzieller Nachhaltigkeit lauter. Marktverzerrende Subventionen ineffizienter Institutionen durch Geldgeber oder Regierungen wurden als wettbewerbsverzerrend und schädlich angeprangert. Der Ruf nach finanzieller Nachhaltigkeit wurde lauter. Dies bedeutet, dass eine Institution genug Gewinn erwirtschaftet, um alle anfallenden Kosten selbst zu decken. In der Privatwirtschaft ist dies der Normalfall, in der Entwicklungszusammenarbeit hat es Dekaden gedauert, bis diese Erkenntnis salonfähig diskutiert werden konnte.

Literatur

Benker, N. (2010). *Wettbewerbsanalyse des Mikrofinanzsektors in Ghana*. Marburg: Tectum.
Microfinance Center (MFC). (2007). *From mission to action – Management series for microfinance institutions. Strategic management toolkit handbook*. Warsaw: Microfinance Center (MFC).
Robinson, M. (2001). *Sustainable finance for the poor*. Washington: World Bank.
Stanford N. (2007).*Guide to organisation design. Creating high-performing and adaptable enterprises*. Suffolk: The Economist Newspaper Ltd.

Performanceorientierte Prozessoptimierung in der Luftfahrtbranche: Ersatzteilbestimmung unter schwankenden Bedarfen

Christian Kowalski

18.1 Einleitung

In den vergangenen 20 Jahren litt die Luftfahrtbranche kontinuierlich unter wirtschaftlichen Zyklen, welche insbesondere Fluggesellschaften durch stark schwankende Passagierzahlen und Treibstoffkosten beeinflussten. Agiles Verhalten und schnelle Anpassung an den Bedarf des Marktes sind in dieser Branche schwierig, hauptsächlich getrieben durch hohe als auch unflexible Investitionen wie Flugzeugflotte, technische Ausstattung und Ersatzteilbestände. Zusätzlich sind Verbräuche entweder stark saisonabhängig oder nur bedingt abschätzbar. Sinkende Gewinnmargen und eine steigende Anzahl von Konkurrenten erfordern das Implementieren optimierter und innovativer Prozesse.

Im folgenden Kapitel wird „Performance" in dieser durch Schwankungen und Ungewissheiten beeinflussten Industrie am Beispiel eines Projektes zur Ersatzteilbestimmung bei einer internationalen Fluggesellschaft als die optimale Wahl aus Risikoakzeptanz und Risikominimierung definiert. Im Gegensatz zur Automobilbranche sind hier Ersatzteile ein essenzieller Kostentreiber, deren Verfügbarkeit bestimmt, ob ein Flugzeug schnell repariert und gewinnbringend eingesetzt werden kann oder tagelang am Boden auf fehlende Komponenten warten muss. Der Planungsaufwand und das gebundene Kapital sind immens: Flugzeuge bestehen aus Tausenden verschiedener Teile und Fluggesellschaften steuern oft Dutzende Destinationen an, wo Teile bereitgehalten werden müssen. Es ist wirtschaftlich nicht effizient, sämtliche Komponenten an allen Orten auf Lager zu halten. Daher resultierte die Kernaufgabe des Projektes in der Frage: „Wie ist die Performance der Ersatzteilbestimmung so zu optimieren, dass die wirtschaftlich sinnvollste Kombination

C. Kowalski (✉)
Hamburg, Deutschland
E-Mail: christianKowalski@gmx.net

selektiert wird?" Die gut 270.000 verschiedenen Ersatzteile, ein ständig wechselndes Streckennetz von mehr als dreißig, Tausende Kilometer voneinander entfernten Flughäfen, hohe Lager- und Komponentenkosten, lange Lieferzeiten und die Ungewissheit, welche Teile wann und wo ausgetauscht werden müssen, sind nur einige der betrachteten Variablen, die den Prozess steuern.

Nach der klassischen Betrachtung von zwei Lösungsansätzen (Monte-Carlo-Simulationen und Lineare Programmierung) wird eine Prozessoptimierung vorgestellt, anhand derer sich trotz vieler Eingabewerte die Performance zu jedem Zeitpunkt messen lässt. Infolge des vorgestellten Projektes, welches von der Problemstellung bis zur Implementierung vom Autor des Kapitels begleitet wurde, konnten signifikante Einsparungen erzielt werden.

18.2 Performance Management in der Luftfahrt: Prozessoptimierung ist der Schlüssel

Performance ist definiert als die Verrichtung, Ausführung und Leistung eines Prozesses durch Hilfe von Ressourcen wie Arbeitskraft, Maschinen und Zeit. Das Performance Management ist hierbei ein globaler und systematischer Managementprozess, der konkret aussagt, dass Werte richtig definiert sein müssen, um neben Effektivität eine optimale Effizienz zu erzielen. Die Luftfahrt, die hauptsächlich prozessgesteuert ist, richtet sich bei der Anwendung dieses Prinzips nach den folgenden drei Hauptpunkten:

a. Bewusstsein über strategische Unternehmensziele (z. B. ROI, EBIT, Umsatz), welche die Basis für eine Ausrichtung der Kennzahlen eines jeden einzelnen Prozesses ermöglicht.
b. Erkennung und Definition der Kennzahlen des zu verbessernden Prozesses und Identifikation der Variablen, die zur Beeinflussung der globalen Unternehmensziele dienen. Variablen, die keinen direkten Einfluss auf die übergeordneten und benachbarten Ziele ausüben, sind ohne strategische Relevanz. Nur durch Identifikation der treibenden Größen können Prozesse stabil und für das Unternehmen nachhaltig, wertschöpfend und erfolgreich funktionieren. Dies ist meist mit zwei bis drei Prozessvariablen möglich, die entweder in monetärer oder zeitlicher Einheit gemessen werden können.
c. Prozessanalyse und Verbesserung: Welches sind die Prozessbausteine, die die Variablen am signifikantesten beeinflussen? Welche benötigen die meisten Ressourcen, sind eventuell redundant oder können verkürzt oder optimiert werden? Hier ergeben sich nach a) und b) Optimierungsmöglichkeiten bei richtiger Anwendung von Performance Management. Nicht zuletzt ist zu untersuchen, ob Verbesserungen auf andere Prozesse übertragen werden können und eine Standardisierung oder weitere Anwendungsmöglichkeiten bestehen.

In der Luftfahrtbranche sind trotz vieler Variablen, wie Flotten, Teile, Strecken, Passagierzahlen, Gebäude, Personal und Ausstattung, alle Prozesse auf monetärer Basis messbar.

Die Konsequenzen von Imageverlust aufgrund von Verspätungen, Effekte von Werbung auf Passagierzahlen und Umsatz von neuen Strecken können allesamt durch Marktanalysen abgeschätzt werden. Ein spannendes Feld ergibt sich jedoch, sobald es sich um externe, nicht oder nur bedingt abschätzbare Einflussfaktoren handelt. Das vorgestellte Projekt soll zeigen, wie Organisationen auch in einem von Risiko beeinflussten Prozess eine optimale Performance erzielen können.

18.3 Problembeschreibung: Strukturierung komplexer Projekte

Passagierflugzeuge sind komplexe technische Maschinen, in denen es rund 270.000 Komponenten gibt, die regelmäßig Defekte aufweisen, ausfallen, oder getrieben durch Verschleiß, in Intervallen ausgetauscht werden müssen, abhängig von der Anzahl und Dauer der Flüge, die sie durchführen.

Durch sehr hohe Kosten für Komponenten ist es nicht wirtschaftlich, den kompletten Ersatzteilbestand für jede Flotte an jedem Flughafen zu halten. Hierdurch entsteht ein Trade-off zwischen Verfügbarkeit und Kosten für Konsequenzen bei Nichtverfügbarkeit von Teilen. Getrieben durch viele Eingabewerte stellt ein herkömmlich aufgebautes mathematisches Modell eine solch komplexe Aufgabe dar, dass sie nicht mit aktuell verfügbaren technischen Mitteln zu lösen ist.

Die Aufgabe einer jeden Lieferantenkette, der Supply Chain, ist es, die Bedarfe des Kunden so vorauszusehen, dass das richtige Teil stets am richtigen Ort ist, jedoch nie zu viel Lagerbestand gehalten wird, da dieser ein Kostentreiber ist. Es geht also im Kern immer um den „Forecast", die Abschätzung von Bedarfen und deren Just-in-Time-Deckung.

Komplexe Projekte sind definiert durch ein oder mehrere Charakteristika, welche die Anwendung eines Standardansatzes verhindern. Im beschriebenen Beispiel ist dies zum einen die Unvorhersehbarkeit, an welchem Flughafen, auf welchem Flug und mit welchem Flugzeug welches Teil ausfällt, und zum anderen sind es die hohen Kosten, die aus der Nichtverfügbarkeit von Teilen entstehen (abhängig von der Klassifizierung eines Teils, ausfallende Sitzplätze, beschränkte Ladung oder gar Verspätung oder Ausfall des Fluges bei Kosten von bis zu 400 € je verspäteter Minute im Fall von Großraumflugzeugen). Endkundenbefragungen ergaben, dass 98 % der Passagiere, die eine Verspätung von mehr als fünf Stunden erlitten, die betreibende Fluggesellschaft für mindestens ein Jahr meiden und auch nicht weiterempfehlen.

Eine MRO (Maintenance & Repair and Overhaul Organization) differenziert sich also in Bezug auf Risiko, Höhe des Risikos und Konsequenzen von Risikoeintritt von anderen Industrien. Durch Identifizierung dieser Unterschiede wurde festgestellt, dass sich traditionelle Supply-Chain-Modelle bei Verbrauchsvorhersagen zwar mit Teileverfügbarkeitskosten beschäftigen, jedoch die aus Nichtverfügbarkeit resultierenden Kosten unberücksichtigt lassen.

Zu Beginn der Projektphase wurden Bedarfe von wenigen, erfahrenen Mitarbeitern aufgrund von Erfahrungswerten abgeschätzt. Es existierte kein durch Regeln definierter Prozess. Zwar sind Herstellerdaten, wie voraussichtliche Einsatzfähigkeit vor benötigtem

Austausch, oft vorhanden, lieferten in der Praxis (bedingt durch stark wetter- und routenspezifische Unterschiede) jedoch nicht genügend Genauigkeit, um sicher zu planen.

Mit dem Kunden (in diesem Fall die Fluggesellschaft gegenüber der MRO-Sparte) war ein Service Level von 95% vereinbart, welches das Hauptziel und somit einen Hauptmesswert des Gesamtsystems formt. Dieser Service Level bedeutet, dass Teile, die für den Flugbetrieb essenziell sind, in 95 von 100 Fällen, in denen ein Flugzeug einen Defekt ausweist, am nächst angesteuerten Flughafen verfügbar sein müssen. Nur in fünf von 100 Fällen wird eine Teilebeschaffung aus einem nahe liegenden Flughafen akzeptiert, die als Konsequenz eine Verspätung und somit Kosten mit sich zieht.

Die Problemstellung folgt daher als: „Wie ist die Performance der Ersatzteilbestimmung so zu optimieren, dass die wirtschaftlich sinnvollste Kombination selektiert wird, um einen 95-%igen Service Level zu bieten?"

18.4 Lösungsansatz: Auswahl, Anpassung und Optimierung von Prozessen

In einem ersten Schritt werden die Eingabewerte und Ziele strukturiert. Das übergeordnete Unternehmensziel war in diesem Fall die Erreichung eines hohen EBIT. Da sich der Umsatz der Fluggesellschaft nur indirekt durch die Leistung steigern lässt, ist die Hauptvariable, den 95-%-Service-Level zu einem möglichst günstigen Preis zu erreichen.

Nun müssen die direkten und indirekten Variablen erkannt werden. Oft misst man in der Praxis zu viele Messwerte, was nicht nur für Intransparenz sorgt, sondern auch die Prozessverbesserung erschwert. Bewusst wurde hier ein Beispiel gewählt, um zu veranschaulichen, wie sich eine Vielzahl von Variablen ordnen lässt. Der Schlüssel liegt in der Unterscheidung zwischen indirekten und direkten Variablen, die den Prozess steuern.

Zum Beispiel sind Lagerkosten, Bestellkosten und Teilekosten an jedem Flughafen allesamt Eingabevariablen, die in einer direkten Variablen der Gesamtteilekosten für das Netzwerk gemessen werden können („A"). Diese erste direkte Performance-Variable stellt also die Kosten für die Risikodeckung dar. Eine zweite Gruppe von indirekten Eingabe- bzw. Ausgabevariablen bilden die Risikotreiber, wie durchschnittliche Austauschzeit (MTBUR – Mean Time Between Unscheduled Unit Removal), Flugstunden, Fluganzahlen, Netzwerkpläne und Distanzen von Flughäfen zum nächsten Lager, die wiederum allesamt in einer prozentualen Einheit als Wahrscheinlichkeit zusammengefasst werden können, die die direkte Variable des Netzwerk-Service-Levels („B") formt.

Obwohl die Anzahl der Variablen in vielen Industrieprozessen oft hoch ist, kann durch die Erstellung von Zusammenhängen erkannt werden, welche Werte die Kennzahlen annehmen (Abb. 18.1). Im vorgestellten Prozess gibt es nach dieser Ordnung lediglich zwei davon (A und B). Dies bedeutet nicht, dass die anderen Variablen nicht in Teilprozessen gemessen oder beachtet werden, im Gegenteil, diese werden in diesem Kapitel teils ausführlich diskutiert. Es bedeutet, dass die Optimierung des Ganzen darauf abzielt, diese beiden Variablen zu maximieren bzw. zu minimieren.

Abb. 18.1 Veranschaulichung von Kennzahlen im Bezug zu anderen Werten im Prozess. (Quelle: eigene Darstellung)

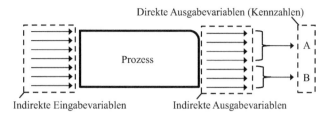

Im dritten Schritt folgt eine Prozessanalyse. Hierzu eignen sich Flowcharts, insbesondere bei einer hohen Anzahl von Beteiligten im Prozess. Eine As-is-Analyse dient nicht nur zum Verständnis, sondern ebenfalls der Identifizierung von Problemen. Eine der gängigsten angewandten Sprachen ist BPMN (Business Process Model and Notation).

Die Anwendung von Projektmanagementstandards steht nicht im Vordergrund dieses Kapitels, es kann auf den „Body of Knowledge" des PMI (Project Management Institute) verwiesen werden. Um jedoch eine adaptierte und vereinfachte Grundstruktur eines klassischen Prozessverbesserungsprojektes, welches sich oft in verschiedene Projektphasen oder „Ebenen" gliedert, aufzuweisen, zeigt Abb. 18.2 die in diesem Projekt durchlaufenden Schritte.

Nachdem der As-is-Prozess analysiert wurde, konnten die Kernprobleme im Prozess in Bezug auf die Anforderungen, die „Business Needs", identifiziert werden:

- *Problem 1:* Anwendung von traditioneller Bedarfsplanung, die sich nicht mit den Konsequenzen von Nichtverfügbarkeit beschäftigt

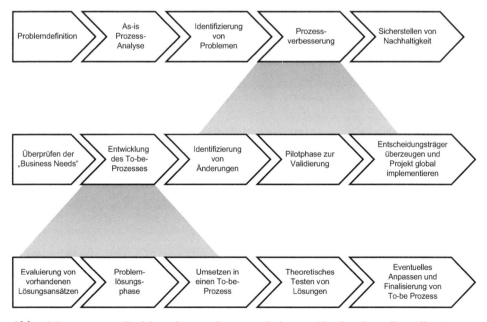

Abb. 18.2 Angepasste Projektstruktur zur Prozessoptimierung. (Quelle: eigene Darstellung)

- *Problem 2:* Keine Verwendung der historischen Daten (welche Teile in der Vergangenheit wo und wann ausgetauscht wurden)
- *Problem 3:* Keine harmonisierten Auswahlprozesse, welche Teile zur Erfüllung des Service-Level-Ziels selektiert werden, und fehlerhafte Abschätzungen, welche Teile wo und wann am wahrscheinlichsten ausgetauscht werden müssen
- *Problem 4:* Kein reproduzierbarer, standardisierter Ansatz, der auf mehrere Flughäfen übertragen werden konnte

Um das erste Problem anzugehen, muss eine Variable definiert werden, die den Gesamtteilekosten (der ersten Kennzahl) gegenübersteht, also den Kosten des in Kauf genommenen Risikos.

Da die Risikoverfügbarkeit in Prozent gemessen wird, sollen die Einheiten harmonisiert werden. Im Gegensatz zu den vergleichsweise einfach berechenbaren Beschaffungskosten einzelner Teile (die sich durch Teilekosten multipliziert mit einem Lager- und Administrationsfaktor ergeben) müssen die Nichtverfügbarkeitskosten definiert werden. Der Ansatz hierzu lag darin, die Defektwahrscheinlichkeit eines jeden Teils (unter den jeweils geltenden Bedingungen an jedem Flughafen und für jede Flotte) möglichst genau aus Vergangenheitswerten zu berechnen und eine deterministische Methode zu finden, die Verbräuche in der Zukunft abzuschätzen.

Parallel wurden die Teilekategorien untersucht und monetär wurde ausgewertet, welche Konsequenzen eine Nichtverfügbarkeit nach sich zog. In der kritischsten Kategorie, den flugessenziellen Teilen, wurden diese Konsequenzen durch die Kosten von Verspätungen pro Minute multipliziert mit der Zeit, in der das Teil von dem nächsten verfügbaren Standort beschafft werden konnte, berechnet. In den anderen Teilekategorien wurden, abhängig von dem Effekt auf den Umsatz, abgeminderte Faktoren genutzt. Diese Defektwahrscheinlichkeit multipliziert mit den Konsequenzkosten ergab die „Kosten einer Nicht-auf-Lagerhaltung eines Teils", die den Gesamtlagerhaltungskosten gegenübergestellt werden konnte.

Hierdurch ergeben sich zwei Werte für ein jedes Teil: Die Mehrkosten, ein zusätzliches Teil zu halten, und die Risikokosten, die man in Kauf nimmt, wenn kein zusätzliches Teil gehalten wird. Durch diesen Ansatz ließen sich alle Teilebedarfe unter allen Umständen und Gegebenheiten berechnen.

Um nun zu bestimmen, wie viele Teile idealerweise gelagert werden sollten, kann mithilfe der invertierten kumulativen Poisson-Verteilung (die bei geringer Fehlerrate, wie in der Luftfahrt gegeben, Anwendung findet), genutzt werden. Es lässt sich hierdurch berechnen, wie viele Teile benötigt werden, um ein bestimmtes Service Level zu erfüllen (Abb. 18.3).

Der Nutzen der Lösung des zweiten Problems liegt ebenfalls darin, die Genauigkeit der Eintrittswahrscheinlichkeit eines Defektes zu steigern. Da eine Vielzahl von Jahressätzen von tatsächlich benötigten Austauschteilen vorlag, konnte mithilfe der vergangenen Netzwerkpläne (welche Flüge wann mit welchem Flugzeug wohin wie oft betrieben wurden) eine historische Defektrate (oder „Network Failure Rate") pro Teil errechnet

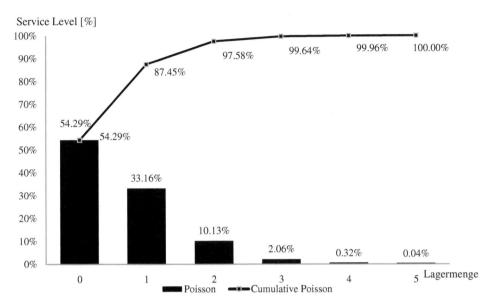

Abb. 18.3 Poisson-Verteilung zur Berechnung von Service Level und Lagerbestand. (Quelle: eigene Darstellung)

werden. Hierzu ist noch zu erwähnen, dass die Defektrate zwei unterschiedliche Einheiten annahm. Die Ersatzteile unterschieden sich insoweit, als dass ein Teil von der Menge an Flugstunden (Block Hours) und ein Teil von der Anzahl der Flüge (Cycles) abhängig war. Verschleißteile wie Reifen, Landemechanismen und andere Teile, die insbesondere bei Start und Landung benötigt werden, wurden in Flugzyklen anstatt in Flugstunden gemessen. Eine Gliederung hierzu wurde pro ATA-Kapitel (ATA Chapter als hierarchische Gliederung des Flugzeugs) durchgeführt.

Problem 3 stellte mathematisch die größte Herausforderung dar. Da die anderen erkannten Probleme durch Struktur und Ordnung gelöst werden konnten, identifizierte sich dieser Prozessschritt als Kern des Gesamtprozesses. Die gesamte Performance (die Optimierung der beiden Zielvariablen) fand in diesem einen Prozessschritt statt. Dies ist für Prozessoptimierungen nicht ungewöhnlich. Oft findet das Paretoprinzip auch hier Anwendung: 80 % der Performance werden durch nur 20 % der Teilprozesse erbracht. Hier musste ein Algorithmus entwickelt werden, der unter gesetzten Bedingungen (etwa der Definition eines Service Levels) die wirtschaftlichste Option aus einem schier unendlichen Feld von verschiedenen Optionen mit einem nachvollziehbaren Ansatz auswählte.

Ohne im Detail auf die Mathematik einzugehen, gilt es zu berücksichtigen, dass es 270.000 verschiedene Teile pro Flottentyp, elf Flotten, mehr als 40 Flughäfen und Optionen gibt, die je nach Teil in einen Bestand zwischen 0 und 100 geführt werden können. Die Menge an Optionen, jedes Teil in jeder Menge an den diversen Orten zu halten, ergibt mathematisch eine hochkomplexe Aufgabe. Durch die Vorarbeit und Lösungsansätze der ersten beiden Probleme lässt sich zwar für eine einzelne Teileposition die optimale Lagermenge finden, allerdings lassen sich die Optionen nicht untereinander vergleichen, insbesondere nicht nach der eigentlich gesuchten Antwort auf die Frage: Wie kann das Service Level von 95 % am wirtschaftlichsten erreicht werden?.

Der erste Ansatz war, ein Monte-Carlo-Modell aufzubauen. Hierbei handelt es sich um eine stochastische Methode, in der in einem durch Beziehungen und Funktionen definierten Modell ein Ergebnis für eine Anzahl von Kombinationen aus „Zufallswerten" errechnet wird. Diese Technik wird genutzt, wenn deterministische Verfahren technisch nicht möglich sind. An einer Beispielberechnung, einem Netzwerk aus fünf Teilen an drei Flughäfen (und den erwähnten anderen Variablen) errechnete sich die deterministisch mögliche Anzahl an Kombinationen von 4.747.561.509.943.

Durch die Monte-Carlo-Analyse ließ sich die optimale Kombination für das Testnetzwerk jedoch schon mit 50.000 Iterationen genau bestimmen. Dennoch lieferte der Ansatz für komplexere Umgebungen keine genauen Werte mehr. Der nächste untersuchte Ansatz basierte auf linearer Programmierung, einem deterministischen Verfahren, bei dem eine Kombination aus linearen Funktionen und Unbekannten nach einer Zielvariablen maximiert oder minimiert wird.

Die adaptierte Lösung lässt sich in vier Schritte untergliedern, die zur besseren Nachvollziehbarkeit des Ansatzes grafisch und nicht mathematisch erläutert sind. Im ersten Schritt werden für ein Ersatzteil an einem Flughafen für eine Flotte zum einen die Teilekosten als Funktion über die Menge an Bestand (Abb. 18.4) und zum anderen die Risikokosten ebenfalls als Funktion über die Menge an Bestand berechnet. Die Gesamtkosten für das Netzwerk ergeben sich aus Addition der beiden Werte und bilden eine dritte Kurve.

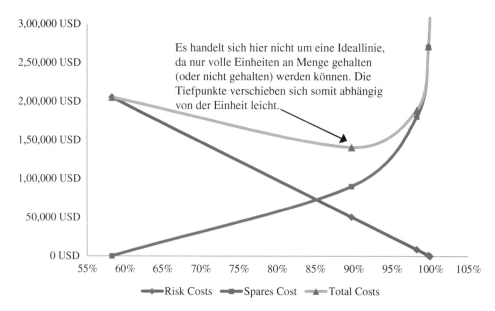

Abb. 18.4 Bestimmung der niedrigsten Kosten für eine Teilenummer an einem Flughafen. (Quelle: eigene Darstellung)

Die optimale Menge an Bestand lässt sich durch den niedrigsten Punkt auf der Kostenachse erkennen.

Im zweiten Schritt werden alle berechneten Gesamtkostenlinien für jedes Teil an jedem Flughafen in ein einzelnes Diagramm gezeichnet (Abb. 18.5).

Im dritten Schritt werden die Gesamtkostenkurven nach dem Grad der Steigung hin zum nächst höheren Service Level geordnet. Mathematisch ist dies über die Geometrie einfach berechenbar und lässt sich anhand von Abb. 18.6 grafisch veranschaulichen.

In dem vierten und letzten Schritt ist es nun möglich, im Gesamtumfeld mit relativ kleinem Rechenvolumen die optimale Teileauswahl zu determinieren. Die Mittellinie, die durch die einzelnen Tiefpunkte einer jeden Teilegesamtkostenkurve gebildet wird, stellt die Basiskonfiguration dar, bei der für jedes Teil die Risiko- mit den Beschaffungskosten abgewogen wurden. Diese Linie erreicht einen Service Level von ca. 80 %. Um mathematisch nun die wirtschaftlichste Möglichkeit zu finden, zusätzliche 15 % Service Level zu generieren, muss die Anzahl derjenigen Teile im Lager erhöht werden, bei der das zusätzlich gewonnene Delta an Service Level im Bezug zu den zusätzlichen Deltakosten am geringsten ist. Die Steigung der einzelnen Kurven, oder vielmehr eines jeden inkrementellen Schritts jedes zusätzlichen Teils, wird verglichen und werden so lange zusätzliche Teile beschafft, bis das zu erfüllende Ziel-Service-Level erreicht ist (Abb. 18.7). Es wird beispielsweise in einem Schritt untersucht, ob ein zusätzliches Teil X für Flotte Y am Ort Z eine höhere

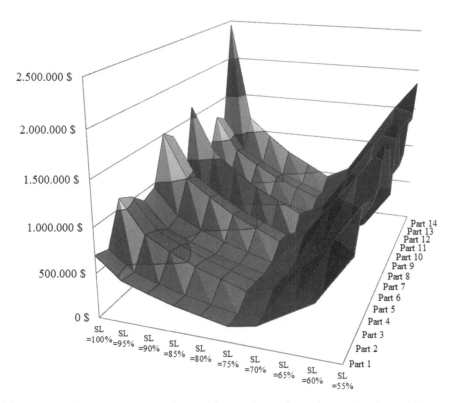

Abb. 18.5 Grafische Zusammenstellung mehrerer Gesamtkostenkurven in einem Diagramm. (Quelle: eigene Darstellung)

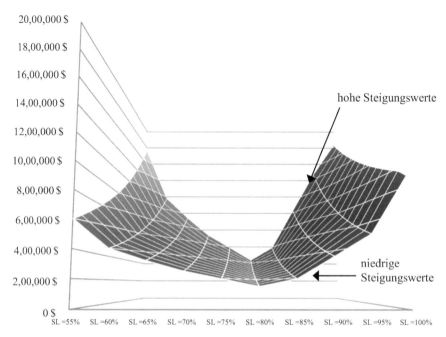

Abb. 18.6 Ordnen der Gesamtkostenkurven nach Steigungsgrad. (Quelle: eigene Darstellung)

Risikoeintrittswahrscheinlichkeit minimiert als dasselbe (oder andere Teile) in jedem anderen Flughafen. Für jeden Bruchteil von zusätzlichem Service Level über der Ideallinie (dem Basis Level) werden alle möglichen Optionen evaluiert und die Zielvariable (die Gesamtkosten) nach dem Prinzip der Linearen Programmierung deterministisch minimiert.

Das abschließende Problem 4 wurde dadurch angegangen, dass alle Eingabelisten in dem Format von der entwickelten Datenbank-Software genutzt werden konnten, in dem

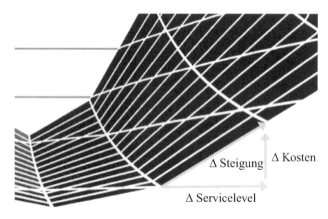

Abb. 18.7 Optimale Wahl von zusätzlichem Delta-Service-Level in Bezug zu Deltakosten. (Quelle: eigene Darstellung)

sie von der Fluggesellschaftszentrale ausgestellt und kommuniziert wurden. Zusätzlich wurden Booklets erstellt und Prozesse in Prozessbildern erklärt, um den Teileplanern zu zeigen, in welchem Schritt wie und was berechnet wird. Auch wurde darauf geachtet, dass alle entwickelten Prozesse stets auf jede Flotte und auf jeden Flughafen anwendbar sind und sämtliche Attribute stets über die Eingabewerte abgedeckt wurden.

Nach der As-is-Analyse und der Identifizierung der Probleme sowie der Entwicklung deren Lösung wurden die hier beschriebenen Ansätze in einem To-be-Prozess neu definiert und die entsprechenden mathematischen Formulierungen in einer Datenbanksoftware in einer dreiwöchigen Umsetzungsphase programmiert. Die entstandene Software arbeitet danach wie in der anfangs ausgewiesenen Grafik mit diversen Eingabevariablen (die in Form von Listen erkannt werden) und gibt diverse Ausgabewerte an die nachfolgenden Prozesse ab. Im Prozess selbst stehen die beiden Kennzahlen im Vordergrund und dienen zum Vergleich der Performance zwischen einzelnen Flotten, Flughäfen und zeitlichen Abständen.

18.5 Umsetzung und Ergebnisse: Messbarkeit des Prozesses

Insbesondere Projekte, die einen neuen, vom vorherigen sich stark differenzierenden Ansatz verfolgen, bedürfen in der Praxis einer strukturierten Umsetzungsphase. Hierzu gehören vier essenzielle Schritte (Abb. 18.2). Der neu definierte Prozess muss in einer Pilotphase ausführlich evaluiert werden, um sicherzustellen, dass die theoretisch erwarteten Ergebnisse in der Anwendung bestätigt werden.

Im vorgestellten Projekt wurde hierzu ein Testnetzwerk von nur drei Flughäfen und einer einzigen Flugzeugflotte genutzt. In einer zweimonatigen Phase konnten so Zahlen gesammelt werden, die bestätigten, dass der neue Planungsprozess mehr als 40 % an Teilehaltungskosten und 65 % an Risikokosten einspart, hauptsächlich durch eine bessere Planungsgenauigkeit bei gleichzeitigem Erreichen der benötigten minimalen Service Levels, was alleine in diesem beschränkten Umfang schon einer Größenordnung von mehreren Millionen US-Dollar entsprach.

Nach einer erfolgreichen Testphase können Ergebnisse genutzt werden, um im zweiten Schritt, dem Buy-in des Managements, durch mit Daten untermauertes Stakeholder Management eine Implementierung im gewünschten Umfang zu vereinbaren. Dieser Schritt sollte gut vorbereitet sein – denn hier geht es, so gut die Lösung oder der neue Prozess auch ist, um das Verkaufen der erbrachten Leistung, das Verschaffen von Vertrauen und um das Sichern von Ressourcen, um eine globale Implementierung zu ermöglichen. Einer der hierzu am weitesten verbreiteten Begriffe, Engagement, beschreibt den Prozess, Informationen auszutauschen, Entscheidungsträger zum Vertrauen zu ermutigen und gemeinsames Interesse an der vorgestellten Änderung aufzubringen. Dies dient nicht nur zur Beschaffung des Projektbudgets, sondern hauptsächlich der firmenweiten Implementierung und der Schaffung von Nachhaltigkeit. Im Beispielprojekt wurden die Hauptentscheidungsträger als die zuständigen Flottenmanager identifiziert, denen im Detail die

Ergebnisse, der Prozess und die Möglichkeiten dargelegt wurden, wodurch deren Einverständnis erlangt werden konnte.

Im nächsten Schritt, der Implementierung, sollte ebenfalls stufenweise vorgegangen werden. Das Risiko einer zu schnellen Implementierung sollte stets minimiert werden, um in Zwischenphasen zu ermöglichen, dass die Performance der Prozesse in jedem neu umgesetzten Umfeld gemessen werden kann. Eventuell differenzieren sich die abgeschätzten Werte von den jeweiligen Implementierungsumfängen oder es bedarf einer weiteren Anpassung des Prozesses. Ein erster Schritt fand in der Implementierung an selektierten Flotten, Teilegruppen und Flughäfen in einem Land statt, später international und mit allen Flotten und Kategorien. In den jeweiligen Schritten wurde konstant gemessen und die beiden Kennzahlen konnten zwischen den jeweiligen Einsatzorten stets verglichen werden, was sich am Ende zu einem global transparenten Kennzahlensystem entwickelte und nicht nur die Teilelagerkosten um mehrstellige Millionenbeträge senkte, sondern ebenfalls das Risiko minimierte, Verspätungen durch Teileausfall zu haben, wodurch die Gesamtoperationen des Fluggeschäfts weiter stabilisiert werden konnten.

Im letzten Schritt muss darauf geachtet werden, dass das Projektteam den Prozess detailliert und nachvollziehbar an die ausführenden Funktionen übergibt, die fortan für die Koordination und das nachhaltige Management des Prozesses verantwortlich sind. Der Abschluss eines jeden Projektes formt eine Übergabe in das Seriengeschäft, welches bei dem vorgestellten Projekt neun Monate nach Projektstart erfolgte.

18.6 Top 5 der Erfolgsstellhebel des vorgestellten Projektes

1. Vereinbarung klarer und messbarer Erwartungen und Ressourcen (Zeit, Geld, Team): Um erfolgreich planen zu können, ist im Projektmanagement nichts wichtiger als eine präzise definierte Erwartungshaltung der Auftraggeber und eine eindeutige Festlegung der benötigten Ressourcen. Insbesondere dann, wenn Projekte komplex sind und Ziele unter hohem Zeitdruck erbracht werden müssen, ist dies unabdingbar.
2. Kein Erfolg ohne Planung: Es muss bei einer As-is-Prozessanalyse nicht nur auf Probleme geachtet werden, sondern insbesondere darauf, welches die Kennzahlen sind. Hier wird untersucht, welche Variablen direkt und indirekt auf die Ergebnisse Einfluss nehmen. Um die Leistung zu messen, sind eine bis drei direkte Variablen, die in einem direkten Zusammenhang mit den strategischen Unternehmenszielen stehen, in den meisten Fällen ausreichend.
3. Eine Identifikation von den Kernproblemen im Prozess fokussiert sich zwar meist auf unterschiedliche Elemente, jedoch gilt es, die arbeitsintensivsten Probleme zu Beginn zu finden, um die Zeitleiste nicht in Gefahr zu bringen. Das Paretoprinzip gilt auch hier: 80 % des Aufwands sind in 20 % oder weniger der einzelnen Unterprozesse versteckt, deren Lösungsfindung und Entwicklung den kritischen Pfad des Projektes bilden.
4. Vor der Lösungsfindung muss zunächst untersucht werden, ob das Problem in anderen Feldern auch auftritt und welche Lösungsansätze hier selektiert werden. Es sollte

festgestellt werden, wodurch sich die gegebene Situation von anderen unterscheidet, welche Prinzipien angewandt werden bzw. zumindest im Ansatz angewendet werden können. Oft finden sich hierdurch Ansätze, die zur Lösungsfindung dienen, oder es können bestimmte Herangehensweisen ausgeschlossen werden.
5. Insbesondere ist es wichtig, bei Projekten mit großem Umsetzungsumfang Testphasen, die die praktische Anwendung der entwickelten Lösung in einer überschaubaren Umgebung widerspiegeln, durchzuführen. Dies dient primär dazu, eine Validierung der abgeschätzten Leistung zu erlangen und somit die Entscheidungsträger zu überzeugen.

18.7 Übertragbare „Lessons Learned" mit Bezug auf Performance Management

Abschließend wird nun zusammengefasst, was neben den vorgestellten fünf Erfolgshebeln des Projektes durch die Erstellung von „Lessons Learned" allgemein für alle Industrien im Bezug zu Performance Management abgeleitet werden kann. Sicherlich sind die fünf Hebel eine wichtige Grundlage, jedoch reichen diese nicht aus, um den Ansatz des Performance Managements auf industrielle Prozesse zu übertragen.

Performance ist ein Begriff, der aus dem Maschinenbau stammt und häufig mit diesem verbunden wird. Zur Verbildlichung des Konzeptes stelle man sich einen Sportwagen vor. Performance bezieht sich hierbei im ersten Schritt auf das Getriebe. Denn dieses ist dafür verantwortlich, dass Ressourcen, also „Motorkraft", in Radumdrehungen und damit zurückgelegte Strecke übertragen werden. Dasselbe gilt für jede Investition, jedes Projekt und jeden Serienprozess in der Wirtschaft. Ob es Geld, Arbeitskraft oder Zeit ist, alles wird durch ein Getriebe in etwas anderes umgesetzt. Die erste „Lesson Learned" ist, diesen globalen Zusammenhang zu verstehen. Denn nur wenn alle Zahnräder (oder Prozessschritte) im Getriebe funktionieren, können Leistung erzeugt und Energie umgewandelt werden. Egal, wie gut die einzelnen Zahnräder funktionieren, egal, wie schnell diese sich einzeln drehen könnten, ein einziges, nicht intaktes Rad reicht, um den Gesamtertrag auf null zu fahren, denn jedes hängt vom Vorherigen und vom Nächsten ab. Performance bedeutet die Leistung des Ganzen, nicht eines Schritts.

Ein nächster Punkt ist sicherzustellen, dass genügend Leistung für das Getriebe zur Verfügung steht. Darunter versteht sich das Stakeholder Management. Aufzeigen, warum es wichtig ist, das Getriebe zu verändern, zu verbessern, zu entwickeln: Wenn sich herausstellt, dass ein geplantes neues Getriebe doch nicht produziert werden soll, dann macht es wenig Sinn, Arbeit in die weitere Entwicklung hineinzustecken. Es mag trivial klingen, aber viele Projekte in der Industrie finden anfangs Interesse, werden gestartet, finden sich aber zu einem späteren Zeitpunkt genau in dieser Situation: Zu rechtfertigen, warum sie essenziell und wertbringend sind. Eine sich hieraus ergebende „Lesson Learned" ist, die Bedeutung von Beginn an abzusprechen, richtig einzuschätzen und stets in engem Kontakt zur firmenweiten Strategie, Philosophie und zum Management zu sein.

Wer sind die Mechaniker? Nun, ein System, das einen gewissen Performance-Grad erreicht, kann nur durch ein Team kreiert werden, welches in der Lage ist, Performance aufzuweisen. Die richtige Qualifikation der unterschiedlichen Funktionen ist essenziell – denn auch hier gilt die „Getriebe"-Metapher, ein nicht geeignetes, nicht funktionierendes Rad kann das Gesamtsystem beträchtlich beeinflussen oder gar zum Stillstand bringen.

Um bei der Veranschaulichung zu bleiben und wiederholt den Begriff der richtigen Kennzahlen aufzunehmen, ist eine „Lesson Learned", die generell auf alles, was Performance bringen soll, übertragbar ist: Das Definieren der richtigen Werte, an denen das System gemessen wird; im Auto sind es die Drehzahl und die Geschwindigkeit als Hauptkennzahlen, zusammen mit einer kleinen Anzahl weiterer Messwerte. Um weiter zu veranschaulichen, wie wichtig dieser Punkt ist, stelle man sich vor, im Auto wären die beiden großen Anzeigen die Motortemperatur und der Tankstand. Messen diese Variablen die direkte Performance? Nein, sie sind lediglich indirekte Variablen, die zwar eine gewisse Bedeutung haben, jedoch nicht messen, wie hoch die Performance des Prozesses zu einem Zeitpunkt ist.

Eine weitere „Lesson Learned" liegt im nächsten Schritt, dem Gängewechseln. Oft wird zu den falschen Zeitpunkten ein zu hoher Gang eingelegt. Insbesondere wenn das Getriebe noch nicht läuft, das Team noch nicht eingearbeitet ist oder nicht herausgefunden wurde, warum Performance-Probleme auftreten, ist es für das System schädlich, im falschen Gang zu fahren. Prozesse, Teams, Projekte brauchen allesamt einen langsamen Start und können Schritt für Schritt schneller laufen.

Besonders bei der angewandten Metapher des Autos heißt es nicht umsonst: „Es muss nicht immer das Rad von vorne erfunden werden". Benchmarking ist ein essenzieller Bestandteil des Performance Managements und wird häufig viel zu wenig genutzt. Denn nur wer misst, wie gut andere Alternativprozesse laufen, andere Firmen Probleme lösen oder gar andere Branchen, kann feststellen, ob die eigene Art ein besseres oder schlechteres Ergebnis liefert. Performance ist sehr relativ. Ständige Vergleiche sind unabdingbar, um die erbrachte Leistung zu bewerten.

Eine weitere Empfehlung ist es, ständig die Risiken zu beobachten und Krisenfälle vorzubereiten, eben einen Ersatzreifen mit sich zu führen. Oft fallen Probleme sprichwörtlich vom Himmel und es beginnt das unkoordinierte Feuerlöschen. Praktiken, Vorgehensweisen und Sicherheitsbestand sind wichtig, um ab und an Probleme schnell zu bewältigen, bevor deren Eintritt die Gesamtperformance beeinträchtigt.

Letztlich ist es nach der Schadensdiagnose und der anschließenden Reparatur des Sportwagens auch wichtig, es dem Fahrer richtig zu übergeben, ihm zu erklären, wie das Fahrzeug im Detail funktioniert und was zu tun ist, um es instand zu halten. Dieser letzte Schritt wird oft ausgelassen, wobei er jedoch zu den wichtigsten überhaupt gehört, genauso wie die Wertschätzung des Teams, das diese Arbeit und die Übergabe durchgeführt hat. Bevor die Teammitglieder nach erfolgreichem Abschluss in andere Projekte wechseln, gibt eine Abschlussfeier nicht nur positive Impulse an die Mitarbeiter, sie steigert auch das Wir-Gefühl und trägt zu einem positiven Arbeitsklima bei.

WIR-MARKEN sind Chefsache: Erfolgreiche Marken berühren, gewinnen und bewegen Kundenherzen

19

Hermann H. Wala

> *Das Streben der Menschen nach Glück verändert die Welt.*
> Horst Köhler

19.1 Glückliche Mitarbeiter als Motor der WIR-MARKEN-Botschafter

Die Autoren der Gallup-Studie (2013) nennen fünf Faktoren für das Glück:

- berufliches Wohlbefinden
- soziales Wohlbefinden
- finanzielles Wohlbefinden
- physisches Wohlbefinden
- gemeinschaftliches Wohlbefinden

Die Stanford Graduate School fasst die Formel für glückliche Mitarbeiter anhand von vier Schlagwörtern zusammen:

- höhere Bedeutung: Teil eines sinnvollen Projektes zu sein
- Eigenständigkeit: selbstbestimmtes Arbeiten und die eigenen Stärken nutzen
- Menschen: bedeutsame Beziehungen aufbauen und Erfahrungen austauschen
- Einfluss: Wertschätzung erfahren und Dinge verändern

H. H. Wala (✉)
München, Deutschland
E-Mail: h.wala@atyoursite.de

Unsere Definition von Glück: Eine WIR-MARKE schenkt Vertrauen und schafft Raum für Selbstverwirklichung. Sie macht jeden Mitarbeiter zum Unternehmer/Markenbotschafter und gibt ihm die Verantwortung, sein persönliches Glück zu gestalten und ein erfülltes Leben zu führen.

„All you need is love" – Liebe ist alles, was du brauchst. Was die legendären Beatles besangen, treibt immer mehr Menschen um. Die entscheidende Frage lautet: Was macht uns glücklich? Ein stressiger Job, der Monat für Monat das Konto füllt, aber die freie Zeit auffrisst, Zeit für Familie und Freunde – und damit auch die Liebe. Oder doch lieber eine Aufgabe, die uns erfüllt, die Leben und Beruf in eine Balance bringt, die Glück verspricht? Dieser Frage widmete sich bereits der Schriftsteller Heinrich Böll in seiner „Anekdote zur Senkung der Arbeitsmoral". Die Geschichte erzählt von einem Fischer, der zufrieden am Hafen liegt, bis ihn ein Tourist darauf hinweist, dass er viel mehr Geld verdienen könne, wenn er nur öfter aufs Meer hinausfahre und Fische fange. Schließlich würde er reich werden und könnte sich mehr Boote und Angestellte leisten – bis er irgendwann gar nicht mehr arbeiten müsse. Aber das beeindruckt den Fischer nur wenig: Denn er genießt ja bereits seine freie Zeit, ohne Stress, ohne Druck – und ohne Angestellte. Bringt ein Berg voll Arbeit am Ende zwar viel Geld, aber keinen tieferen Sinn für unser Leben? Die Glücksfrage stellen sich auch immer mehr Manager und Personalchefs. Doch wie werden Konzerne zu erfolgreichen WIR-MARKEN?

19.2 Was ist Glück?

Was ist nur dieses Glück? Dieser Frage jagt die Menschheit seit Jahrtausenden hinterher. Das Wort Glück kommt vom mittelhochdeutschen Begriff „Gelücke", das so viel heißt wie „gelingen"; ein glückliches Leben ist demnach ein gelungenes Leben. In eine Formel gießen lässt sich die persönliche Empfindung jedoch freilich nicht so leicht wie die Relativitätstheorie, doch die Wissenschaft versucht sich an Definitionen. „Happiness" lässt sich als emotionales Wohlbefinden beschreiben, das Glücklichsein im Moment meint. Aber auch als kognitives Wohlbefinden – also ein dauerhaftes Gefühl der Zufriedenheit im Leben.

> Ziel des Lebens ist Selbstverwirklichung. Das eigene Wesen völlig zur Entfaltung zu bringen, das ist unsere Bestimmung.
> Oscar Wilde

WIR-MARKEN sind Chefsache. Wer der Spur der glücklichen Mitarbeiter folgt, trifft auf einen entscheidenden Konflikt zwischen Chef und Arbeitnehmer: Mitarbeitern sind Anerkennung und Lob am wichtigsten, Führungskräfte setzen dagegen oftmals auf den Faktor Bezahlung. Doch dass Geld nicht alles ist, beschreibt bereits ein Klassiker der Wirtschaftswissenschaften: die Bedürfnispyramide des amerikanischen Psychologen Abraham Maslow. Sind beim Menschen erst mal Grundbedürfnisse und soziale Bedürfnisse gestillt, steht für ihn ganz oben auf dem Zettel, sich selbst zu verwirklichen. Doch dieser Wunsch kommt bei vielen Chefs niemals an. Das bringt Probleme: Die Autoren der Gallup-Studie (2013) fanden heraus, dass nur jeder siebte Arbeitnehmer eine enge Bindung zu seinem Arbeitgeber aufbaut. Bitter für beide Seiten: Denn ein Job darf auf keinen Fall dazu führen, dass sich Menschen von ihrem Arbeitgeber entfremden. Im Gegenteil: Eine erfolgreiche GLÜCKS-WIR-MARKE bringt die Werte von Unternehmen und Mitarbeitern zusammen.

Ein hohes Gehalt bringt also kein Glück im Leben? Keine Frage, jeder Arbeitnehmer verdient lieber 5000 statt 2000 €. Aber es gibt eine Grenze: Das fand der Wirtschaftswissenschaftler Richard Easterlin bereits 1974 heraus, als er für sein Easterlin-Paradox untersuchte, wie Glück und Reichtum zusammenhängen. Er fasst seine Erkenntnis so zusammen: „Wenn grundlegende Bedürfnisse gestillt sind, führt mehr Reichtum nicht zu mehr Glück."

19.2.1 Wie lässt sich eine GLÜCKS-WIR-MARKE aufbauen?

> Unternehmen müssen um die Menschen herum entstehen und nicht die Menschen in das Unternehmen integriert werden.
> Walter Gunz (Mitbegründer von Saturn/Media-Markt)

Sich selbst verwirklichen, seine eigenen Werte leben: Die Wünsche der Arbeitnehmer scheinen klar zu sein. Doch wie setzt eine GLÜCKS-WIR-MARKE die Theorie in die Praxis um? Wenn es an die Arbeit geht, müssen die Bedingungen stimmen: Wer im Job aufgehen möchte, braucht möglichst große Freiräume und Vertrauen der Vorgesetzten. Beispielsweise bieten sich mobiles Arbeiten und flexible Arbeitszeitmodelle an. Je mehr Vertrauen ein Mensch verspürt, umso mehr fühlt er sich ermutigt, nach Bedeutung zu streben, den Moment zu genießen und die schönen Dinge des Lebens zu schätzen. Experten sprechen von positiver Psychologie. Richard Layer, Mitautor des „World Happiness Report", bezeichnet die persönliche Freiheit als Glücksfaktor für den Menschen. Wenn ein Mitarbeiter einen tieferen Sinn in der Arbeit erkennt, sehnt er sich nach mehr Arbeit und versteht sie als Berufung. Der Sinn drängt das Geld in die Nebenrolle, beispielsweise hinterfragt Derek Bok, ehemaliger Präsident der Harvard-Universität, das reine Streben nach Gewinnen: „Sollte es sich herausstellen, dass steigende Einkommen die Amerikaner nicht glücklicher machen, so wie es die jüngsten Untersuchungen belegen, warum sollten wir dann so viele Stunden arbeiten und Umweltkatastrophen riskieren, nur um unser Bruttoinlandsprodukt immer wieder zu verdoppeln?"

Nur wer Spaß an seiner Arbeit hat, kann positive Emotionen freisetzen. Und wenn der Spaß stimmt, kommt eine mächtige Hilfe zum Einsatz: die Motivation. Sie treibt den Menschen an wie ein Motor. Wichtig dafür: Ein extrinsischer Anschub, also Einfluss von außen. Beispielsweise schafft ein kreatives Arbeitsumfeld Freiräume, um sich zu entfalten. Wenn Mitarbeiter selbst bestimmen, lodert die Motivation viel stärker in ihnen. Wer die Früchte seiner Arbeit sieht, wird mit Glücksgefühlen überschüttet. Allerdings gibt es in der heutigen Arbeitswelt Hindernisse: Die Arbeitsteilung drängt Arbeitnehmer in eingefahrene Prozesse, viele fühlen sich als kleines Glied in einer riesigen Kette und erkennen den Wert ihrer Arbeit nicht.

Abb. 19.1 Optimaler Zustand zwischen Überforderung und Unterforderung. (Quelle: eigene Darstellung)

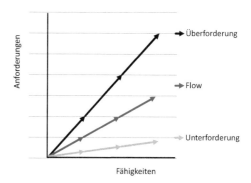

Eine GLÜCKS-WIR-MARKE muss einem Arbeitnehmer klarmachen, welchen Beitrag er zum Gesamterfolg leistet. Und hier kommt eine entscheidende Fähigkeit zum Einsatz: Eine erfolgreiche GLÜCKS-WIR-MARKE muss von einem starken Chef (Markenführer) geleitet werden, der Führungswissen besitzt und gerne mit Menschen umgeht. Das Motto lautet: „Führe dich selbst, sonst führt dich keiner." Der Harvard-Professor Michael E. Porter spricht von „Shared Value", also geteiltem Wert: Wirtschaftliche und gesellschaftliche Ziele müssen miteinander im Einklang stehen. Unternehmen sollten sich also nicht nur auf ihre Gewinne konzentrieren.

Spaß bringt Glücksgefühle und steigert die Motivation. Stimmt der Glückscocktail erst mal, kommen Arbeitnehmer in einen Zustand, der jeden Chef glücklich macht: der sogenannte Flow. Wenn die Arbeit flüssig von der Hand geht, die Zeit vorbeirauscht, dann fühlt sich die Zeit hinter dem Schreibtisch an wie ein Rausch und Mitarbeiter bringen Höchstleistung. Herzschlag, Atmung und Blutdruck synchronisieren sich optimal, das Glückshormon Endorphin schießt durch den Körper und treibt Konzentration, Engagement und Produktivität ans Maximum. Der Flow lässt sich wissenschaftlich als Tätigkeitsrausch beschreiben – der optimale Zustand zwischen Überforderung und Unterforderung (Abb. 19.1).

19.3 Wenn der Traum vom Traum-Job wahr wird

Spaß soll die Arbeit machen, einen tieferen Sinn muss sie haben. Aber wie finden Arbeitnehmer den Weg zum perfekten Job? Einen Leitfaden zum Traumberuf erarbeitete der populäre Harvard-Dozent Tal Ben-Shahar und gibt Suchenden drei wichtige Fragen an die Hand:

1. Was sind meine Werte?
2. Was macht mir Freude?
3. Was sind meine Stärken?

Ein perfekter Job passt schließlich zu den Fähigkeiten eines Mitarbeiters und fordert ihn. Wichtig: Steigert ein Arbeitnehmer seine Kompetenzen, müssen auch die Herausforderungen im gleichen Maß wachsen. Dann lassen sich im besten Fall die persönlichen Ziele mit den Gemeinschaftszielen vereinen (WIR-ZIELE). Und dafür braucht es die richtige Führung: Glücksführung oder auch „Happiness Leadership", also mitarbeiterbezogenes Handeln. Wenn ein Vorgesetzter gut führt und vertraut, bringen Mitarbeiter mehr Leistung. Das Credo lautet: Menschen kann man nicht managen. Wo immer es in einem Unternehmen um Menschen geht, muss Management zur Führung werden. Eine zeitgemäße Führung baut in einem Unternehmen Beziehungen auf, die Leistung fördern.

Wie führen erfolgreiche GLÜCKS-WIR-MARKEN? Die Antwort: innovativ. Haben Sie schon einmal von einem Chief Happiness Officer gehört? Nein? Dann wird es Zeit. Denn für den Suchmaschinen-Giganten Google steht das Glück der Mitarbeiter ganz oben auf der Prioritätenliste. So weit oben, dass sich glatt ein Verantwortlicher um das Glück kümmert. Dank seiner Hilfe sollen Mitarbeiter lernen, ihre emotionale Intelligenz und Achtsamkeit zu verbessern. Die Idealvorstellung: Das Glück macht sie zu produktiveren Mitarbeitern und besseren Chefs. Und der Konzern geht noch mehr ungewöhnliche Wege: Beispielsweise dürfen Mitarbeiter ihre Stellenbeschreibungen selbst verfassen und ihre Stärken dadurch definieren. Im Zentrum der Personalpolitik steht die gegenseitige Inspiration und Bewunderung der Mitarbeiter. Google möchte seine Angestellten weiterentwickeln und ihnen Aufmerksamkeit schenken. Dafür richtet der Konzern auch die Arbeitsplätze unkonventionell ein: Wer sich zwischen Tabellenkalkulationen entspannen möchte, findet in der Kantine eine Rutsche, für die Mittagspause hängen Hängematten parat – und das Essen gibt es sowieso umsonst. Ein Charakterzug zeichnet Google aus: Der Mut, neue Wege zu gehen. Während in Deutschland Innovationen meist aufgrund von Risikoscheue und Angst vor dem Misserfolg im Keim erstickt werden, lebt Google seinen Erfindergeist. Mut zum Risiko ermutigt auch die Arbeitnehmer zu experimentieren. Jeder Mitarbeiter agiert als Unternehmer und hinterlässt seine Spuren im Unternehmen. Erfolge werden gefeiert und honoriert – Fehler toleriert und Probleme gelöst. Das Wir-Gefühl lebt jeder einzelne vor.

Für erfolgreiche GLÜCKS-WIR-MARKEN gibt es auch andere Beispiele: Der Autobauer BMW ermutigt seine Manager, jeden Tag drei Dinge in ein Dankbarkeitstagebuch einzutragen – und zwar über einen Zeitraum von 21 Tagen. Die Logik dahinter: Wer sich daran gewöhnt, steigert seine positiven Gefühle und erzeugt Glück.

19.3.1 Mobile Arbeit: Spielraum, Beispiel

> Such dir die Arbeit, die du liebst, und du brauchst keinen Tag im Leben mehr zu arbeiten.
> Konfuzius

Ein Mensch ist dann glücklich, wenn er seine innere Motivation erkennen und verwirklichen kann. Selbstverwirklichung bedeutet demnach das Optimum aus seinen Stärken herauszuholen und nach seinen Werten zu leben. Das größtmögliche Glück entsteht, wenn man seine wahre Persönlichkeit mit anderen Menschen teilt und sich dadurch selbst besser kennenlernt.

GLÜCKS-WIR-MARKEN profitieren davon, wenn sie die Fähigkeiten ihrer Mitarbeiter fördern und damit in ihr Humankapital investieren. Und wie vermehrt sich das Kapital am besten? Durch das Zusammenspiel der richtigen Komponenten: Wenn Umfeld, Motivation und Potenzial übereinstimmen. Das Humankapital zu steigern, ist die Aufgabe der Führungskräfte, in einem Unternehmen muss dieses Wissen nachhaltig aufgebaut werden. Beispielsweise indem Chefs ihre Angestellten führen, ohne ihr Ego in den Vordergrund zu stellen und sich auch Zeit für ihre Probleme zu nehmen, also eine Atmosphäre schaffen, die geprägt ist von Vertrauen und Verständnis. So funktioniert empathische Führung. Diese Erfolgskombination schafft langfristig eine authentische GLÜCKS-WIR-MARKE.

Die Rendite für Unternehmen lässt sich nicht nur an der guten Laune und der Motivation der Mitarbeiter ablesen. Sie lässt sich an harten Fakten festmachen und bringt schließlich bares Geld: Nach den Untersuchungen der Gallup-Studie (2013) sind glückliche Mitarbeiter engagierter und erfolgreicher, seltener krank und sie sind loyaler.

Gesunde Mitarbeiter sind gute Mitarbeiter. Arbeitnehmer fühlen sich gesund, ausgeglichen und geschätzt, wenn der Chef sie lobt, respektiert und ihnen vertraut. Und dann stimmt im Gegenzug die Leistung. Experten sprechen von Salutogenese, also Gesundheitsentstehung, frei nach dem Motto: Gesundheit fördert Arbeit. Ein entscheidender Faktor: Layard bezeichnet physische und psychische Gesundheit als Glücksfaktor. Zusätzlich fördern lässt sich die Gesundheit der Mitarbeiter durch Sport (Fitnessräume, Laufwettbewerbe) und einen ergonomischen Arbeitsplatz.

Und jetzt raten Sie mal, welcher Mensch auf dem Planeten am meisten Glück verspürt. Nein, es geht nicht um einen Multi-Milliardär wie Warren Buffett oder Bill Gates. Aufgrund wissenschaftlicher Erkenntnisse ist die glücklichste Person der Welt Matthieu Ricard. Der buddhistische Mönch und Molekularbiologe aus Frankreich lebt mittlerweile in einem Kloster in Nepal. Und es scheint kein Wunder zu sein, dass der Buddhismus glückliche Menschen hervorbringt. Beispielsweise hat die Regierung von Bhutan ihren eigenen Weg zum Glück ausgegeben:

„So überrascht es nicht, dass das wichtigste Ziel der Bhutaner ein glückliches Leben ist. Die zentrale Richtschnur, das übergeordnete Konzept des modernen Bhutan, ist das ‚Brutto-National-Glück'. Das bedeutet, dass in Bhutan die ökonomische Entwicklung, das alleinige Ziel vieler Gesellschaften, nur ein Mittel zur Erreichung des eigentlichen Ziels, des Glücks, ist" (Bhutan – Land des Donnerdrachens, herausgegeben von der Regierung von Bhutan).

Die Politik des Glücks ist mittlerweile auch im Westen angekommen …

19.4 7 Fragen an Walter Gunz (Mitbegründer von Saturn/Media Markt)

Walter Gunz war 1979 einer der Mitbegründer des Elektronikriesen Media Markt. Er galt als kreativer Kopf des Unternehmens, provokante Werbesprüche wie „Ich bin doch nicht blöd" basieren auf seiner Idee.

1. Wie definieren Sie Glück im Beruf?
   Glück kommt, Glück vergeht, aber Glück lässt sich nicht herbeiführen. Es bringt uns Glück, wenn wir dankbar sind für das, was uns gegeben wurde. Selbst habe ich Glück erlebt, als mir Mitarbeiter bei Media-Markt immer wieder davon berichtet haben, dass die Arbeit viel schöner sei als vorher erhofft. Das war der geistige Lohn für meine Handlung. In solchen Momenten wird der Beruf zur Berufung und führt uns zur Aufgabe. Da ruft einen etwas. Man hört seine innere Stimme und erkennt seine Vision. Das lässt sich mit einer fließenden Quelle vergleichen: Man spürt Freude und findet den richtigen Weg. Und Glück muss geteilt werden, dann potenziert es sich. Wenn das eigene Ego verschwindet, findet sich der Mensch.
2. Wie haben Sie Ihre Mitarbeiter bei Media Markt glücklich gemacht?
   Ich wollte Freiheit, Liebe und Vertrauen schenken. Ich habe versucht meine Mitarbeiter zu erkennen anzuerkennen und sein zu lassen, wie sie waren. Aber ich habe sie auch gefordert und an die Verantwortung der Freiheit erinnert. Manchmal haben wir Geschaffenes wieder zerstört, um es noch besser zu machen. Wir haben uns gemeinsam in ein Abenteuer begeben. Angst haben wir vermieden – und Freude gesucht.
3. Warum ist Vertrauen für den Erfolg eines Unternehmens so wichtig?
   Vertrauen ist die Grundlage für alles, Vertrauen ist geschenkte Freiheit. Erst Vertrauen macht es möglich, dass große Dinge entstehen. Dafür müssen in einem Unternehmen die Strukturen stimmen. Durch eine dezentrale Organisation entscheiden die Mitarbeiter vor Ort und tragen mehr Verantwortung. Menschen müssen Vertrauen empfangen und auch wieder weitergeben. Das muss sich multiplizieren – und dafür muss immer jemand mit dem Vertrauen anfangen. Was spricht gegen Vertrauen? Nur der Wunsch nach Kontrolle. Der Spruch „Vertrauen ist gut, Kontrolle ist besser" stimmt aber leider nicht. Kontrolle wirkt sich negativ aus: Der Mensch erfährt kein Vertrauen und sogar zusätzlich Misstrauen. Aber es muss auch Grenzen geben. Alles was grenzenlos ist, macht dem Menschen ohnehin Angst. Eine Begrenzung schafft Ruhe, das lässt sich mit der Mauer eines Klostergartens vergleichen.
4. Wie geht empathische Führung?
   Ein Vorgesetzter muss sich zurücknehmen. Die Empathie macht uns zum Empfänger, Verkünder und Umsetzer von wunderbaren Dingen. Der Erfinder ist also kein Macher, er findet etwas. Mit den Menschen muss man Ziele besprechen und gemeinsam vereinbaren. Im Gegenzug tragen sie Mitverantwortung. Ein Mensch muss immer das Gefühl haben mitzuwirken. Sonst fühlt er sich nur um des Ziels willen geschätzt und nicht als Mensch.
5. Ist Erfolg ohne Mut zum Risiko möglich?
   Erfolg, Leben, Bewegung, jeder Schritt ist von Anfang an mit einem Risiko verbunden. Darum heißt der Ursprung ja auch Ursprung und nicht Ur-Schrittchen. Da springt etwas, und wenn man springt, weiß man nicht genau, wie man ankommt. Beispielsweise sind wir bei Media Markt nur mit zwölf Leuten und 20.000 Mark Kapital gestartet. Angst ist dagegen ein schlechter Berater. Wer Angst hat, ist nicht bei sich selbst. Und wer nicht bei sich selbst ist, kann auch nicht beim anderen sein. Man darf dem Ego

nicht gehorchen und damit Ängsten und Dämonen, dabei kann ohne Glück nichts herauskommen. Risiko bedeutet aber nicht, blind Wagnisse einzugehen. Man muss wissen, was man nicht kann. Die entscheidenden Fragen: Kann ich? Darf ich? Soll ich?

6. Wann ist eine Marke authentisch? Und wie gelang es bei Media Markt?

Eine authentische Marke spiegelt die Vision des Unternehmens. Sie umfasst die Vision des Vorgesetzten und der Mitarbeiter und bildet die DNA des Unternehmens. Davon leiten sich Ziele, Marke, Marketing und Werbung ab. Sie ist wie ein authentischer Mensch – Denken, Reden und Handeln stimmen überein. Sie ist immer ehrlich und verspricht nichts Falsches. Wenn die Marke ein Eichhörnchen ist, kann sie nicht daherkommen wie ein Elefant. Und der Slogan muss dann eben zum Eichhörnchen passen und nicht zum Elefanten. Beispielsweise sind Sixt und Hornbach gute Beispiele für eine authentische Marke.

7. Warum ist Vision/Fantasie wichtiger als Wissen?

Das Problem an Wissen: Es will recht haben. Aber Erfolg, Liebe und Hoffnung kann man nicht wissen. Deswegen bringt Wissen allein keine Vision, Innovation und Ideen hervor. Nur wer fragt, Neues sucht und sich darauf einlässt, wird erfolgreich sein. Glauben ist wesentlich wichtiger als Wissen, denn Wissen ist beschränkt. Wir haben alle mehr Potenzial in uns, als wir uns bewusst machen. Dieses brache Potenzial wird nicht nur durch Wissen geweckt. Die Inder sagen, man muss den Intellekt entwickeln – und dann über Bord werfen. Man muss die Grenzen des Wissens erkennen – beispielsweise bei Vorhersagen. Selbst der erfolgreichste Unternehmer kann die Zukunft nicht wissen.

19.5 Richard Branson – Ein CEO als WIR-Marke

Geschäft soll Spaß machen.
Richard Branson

Blonde Mähne, strahlendes Lächeln, er fährt Ballons, macht Werbung im Brautkleid und stürzt sich waghalsig auf Surfbretter. Klingt das nach einem erfolgreichen Firmenlenker? Nicht unbedingt, es klingt mehr nach einem Enfant terrible oder einem Exzentriker. Was auf den ersten Blick negativ klingt, würde Richard Branson wahrscheinlich als Kompliment auffassen. Denn der 63-jährige Brite ist einer der erfolgreichsten Manager der Welt, gründet Unternehmen in Serie und verdient damit Milliarden. Und er verdankt den Erfolg vor allem seiner Exzentrik und seiner Liebe zum Risiko. Getreu seinem Motto: „Die Mutigen mögen nicht ewig leben, aber die Vorsichtigen leben überhaupt nicht." Das Leben des Richard Branson ließe sich auch perfekt mit seinem Lieblingssong beschreiben: „My Way" von Frank Sinatra. Branson geht seinen eigenen Weg – und zwar erfolgreich. Ob Medienbranche, Fluggesellschaft oder Brautmodengeschäft, für Bransons Geschäftsmodelle gilt: Nichts ist unmöglich.

Aber wie landet Branson einen Coup nach dem nächsten? Die Antwort erscheint einfach: Der Gründer von Virgin ist einer von uns – eine echte WIR-MARKENPERSÖNLICHKEIT: authentisch, leidenschaftlich und ambitioniert. „Sind Sie hier der

Chef?", wurde Branson einst gefragt. Seine Antwort: „Eigentlich nicht, wir arbeiten alle zusammen." Alle Mitarbeiter erfahren von Branson dieselbe Aufmerksamkeit und Wertschätzung. Keiner steht hierarchisch über oder unter einem. Man könnte sogar sagen, er hat die klassische Hierarchie-Pyramide einfach umgedreht. Branson schenkt seinem Team nicht nur Aufmerksamkeit, er schenkt auch Vertrauen: Fehler sind in der Welt des Entrepreneurs kein Tabuthema. Wenn sich ein Mitarbeiter einmal einen Fehltritt leistet, wird darüber gesprochen und der Fauxpas behoben. Menschen müssen aus ihren Fehlern lernen und das können sie nur, wenn sie eine zweite Chance bekommen. Die Mitarbeiter stehen bei ihm an erster Stelle und treffen eigenständige Entscheidungen. Der Grund dafür: Sie sind die Experten im Umgang mit den Kunden.

Und diese Expertise nutzt Branson als Innovationsquelle: Jeden Tag beantworten Mitarbeiter im Servicecenter unzählige Fragen und nehmen Beschwerden entgegen. Für diese Herausforderungen müssen sie Lösungen finden – und zwar schnell. Kundenberater müssen situativ auf die Belange der Kunden eingehen und Eigenverantwortung zeigen. Zu viele Vorgaben würden diese Freiheit unterbinden und zu Standardlösungen führen. Dagegen ergeben gesunder Menschenverstand und emotionale Intelligenz die perfekte Symbiose und ermöglichen ein einzigartiges Kundenerlebnis.

Branson ist ein WIR-MARKENFÜHRER, der seine Werte lebt, aktiv auf seine Mitarbeiter zugeht und ihnen zuhört. Der CEO versteckt sich nicht hinter Strategien, er kennt seine Mitarbeiter persönlich und weiß, wie seine Mannschaft tickt. Die Firma ist für ihn eine große Familie, das ist seine WIR-Philosophie. Und Branson lässt Taten sprechen. Regelmäßig besucht der Visionär seine Mitarbeiter in deren Büros. Einmal im Jahr lädt er seine „Familie" sogar ein, um ausgelassen zu feiern und sich bei allen persönlich zu bedanken. „Mr. Virgin" bemüht sich, seinen Mitarbeitern das bestmögliche Arbeitsumfeld zu bieten. Ein Alleinstellungsmerkmal ist die starke WIR-Identifikation mit dem Unternehmen, es wird offen kommuniziert: Das „Wir" steht immer im Mittelpunkt.

Flexibilität ist seine große Charakterstärke. Aus alten Mustern ausbrechen und neues Terrain betreten – für ihn ist das selbstverständlich. Nichts zu verändern und alles so zu lassen, wie es ist – kommt gar nicht infrage. Führung heißt für Branson Veränderung. Stillstand ist tabu, Innovationen sind gefragt. Das zeigt sich auch in der Gestaltung der Arbeitsräume: Ein WIR-BÜRO verhilft Unternehmen die Kreativität jedes Einzelnen anzuregen. Klassische Großraumbüros sind eng und ungemütlich – WIR-BÜROS dagegen Orte, die verbinden und die Arbeit zu Spaß werden lassen.

Die Innovation ist ein Motor für Bransons Erfolg, viele ehemals erfolgreiche Unternehmen haben den Wandel verschlafen und sind deshalb pleite gegangen. Erfolge sind fragil und halten nicht ewig. Die Welt verändert sich ständig und so müssen auch Unternehmen dynamisch agieren, um Antifragilität zu erlangen. Antifragil ist alles, was von zufälligen Ereignissen oder Erschütterungen mehr profitiert, als es darunter leidet, so definiert es der Philosoph Nassim Taleb. Das heißt: Unternehmen, die unvorhersehbare Ereignisse wie Umwelteinflüsse oder Marktentwicklungen positiv für sich nutzen können, werden auch langfristig erfolgreich sein. Auch eine authentische Marke hilft, Antifragilität zu erlangen. Branson lehnt ein idealisiertes Markenimage kategorisch ab. Wie eine Persönlichkeit hat auch eine Marke Ecken und Kanten und deshalb spricht Branson ganz offen über Stärken und Schwächen seiner Unternehmen. Um die Marke zu stärken, führt Virgin bei der Identifizierung neuer Geschäftsmöglichkeiten einen sogenannten Markentest durch. Branson stellt sich immer die entscheidende Frage: Passt die neue Idee ins Markenuniversum des gesamten Imperiums?

19.6 Adidas – Beispiel einer erfolgreichen WIR-MARKE

Woran denken Sie, wenn Sie drei Streifen sehen? Natürlich: an Adidas. Selbst Sportmuffel verbinden die drei Streifen mit Fußball, Sneakern oder Trainingsanzügen. Exakt vor 86 Jahren trugen Leichtathleten bei den Olympischen Spielen in Amsterdam zum ersten Mal „Klamotten" von Adidas – und auch 2014 schnürten Schweinsteiger, Lahm und Co. ihre Adidas-Schuhe bei der WM in Brasilien. Adidas steht für Tradition, Adidas steht für Erfolg, der Sportkonzern funktioniert als Marke und liefert damit das perfekte Beispiel für eine GLÜCKS-WIR-MARKE. Der Erfolg lässt sich nicht nur an der Bekanntheit der Marke ablesen, die Geschäftsentwicklung spricht für sich: Seit Anfang 2009 verdreifachte sich der Aktienkurs und damit der Wert des Unternehmens (Abb. 19.2). Knapp 16 Mrd. € bringt der Konzern aus Herzogenaurach auf die Börsenwaage. Und die Ziele sind weiterhin ehrgeizig: Um in den nächsten Jahren weiter erfolgreich zu sein, hat Adidas den

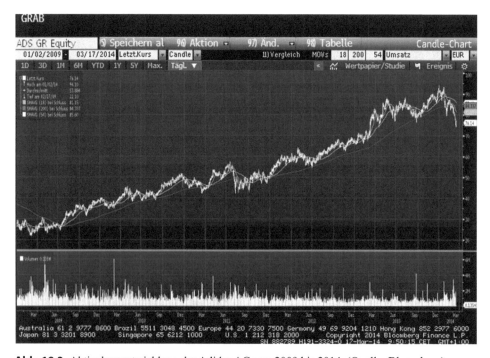

Abb. 19.2 Aktienkursentwicklung der Adidas AG von 2009 bis 2014. (Quelle: Bloomberg)

Strategieplan „Route 2015" ausgerufen. Bis 2015 soll der Umsatz auf 17 Mrd. € steigen, die operative Marge auf elf Prozent.

Wie der Plan umgesetzt werden soll, das lebt der Vorstandsvorsitzende Herbert Hainer jeden Tag mit Leidenschaft vor. Den Originalplan der „Route 2015" (er umfasst 772 Seiten) hat der Chef in der Schublade seines Büros liegen. Er brennt für den Plan und möchte auch seine Mitarbeiter begeistern. Dafür lädt er sie dazu ein, in seinem Büro vorbeizukommen und sich das Dokument genauer anzuschauen – die Tür zum Chefbüro steht also jedem Mitarbeiter offen. Früher war ein solcher Führungsstil bei Adidas keinesfalls üblich: Hainer steht gemeinsam mit seinem französischen Amtsvorgänger Robert Louis-Dreyfus für den Umbruch des Konzerns zu einem erfolgreichen und modernen „Global Player". Früher sprachen die Manager einander noch mit „Herr Doktor" auf den Gängen an. Vor den Chefzimmern prangten Ampeln, die anzeigten, ob Mitarbeiter eintreten dürfen. Doch die Zeiten haben sich geändert: Beispielsweise sieht man Hainer selbst nie mit Krawatte. Und so dürfen sich auch die Mitarbeiter frei entfalten. Es gibt keinen Dresscode bei Adidas, alle sollen authentisch bleiben und ihre Vielfalt zeigen. Adidas fördert das Verhältnis zwischen seinen Mitarbeitern und bezeichnet sie nicht als Kollegen, sondern als Freunde.

Und der Führungsstil kommt an bei den Mitarbeitern: Im Februar 2014 zeichneten das Magazin Focus und das Karriereportal Xing den Sportkonzern als einen der besten Arbeitgeber Deutschlands aus. In der Studie wurden fast 20.000 Mitarbeiter aus allen Hierarchie- und Altersstufen zu ihrem Unternehmen befragt. Sind die Aufgaben gerecht verteilt? Ermutigt mich meine Firma zur Eigeninitiative? Steht die Unternehmensführung loyal zu den Mitarbeitern? Wie steht es um die Vereinbarkeit von Familie und Beruf? 54 Fragen rund um den Job waren zu beantworten. Die entscheidende Frage: Würden Arbeitnehmer ihre Firma an Freunde und Verwandte weiterempfehlen? Und Adidas überzeugte.

> Das Motto von Adidas: So wenig Regeln wie nötig, so viel Flexibilität wie möglich.

Was macht Adidas, um so gut als Arbeitgeber anzukommen? Der erste Punkt lautet: Flexibilität. Adidas ermöglicht so viel Freiraum wie möglich, die Mitarbeiter sollen sich ihre Zeiten flexibel einteilen. Der Konzern setzt auf „Fair Play" gegenüber den Mitarbeitern. „Es ist unser erklärtes Ziel, die geschäftlichen Interessen des Konzerns mit den privaten und familiären Bedürfnissen unserer Mitarbeiter in Einklang zu bringen."

Dafür entwickelte Adidas das „FlexiTime"-Konzept. Alle Mitarbeiter können ihre Arbeitszeit frei gestalten, die Zeiten werden freiwillig erfasst. Überstunden sind keinesfalls umsonst, sie können als „FlexiDays" eingelöst werden. Wer an einem Tag zusätzliche Stunden leistet, kann am nächsten früher nach Hause gehen. Freiheit und Vertrauen bestimmen den Arbeitsrhythmus. In der Firmenzentrale in Herzogenaurach führte Adidas zudem „MyTime" ein – ein Lebensarbeitszeitkonto. Wer genug Überstunden sammelt, kann sie schließlich als Urlaubszeit oder gar Sabbatical geltend machen. Auch ein frühzeitiger Renteneintritt oder Zeit für Weiterbildung ist möglich. Wenn Mitarbeiter eine Familie gründen wollen, bietet sich Teilzeitarbeit an. Wer in Elternzeit geht, kann trotzdem weiterhin als Teilzeitkraft wertvolle Arbeit für das Unternehmen leisten. Adidas plant diesen Bereich auszubauen: Auch für Führungskräfte soll die Teilzeitarbeit einfacher werden. Dafür bietet sich auch Telearbeit an, also Arbeiten aus der Ferne – ein weiterer Flexibilitätsgewinn für Adidas-Mitarbeiter.

Von seinen Mitarbeitern verlangt der Konzern natürlich auch eine Gegenleistung für den entgegenkommenden Führungsstil. Allerdings sollten die Erwartungen für jeden Arbeitgeber wie eine Einladung klingen. Zum einen fordert der Sportriese Leidenschaft von seinen Mitarbeitern. Sie sollen für die Traditionsmarke brennen und sie sollen für den Sport brennen. Der sportliche Lifestyle der Marke wird als GLÜCKS-WIR-MARKE von jedem Einzelnen vorgelebt.

Zum anderen möchte der Konzern seine Belegschaft ermutigen, an der Innovationskraft mitzuarbeiten. Adidas beschäftigt mehr als 50.000 Mitarbeiter in mehr als 160 Ländern, ein riesiges Reservoir an Wissen und Kreativität. Und genau diese Stärken soll jeder Einzelne einbringen. Adidas erwartet von allen Konzernbereichen mindestens eine bedeutende Innovation pro Jahr.

Um die Leistung der Mitarbeiter zu fördern, bietet Adidas ein attraktives Arbeitsumfeld. In der Firmenzentrale in Herzogenaurach spiegelt sich das Konzept der GLÜCKS-WIR-MARKE bereits in der Einrichtung wider. Die innovative Gestaltung der Arbeitsplätze bildet den Markenkern ab: Alle Räume sind hell und freundlich gestaltet, hochmodern und mit viel Tageslicht ausgeleuchtet. Zwischen den Schreibtischen hängen Adidas-Trikots oder Sporttaschen. Der Geist des Sports und der Marke, die Dynamik und die Leidenschaft werden bereits auf den ersten Blick sichtbar.

Damit die Mitarbeiter ihre Liebe zum Sport auch ausleben können, bietet Adidas Möglichkeiten an: An einigen Standorten gibt es Fitness- und Trainingsstudios und Kurse für Sportarten wie Nordic Walking, Yoga oder Rückenschule, zudem Rad- oder Kajak-Touren und Golf-Camps. Athleten besuchen die Firma und für die leidenschaftlichen Sportfans unter den Angestellten gibt es Tickets für Sportveranstaltungen und auch Ausflüge für die gesamte Familie und Fahrten zu Sportveranstaltungen wie zu Champions-League-Spielen oder zur Handball-WM.

19.7 Fazit: Glückliche Mitarbeiter – So funktioniert Happiness in der Wirtschaft

- Happiness lässt sich als emotionales Wohlbefinden beschreiben, das Glücklichsein im Moment meint. Aber auch als kognitives Wohlbefinden, also ein dauerhaftes Gefühl der Zufriedenheit im Leben.
- Mitarbeitern sind Anerkennung und Lob am wichtigsten, Führungskräfte setzen dagegen oftmals auf den Faktor Bezahlung. Aber ein Job darf auf keinen Fall dazu führen, dass sich Menschen von ihrem Arbeitgeber entfremden.
- Wenn Grundbedürfnisse gestillt sind, führt mehr Reichtum nicht zu mehr Glück. Selbstverwirklichung ist also das wichtigste Ziel des Menschen.
- Wenn Mitarbeiter Vertrauen spüren und einen Sinn in ihrer Arbeit erkennen, setzen sie positive Emotionen frei und arbeiten mit mehr Motivation.

- Wenn das Arbeitsumfeld stimmt, erreichen Mitarbeiter den sogenannten Flow. Ein Tätigkeitsrausch, der optimale Zustand zwischen Überforderung und Unterforderung.
- Der perfekte Job ergibt sich durch die Schnittmenge aus Werten, Freude und persönlichen Stärken.
- Ein Mensch ist dann glücklich, wenn er seine innere Motivation erkennen und verwirklichen kann. Selbstverwirklichung bedeutet demnach, das Optimum aus seinen Stärken herauszuholen und nach seinen Werten zu leben.
- Nach den Untersuchungen der Gallup-Studie (2013) sind glückliche Mitarbeiter engagierter und erfolgreicher, seltener krank und sie sind loyaler.

19.8 Ausblick: 7 Tools für glückliche Mitarbeiter zur Schaffung einer erfolgreichen WIR-MARKE

1. **Werte**
   Eine erfolgreiche WIR-MARKE bringt die Werte von Unternehmen und Mitarbeitern zusammen. Durch diese gegenseitige Wertschätzung wird das Glück zum Erlebnis und steigert das Wohlbefinden. Werte machen eine Marke wertvoll und einzigartig.
2. **Vertrauen**
   Eine erfolgreiche WIR-MARKE lässt ihren Mitarbeitern Freiraum und schenkt Vertrauen. Der offene Umgang mit Stärken und Schwächen bringt Glaubwürdigkeit und empathische Mitarbeiterführung baut nachhaltige Beziehungen auf. Dieses Miteinander stimuliert die Leistung und kreiert eine authentische Marke.
3. **Mitarbeiter im Mittelpunkt**
   Eine erfolgreiche WIR-MARKE investiert in ihr Humankapital. Wenn Umfeld, Motivation und Potenzial übereinstimmen, profitieren Unternehmen und Mitarbeiter in gleichem Maß voneinander. Jedes Individuum ist einzigartig und verleiht dem Unternehmen ein unverwechselbares Gesicht.
4. **Selbstverwirklichung**
   Eine erfolgreiche WIR-MARKE macht jeden Mitarbeiter zum Unternehmer/Markenbotschafter und gibt ihm die Verantwortung, sein persönliches Glück zu gestalten und ein erfülltes Leben zu führen. Wenn ein Mitarbeiter einen tieferen Sinn in der Arbeit erkennt, sehnt er sich nach mehr Arbeit und versteht sie als Berufung. Dieses Gefühl der Selbstverwirklichung setzt positive Emotionen frei und stärkt die Motivation.
5. **Innovationen**
   Eine erfolgreiche WIR-MARKE geht neue Wege und verfolgt klare Ziele. Kreativität und Flexibilität sind der Motor für Innovation. Mitarbeiter brauchen dafür ein inspirierendes Arbeitsumfeld, das Partizipation ermöglicht und Spaß macht. In einem dynamischen Umfeld werden kontinuierliche Veränderungen gefordert – Stillstand bedeutet Rückschritt.
6. **Positionierung**
   Eine erfolgreiche WIR-MARKE hat eine eigene Philosophie. Das Glück ist im Markenkern verankert und überall zu erleben. Dieses Versprechen führt zu einer hohen

Identifikation der Mitarbeiter mit der Marke. Das WIR-GEFÜHL ist ein Differenzierungsmerkmal im Wettbewerb und auch für den Kunden spürbar.

7. **Markenführung ist Chefsache**

Eine erfolgreiche WIR-MARKE wird von einem authentischen Unternehmer geleitet. Der Markenführer muss Vorbild sein und im Umgang mit Menschen Führungswissen situativ einsetzen. Wo immer es in einem Unternehmen um Menschen geht, muss Management zur Führung werden. Die Aufgaben müssen auf die Fähigkeiten der Mitarbeiter ausgerichtet werden und mit den steigenden Kompetenzen mitwachsen. Das Motto lautet: „Führe dich selbst, sonst führt dich keiner."

Wer seine Marke noch weiter stärken möchte: Auf meine Marke!

Literatur

adidas AG. (2014). *adidas Geschäftsbericht 2013*. Herzogenaurach: adidas AG.
Gallup GmbH. (2013). *Engagement Index Deutschland 2012*. Berlin: Gallup GmbH.

Erfolgreiche Arbeitsbeziehung: Kunden und Lieferanten im Dienstleistungsmarkt

Johanna Bath

20.1 Performance Management im Dienstleistungsmarkt

20.1.1 Professionelle Dienstleistungen – wachsender Markt mit wachsender Bedeutung

Verlängerte Werkbank, Global Sourcing, Low-Cost-Country-Potenziale, Outsourcing: Seit Jahren herrscht eine inflationäre Verwendung dieser Schlagworte in den Vorstandsetagen. Der Markt für professionelle Dienstleistungen ist schon lange nicht mehr auf die Strategieberatungsbranche beschränkt. Mittlerweile gibt es fast keinen Unternehmensprozess in einem produzierenden Unternehmen mehr, der nicht hinsichtlich seiner Auslagerbarkeit an Berater oder Dienstleister geprüft wurde. In vielen Fällen sind diese Auslagerungerungen auch schon teilweise oder sogar ganz erfolgt. Der Markt für diese professionellen Dienstleistungen wächst, in manchen Bereichen sogar noch schneller als der sowieso boomende Gesamtmarkt für Dienstleistungen. Mittlerweile stellt der Dienstleistungssektor weltweit bereits fast jeden zweiten Arbeitsplatz (Busse und Wagner 2008; Leseure 2010; Bouwman und Fielt 2008; Schniering 2009; Walters 2012).

Nur natürlich also, dass auch das Interesse an dieser Branche steigt. Wirtschaft und Wissenschaft wollen gleichermaßen wissen: Was steckt hinter den ominösen Anzugträgern oder den Heerscharen von SAP-Beratern und Entwicklungsingenieuren, die aber keine „klassischen" Angestellten sind, und warum werden diese eingesetzt? Hier darf nicht nur die eindimensionale Sicht der Kundenperspektive angewendet werden. Denn auch die Dienstleistungslieferanten selbst tragen einen maßgeblichen Anteil am Performance Ma-

J. Bath (✉)
Stuttgart, Deutschland
E-Mail: johanna.bath@gmx.de

© Springer-Verlag Berlin Heidelberg 2016
H. Künzel (Hrsg.), *Erfolgsfaktor Performance Management*, Erfolgsfaktor Serie,
DOI 10.1007/978-3-662-47102-9_20

nagement. Dies bedeutet, dass es zunächst interessant ist, ob die Lieferantenperspektive auf Erfolgsmessgrößen, Key Performance Indikators (KPI) und Steuerungsmaßnahmen überhaupt mit der Kundenperspektive übereinstimmt. Erst wenn hier Konsens herrscht, können sich beide Parteien dann der Optimierung im Performance Management zuwenden und konkrete Maßnahmen implementieren.

20.1.2 Immer nur Kosten senken?! Warum professionelle Dienstleister beauftragt werden

Um zu wissen, ob die „Performance stimmt" an der Schnittstelle zwischen Dienstleister und Kunde, muss man zunächst verstehen, was das Ziel für den Einsatz von Dienstleistern in Unternehmen überhaupt ist. Warum auf einen Dienstleister zurückgreifen oder gar ganze Prozesse outsourcen, wenn man diese auch mit eigenem Personal bewältigen könnte? Bei den Stichworten Dienstleistung oder Outsourcing denken die Allermeisten sicherlich an Kostenersparnis, die man durch Reduzierung der eigenen Mitarbeiter realisieren kann. Für manche „Einfachdienstleistungen" mit geringer Wertschöpfung (z. B. Reinigungspersonal) mag diese Einschätzung auch sicherlich richtig sein. Bei professionellen Dienstleistungen, die zur Wertschöpfung des Unternehmens beitragen, ist allerdings dieses Ziel wesentlich zu kurz gesprungen. Berater oder Dienstleister können in bestimmten Fällen sogar teurer sein als eigenes Personal. Deren Einsatz hat also manchmal sogar einen negativen Einfluss auf die Kostenentwicklung. Oft ist es ein Zusammenspiel aus mehreren Gründen, das zur Entscheidung für die Zusammenarbeit mit Dienstleistern führt. Bei großen Dienstleistungsprojekten geht dieser Entscheidung selbstverständlich eine mehrdimensionale Betrachtung durch eine Make-or-Buy-Analyse voraus (Melzer-Ridinger und Neumann 2009, S. 48). In diesem Make-or-Buy-Entscheidungsprozess werden in der Praxis neben den Kosten grundsätzliche folgende Fragen berücksichtigt (ebd.; Mohr et al. 2010, S. 151; Walters 2012, S. 22):

- Ist der Dienstleister besser als meine eigene Organisation oder kann er eine bessere Qualität liefern? Dies kann z. B. der Fall sein, wenn der Dienstleister auf eine bestimmte Tätigkeit spezialisiert ist und diese dann wesentlich routinierter durchführen kann als ein Unternehmen, das diese Leistung selten oder gar zum ersten Mal durchführt.
- Brauche ich nur kurzfristig Personal, möchte aber langfristig meinen Cash Flow nicht binden? Ohne Frage, Personal kostet Geld und ist nicht selten auch mit Investitionen (z. B. für Schulungen, Arbeitsplätze etc.) verbunden. Durch den (vorübergehenden) Einsatz von Dienstleistern kann, insbesondere bei temporär begrenzten Themen, dieses Geld freigespielt werden. Außerdem entfällt so auch das Invest in potenzielle Hardware, die für die Erledigung der Leistung notwendig ist (z. B. Computer, Softwarelizenzen, Prüfstände etc.).
- Habe ich Projekte oder Vorhaben, die eine unsichere Zukunft haben? Wenn der Bedarf zur Erbringung von bestimmten Leistungen schwankend ist (z. B. aufgrund von saisonalen Effekten oder Produktlebenszyklen), kann eine Überbrückung über Dienst-

leister einen Vorteil bieten. Auch kann man so temporär, wenn notwendig, die eigene Marktgeschwindigkeit (Produkteinführungen, Produktionskapazität) steigern, um einen Wettbewerbsvorteil zu generieren.
- Kann ich bestimmte Themen einfach nicht inhouse leisten, weil mir die Experten fehlen? Es gibt immer wieder Tätigkeiten, die ein so großes Expertenwissen voraussetzen oder die nur durch sonderberechtigte Personen (z. B. Auditoren) durchgeführt werden können. Oftmals ist diese Expertenfähigkeit so selten, dass eine Einstellung aufgrund fehlender Fachkräfte nicht möglich ist. Oder die Aufgabe muss so selten durchgeführt werden, dass eine Einstellung schlicht nicht lohnt.
- Starte ich in ein Projekt, bei dem ich das Risiko (z. B. für Investitionen) teilen möchte? Dienstleister arbeiten schon lange nicht mehr nur als Personalverleiher, sondern treten zunehmend als Generalübernehmer auf, die ganze (Teil-)Gewerke für ihre Kunden erbringen. Dieses Modell bietet natürlich auch die Möglichkeit eines gemeinsamen Teilens von Risiken, seien es Machbarkeitsrisiken, zeitliche Risiken, aber auch finanzielle Risiken. Hier gibt es die unterschiedlichsten Vertragsmodelle und dahinter liegende Business Cases (z. B. Betreibermodelle), die ein großes Verständnis für den zu bearbeitenden Sachverhalt auf beiden Seiten erfordern.

Diese Beweggründe für die Zusammenarbeit zeigen, dass es beim Einsatz von professionellen Dienstleistungsunternehmen selten nur um reine Kostenreduzierung geht. Oftmals spielt diese, wenn überhaupt, nur eine untergeordnete Rolle. Aspekte wie Know-how-Gewinnung, Marktperformance und Flexibilisierung stehen im Vordergrund und müssen daher unbedingt berücksichtigt werden, wenn die Performance des Dienstleistereinsatzes auf dem Prüfstand steht. Beispielsweise kaufen sich Firmen gezielt Know-how in Technologien ein, z. B. ist der Bereich der „grünen" Technologien ein Investitionsfeld, in dem Großkonzerne durch Wissenszukauf von Experten ihre Wettbewerber ein- und überholen wollen. Hier wird die Investition gezielt als Anschubfinanzierung genutzt, um schnell technologische Erfolge zu erzielen und die eigene Mannschaft gezielt weiterzuentwickeln, ohne sich jedoch langfristig an eigenes Personal zu binden.

20.1.3 Service Management und Performance Management: Die Stellhebel für Effizienz

Mittlerweile werden in großen, produzierenden Unternehmen zahlreiche Kernprozesse z. B. von Beratern, Ingenieurdienstleistern oder IT-Dienstleistern erbracht. Hier muss sich ein Unternehmen entscheiden, ob es sich strategisch von bestimmten Wertschöpfungsprozessen trennen möchte. Entscheidet sich ein Unternehmen beispielsweise dafür, keine eigene Softwareentwicklung mehr zu betreiben, muss dies in die langfristige Unternehmensstrategie, Kernkompetenzstrategie sowie Personalstrategie integriert werden. Beispielsweise müssen entsprechende Reduzierungen der Personalzahlen mit den betroffenen Bereichen vereinbart werden, da sonst die Gefahr besteht, dass parallel intern an den – eigentlich ausgelagerten – Themen weitergearbeitet wird. Passiert dies, entstehen unnötige

Redundanzen, die die Kosten erhöhen und klare technische Schnittstellen schwierig machen. Klar ist in diesem Zusammenhang aber auch, dass andererseits schnell eine Abhängigkeit vom Dienstleister entstehen kann – hier muss die Unternehmensstrategie klar wissen, welche Kernkompetenzen beispielsweise den größten Kundennutzen bringen und damit unbedingt weiterhin intern bearbeitet werden sollten.

Im Rahmen dieses Artikels soll jedoch die zweite große Schnittstelle zwischen Performance Management und Service Management adressiert werden. Nämlich wie Kunden und Lieferanten gleichermaßen die Zusammenarbeitsperformance steuern und effizient gestalten können. Wie beschrieben, ist der Einsatz von Dienstleistern und Beratern in der Vergangenheit stark angewachsen und wächst auch weiterhin. Ein Trend, der auch in Zukunft anhalten wird. Eine fast schon unübersichtliche Zahl von Einzelpersonen und Firmen gestaltet so die zentralen Geschicke eines Unternehmens mit. Teilweise stehen über 1000 professionelle Dienstleister auf den Lieferantenlisten der großen Konzerne. Diese Firmen und ihre Mitarbeiter unterliegen nicht der Führung dieser Unternehmen und tauchen nicht in deren Organigrammen auf. Natürlich liegt somit eine große Verantwortung, aber auch ein Risiko in der Performance-Steuerung dieser Berater und Dienstleister. Wer stellt sicher, dass für die etlichen Millionen Euro, die ein durchschnittlicher deutscher Großkonzern für „seine" Berater und Dienstleister investiert, auch der entsprechende Gegenwert in Leistungen erfolgt?

Folgenden Fragestellungen muss sich das Performance Management widmen:

- Wie sehen meine Messgrößen für eine erfolgreiche Zusammenarbeit von Kunden und Lieferanten in Dienstleistungsprojekten aus?
- Wie sehen zum einen die Kunden, zum anderen die Lieferanten die Stellhebel im Performance Management von Dienstleistungen?
- Wo gibt es etwaige Differenzen in der Performance-Steuerung auf Kunden bzw. Lieferantenseite?
- Wo liegen die Risiken für die Performance im Management von Servicelieferanten?

Diese Themen sind für Dienstleister und produzierende Unternehmen gleichermaßen interessant. Beide Seiten müssen schließlich von einer Zusammenarbeit profitieren – klassische Win-win-Lösungen sind gefragt. Nur so werden Kunden und Lieferanten in der Lage sein, eine partnerschaftliche Zusammenarbeit zu etablieren, die für beide Seiten effizient ist. Der erste Schritt muss daher sein, die gegenseitige Position zu hinterfragen und zu verstehen. Wer Kernprozesse auslagert, begibt sich in eine Interdependenz mit seinem Lieferanten. Daher ist weder die Kunden- noch die Lieferantenperspektive die wichtigste, sondern beide Perspektiven haben ihre Berechtigung in allen weiteren Diskussionen. Schaut man sich die klassischen Schritte des Performance Managements an – die stringente Umsetzung einer Strategie über Ziele bis hin zu einem Steuerungsmodell –, muss diese Umsetzung sowohl die Kunden- als auch die Lieferanteninteressen klar berücksichtigen. An dem Beispiel der Softwareentwicklung bedeutet dies, dass eine Auslagerung an einen Dienstleister nur dann Sinn macht, wenn der Dienstleister auch ein Interesse am

Aufbau von Experten in diesem Bereich hat. Zum Beispiel müssen das Recruiting und die Weiterbildung der Dienstleistungsmitarbeiter dann auf dieses Thema eingestellt werden. Außerdem muss der Dienstleister auch weitere Marktchancen für diesen Geschäftsbereich sehen, da er sicherlich nicht nur von einem Kunden abhängig sein will. Es darf dann auch innerhalb des Dienstleisters nicht bei wagen Zielen bleiben, klare Maßnahmen, wie z. B. messbare Einstellungsziele, Weiterbildungsziele etc. müssen folgen. Dies ist nur ein kleiner Ausgriff, an dem schnell gezeigt werden kann, dass die Kunden-Lieferantenschnittstelle im Hinblick auf das Performance Management eine zentrale Bedeutung in der Weiterentwicklung nicht nur des Kunden, sondern gerade auch des Lieferanten darstellt. Im Folgenden soll daher betrachtet werden, wie diese Zusammenarbeitsschnittstelle aussieht.

20.1.4 Die Kunden-Lieferantenschnittstelle – Performance oder Sollbruchstelle?

Eng verknüpft mit der Frage, wie die Performance von Dienstleistern beim Einsatz in Unternehmen gemanagt werden kann, ist die Frage, an welcher Stelle der Wertschöpfungskette Dienstleister eingesetzt werden. Dabei können die folgenden drei Einsatzszenarien (Abb. 20.1) unterschieden werden.

1. Serviceeinsatz am Anfang oder Ende der eigenen Wertschöpfungskette (z. B. an der Schnittstelle zu den Kunden, etwa als Vertriebspartner, Kundendienst etc.)

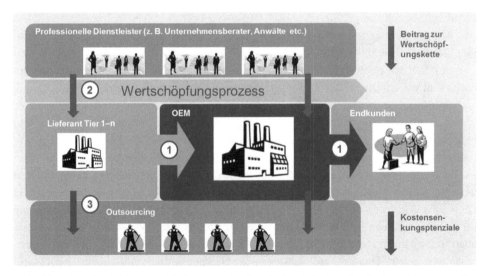

Abb. 20.1 Kunden-Lieferantenschnittstellen im Servicebereich. (Quelle: Bath und Eidenmueller 2012, S. 944)

2. Serviceeinsatz mit Einfluss auf die eigene Wertschöpfung (z. B. Unternehmensberatung, Ingenieursdienstleistung etc.)
3. Outsourcing normalerweise, um reine Kostenpotenziale zu realisieren (i. d. R. eher Tätigkeiten mit geringer oder keiner Wertschöpfung, z. B. Personalkostenfakturierung, Gebäudereinigung etc.)

Von professionellen Dienstleistungen sprechen wir in der Regel nur dann, wenn die eigene Wertschöpfung durch die Dienstleistung positiv beeinflusst wird, d. h. beim ersten und zweiten Beispiel in der Abb. 20.1. Dies ist oft dadurch gekennzeichnet, dass der Dienstleister auch vertraglich Verantwortung übernimmt. Zum Beispiel auch regresspflichtig ist, falls Leistungen nicht erbracht werden. Dies kann formaljuristisch beispielsweise durch die Vertragsform eines Werkvertrags abgedeckt werden. Die Dienstleistungserbringung ist in diesem Fall durch das Erbringen eines genau beschriebenen Gewerks gekennzeichnet, nicht nur durch die reine Erbringung einer bestimmten Anzahl von Arbeitsstunden. Geht es hingegen bei der Serviceerbringung um reine Kostenpotenziale, ist die Wertschöpfung für das Endprodukt in der Regel sehr gering oder nicht vorhanden. Diese grundlegenden Einsatzvarianten von Dienstleistern müssen unterschieden werden, da ihre Charakteristika und damit Performance-Steuerung gänzlich unterschiedlich sind. Ein weiterer Aspekt, der im Management der Kunden-Lieferantenschnittstelle innerhalb der Vertragsgestaltung von großer Bedeutung ist, ist das notwendige Geheimhaltungsmanagement. Hier ist zu beachten, welche Informationen für die Erbringung der Leistung ausgetauscht werden müssen und wie der Lieferant in Kommunikationsflüsse eingebunden werden muss. Neben der Wirksamkeit der vertraglichen Geheimhaltungsvereinbarung ist sicherlich in der Praxis auch eine gelebte Selbstverpflichtung der Lieferanten von Bedeutung. Ohne diese wäre eine Zusammenarbeit mit unterschiedlichen Kunden gar nicht möglich.

Themen mit hohem Einfluss auf die Wertschöpfungskette müssen in der Regel individualisiert auf die jeweiligen Anforderungen angepasst werden, während es beim Outsourcing eher auf reibungslose Standardisierung ankommt. Um es kurz zu sagen: Wo ein hoher Einfluss auf die Wertschöpfung gefragt ist, muss es per Definition mehr Austausch und damit auch mehr Reibung geben. Eine große Herausforderung für das Performance Management auf beiden Seiten. Ein langjähriger Projektleiter eines führenden Dienstleistungsunternehmens in der Schweiz hat es im Rahmen der Service-Performance-Studie mit folgenden Worten zusammengefasst: „Vertrauen, Offenheit, gemeinsames menschliches Verstehen und Bereitschaft zur Konfliktlösung im Interesse von beiden Partnern sind notwendig". Leider hinkt gerade bei dieser wichtigen Unterscheidung von Low Level und High Level Services die Fachliteratur noch hinterher. Hier wird diese Unterscheidung selten vorgenommen. Oft wird der Servicesektor als große Einheit gesehen, was dieser allerdings nicht ist. Daher wird in diesem Artikel der Fokus auf die professionellen Dienstleistungen gelegt. Um die Erfolgsfaktoren für Dienstleistungen mit hohem Einfluss auf die Wertschöpfung zu analysieren, wurde die im nächsten Kapitel beschriebene Studie durchgeführt.

20.2 Die Service-Performance-Studie

20.2.1 Ziel der Untersuchung

Das Hauptziel der Studie war es, das Thema professionelles Dienstleistungsmanagement zu beleuchten und konkrete Maßnahmen aufzuzeigen, wie Kunden und Lieferantenunternehmen die Performance an der Schnittstelle besser managen können. Die Studie sollte nicht dazu dienen, gängige Serviceliteratur zu bestätigen oder zu negieren. Denn in der Praxis helfen pauschal gehaltene Aussagen wie „Kommunikation ist gut" relativ wenig weiter. Wesentlich wichtiger wäre es doch zu wissen, was genau gute Kommunikation ausmacht, und sehr konkrete Maßnahmen zu definieren, die dazu führen, dass Kommunikation als gut wahrgenommen wird. Das zweite wichtige Stichwort ist genau diese „Wahrnehmung". Haben Kunden und Lieferanten überhaupt die gleiche Wahrnehmung hinsichtlich ihrer Anforderungen und deren Erfüllung oder gehen die Anforderungen bezüglich der Performance grundsätzlich auseinander? Dies würde dazu führen, dass es kein gemeinsames Verständnis für die Bedürfnisse des jeweiligen Partners gibt. Ein Dienstleister würde seine Performance unter Umständen als gut bewerten, während der Kunde ganz andere Maßstäbe an die Leistungen des Lieferanten anlegt. Wenn der Lieferant diese Leistungsmaßstäbe nicht auf dem Radar hat, sind Missverständnisse von vornherein vorprogrammiert. Diese beiden Fragestellungen waren die Leitlinien für die Studie. Demnach soll im Folgenden erläutert werden, ob und wo es in Sachen Zusammenarbeitsperformance von Kunden und Lieferanten unterschiedliche Sichtweisen gibt und welche konkreten Maßnahmen als positiv für die Zusammenarbeit gewertet werden.

Die Studie wurde im Rahmen eines Promotionsprojektes durchgeführt und bestand im Wesentlichen aus zwei Teilen. Durch eine erste Studie im Management zweier Großkonzerne und zweier Beratungs- und Dienstleistungsfirmen wurden zentrale Fragen zur Zusammenarbeit aufgeworfen und die Einflussgrößen auf das Performance Management der Servicelieferanten untersucht. Außerdem wurde durch diese Studie hinterfragt, inwieweit bestimmte Ansätze aus der derzeitigen – noch dünnen – Professional-Service-Management-Literatur in die Praxis übertragbar sind. Insbesondere war wichtig, an konkreten Beispielen zu erfragen, was für die Manager in der Praxis notwendige Tools und Methoden für das Performance Management sind. Denn sicherlich gibt es theoretische Ansätze, die nicht in die Praxis übertragbar und damit nicht „praxistauglich" sind. Im zweiten Teil der Studie wurden diese Erkenntnisse dann mit repräsentativen, quantitativen Daten hinterlegt.

Die Studie wurde über einen Zeitraum von einem Jahr durchgeführt. Zunächst wurden in einer qualitativen Studie zehn Führungskräfte aus leitenden Funktionen von Dienstleistern als auch Kundenunternehmen interviewt. Ziel war hier nicht ein bestimmter Branchenfokus, sondern eine möglichst langjährige Erfahrung in der Arbeit als Dienstleister bzw. Kunde von Dienstleistern. Die Interviewpartner sollten mindestens fünf Jahre Berufserfahrung in der Branche gesammelt haben – die allermeisten brachten natürlich wesentlich mehr Erfahrung mit. Ziel war es, die wichtigsten Erfolgsfaktoren zu identifizieren.

Außerdem sollte schon frühzeitig abgeklopft werden, ob und wie unterschiedlich die Kunden- bzw. Lieferantenperspektive tatsächlich ist. Im Nachgang zu diesen intensiven Interviews wurde dann die quantitative und repräsentative Studie per Onlinefragebogen durchgeführt, den 260 Fachkräfte, Manager und Projektleiter aus der Industrie beantworteten. Dabei waren sowohl Dienstleistungsunternehmen als auch Kundenunternehmen Zielgruppe. Es wurde zwar – um die statistische Auswertbarkeit der Daten zu gewährleisten – mit Skalen gearbeitet, dennoch war ein Bereich für freie Antworten vorgesehen, um interessante Aspekte auch in den eigenen Worten und Formulierungen der Studienteilnehmer zu erhalten und sicherzustellen, dass keine wichtigen Kriterien vergessen wurden. Diese frei formulierten Antworten und Zitate bilden eine einmalige Quelle der persönlichen Erfahrungen aus der Arbeitswelt der Branche. Interessant war auch festzustellen, dass viele der Befragten im Laufe ihrer Karriere sowohl bei Dienstleistern als auch bei Kunden von Dienstleistern tätig waren und sind. Dies bedeutet, dass es auch durchaus üblich ist, „die Seite zu wechseln", sprich zunächst als Dienstleister und später als Kunde in einem ähnlichen Umfeld tätig zu sein. Die Antworten dieser Gruppe waren natürlich besonders interessant, da sie aus ihrer persönlichen Erfahrung sowohl die Kunden- als auch die Lieferantenseite kennen.

Bei der Bewertung der Studie wurde immer mit einer Fünferskala gearbeitet, sodass der Wert „1" immer „keine Zustimmung/keine Wichtigkeit" und der Wert „5" immer „volle Zustimmung/hohe Wichtigkeit" bedeutet. Um einen schnellen Überblick über die Antworten zu bekommen, wurde immer ein Durchschnittswert pro Frage gebildet. Liegt dieser bei 4,5, bedeutet dies, dass die durchschnittliche Antwort zwischen „trifft teilweise zu" und „trifft voll zu" liegt. Alle Fragen, die eine Bewertung von „größer 3" haben, haben durchschnittlich mehr Zustimmungen als Nichtzustimmungen erhalten. Umgekehrt gilt dies für alle Fragen mit einer Bewertung „kleiner 3".

20.2.2 Erfolgsfaktoren für die Zusammenarbeit

Bevor man sich die Erfolgsfaktoren der Zusammenarbeit zwischen Kunde und Lieferant anschaut, muss man zunächst einen Überblick bekommen, wie die Kunden und Lieferanten Projekterfolg bzw. eine erfolgreiche Zusammenarbeit überhaupt definieren. Zentrales Element des Performance Managements ist das Thema Messgrößen sowie die Steuerung mit Bezug auf diese Messgrößen. Man kann schließlich nur dort dieselbe Messlatte anlegen, wo man sich vorher auf den gleichen Maßstab geeinigt hat. Was sind in unserem Fall die Messgrößen, die am Ende entscheiden, ob ein Projektleiter sagt: „Das ist gut gelaufen"? Außerdem müssen diese Messgrößen auf Kunden- und Lieferantenseite gleich definiert und als Steuerungsinstrument anerkannt sein.

Hier stellte sich schon in den Experteninterviews schnell heraus, dass dieser „Erfolg" aus verschiedenen Ebenen besteht. Zum einen gibt es die quantitative Ebene, sprich die durch Key Performance Indikators (KPI) oder andere quantifizierbare Größen messbare „Abliefererfolge". Als Beispiel könnte man hier das pünktliche Abschließen eines Auftrags nennen. Zum anderen gibt es den qualitativen Erfolg, sprich wie positiv (oder negativ) werden das Projekt und die Zusammenarbeit wahrgenommen und subjektiv empfunden. Klar, in gemeinsamen Projekten muss die Zusammenarbeit Spaß machen und die andere Seite fair und auf Augenhöhe behandelt werden. Hier ist es wichtig zu überlegen, wie diese zunächst qualitativen Faktoren ebenfalls in quantitative Messgrößen im Rahmen eines Performance Managements überführt werden können. Beispielsweise kann ein KPI wie „Wiederkauf" oder „Weiterempfehlungsquote" beispielsweise einen Rückschluss auf die qualitative Zusammenarbeit zulassen. Natürlich beeinflussen sich diese Dimensionen auch gegenseitig. Denn wenn man quantitativen Erfolg hat, klappt meist auch die Zusammenarbeit und umgekehrt. Ein erfahrener Teamleiter aus der Automobilindustrie fasste diesen Zusammenhang wie folgt zusammen: „Wenn das ‚Menschliche' (Softfacts) passt und man mit den Leuten reden kann bzw. Begeisterung erzeugt, machen Projekte ‚Spaß' und werden erfolgreich." Dies ist eine ganz wichtige Erkenntnis, denn es liegt in der Natur der Sache, dass auch aufseiten des Dienstleisters Menschen tätig sind, die ebenfalls mit dem Bedürfnis arbeiten, „Spaß" und „Begeisterung" bei ihrem Job zu empfinden, und keine Roboter sind, die nur eine technische Schnittstelle bedienen.

Dementsprechend werden in der Definition von Erfolg diese beiden Dimensionen unterschieden in die Kategorie „Liefererfolg" sowie „Zusammenarbeitserfolg". Beide Kategorien setzen sich aus mehreren Merkmalen zusammen, die in der quantitativen Studie zur Bewertung gestellt wurden. Diese Merkmale müssen dann anhand von KPI belegt und durch das Performance Management getrackt werden.

Interessant ist hier zu sehen, dass die geringste durchschnittliche Bewertung bei „3,9" liegt. Dies bedeutet, dass die große Mehrzahl der 260 Studienteilnehmer alle Messkriterien mindestens mit „trifft teilweise zu" bewerten (Abb. 20.2). Eine maßgebliche Abweichung zwischen der Kunden- und Lieferantenperspektive konnte in diesen Faktoren nicht festgestellt werden, was bedeutet, dass zwischen beiden Parteien eine große Einigkeit hinsichtlich der zu messenden Erfolgsfaktoren besteht. An den durchschnittlich sehr hohen Werten

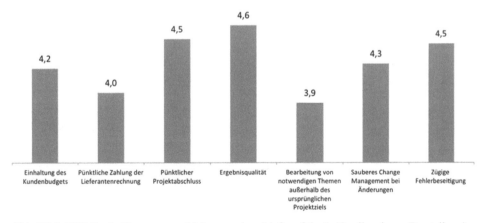

Abb. 20.2 KPI für die Steuerung und Messung des „Liefererfolgs". (Quelle: eigene Darstellung)

kann man erkennen, dass alle hier untersuchten Faktoren als Maßstab für den Liefererfolg herangezogen werden. Neben dem sehr offensichtlichen Messfaktor der „Ergebnisqualität" wurden der „pünktliche Projektabschluss" sowie „eine zügige Fehlerbeseitigung" als sehr wichtig beurteilt. Dies bestätigt auch die Projektrealität. Im „magischen Dreieck des Projektmanagements" (Kosten, Qualität, Zeit) scheint es trotz schrumpfender Budgettöpfe immer noch das Geld zu sein, das man am ehesten als flexiblen Faktor ansieht, wenn es darum geht, die pünktliche Fertigstellung in der gewünschten Qualität zu garantieren. Dennoch ist mit einem Wert von „4,2" die „Budgeteinhaltung" trotzdem als wichtig bis sehr wichtig anzusehen. Eine neue Entwicklung ist die Auflösung statischer Projektmaßstäbe, wie z. B. Kosten – Qualität – Zeit. Insbesondere in Softwareprojekten werden mittlerweile agile Methoden zur quantitativen Steuerung eingesetzt. Ein Projektleiter eines IT-Dienstleistungsunternehmens meinte hierzu: „Durch agile Methoden hat sich das ganze Anforderungsmanagement und die Definition von Projektziel und -erfolg verändert, da diese während des kompletten Entwicklungsprozesses vom Kunden und Dienstleister gemeinsam getragen werden müssen. Die früheren Change-Request-Orgien während eines laufenden Projektes gehören meiner Meinung der Vergangenheit an." Hier müssen Unternehmen und Dienstleister hinterfragen, welches der quantitativen Steuerungsmodelle für ihren Anwendungsfall das Passende ist.

Auch mit Blick auf den Zusammenarbeitserfolg fällt auf, dass hier sehr hohe Durchschnittswerte in allen Faktoren erzielt werden. Lediglich das „gemeinsame Verfolgen einer Strategie" bzw. die „gemeinsame Vergangenheit mit erfolgreichen Projekten" wurden nicht so positiv gesehen wie andere Aspekte (Abb. 20.3). Hier scheint die Zusammenarbeit inzwischen im „Hier und Jetzt" angekommen zu sein. Natürlich sind eine gemeinsame strategische Ausrichtung und eine gemeinsame Vergangenheit nüchtern betrachtet positiv zu sehen. Aber oft führt eine solche Ausrichtung zur Festlegung auf „Lieblingslieferanten". Dies schränkt Kunden bei neuen Vergaben von Dienstleistungsprojekten ein.

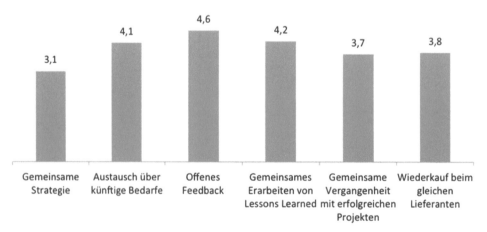

Abb. 20.3 KPI für die Steuerung und Messung des „Zusammenarbeitserfolgs". (Quelle: eigene Darstellung)

Es gibt keinen richtigen Wettbewerb, was zu schlechteren Einkaufskonditionen und unter Umständen auch schlechterer Qualität führen kann. Viele Unternehmen haben sich in der Vergangenheit oft sehr eng an ihre Lieferanten gebunden. Dadurch sind Abhängigkeiten entstanden, die von den Kundenunternehmen nach einer gewissen Zeit nicht mehr als zielführend erachtet wurden. Natürlich hat eine enge Lieferantenbindung auch Vorteile. Positiv betrachtet führt diese zu einem sehr guten Austausch und Einblick zwischen Lieferant und Kunde. Negativ betrachtet kann man eine gewisse „Vetternwirtschaft" sicher an vielen Stellen nicht vermeiden. Die Abhängigkeit zum Lieferanten steigt und damit leider auch meistens der Preis, den man als Kunde zahlen muss. Die ausgewerteten Daten zeigen, dass viele Kunden diese Faktoren daher nicht mehr als unbedingt „erfolgskritisch" bewerten und eher auf Transparenz und Wettbewerb setzen. Hierfür spricht auch, dass „offenes Feedback" sowie gemeinsame „Lessons Learned" die höchsten Punktzahlen erzielen konnten. Der Geschäftsführer eines mittelständischen Anbieters für Standard-Softwarelösungen konkretisiert dies mit den Faktoren: „Vertrauen, Offenheit, gemeinsames menschliches Verstehen, Bereitschaft zur Konfliktlösung im Interesse von beiden Partnern". Mittlerweile ist allen klar geworden, dass über einen direktiven Führungsstil in organisationsübergreifenden Projekten wenig läuft. Hier müssen der Austausch und das Feedback sowie das gemeinsame Erarbeiten von Lösungswegen anstelle von hierarchischen Weisungen in den Vordergrund treten.

20.2.3 Collaboration Check List: Was im täglichen Doing wichtig ist

Nachdem die oben dargestellten Auswertungen klar zeigen, an welchen Kriterien Kunden und Lieferanten den Erfolg von Dienstleistungsprojekten messen, bietet sich an, dass diese Kriterien als Messgrößen zur Steuerung im Rahmen von Performance Management eingesetzt werden können. Als weiteres Betrachtungsfeld ist nun die Fragestellung wichtig, was beide Parteien tun können, um diese Kriterien positiv zu beeinflussen. Sprich: Welche konkreten Maßnahmen führen mich zum Erfolg? Dabei wurden nach den Experteninterviews sechs Cluster festgelegt, die jeweils mehrere Einzelmaßnahmen umfassten. Innerhalb eines jeden Clusters wurde dann durch Einzelfragen die Wichtigkeit der Maßnahmen hinterfragt. Unsere Cluster waren hierbei: „Kommunikation", „Schnittstellen und Standards", „Fairness", „Commitment", „Prozesse" und „Erlebbarkeit/wahrgenommene Performance". Nun ist jeder dieser Clusterbegriffe natürlich eher generischer Natur und nicht zur Ableitung von konkreten Handlungsempfehlungen geeignet. Daher wurde jeder Cluster mit ganz konkreten Maßnahmen definiert. Beispielsweise wurde im Cluster „Kommunikation" hinterfragt, wie wichtig es ist, klare Ansprechpartner zu haben oder regelmäßig persönliche Meetings durchzuführen. Auch der viel benutzte Ausspruch „one face to the customer" wurde hier auf den Prüfstand gestellt. Außerdem wurde hinterfragt, wie definierte Ansprechpartner ihre Prioritäten setzen sollten. Ist es im konkreten Einzelfall wichtiger, eine Kundenbeschwerde hinsichtlich eines nicht gelieferten Meilensteins zu bearbeiten oder das Projekttagesgeschäft weiterzuverfolgen? Und ist es wichtig, möglichst schnell auf eine Angebotsanfrage zu reagieren oder kann man sich mit der Angebotsgestaltung Zeit lassen? Gerade in größeren Dienstleistungsunternehmen ist dies notwendig, da hier auch längere Entscheidungswege für die Angebotsabgabe nötig sind.

Aus der Befragung konnten folgende Maßnahmen Top Ten erstellt werden:

1. Wichtigster Faktor (Durchschnittsbewertung „4,7") ist das Vorhandensein eines definierten Ansprechpartners auf der Kundenseite. Dies scheint in vielen Projekten ein großes Manko zu sein. Eine erfahrene Projektleiterin meinte: „Es gestaltet sich ‚aufwendig', die richtigen Ansprechpartner zu identifizieren." Dabei würde sich der Aufwand lohnen. Fragen könnten gezielter und schneller geklärt und unnötige Eskalationen vermieden werden. Mit anderen Worten: Wenn Sie der Kunde sind, stellen Sie einen Ansprechpartner zur Verfügung. Wenn Sie Lieferant sind, dann fordern Sie diesen ein!
2. Mit einer Bewertung von „4,6" ist das Commitment hinsichtlich der Einhaltung der Projektziele aufseiten des Lieferanten zu sehen. Oft liegt der größere Teil der Leistungserbringung aufseiten des Lieferanten. Oft kann daher der Lieferant vor dem Kunden erkennen, dass „etwas aus dem Ruder läuft". Lässt ein Lieferant es zu, dass – wie ein Teilnehmer der Studie sagt – „am Endes des Geldes noch Projekt übrig ist", oder wird er aktiv und übernimmt Verantwortung? Dies kann z. B. bedeuten, dass er Unklarheiten oder Risiken im Lastenheft direkt anspricht und konkrete Lösungsvorschläge macht, wie diese bearbeitet werden können. Das Ergebnis liegt auf der Hand: Abwarten lohnt nicht, Handeln ist gefragt.
3. Aus dem Cluster „Fairness" wurde der offene und ehrliche Umgang mit Fehlern auf beiden Seiten ebenfalls mit „4,6" bewertet. Hier wird deutlich, wie unfruchtbar das Vertuschen von Fehlern empfunden wird. Gerade bei Fehlern auf Kundenseite tut man sich hier schwer und kehrt eigene Versäumnisse vorschnell unter den Teppich. Klar, dass dieses Verhalten auf Lieferantenseite nicht als fair empfunden wird. Umgekehrt muss der Lieferant allerdings auch in der Lage sein, Fehler anzusprechen. Allzu oft bleibt der Kunde mit halbfertigen Ergebnissen sitzen, während die Dienstleister schon den nächsten Kunden „unterstützen". Daher die klare Forderung eines Kunden: „Der Dienstleistungserbringer kommuniziert und beseitigt Fehler selbsttätig und proaktiv. Nicht erst, wenn sie vom Kunden beanstandet und nachgewiesen werden."
4. Mit „4,5" wurde die Wichtigkeit des klar definierten Ansprechpartners auf der Lieferantenseite bewertet. Der Übergang zwischen der Angebotsphase, in der es oft einen festen Key Accounter auf Dienstleisterseite gibt, und der Projekterbringungsphase gestaltet sich oft schwer. Hier muss das Projekt sauber vom Vertrieb in die Hände von einem oder mehreren Projektleitern übergeben werden, die für unterschiedliche Projektmeilensteine zuständig sind. Oft wird dieser Übergang von Kunden- und Projektmitarbeitern auf beiden Seiten als holprig empfunden. Hier lohnt es sich, unter Teilprojektleitern für eine klare (Kommunikations-)Hierarchie zu sorgen und diese auch schon spätestens am Ende der Angebotsphase einzubeziehen. Hier werden ja meist die für den Projektstart und die Projekterbringung relevanten Informationen ausgetauscht.
5. Mit ebenfalls „4,5" wurde die Kontinuität auf Lieferantenseite bewertet. Im konkreten Fall war in diesem Zusammenhang die Kontinuität der Ansprechpartner und Projektmit-

arbeiter gemeint. Ein Teilnehmer der Studie beschrieb hier, dass es vorkommen kann, dass beispielsweise die Top-Player im Projekt gegen Ende ausgetauscht werden, wohl um, so die Vermutung, bei neuen Kunden Folgeaufträge zu akquirieren. Oft geht dieses Verhalten auf Kosten der Projektqualität, und das gerade in der finalen Projektphase, in der oft Zeitdruck und Qualitätsprobleme auftreten können. Ein solches Verhalten werten Kunden natürlich als inakzeptabel. Dazu kommt, dass die „passende Chemie zwischen den Menschen" wichtig ist, so ein Studienteilnehmer. Diese muss sich natürlich entwickeln und ist nicht einfach so auf Stellvertreter oder Nachfolger übertragbar. Eine Projektleiterin ergänzt in der Studie, dass die „persönliche, langfristige Beziehung zwischen zwei Individuen beider Unternehmen ein Vertrauensverhältnis schafft."

6. Die Wichtigkeit der Lastenheftqualität („4,4") steht in der Theorie natürlich außer Frage. Wie soll man bekommen, was man haben möchte, wenn man dies nicht vorab sauber beschrieben hat? Dennoch scheint hier in der Praxis die Ausnahme die Regel zu sein. Ein Projektleiter mahnt in diesem Zusammenhang die „Festlegung der Abnahmekriterien (zur Messbarkeit der Leistung)" an. Ein anderer stellt fest: „Viele Kunden wissen am Anfang nur sehr ungenau, was sie wirklich wollen und brauchen." Abhilfe schafft hier ein Dienstleister, der in der Lage ist, vorab die richtigen Fragen zu stellen und Schwachstellen des Lastenhefts vor Projektbeginn deutlich aufzuzeigen. Denn die Risiken, die entstehen, tragen im Nachhinein beide Parteien, da ein Streit über die Auslegung des unklaren Lastenhefts ja keiner der beiden Seiten etwas nützen würde. Insofern sind hier Auftraggeber und Lieferanten gleichermaßen gefordert: Die eine Partei muss ihre Standards und ihre Dokumentenqualität auf ein hohes Niveau bringen, die andere Seite muss diese Dokumente hinterfragen und nicht blind in ein Projektabenteuer starten. Ein Kunde sagt dazu: „Eine Aufgabe der Dienstleister ist auch, über den Tellerrand hinauszuschauen und frühzeitig Opportunität und Risiken für den Kunden zu erkennen. Er muss dabei proaktiv Vorschläge machen und sichert damit künftige Beauftragungen."

7. Mit einer Bewertung von „4,4" wurde das Thema der transparenten Lösung von Konflikten bewertet. Dies bedeutet, dass sowohl Kunden als auch Lieferanten im Falle von Unstimmigkeiten zunächst mit hoher Priorität versuchen müssen, Transparenz über den Vorfall zu schaffen. Dies geht einher mit dem offenen Umgang mit Fehlern und bedeutet, dass es in einem solchen Fall eben nicht hilft, zu „mauern" und z. B. eigenes Dokumentationsmaterial zurückzuhalten. Die Beziehung im Projekt muss eine partnerschaftliche sein und diese funktioniert nicht, wenn eine übertriebene Geheimhaltungsstrategie von einer oder beiden Parteien verfolgt wird.

8. Das Branchen-Know-how des Dienstleisters („4,4") bietet in den Augen der Kunden einen großen Vorteil hinsichtlich der wahrnehmbaren Kompetenz eines Dienstleisters. Mit anderen Worten: Hat ein Dienstleister ein großes, nachweisbares Branchen-Know-how innerhalb der angestrebten Kundenbranche (z. B. Automotive), trauen ihm potenzielle Kunden viel eher zu, ein Projekt im eigenen Unternehmen zu meistern als einem Dienstleister ohne dieses Know-how. Dies liegt natürlich zum einen an branchenspezifischen Prozessen und Gesetzgebungen. Aber eventuell hoffen Unternehmen dadurch auch, bestimmte Informationen und Lessons Learned von Wettbewerbern aus der gleichen Branche zu bekommen.

9. Genau wie die Lastenheftqualität wurde auch die Qualität der Angebotsdokumente („4,4") von den Teilnehmern der Studie als sehr wichtig eingestuft. Zum einen spiegelt sich in den Angebotsdokumenten natürlich die Kompetenz und Herangehensweise des Dienstleisters an die im Lastenheft geforderten Aufgaben wider. Auch kann der Lieferant hier noch einmal zu Risiken oder kritischen Vorgehensweisen klar Stellung beziehen. Aber nicht nur das: Vor dem Projektstart hat der Kunde nur wenige Möglichkeiten, seinen Lieferanten zu bewerten. Somit steigern natürlich klar strukturierte, qualitativ hochwertige sowie pünktlich eingereichte Angebotsdokumente ebenfalls die wahrgenommene Kompetenz des Dienstleisters.
10. Ebenfalls zur wahrgenommen Kompetenz tragen Referenzen von ähnlichen Projekten („4,3") bei. Solche Referenzen – bei großen Konzernen auch gerne innerhalb des gleichen Kundenumfelds – sind schließlich ein Beweis dafür, dass ein Dienstleister ähnliche Herausforderungen in einem anderen Kontext schon gemeistert hat. Hier ist es allerdings von großer Bedeutung, dass diese Referenzen auch passend sind zu dem angestrebten Neuprojekt. Sonst wirkt der Vergleich zu weit hergeholt und der positive Effekt kann sich leicht ins Negative umkehren. Denn als Blender dazustehen, kann auch den besten ersten Eindruck beim Kunden wieder zunichte machen. Daher sollte ein ambitionierter Dienstleister vor Kundenpräsentation diese Referenzen gezielt und sorgfältig auswerten und verständlich aufbereiten, sodass sie im Kundengespräch auch den gewünschten Effekt erzielen.

20.2.4 Risiken und Chancen – Unterschiede zwischen der Kunden und der Lieferantenperspektive

In allen oben dargestellten Auswertungen wurde immer der Wert der gesamten Befragungsgruppe dargestellt, d. h. keine Unterscheidung zwischen der Gruppe der Lieferanten und der Gruppe der Kunden vorgenommen. Dies konnte deshalb dargestellt werden, weil innerhalb dieser Top Ten keine nennenswerten Abweichungen der Kunden- und Lieferantenantworten festgestellt werden konnten. Klar ist: Wo Kunden und Lieferanten nicht die gleichen Ansichten haben, entstehen Risiken für die Zusammenarbeit.

Hier hielt die Studie eine kleine Überraschung bereit. Denn neben dem Ziel, die Erfolgsfaktoren für den Dienstleistungserfolg mit dazugehörigen Maßnahmen zu ermitteln und statistisch zu belegen, war es ein weiteres Ziel, zu untersuchen, ob es gravierende Unterschiede zwischen der Lieferanten- und der Kundenperspektive überhaupt gibt. Oder ob sich hier schon ein Konsens zwischen beiden Seiten hinsichtlich der Erfolgsmessgrößen und notwendigen Maßnahmen entwickelt und etabliert hat. In allen 37 Fragen, die sich auf Erfolgskriterien und Erfolgsfaktoren bezogen, gibt es in der gesamten Auswertung nur eine Frage, in der sich die Kunden- und Lieferantenperspektive gravierend unterscheiden. Die Kunden bewerteten bei den Erfolgskriterien für den „Zusammenarbeitserfolg" den Punkt „Abstimmung über zukünftige Bedarfe" nur mit „3,6", während die Lieferanten diesen Punkt mit „4,3" bewerteten. Da viele Projekte durch die Weiterempfehlung im gleichen Kundenumfeld zustande kommen und persönliche Beziehungen in der Branche immer noch sehr wichtig sind, ist es offensichtlich, warum für die Lieferanten ein offener Austausch über diese Bedarfe ein zentraler Bestandteil der Vertriebsaktivitäten ist. Während Kunden eventuell eher das Thema „fairer Wettbewerb" und „gleiche Chancen für alle" als einen Erfolgsfaktor für sich entdeckt haben. Auf der anderen Seite kann man aus dieser Kundenbewertung auch erkennen, dass Kunden unter Umständen die Vorlaufzeit für ein Projekt unterschätzen. Denn oft herrscht hier die Anforderung, dass ein Bedarf mit sehr kurzem Vorlauf in ein funktionierendes Projekt überführt werden soll. Ein Projektleiter kritisiert, dass den „Dienstleistern der Freiraum für gezielte Trainingsmaßnahmen und langfristige Bereitstellung spezifischen Know-hows" fehlt. Kunden sollten an dieser Stelle lernen, dass auch der Lieferant Prozesse und Kapazitätslimits hat und nur mit dem notwendigen Vorlauf ohne „Holpern" in das Projekt starten kann. Den Preis für eine überforderte oder unzureichende Projektmannschaft gerade in der Startphase zahlt der Kunde nämlich indirekt mit. Gleichzeitig müssen die Lieferanten lernen, sich nicht auf das „Word of Mouth", sprich die Weiterempfehlung im eigenen Kundenumfeld, als einzigen Vertriebskanal zu verlassen und sich dem immer stärker und professioneller werdenden Wettbewerb zu stellen.

Ein weiteres großes Risiko in der Kunden-Lieferantenbeziehung ist das Thema der Geheimhaltung bzw. der Umgang mit vertraulichen Informationen. Gerade bei professionellen Dienstleistungen wie z. B. Beratungsleistungen wird der Lieferant oft sehr eng in den Informationsfluss des Kundenunternehmens eingebunden. Diese Informationen können z. B. gerade im Bereich der kaufmännischen Informationen wie Kennzahlen sowie Umsatz-/Gewinnprognosen sehr strengen Geheimhaltungsanforderungen unterliegen. Ein Kunde beschreibt, dass hier „klare Standards, wer zu welchen Dokumenten Zugang hat", existieren müssen. Denn, so schreibt ein Kundenansprechpartner: „Die Geheimhaltung muss bei Beratungsleistungen gewahrt bleiben, damit entsprechende Kernkompetenzen nicht verloren gehen." Verliert ein Dienstleister im Zusammenhang mit nicht eingehaltenen Geheimhaltungsrichtlinien das Vertrauen der Kunden, kann dies schwerwiegende Folgen für beide Seiten haben. Auf der einen Seite kann eine Schädigung des Kundenunternehmens, z. B. Verlust des Entwicklungsvorsprungs, eintreten, auf der anderen Seite hat ein Dienstleister das notwendige Vertrauen seines Kunden verspielt und wird dieses nur schwer wieder erarbeiten können. Am Ende – wie bei vielen anderen Themen im Dienstleistungsbereich – verlieren beide Seiten.

20.3 Fazit und Ausblick

Für das Performance Management von Dienstleistern in Unternehmen konnte im Rahmen dieses Artikels ein umfassender Überblick zusammengetragen werden. Es wird klar, dass sowohl die Charakteristik des Produktes Service (z. B. durch die Notwendigkeit zur Integration in die Unternehmensprozesse des Kunden) als auch die Frage nach dem Ziel für den Einsatz von Dienstleistern sowie die Gestaltung der Schnittstelle zu diesen Dienstleistern bereits einen Rahmen für das Performance Management vorgeben. Die Unternehmensstrategie, z. B. im Hinblick auf die Kernkompetenzen; nimmt hier bereits einen maßgeblichen Einfluss auf die Schnittstelle zu professionellen Dienstleistungsunternehmen. Geht es nun an die Operationalisierung dieser Strategie durch konkrete Ziele und Steuerungsmessgrößen, beschreibt die hier dargestellte Studie sehr konkret und mit vielen verständlichen Beispielen; welche Erfolgskriterien Kunden und Lieferanten an ihre Dienstleistungen anlegen und mit welchen Steuerungsmaßnahmen sie in dieser Branche erfolgreich gemeinsam tätig sein können. Mittlerweile sind Dienstleister am Markt etabliert und ihr Einsatz ist aus Unternehmen nicht mehr wegzudenken. Die Branche war in den vergangenen Jahren hoch attraktiv und hat sich auch über die Wirtschaftskrise hinweg positiv entwickelt. In den folgenden Jahren wird jedoch der Wettbewerbsdruck weiter anwachsen, da ein sehr heterogener und unübersichtlicher Markt entstanden ist, der immer weiter wächst und konsolidiert werden wird. Des Weiteren wollen Kunden im Umgang mit ihren Dienstleistungslieferanten professioneller werden und dadurch den Einsatz so optimal wie möglich gestalten – sowohl monetär als auch prozessual. Daher lohnt es sich in jedem Fall, die Entwicklungen an der Kunden-Lieferantenschnittstelle weiterhin kritisch im Auge zu behalten, um auf beiden Seiten auf Trends frühzeitig reagieren zu können. Der optimale Einsatz von Dienstleistern im Unternehmen wird sich zu einer marktentscheidenden Kernkompetenz entwickeln.

Literatur

Bath, J., & Eidenmueller, T. (2012). How do product bundling and internationalization influence the market for professional services in high prize countries? *Interdisciplinary Management Research*, XIII, Opatija.

Bouwman, H., & Fielt, E. (2008). Service innovation and business models. In H. Bouwman, H. De Vos, & T. Haaker (Eds.), *Mobile service innovation and business models* (S. 9–17). Berlin: LIT Verlag.

Busse, C., & Wagner, S. (2008). *Managing innovation*. Bern: Haufe.

Leseure, M. (2010). *Key concepts in operations management*. London: Springer.

Melzer-Ridiner, R., & Neumann, A. (2009). *Dienstleistung und Produktion*. Heidelberg: Gabler.

Mohr, J., Sengupta, S., & Slater, S. (2010). *Marketing of high-technology products and innovations*. Upper Saddle River: World Scientific Publishing Co. Pte. Ltd.

Schniering, N. (2009). *Industrielle Dienstleistungsinnovation*. Berlin: Haufe.

Walters, D. (2012). Competition, collaboration and creating value in the value chain. In H. Jodlbauer, J. Olhager, & R. J. Schonberger (Eds.). *Modelling value* (S. 3, 4, 22). Washington DC: Physica.

Selbstführung: Ein Baustein des Performance Managements

21

Ute Schäffer-Külz

21.1 Einführung

Die zunehmend schnelleren Veränderungsprozesse in Wirtschaft und Gesellschaft führen dazu, dass sich auch die organisationalen Rahmenbedingungen ständig ändern. Die unmittelbaren Auswirkungen beziehen sich sowohl auf die organisationale Struktur eines Unternehmens (z. B. flache Hierarchien, dezentrale Entscheidungsstrukturen, flexible Beschäftigungssysteme) wie auch auf Arbeitsgruppen (z. B. Projektarbeit, verteilte Führung) und auf die einzelnen Mitarbeiter. Auf Mitarbeiterebene erfordern die flexiblen und dynamischen Arbeitsstrukturen eine fortwährende Anpassungsleistung, da Mitarbeiter heute seltener unter ständiger Anleitung arbeiten, sondern in immer stärkerem Ausmaß eigenständig Entscheidungen treffen und ihre Zeit und ihren Arbeitsbereich selbstständig planen und organisieren. Dies kann nur gelingen, wenn jeder Einzelne ein hohes Maß an Freiheitsgraden und Gestaltungsmöglichkeiten erhält und diese auch nutzt. Führungskräfte sind also gefordert, Verantwortung zu delegieren, Macht und Wissen stärker zu teilen und Organisationsmitglieder dabei zu unterstützen, Aufgaben in eigener Regie zu bearbeiten, d. h. immer mehr selbstbeeinflussende Prozesse bei ihren Mitarbeitern zuzulassen und diese sogar zu fördern. Der damit verbundene hohe Handlungsspielraum fordert von den Mitarbeitern in zunehmendem Ausmaß Selbstführungskompetenz, um selbstgesteuertes und zielorientiertes Verhalten zu ermöglichen. Damit entwickelt sich die Selbstführung des Einzelnen zu einer zunehmend wichtigeren Kernkompetenz in Organisationen.

U. Schäffer-Külz (✉)
Mannheim, Deutschland
E-Mail: ute.schaeffer-kuelz@gmx.de

21.1.1 Begriffsbestimmung

Der Begriff der Selbstführung wird in Literatur und Praxis sehr unterschiedlich verwendet und teilweise mit verwandten Begriffen wie Selbstmanagement, Selbststeuerung, Selbstregulation oder Selbstkontrolle gleichgesetzt. Innerhalb von Unternehmen sind verwandte Konzepte auch Mitunternehmertum, Intrapreneurship oder Empowerment der Mitarbeiter. All diese Begriffe werden verwendet, wenn es um Selbststeuerungsaktivitäten im Arbeitsleben geht. Welche Themenbereiche dabei aber tatsächlich in den Definitionsbereich von Selbstführung fallen, hängt u. a. von der Forschungsdisziplin und von den Forschungsinteressen ab, aber auch vom Herkunftsland und vom gewählten Abstraktionsniveau sowie davon, ob es sich eher um eine wissenschaftliche oder um eine praxisnahe Betrachtung handelt. Da eine konzeptionelle Abgrenzung aller verschiedenen Begriffe den Rahmen des vorliegenden Artikels sprengen würde, werden hier nur die beiden übergeordneten „Sammelbegriffe" Selbstmanagement und Selbstführung differenziert und präzisiert, da sie eine Reihe von konzeptuellen Überschneidungen aufweisen.

Selbstmanagement wird aufgefasst als die Fähigkeit, sich selbst so zu organisieren, dass festgesetzte Ziele erreicht werden können. Es geht also um den eigenständigen Einsatz verschiedenster Methoden und Techniken zur Bewältigung konkreter Aufgaben und Anforderungen und bezieht sich demnach auf das konkrete Arbeitshandeln. In den Bereich des Selbstmanagements fallen insbesondere Aspekte des Zeitmanagements sowie der Arbeitsmethodik und der Arbeitsorganisation. Selbstführung dagegen geht konzeptuell über das Selbstmanagement hinaus, stellt also ein breiteres Konzept dar. Zusätzlich zur tätigkeitsbezogenen Perspektive des Selbstmanagements geht es bei der Selbstführung auch um innere Prozesse, die es den Einzelnen ermöglichen, Ziele, die sie bei der Arbeit bzw. in anderen Lebensbereichen erreichen möchten, eigenständig festzulegen. Selbstmanagement wird demnach inhaltlich erweitert um die intrinsische Motivation, d. h. um die Berücksichtigung impliziter Motive wie emotionale Präferenzen, Bedürfnisse und Interessen, sodass Selbstmanagement als Bestandteil von Selbstführung aufgefasst wird (vgl. z. B. Müller 2006, S. 7 f.).

21.1.2 Praktische Relevanz der Selbstführung

Trotz der häufig postulierten Bedeutung des Selbstführungskonzeptes für die Arbeitswelt beschränkt sich die bisherige Selbstführungsforschung oftmals auf theoretische Ausführungen, sodass bislang nur wenige empirische Studien vorliegen, die die Selbstführung im organisationalen Kontext untersuchen (vgl. König und Kleinmann 2014, S. 653). Nichtsdestotrotz ist der Zusammenhang zwischen Selbstführung und relevanten berufsbezogenen Kriterien plausibel und teilweise auch empirisch bestätigt. Im Folgenden werden die wesentlichen Aspekte der Selbstführung kurz in folgende Schlagworte zusammengefasst: Flexibilitätsgewinn, Reduktion von Führungsaufwand, Persönlichkeits- und gesundheitsförderliche Arbeitsgestaltung und Mitarbeiterzufriedenheit sowie Leistungsaspekte (vgl. Buhl 2011, S. 6 ff.).

Flexibilitätsgewinn Die bereits beschriebenen Veränderungen innerhalb und außerhalb der Organisationen führen zu zunehmend unsicheren und dynamischen Umwelten. Dies erfordert bei den Mitarbeitern eine Flexibilität im Handeln, d. h. ein ständiges und schnelles Anpassen an die jeweiligen Anforderungen der unterschiedlichen Situationen sowie eine zunehmend eigenverantwortliche und selbstregulierte Aufgabenerfüllung. Hohe Selbstführungskompetenz erleichtert es den Mitarbeitern dabei, sich der unterschiedlichen Wirksamkeit ihrer jeweiligen Verhaltensmuster bewusst zu werden, sodass sie gezielt situationsangemessene Verhaltensweisen auswählen und somit rasch und flexibel auf Veränderungen und Unvorhergesehenes reagieren können.

Reduktion von Führungsaufwand Insbesondere bei gut ausgebildeten Mitarbeitern kann eine gute Selbstführung den Aufwand der Mitarbeiterführung reduzieren, was wiederum dabei helfen kann, Zeit und Kosten für die Organisation zu sparen, da die Vorgesetzten entlastet werden. Dies spiegelt sich in den vielen Bereichen wider, in denen individuelle Zielvereinbarungen anstelle von eng gefassten Verhaltensanweisungen treten, sodass die Mitarbeiter mehr Gestaltungsfreiheit bei der Zielerreichung haben.

Persönlichkeits- und gesundheitsförderliche Arbeitsgestaltung und Mitarbeiterzufriedenheit In der organisationspsychologischen Forschung ist seit Langem bekannt, dass die Mehrzahl der Mitarbeiter Verantwortung, Selbstbestimmung, Kontrolle und Autonomie sucht, um die eigenen Kompetenzen anwenden und sich weiterentwickeln zu können. Diese Rahmenbedingungen wirken sich insgesamt günstig auf die Arbeitszufriedenheit aus (vgl. Weinert 2004, S. 230 ff.). Diesen Maximen persönlichkeitsförderlicher Arbeitsgestaltung entspricht eine hohe Selbstführung, da mit ihr größere Tätigkeitsspielräume und mehr Zeitsouveränität verbunden sind. Die Möglichkeit, Einfluss zu nehmen und die eigene Arbeit weitestgehend selbst gestalten zu können, führt darüber hinaus zum Aufbau von individuellen Ressourcen, mit der Folge, dass Belastungen als weniger beanspruchend empfunden werden, sodass es seltener zu Stressempfinden kommt. So zeigen Studien, dass Selbstführungskompetenzen sowohl mit verminderter körperlicher Beanspruchung einhergehen wie auch mit einer höheren Zufriedenheit (vgl. Bissels et al. 2006, S. 105). Darüber hinaus wurde empirisch ein Zusammenhang zwischen Selbstführung und dem Commitment der Mitarbeiter gezeigt (vgl. Andreßen 2008, S. 237).

Leistungsaspekte Der theoretisch naheliegende Zusammenhang zwischen Selbstführungskompetenzen und beruflichem Erfolg konnte empirisch bestätigt werden (vgl. Haberstroh 2007; König und Kleinmann 2014, S. 653; Buhl 2011, S. 7). So zeigt sich beispielsweise, dass Selbstführungstechniken signifikant positiv mit Leistungsbeurteilungsdaten korrelieren. Im Detail zeigt sich, dass Strategien der Selbstführung einen positiven Einfluss auf die Selbstwirksamkeit haben und diese wiederum die Leistung positiv beeinflusst. Die Auswirkungen von Selbstführungskompetenzen auf das individuelle Leistungsniveau werden dabei umso stärker ausfallen, je größer die Freiheitsgrade und Ausgestaltungsmöglichkeiten der Mitarbeiter sind, da dann die selbstständige Entwicklung von

Zielen sowie die Realisierung dieser Ziele erforderlich sind. Eine Untersuchung von Projektteams zeigt, dass personenbezogene Selbstführung im Rahmen von Teamarbeit sowohl die persönliche Leistung wie auch die Leistung des ganzen Teams steigert. Darüber hinaus gibt es Hinweise, dass Selbstführungstechniken einen positiven Zusammenhang mit der intrinsischen Motivation und einen negativen mit Stress und Angst aufweisen.

21.2 Selbsterkenntnis

Selbstführung setzt die Kenntnis der eigenen Stärken (Kompetenzen, Potenziale und Ressourcen), Wertvorstellungen, Einstellungen, Bedürfnisse, Rollen und Verhaltensweisen, aber auch der eigenen Grenzen und Eigenheiten voraus. Der erste Schritt zu einer effektiven Selbstführung ist also eine regelmäßige und systematische Beschäftigung mit eigenen inneren Prozessen zum Zwecke der Selbsterkenntnis. Zu einer differenzierten Selbsterkenntnis gelangt man hauptsächlich mittels Selbstreflexion sowie der bewussten Wahrnehmung und Protokollierung des eigenen Verhaltens. Daneben existieren noch weitere Quellen, die zur Selbsterkenntnis beitragen, wie z. B. Feedback im Rahmen der Fremdwahrnehmung, Persönlichkeitstests oder Coaching. Welche Möglichkeiten gewählt werden, ist abhängig von den verschiedenen Präferenzen und Zielsetzungen jedes Einzelnen. Wichtig dabei ist aber eine systematische Vorgehensweise und das bewusste Schaffen von Zeiten und Anlässen zum Innehalten und Reflektieren (z. B. die Reservierung fester Zeiten), da man ansonsten Gefahr läuft, dass die Reflexionsphasen immer wieder untergehen.

21.2.1 Selbstreflexion

Häufig führt das Gefühl, unter ständigem Zeitdruck zu leiden, dazu, dass man sich zu wenig Zeit für das Ergründen und Reflektieren der inneren Vorgänge nimmt. Außerdem lernen und praktizieren Menschen von Kindheit an eher die Beobachtung und Bewertung anderer Personen und der äußeren Umwelt, während die kritische Auseinandersetzung mit der eigenen Person und den eigenen Reaktionen und Verhaltensweisen typischerweise vernachlässigt wird. Diese starke Fokussierung auf die Außenwelt und die damit einhergehende Vernachlässigung der inneren Prozesse führen dazu, dass die Fähigkeit zur Selbstreflexion i. d. R eher unterentwickelt ist.

Die Selbstreflexion soll im Folgenden am Beispiel der Wahrnehmung und Bewertung der eigenen Ressourcen näher betrachtet werden. Zu den Ressourcen gehören einerseits sogenannte personale oder innere Faktoren, wie beispielsweise Fähigkeiten, Erfahrungen, Einstellungen, Vertrauen in die eigenen Fähigkeiten und Motivation, aber auch körperliche Aspekte, wie der aktuelle Gesundheitszustand und die aktuelle Verfassung sowie Ernährungsgewohnheiten. Zum anderen verfügen Menschen auch über externe Ressourcen, wie z. B. den Grad der sozialen Unterstützung durch das Umfeld oder den verfügbaren Handlungsspielraum (vgl. z. B. Schäffer-Külz und Wendt 2012, S. 7 f.). Die Wahrnehmung und Bewertung der zur Verfügung stehenden persönlichen Ressourcen spielt im Rahmen der Selbstführung eine große Rolle, da dadurch der Umgang mit Belastungen gesteuert wird, und zusätzlich Wille und Mut, aber auch Energie und Lebensfreude beeinflusst werden. Im Umgang mit den eigenen Ressourcen ist es daher relevant, dass sie diese erkennen, aktivieren und umfassend nutzen.

Bei der konkreten Reflexion über vorhandene Ressourcen ist der erste Schritt die schriftliche Zusammenstellung der eigenen personalen und situativen Ressourcen. Im zweiten Schritt bewerten Sie diese danach, welche Ressourcen für Sie besonders wichtig sind, welche Ressourcen Ihnen Kraft und Vitalität liefern und zur Regeneration und Entspannung beitragen, welche Sie regelmäßig nutzen und welche zu selten. Aus der Liste wählen Sie dann ein bis zwei Ressourcen aus, die Sie in den nächsten vier Wochen gezielt aktivieren und verwenden möchten. Wenn Sie beispielsweise erkennen, dass Sie körperliche Bewegung als Möglichkeit der Entspannung und des Stressabbaus zu selten einsetzen, planen Sie im nächsten Schritt körperliche Bewegung ganz bewusst in Ihren Alltag ein. Dafür entwickeln Sie ein entsprechendes handlungswirksames Ziel, indem Sie ganz konkret planen, wie, in welchem Zusammenhang und wie häufig Sie diese Ressource nutzen wollen. Beispielsweise könnten Sie als Ziel festlegen, dass Sie in den nächsten vier Wochen an mindestens drei Tagen pro Woche mit dem Fahrrad zur Arbeit fahren oder an mindestens drei Tagen pro Woche einen halbstündigen Spaziergang machen. Während dieser vier Wochen sollten Sie im Rahmen eines Reflexionstagebuches regelmäßig festhalten, wie es Ihnen bei der Umsetzung ergangen ist, was gut gelungen ist, wo es Schwierigkeiten gab bzw. welche Aspekte Sie von der Erreichung Ihres Ziels abgehalten haben. Nach dem Ende der vier Wochen erfolgt eine Abschlussreflexion über die Nutzung der entsprechenden Ressource, indem Sie Überlegungen dazu anstellen, was Sie über sich selbst gelernt haben, wer oder was Sie bei der Umsetzung unterstützt hat, inwiefern die gewonnenen Erkenntnisse auf andere Situationen übertragbar sind und wie Sie die Ressource in Zukunft nutzen möchten. Falls Sie keine positiven Erfahrungen gemacht haben, überlegen Sie, was Sie tun könnten, um doch noch einen Erfolg zu ermöglichen (vgl. Graf 2012, S. 139 f.).

21.2.2 Bewusste Wahrnehmung des eigenen Verhaltens

Neben der Selbstreflexion stellt die systematische Wahrnehmung des eigenen Verhaltens eine geeignete Quelle der Selbsterkenntnis dar. Dabei geht es darum, sich bewusst zu machen, wie man sich in verschiedenen Situationen üblicherweise verhält und welche Folgen diese Verhaltensweisen haben. Typische Verhaltensmuster sollen erkannt und bewertet werden, um beurteilen zu können, ob die jeweiligen Verhaltensweisen förderlich sind oder sich eher hinderlich bzw. negativ auswirken. Ein hinderliches Verhaltensmuster im Rahmen der Selbstführung wäre beispielsweise, wenn Sie ständig wichtige, aber unangenehme Dinge aufschieben, um sich angenehmeren Nebensächlichkeiten zu widmen. Förderlich wäre es dagegen, wenn Sie täglich einen schriftlichen und methodischen Arbeitsplan erstellen.

Die systematische Wahrnehmung des eigenen Verhaltens soll im Folgenden anhand der persönlichen Zeitanalyse dargestellt werden. Unsere persönliche Art der Zeitnutzung ist ein wichtiger Baustein erfolgreicher Selbstführung, da wir unsere Ziele nur dann erreichen können, wenn wir unsere Zeit für wichtige, d. h. zielführende Aufgaben nutzen. Da unsere üblichen Verhaltensweisen aber typischerweise auf Gewohnheiten basieren, ist uns oftmals gar nicht bewusst, womit wir unsere kostbare Zeit verbringen. Daher machen wir uns auch zu selten Gedanken darüber, ob uns auch sinnvollere Handlungsalternativen zur Verfügung gestanden hätten. Ein erster Schritt zu einer Verbesserung des Umgangs mit unserer Zeit ist ein schriftliches Zeitprotokoll, um unserer persönliche Art der Zeitnutzung bewusst wahrzunehmen. Dabei sollte für einen bestimmten Zeitraum (mindestens eine Woche) exakt notiert werden, wie viel Zeit für welche Tätigkeiten verwendet wird. Auch Störungen sollten im Rahmen des Zeitprotokolls festgehalten werden, da Unterbrechungen, und seien sie noch so kurz, unsere Konzentration empfindlich beeinträchtigen können. Wir verlieren vielleicht den roten Faden, eine gute Idee oder einen interessanten Gedanken und brauchen viel Zeit, um uns wieder in unsere Arbeit hineinzudenken, oder fangen vielleicht gar nicht mehr damit an.

Darüber hinaus sollte im Rahmen des Zeitprotokolls auch festgehalten werden, wer Einfluss auf unsere Zeitgestaltung hat, indem wir uns bei jeder einzelnen Aktivität fragen, ob es sich um selbst- oder fremdbestimmte Zeit handelt. Erst dadurch können wir erkennen, ob wir genügend Freiraum haben bzw. diesen auch nutzen, um gestaltend in Abläufe einzugreifen. Außerdem ist es wichtig, bei unseren verschiedenen Tätigkeiten einzuschätzen, welche Priorität sie für uns haben. Zeigt sich bei der Auswertung, dass wir uns hauptsächlich mit Tätigkeiten niedriger oder mittlerer Priorität beschäftigen, müssen wir uns nicht wundern, wenn wir unsere Ziele nicht erreichen. Insgesamt liefert uns die zeitweise Protokollierung und anschließende Auswertung von Reaktionen und Verhaltensweisen gemeinsam mit den äußeren Ereignissen wertvolle Hinweise auf tief verwurzelte Gewohnheiten und Verhaltensmuster, auf Aktivitäten, die uns zu viel Zeit kosten, auf häufige Störungen und auch auf Mitmenschen, die uns Zeit stehlen. Dies kann uns im Rahmen der Selbsterkenntnis dabei helfen, Ursachen des eigenen Handelns zu analysieren, und wir erhalten zusätzlich Ansatzpunkte, wie wir uns Zeitreserven erschließen können, um unseren Umgang mit der Zeit zu verbessern.

21.3 Formulieren konkreter Ziele

Bei der Steuerung unseres Verhaltens haben Ziele eine wichtige handlungsregulierende Funktion, indem sie den gewünschten Endzustand unseres Handelns im Vorfeld festlegen. Wenn wir uns darüber im Klaren sind, was wir genau erreichen wollen, können wir uns Wege überlegen, wie wir diese Ziele erreichen können, und unsere Kräfte, Ressourcen und Fähigkeiten zielgerichtet einsetzen. In der Regel haben wir Wünsche, Träume oder Visionen bzgl. unserer Zukunft, d. h. wir wissen, was für uns persönlich wichtig und erstrebenswert ist, was unserem Leben und Arbeiten einen Sinn gibt und unser Leben lebenswert macht. Solche langfristigen Visionen können zwar als Inspiration dienen, sind aber häufig so vage und grob formuliert, dass damit keine klaren Handlungsvorgaben verknüpft und sie damit kaum realisierbar sind. Manchmal schleicht sich das Gefühl ein, dass es sinnvoller sei, alles auf sich zukommen zu lassen, weil sowieso immer alles ganz anders kommt als geplant. Die damit verbundene Angst vor Enttäuschungen hindert uns dann daran, Ziele festzulegen. Schriftlich fixierte und konkrete Ziele sind aber u. a. deshalb bedeutsam, weil sie ein hohes Motivationspotenzial aufweisen. Wenn wir wissen, wofür wir uns abmühen und was wir damit erreichen wollen, steigert dies unsere Anstrengungsbereitschaft und Ausdauer. Darüber hinaus lenken Ziele unsere Aufmerksamkeit auf relevante Aspekte, vereinfachen es, Strategien zur Zielerreichung zu entwickeln und zu verwenden, und ermöglichen eine Evaluierung, inwiefern die (Teil-)Ziele erreicht wurden. Schriftlich fixierte Ziele entsprechen damit einer Art Vertrag mit uns selbst und haben eine viel stärkere Verbindlichkeit als vage Absichtserklärungen. Diese Aspekte führen insgesamt dazu, dass Zielklarheit mit einem vorteilhaften Arbeitsstil und besseren Leistungen einhergeht (vgl. Braun 2004, S. 135 f.). Schließlich fördert es auch unser Wohlbefinden, wenn wir erkennen, dass wir unsere Ziele erreichen oder ihnen näherkommen.

21.3.1 Formulieren von Ergebniszielen

Damit Ziele handlungswirksam sind, müssen sie möglichst konkret und ergebnisorientiert formuliert sein, d. h. spezifizieren, welches Ergebnis erreicht werden soll. Um solche Ergebnisziele zu formulieren, müssen wir uns im ersten Schritt mit unseren Bedürfnissen, Werten und Motiven auseinandersetzen, d. h. unser „persönliches Leitbild" kennen (vgl. Kap. 21.2 zur Selbsterkenntnis). Eine fehlende Übereinstimmung zwischen Bedürfnissen und Zielen kann dazu führen, dass die Lebenszufriedenheit und das subjektive Wohlbefinden sinken (vgl. Graf 2012, S. 189). Der erste Schritt besteht also darin, dass wir unsere generellen Einstellungen und Haltungen kennen, indem wir Antworten auf folgende oder ähnliche Fragen finden: „Was ist mir am wichtigsten?", „Was gibt meinem Leben Sinn?", „Was will ich im Leben erreichen?", „Worauf will ich niemals verzichten?" Die Antworten auf diese Fragen liefern zunächst Hinweise auf sogenannte Haltungs- oder Mottoziele, die im Weiteren in konkrete Ergebnisziele umgemünzt werden. Für die konkrete Ausformulierung von Zielen existiert eine ganze Reihe von Methoden. Zum einen gibt es Vorschläge für den Zeithorizont, für den Ziele formuliert werden sollten. Ziele, die sehr weit in die Zukunft reichen, lassen sich nicht auf einmal erreichen, sondern benötigen kleine, überschaubare Teil- bzw. Etappenziele, um sie zu realisieren. Ziele lassen sich also danach einteilen, ob sie in kurzer oder längerer Zeit erreicht werden sollen. Die vorgeschlagenen Zeithorizonte sind unterschiedlich, aber typischerweise erfolgt eine Dreiteilung in langfristige, mittelfristige und kurzfristige Ziele. Aus den langfristigen Mehrjahresplänen (drei bis fünf Jahre) werden mittelfristige Quartals- bzw. Monatspläne sowie kurzfristige Wochen- und Tagespläne abgeleitet. Erst diese konkreten Teilziele ermöglichen eine detaillierte Arbeitsplanung und ein effektives Zeitmanagement. Darüber hinaus haben wir bei jeder Erreichung eines Zwischenziels ein Erfolgserlebnis, das uns für die nächsten Teilziele motiviert.

Eine Vielzahl an Studien bestätigt die sogenannte Zielsetzungstheorie, die postuliert, dass es leistungssteigernd wirkt, wenn Ziele einerseits möglichst klar und spezifisch und andererseits herausfordernd formuliert sind. Spezifische und hohe Ziele führen zu mehr Anstrengungsbereitschaft und höherer Ausdauer, lenken die Aufmerksamkeit auf die Zielerreichung und führen dazu, dass eher effektive Strategien gesucht und angewendet werden (vgl. Latham und Locke 2007). Bei der konkreten Formulierung von Ergebniszielen hat sich die in der betrieblichen Praxis bekannte SMART-Regel bewährt, wobei die einzelnen Buchstaben des Akronyms Hinweise auf die Ausgestaltung der Ziele geben.

S   Spezifisch: Ziele sollten spezifisch und präzise formuliert werden, damit das Ziel handlungswirksam ist und nicht als vager Wunsch verstanden wird. Unklare Ziele führen zu unklaren Prioritäten und Planungsschwierigkeiten.
M   Messbar: Ziele sollten messbar sein, damit bei der späteren Überprüfung objektiv erkennbar ist, ob ein Ziel erreicht wurde oder nicht.
A   Attraktiv: Ziele sollten attraktiv und anspruchsvoll sein, damit sie eine Motivationswirkung entfalten und zu Höchstleistungen anspornen können. Außerdem sollte die Zielformulierung bereits den beabsichtigten Endzustand beschreiben, so als ob dieser bereits eingetreten wäre.
R   Realistisch: Damit man nicht relativ schnell die Lust verliert und demotiviert aufgibt, sollte realistisch geplant werden, d. h. es sollten nicht zu viele Ziele formuliert werden und die vorhandenen Ressourcen sollten ausreichen, damit die Ziele erreicht werden können.
T   Terminiert: Schließlich sollten Ziele terminiert sein, d. h. sich auf einen bestimmten Zeitraum oder ein genaues Datum beziehen, damit man nicht in Versuchung gerät, die Aktivitäten zur Zielerreichung ständig hinauszuschieben, sondern diszipliniert und konsequent an der Zielerreichung arbeitet.

Ein solchermaßen formuliertes Ziel könnte daher beispielsweise lauten: „Ende Juni habe ich meine Weiterbildung mit 12 von 15 möglichen Rangpunkten abgeschlossen."

Ein richtiger Umgang mit Zielen erfordert auch, dass man sich über die Rollen im Klaren ist, die man im Leben ausfüllt. Man ist eben nicht nur Führungskraft innerhalb einer Organisation, sondern hat auch eine Rolle innerhalb der Familie, im sozialen Umfeld und anderen Lebensbereichen. Für jede Rolle in einem wesentlichen Lebensbereich werden Ziele entwickelt, und zwar so, dass ein Gleichgewicht zwischen den Rollen entsteht, um die Balance zwischen Arbeits- und Privatleben zu sichern. Bei Zielkonflikten, d. h. wenn die verschiedenen Ziele der einzelnen Lebensbereiche nicht parallel erreichbar sind, muss überlegt werden, wie diese Konflikte minimiert werden können. Wenn erkennbar wird, dass bestimmte Ziele trotz Anstrengungsbereitschaft doch nicht erreichbar sind, müssen diese frühzeitig angepasst werden. Schließlich muss auch regelmäßig überprüft werden, ob man sich einem gesetzten Ziel nach wie vor verpflichtet fühlt und einen Sinn darin sieht, oder ob sich zwischenzeitlich die eigenen Prioritäten verschoben haben.

21.3.2 Formulieren von Verhaltenszielen

Allerdings zeigen sowohl zahlreiche Studien wie auch die Erfahrung der allermeisten Menschen, dass eine gute Zielformulierung noch kein Garant dafür ist, dass diese Ziele auch tatsächlich erreicht werden. Im Rahmen der Zielrealisierung lauert eine ganze Reihe von Hürden und Schwierigkeiten, die sich z. B. darin äußern, dass günstige Gelegenheiten nicht erkannt und somit verpasst werden, dass wichtige Aufgaben aufgeschoben werden oder dass man sich häufig unterbrechen lässt. Daher ist es von großer Bedeutung, die formulierten Ergebnisziele mit Verhaltenszielen oder sogenannten „Wenn-Dann-Plänen" zu ergänzen, die ein konkretes Verhalten beschreiben, damit bestimmte Ergebnisziele in einer Situation besser umgesetzt werden können. Solche Wenn-Dann-Pläne verknüpfen bestimmte situative Stimuli mit zielgerichtetem Verhalten, sodass das erwünschte Verhalten automatisiert ausgelöst wird, sobald die spezifizierte Situation eintritt. Sie haben folgendes Format: *„Wenn Situation X eintritt, dann will ich Verhalten Y ausführen"* (vgl. Faude-Koivisto und Gollwitzer 2011, S. 212). Das Ergebnisziel *„Am Ende der Woche habe ich meinen Projektstrukturplan fertiggestellt"* hat also bessere Chancen, tatsächlich realisiert zu werden, wenn es beispielsweise mit folgendem Wenn-Dann-Plan ergänzt wird: *„In der kommenden Woche arbeite ich jeden Morgen nach dem Einschalten meines PCs als allererstes eine halbe Stunde an meinem Projektstrukturplan"*. Wenn-Dann-Pläne sind somit ein effektives Instrument zur Förderung der Zielrealisierung, indem sie konkret festlegen, in welchen Situationen oder unter welchen Bedingungen und bei welchen Gelegenheiten das zielfördernde Verhalten ausgelöst wird. Die Wirkung der Wenn-Dann-Pläne ist zum einen auf die genaue Spezifizierung der auslösenden Situation zurückzuführen, da diese dann eher wahrgenommen und erkannt wird, sodass günstige Gelegenheiten nicht so schnell ungenutzt verstreichen. Zum anderen werden die im Plan festgelegten zielförderlichen Handlungen automatisiert ausgelöst, sodass eine Art Ad–hoc-Gewohnheitsbildung entsteht, ohne dass ein bewusster Willensakt oder kognitive Ressourcen benötigt werden (vgl. Faude-Koivisto und Gollwitzer 2011, S. 210 ff.).

21.4 Strategien und Handlungsmittel zur Umsetzung der Ziele

Zentrales Element bei der Erreichung unserer Ziele ist der Umgang mit unseren begrenzten Ressourcen, insbesondere mit der Zeit. Um unsere Zeit effektiv zu nutzen, ist es wesentlich zu erkennen, welche Aufgaben wichtig, weil zielförderlich sind, und welche Aufgaben unwichtig sind, da sie uns den eigenen Zielen nicht näherbringen. Im Vordergrund steht also die Ausführung zielgerichteter Aktivitäten, um damit einen effektiven Gebrauch der Zeit zu erreichen. Während es in traditionellen Zeitmanagementkonzepten eher darum geht, Aufgaben effizient zu planen und zu erledigen, damit in der zur Verfügung stehenden Zeit möglichst viel erledigt werden kann, betonen aktuelle Zeitmanagementansätze die Bedeutung der Konzentration auf das Wesentliche. Eine persönliche Zeitanalyse ist der erste Schritt, um unseren Umgang mit der Zeit zu verbessern, damit wir zielförderliche, aber auch hinderliche Verhaltensmuster und Gewohnheiten erkennen (vgl. Abschn 21.2.2).

Dies kann uns erste Ansatzpunkte erschließen, wie wir unsere wertvolle Ressource Zeit effektiver nutzen können. Darüber hinaus existiert im Bereich der Zeitplanung eine Reihe von Methoden zur Verbesserung des eigenen Zeitmanagements, von denen im Folgenden auf die methodische Planung, das Setzen von Prioritäten sowie den Umgang mit Zeitdieben eingegangen wird.

21.4.1 Methodische Planung

Eine tägliche methodische Arbeitstagsvorbereitung, bei der die verschiedenen Aufgaben zusammengestellt und priorisiert werden, ist ein wichtiger Schritt hin zu einer wirksamen Zeitgestaltung und nimmt – nach einer gewissen Übung – nur wenige Minuten Zeit in Anspruch. Gewöhnen Sie sich daher an, Ihren Arbeitstag konsequent und regelmäßig vorzubereiten, entweder am Morgen vor Beginn der eigentlichen Arbeit oder noch besser bereits am Vorabend. Diese Vorbereitung sollte nicht nur in Form einer gedanklichen „To-do-Liste" erfolgen, sondern auf jeden Fall notiert werden. Die schriftliche Fixierung hat den Vorteil, dass Sie den Kopf frei haben für die aktuell zu erledigenden Dinge, ohne die weiteren Aufgaben aus dem Blick zu verlieren bzw. zu verdrängen. Gleichzeitig erhöht ein schriftlicher Tagesplan die Übersichtlichkeit und erleichtert den Rückblick auf unsere Aktivitäten sowie deren Kontrolle. Da eine schriftliche Planung letztlich wie ein Vertrag mit uns selbst wirkt, werden wir Aktivitäten entschlossener angehen und seltener aufschieben. Um die verschiedenen Fehler, die bei der Tagesplanung typischerweise auftreten können, möglichst zu vermeiden, werden im Folgenden die notwendigen Schritte einer effektiven Planung anhand der sogenannten A-L-P-E-N-Methode kurz skizziert.

A   Alle Aufgaben (Aktivitäten und Termine) des nächsten Tages notieren („To-do-Liste").
L   Länge des Zeitbedarfs für die jeweiligen Aufgaben möglichst realistisch schätzen. Setzt man sich bewusst konkrete Zeiten für die einzelnen Aufgaben, wird man i. d. R konzentrierter arbeiten und Störungen konsequenter unterbinden.
P   Pufferzeit für Unvorhergesehenes reservieren, d. h. nicht den ganzen Tag verplanen, sondern nur etwa 60 % der Arbeitszeit. Die restlichen 40 % werden für Störungen und Unvorhergesehenes reserviert.
E   Entscheidungen treffen bzw. Prioritäten setzen, indem die Rangfolge der zu erledigenden Aufgaben festgelegt wird.
N   Nachkontrolle der geleisteten Arbeit. Täglich prüfen, was erledigt ist, und Unerledigtes auf den nächsten Tag übertragen.

Ein realistischer Tagesplan sollte grundsätzlich nur das enthalten, was wir an diesem Tag erledigen können, damit wir nicht in die Versuchung geraten, zu viel auf einmal tun zu wollen. Wenn wir es dagegen als realistisch einschätzen, die geplanten Aktivitäten des Tages auch erledigen zu können, werden wir uns umso mehr darauf konzentrieren und unsere Kräfte mobilisieren, um die Tagesziele zu erreichen.

21.4.2 Prioritäten setzen

Im Rahmen der täglichen Zeitplanung ist es elementar, Prioritäten zu setzen, d. h. zu entscheiden, welche Aufgaben wirklich wichtig sind und welche Aufgaben zurückgestellt werden können. Richtig priorisieren können wir die einzelnen Aufgaben aber nur dann, wenn wir wissen, welche Ziele bei unserer Arbeit im Vordergrund stehen und mit welchen Tätigkeiten diese Ziele erreicht werden können. Zur Priorisierung hat sich ein einfaches, aber sehr praktisches Hilfsmittel bewährt, das die beiden Kriterien Wichtigkeit und Dringlichkeit der jeweiligen Aufgaben kombiniert. Die Berücksichtigung dieser beiden Kriterien führt zu einem Entscheidungsraster mit vier Prioritätenklassen (Eisenhower-Prinzip oder Wichtig-Dringlich-Methode), in welches alle anstehenden Aufgaben aus unserem Tagesplan bzgl. ihrer Wichtigkeit und ihrer Dringlichkeit eingeordnet werden. Dadurch ergibt sich eine Rangfolge für die Abarbeitung der einzelnen Aufgaben:

A-Aufgaben sind wichtig und dringlich. Erledigen Sie diese Aufgaben sorgfältig und möglichst sofort, d. h. zu Beginn des jeweiligen Tages.

B-Aufgaben sind wichtig, aber zurzeit noch nicht dringend. Diese Arbeiten dürfen aber trotzdem nicht auf die lange Bank geschoben, sondern sollten konkret terminiert werden. Die Vernachlässigung von B-Aufgaben führt dazu, dass auch diese Aufgaben irgendwann dringend und damit zu A-Aufgaben werden. In letzter Konsequenz bedeutet die zeitliche Verschiebung von B-Aufgaben, dass man irgendwann nur noch A-Aufgaben hat und ständig als eine Art Feuerlöscher reagieren muss, ohne vorausschauend handeln zu können.

C-Aufgaben sind dringlich, aber nicht sonderlich wichtig. Das Dringliche macht zwar mehr Druck, trotzdem darf man sich davon nicht tyrannisieren lassen. Sie sollten versuchen, dringliche, aber nicht wichtige Aufgaben zu reduzieren, evtl. auch zu delegieren. Müssen sie dennoch von Ihnen selbst durchgeführt werden, sollten Sie darauf achten, dass diese Aufgaben in Arbeitsblöcke (z. B. Telefonate, Briefe-/E-Mails-Schreiben etc.) zusammengefasst und zügig abgearbeitet werden.

D-Aufgaben sind weder wichtig noch dringlich und es sollte sie laut Eisenhower-Prinzip gar nicht geben, d. h. sie sollten im Papierkorb landen (daher manchmal auch P-Aufgaben genannt). Auch wenn klar ist, dass diese Aufgaben in der Priorität ganz unten stehen, werden sie oft vorrangig durchgeführt, da sie fast immer einfach und schnell zu erledigen sind und zu dem guten Gefühl beitragen, etwas erledigt zu haben, das man auf der Liste abhaken kann. C- und D-Aufgaben gehören zu denjenigen Aktivitäten, bei denen der Rotstift angesetzt werden sollte, um sich Zeitreserven zu erschließen.

Die wichtigste Grundregel der Eisenhower-Methode besteht also darin, Wichtiges immer vor dem Dringlichen zu erledigen. Wichtige Aktivitäten und Aufgaben haben einen großen Einfluss auf die Zielerreichung und dürfen daher nicht aufgeschoben werden, um unwichtigeren Dingen den Vorrang zu lassen.

21.4.3 Umgang mit Zeitdieben

Während unserer Arbeit tauchen immer wieder Störungen auf, für die wir selbst oder für die unsere Umgebung verantwortlich sind. Solche Störungen, die uns daran hindern, unsere Zeit sinnvoll für uns und andere zu nutzen, werden Zeitdiebe (oder auch Zeiträuber oder Zeitfresser) genannt. Auch wenn diese Begriffe die Assoziation wecken, dass uns etwas von außen weggenommen wird und wir keinen Einfluss auf die Situation haben, liegt es doch in unserer Macht, mit Zeitdieben so umzugehen, dass sie unsere Zeitplanung nicht ständig durcheinanderbringen. Unser täglicher Umgang mit solchen Störungen entscheidet also darüber, ob wir die Kontrolle über unsere Zeit behalten und unsere Ziele erreichen. Mithilfe der schon beschriebenen persönlichen Zeitanalyse gewinnt man auch einen Überblick über die persönlichen Zeitdiebe, sofern man die Störungen bei den jeweiligen Tätigkeiten mitnotiert.

Fehlende Ordnung am Arbeitsplatz führt beispielsweise dazu, dass Sie ständig nach Notizen, Merkzetteln, Telefonnummern etc. suchen, Papiere jeden Tag erneut sichten, ohne diese endgültig zu bearbeiten und ständig das Gefühl haben, niemals mit der Arbeit fertig zu werden. Da Übersicht ein wichtiges Zeitmanagementelement ist, sollten Sie Ihren Arbeitsplatz so organisieren, dass er für Ihre Arbeit zuträglich ist. Ein vernünftiges Ablagesystem sorgt dafür, dass Sie den Überblick behalten und konzentrierter und damit effizienter und zielgerichteter arbeiten.

Häufige Unterbrechungen, beispielsweise durch unangemeldete Besucher oder ungeplante Telefonate, sind manchmal eine willkommene Ablenkung bei langweiligen oder schwierigen Aufgaben. Allerdings hat man nach der ungeplanten Pause häufig Schwierigkeiten, sich wieder auf die Arbeit zu konzentrieren, und verliert möglicherweise einen guten Gedanken oder den roten Faden der aktuellen Arbeit. Schalten Sie daher zumindest zeitweise Störungen konsequent aus, indem Sie den Anrufbeantworter einschalten, den Arbeitsplatz wechseln oder den Kollegen und Mitarbeitern klarmachen, zu welchen Zeiten Sie nicht gestört werden möchten. Um nicht ständig in Ihrer Aufmerksamkeit unterbrochen zu werden, versuchen Sie eine sogenannte „stille Stunde" einzurichten, indem Sie Ihren Mitarbeitern, Kollegen und allen anderen Partnern im Arbeitsprozess verdeutlichen, dass Sie zu bestimmten Zeiten nicht gestört werden wollen, um sich Aufgaben zu widmen, die Ihre volle Konzentration und Ruhe erfordern. Dies wird mit der Zeit von allen Beteiligten akzeptiert und berücksichtigt werden.

Besprechungen sind in Organisationen mit Arbeitsteilung eine wesentliche Gelegenheit für die Informationsweitergabe und den Austausch sowie für den Beziehungsaufbau. Daher verbringen gerade Führungskräfte häufig mehr als die Hälfte ihrer Arbeitszeit in Meetings. Allerdings sind Besprechungen häufig uneffektiv, aufgrund fehlender Klarheit in der Zielsetzung, zu geringer Vorbereitung, fehlender oder unstrukturierter Leitung sowie ineffizienter Gesprächsführung und Kommunikationsstörungen. Dies führt dazu, dass sich gerade engagierte Mitarbeiter in ihrer Produktivität ausgebremst fühlen. Damit Besprechungen effektiv sind, müssen sie also gut vorbereitet werden. Dafür wird zunächst eine Tagesordnung inklusive Zeitplan benötigt, damit alle Eingeladenen entscheiden können, ob die Inhalte für sie überhaupt relevant sind, und damit sich alle Teilnehmer auf die Inhalte des Treffens vorbereiten können. Der Zeitplan hilft auch dabei, dass jeder darauf achtet, pünktlich zu beginnen und auch pünktlich zu enden. Werden Besprechungen im Stehen abgehalten, führt dies häufig zu einer kürzeren Dauer. Der Leiter einer Besprechung muss dafür Sorge tragen, dass die Zeit- und Zielvorgaben beachtet werden, und übernimmt auch die Verantwortung für die Einhaltung eines förderlichen Gesprächsverhaltens, wie z. B. kurze und prägnante Beiträge. Zusätzlich sollte vorab geklärt werden, wer das Protokoll schreibt, und im Protokoll muss nachverfolgt werden, wer sich wann um welche Aufgaben kümmert.

Das spontane Aufschieben von notwendigen, aber unangenehmen Aufgaben (Prokrastinieren), während man sich angenehmeren Ersatzaktivitäten widmet, ist ein weit verbreitetes Phänomen. Auch wenn die meisten zumindest ab und zu zum Aufschieben neigen, gibt es doch interindividuell große Unterschiede, die auf verschiedene persönliche Erfahrungen und Lerngeschichten sowie unterschiedliche Arbeitsgewohnheiten zurückzuführen sind. Ist das Aufschieben sehr stark ausgeprägt, lohnt es sich aber, nach Methoden zu suchen, um dies zu reduzieren, da das Aufschieben zu schlechteren Leistungsergebnissen, zum Stresserleben und teilweise auch zu Versagensängsten und einem negativen Selbstkonzept führt. Ist das Aufschieben unangenehmer Aufgaben bereits sehr stark zur Gewohnheit geworden, ist es notwendig, diese negativen Verhaltensroutinen mit günstigeren Gewohnheiten zu ersetzen. Warum Menschen Dinge vor sich herschieben, hat unterschiedliche Gründe, die zunächst erst mal analysiert werden müssen, da sich die Strategien gegen das Aufschieben je nach Ursache ändern.

Hat man beispielsweise das Gefühl, gar nicht zu wissen, wo man anfangen soll, da die Aufgabe zu groß erscheint, macht es Sinn, die Aufgabe in kleine Teilaufgaben zu unterteilen, die leichter zu bewältigen sind, und sich dann für die Erledigung der Teilaufgaben Fristen zu setzen. Keine der Einzelaufgaben erscheint dann so gewaltig wie die komplette Aufgabe. Schiebt man eine Aufgabe deshalb auf, weil man damit etwas Unangenehmes verbindet, sollte zunächst analysiert werden, was genau einem Unbehagen bereitet, um das tiefere Problem dahinter anzugehen. Hängt das Aufschieben damit zusammen, dass man immer alles perfekt machen will, sollte man sich zunächst vom eigenen Perfektionsanspruch lösen und erkennen, dass manchmal auch 80 %-Lösungen völlig ausreichen. Wenn Sie Aufgaben gar nicht erst beginnen, weil Sie der Meinung sind, sowieso nicht genügend Zeit und Energie zu haben, um die Aufgabe fertigzumachen, nehmen Sie sich vor, nur zehn Minuten an einer Aufgabe zu arbeiten. Dies hat den Vorteil, dass Sie nach zehn Minuten möglicherweise so in die Arbeit vertieft sind, dass Sie weitermachen und die Aufgabe zu Ende bringen. Unter Umständen hilft auch der Trick, sich vorzustellen, dass heute der letzte Arbeitstag vor einem längeren Urlaub ist, und dass Sie alle Arbeiten heute abschließen müssen. Sich in diese Stimmung zu versetzen, hilft dabei, die richtigen Prioritäten zu setzen und das Wichtige sofort zu erledigen. Schließlich kann es sinnvoll sein, direkt am Morgen mit der unangenehmsten Aufgabe des ganzen Tages zu beginnen, weil dies Energie für den ganzen Tag verleihen kann.

Häufig fällt es uns schwer, „Nein" zu sagen zu einem neuen Auftrag oder der Bitte um Unterstützung, da wir nicht unhöflich sein oder andere nicht enttäuschen wollen und Angst vor Konflikten haben. Allerdings kann dies dazu führen, dass die eigene Zeit dann möglicherweise nicht mehr für die Erledigung der geplanten Aufgaben ausreicht und wir unsere Ziele nicht erreichen. Hier müssen wir lernen, den Mut zu haben, jemandem zu sagen, dass wir gerade keine Zeit haben.

21.5 Messung und Training von Selbstführung

21.5.1 Messung von Selbstführung

In der betrieblichen Praxis und insbesondere im personaldiagnostischen Bereich ist eine zuverlässige Methode zur Messung der Selbstführung aus verschiedenen Gründen relevant. Lässt sich fundiert feststellen, wie stark die Selbstführungskompetenz der Mitarbeiter aktuell ausgeprägt ist, kann zum einen beispielsweise ein passender Weiterbildungsbedarf ermittelt werden. Zudem können entsprechende Seminare und Trainingsveranstaltungen nach Abschluss der Maßnahme evaluiert werden, um die Nachhaltigkeit entsprechender Angebote zu überprüfen. Zum anderen kann der Ausprägungsstatus der Selbstführung auch für Platzierungsentscheidungen von Nutzen sein, um gerade bei den Positionen, die viel Selbstführung erfordern, die richtigen Mitarbeiter auswählen zu können. Entsprechende Instrumente können auch zur Selbstdiagnose eingesetzt werden, um Hinweise bezüglich der eigenen Stärken zu erhalten bzw. Informationen zu den Fähigkeiten und Fertigkeiten, die gegebenenfalls noch weiterentwickelt werden sollten.

Zur Messung der Selbstführung existiert seit geraumer Zeit mit dem RSLQ-D (German version of the Revised Self-Leadership Questionnaire) ein reliables und valides deutschsprachiges Instrument. Es handelt sich dabei um eine Adaptation eines englischsprachigen Fragebogens (RSLQ), der allerdings erheblich verkürzt wurde. Trotz der geringeren Testlänge weist der deutsche Fragebogen ähnlich gute Ausprägungen in den Gütekriterien auf wie die deutlich längere englischsprachige Originalversion. Für die Anwendung in der Praxis ergibt sich daraus der Vorteil, dass weniger Zeit für Durchführung und Auswertung benötigt wird (vgl. Andreßen und Konradt 2007). Der Fragebogen umfasst insgesamt 27 Items, die auf einer fünfstufigen Skala bewertet werden und sich auf neun unterschiedliche Dimensionen konzentrieren, wie z. B. Selbstbeobachtung, Selbstbelohnung, Selbstbestrafung, eigene Zielsetzung, Selbsterinnerung.

Beispielitems aus dem RSLQ-D
- Ich mache mir in der Regel bewusst, wie gut ich gerade in meiner Arbeit bin. *(Selbstbeobachtung).*
- Wenn ich eine Arbeitsaufgabe erfolgreich abgeschlossen habe, belohne ich mich mit etwas, das mir Spaß macht *(Selbstbelohnung).*

- Wenn ich schlechte Arbeit geleistet habe, neige ich dazu, mich selbst zu kritisieren *(Selbstbestrafung)*.
- Ich setze mir ständig spezifische Ziele für meine eigene Arbeitsleistung *(eigene Zielsetzung)*.
- Zur Erledigung meiner Aufgaben mache ich mir regelmäßig Pläne *(Selbsterinnerung)*.
(Quelle: http://www.uni-kiel.de/psychologie/AOM/index.php/self-leadership-questionnaire.html)

Neben der Messung der eigenen Selbstführungskompetenz existiert mittlerweile auch ein Instrument zur Beurteilung von Vorgesetzten bezüglich ihrer Kompetenz, mittels Selbstführung zu führen (Fragebogen zu Führung durch Selbstführung – FFdS). Die Validierung des Fragebogens zeigt u. a. Diskrepanzen zwischen dem Konzept der Selbstführung einerseits und Führung durch Selbstführung andererseits, d. h. Selbstführung darf nicht als Substitut für Fremdführung verstanden werden. Führung durch Selbstführung manifestiert sich insbesondere in den beiden Dimensionen „Coaching und kommunikative Unterstützung" und „Förderung von Eigeninitiative und Selbstverantwortung". Es geht also u. a. darum, ob Vorgesetzte in ihrem Führungsverhalten auf Dialog und Feedbackkommunikation setzen und ihre Mitarbeiter dazu ermutigen, sich selbst Ziele zu setzen und diese Ziele eigenverantwortlich zu realisieren. Denkbar wäre ein Einsatz des beschriebenen Instruments im Rahmen der Evaluation von Führungskräftetrainings oder im Sinne einer Erfolgskontrolle struktureller Maßnahmen, beispielsweise bei Veränderungen der Organisationsstrukturen.

Beispielitems aus dem „Fragebogen zu Führung durch Selbstführung FFdS"
Skala „Coaching und kommunikative Unterstützung"
Meine Führungskraft:

- fragt, wenn mir ein Fehler unterläuft, was ich daraus lernen kann.
- rät dazu, die Bewältigung neuer Aufgaben vorher gedanklich durchzuspielen.
- ermutigt mich, darauf zu achten, bei welchen Tätigkeiten ich mich wohlfühle.
- empfiehlt, sich bei längeren Arbeitsvorhaben über erreichte Zwischenziele zu freuen.
- ermutigt dazu, sich nach Erfolgen auch einmal selbst zu belohnen.

Skala „Förderung von Freiräumen und Eigenverantwortung"
Meine Führungskraft:

- gestattet, dass ich in meinem Arbeitsbereich selbstständig Entscheidungen treffe.
- begrüßt es, wenn ich in meinem Tätigkeitsbereich Verantwortung übernehme.
- gewährt Freiräume, um die Arbeit nach eigenen Vorstellungen erledigen zu können.
- erwartet, dass ich mir anspruchsvolle, gleichzeitig aber auch realistische Ziele setze.
- äußert sich anerkennend, wenn ich Eigeninitiative zeige.
(Quelle: Müller et al. 2011, S. 387 f.)

21.5.2 Förderung der Selbstführung

Im Rahmen der Personalentwicklung ist die Frage nach der Entwicklung und Förderung der Selbstführungskompetenz besonders relevant, insbesondere da eine fast unüberschaubare Menge an unterschiedlichen Trainingsmaßnahmen angeboten wird. Die allermeisten Maßnahmen in diesem Bereich beziehen sich allerdings lediglich auf einen Teilaspekt der Selbstführung, nämlich auf das Zeitmanagement. Das Ziel von Zeitmanagementtrainings ist es u. a., Personen dazu zu befähigen, mit ihrer Zeit produktiver umzugehen und ihre Aufgaben und Tätigkeiten effektiver und effizienter zu erledigen. Evaluationen solcher Trainingsmaßnahmen führen zu überwiegend positiven Ergebnissen, auch wenn nicht alle Teilnehmer in gleichem Umfang von den vermittelten Inhalten profitieren. In Bezug auf tätigkeitsrelevante Veränderungen zeigen Evaluationsstudien, dass bei einer konstruktivistischen Seminarkonzeption (realitätsnahe Übungen, situatives Lernen, multiple Fokussierung etc.) bessere Transferleistungen erreicht werden als mit Standardseminaren, bei denen einseitige Wissensvermittlung und angeleitetes Üben im Vordergrund stehen (vgl. Müller und Wiese 2010, S. 648 ff.).

Maßnahmen zur Förderung des Selbstmanagements reichen über Zeitmanagementtrainings hinaus und beschäftigen sich mit weiteren Aspekten, wie beispielsweise der Vermittlung von Verhaltensstrategien beim Umgang mit Stressoren, der Veränderung ungünstiger Arbeitshaltungen bis hin zur Förderung von Willensstärke. Im Unterschied zu Zeitmanagementtrainings sind empirische Überprüfungen der Wirksamkeit von Selbstmanagementtrainings deutlich seltener und weisen darüber hinaus – insbesondere wenn sie psychologisch wenig fundiert sind – auf eine geringere Nachhaltigkeit hin, d. h. trainingsbedingte Veränderungen sind häufig nicht von Dauer (vgl. Buhl 2011, S. 51). Selbstmanagementtrainings scheinen dann effektiver zu sein, wenn sehr stark individualisiert vorgegangen wird, d. h. wenn die einzelnen Teilziele und Problemlösungskonzepte nicht von den Trainern vorgegeben, sondern von den Teilnehmern selbst erarbeitet werden. Darüber hinaus sollen die jeweiligen Selbstmanagementprobleme in kleinen und individuell geplanten Schritten angegangen werden. Schließlich reduziert sich die Gefahr von Misserfolgen dadurch, dass die Transferproblematik sowie die Wahrscheinlichkeit von Rückschlägen explizit bereits im Rahmen der Trainingsmaßnahme thematisiert werden. Bei der Planung und Gestaltung von Selbstmanagementtrainings sollten diese Aspekte also im Vorfeld berücksichtigt werden, damit der Transfer des Gelernten in den Arbeitskontext gelingt (vgl. Müller und Wiese 2010, S. 650 ff.; Klein et al. 2003, S. 167). Coaching-Maßnahmen weisen ebenfalls einen Bezug zum Selbstmanagement auf, sodass sie im Einzelfall ebenfalls der Förderung von Selbstmanagementkompetenzen dienen können. Allerdings spielt diese Art der Förderung eine eher untergeordnete Rolle, da Coaching-Maßnahmen aufgrund der hohen Kosten in den meisten Organisationen lediglich einer kleinen Führungselite vorbehalten sind. Zudem existieren aufgrund des Fehlens von systematischen und verbindlichen Evaluationskriterien keine aussagekräftigen evaluativen Studien zu Einzelberatung und Coaching (vgl. Buhl 2011, S. 32 f.).

Selbstführungstrainings gehen über die Vermittlung und Einübung von Strategien hinaus und beschäftigen sich mit zusätzlichen Aspekten, wie beispielsweise individuellen Denkstilen, der Analyse von Stärken und Schwächen, der Aktivierung psychischer Ressourcen, der Identifizierung von Gefühlen und Stimmungen oder der Sensibilisierung für intuitive Impulse in bestimmten kritischen Situationen. Auch hier deutet die vergleichsweise geringe Anzahl an Evaluationsstudien auf eine geringe Nachhaltigkeit hin (vgl. König und Kleinmann 2014, S. 656). Ein möglicher Grund dafür könnte sein, dass Umweltbedingungen in den Organisationen außer Acht gelassen werden. Interventionen zur Förderung der individuellen Selbstführung sollten daher nicht nur den einzelnen Mitarbeiter berücksichtigen, sondern auch den sozialen Kontext der Organisationsmitglieder einbeziehen, indem Trainingsmaßnahmen beispielsweise auf der Teamebene durchgeführt werden. Darüber hinaus ist es auch wichtig, die Rahmenbedingungen anzupassen, damit Einzelne in ihrem individuellen Selbstmanagement weniger eingeschränkt werden und ihre Kompetenzen besser nutzen können (vgl. Buhl 2011).

Literatur

Andreßen, P. (2008). *Selbstführung im Rahmen verteilter Führung.* Wiesbaden: VS Research.

Andreßen, P., & Konradt, U. (2007). Messung von Selbstführung: Psychometrische Überprüfung der deutschsprachigen Version des Revised Self-Leadership Questionnaire. *Zeitschrift für Personalpsychologie, 6*(3), 117–128.

Bissels, T., Sackmann, S., & Bissels, S. (2006). Die Arbeitssituation von Selbständigen: Eine beschreibende Studie zu Belastungen, individuellen Bewältigungsstrategien/-kompetenzen und den Konsequenzen im Erleben der Arbeit. *Zeitschrift für Arbeitswissenschaft, 2,* 97–106.

Braun, O. L. (2004). Berufsbezogene Zielklarheit. In B. S. Wiese (Hrsg.), *Individuelle Steuerung beruflicher Entwicklung. Kernkompetenzen in der modernen Arbeitswelt* (S. 129–143). Frankfurt: Campus.

Buhl, C. (2011). Selbstmanagement im Team. Digitale Dissertation, Universität Hamburg. http://ediss.sub.uni-hamburg.de/volltexte/2011/4971/pdf/Buhl_C_Selbstmanagement-im-Team.pdf. Zugegriffen: 24. Feb. 2015.

Faude-Koivisto, T., & Gollwitzer, P. (2011). Wenn-Dann-Pläne: eine effektive Planungsstrategie aus der Motivationspsychologie. In B. Birgmeier (Hrsg.), *Coachingwissen* (S. 209–227). Wiesbaden: VS Verlag für Sozialwissenschaften.

Graf, A. (2012). *Selbstmanagement-Kompetenz in Unternehmen nachhaltig sichern.* Wiesbaden: Springer Gabler.

Haberstroh, M. (2007). *Individuelle Selbstführung in Projektteams.* Wiesbaden: Deutscher Universitäts-Verlag.

Klein, S., König, C. J., & Kleinmann, M. (2003). Sind Selbstmanagement-Trainings effektiv? *Zeitschrift für Personalpsychologie, 2*(4), 157–168.

König, C. J., & Kleinmann, M. (2014). Selbstmanagement. In H. Schuler & U. P. Kanning (Hrsg.), *Lehrbuch der Personalpsychologie* (S. 647–674). Göttingen: Hogrefe.

Latham, G. P., & Locke, E. A. (2007). New developments in and directions for goal setting research. *European Psychologist, 12,* 290–300.

Müller, G. F. (2006). Mitarbeiterführung durch kompetente Selbstführung. *Zeitschrift für Management, 1*(1), 6–20.

Müller, G. F., & Wiese, B. S. (2010). Selbstführung bei der Arbeit. In U. Kleinbeck, K.-H. Schmidt & N. Birbaumer (Hrsg.), *Enzyklopädie der Pychologie – Arbeitspsychologie* (S. 623–667). Göttingen: Hogrefe.

Müller, G. F., Sauerland, M., & Butzmann, B. (2011). Führung durch Selbstführung – Konzept, Messung und Korrelate. *Gruppendynamik und Organisationsberatung, 42*(1), 377–390.

Schäffer-Külz, U., & Wendt, P. (2012). *Gesunde Schule – Befunde, Konzepte, Praxistipps*. München: Oldenbourg.

Weinert, A. B. (2004). *Organisations- und Personalpsychologie*. Weinheim: Beltz.

Systemische Führung: Erfolgreiches Performance Management internationaler Teams

22

Johannes Abt

22.1 Einleitung und Herausforderung

Erfolgreich sein ist heute mehr denn je in unserer Leistungsgesellschaft ein „Muss", nicht nur, um als Führungskraft als Vorbild anerkannt zu sein, die Akzeptanz der Mitarbeiter und Kollegen zu bekommen, sondern letztlich, um in einem Unternehmen, einer Organisation bzw. in einem System integriert zu sein. Dies bedeutet, die „ungeschriebenen Gesetze" zu kennen und zu akzeptieren und sich nach der „Corporate Identity" zu richten. Nur hat das selten etwas mit Performance Management, noch weniger mit einem zielorientierten Handeln und am geringsten mit einer strategischen Ausrichtung und Umsetzung von Unternehmenszielen zu tun, sondern ist meist danach ausgerichtet, möglichst „geräuschlos" sich und sein Team durch schwierige Zeiten zu manövrieren. Aber was tun, um Mitarbeiter und Teams an die neuen Herausforderungen heranzuführen und zu motivieren, gemeinsam Unternehmensstrategien in griffige Ziele zu verpacken und so zu transparenten und bewertbaren Aufgabenstellungen zu formulieren?

In der folgenden Abhandlung werden Sie erfahren, wie wichtig es ist, Mitarbeitern und Teams durch klare Ziele und Aufgabenstellungen bzw. Tätigkeiten (Fordern) und durch gezielte Weiterentwicklung – sei es durch spezielle Trainings und Schulungsmaßnahmen oder durch entsprechende Teamentwicklung (Fördern) – zu motivieren. Darüber hinaus soll gezeigt werden, mit welchen „Tools" Führungskräfte in der Lage sind, ihre Mitarbeiter auf Basis von vereinbarten Zielen zu beurteilen und ein Leistungsprofil zu erstellen. Dabei werden verschiedene Aspekte des Arbeitsumfelds und Arbeitsalltags zur Bewertung herangezogen und zu einem Gesamtbild aus unterschiedlichen Kompetenzfeldern

---

J. Abt (✉)
Friedrichshafen, Deutschland
E-Mail: Jo.abt@gmx.de

© Springer-Verlag Berlin Heidelberg 2016
H. Künzel (Hrsg.), *Erfolgsfaktor Performance Management*, Erfolgsfaktor Serie,
DOI 10.1007/978-3-662-47102-9_22

zusammengefügt. Letztlich ist es das Zusammenspiel aus Mitarbeitergesprächen, Umsetzung von Unternehmenszielen, Erlangen von Kompetenzen, Verantwortungsübernahme sowie Motivation von Mitarbeitern.

Als Führungskraft zu entscheiden und Entscheidungen durchzusetzen, bedeutet immer auch die Ausübung von direktem und/oder indirektem Einfluss auf andere. Dabei trägt die Führungskraft Verantwortung in zweierlei Hinsicht: Sie ist verantwortlich für die Erreichung der Unternehmensziele und sie trägt die Verantwortung für die Konsequenzen der von ihr gefällten Entscheidungen und für die von diesen Konsequenzen betroffenen Unternehmensmitglieder (Mitarbeiter).

Aus dem Alltag ist Ihnen sicherlich Folgendes bekannt: „Gesagt" ist noch nicht „getan". Sie erleben dies als Schwierigkeit, dass manche Vereinbarung und manches Ziel, manche Maßnahme oder aber auch Leistung nicht in dem Maß wie erwartet erbracht wird, obwohl der Mitarbeiter oder das Team zum Vereinbarten „ja" gesagt haben. Vor diesem Hintergrund erscheint ein Führungsstil auf Basis von Anweisungen („Befehl und Gehorsam") nach dem militärischen Vorbild „KKK" (Kommandieren, Kontrollieren, Korrigieren) als geeignet, aber können Sie so internationale und interkulturelle Teams auch nachhaltig führen?

Ziel dieser Abhandlung ist es, Ihnen Schritt für Schritt aufzuzeigen, wie es anders gehen kann und welche Vorteile es bietet, durch einen systemischen Ansatz kulturelle Unterschiede auszugleichen und Teams zu motivieren, indem Mitarbeiter durch eine methodische Vorgehensweise entwickelt werden und deren Performance messbar gemacht wird. Sie erfahren, welche Vorzüge das „FFF"-Modell (Fordern, Fördern, Feedback geben) für die Führung von Mitarbeitern bietet.

Dazu lernen Sie das Modell eines Entwicklungsplans sowie dessen Erstellung kennen. Darauf aufbauend wird die Entwicklung der Eingangsparameter in Form eines Kompetenzkatalogs vorgestellt, mit dem sich Kompetenzen für die jeweilige Tätigkeit und Aufgabe bewerten und aus dem sich weitere Maßnahmen zur Performance-Steigerung ableiten und definieren lassen. Anschließend wird diskutiert, wie die Performance-Messung durch die Führungskraft bewertet und vom Führungsteam evaluiert wird. Des Weiteren wird beschrieben, wie Teammitglieder durch einen unmittelbaren Vergleich Potenzialeinschätzungen vornehmen können und wie Personalmaßnahmen durch abgestimmte Trainings „on the job" sowie „off the job" durchgeführt werden können.

Erst durch Gestaltung und Festlegung des „Gesamtmaßnahmenpakets" ergibt sich ein Führungsmodell, das auf der Entwicklung von Mitarbeitern und der erfolgreichen Umsetzung von Unternehmensstrategien aufbaut.

22.2 Modell eines Entwicklungsplans

Der Ausgangspunkt für die Entwicklung, Einführung und Umsetzung eines einheitlichen Entwicklungsplans basiert häufig auf recht einfachen Ursachen. Führungskräfte kommen meist aus unterschiedlichen Fachrichtungen und haben i. d. R. ihre Führungserfahrungen nicht in dem Unternehmen gesammelt, in dem sie aktuell arbeiten. Nach Maßgabe ihrer unterschiedlichen Vorstellungen, Einstellungen und „Prägungen" von Führung sollen sie nun ihre Mitarbeiter regelmäßig beurteilen und bewerten. Dies erfolgt auf ganz unterschiedliche Weise und hängt nicht nur von der jeweiligen Führungskraft ab, sondern auch von den Unternehmenszielen und -vorgaben.

Eine einheitliche Regelung ist nur konsequente Folge, die es jedoch meist in mittelständischen Unternehmen entweder nicht gibt oder wenn, dann doch nur durch Weisungen seitens des Personalfachbereiches. Allgemein gehaltene Beurteilungsbögen, die vom Vorgesetzten individuell auszufüllen sind, sind da meist die Ausnahme und stellen einen ersten Schritt in die richtige Richtung dar. Ob nun die Führungskraft dabei die Entwicklung des jeweiligen Mitarbeiters bewusst berücksichtigt, hängt wiederum von der Erfahrung ab, Mitarbeiterpotenziale zu erkennen und entsprechend zu fördern. All dies hat jedoch nichts oder nur wenig mit Performance Management zu tun.

Um dies zu ändern, bedarf es eines Prozesses einer systematische Vorgehensweise und damit des Schritts zur Optimierung der Mitarbeiterperformance mittels eines Entwicklungsplans (Abb. 22.1):

Der Entwicklungsplan ist ein fünfstufiger Prozess, der eine einheitliche Vorgehensweise garantiert. In der ersten Phase wird mit allen Mitarbeitern jeweils im persönlichen Mitarbeitergespräch ein individueller Mitarbeiter-Entwicklungsplan mit konkreten Zielvereinbarungen erstellt.

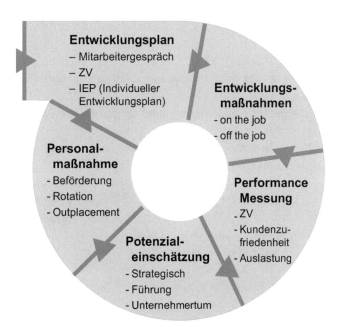

Abb. 22.1 Das Modell eines fünfstufigen Entwicklungsplans. (Quelle: eigene Darstellung)

In der zweiten Phase definieren Mitarbeiter und Führungskraft Entwicklungsmaßnahmen, die beide Parteien unabhängig voneinander vor dem Gespräch als Vorschläge erarbeiten. Im Gespräch klären sie miteinander, welche Maßnahmen „on the job" (Learning by Doing) und welche „off the job" (Teilnahme an einem Seminar oder Training) zu welchem Zeitpunkt durchgeführt werden sollen. Die Maßnahmen werden in Abstimmung mit dem individuellen Entwicklungsplan definiert und vereinbart.

Die Performance-Messung erfolgt in der dritten Phase. Dabei werden die vereinbarten Ziele auf deren Erreichung hin überprüft. Hier kann es sich um fachliche Ziele, Umsatzziele, Kundenzufriedenheit im Bereich von Dienstleistungen und Service, Fort- und Weiterentwicklungsziele (Schulungs- und Seminarteilnahmen) bis hin zur Erfüllung von Sonderaufgaben (Erarbeitung und Umsetzung eines Konzeptes) handeln.

In der vierten Phase werden die Fähigkeiten der Mitarbeiter beurteilt, von seiner Persönlichkeit über strategisches und unternehmerisches Denken und Handeln, sowie dessen Fähigkeit, andere zu motivieren und zu führen. Dies kann mittels eines standardisierten Bewertungsbogens erfolgen. Ein solcher Fragenkatalog zur Messung der Performance kann auf folgende Kriterien abstellen:

Der Mitarbeiter:

- denkt und handelt strategisch und gibt Orientierung,
- zeigt notwendige Veränderungen auf und initiiert diese,
- ermöglicht und fördert eine Top-Performance,
- geht professionell mit Unternehmensdaten und Informationen um,
- handelt im Sinne des Unternehmens und trägt zur Wertschöpfung bei.

Für die Bewertung solcher Kriterien ist folgende Skala denkbar:

[–/–] unzutreffend, [–] eher unzutreffend, [0] indifferent, [+] eher zutreffend, [+/+] genau zutreffend

Für die Bewertung der Performance als zusammenfassender Einschätzung und Positionierung des Mitarbeiters im Vergleich zu seinen Kollegen auf derselben Ebene im abgelaufenen Bewertungszeitraum ist folgende Skala denkbar:

[x] außergewöhnlich [x] exzellent [x] erfolgreich [x] inkonsistent [x] ungenügend

In der fünften und letzten Phase schließlich werden Förder- und Weiterbildungsmaßnahmen für den Mitarbeiter vereinbart. Die Führungskraft bzw. das Führungsteam legt fest, ob der Mitarbeiter Qualifizierungsbedarf aufweist, und falls ja, welche Maßnahmen in welchen Schritten infrage kommen. Die Entscheidung, ob er aufgrund seiner Performance befördert, versetzt oder auf einer „Halteposition" platziert wird, erfährt der Mitarbeiter in einem Abschlussgespräch nach der Beurteilungs- und Bewertungsrunde persönlich von seiner Führungskraft. Wichtig ist hierbei, dass der Vorgesetzte dies in einer wertschätzenden Art und Weise mitteilt und darauf achtet, die positiven Aspekte hervorzuheben und festgestellte Defizite oder nicht erfüllte Erwartungen als Chance zu vermitteln und zu formulieren.

Das hier vorgestellte Fünf-Phasen-Modell des Entwicklungsplans kann auch für interkulturell zusammengesetzte Teams in dieser Form durchgeführt werden. Wichtig ist, dass die Führungskraft bei der Kommunikation auf Wertschätzung, Transparenz und Offenheit achtet und den Mitarbeitern gegenüber freundlich und respektvoll auftritt.

22.3 Eingangsgrößen

Grundlage jedes Entwicklungsplans ist eine eingehende Bewertung der Fähigkeiten und Kompetenzen des Mitarbeiters. Hierfür werden die im jeweiligen Stellenplan beschriebenen Aufgaben, Anforderungen und Verantwortlichkeiten herangezogen, die der Inhaber dieser Stelle erfüllen sollte. Ergänzend hinzugezogen werden in der Regel Bewertungen bzw. Beurteilungen früherer Tätigkeiten des Mitarbeiters im Unternehmen oder anderer Arbeitgeber, um ein möglichst umfassendes Gesamtbild über ihn zu erlangen.

Mitarbeitergespräche Zu Beginn seiner beruflichen Tätigkeit im Unternehmen und anschließend in einem festgelegten zeitliche Turnus (i. d. R einmal jährlich) führt die Führungskraft mit jedem Mitarbeiter ein strukturiertes Mitarbeitergespräch, das folgende Inhalte berücksichtigen sollte:

a) aktuelle persönliche Situation: Arbeitsumfeld, Kollegen, Teamkommunikation, Arbeitsumfang
b) Ausgangssituation: Ausbildung, beruflicher Wertegang, letzte Tätigkeiten (Projekte)
c) Entwicklungsziel: Wo will ich in einem, drei bzw. fünf Jahren sein? Was ist mir dabei wichtig?
d) Lernfelder bzw. -ziele: fachliche und soziale Kompetenzen sowie Führung (Leadership)
e) Motivation: Was motiviert mich? Welche Erfolge/Misserfolge?

Am Ende des Gesprächs wird der Mitarbeiter gebeten, eine Selbsteinschätzung nach folgenden Vorgaben vornehmen (Abb. 22.2): Diese erfolgt nach Maßgabe von vier branchenübergreifend gültigen Kompetenzfeldern. Die Schwierigkeit der Aufgabenstellung besteht darin, dass der Mitarbeiter keine der vier Kernkompetenzen auf einem und demselben Level einschätzen darf. Im Anschluss bewertet die Führungskraft die vier Kompetenzfelder des Mitarbeiters und bespricht dann mit diesem das Ergebnis. Dabei sollte sie darauf achten, ihre Position transparent zu vertreten und dem Mitarbeiter seine Entwicklungs- und Handlungsfelder nachvollziehbar aufzuzeigen. Diese Vorgehensweise trägt zur Stärkung des gegenseitigen Vertrauensverhältnisses bei.

Es kommt immer wieder vor, dass die Einschätzungen des Mitarbeiters und der Führungskraft voneinander abweichen. In diesem Falle ist es ratsam, dass der Vorgesetzte anhand konkreter Situationen beschreibt, wie er den Mitarbeiter erlebt hat, und ggf. auch die Sichtweise der Teammitglieder und/oder der Kunden darlegt. Bei neu ins Unternehmen gekommenen Mitarbeitern empfiehlt es sich, diese in der Anfangsphase intensiver zu betreuen, um einen Eindruck über deren Verhalten, Arbeitsweise und Gruppenintegration

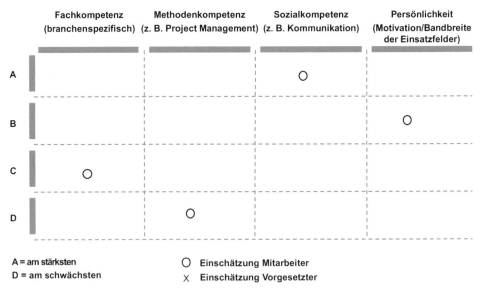

Abb. 22.2 Kompetenzfelder zur Selbstreflexion. (Quelle: eigene Darstellung)

zu erhalten. Die Führungskraft trägt alle Beobachtungen zusammen, um sie im ersten Mitarbeitergespräch anzusprechen.

Kompetenzprofil

Die erfassten Ergebnisse und Informationen lassen sich anhand einer einfachen Grafik darstellen. Mittels einer einheitlichen Bewertungsskala wird ein Kompetenzprofil erstellt und visualisiert (Abb. 22.3).

Die einzelnen Bewertungskriterien sollten möglichst detailliert beschrieben werden, um Mitarbeiter mit unterschiedlichen Erfahrungen und Eingruppierungen (Projektassistenz, Projektkoordinator, Projektleiter, Senior-Projektleiter, Program Director) gerecht beurteilen zu können. Bewährt hat sich, dafür genaue Stellenbeschreibungen heranzuziehen,

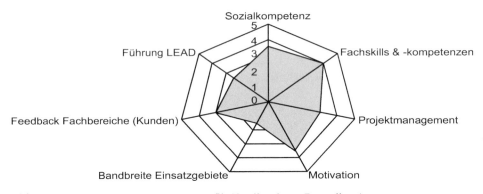

Abb. 22.3 Exemplarisches Bewertungsprofil. (Quelle: eigene Darstellung)

die Geschlecht, Alter oder Herkunft „außen vor" lassen. Auf dieser Grundlage kann nun für jedes Bewertungskriterium eine Bewertungsmatrix erstellt werden, wie in Abb. 22.4 am Beispiel „Sozialkompetenz" gezeigt.

Die Bewertung nimmt die Führungskraft vor, idealerweise, nachdem im Vorfeld die Bewertungskriterien im Führungskreis besprochen und abgestimmt worden sind, um eindeutige und klare Bewertungsgrundlagen im Unternehmen zu gewährleisten. Dies ist wichtig, weil sonst jede Führungskraft sozusagen nach eigenem Gutdünken handeln würde, was eine Vergleichbarkeit der Bewertungsergebnisse nicht zuließe.

Neben der in Abb. 22.4 dargestellten Sozialkompetenz kommen als Bewertungskriterien weiterhin infrage:

- Fachskills und fachliche Kompetenzen (aufgabenbezogen)
- Projektmanagementerfahrung (Präsentation, Moderation, Koordination, Kosten-Controlling etc.)
- Motivationsfähigkeit (in Bezug auf Leistung, Veränderung und Führung)
- Einsatzbreite (Integrationsfähigkeit in Teams, persönliche Flexibilität sowie Fachwissen)
- Lead (strategische Kompetenz, Wissenstransfer, Wertschöpfung, Change-Prozesse etc.)
- Feedback an Kunden (für Vertriebs- und Projektmanagementpersonal sowie Servicemitarbeiter)

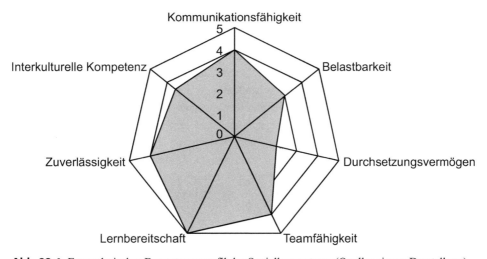

Abb. 22.4 Exemplarisches Bewertungsprofil der Sozialkompetenz. (Quelle: eigene Darstellung)

Zielvereinbarung
In der Zielvereinbarung werden fachbezogene Ziele wie z. B. Auftragsabwicklung eines Projektes, Akquise etc., aber auch Entwicklungsziele wie etwa Fort- und Weiterbildung schriftlich fixiert. Darüber hinaus können persönliche Zielgrößen mitberücksichtigt werden, bspw. Veröffentlichungen, Vorträge oder Teilnahme an Seminaren. Weitere Ziele sind etwa die Verbesserung der Kundenzufriedenheit, die persönliche Auslastung (z. B. verkaufte Arbeitstage als Dienstleister) sowie zusätzliche Sonderaufgaben.

Größere Unternehmen verfügen meist über ein Standardformular, das der Vorgesetzte einmal pro Jahr nach Maßgabe der Unternehmensziele anpassen sollte. Die jeweiligen Ziele orientieren sich meist an den fachlichen Zielgrößen, den Unternehmenszielen und der Unternehmensstrategie. Entsprechend werden sie bis auf die Sachbearbeiterebene heruntergebrochen.

Individueller Entwicklungsplan
Die Führungskraft erstellt für jeden Mitarbeiter, nachdem sie sich mit diesem über Einzelmaßnahmen abgestimmt hat, einen individuellen Entwicklungsplan. Er beinhaltet Personalmaßnahmen, die „on the job" erfolgen können, als auch – als einfachere Variante – Schulungen und Seminare („off the job"), die der Mitarbeiter während eines Beurteilungszeitraums besuchen sollte, um seine Aufgaben umfassend erfüllen zu können.

Um eine kontinuierliche Entwicklung der Mitarbeiter sicherzustellen, sollte der Entwicklungsplan auf drei bis vier Jahre ausgelegt sein, um beim jährlichen Mitarbeitergespräch mit Blick auf eine optimale individuelle Entwicklung Nachjustierungen vornehmen zu können.

Die eigene Erfahrung spricht dafür, dass Entwicklungspläne im ganzen Unternehmen geführt werden, um eine Durchgängigkeit zu gewährleisten, aber auch sicherzustellen, dass die Ressourcen („off the job") möglichst effizient genutzt und eingesetzt werden. Dies erleichtert auch nachzuvollziehen, welche Maßnahmen die Mitarbeiter bereits durchlaufen haben bzw. noch benötigen, um ihre Fähigkeiten auszubauen. Es trägt wesentlich zur Motivation der Mitarbeiter bei, wenn sie feststellen, dass ihr Einsatzspektrum und/oder ihre Verantwortung schrittweise erweitert werden. In der High Professional Service Industry wird dies bspw. im Erreichen von Beraterlevels sichtbar. In Produktionsbetrieben in Tätigkeitsbereichen, die der Mitarbeiter sich zusätzlich erwirbt, dokumentiert in der Kompetenzmatrix, die aufzeigt, in welchen Bereichen die zusätzlichen Einsatzmöglichkeiten bestehen.

Bedeutung für interkulturelle Teams
Je transparenter in einem Unternehmen Entscheidungen getroffen werden und Prozesse ablaufen, umso leistungsbereiter sind die Mitarbeiter. Deshalb ist es wichtig, diesen regelmäßig Feedback über ihre Arbeit und ihren Beitrag im Team zu geben, um ggf. Handlungsoptionen anpassen oder ändern zu können. Dazu gehört auch, dass die Führungskraft im Mitarbeitergespräch mit ihrer fundierten Bewertung der erbrachten Leistungen dem Mitarbeiter eine Reflexionsplattform bietet, die durchaus auch verschiede Perspektiven berücksichtigt. In einem Produktionsbetrieb beispielsweise kämen die Sichtweisen des Teams, des Vorarbeiters, Meisters oder Teamleiters bis hin von benachbarten Teams und der Kollegen.

Top-Performance „fällt nicht vom Himmel" und kann auch nicht per Unternehmensanweisung „befohlen" werden. Performance ist ein Prozess, bei dem Mitarbeiter ihre Bedeutung im Unternehmen und den unmittelbaren Zusammenhang ihrer Performance mit dem Unternehmenserfolg verstehen lernen.

In individuellen Entwicklungsplänen können bei international zusammengesetzten Teams bspw. kulturelle Aspekte eine stärkere Beachtung finden. In speziellen Trainings können die Mitarbeiter auf kulturelle Besonderheiten vorbereitet werden. Für internationale Projektteams ist dies unabdingbar, weil je nach Kulturkreis einem und demselben Begriff oder Sachverhalt eine unterschiedliche Bewertung oder Bedeutung beigemessen werden kann.

Ein Termin bspw. hat im europäischen (deutschsprachigen) Kulturkreis sicherlich eine andere Bedeutung als im asiatischen Kulturraum. Das Wissen über solche „Feinheiten" und ein angemessener Umgang mit diesen können nur durch eine Unternehmenskultur des offenen Austauschs ermöglicht werden, bei dem Mitarbeiter verschiedener Herkunft temporär in die jeweils andere Region versetzt werden (Training „on the job"), um den Blick für das Ganze zu erweitern. So entstehen gegenseitiges Verständnis und Vertrauen, so kann die Performance (Motivation) der Teammitglieder gefördert werden.

22.4 Entwicklungsmaßnahmen

Mitarbeiter wollen nicht nur gefordert, sondern auch gefördert werden. Umso dringlicher stellt sich die Frage, welche Maßnahmen das Unternehmen ihnen zur Weiterentwicklung anbietet. In der Regel ist dies abhängig vom Budget der jeweiligen Kostenstelle und dem sich aus der Aufgabenstellung ergebenden Erfordernis, Mitarbeiter für neue Aufgaben zu befähigen, um den sich ändernden Anforderungen gerecht zu werden.

In den seltensten Fällen sind sich Unternehmen über die Bedeutung der Weiterentwicklung ihrer Mitarbeiter bewusst. Sie sehen diese meist als Kostenfaktor bewertet, den es auf ein Minimum zu begrenzen gilt, da Mitarbeiter nach landläufiger Meinung ohnehin bis zu zwei Jahre benötigen, um die erforderlichen Fähigkeiten für selbstständiges Arbeiten zu erlangen. Warum also dann noch Zeit und Geld für Entwicklungsmaßnahmen „verschwenden"?

Dem ist zu entgegnen, dass nachgewiesenermaßen in Unternehmen, die ihre Mitarbeiter gleichermaßen fordern wie auch fördern, eine deutlich höhere Zufriedenheit festzustellen ist. Dies zeigt sich u. a. auch in der Fluktuationsrate, die als Gratmesser nicht nur die Mitarbeiterzufriedenheit ausdrückt, sondern auch als Barometer der Unternehmens- und Mitarbeiterführung herangezogen werden kann.

Auch bei einem kleinem Budget gibt es Möglichkeiten, Mitarbeiter sinnbezogen zu fördern. Dabei kommt es insbesondere darauf an, dass die Führungskraft mit dem Team offen über die vorhandenen Möglichkeiten spricht. Wie gesagt: Transparenz schafft Vertrauen und lässt Entscheidungen nicht als pure Willkür erscheinen. Sie können getrost davon ausgehen, dass Mitarbeiter sich gegenseitig „auf dem Laufenden" halten – gerade über Weiterbildungs- und Entwicklungsmöglichkeiten. Denn: Was ist reizvoller als darüber zu spekulieren, welcher Kollege der „Liebling" des Chefs ist, weil er offensichtlich besonders gefördert wird?

Wenn also Weiterqualifizierung aus finanziellen Gründen im großen Stil nicht möglich ist, dann ist es wichtig, das die Führungskraft im Team abklärt, wo der größte Nutzen für das Unternehmen besteht und welche Maßnahmen sich eignen, Mitarbeiter als Multiplikatoren zu gewinnen. Im Training „on the job" beispielsweise können Mitarbeiter ihr erlangtes Wissen an Kollegen weitergeben. Außerdem fördert diese Option die Fähigkeiten von Mitarbeitern, über bestimmte Fachthemen selbst zu referieren oder eigene Seminare zu entwickeln und durchzuführen.

Entwicklungsmaßnahmen sollten generell in einem ausgewogenen Verhältnis von „on" und „off the job" stehen. „On the job"-Trainings haben sowohl für den Mitarbeiter als auch für die Führungskraft den Reiz, rasch den erzielten Entwicklungsstand zu erfassen. Er kann Neuerlerntes z. B. durch Fachgespräche mit seiner Führungskraft vertiefen. Diese kann auf diese Weise erkennen, wo es noch Schwachstellen gibt. Durch gezieltes Nachfragen erfährt der Vorgesetzte, wo der Mitarbeiter steht, welches Verständnis er von der Aufgabe hat und wo gezielt „nachgebessert" werden muss, um die gewünschte Performance zu erreichen. „Off the job"-Maßnahmen hingegen haben den Reiz, dass Mitarbeiter aus der gewohnten Umgebung herauskommen und durch ein ungewohntes Umfeld neben dem zu Erlernenden auf „Gleichgesinnte" treffen, die in ähnlichen Konstellationen arbeiten. Ein Austausch nicht nur über das Neue, sondern generell über das jeweilige Arbeitsumfeld schafft Einsichten und Erkenntnisse, die vielleicht bislang übersehen wurden. Dies motiviert den Mitarbeiter, sich auf neue Sicht- und Denkweisen einzulassen – seinen beruflichen „Alltag" mit anderen Augen zu sehen. Mitunter werden Mitarbeiter durch Seminare oder Schulungen dahingehend motiviert, dass sich nicht nur ihre Haltung zu ihrer Arbeit verändert, sondern auch ihre Leistungsbereitschaft, weil ihr Vorgesetzter ihren täglichen Beitrag im Beruf wertschätzt und anerkennt. Was auch mit der Teilnahme an der Fortbildung sichtbar wird.

In interkulturellen Teams kommt ein weiterer Aspekt der Entwicklungsplanung zum Tragen: Aufgrund der „Andersartigkeit" des anderen Kulturkreises bieten Unternehmen ihren Mitarbeitern in Form interkulturellen Austauschs Trainings „on the job" im Ausland an, wo sie befristet eingesetzt werden. Spezielle Kenntnisse und Fertigkeiten können zusätzlich „off the job" geschult und vertieft werden. Dort kann der Vertriebsmitarbeiter bspw. trainieren, mit länderspezifischen Gewohnheiten umzugehen und sich in entsprechenden Situationen gegenüber dem Geschäftspartner des anderen Landes „korrekt" zu verhalten. Oder er lernt, sich bei Verhandlungen durch die Reaktionen des Geschäftspartners nicht irritieren oder beeindrucken zu lassen.

22.5 Performance-Messung

Wie bereits im Fünf-Phasen-Modell beschrieben, geht es nun darum, die Fähigkeiten der Mitarbeiter nach Maßgabe der vereinbarten Ziele zu beurteilen. Des Weiteren werden bei der Performance-Messung auch persönliche Kompetenzen, wie strategisches und unternehmerisches Denken und Handeln als auch die Fähigkeit, andere zu motivieren und zu

Beschreibung des Ziels / der Zwischenziele und der Rahmenbedingungen sowie ggf. erforderliche Veränderungen des Ziels	Quantitative und Qualitative Messgrößen	Zu erreichen bis (Termine)	Anteil an Gesamtzielerreichung	Ergebnisbewertung/ Bemerkungen
Fach-Skills		bis 12/20XX		
-Aufbau der im persönlichen Entwicklungsplan definierten Kompetenzerweiterungen	- Planmäßige Umsetzung gem. Skill-Matrix bzw. persönlichem Entwicklungsplan		10%	50 %: Aufgaben nur partiell begonnen 75 %: Aufgaben begonnen und kurz vor der Fertigstellung 100 %: Alle Aufgaben erfüllt 125 %: Zusätzliche Aufgaben übernommen 150 %: Alle übernommenen Aufgaben mit höchster Qualität erledigt
- externe Akquiseprojekte unterstützen und Kundenkontakte mit ausbauen und unterstützend mitwirken > aktive Unterstützung bei der Umsetzung von Fachbereich - Zielen in den Fachteams (25% Umsatz)	- Kundenkontakte herstellen sowie Kundengespräche führen (Dokumentation über Gesprächsprotokolle) und Bedarfsermittlungen generieren; Pflege bestehender Kundenkontakte; Pflege der Akquiseliste		15%	

Abb. 22.5 Beispiel für eine Zielbeschreibung. (Quelle: eigene Darstellung)

führen, bewertet und anschließend beurteilt. Der Ablauf lässt sich wie in Abb. 22.5 gezeigt beschreiben.

Zum Jahresanfang trifft die Führungskraft mit dem Mitarbeiter eine Zielvereinbarung mit drei bis fünf Zielen. Diese bestehen in der Regel aus:

a) fachlichen oder aufgabenspezifischen Zielen
b) Team- oder Gruppenzielen (Teamentwicklung/Betreuung und Begleitung von neuen Mitarbeitern)
c) kundenorientierten Zielen (Kundenfeedback)
d) ergebnisorientierten Zielen (Umsatzzahlen/Unternehmensgewinn)
e) Sonderzielen (zusätzliche Sonderaufgaben zu den stellenbezogenen Aufgaben, wie Halten von Vorträgen, Entwicklung und Ausarbeitung von Konzepten, Durchführung von Schulungen innerhalb und außerhalb des Unternehmens, Auf- und Ausbau neuer Geschäftsbereiche, Umsetzung von Organisationsprojekten)

Die einzelnen Ziele werden unterschiedlich prozentual gewichtet, in Summe ergeben sie 100 %.

Jedes einzelne Ziel erhält eine Zielwertdefinition, die wie folgt aussehen kann:

- 50 %: Ziel erheblich unterschritten
- 75 %: Ziel unterschritten
- 100 %: Ziel erreicht (z. B. bei Kundenbeurteilungen bei einem Bewertungsmittelwert von 1,7)
- 125 %: Ziel übertroffen
- 150 %: Ziel erheblich übertroffen

Alternativ kann definiert werden, wann das jeweilige Ziel zu 100 % erreicht oder übererfüllt ist, d. h. ein Zielwert über 100 % liegt.

Am Ende des Jahres bzw. Bewertungszeitraums wird arithmetisch der Zielerreichungswert errechnet, der sich aus den Werten der einzelnen erreichten Ziele ergibt.

Die Bewertung der Ziele nimmt der Vorgesetzte vor. Er vergleicht anschließend das Ergebnis mit den Teammitgliedern, unter Berücksichtigung ihrer jeweiligen Eingruppierung bzw. ihres Leistungslevels.

Bei dieser Vergleichsbewertung wird der Zielerreichungswert jedes Mitarbeiters mit dem seiner Kollegen mit gleichem Leistungslevel bzw. der gleichen Eingruppierung gegenübergestellt und auf dieser Basis eine Potenzialeinschätzung vorgenommen. Dabei werden die persönlichen Eindrücke des direkten Vorgesetzten und anderer Führungskräfte (z. B. aus der Teamleiter-, Abteilungs-, Fachbereichsleiter-, Projektleiterebene etc.) in einer Bewertungsrunde gesammelt und auf dieser Grundlage jedem einzelnen Mitarbeiter, wie in Abschn. 22.2 beschreiben, eine Performance-Eigenschaft zugeordnet.

Bei international arbeitenden Teams mit Mitgliedern aus unterschiedlichen Kulturkreisen ist zu beachten, dass bei der Auswahl der Ziele und Zielformulierungen neben den messbaren Faktoren auch kulturelle Aspekte berücksichtigt werden. Je nach Leistungslevel, Bildung und Erfahrung des Mitarbeiters mit anderen Kulturkreisen können sich diese Aspekte aber auch nivellieren, d. h. eine nachrangige Rolle spielen. Wichtig ist, dass die Führungskräfte in der Beurteilungsphase jedem Teammitglied im Einzelgespräch zum aktuellen Stand Feedback geben. Das Mitarbeitergespräch ist ein geeignetes Instrument, um jeden Mitarbeiter individuell an seine Ziele heranzuführen und ihm Orientierungshilfen und ggf. Unterstützung durch Coaching zu geben.

Der US-amerikanische Unternehmer und Autor von Managementbüchern, Kenneth Blanchard, beschreibt vier Führungsstile des situationsbezogenen Führungsmodells (2011, S. 68 ff.). Dabei geht er auf das Phänomen ein, dass je nach Reifegrad und Entwicklungsstand der Mitarbeiter und des Teams der Führungsstil der Situation angepasst werden sollte, um die Mitarbeiter zu motivieren, zu fordern und zu fördern.

Dieser Führungsstil ist für alle Teams empfehlenswert, unabhängig davon, ob sie international zusammengesetzt sind oder nicht, weil er es der Führungskraft ermöglicht, bereits im Laufe des Bewertungszeitraums Einschätzungen über den Zielerreichungsgrad jedes Mitarbeiters vorzunehmen. Dies schließt die Möglichkeit ein, die Ziele ggf. zu präzisieren oder situationsbedingt in Abstimmung mit dem Mitarbeiter nachzujustieren.

In diesem Falle sollten Sie berücksichtigen, ob in Ihrem Unternehmen unterjährige Zielvereinbarungsänderungen möglich sind. Diese sind in der Regel mit der Personalabteilung zu kommunizieren und abzustimmen.

22.6 Potenzialeinschätzung

Wie bereits im Fünf-Phasen-Modell beschrieben, geht es bei der Potenzialeinschätzung darum, die Fähigkeiten und die Performance der Mitarbeiter zu beurteilen und einzuschätzen, um eine Potenzialaussage treffen zu können (Abb. 22.6).

Um die Potenzialeinschätzung vornehmen zu können, werden sowohl die Ergebnisse aus den Zielvereinbarungen sowie die Beurteilungen und Bewertungen aus den Kundenzufriedenheitsrückmeldungen herangezogen. Wo dies nicht möglich ist, können alternativ Feed-

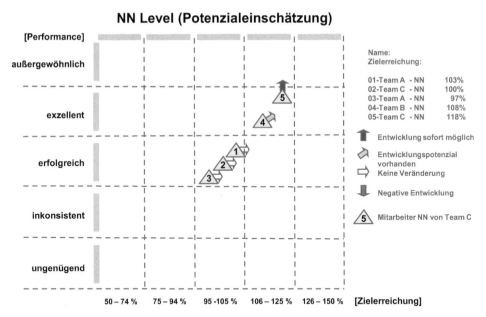

Abb. 22.6 Beispiel eines Potenzialbewertungs- und -vergleichstools. (Quelle: eigene Darstellung)

backs von Teamkollegen und von den Fachbereichen über die Zusammenarbeit (Leistung, Qualität, Termintreue und Kommunikation) mit dem Mitarbeiter eingeholt werden. Diese Informationen sind Grundlage für die Bestimmung des Performance-Grades jedes Mitarbeiters, wie in Abschn. 22.2 beschrieben. Die Auswertung und Bewertung ist Sache des direkten Vorgesetzten, der die Ergebnisse seiner Mitarbeiter dem Führungsgremium bei der jährlichen Zielerreichungsbesprechung, auch als Integrationsrunden bezeichnet, vorstellt.

In solchen Integrationsrunden werden die von der Führungskraft ermittelten Ergebnisse plausibilisiert und anhand gleicher oder ähnlicher Bewertungen von Mitarbeitern aus anderen Bereichen und Abteilungen vom Führungsgremium beurteilt und miteinander verglichen. Auf diese Weise werden die einzelnen Ergebnisse objektiviert und gleichzeitig das Verfahren der Einschätzung der Mitarbeiterpotenziale im Unternehmen evaluiert.

Solche Zielerreichungsbesprechungen können u. a. dazu genutzt werden, ein einheitliches und abgestimmtes „Wording" für die nachfolgenden Mitarbeitergespräche zu finden, in welchen die Führungskraft dem Mitarbeiter seine Bewertung persönlich mitteilt. Daran gebunden ist i. d. R der für den neuen Bewertungszeitrahmen festzulegende Entwicklungsplan mit Maßnahmen, die sich u. a. an der Performance des Mitarbeiters orientieren (siehe Abschn. 22.4). Des Weiteren erhalten die Führungskräfte in den Integrationsrunden von ihrem Vorgesetzten und ihren Kollegen zusätzliche Informationen über Rückmeldungen von anderen Teams, einzelnen Mitarbeitern und aus der Führungsebene über einzelne Mitarbeiter, z. B. deren Verhalten und Bereitschaft, sich als Teamplayer in das System einbringen. Durch eine systemische Betrachtungsweise kann dies anhand eines Erklärungsmodells verdeutlicht werden (Abb. 22.7)

Abb. 22.7 Erklärunsmodell für die Interaktionen zwischen Mitarbeiter und Führungskraft. (Quelle: eigene Darstellung)

Bei der Performance-Messung und Potenzialeinschätzung ist die Führungskraft angehalten, sich mit jedem einzelnen Mitarbeiter auseinanderzusetzen, um individuell auf ihn eingehen zu können und dessen Einstellungen, Haltungen und Sichtweisen kennenzulernen. Diese sollten im Führungsverhalten berücksichtigt werden, um den Mitarbeiter situativ und individuell führen zu können. Es geht darum, dass die Führungskraft dem Mitarbeiter die im Integrationsgespräch über ihn gewonnenen verschiedenen Sichtweisen und Standpunkte (von Kollegen, Kunden, Vorgesetzten etc.) nach eingehender Abwägung und Reflexion im Gespräch heranträgt und mit ihm bespricht. Dieser systemische Führungsstil (Reflexion und Berücksichtigung unterschiedlicher Standpunkte und Sichtweisen) ermöglicht es Führungskräften, ihre Mitarbeiter zu fordern und zu fördern, d. h. sie individuell und situationsbezogen zu führen und gleichzeitig zu motivieren (Abb. 22.8). Dieser Ansatz beruht auf der Erkenntnis, dass alles erlaubt ist, was der Sache und dem System dient und Nutzen bringt.

Dieser Ansatz entspricht dem Performance Management und setzt die Etablierung einer entsprechenden Unternehmenskultur voraus, die u. a. für Umgangs- und Kommunikationsformen steht, die einer „Hochleistungsorganisation" gerecht werden.

Kenneth Blanchard beschreibt „Perform" treffend als „Merkmale von Hochleistungsteams" (2011, S. 21). „Perform" bringt „… die wesentlichen Eigenschaften eines effektiven Teams auf den Punkt …" (ebd., S. 20).

Ganzheitlicher Führungsansatz – entwickelt von Johannes Abt

Abb. 22.8 Systemischer Führungsstil. (Quelle: eigene Darstellung)

Purpose (Sinnzusammenhang)
Empowerment (Bevollmächtigung)
Relationships and Communication (Beziehungen und Kommunikation)
Flexibility (Flexibilität)
Optimal Performance (optimale Leistung)
Recognition and Appreciation (Respekt und Anerkennung)
Morale (Motivation) (Blanchard et al. 2011, S. 21)

Das Scheitern vieler Teams ist häufig nicht in deren Motivation, Haltung, oder Einstellung begründet, sondern vielmehr in fehlenden oder unklar formulierten Zielen, die zu viel Ermessens-, Interpretations- und Handlungsspielraum zulassen – oder an mangelnder, unzulänglicher oder fehlender Kommunikation. Bei fehlenden oder lückenhaften Strukturen und Prozessen kann es zur Eskalation kommen, bei der Umgangsformen wie Respekt, Höflichkeit oder auch Freundlichkeit nicht mehr gewahrt werden. Fehlende oder unvollständig definierte Schnittstellen von Arbeitsbereichen sowie fehlende Stellenbeschreibungen mit Angaben zu Aufgaben, Kompetenzen und Verantwortlichkeiten (AKVs) tun ihr Übriges. Daher ist es wichtig, dass Führungskräfte im Rahmen von Performance Management die Stellen und Rollen der Stelleninhaber definieren, um eine interdisziplinär wie auch interkulturell funktionierende Zusammenarbeit zu gewährleisten. Mit steigender Komplexität der Aufgaben und Prozesse in einem Unternehmen gewinnen klare Zielformulierungen (SMARTe Ziele, vgl. Andler 2009, S. 122 ff.) an Bedeutung, um bewerten zu können, in welchem Maße Mitarbeiter und Führungskräfte die an sie gestellten Erwartungen erfüllen.

Ziele beschreiben letztlich den Zustand, den ein Unternehmen nach Maßgabe zuvor festgelegter Unternehmensstrategien und -visionen anstrebt. Voraussetzung dafür ist die

Implementierung eines Performance Managements, das Transparenz schafft und die Mitarbeiter mit der Verantwortung ausstattet, die sie befähigt, mit ihren Kompetenzen die ihnen gestellten Aufgaben effektiv und effizient zu bewältigen.

22.7 Personalmaßnahmen

Mittels Performance-Messung und Potenzialeinschätzung entscheidet das Führungsgremium in den Integrationsrunden darüber, welche Mitarbeiter aufgrund ihres Leistungslevels direkt befördert werden. Es gilt, stark engagierte Mitarbeiter zu belohnen und zu weiterer Höchstleistung zu motivieren, etwa durch Anhebung der Gehaltsklasse oder Übertragung von mehr Verantwortung. Dabei ist zu beachten, dass im Unternehmen die Karrierechancen für alle Mitarbeiter transparent und nachvollziehbar dargestellt werden. Generell bieten sich zwei Karriereleitern: der Weg als Führungskraft mit disziplinarischer Verantwortung oder aber der als Experte für Fachthemen – z. B. Projektleiter (fachliche Führung von Projektteams). Mittels separater Lead-Beurteilungen können Mitarbeiter mit positiven Potenzialeinschätzungen und einer hohen Performance für Führungsaufgaben schrittweise entwickelt werden. Stellt die Führungskraft fest, dass der Mitarbeiter infolge mehrerer (zwei bis drei) Beurteilungszeiträume eine positive Beurteilung verbunden mit einer überdurchschnittlichen Performance aufweist, in den Integrationsrunden positiv bewertet wurde und darüber hinaus Führungsqualitäten zeigt, wird sie diesen ggf. an einem Leadership Assessment teilnehmen lassen, um seine Führungsqualitäten von einem unabhängigen Gremium bestätigen zu lassen.

Eine weitere Möglichkeit, einen Mitarbeiter mit herausragenden Potenzialeinschätzungen zu fördern, wäre, diesen als Assistenten oder zeitlich befristet als Stellvertreter einer Führungskraft einzusetzen, um zu beobachten, wie er diese Führungsverantwortung wahrnimmt und seine Führungsaufgaben bewältigt (z. B. als Assistenz der Geschäfts- oder Bereichsleitung).

Gängige Praxis ist auch, Mitarbeitern mit exzellenten Potenzialbewertungen in Form von Job Rotation neue Aufgaben zu übertragen, um ihnen die Möglichkeit zu geben, mehr Erfahrungen in unterschiedlichen Positionen zu sammeln. Auf diese Weise können diese Mitarbeiter ihr Fachwissen erweitern und zusätzliche Erfahrungen in anderen Unternehmensbereichen sammeln.

Job Rotation macht dort Sinn, wo Tätigkeiten durch Vorgaben und Anleitungen klar und eindeutig reguliert sind. Der Mitarbeiter erhält so die Möglichkeit, sich Fertigkeiten und Kompetenzen anzueignen, die ihn zunächst als „Springer" und in der Folge als Experten auszeichnen.

Mitarbeiter mit durchschnittlichen Leistungen und Erfolgen (Zielerreichung 100 %) verbleiben auf ihrer Position, können aber durch Schulungsmaßnahmen zusätzlich motiviert werden. Hier ist es Aufgabe der Führungskraft, zu überlegen, durch welche Zusatzqualifikation diese Mitarbeiter zu mehr Leistung angespornt werden können. Dies erübrigt sich allerdings, wenn der Mitarbeiter signalisiert, dass er keinen Wunsch nach Veränderung hat. Dann kann alles „beim Alten" bleiben. In solchen Fällen empfinden Mitarbeiter

Veränderungen als Stressfaktoren. Hochleistungsteams reagieren auf Kollegen mit dieser Haltung bisweilen sehr sensibel, wenn es darum geht, besondere Aufgaben und Ziele zu erreichen. Bei hochgesteckten Zielen mit enger Termin- und Budgetplanung, die nur mit einem außergewöhnlichen Kraftakt durch Übernahme von Zusatzaufgaben erreicht werden können, kann es zu Konflikten kommen.

Dies muss die Führungskraft frühzeitig erkennen und im Sinne des Unternehmens und der Sache eine Lösung finden. Durch eindeutige Rollen- und Aufgabenzuteilung verbunden mit klärenden Gesprächen kann sie bereits im Vorfeld „Zündstoff" abwenden. Mitarbeiter, die den an sie gestellten Erwartungen nicht gerecht werden, sollten von der Führungskraft in regelmäßigen Mitarbeitergesprächen durch klare Vorgaben an die Erfüllung ihrer Aufgaben herangeführt werden. Gelingt dies nicht, bspw. stellt der der Mitarbeiter sich dagegen, ist zu überlegen, ob er im Unternehmen mit einer vergleichbaren, aber leichteren Aufgabe betraut werden kann. Erweist sich auch das als schwierig, muss sich die Führungskraft im „Worst Case" damit auseinandersetzen, wie ein Ausstiegsszenario gestaltet werden könnte. Soweit muss es aber nicht kommen, denn wenn die Führungskraft diesem Mitarbeiter klar kommuniziert, wo er steht und wie die Kollegen seine Leistungen bewerten, ist er in der Regel bemüht, im neuen Bewertungszeitraum seine Performance zu verbessern und sein Erscheinungsbild wieder zurechtzurücken. Gleichwohl aber sollte die Führungskraft genau beobachten, ob er womöglich nicht bereits innerlich gekündigt hat. Sollte dies tatsächlich der Fall sein, hilft nur noch eine offene Aussprache über ein mögliches Ausstiegsszenario. Die Suche nach einem geeigneten Nachfolger sollte dann rechtzeitig beginnen.

22.8 Fazit und Ausblick

Die Realisierung von Performance Management in Unternehmen setzt die Entwicklung und Implementierung einer entsprechende Unternehmens- und Führungskultur voraus. Dies schließt klare Strukturen zur Performance-Messung ein. Darüber hinaus benötigen die Mitarbeiter und Teams klare Ziele und transparente Prozesse zu deren Erreichung. Hochleistungsteams fallen nicht „vom Himmel", sondern bedürfen einer besonderen Führung dahingehend, dass ihnen der Sinn der Aufgaben und Ziele verständlich vermittelt wird, damit sie diese umsetzen können. Hier sind Führungskräfte gefragt, ihre Mitarbeiter durch einen situativen Führungsstil zu motivieren und zu coachen. Der systemische Ansatz bietet ihnen die Möglichkeit, in der Führung und Bewertung der Mitarbeiter unterschiedliche Aspekte der Zusammenarbeit und Performance zu berücksichtigen. Entwicklungspläne sind wichtige Instrumente zur Steigerung der Performance und Motivation der Mitarbeiter, weil sie Leistungsbeurteilungen nachvollziehbar und transparent machen. Mittels Potenzialeinschätzungen lassen sich potenzielle Leistungsträger eines Unternehmens frühzeitig identifizieren und gezielt fördern. All dies sind wichtige Bausteine zur Steigerung der Potenziale der Mitarbeiter. Sie gewinnen zunehmend an Bedeutung, weil Unternehmen heutzutage aufgrund der Shareholderthematik mehr denn je auf die Leistungsbereitschaft ihrer Mitarbeiter angewiesen sind.

Performance Management ermöglicht Unternehmen, mittels strukturierter und transparenter Prozesse und eines neuen Führungskonzeptes, wie bspw. dem systemischen Führen, Mitarbeiter gleichsam zu fordern und zu fördern. Sie erhalten die Möglichkeit, sich mit den Visionen und Strategien des Unternehmens auseinanderzusetzen auf dadurch mit dem Unternehmen und seinen Zielen leichter zu identifizieren. Auf diese Weise werden die Unternehmensziele und -visionen für alle leichter erkennbar und durchschaubarer und finden so eine breite Akzeptanz. Dies trägt dazu bei, dass die Teams ihr Augenmerk auf das Wesentliche richten und ihre Handlungsoptionen auf ein effektives Arbeiten hin abstimmen können. Zusammenfassend ist festzuhalten, dass Performance Management Unternehmen die Chance bietet, die Zufriedenheit ihrer Mitarbeiter zu fördern und somit ihre Bereitschaft zum Engagement signifikant zu steigern.

Literatur

Andler, N. (2009). *Tools für Projektmanagment, Workshops und Consulting, Kompendium der wichtigsten Techniken und Methoden* (2. Aufl.). Erlangen: Publicis.

Blanchard, K., Carew, D., & Parisi-Carew, E. (2011). *Der Minuten Manager schult Hochleistungs-Teams.* (3. Aufl.). Reinbek: Rowohlt Taschenbuch.

Von Lehm zu Beton und anderen Upgrades: Warum Unternehmen die Mitarbeiterentwicklung auch außerhalb des Unternehmens fördern sollten

Agnes Kühne und Astrid Kühne

Januar 2011. Ich stehe in einer dunklen, verstaubten Lehmhütte. 50 große Kinderaugen starren mich neugierig an. Ich schwitze. Liegt es an der glühenden afrikanischen Sonne, die auf das löchrige Wellblechdach knallt? Oder an der Tatsache, dass ich eine Unterrichtsstunde über das männliche Reproduktionssystem halten soll und mir gerade mitgeteilt wurde, dass kein einziges Referenzbuch zur Verfügung steht?

Wir sind in Kimilili, einem kleinen ländlichen Dorf im Bungoma Distrikt ungefähr acht Busstunden nordwestlich von Nairobi/Kenia. Hier steht die CBSM-Schule (Community Breakthrough Support Mission) für Waisen und bedürftige Kinder. Schon am ersten Tag unseres Volunteerings stellen wir fest, dass nicht nur Schulbücher, sondern auch Toiletten, Wasser, Strom, ausreichende Klassenzimmer und ausgebildete Lehrer fehlen. Was nicht fehlt, ist die Drohung des Bildungsministeriums, die Schule zu schließen. Das wollten wir um jeden Preis verhindern und so nahmen wir die Herausforderung an (Abb. 23.1).

Wir – das sind drei junge Frauen, damals Ende Zwanzig: Agnes und Astrid Kühne sowie Alexandra Frick. Tätig in zwei internationalen Unternehmensberatungsgesellschaften in Zürich, hatten wir Drei berufliche Herausforderungen en masse: lange Arbeitstage, wechselnde Projekte in verschiedenen Ländern und wenig Freizeit. Trotz der hohen Anerkennung innerhalb und außerhalb des Unternehmens, der materiellen und beruflichen Sicherheit und verlässlicher Freundschaften fehlte uns jedoch zu dem Zeitpunkt etwas: die Möglichkeit, uns persönlich zu entfalten!

A. Kühne (✉) · A. Kühne
Zürich, Schweiz
E-Mail: astrid.kuehne@cbsm-kimilili.org

Abb. 23.1 Semi-permanentes Klassenzimmer, Wellbleche müssen durch Steine ausgetauscht werden. (Quelle: eigenes Bildarchiv)

23.1 Mitarbeiterentwicklung ja! Aber wie und wo?

Wie wichtig die Möglichkeit der persönlichen Entfaltung für jeden einzelnen Menschen ist, ist spätestens seit den Vierzigern durch den US-amerikanischen Psychologen Abraham Harold Maslow (1943) bekannt. Maslow entwickelte die Bedürfnispyramide, ein Stufenmodell zur menschlichen Motivation (Abb. 23.2).

Abb. 23.2 Bedürfnispyramide. (Quelle: nach Maslow 1943)

Auf der ersten Stufe an unterster Stelle der Maslow'schen Bedürfnispyramide sieht er die physiologischen Grund- und Existenzbedürfnisse, wie ausreichend Nahrung und Wärme. Sie sind seiner Auffassung nach die grundlegenden und mächtigsten unter allen Bedürfnissen. Auf der zweiten Stufe folgen die Sicherheitsbedürfnisse, wie der Schutz, die Stabilität, die Geborgenheit, das Freisein von Angst sowie das Verlangen nach Strukturen, Ordnungen, Grenzen, Regeln und Gesetzen. Sind die Grund- und Existenzbedürfnisse sowie die Sicherheitsbedürfnisse befriedigt, folgen auf der dritten Ebene die Sozialbedürfnisse. Der Mensch verlangt nach Zuneigung und Liebe, nach sozialer Anerkennung und Zugehörigkeit zur Gruppe. Den sozialen Bedürfnissen folgt auf der vierten Ebene das Prestigebedürfnis, also das Bedürfnis nach Anerkennung und Wertschätzung. Auf der letzten und obersten Stufe steht die Selbstverwirklichung eines jeden Menschen.

In seiner Theorie der Bedürfnispyramide sieht Maslow erhebliche funktionale Unterschiede zwischen den fünf Ebenen. Je niedriger die Ebene ist, umso wichtiger sind die Bedürfnisse für das eigentliche Überleben. Deshalb unterscheidet er zwischen den Defizitbedürfnissen (den niedrigen Bedürfnissen) und den Wachstumsbedürfnissen (den höheren Bedürfnissen). Die Defizitbedürfnisse müssen auf jeden Fall erfüllt sein, damit der Mensch zufrieden ist. Erst nach Erfüllung der Defizitbedürfnisse treten die Wachstumsbedürfnisse in den Vordergrund. Die zusätzliche Erfüllung der Wachstumsbedürfnisse führt neben Zufriedenheit zu tieferem Glück, zu Reichtum des inneren Lebens sowie zur Verstärkung der eigenen Individualität. Wenn die Erfüllung der Wachstumsbedürfnisse derart viele positive Effekte zur Folge hat, dann liegt es doch nahe, dass jeder Mensch nach seiner persönlichen Entfaltung strebt. Wo aber kann er diese Möglichkeit zur Entfaltung finden?

Ist eine Möglichkeit der privaten Entfaltung innerhalb des Unternehmens möglich? Hand aufs Herz: Nur wenige Unternehmen leben im heutigen Wettbewerbsmarkt die so hoch angepriesene Fehlerkultur. Häufig werden gerade jüngere Mitarbeiter unter ihren Fähigkeiten eingesetzt und streng von ihren Vorgesetzten überwacht. Fehler können schwerwiegende Folgen für das Unternehmen bedeuten, die sich im heutigen Wettbewerb keiner mehr leisten kann. Mitarbeiter müssen oft viele Karriereschritte durchlaufen, bis ihnen erste erfüllende, herausfordernde Aufgaben übertragen werden. Und auch dann bleibt die Frage, inwieweit der Mitarbeiter sich im beruflichen Umfeld vollständig entfalten kann.

Viele Unternehmen haben verstanden, dass in Zeiten des permanenten Wandels die Mitarbeitermotivation über effektive Anreizsysteme ein zentrales Steuerungsinstrument darstellt. Glückliche und motivierte Mitarbeiter sind der Schlüssel zum Erfolg, gleichbedeutend mit einer höheren Arbeitsproduktivität, weniger Betriebskosten, längerer Betriebszugehörigkeit, langfristiger Bindung hoch qualifizierter Mitarbeiter und vermehrtem Interesse hochwertiger Bewerber, weniger Krankenstand und Fehlzeiten, geringeren Personalkosten sowie höheren Leistungen. Wenn jedoch die Arbeit im Unternehmen den Mitarbeiter nicht ausreichend zufriedenstellen kann, wird innerhalb des Unternehmens auf andere Modelle zur Motivation zurückgegriffen, wie z. B. die flexible Arbeitszeit, Arbeiten von zu Hause oder einen betriebseigenen Kindergarten.

Wenn eine Entfaltung des Mitarbeiters innerhalb des Unternehmens nur schwer möglich ist, kann dann die Ausführung eines privaten Projektes außerhalb der Organisation die persönliche Entfaltung unterstützen?

Wir glauben: Wenn Unternehmen ihre Mitarbeiter auch dabei unterstützen, sich außerhalb der Organisation zu entfalten, z. B. in Form eines externen Projektes in Kenia, führt dies im Gegenzug zu noch mehr Leistungsbereitschaft im Unternehmensalltag. Die höhere Arbeitsleistung erklärt sich dadurch, dass die Mitarbeiter Unterstützung durch ihr Unternehmen erfahren. Denn wer sich unterstützt fühlt, arbeitet besser und motivierter. Zudem fließen die neu gewonnenen Erfahrungen, wie z. B. der richtige Umgang mit Menschen oder das richtige Arbeiten im Team, und die damit einhergehenden neuen Fähigkeiten und Fertigkeiten des Mitarbeiters in das Unternehmen zurück. So entwickelt jeder Mitarbeiter weitere Fertigkeiten und Fähigkeiten entsprechend seiner eigenen Vorlieben und Neigungen. Diese sind häufig auch in der Arbeitswelt wertvoll und einsetzbar.

Unternehmen können von den Erfahrungen ihrer Mitarbeiter bei Freiwilligenprojekten profitieren. Aus diesem Grund macht es auch aus unternehmerischer Sicht Sinn, zu prüfen, ob z. B. Freiwilligenarbeit mit den Unternehmenszielen in Übereinstimmung gebracht werden und eine Unterstützung für beide Seiten ein Gewinn darstellen kann.

Nachfolgend soll anhand des Baus einer Waisenschule in Kenia aufgezeigt werden, wie die Entfaltung dreier Mitarbeiterinnen von ihrem Unternehmen unterstützt wurde und zu einer Leistungssteigerung innerhalb der Organisation führte.

23.2 Externe Mitarbeiterentwicklung in Kenia

Im Januar 2011 traten wir unsere ganz persönliche Reise zur CBSM-Schule in Kimilili/ Kenia an, einerseits um bedürftige Kinder zu unterstützen, aber auch, um uns auf den Weg zu machen, die Spitze der Bedürfnispyramide zu erreichen und später in Leistung umzuwandeln.

Zwei Faktoren unterscheiden die CBSM-Schule von anderen Schulen in Kenia. Die Community Breakthrough Support Mission bietet eine kostenlose Schulausbildung für arme Kinder und Waisenkinder, die sonst keine Chance auf Bildung haben.

Bis 2003 mussten Eltern in Kenia für die Schulausbildung ihrer Kinder bezahlen. 2003 löste die neue Regierung unter Mwai Kibaki ihr Wahlversprechen ein und schaffte das Schulgeld für die Primarschule ab. Das ermöglichte erstmals Kindern aus ärmeren Familien den Zugang zu Bildung, auf die in Kenia großer Wert gelegt wird. Viele Eltern sind bereit, sich zu verschulden oder Land zu verkaufen, damit ihre Kinder eine gute Ausbildung erhalten. Die kostenlose Grundschule führte 2003 zu circa. zwei Mio. zusätzlichen Kindern in der Primarschule. Das Schulsystem kollabierte, denn es war nicht mehr in der Lage, der steigenden Schülerzahl gerecht zu werden. Die Folge war ein hoher Bedarf an zusätzlicher Schulinfrastruktur, jedoch blieben staatliche Investitionen im Bildungssektor aus.

Die Menschen in Kenia sind sehr jung. Frauen bekommen im Durchschnitt 4,68 Kinder und Kinder und Jugendliche bilden zusammen fast die Hälfte aller Kenianer. Daher war der Bedarf nach einem Platz in einer kostenlosen Schule sehr hoch.

Die fehlenden Investitionen im Bildungssektor sowie die hohe Nachfrage nach kostenlosen Schulplätzen führte in der Praxis dazu, dass eigentlich kostenlose Primarschulen Schulgebühren in Form von Anmeldegebühren, Bearbeitungsgebühren oder überhöhten

Kosten für das Mittagessen versteckten. Zudem brauchten die Kinder Schuluniformen und Schuhe, Bücher, Stifte und Hefte. Kosten, die sich viele Eltern nicht leisten konnten. Infolgedessen brachen viele Kinder die öffentliche und (in der Theorie) kostenlose Primarschule vor der achten Klasse ab und arbeiteten auf dem Feld. In der CBSM-Schule hingegen gab es keine versteckten Gebühren und Kinder aus armen Verhältnissen konnten tatsächlich kostenlos zur Schule kommen.

Die zweite Besonderheit der CBSM-Schule lag im Fokus auf Waisenkinder, von denen es gerade im Bungoma Distrikt viele gibt. Ein Blick auf die Geschichte der Region erklärt: Am 30. Dezember 2007 wurden die offiziellen Ergebnisse zur Präsidentschaftswahl veröffentlicht. Nachdem der bereits zuvor amtierende Präsident Mwai Kibaki zum Gewinner der Wahl erklärt worden war, erhob sich großer Protest seitens der Oppositionspartei Orange Democratic Movement (ODM). Ihr Präsidentschaftskandidat Raila Odinga erklärte, dass er das Wahlergebnis nicht anerkennen werde und deklarierte auch sich zum Sieger. Die Folge waren monatelange Ausschreitungen, die das Land an den Rand eines Bürgerkriegs trieben. Bei den nachfolgenden Unruhen wurden in Kenia über 1500 Menschen getötet und mehr als 600.000 Menschen mussten vor den Gewalttätigkeiten fliehen. Die Folge waren viele Waisenkinder ohne Chance auf Bildung. Die CBSM-Schule unterstützt diese Kinder, indem sie ihnen eine kostenlose Schulausbildung anbietet.

23.2.1 Lernen in Kenia durch Erfolge

Als wir im Januar 2011 die CBSM-Schule zum ersten Mal besuchten, gab es sieben nicht ausgebildete Lehrer, kein einziges Buch, nicht genug Lehmklassenzimmer, kein Wasser, keinen Strom und keine Toiletten. Die Schule war nicht registriert, ihre Qualität sehr schlecht und die Drohung des Bildungsministeriums, sie zu schließen, ständig vorhanden.

Die prekäre Situation vor Ort bot uns drei jungen Frauen – wie bereits gesagt – einen Mikrokosmos mit viel Raum zur Entfaltung. Unterstützt und motiviert von unseren neuen kenianischen Freunden konnten wir eigene Ideen einbringen und umsetzen und diese sowie auch uns selbst weiterentwickeln. Arbeit bis tief in die Nacht machte uns nichts aus – beseelt von der Leidenschaft, etwas ändern zu wollen und zu können. Wir sinnierten ganze Wochenenden über Kommunikationspläne und Wachstumsstrategien, planten innovative Fundraising Events und bauten ein ebenso leidenschaftliches Team um uns herum auf. Wir füllten Excel-Tabellen, erstellten Präsentationen, recherchierten Daten und Fakten, etablierten und optimierten Prozesse. Wir weinten, lachten und lernten. Wir erlernten Fertigkeiten und Fähigkeiten, die wir auf unserem weiteren Karriereweg hervorragend anwenden konnten. In weniger als drei Jahren manifestierten sich unsere Ideen und Visionen durch viele handfeste Erfolge.

Sechs Monate nach Rückkehr von unserer ersten Reise aus Kenia wurde im Juli 2011 eine Stiftung unter Schweizer Recht gegründet. Damit hatten wir eine Organisation geschaffen, die uns kontrollierte und uns nicht nur eine formelle Struktur, sondern auch unseren Geldgebern die Sicherheit des richtigen Umgangs mit ihren Geldern gewährleistete.

Ein weiterer Erfolg konnte drei Jahre später im Juli 2014 gefeiert werden: Von den geplanten 20 permanenten Klassenzimmern konnten die ersten 14 fertiggestellt und eingeweiht werden (Abb. 23.3). Baufällige und einsturzgefährdete Lehmhütten wurden abgerissen und durch gemauerte Klassenräume ersetzt.

Des Weiteren gelang es, ausreichend monatliche Spender zu finden, um täglich ein kostenloses Mittagessen an jedes Kind zu verteilen. Eine schuleigene Küche wurde gebaut und zwei Köchinnen wurden eingestellt. Über 500.000 Essen wurden bisher verteilt. Für viele der Kinder ist das Mittagessen die einzige Mahlzeit am Tag und somit eine große Motivation, zur Schule zu kommen.

In nur drei Jahren wurden über 600.000 € an Spenden gesammelt. Jeder Cent ist dabei für den Schulbau oder die Deckung der monatlichen Kosten vor Ort verwendet worden, da sowohl anfallende Ausgaben für Spendengewinnung als auch sonstige Kosten (z. B. Reisen, Administration, Marketing) von den drei Gründerinnen getragen werden.

Im Jahr 2011 gab es an der CBSM-Schule sieben Eltern, die freiwillig ihr Wissen an die Kinder weitergeben wollten. Nur drei Jahre später waren alle Lehrer ausgebildet. Zusätzliche qualifizierte Lehrer wurden eingestellt, sodass die CBSM-Schule inzwischen über 31 ausgebildete Lehrer mit geregeltem Einkommen verfügt. Weitere acht Mitarbeiter, wie z. B. ein Buchhalter, Köche und Wachpersonal, erhalten ein regelmäßiges Einkommen und sichern den geregelten Ablauf der Schule.

Abb. 23.3 Bau der Klassen 3 und 4. (Quelle: eigenes Bildarchiv)

In 2011 standen fünf kleine Lehmhütten zur Verfügung, viel zu wenig, um die damals 250 Schüler der CBSM-Schule zu beherbergen. Daher wurden viele Kinder in der heißen Sonne unterrichtet. Bäume mit Schatten gab es nicht, sodass die Hitze die Konzentration der Schüler schwächte. Da auch nicht genügend Tische und Bänke vorhanden waren, mussten viele der Kinder auf dem Boden sitzen. Als Übergangslösung wurden sieben weitere Klassenzimmer aus Lehm sowie Stühle und Bänke aus Holz gebaut. Weitere Einrichtungsgegenstände, wie Tafeln, Schränke und ein Regal, rundeten den dringend benötigten Bedarf ab.

Zudem konnte die hygienische Situation vor Ort erheblich verbessert werden. Da zuvor keine Toiletten vorhanden waren, wurden acht neue permanente Toiletten für die Schüler sowie zwei permanente Toiletten für die Lehrer gebaut. Eine neu verlegte Wasserleitung ersparte den Gang zum Fluss und sorgte für eine bessere Wasserqualität. Ein Stromkabel wurde Ende 2013 verlegt und ermöglichte eine längere Nutzung der Klassenzimmer auch nach Einbruch der Dunkelheit.

Bei unserem ersten Besuch vor dreieinhalb Jahren gab es nicht ein einziges Buch an der CBSM-Schule. Durch Spenden konnten über 500 englische Kinderbücher nach Kimilili gebracht werden. Eine kleine Bibliothek in einer der Lehmhütten wurde eingerichtet, wo sich Kinder jeden Freitag neue Bücher ausleihen oder bereits gelesene Bücher austauschen können. Die Kinder sind sehr glücklich über diese Möglichkeit, da die meisten von ihnen noch nie ein Buch besessen haben. Des Weiteren wurden zusätzlich ungefähr 2000 Schulbücher gekauft, die den Stoff der Fächer in jedem Jahrgang abdecken. Die Lehrer haben dadurch zum ersten Mal ein Referenzbuch, mit dem sie arbeiten können, um die Kinder auf das Nationalexamen nach der achten Klasse vorzubereiten.

Nachdem die Schule Ende 2013 ans Stromnetz angeschlossen wurde, konnten alte Laptops aus Europa nach Kimilili gebracht und dort als Computer Center neu aufgebaut werden. Die Kinder werden in den wichtigsten Programmen unterrichtet und sollen zudem die Möglichkeit bekommen, Internet kostenlos zu nutzen. Die CBSM-Schule ist durch das Computer Center eine der ersten Schulen in der Region, die ihren Schülern Zugang zu Rechnern bieten kann.

In der Nähe der Schule gab es eine kleine Lehmhütte als Wohnung für sieben Waisen. Das Waisenheim wurde in unsere Schule integriert und vergrößert, bekam Wasserzugang, Strom, Toiletten und Duschen und beherbergt heute 15 bedürftige Kinder. Ende 2013 begann die Unterstützung eines weiteren Waisenheims mit 50 Kindern, um möglichst vielen Waisen den Zugang zu unserer Schule zu ermöglichen.

Nach der achten Klasse schreiben die Kinder in Kenia das Nationalexamen. Die erreichte Punktzahl der Kinder wird mit anderen Ergebnissen in der Region verglichen und entsprechend werden die Schulen bewertet. Trotz fehlender Bücher zwei Jahre zuvor erreichte die CBSM-Schule von 64 Schulen Platz vier! Dies war nur dank intensiver Betreuung zwischen Lehrern und Kindern möglich. Viele der Kinder konnten vor zwei Jahren nicht richtig lesen oder schreiben. Um den großen Rückstand aufzuholen, wurde kurzerhand für die achte Klasse das Boarding, die 24-stündige Betreuung durch die Schule, obligatorisch: Die 18 Kinder der achten Klasse konnten dadurch bereits um sechs Uhr mit dem Unterricht beginnen und bis 22 Uhr abends dort lernen. Ein Abendessen wurde zur Verfügung gestellt und weitere Lehrer wurden organisiert. Das Angebot wurde dankbar angenommen. Durch die Anstrengungen des gesamten Teams vor Ort bestanden 17 unserer 18 Schüler das Nationalexamen.

Nach bestandenem Nationalexamen hätten die Kinder keine Chance gehabt, auf eine Sekundarstufe zu gehen, denn diese kostet täglich ungefähr zwei Euro. Das ist für viele Kenianer unbezahlbar, da ein Fünftel der Menschen weniger als einen Euro pro Tag zum Leben hat. Ohne Sekundarschule ist die Schulausbildung nach acht Jahren zu Ende und die Kinder werden verheiratet oder landen wieder auf dem Feld. Um das zu verhindern, haben wir einige der neu erbauten Klassenzimmer reserviert, neue Lehrer eingestellt, Bücher gekauft und Bänke gebaut, um im Januar 2014 die CBSM-Sekundarstufe zu eröffnen. Von ursprünglich ca. 250 Kindern sind wir inzwischen auf fast 800 Kinder gewachsen, denen wir mit einer qualifizierten Ausbildung die Chance auf eine gute Zukunft ermöglichen.

„All your dreams can come true if you have the courage to pursue them". Als wir im Januar 2011 das erste Mal vor der CBSM-Schule in Kimilili standen, hätten wir uns niemals zu solchen Träumen hinreißen lassen. Uns war weder bewusst, dass wir diese Träume erreichen, geschweige denn übertreffen würden, noch ahnten wir, wie sehr uns selbst diese private Herausforderung verändern würde. Wir waren nicht explizit auf der Suche nach Selbstverwirklichung, da wir alles zu haben glaubten: berufliche Sicherheit, Anerkennung, Freunde und eine tolle Familie. Erst später wurde uns bewusst, dass die Ergebnisse der vielen Nacht- und Wochenendstunden maßgeblich zu unserer Entwicklung beitrugen und uns frühzeitig Dinge lehrten, die wir in unseren Unternehmen nicht so schnell und intensiv hätten lernen können. Wichtig ist anzumerken, dass unsere Unternehmen uns aktiv auf vielfältige Weise unterstützt haben, wie wir später noch aufzeigen werden.

Heute träumen wir von der Fertigstellung einer hoch qualifizierten Primar- und Sekundarschule für voraussichtlich 1000 Waisen und bedürftige Kinder in Kimilili und wissen: Kimilili wird nicht die einzige Schule bleiben. Denn mit der Zeit kommt die Erfahrung, mit der Erfahrung das Wissen, mit dem Wissen das Selbstbewusstsein, mit dem Selbstbewusstsein die Kraft und mit der Kraft der Mut, die Dinge anzupacken. Wir wachsen.

23.2.2 Lernen in Kenia durch Rückschläge

Die Erfolge ließen uns innerhalb kürzester Zeit wachsen. Aber wahrscheinlich noch mehr lernten wir durch die Rückschläge im Projekt. Gerade in Deutschland soll eine fehlerfreie Kultur in Unternehmen gelebt werden. Fehler dürfen nicht gemacht werden, denn sie können schwerwiegende Konsequenzen haben, insbesondere in der Beratung und im Umgang mit Kunden. Deshalb werden Mitarbeiter oft unter ihren Fähigkeiten eingesetzt und fühlen sich daher im Beruf unterfordert und selten gefördert. Dies kann zur Demotivation und schließlich zur Kündigung führen. Nur wer Fehler macht, kann von ihnen lernen. Durch die Arbeit in Kimilili mussten wir Fehler machen, Fehler analysieren, Ursachen dafür herausfinden und nach Möglichkeiten zur Korrektur suchen; all dies unter Zeitdruck, mit minimalen Budgets, über Sprach- und Kulturgrenzen hinweg.

Eine nicht versiegende Fehlerquelle ist das Arbeiten mit kulturellen Differenzen und die damit verbundenen unterschiedlichen Arbeitsweisen. Während in Deutschland bei Problemen beispielsweise auf direkte Fragen offen geantwortet werden kann, darf in Kenia eine negative Information nicht einfach herausgegeben werden. Sie muss umsichtig, freundlich, ins Positive verzerrt wiedergegeben werden, um keine Spannungen zu verursachen und dem Problemverursacher die Möglichkeit zu gehen, sein Gesicht zu wahren. In der kenianischen Gesellschaft, die eine sehr rigorose familiäre und sippenzugehörige Einordnung in ein soziales Rangsystem lebt, werden Verstöße gegen diese Umgangsform nicht geduldet. Uns gab diese Verschlossenheit anfangs das Gefühl, Informationen würden mit Absicht verzerrt und zurückgehalten und keiner fühle sich verantwortlich für Fehler. Wir mussten lernen, dass Anfragen über den richtigen Kanal gestellt werden müssen, damit sie beantwortet werden. Auch wenn die Schuldirektorin die Antworten weiß, muss das Management bei jeder Frage konsultiert werden. Der Umweg über das Management und sehr oft auch über den Vorstand führte zu Verzögerungen im Informationsfluss. Bei großem Tatendrang unsererseits oder auch bei den Freiwilligen kann diese Verzögerung leicht zu Ungeduld führen, mit schwerwiegenden Folgen für die Beziehung zwischen den Teams.

Hierzu einige Beispiele: Alle älteren Frauen werden respektvoll mit „Mama" angesprochen, alle anderen werden schlicht „Bruder" oder „Schwester" genannt. Fremde, wie z. B. Freiwillige, werden schnell in die Familie integriert und akzeptiert. Das führt dazu, dass Fehler von „Familienmitgliedern", die unter demselben Dach schlafen, verschwiegen werden. Des Weiteren gibt es Themen, die nicht offen angesprochen werden können: Die Schwangerschaft eines Waisenkindes beispielsweise wurde uns als „little swollen belly" zwischen den Zeilen mitgeteilt. Ähnlich ist es mit politischen Themen: Sie dürfen nicht öffentlich diskutiert werden. Eine offene Kommunikation ist jedoch Grundlage für viele Entscheidungen, insbesondere dann, wenn z. B. Bombenattentate in Kenia die Welt erschüttern und damit die Sicherheit unserer Freiwilligen auf dem Spiel steht.

Ein weiterer wichtiger Punkt, den wir lernen konnten, war der richtige Umgang mit der Gemeinde in Kimilili. Die CBSM-Schule wird nach Fertigstellung eines der größten Gebäude in der Region sein. Wer nicht Teil des Projektes ist, kann schnell neidisch werden und Lügen verbreiten. Das schadet nicht nur dem Ruf der Community Breakthrough Support Mission, sondern gefährdet auch Teamstrukturen. Hier galt es, eine offene Kommunikation mit allen Parteien zu führen und Erwartungen deutlich ein- und abzugrenzen. Wir erfuhren recht deutlich: Wer eine Hand reicht, dem wird der Arm genommen. So wurden Stimmen laut, „die Weißen" könnten neben dem Aufbau der Schule, dem Lunch-Programm, den Gehältern, den Schulgebühren oder den Schuluniformen doch auch die private Krankenhausrechnung und ein dringend benötigtes Motorrad bezahlen. Das ganze Team musste klar kommunizieren, dass Einzelne nicht gefördert werden, sondern Spenden ausschließlich in den Aufbau der Schule und in die Deckung der monatlichen Kosten investiert werden. Beide Seiten, die lokale Gemeinschaft und wir, mussten den richtigen, respektvollen Umgang miteinander erst erlernen. Aber auch das kenianische Team vor Ort hatte mit ungerechtfertigten Anschuldigungen zu kämpfen, die von Neidern verbreitet wurden. Da sie viel Kontakt mit Weißen und dadurch „angeblich" Geld hatten, wurden sie zur Zielscheibe von Anschuldigungen, teilweise sogar tätlichen Angriffen. Nur durch eine klare Kommunikation an die Gemeinde sowie eine enge Zusammenarbeit zwischen dem Schweizer und dem Kimilili-Team konnten Lügen und Gerüchte eingefangen und der Fokus zurück auf den Bau der Schule gelegt werden.

Nur durch die Beschäftigung mit dem Falschen kann das Wissen um das Richtige verbessert werden. Nur wer Fehler machen darf, kann aus ihnen lernen und aus ihnen wachsen. Wer die Erfahrung gemacht hat, mit Fehlern umzugehen, wird einen weiteren Fehler in diesem Bereich um jeden Preis zu verhindern versuchen. Winston Churchill sagte einst, es sei von großem Vorteil, die Fehler, aus denen man lernen kann, recht frühzeitig zu machen. Auf uns übertragen können wir hinzufügen: Es ist von Vorteil, wenn diese Fehler außerhalb des Unternehmens gemacht, jedoch das Erlebte und das damit verbundene Wissen in das Unternehmen mitgenommen werden kann. Fehler, die außerhalb des Unternehmens gemacht werden, haben keinen Einfluss auf die Organisation, hingegen können Fehler innerhalb des Unternehmens gravierende Folgen nach sich ziehen. Grundsätzlich aber gilt: Nur wer Fehler macht, lernt, wächst und lebt.

23.3 Neues Wissen für das Unternehmen

Nachfolgend soll exemplarisch aufgezeigt werden, welche neu erlernten Fähigkeiten wir durch Kimilili in den Bereichen Projektmanagement, Organisationslehre, Führungsverantwortung und Change Management in unsere Unternehmen einbringen konnten und wie diese davon profitieren.

23.3.1 Projektmanagement

Unter Projektmanagement versteht man das selbstständige Initiieren, Planen, Definieren, Steuern, Kontrollieren und Abschließen eines Projektes als Einheit. Bei der Initiierung unseres Projektes mussten wir an der Vision für CBSM arbeiten. Was genau unterscheidet CBSM von anderen Schulen? Wie soll sich die Schule in Zukunft ausrichten?

Es ging darum, Projektziele zu definieren, die weit über den Aufbau der Primär- und Sekundarstufe hinausgehen, wie zum Beispiel:

- 1000 Kindern eine qualitativ hohe Schulausbildung ermöglichen
- Kinder ohne Chancen (Waisen und Bedürftige) fördern und ihnen ein Zuhause bieten
- Schülern eine warme und gesunde Mahlzeit am Tag anbieten
- ein sicheres und sauberes Lernumfeld bereitstellen
- Lehrer ausbilden und die lokale Community stärken

Während der Definition des Projektes mussten wir Kommunikationswege zwischen dem lokalen Team vor Ort und dem Schweizer Team aufbauen. Internet und Strom sind nur unregelmäßig vorhanden, die meisten der Mitarbeiter besaßen noch nicht einmal ein Telefon. Weiterhin mussten wir klären, was von uns erwartet wurde und Erfolgskriterien definieren. Woran messen wir unseren Fortschritt und wie kommunizieren wir diesen an unsere Geldgeber? Von sieben untrainierten zu 31 ausgebildeten Lehrern, von 250 zu 800 Schülern, von hungernden Kindern zu 500.000 verteilten Mahlzeiten oder die über 600.000 € Spenden, die ohne Abzug zu 100 % der Schule zugutekommen – alles musste konzipiert und realisiert werden. Bis spät in die Nacht saßen wir über Projektstruktur- und Ressourcenplänen oder beschäftigten uns mit Einnahmen und Ausgaben. Wir lernten, wie ein Projekt gesteuert wird. Beispielsweise mussten CBSM-Mitarbeiter über Distanz hinweg geführt, neue Prozesse zur Dokumentation der Verwendung der Spendengelder definiert und implementiert sowie Risiken vorweg aufgezeigt und eingegrenzt werden. Der Status des Projektes musste verfolgt und dokumentiert werden, gerade während der kritischen Bauphase. Immer wieder kam es zu kurzfristigen Änderungen und Herausforderungen, die durchgesprochen und gelöst werden wollten. Obwohl das Projekt noch nicht abgeschlossen ist, konnten typische Aufgaben der Projektabschlussphase von uns durchgeführt und geübt werden. Abschlussberichte wurden nach Erreichung von Teilzielen geschrieben und an unsere Stakeholder verteilt, wie z. B. nach Abschluss der ersten 14 Klassenzimmer. Eine Abschlussbesprechung fand mit dem lokalen Team statt und das zusätzlich eingestellte Bauteam wurde aufgelöst. Lessons Learned wurden festgehalten, um bei Beginn der nächsten Bauphase gemachte Fehler nicht zu wiederholen. Und wir organisierten die so wichtige – aber immer gern bei Projekten vergessene – Abschlussfeier. Zum ersten Mal wurden in Kimilili alle Schulkinder, ihre Eltern, wichtige Persönlichkeiten aus der Community, Lehrer und Mitarbeiter zu einem großen Fest eingeladen. Es gab Reis und Bohnen für alle, Musik und viele Reden, um die harte Arbeit des CBSM-Teams zu würdigen und Mitarbeiter motiviert zu halten.

Wir denken, dass das Erlernen der Vielzahl an Führungsaufgaben, -organisation, -techniken und -mitteln für die Initiierung, Definition, Planung, Steuerung und den Abschluss von Projekten durch Kimilili als neue Fähigkeiten in unsere Unternehmen zurückgeflossen sind und uns bei unserer Karriere geholfen haben. Als mögliches Resultat dieser erlernten Fähigkeiten kann die Übertragung einer neuen Rolle innerhalb des Unternehmens als Beispiel herangezogen werden. In ihrer damaligen Position im Unternehmen wäre es Astrid Kühne nicht möglich gewesen, die Hauptverantwortung eines Projektes mit Führungsverantwortung von 15 Mitarbeitern und einem Tätigkeitsfeld in drei Ländern zu übernehmen. Die Beförderung von Agnes Kühne im sogenannten Fast Track kann auch als ein Resultat dieser erlernten Fähigkeiten interpretiert werden.

23.3.2 Unternehmensbereiche

Ein weiterer Vorteil für unsere Unternehmen war, dass wir in Kenia das Gesamtbild eines Projektes in allen Unternehmensbereichen durchlaufen mussten, was uns lehrte, die komplexen Zusammenhänge in Unternehmen zu verstehen und zu nutzen. Ein solcher umfassender Überblick ist im Alltag nur schwer zu erlernen, da jeder Mitarbeiter meist nur einen kleinen Teilbereich des Unternehmens kennenlernt. Auch in Trainings sind diese Fähigkeiten oft nur schwer vermittelbar, da die praktische Erfahrung fehlt. CBSM gab uns die Möglichkeit, in allen wichtigen Bereichen einer Organisation, wie HR, Rechnungswesen, Administration, Marketing oder Führung und Strategie, Erfahrungen zu sammeln und Kenntnisse und Fähigkeiten zu entwickeln und auszubauen.

Die Möglichkeit zur Sammlung von neuen Erfahrungen gilt vor allem für Bereiche außerhalb des eigenen Spezialgebietes, wie in unserem Fall z. B. im Finanz- und Rechnungswesen. Die systematische Erfassung, Überwachung und informatorische Verdichtung von Geld- und Leistungsströmen werden in großen Unternehmen meist durch Experten zusammengestellt und vom Management analysiert. CBSM stellte uns vor die Herausforderung, unserer Stiftung, unseren Unterstützern sowie auch uns selbst jederzeit über Geldströme und deren Verwendung in Kimilili Rechenschaft ablegen zu können. Darüber hinaus lernten wir die Daten zur Steuerung und Planung von nächsten Schritten zu verdichten, um zielsetzungsgerechte Entscheidungen treffen zu können. Wie hoch sind die monatlichen Kosten? Wie werden sich die Daten ändern, wenn neue Kinder aufgenommen werden? Wie viel Geld steht uns zur Verfügung für den Bau von zwei, drei oder weiteren permanenten Klassenzimmern? Wie würden sich die langfristigen Unterhaltskosten entwickeln, wenn wir stattdessen provisorische Klassenzimmer errichten? Wie lange können monatliche Zahlungen für Gehälter aufrechterhalten werden, sollten keine Spender mehr gefunden werden? Die finanziellen Zusammenhänge wurden uns ebenso deutlich wie die Notwendigkeit, innerhalb unserer finanziellen Möglichkeiten zu operieren.

Ein anderer Unternehmensbereich außerhalb unseres Spezialgebietes, in dem wir weitere Erfahrung sammeln konnten, ist das Personalwesen. Gerade dieser Bereich gehört in allen Unternehmen zu den Kernaufgaben. Die benötigte Anzahl von Personal sowie deren richtiger Einsatz sind ausschlaggebend für den Unternehmenserfolg. Zu Beginn unseres Einsatzes waren nur sieben unqualifizierte Lehrer an der CBSM Schule im Einsatz. Im Projekt Kimilili mussten wir uns mit der Personalplanung für den optimalen und zukünftigen Bedarf und den damit verbundenen Personalkosten auseinandersetzen. Wir sammelten Erfahrung in der Einstellung und Entlassung von Mitarbeitern. Es galt, klare Gehaltsstrukturen aufzusetzen und zu kommunizieren. Zudem beschäftigten wir uns mit der Personalentwicklung zur Qualifizierung unserer Lehrer und den Möglichkeiten zur Steigerung der Motivation unserer Mitarbeiter. Bis zum heutigen Zeitpunkt hat noch kein Mitarbeiter freiwillig die Community Breakthrough Support Mission verlassen.

Ein weiterer wichtiger Bereich eines Unternehmens ist das Marketing. Nur wer sein Projekt erfolgreich vermarkten kann, gewinnt Unterstützer. Deshalb wurde eine professionelle Webpräsenz erstellt: www.cbsm-kimilili.org. In nur drei Jahren haben über 300.000 Besucher unsere Seite besucht. Zusätzlich gibt es einen Blog mit regelmäßigen Updates, eine Facebook-Gruppe mit über 660 Likes und einen Twitter Account mit über 950 Followern. In Zürich wird einmal in der Woche das Event „Cheers for Charity" veranstaltet, bei dem alle Interessierten und Freunde zusammenkommen und jeder einen Schweizer Franken pro Essen und Getränk vom Restaurant an Kimilili spendet.

Es galt, für CBSM ein Marketingkonzept zu entwickeln, das uns von anderen Entwicklungsorganisationen abgrenzt und das gerade durch die Differenzierung die Bedürfnisse und Erwartungen unserer Stakeholder abdeckte. Wir mussten uns mit der Technik zur Beeinflussung der Spendenentscheidung sowie mit Marketing-Mix-Instrumenten auseinandersetzen. Wie kann CBSM am besten vermarktet werden? Was differenziert unser Projekt von anderen Hilfsprojekten? Marketingkosten, andere anfallende Ausgaben für die Spendengewinnung oder für Fundraising Events, aber auch Reisen vor Ort und Kosten, die durch Aufenthalte in Kimilili entstehen, decken die Gründerinnen privat. Alle Helfer arbeiten freiwillig und erhalten kein Gehalt, sodass sonst hohe Personalkosten entfallen. Damit kann erreicht werden, dass alle Spenden direkt den Kindern in der CBSM-Schule zugutekommen. Dies ist ein weiterer, wichtiger Differenzierungsfaktor, der bei der Vermarktung des Projektes zum Einsatz kommt.

Ein funktionierendes Marketingkonzept ist erforderlich, um neue Spender zu gewinnen und das Projekt bekannt zu machen. Dazu hielten wir Präsentationen und Vorträge in der Öffentlichkeit und bei verschiedenen Vereinen, wie z. B. dem Rotary Club. Wir haben etwa 100 Mal unsere Geschichte erzählt, daher haben wir keine Scheu mehr vor Präsentationen oder dem freien Sprechen vor großen Gruppen. Verlegenheit und Lampenfieber mussten der Notwendigkeit weichen, Gelder für Kimilili einzusammeln. Das Erlernen von Präsentationstechniken, die Notwendigkeit eines guten Zeitmanagements und ein gestärktes Selbstbewusstsein sind Fähigkeiten, von denen Unternehmen in Hinblick auf die Gewinnung von neuen Projekten beim Kunden sehr profitieren können.

Auch der Einkauf ist ein gutes Beispiel für zu erlernende Fähigkeiten in unterschiedlichen Unternehmensbereichen. Während der Bauphase mussten wir uns beispielsweise auch um die ausreichende Versorgung mit Baumaterialien kümmern. Dies umfasste die Planung der Materialkosten, die Prüfung von verschiedenen Angeboten, die Verhandlung von Preisen und Zahlungsbedingungen mit Lieferanten, die Gestaltung und den Abschluss von Verträgen sowie die Lieferantenbewertung. Zudem mussten während der Festlegung der Einkaufsstrategie kulturelle Unterschiede beachtet werden, die großen Einfluss auf die Anzahl der Lieferanten und vor allem auf die Vergabe von Aufträgen haben. So dürfen beispielsweise Lieferanten trotz günstigerer Preise nicht etwa aus der Nachbarstadt, sondern aus Kimilili beauftragt werden, da ansonsten die Entwicklung der lokalen Gemeinschaft nicht gestärkt würde. Um das Image der Schule nicht zu gefährden, mussten wir lange Verhandlungen über bessere Konditionen und Preise führen. Die richtige Verhaltensweise bei Verhandlungen ist eine Fähigkeit, die im Unternehmen gerade bei der Gewinnung neuer Projekte sehr wichtig ist, jedoch nur selten geübt werden kann.

23.3.3 Führungsverantwortung/Governance

Führung ist in jedem Unternehmen eine verantwortungsvolle Aufgabe. Die zielorientierte Beeinflussung des Verhaltens von Mitarbeitern zur Erreichung der Unternehmensziele muss geübt und erlernt werden. Unser Projekt hat uns die Möglichkeit gegeben, die

Abb. 23.4 Neue Tische für die neue Klasse. (Quelle: eigenes Bildarchiv)

kontrollierte Einflussnahme auf andere zu üben und das Gelernte mit in die tägliche Arbeit in unseren Unternehmen einzubringen. Durch CBSM lernten wir verstehen, mit welchen Führungsinstrumenten wir am besten Einfluss auf das Verhalten der Mitarbeiter ausüben können. Wir mussten die Kooperation, Koordination und Kommunikation erlernen, um in einer fairen und klaren Art steuernd einzuwirken. Dabei hatten wir nicht nur das 40-köpfige Team in Kimilili, sondern zeitweise weitere 60 Personen auf der Baustelle, die geführt werden mussten (Abb. 23.4).

Über die Zeit hinweg galt es, mehr als 80 Volunteers vor Ort oder in Zürich auf die CBSM-Ziele einzustimmen und für den gemeinsamen Erfolg zu motivieren. Jede Altersstufe zwischen 20 und 70 Jahren, vom Schüler bis zum Unternehmensbesitzer, und jedes Arbeitslevel waren vertreten! Teamstrukturen mussten aufgebaut, Volunteers vor Ort betreut und Anreizsysteme geschaffen werden.

In unserer Rolle als Vorstand der Community Breakthrough Support Mission haben wir gelernt, überzeugend aufzutreten, um das Vertrauen von unseren Stakeholdern in uns und in unsere Organisation zu gewinnen und zu halten. Die gewonnenen Fähigkeiten in dieser Führungsposition sind in so kurzer Zeit nur schwer in Unternehmen zu erlernen und daher sehr wertvoll.

Die Arbeit in einem internationalen Umfeld ist eine zusätzliche Fähigkeit, die für globale Unternehmen von großer Bedeutung ist. Führungsstile und -strukturen müssen an die gegebene Kultur angepasst werden. Beim Arbeiten und Führen von Teams über zwei Kontinente hinweg sind Fehler oft vorprogrammiert, die bei großen Unternehmen fatale Folgen haben können.

In der Rolle der Führungsposition mussten wir auch lernen, mit beiden Füßen auf dem Boden zu bleiben, wenn begeisterte Freunde wie Fremde uns Bewunderungsbriefe schrieben oder uns vor anderen in langatmigen Ausführungen als Engel beschrieben. Wie geht man damit um, wenn ein zwölfjähriger Junge sein gesamtes Montagstaschengeld vom Vater an uns überweisen lässt? Wie geht man mit der Situation um, wenn eine innovative Müllsammelaktion zur Spendensammlung nicht nur 500 Kg Müll in Zürich, weitere 250 Kg Müll in Kimilili und Zeitungsartikel zutage fördert, sondern auch die lokale kenianische Polizei in einer wellenartigen Reaktion ein regelmäßiges Putzen im Dorf startet? Dies sind emotionale Grenzerfahrungen, die uns in unserem Charakter und Auftreten gestärkt haben.

23.3.4 Change Management

Der sichere Umgang mit Veränderungen innerhalb einer Gruppe, einer Organisation oder einer ganzen Gemeinde ist eine weitere Fähigkeit, die wir durch unser privates Projekt in Kimilili erlernen konnten. Die Einführung von weitreichenden Veränderungen durch Umsetzung neuer Strategien, Strukturen, Systeme oder Prozesse unter Berücksichtigung von enormen kulturellen Unterschieden musste behutsam erlernt werden. Dafür mussten wir das Gefühl der Dringlichkeit vermitteln, Visionen entwickeln und kommunizieren, Hindernisse aus dem Weg räumen und kurzfristige Erfolge sichtbar machen. Veränderung in einer Organisation zu verankern, ist schwierig, Veränderung in einer Kultur zu bewirken, ein Wunder.

Um beispielsweise ein Umdenken bei den betreuten Kindern bezüglich ihrer Hygiene zu erreichen, haben wir Gesundheitskampagnen gestartet. Mehr als 200 Kinder wurden von Ringwürmern (Tinea capitis) befreit, die vor allem bei Kindern zwischen sechs und zehn Jahren auftreten. Darüber hinaus haben wir bei etwa 300 Kindern Sandflöhe (Tunga penetrans oder Jigger) beseitigen können. Diese Flöhe leben in sandigen Böden und ernähren sich parasitisch vom Blut des Menschen. Dabei bohrt sich der sogenannte Jigger unter die Zehennägel und vermehrt sich. Der Fuß wird steif, was das Laufen erschwert. Da viele der CBSM-Kinder keine Schuhe besitzen, sind sie besonders anfällig für Jigger. Die alten Klassenzimmer aus Lehm waren ein Nest für die Sandflöhe. Um nicht nur die Jigger, sondern auch die Ursache für ihr Vorkommen zu bekämpfen, wurden die Böden der Lehmhütten regelmäßig einmal in der Woche mit einer Mischung aus Kuhdung und Schlamm eingerieben. Damit wird verhindert, dass der Sandfloh sich im Boden einnistet und sich dann in die Füße der Kinder bohrt. Damit die Kinder sich nicht auf dem Weg zur Schule oder beim Spielen Jigger einfangen, wurden über 100 Kg Schuhe in der Schweiz und Deutschland gesammelt und als Spende an die Kinder verteilt. Zu Beginn wollten viele Kinder die Schuhe nicht anziehen, um sie für den Kirchengang am Sonntag aufzubewahren. Deshalb musste ein Umdenken in der Gemeinschaft erreicht werden: Kinder ohne Schuhe wurden in den ersten Tagen nach Erhalt der neuen Schuhe nach Hause geschickt: „No shoes, no school!" Da keines der Kinder das kostenlose Mittagessen verpassen wollte, erschienen sie noch vor Mittag und mit Schuhen wieder in der Schule. Ein Paar Schuhe in Kimilili kostet fünf Euro – eine Summe die sich kaum eine Familie unserer Schüler leisten kann. Zur Verbesserung der Hygiene wurden zudem mithilfe eines „water day" ein neues Handwaschsystem eingeführt. Die Kinder mussten lernen, sich nach der Toilette und vor dem Essen die Hände zu waschen, um Infektionen und Übertragungen von Krankheiten einzugrenzen.

Ein weiterer für uns wichtiger Punkt beim Change Management war ein Umdenken zwischen Kulturen und somit die Zusammenführung verschiedener Kulturen. Inzwischen waren ungefähr 60 Volunteers in Kimilili und haben tatkräftig unter der afrikanischen Hitze angepackt. Sie haben Lehmhütten für Waisen und eine Schulküche gebaut, Computer aufgestellt, Schuhe, Bücher und Laptops geschleppt, die Registrierung der Primarschule durchgesetzt und mit den Kindern gespielt. Das alles unter primitiven Bedingungen, da Wasser, Strom und Internet nicht durchgehend vorhanden sind. Hier war uns wichtig, einen Austausch der Kulturen zu fördern und so eine Veränderung im Denken und Handeln in beiden Kulturgruppen zu erreichen. Während bei vielen großen Hilfsorganisationen ein Volunteereinsatz bis zu $ 2000 im Monat kostet, leben unsere Volunteers kostenlos bei einer afrikanischen Familie. So erleben sie das wahre Afrika fernab vom Tourismus und teilen mit den Einheimischen deren Ängste und Sorgen. Sie bezahlen lediglich ihren Flug sowie zehn Dollar pro Woche an die Gastfamilie als Unterstützung für das erhaltene Essen. Die CBSM-Schule möchte sich auch hier von anderen Hilfsorganisationen abgrenzen. Die Philosophie der Community Breakthrough Support Mission will den Austausch von Erfahrungen: Die Einheimischen lernen von den Besuchern und die Besucher lernen von den Einheimischen.

23.4 Umsetzungsstrategien für das Unternehmen

Wir glauben, dass Unternehmen die Leistungsbereitschaft ihrer Mitarbeiter noch weiter steigern können, wenn sie auch die privaten Projekte ihrer Mitarbeiter unterstützen. Nachfolgend werden Beispiele aufgezeigt, wie unsere Unternehmen unsere private Entfaltung durch das CBSM-Projekt konkret unterstützt haben.

Das CBSM-Projekt wurde innerhalb von Agnes Kühnes Arbeitgeber in das Corporate-Social-Responsibility-Programm (CSR) aufgenommen. Damit war CBSM eine von vier Charity Organisationen, die durch das Unternehmen unterstützt wurden. Das beinhaltete zum einen die finanzielle Unterstützung, zum anderen aber auch die Möglichkeit, das CSR-Programm als Plattform zur Vermarktung für unser Projekt zu verwenden. So konnten beispielsweise Kollegen als Spender gefunden werden, die über das CSR-Programm auf CBSM aufmerksam geworden sind.

Des Weiteren haben beide Unternehmen die CBSM-Schule von Beginn an unterstützt. Dabei gab es nicht nur finanzielle Zuwendungen, sondern auch Sachleistungen. Bei der Belegschaft wurden jährlich Aktionen durchgeführt zur Sammlung von gebrauchten Laptops, Handys und Kameras, die in Kimilili wieder zum Einsatz kommen sollen.

Außerdem wurden wir als Verantwortliche für die CBSM-Schule jeweils in unseren Unternehmen vermarktet. Es gab Artikel in Newslettern und einen CBSM-Stand bei verschiedenen internen und externen Veranstaltungen. In Astrids Unternehmen schrieb die interne Kommunikationsabteilung einen Mitarbeiterblog, der das Zustandekommen des Projektes mit allen Herausforderungen wiedergab. Der Blog wurde innerhalb kürzester Zeit mit über 500 Lesern zum beliebtesten Mitarbeiterblog innerhalb des Unternehmens. Zudem wurden wir zu CSR-Events eingeladen und durften das Projekt repräsentieren. Neben der Vermarktung innerhalb unserer Firmen gab es auch eine externe Vermarktung. Möglicherweise führte dies auch zu einer Steigerung des Unternehmensimages, aber das sind schwer zu messende Vermutungen.

Durch die interne Vermarktung sind Mitarbeiter neugierig auf das Projekt geworden. Wir konnten auf diese Weise schon über 15 Volunteers aus unseren Unternehmen begeistern, die auch unter der Sonne Afrikas kräftig mit anpackten. Sie suchen meist neue Erfahrungen, die Möglichkeit des Erlernens interkultureller Kompetenz, persönliche Begegnungen, direktes Engagement und neue Herausforderungen: Erfahrungen, die wiederum in das Unternehmen zurückgeflossen sind und in einem Newsletter gewürdigt wurden.

Eine große Hilfe durch das Unternehmen ist das Spenden von Zeit in Form von bezahlten Stunden, die der Mitarbeiter für sein Projekt verwenden darf. Es ist aber auch denkbar, Mitarbeiter, die gerade nicht in einem Kundenprojekt eingesetzt sind, in dieser Zwischenzeit für die Erarbeitung von weiteren Konzepten für die Schule einzusetzen.

Unsere Unternehmen haben uns zusätzlich in jedem Jahr über Weihnachten einen langen Urlaub von drei bis vier Wochen genehmigt. Eine Reise nach Kenia ist nicht nur kostspielig, sondern benötigt durch die schlechte Erreichbarkeit der Schule zudem viel Reisezeit.

Auch eine unbezahlte Auszeit von fünf Monaten wurde ohne langwierigen Prozess durch ein Unternehmen bewilligt und sogar unterstützt, obwohl dies sonst nicht üblich ist.

Eine weitere denkbare Strategie für die Unterstützung solcher externen Projekte ist die Einführung eines Key Performance Indicators. Bei regelmäßig stattfindenden Mitarbeitergesprächen können der Erfolg des Projektes sowie die erlernten Fähigkeiten mit in die Beurteilung des Mitarbeiters einfließen.

Eine große, oft unterschätze Möglichkeit der Unterstützung innerhalb des Unternehmens ist die Anerkennung durch Kollegen und durch das Managementteam. Jede freie Minute in das Projekt zu stecken und jeden Urlaub in Lehmhütten im Niemandsland zu verbringen, kostet Energie und Kraft, die durch ein Schulterklopfen in vielfacher Form auch vom Unternehmen zurückgegeben werden kann.

23.4.1 Beurteilung der externen Mitarbeiterentwicklung

Die Vorteile einer externen Mitarbeiterentwicklung liegen auf der Hand. Zufriedene und erfüllte Mitarbeiter haben viele bereits genannte Vorteile für ihr Unternehmen: höhere Arbeitsproduktivität, weniger Betriebskosten, längere Betriebszugehörigkeit, langfristige

Bindung hoch qualifizierter Mitarbeiter und vermehrtes Interesse hochwertiger Bewerber, weniger Krankenstand und Fehlzeiten sowie geringere Personalkosten.

Zudem ist festzuhalten, dass durch die Unterstützung externer Projekte, wie z. B. unseres CBSM-Projektes, ein Unternehmen im Rahmen des CSR aktiv soziale Ziele unterstützen kann. Die Unterstützung von Mitarbeitern außerhalb des Unternehmens bietet darüber hinaus eine hervorragende Möglichkeit zur Steigerung des eigenen Images und ist ein guter Differenzierungsfaktor zu anderen Unternehmen. Es vereinfacht den Recruiting-Prozess, denn die Unterstützung von privaten Projekten zieht potenziell gute Kandidaten an.

Erfolgreiche Mitarbeiter, die sowohl im Unternehmen als auch außerhalb Anerkennung genießen, werden zur Vorbildfunktion in der Organisation und motivieren ihre Kollegen zu ähnlichen Taten. Es entsteht ein engerer Zusammenhalt zwischen den Mitarbeitern, wenn sie Erlebnisse aus gemeinsamen Projekten verbinden. Erlerntes Wissen kann als Anekdote an Kollegen weitergegeben werden, sodass ein Wissenstransfer innerhalb des Unternehmens stattfindet.

Ein möglicher Nachteil bei der Unterstützung zur Selbstfindung kann in einer demotivierten Einstellung des Mitarbeiters zu seiner eigentlichen Arbeit liegen: Er könnte seinen Fokus nur noch auf die ihn erfüllende Arbeit richten und seine eigentlichen Aufgaben vernachlässigen. Ein weiterer Nachteil ist der potenzielle Verlust des Mitarbeiters, indem er das Unternehmen verlässt, um sich ganz seinem Projekt zuzuwenden. Des Weiteren ist die Unterstützung für das Unternehmen mit Kosten verbunden. Hinzu kommt, dass für einige Bereiche, wie HR oder interne und externe Kommunikation, die Betreuung und Vermarktung des externen Projektes mit zusätzlicher Arbeit verbunden ist. Zudem könnten im Falle eines Scheiterns Rückschlüsse auf die Förderpolitik des Unternehmen gezogen werden, die sein Image beeinträchtigen könnten. Dieses Risiko lässt sich jedoch minimieren, indem das Unternehmen den Mitarbeiter bei der Bewältigung seines privaten Projektes bei Bedarf durch ein gezieltes Mentoring unterstützt und den Fortschritt regelmäßig überwacht.

23.5 Fazit

Um in Zeiten permanenten Wandels wettbewerbsfähig zu bleiben, müssen Unternehmen eine nachhaltige Hochleistungskultur aufbauen. Die Werte dieser Kultur sollten sich an den Anforderungen und Wünschen der Mitarbeiter orientieren, denn motivierte und gut ausgebildete Mitarbeiter sind der Schlüssel zum Unternehmenserfolg. Die Schaffung von Mitarbeitermotivation innerhalb des Unternehmens über Anreizsysteme wie z. B. Teilzeit ist in der heutigen Zeit oft nicht mehr ausreichend. Die Instrumente der Anreizsysteme können weit über die Unternehmensgrenzen hinweg eingesetzt werden und sich dennoch positiv auf die Mitarbeiter und deren Arbeitsproduktivität auswirken. Ein neuer Ansatz der Mitarbeitermotivation außerhalb des Unternehmens wurde am Praxisbeispiel des Schulbaus in Kimilili/Kenia dargestellt und erläutert.

Arbeitnehmer, die sich anhand eines privaten Projektes selbst verwirklichen können, sind glücklicher und motivierter und gewinnen neues Wissen und Erfahrung. Der Erfahrungsschatz und die damit einhergehenden Fähigkeiten und Fertigkeiten fließen in das Unternehmen zurück und führen zu einer vermehrten Arbeitsleistung. Die höhere Motivation resultiert zudem aus der Hilfe und der Anerkennung, die der Mitarbeiter vom Unternehmen für sein Projekt erfährt. Ein Win-win-Situation für beide Seiten.

Literatur

Maslow, A. H. (1943). A Theory of Human Motivation. *Psychological Review, 50*(4), 370–396.

Autorenverzeichnis

Johannes Abt Jahrgang 1961. Nach Beendigung einer militärischen Offizierslaufbahn 1987 Abschluss des Ingenieurstudiums der Verfahrenstechnik mit Schwerpunkt Apparatebau 1993 und der Zusatzausbildung zum Senior Project Manager (IPMA) 2009 sowie zum Systemischen Coach (SG) 2010 in unterschiedlichen Funktionen und Unternehmen als Vertriebsmanager, Projektleiter, Prozessberater, Interimsmanager sowie als Führungskraft in der Automobilbranche tätig. Referent und Seminarleiter mit den Schwerpunkten „Führung" und „Projektmanagement". Zuletzt tätig als verantwortlicher Projektleiter eines Konsortiums und internationalen Teams mit Einsätzen in China.
Jo.abt@gmx.de

Nadja Atwaa Jahrgang 1979. Diplom-Medienwirtin. Bereits während des Studiums der Medien-Planung, -Entwicklung und -Beratung an der Universität Siegen für den Automotive Engineering- und Consulting Dienstleister MBtech Group in der Unternehmenskommunikation tätig und später verantwortlich für den Aufbau und die Weiterentwicklung der Pressearbeit. Von 2011 bis 2015 Leiterin der Presse- und Öffentlichkeitsarbeit der Stadt Sindelfingen und als Pressesprecherin u. a. verantwortlich für die Kommunikationsstrategie der Stadt, die Kommunikationsberatung des Top Managements, die Erstkonzeption einer Social-Media-Strategie mit anschließender Implementierung sowie für diverse Marketing-Kampagnen.
n.atwaa@gmx.de

Dr. Johanna Bath Jahrgang 1983. Nach Studium des Diplom-Wirtschaftsingenieurwesens (FH) in Furtwangen 2006 Einstieg in ein Prozess- und Projektmanagement-Beratungsunternehmen für die Automobilindustrie. 2008 Wechsel ins Management eines internationalen Ingenieurdienstleisters, dort zuletzt als Business Unit Manager für die Betreuung von verschiedenen Kunden und Projekten im Automotive Entwicklungsum-

feld verantwortlich. 2012 Wechsel auf die Kundenseite zur Daimler AG, dort als Teamleiterin für die Kalkulation und Beschaffung von Entwicklungsleistungen verantwortlich. Ab 2010 nebenberufliche Promotion im Bereich Professional Service Management, 2014 erfolgreicher Abschluss des Studiums mit dem Doctor of Business Administration (DBA). Verfasserin regelmäßiger Veröffentlichungen im Fachgebiet Professional Services und Dozentin an den Hochschulen Furtwangen und Esslingen.
johanna.bath@gmx.de

Norbert Benker Jahrgang 1977. Diplom-Volkswirt (Universität Mannheim) mit Wohnsitz in Dar es Salaam, Tansania. Seit 2007 im Mikrofinanzsektor in mehr als zehn afrikanischen Ländern tätig, u. a. in diversen Mikrofinanzinstitutionen im Management, als CEO und als Aufsichtsratsmitglied sowohl im englischsprachigen als auch im frankophonen Afrika. Zu seinen Schwerpunkten gehören Unternehmensneuausrichtungen sowie die Einführung von Good Governance.
norbert@benkerconsulting.com

Dr. Uwe Büchner Jahrgang 1946. Studium der Physik an der Universität Hamburg mit dem Abschluss als Diplom-Physiker und Promotion zum Doktor der Naturwissenschaften. Von 1977 bis 2001 Mitarbeiter der Daimler Benz AG/Mercedes Benz AG/Daimler Chrysler AG in verschiedenen Führungsfunktionen des Qualitäts-, Produktivitäts- und Transformationsmanagements an den Standorten Hamburg, Bremen und Stuttgart. Seit 2002 als freier Berater in den Feldern Qualität und Produktivität tätig. Von 2002 bis 2005 als Vorstand und Partner der hspAG in Stuttgart. Ab 2005 Mitgründer, Partner und seit 2011 Geschäftsführer der PQ Unternehmensberatung GmbH in Speyer. Von 2005 bis 2010 Lehrbeauftragter der TU Berlin am Institut für Qualitätswissenschaften. Die PQ Unternehmensberatung GmbH ist Teilhaber der Solme AB Schweden, dem Entwickler des hier aufgezeigten Systems AviX® zur videobasierten Analyse und Optimierung von Produktionsprozessen.
uwe.buechner@pq-partner.com

Prof. Dr. Thomas Clauß Jahrgang 1982. Studium des Wirtschaftsingenieurwesens sowie der Wirtschaftswissenschaften an der Universität Kassel mit anschließender Promotion an der Universität Hamburg. Anschließend in der Unternehmensberatung sowie in der Industrie tätig. Juniorprofessor für BWL, Fachrichtung Unternehmensführung mit Schwerpunkt innovative Wertschöpfungskonzepte an der Philipps-Universität Marburg. Forschungsinteresse: interdisziplinäres Themenfeld innovativer Wertschöpfungskonzepte, insbesondere der strategischen Gestaltung von Kooperationen zwischen Wertschöpfungspartnern als auch dem Management von Geschäftsmodellinnovationen. Seine Forschung wurde von der Deutschen Werbewissenschaftlichen Gesellschaft sowie der Unternehmensberatung Kampmann, Berg und Partner mit Preisen gewürdigt. Lehrt auf Bachelor-, Master- und Doktorandenebene und fungiert regelmäßig als Redner, Berater und Trainer für die Unternehmenspraxis.
thomas.clauss@wiwi.uni-marburg.de

Dr. Claudia Drews Jahrgang 1980. Studium der Wirtschaftswissenschaften in Hannover, internationale Studien in Sidney, Kazan und Abu Dhabi. Berufsstart bei der Magna Exteriors & Interiors, danach Product Marketing Manager sowie Process Manager bei der MBtech Group. Ab 2011 Teamleiterin Projects, Processes & Systems – Gestaltung der administrativen Group Prozesse, zertifiziert nach Lean Six Sigma Black Belt, GPM sowie ISO 9001. Doktorats-Studium an der Cyprus International University zum Thema Performance Management sowie aktiv im Thema Diversity, insbesondere Frauen im Management und Generation Y. Lehrbeauftragte der University of Reutlingen für Change Management. Seit 2014 selbstständige Partnerin bei der Dr. Hansjörg Künzel Managementberatung.
c.drews@kuenzel.consulting

Prof. Dr. Christine Falkenreck Jahrgang 1963. Abschluss eines wirtschaftswissenschaftlichen Studiums, Promotion am Dialog Marketing Competence Center der Universität Kassel. Projektmanagerin im Strategischen Marketing eines internationalen Medizintechnik-Unternehmens. Leiterin der Stabsstelle Competitive Intelligence und Marktforschung bei einem internationalen Unternehmen des Energiesektors. Beraterin für Unternehmensstrategieentwicklung, Seminarleiterin mit den Schwerpunkten „Projektmarketing", „Strategische Markenführung" und „Kundenzufriedenheitsmanagement". 2013 berufen auf eine Professur für Betriebswirtschaftslehre, insbesondere Industriegütermarketing und -vertrieb an der Hochschule Hof. Autorin zahlreicher Veröffentlichungen zum Thema Kundenbindungs- und Reputationsmanagement.
christine.falkenreck@hof-university.de

Dr. Martin Fiedler Jahrgang 1977. Parallel zum Studium der Betriebswirtschaft selbstständiger IT-Consultant im universitären Umfeld und für Unternehmen aus dem Dienstleistungssektor. Berater und Planer für die Erweiterung von Eduroam WLAN-Netzen und den Ausbau von Rechenzentrums-Infrastruktur. Nach dem Abschluss zum Master of Science in Supply Chain Management und Logistik, Kaufmännischer Leiter des Ingenieurbüros Frieser-Uhlrich (IBFU) mit Kunden aus der Automobilindustrie und Industrie der Verfahrenstechnik. Autor mehrerer Publikationen um den Einsatz von RFID-Technik sowie zur Theorie der Akzeptanz von berührungslosen Zahlungssystemen.
m.fiedler@fiedler-online.net

Sophia Fritz Jahrgang 1982. Nach Abschluss des international orientierten Betriebswirtschaftsstudiums mit den Hauptfächern Finance & Management sowie Arabisch & Englisch in 2007 Einstieg in das Beratungsunternehmen MBtech Consulting GmbH mit Schwerpunkt Automobilbranche. Nach dreijähriger Tätigkeit als Beraterin mit Business Development Erfahrung in China Einstieg als Projektleiterin bei einem deutschen Automobilhersteller, der Daimler AG bei der Mercedes AMG GmbH.
sophiafritz@gmx.de

Prof. Georg Fundel Jahrgang 1954. Seit August 1996 Geschäftsführer der Flughafen Stuttgart GmbH. Nach dem Studium der Wirtschaftswissenschaften an der Universität Stuttgart-Hohenheim mit Abschluss Diplom-Ökonom 1982 Assistent am Lehrstuhl für Planung und Organisation an der Universität Tübingen. Zwischen 1982 und 1989 Leiter der Wirtschaftsförderung der Landeshauptstadt Stuttgart. Von 1989 bis 1996 Leiter der Bereiche Bauen und Liegenschaften sowie Öffentlichkeitsarbeit und Marketing der Landesgirokasse, heute LBBW. Zeitgleich Geschäftsführer der Stiftungen der Landesgirokasse. Seit 1999 Lehrbeauftragter am Institut für Eisenbahn- und Verkehrswesen der Universität Stuttgart zum Thema Luftverkehr und Flughafenmanagement.
fu30@gmx.de

Andreas Ginger Jahrgang 1975. Studium der Medizinischen Informatik an der Universität Heidelberg/Fachhochschule Heilbronn sowie Studium des Electronic Business an der Fachhochschule Heilbronn. Von 2002 bis 2007 Mitarbeiter der KACO Newenergy GmbH in Neckarsulm in verschiedenen Führungspositionen als IT-Abteilungsleiter, Einkaufsleiter und Produktmanager. Seit 2007 als freier Berater in den Feldern Produktivität, Lean Management und Leadership tätig. Senior Partner der PQ Unternehmensberatung GmbH in Speyer.
andreas.ginger@pq-partner.com

Christian Kowalski Jahrgang 1985. Studium des Maschinenbaus in Hamburg und der Betriebswirtschaftslehre in den USA zum Master of Business Administration. Seit 2005 international tätig in der herstellenden Luftfahrtbranche in diversen Bereichen des Supply Chain Managements und des Einkaufs mit primärem Fokus auf Global Sourcing bei der Airbus Operations GmbH. Zertifizierter Projektleiter (PMI) und Lean Black Belt.
christian.kowalski@airbus.com

Agnes Kühne Geboren 1980 in São Paulo, Brasilien. Studium der Betriebswirtschaftslehre in Deutschland. 2007 Einstieg in eine international tätige Unternehmensberatung in Zürich, dort acht Jahre praktische Berufserfahrung als Managerin im Finanzsektor mit Spezialisierung auf Prozessoptimierungen. Gründerin und Vorstand der Community Breakthrough Support Mission, die sich um den Aufbau einer Schule für Bedürftige und Waisen in Kimilili/Kenia kümmert. Gelebt und gearbeitet in zehn Ländern weltweit.
astrid.kuehne@cbsm-kimilili.org

Dr. Astrid Kühne Jahrgang 1980. Nach Abschluss zweier Studien zur internationalen Kommunikation und Betriebswirtschaftslehre und einer Zusatzausbildung zur zertifizierten Projektmanagerin. Promotion über Leistungssteigerung von interkulturellen Projektteams. Autorin des Buches „Interkulturelle Teams – neue Strategien der globalen Zusammenarbeit". Nach Tätigkeit in einer global agierenden Managementberatung mit Fokus auf Human Resources und Change-Management-Einstieg in die Selbstständigkeit.

Gründerin der CBSM-Stiftung zum Aufbau einer Primar- und Sekundarschule für rund 1000 Waisen in Kenia. Gelebt und gearbeitet in Europa, Asien Afrika und Amerika.
astrid.kuehne@cbsm-kimilili.org

Dr. Hansjörg Künzel Jahrgang 1967. Studium zum Diplom-Kaufmann und Promotion an der Ludwig-Maximilians-Universität in München. Berufliche Stationen: Von 1995 bis 2002 Transformationsmanagement bei der Daimler AG im Vorstandsvorsitzenden-Ressort der Mercedes-Benz AG sowie Qualitätsmanagement und Organisationsentwicklung bei Global Service and Parts von DaimlerChrysler. Seit 2002 selbstständiger Managementberater und Führungskräftecoach mit den Schwerpunkten Kundenzufriedenheit, Employer Branding, Strategie- und Organisationsentwicklung sowie Begleitung von Veränderungsprozessen. Autor mehrerer Fachbücher zum Thema Kundenzufriedenheit und Interne Kunden-Lieferantenbeziehungen sowie Verfasser zahlreicher Beiträge in deutschsprachigen und internationalen Fachzeitschriften. Herausgeber der Reihe „Erfolgsfaktoren" im Springer Verlag.
h.kuenzel@kuenzel.consulting

Anne-Kathrin Laufmann Jahrgang 1979. Seit 2012 Direktorin für CSR-Management und Fan- und Mitgliederbetreuung beim SV Werder Bremen. Nach IHK-Zertifizierung zur CSR-Managerin und Ausbildung zur Werbekauffrau Studium der Kultur- und Sportwissenschaften an der Universität Bremen. Setzte sich während eines Praktikums bei den „Grün-Weißen" sowie im Rahmen ihrer Magisterarbeit zur Thematik „Kooperation Schule und Sportverein – Synergien nutzen" ein. Am Beispiel des Projektes 100 Prozent Werder-Partner des SV Werder Bremen" intensive Auseinandersetzung mit der Thematik des sozialen Engagements in einem Profifußballclub. Hat nach anfänglichen Aktivitäten im Projekt „100 Schulen – 100 Vereine" maßgeblich an der Entstehung der Abteilung CSR-Management mitgewirkt. Ist zudem ehrenamtliche Jugendreferentin des Sportvereins Werder Bremen von 1899 e.V.
anne-kathrin.laufmann@werder.de

Sascha Pietruska Jahrgang 1985. Studium der Politikwissenschaft, Medien und Soziologie in Marburg. Während des Studiums als Vorstand der studentischen Unternehmensberatung Phlink e.V. und für die Volkswagen AG und Fraunhofer-Arbeitsgruppe für Supply-Chain Services (SCS) in Nürnberg tätig. Promotion bei Prof. Dr. Thomas Clauß in der Arbeitsgruppe für BWL, insbesondere Unternehmensführung mit Schwerpunkt innovative Wertschöpfungskonzepte an der Philipps-Universität Marburg. Gründer der Strategie- und Innovationsberatung INSIVATION, die Strategie- und Innovationsworkshops zu Geschäftsmodellen, Design Thinking und kundenzentriertem Onlinemarketing mit internationalen Startups sowie groß- und mittelständischen Unternehmen durchführt. Seine Forschung ist auf den Bereich der strategischen Geschäftsmodellinnovation und dessen Einfluss auf die Unternehmensleistung fokussiert.
sascha@pietruska.net

Jens Pohl Jahrgang 1967. Studium Maschinenbau an der Universität Stuttgart und Business Administration an der Marshall School of Business, San Diego. 1994–1998 Trainee und Stabsfunktionen im Prozess- und Change Management beim Vorstandsvorsitzenden der Mercedes-Benz AG. 1998–2004 strategische und operative Führungsfunktionen im Einkauf der DaimlerChrysler AG. 2004–2006 Geschäftsführer Einkauf der Toll Collect GmbH zum Relaunch des deutschen LKW Mautsystem. 2006–2009 Gesamtprojektleiter zur Restrukturierung der Konzernleitungs- und Verwaltungsfunktionen der DaimlerChrysler AG. 2009–2012 Mitglied der Geschäftsleitung der MBtech Group und zuständig für Vertrieb, Marketing und Einkauf, von Mitte 2012–2013 zuständig für International Business und Industrial Services. Seit 2013 CEO der Voith Engineering Services sowie Member of the Board of Management Voith Industrial Services.
Jens.pohl67@web.de

Natalie Pospolit Jahrgang 1986. Abschluss des Bachelor of Science in Betriebswirtschaft mit dem Schwerpunkt Marketing 2010 und des weitergehenden Master of Science in Management und Marketing 2013 mit Auslandsaufenthalt und mehreren praktischen Tätigkeiten in den Bereichen Marketing, Wettbewerbsanalyse und -prognose, des Weiteren Vertrieb in verschiedenen Konzernen. Seit 2013 Managerin für Messen und Kundenevents sowie kundenbezogene unternehmensweite Projekte wie Kundenzufriedenheit und Kundenbeziehungsmanagement bei RECARO Aircraft Seating GmbH & Co. KG.
Natalie.Pospolit@gmx.net

Dr. Ute Schäffer-Külz Jahrgang 1967. Nach Abschluss des Studiums der Wirtschaftspsychologie und Betriebswirtschaftslehre an der Universität Mannheim von 1992 bis 2002 Trainerin und Personalentwicklerin bei der SAP AG (Walldorf). Nach der Promotion im Jahr 2004 zunächst freiberufliche Beraterin, Trainerin, Dozentin und Autorin. Ab 2007 Übernahme einer Professur an der SRH Hochschule Heidelberg, ab 2009 Professorin für Psychologie und Soziologie an der Hochschule für öffentliche Verwaltung in Mannheim. Autorin verschiedener psychologischer Veröffentlichungen.
uteschaefferkuelz@bundeswehr.org

Dr. PH Helge K. Schumacher Jahrgang 1976. Nach einer Bankausbildung und Studium der Wirtschaftswissenschaften Konzentration auf das Feld Gesundheitsökonomie. Promotion zum Dr. of Public Health als wissenschaftlicher Mitarbeiter an der Universität Bielefeld mit Schwerpunkt in gesundheitssystemischen Fragestellungen. Parallel zudem Referent und Moderator von Zirkeln zu innovativen Versorgungsformen als freier Mitarbeiter einer gesundheitsökonomischen Beratung. Nach Managementstationen im Bereich onkologischer Arzneimittelhonorierung seit 2013 Geschäftsführer des UniversitätsKrebszentrums Göttingen (G-CCC).
helge.schumacher@gmail.com

Dr. Thao-Binh Steinmann (geb. Pham-Thi) Jahrgang 1980. Nach Abschluss des Studiums der Wirtschaftswissenschaften 2006 an der Leibniz Universität Hannover als Strategieberaterin mit dem Industrieschwerpunkt Pharma/Life Science für eines der führenden internationalen Beratungsunternehmen tätig. 2011 Promotion im Bereich Pharma Marketing/E-Health mit dem Titel „Customer Retention on the Internet: Investigating the Impact of Portal Quality on User Retention. The Case of E-Health Service Providers" an der Leibniz Universität Hannover. Seit 2012 für die Bayer AG tätig. Zunächst als Projektmanagerin bei Bayer Business Consulting (Inhouse Beratung) mit dem Schwerpunkt Marketing und Vertrieb, seit 2015 als Manager Project Office im Bereich Global Project Management bei Bayer Consumer Care.
thaobinh80@googlemail.com

Hermann H. Wala Jahrgang 1965. Nachdem er bei Hubert Burda Media für das Konzernmarketing verantwortlich war, arbeitete er für führende Werbeagenturen wie Saatchi & Saatchi und Ogilvy & Mather. Nach mehr als 25 Jahren Marken- und Marketingerfahrung berät er ambitionierte Mittelständler und große Unternehmen wie die BayWa AG, Sky, Gruner + Jahr, Kabel Deutschland und ProSieben-Sat1. Hermann H. Wala ist Inhaber von Wala Strategy & Brand Consultants mit Sitz in München.
h.wala@atyoursite.de

Christof Walter Jahrgang 1971. Abschluss des Maschinenbaustudiums 1999 und eines berufsbegleitenden MBA mit Schwerpunkt Lean Manufacturing Consulting 2008. Langjährige Führungskraft in der Entwicklung von Fahrzeugen und Berater/Dozent für Lean Development/Lean Management. Seit mehr als zwei Jahren Lean-Experte bei der SAP SE und dort verantwortlich für die Lean Transformation, Verbesserung und Vereinfachung in einem Unternehmensbereich.
christof.walter@gmx.net

Jennifer Weiher Jahrgang 1984. Nach Abschluss einer Berufsausbildung zur Bankkauffrau (2004) und einer dreijährigen Berufspraxis in den Bereichen Beratung, Kundenbeziehungsmanagement (CRM) und Marketing, Studium der „Außenwirtschaft" an der European School of Business (ESB) mit mehreren Auslandsaufenthalten und Praktika. Seit 2012 Mitarbeiterin der MBtech Group GmbH & Co. KGaA. Auditorin und Projektmanagerin mit den Arbeitsschwerpunkten: Schnittstellenmanagement IT/Fachbereich, Kundenzufriedenheit- und Vertriebsprozess.
jennifer_weiher@gmx.de

Prof. Dr. Rainer Zeichhardt Jahrgang 1976. Professor für Allgemeine Betriebswirtschaftslehre insbesondere Personal und Führung an der BSP Business School Berlin und Geschäftsführender Gesellschafter der Dahlem Research & Consulting Group GmbH. Verfügt über langjährige Erfahrung in der akademischen Lehre und interdisziplinären Forschung. Kernbereiche seiner Untersuchungen sind Managerkompetenzen, moderne

Führungsstrategien und Instrumente des Change Managements. Als Experte für Leadership und Managerverhalten berät er Personen und Organisationen bei der Konzeption und Durchführung von Führungskräfte-Entwicklungsprogrammen und Change-Projekten. Auf Basis interdisziplinärer Erkenntnisse und anhand Best-Practice-Fällen hat er den Ansatz frameworkZ® entwickelt. In der Praxis wird frameworkZ® erfolgreich eingesetzt, um bei Beratung, Training und Coaching ökonomisch und sozial effiziente Lösungen durch systematischen Perspektivwechsel zu generieren.
rainer.zeichhardt@businessschool-berlin.de

Sachverzeichnis

Symbols
5s-Methode, 96
80\
    20-Regel, 44, 116
360°-Feedback, 11, 30
\FFF-Modell (Fordern, Fördern, Feedback geben), 358

A
A3-Methode, 117
Abstimmungsschleifen, 162
Ad-hoc-Gewohnheitsbildung, 347
Administrationsfaktor, 300
Aktivitätenplanung, 43
Aktivitätensystem, 183
Alleinstellungsmerkmale, 201, 226, 268, 317
A-L-P-E-N-Methode, 348
Analyseprozesse, 266
Anbieter-Kunden-Interaktion, 113
Anreizsysteme, 11, 87, 161, 163, 165, 377
    monetäre, 11, 91
Anschub, extrinsischer, 311
Ansteckung, emotionale, 61
Antidiskriminierung, 199
Antwortfrist, 133
Arbeiten
    im Team, 162
Arbeitserwartung, 161
Arbeitsgestaltung, 96
    gesundheitsförderliche, 341
    persönlichkeitsförderliche, 341

Arbeitsmethodik, 340
Arbeitsorganisation, 169, 340
Arbeitsplatzgestaltung, 105, 169
Arbeitsprozesse, 117
Arbeitsumfeld, positives, 167
Arbeitszeit, 69, 96, 130, 147, 251, 348
    flexible, 161, 311, 377
Arbeitszeitkonten, 165
Arbeitszeitplanung, 250
Armutsbekämpfung, 292
As-is-Analysen, 299, 305, 306
Assessment Center, 171
ATA-Kapitel, 301
Aufgabenpriorisierung, 349
Aufstiegsmöglichkeiten, 67, 157, 164
Ausbildungsprojekte, 209
Auslandserfahrungen, 175
Außendarstellung, 205
Außenkommunikation, 203
Ausstiegsgespräche, 31
Auszeit, 165, 175, 391

B
B2B-Kommunikation, 206
Baby Boom Echo Nexters, 156
Backlog, 120
Balanced Scorecard (BSC), 15, 55, 58, 81, 125, 231, 284
    Ansatz, 288
    Konzept, 291

Messungssystem, 284, 290
Perspektiven, 15, 81
Basic Needs, 293
Basic Rights, 293
Basislevel, 304
Bedürfnispyramide (nach Maslow), 310, 376
Belohnungssysteme, 34, 66
  effektive, 55
  extrinsische, VII
  formale, 60, 87
Benchmark, 55
  Analyse, 202, 203, 207
  Definition, 15
  Vergleich, 6
Benchmarking, 308
Beraterlevels, 364
Bereichsegoismen, 11, 40, 41
Berichtswesen, 25, 44, 262, 290
Beschaffungskosten, 300, 303
Best in Class, 66
Beteiligung, , 87, 69
Beteiligungskultur, 260
Beteiligungsprozesse, 272
Beteiligungssteuerung, 259
betriebliches Vorschlagswesen, 130
Bewerbungsprozess, 170
Bewertungsgeneration, 171
Bewertungsgespräche, 30
Bewertungsmatrix, 363
Beziehungsebene der digitalen Kommunikation, 133
Big Data, 81, 114, 126, 133
Blockbuster-Produkte, 38
Body of Knowledge, 299
Bonussysteme, 68, 69
Bottom-up-Ansatz, 287
Bottom-up-Beeinflussung, 129
Branchen-Know-how, 335
Breast and Cancer Care Nurse (BCN), 238
Buddy-Programme, 173
Budgetary Control, 57
  Modell, 58
  Systeme, V
Budgetierung, 262
Bürgerbeteiligung, 256, 260, 264
Bürgerorientierung, 261
Business Cases, 325
Businessettikette, 168
Business Model Canvas, 196

Business Model Navigator, 197
Business Needs, 299
Business-Netzwerke, 131
Businessphone, 168
Businessplan, 276
Business Process Model and Notation (BPMN), 299
Business-Process-Reengineering-Projekte, 68
Buy-in, 41, 44, 305

C

Cashcow-Segment, 213
Cashflow, 3, 58, 281, 324
  Analyse, 288
Change-Konzepte, 14
Change Management, 7, 41, 68, 145, 384, 389
  Workstream, 41
Change Manager, 133
Change-Projekte, 70
Change-Prozesse, 5, 16, 261, 363
Change-Request-Orgien, 332
Chat, 132, 167
Check-out, 212
  Automation, 227
  Geschwindigkeit, 213
  Phase, 212
  Prozess, 213, 219, 220, 227
  Technologie, 227
Chief Digital Officer (CDO), 133
Chief Happiness Officer, 313
Clippingzahlen, 207
Cloud, 112
Clusteranalyse, 189
Coaching
  Gespräche, 34
  Maßnahmen, 354
Collaboration Check List, 333
Common-Use-Self-Service-Automaten (CUSS), 227
Compliance, 3
  Beauftragte, 3
  Prozesse, 3
Consultative Group to Assist the Poorest, 293
Contingency, 43
Controlling, 65, 75, 107, 262
  Department, 60
  Instrumente, VII
  internes, 206

Konstrukte, 67
Corporate Citizenship, 207
Corporate Identity, 357
Corporate Social Responsibility (CSR), 206
  Aktivitäten, 200
  Ansätze, 203, 205
  Arbeit, 204
  Management, 199, 204
  Marke, 204
  Programm, 390
  projektorientiertes Engagement, 206
  Trends, 202
Cost Center, 230
Cost Management, 55
Customer-Loyalty-Mitgliedschaft, 220
Customer Relationship Management, 19, 55
Customer-Value-Ansatz, 55
Customizing Solutions, 112, 113

D
Deckungsbeitrag je Produkt, 83
Defektwahrscheinlichkeit, 300
Defizitbedürfnis, 377
Dekonstruktion, 120
Deltakosten, 303
Delta-Service-Level, 303
Design Thinking, 196
deterministische Methoden, 300
deterministische Verfahren, 302
Dienstleistungserfolg, 336
Dienstleistungslieferanten, 323
Dienstleistungsprojekte, 324, 326
Differenzierungsvorteile, 179
digitale
  Experten, 133
  Führungsethik, 135
  Führungskommunikation, 133
  Führungsprozesse, 138
  Interaktion, 128
  Kommunikation, 132
  Medien, 126
  Organisationskontexte, 129
  Transformation, 136
  Transformationen, 136
  Transformationsprozesse, 126
digitales

Expertenwissen, 134
Führungsverhalten, 137
Impression Management, 136, 138
Informationsmanagement, 138
Ressortdenken, 134
Digitalität, 130
Digital Marketing, 39
Digital Natives, 134, 156
Direktmarketingkanal, 187
Diversifizierer, 192
Diversifizierung, 18
DMAIC-Methodik, 97
Doppik, kommunale, 263
Dringlichkeit, 250

E
Earnings before Interest and Taxes (EBIT), 296, 298
Echo Boomers, 156
E-Commerce-Boom, 180
Economic Value Added, 57
e-Detailing, 39
Effizienzprojekte, 151
Effizienzsteuerungsprojekte, 145, 146
Effizienzvorteile, 128
Einarbeitungszeit, 33
  strukturierte, 172
Eingabevariablen, 298
Einkaufsprozesse, 227
Eins-zu-eins-Dialoge, 34
Einzelcoaching, 25
Einzelerfolge, 34
Eisenhower-Methode, 349
E-Leadership, 126, 136
Elterngeld, 165
Elternzeit, 165, 319
E-Mail, V, 126, 128, 131, 137, 167, 250, 286, 349
Emoticons, 132
Emotional contagion, 61
Employer Branding, 172
Empowerment, 118, 340
Engagement
  gesellschaftliches, 201
  soziales, 199
Entscheidungsfindungsprozesse, 60
Entscheidungsprozesse, 46, 243, 282
Entscheidungsstärke, 23

Entwicklung, partizipatorische, 293
Entwicklungsfinanzierung, 293
Entwicklungsmaßnahmen, 11, 360, 365
Entwicklungsperspektive, 24, 56
Entwicklungspläne, 28, 358, 359, 369
  individuelle, 34, 364
  strukturierte, 28
Entwicklungsprogramme, 25
Entwicklungsprozesse, 332
Entwicklungsziele, 34, 364
Entwicklungszyklen, 18
Erfolgsfaktoren, 2, 18, 36, 80, 172, 200, 288, 328, 330
  kritische, 42, 49, 82
Erfolgsmessung, 237
Ergebnisziele, 345, 347
Ergebniszielformulierung, 345
Erreichbarkeit, 250
Ertragsmodell, 184, 186
Ertragsmodellinnovationen, 186
e-Sales, 39
  Rep, 39
Etappenziele, 345
EVA-Methode, 57, 58
Exit-Interviews, 31, 33
Expertenlaufbahn, 24
Expertenmacht, 129, 133

F

Facebook, 53, 97, 131, 170, 205, 255, 270
Face-to-Face, 128
Face-to-Face-Führung, 128
Face-to-Face-Gespräch, 138
Face-to-Face-Interaktion, 126
Fachkompetenz, 87
Fachkräftemangel, 161
Fähigkeitsmatrix, 118, 120
Fair Play, 199
Feedback, 162, 166, 248
Feedbackgeber, 30
Feedbackgespräche, 173, 248
Feedbackkommunikation, 353
Feedbackprozesse, 55, 75
Feedbackregeln, 248, 254
Fehlerkultur, 46
Feminität, 8
Fertigungsproduktivität, 96
Fertigungsprozesse, 96
Finanzholding, 4

Finanzintermediäre, 292
Finanzperspektive, 56
Finger Pointing, 46, 162
Flagship Stores, 220
Flexibilitätsgewinn, 341
FlexiDays, 319
FlexiTime-Konzept, 319
Flextime, 165
Flow, 312, 321
Flowcharts, 299
Flughafen-Performance-Management, 152
Fokusinterviews, 203
  externe, 202, 207
  interne, 202, 207
Fokuskunden, 22
Forecast, 297
Forschungs- und Entwicklungskompetenz (F&E-Kompetenz), 38
Fortschrittskontrolle, 231
fragmentiertes Arbeiten, 128
Freemium-Geschäftsmodell, 186
Freigabeschleifen, 162
Freiwilligenprojekte, 378
Fremdbild, 30
Fremdeinschätzung, 30
Führung, 125
  fachliche, 372
  in digitalen Kontexten, 136
  klassische, 126
  kooperative, 91
  virtuelle, 126
  von Online Communities, 137
Führungsfeedback, 30
Führungskompetenz, digitale, 138
Führungskräfteentwicklungsprogramme, 134
Führungsstil, 75, 126, 161, 162, 319, 320, 358, 388
  autoritärer, 166
  charismatischer, 135
  direktiver, 333
  kooperativer, 8
  situativer, 373
  systemischer, 370
Führungsstrategien, 126
Führungstalent, 23
Führungsverantwortung, 387
Führungsverständnis
  interaktionszentriertes, 128
Fundraising Events, 379

G

Game Changer, 136, 138
GAP-Analyse, 237
Gatekeeper, 135
Geheimhaltung, 337
Geheimhaltungsmanagement, 328
Gemba, 118
Gemba Walks, 117, 121
Genchi Genbutsu, 117, 118
Generationenanalyse, 163
Generation Y, 52, 134, 155, 156, 159, 161
Gesamtkosten, 302
Gesamtkostenkurven, 303
Gesamtlagerhaltungskosten, 300
Gesamtperformance, 1, 308
Gesamtteilekosten, 300
Geschäftserfolg, 21
Geschäftsmodell, 180, 183
   Ansatz, 188
   Begriff, 180
   Innovationen, 180, 184, 188, 195
   Innovationsansätze, 196
   Innovationsstrategien, 195
   Innovationsverweigerer, 189
   Innovationsverweigerungsstrategie, 195
   Innovatoren, 194
   Strategien, 188
   Typen, 195
Geschäftsprozesse, 114
Gesundheitsmanagement, 205
   betriebliches, 207, 208
Gewaltprävention, 199
Gewinn, 17
Gewinn- und Verlust-Rechnung, 288
globale
   globale, 296
Global Sourcing, 323
GLÜCKS-WIR-MARKE, 311
Good Governance, 293
Governance, 387
Greenwashing, 203
Grenzerfahrungen, emotionale, 389
Grund- und Existenzbedürfnisse, physiologische, 377
Grundwerte, 200

H

Haltungsziele, 345
Handel, stationärer, 187, 211, 218

Happiness Leadership, 313
harmonisierte Auswahlprozesse, 300
Haushaltskonsolidierung, 257, 261
Haushaltsplan, 257
Hierarchien, flache, 87
Hierarchiestufen, 162
High Level Services, 328
High Performer, 160
High Potentials, 156, 172
High Professionals, 171
High-Professional-Service-Branche, 64
High Professional Service Industry, 60, 61
Hochleistungskultur, 79, 90, 93, 155, 242
Hochleistungsorganisation, 370
Hochleistungsproduktivität, 110
Hochleistungsteams, 373
Höchstleistungsorganisation, 87
Holding-Strukturen, 6
Homeoffice, 165, 250
Human–Resource-Managementsysteme, 60

I

IATA Ground Handling Agreement, 145
Identifikation, 19
   von Trainingsbedarfen, 27
Image, 201
Impression Management, 135
In-App-Verkäufe, 186
Indikatorenliste, 291
indirekte Manipulation, 132
Individualismus, 8
Individualitätsansprüche, 80
Industrieprozesse, 298
Information, crossmediale, 270
Information Flow, 57
Informationsmacht, 135
Informationsrevolution, 292
In-Groups, 131
Initial Invests, 214
Innovationen, 179
Innovationsansätze, 188
   klassische, 183, 188
Innovationsmanagement, 91
Innovationsprojekte, 197
Instant Message, 176
Instant Messenger, 167
Integrationsrunden, 369
Intelligenz, emotionale, 23, 313, 317
Interaktionsarenen, 131

Interaktionsprozesse, 128
Interessenmatrix, 120, 121
interpersonale Face-to-Face-Kommunikation, 132
Intrapreneurship, 340
iPod, 181
Ist-Analyse, 287
Ist-Situation, 288
IT-Kompetenz, 134
iTunes, 181

J
Jahresgespräch, 22
Job Hopping, 52
Job Rotation, 175, 372
Just in Time, 113, 176
    Deckung, 297
    Kriterien, 114, 122

K
Kaizen, 97, 118
Karriere- und Entwicklungsplanung, 28
Kennenlernpraktikum, 171
Kennzahlen, 298
    Analyse, 7
    Cockpits, 116
    Interpretation, 7
    Management, 6
    Messung, 7
Kennzahlensysteme, 86
    klassische, 82
    standardisierte, 93
Kernkompetenzen, 84, 169, 183, 202, 326, 337
Kernkompetenzstrategie, 325
Kernprozesse, 232, 325
Key Account Management, 39
Key Account Manager, 25
Key Measurements, 56
Key Performance Indicators (KPI), 4, 18, 55, 81, 242, 330, 391
Klimaschutzmaßnahmen, 209
Know-how, 32, 61, 107, 174, 204, 335
    Anwendung on the Job, 68, 72
    Entwicklung, 68
    Gewinnung, 325
    technisches, 79, 191
Knowledge Management, 47

Köder- und Haken-Modell, 182
Kommunalverwaltungen, 256
Kommunikation, 17, 34, 200
    dialogische digitale, 132
    externe, 202, 204
    funktionale, 89
    interne, 204
    motivierende, 88, 89
    nonverbale, 128, 132
    offene, 46, 87, 167, 383
Kommunikationsmedien, neue, 80
Kommunikationsmittel, 205
Kommunikationspotenziale, 204
Kommunikationsstärke, 23
Kommunikationsstrategien, 176, 202, 264, 291
Kompetenz, 72
    digitale, 133, 138, 244
    fachliche, 244, 361
    interkulturelle, 391
    persönliche, 366
    soziale, 87, 361
    spezifische, 134
    strategische, 363
Kompetenzerwerb, digitaler, 134
Kompetenzfelder, 361
Kompetenzkatalog, 358
Kompetenzmatrix, 364
Kompetenzprofil, 362
Konfliktmanagement, 68
Konsequenzkosten, 300
Konsumentenverhaltensmuster, 114
Kontinuierlicher Verbesserungsprozess (KVP), 97
Kosten-Controlling, 363
Kosten-Nutzen-Betrachtung, 6
Kostenplanung, 43
KPI-Messung, 13
Krankheitsfall, 251
Krisenmanagement, 42
Kunden
    aktive, 213
    interne, 83
    passive, 213
    Stammkunden, 213
Kundenbindung, 181
Kundenbindungsinstrument, 187
Kundenkontakte, 83
Kunden-Lieferantenbeziehung, 337
Kunden-Lieferantenschnittstelle, 327
Kundenloyalität, 187

Kundenorientierung, 19
Kundenperspektive, 56, 75, 289, 323, 330, 336
Kundenprozesse, 163
Kundenzufriedenheit, 83, 123
Kurzfristorientierung, 8

L
Lagerfaktor, 300
Langfristorientierung, 8
Langfrist-Programme, 83
Langzeitkonten, 175
Laptops, 168
Lead-Beurteilungen, 372
Leadership, 84, 85, 361
  2.0, 126
  Assessment, 372
  Fähigkeiten, 43
  Führungskonzept, 85
  Führungsstil, 85
  Position, 59
Lean, 55
Lean-Grundsatz, 118
Lean-Management-Methode, 185
Leanphilosophie, 113, 117
Learning
  by Doing, 360
  on the Job, 61
Lebensarbeitszeitkonten, 319
Lebenszyklen, 111, 115
Legitimationsmacht, 129
Leistung, 125
Leistungsangebot, 184, 187
Leistungsbeurteilung, 87
Leistungserstellung, 125
Leistungserstellungsprozess, 125
Leistungskennzahlen, 82
Leistungslevel, 368
Leistungsmessbögen, 92
Leistungsmessungssysteme, 82, 92
Leistungsmessung, systematische, 81
Leistungssteigerungsprozesse, 255
Leistungstreiber, 85
Leitbilder, 204, 245, 260
  persönliche, 345
Leitsätze, strategische, 288
Lenkungsebene der digitalen Kommunikation, 132
Lern- und Wachstumsperspektive, 289

Lessons Learned, 22, 39, 307, 335, 385
Lieferantenkette, 297
Lieferantenperspektive, 324, 330, 336
Lieferantenzufriedenheit, 123
Liefererfolg, 331
lineare Programmierung, 302
Lineare Programmierung, 296
LinkedIn, 131, 170, 186
  Profil, 170
Liquid Feedback, 130
Lock-in-Effekt, 182
Look-at-me-Generation, 156
Lösungskompetenz, 7
Low-Cost-Country-Potenziale, 323
Low Level Services, 328

M
Machtdistanz, 8
Magisches Dreieck, 212
Maintenance & Repair and Overhaul Organization (MRO), 297
Make-or-Buy-Analyse, 324
Make-or-buy-Entscheidung, 147
Management
  by Results, 85
  Commitment, 68
  of Objectives, 85
  strategisches, 83, 282, 289
Management-Holding, 4
Managementkonzept, dreiphasiges, 156, 169
Managementlevel, 6
Managementsteuerungsinstrumente, 82
Managementteam-Meetings, 281
Marke, gelebte, 84
Markenarchitektur, 208
Markenimage, 317
Markenpositionierung, 204
Markenstrategie, 202, 208
Markentest, 318
Markenuniversum, 318
Markenwerte, 208
Marketingaktivitäten, 201
Marketingkommunikation, 185
Marketingkompetenz, 39
Marketing-Mix-Instrumente, 387
Märkte, 22
  gesättigte, 80
  globalisierte, 84
Marktforschung, klassische, 196

Marktgeschwindigkeit, 325
Marktperformance, 325
Marktzyklen, 18
Maschinenstillstandszeiten, 108
Maskulinität, 8
Mass Customization, 185
Matrixorganisationen, 35, 169
Measurement-Systeme, 55
mediale Ablenkung, 128
Medienkompetenz, 134
Mehrfachunterstellung, 35
Mehrkosten, 300
Meilensteinbewertung, 115
Mentoren, 25
Mentorenprogramme, 173
Messenger, 128
Messenger-Dienste, 131
Messung, passive, 115
Me-too-Produkte, 39
Microblogs, 128
Mikrofinanz, 275
Mikrofinanzierung, 293
Mikrofinanzinstitutionen, 275, 289, 291, 292, 293
Mikrofinanzrevolution, 292
Mikrofinanzsektor, 293,
Mikrokredit, 293
    Spezialgipfel, 293
Mikrokreditkunden, 292
Mikromanagement, 29
Mikrounternehmer, 288
Millennials, 156
Millennium Development Goals, 293
Mindmap, 287
Mischholding, 4
Misserfolgsfaktoren, 36
Mission, 200
    Drift, 283
    Statements, 55
Mitarbeiterbefragungen, 3, 21, 208
Mitarbeiterbindung, 28
Mitarbeiterentwicklung, 34, 122, 375, 378
    externe, 376, 391
Mitarbeiter-Entwicklungspläne, 359
Mitarbeiterführung, 172, 244, 365
    empathische, 321
Mitarbeitergespräche, 27, 231, 358, 359, 362, 364, 368, 373, 391
    strukturierte, 361
Mitarbeiterkommunikation, 231

Mitarbeiterloyalität, 83
Mitarbeitermotivation, 87, 148, 377, 392
Mitarbeiter, optimaler, 93
Mitarbeiterorientierung, 87
Mitarbeiterperformance, 69, 359
    Management, 111
    Messung, 148
Mitarbeiterperspektive, 28
Mitarbeiterzufriedenheit, 13, 64, 91, 123, 341, 365
Mitmachprojekte, 269
Mitunternehmertum, 340
Mobile Payment, 225
Monte-Carlo-Modell, 302
Monte-Carlo-Simulationen, 296
Moralstandards, 85
Motivation, intrinsische, 340
Mottoziele, 345
M-Payment \t Siehe Mobile Payment, 225
MRO-Sparte, 298
MTM-Methode, 96

N
Nachhaltigkeitsberichte, 206
Nespressosystem, 184, 187
Net-Generation, 156
Network Failure Rate, 300
Neuer-Mitarbeiter-Programm, 172
Neues Steuerungsmodell (NSM), 261
Nichtregierungsorganisationen (NGO), 203
Nichtverfügbarkeitskosten, 300

O
Off-the-job-Maßnahmen, 366
On Demand, 112, 176
One face
    of the customer, 39
    to the customer, 39
Onlinebewerbungsverfahren, 170
Online-Communities, 130
Onlinehandel, 21
Onlineplattformen, 266
Onlineverkauf, 182
On Premise, 112
Open Space Technology, 130
Opportunitätskosten, 128
Optimierungsaktivitäten, videobasierte, 99
Optimierungspotenziale, 202

Sachverzeichnis

Optimierungsprozesse, 231
Optimierung von Leistungsprozessen, 126
Organisation
  lernende, 22
  Redesign, 278
Organisational Citizenship Behaviour (OCB), 87
Organisationsdesign, 288
Organisationsentwicklungsmaßnahmen, 68
Organisationsneuausrichtung, 278, 282, 288, 291
Organisationsprojekte, 367
Organisationsstruktur, 37
Out-Groups, 131
Outsourcing, 55, 323

P

Paretoprinzip, 301, 306
Partikularstrategien, 196
Patientenbetreuung, pfadoptimierte, 232
PDCA-Zyklus, 97
Performance, 307
  Effekte, 188
  Eigenschaft, 368
  emotionale, 221
  Evaluation-Systeme, 55
  Grad, 369
  Information, 266
  Kennzahlen, 114, 116, 123
  Level, 57, 82
  Management, 17, 54, 81, 111, 119, 145, 155, 179, 200, 260, 296, 326, 331, 357
    Ansatz, 75, 91
    Checkliste, 33
    ganzheitliches, 54
    Grundstruktur, 57
    integriertes, 91
    Konzepte, 275
    Kreislauf, 26, 27
    Maßnahmen, 92
    Projekte, 144, 152
    strategisches, 183
    Systeme, 55, 143, 261, 266
  Measurement, 60, 230, 231, 234, 237, 276
    Systeme, 284
  Messung, 91, 147, 358, 360, 366, 370, 372
  Optimierung, 212
  Planung, 92

Prinzip, 1
  prozessuale, 221
  Steigerung, 10, 11, 29, 152, 358
  Steuerung, 5, 9, 15, 114, 147, 326
  Systeme, 26
  technische, 221
  Variablen, 298
Performance-Grad, 308
Performance Management, 125
Performance Measurement, 125
Personalentwicklungsmaßnahmen, 10
Personalentwicklungsprogramme, 134
Personalfluktuation, 64, 73, 149
Personalfluktuationsrate, 365
Personalführungsverantwortung, 231
Personalmaßnahmen, 231, 358, 364, 372
  off the job, 364
  on the job, 364
Persönlichkeitseigenschaften, 87
Perspektive, 81, 123, 136
  des Selbstmanagements, 340
  finanzielle, 289
  ganzheitlich-systemische, 183
  gegenwartsbezogene, 203
  individuelle, 125
  interne, 289
  langfristige, 85
  ökonomische, 131
  soziale, 131, 288
  vergangenheitsbezogene, 203
Perspektivenwechsel, 75, 293
Pilotphasen, 305
Planung
  strategische, 21
  und Steuerung, 33
Planungshorizont, 21
Poisson-Verteilung, 300
Portfolio at Risk, 288
Potenzialbewertungstools, 368
Potenzialeinschätzung, 368, 370, 372
Potenzialvergleichstools, 368
Power Map, 41
Präferenzen, emotionale, 340
Premiumsegment, 214
Pressearbeit, 205
Presse-Monitoring, 266
Presse- und Öffentlichkeitsarbeit, 265, 266
Prestigebedürfnis, 377
Pricing, 186

Prioritätensetzung, 349
Problemlösungskompetenz, 89, 90, 117
Produktbildung, 261
Produktdefinitionen, 262
Produktentwicklungen, 8, 48, 62
Produktentwicklungszyklen, 111
Produkthaushalt, 263
Produktinnovationen, 184
Produktinnovationsprozesse, 80
Produktinnovatoren, 190
Produktionsprozesse, 95, 98, 102
Produktionszyklen, 101
Produktivität, 98
Produktlebenszyklen, 59, 113, 179, 324
Produktperformance, 111
Profisport, 201
Project Cockpit, 45
Project Controlling, 45
Project Intelligence, 45, 47
Project Management Institute (PMI), 299
Project Performance Management (PPM), 36, 37, 48
Project Pitfalls, 40
Projektabschluss, 37
Projektbotschafter, 45
Projektcontrolling, 47
Projektdefinition, 37
Projektdurchführung, 37
Projekte, 36, 37, 46, 106, 150, 200, 291, 305, 306, 375
   bereichsübergreifende, 253
   externe, 378
   hierarchieübergreifende, 253
   internationale, 201
   komplexe, 297
   organisationsübergreifende, 333
   private, 377
   soziale, 202
Projekterbringungsphase, 334
Projekterfassungstools, 204
Projektführung, 37, 48
Projektkommunikation, 47
Projektleitung, 37
Projektmanagement, 37, 384
   dynamisches Dreieck, 37
   magisches Dreieck, 332
Projektmanagementpersonal, 363
Projektmanagementstandards, 299
Projektmobilisierungsphase, 47
Projektorganisation, 37

Projektplanung und -steuerung, 47
Projektsponsor, 46
Projektstatusreport, 45
Projektvorbereitungsphase, 44
Projektziele, 37
Prokrastinieren, 351
Promotionsprojekte, 329
Prozessanalyse, 296, 299
Prozesse, 12, 26, 65, 183, 255, 296, 359, 385
   administrative, 3
   automatisierte, 102
   branchenspezifische, 335
   etablierte, 379
   industrielle, 307
   innere, 340
   innovative, 295
   interne, 202, 231, 256
   iterative, 48
   mehrstufige, 196
   optimierte, 26, 295, 379
   organisatorische, 84
   selbstbeeinflussende, 339
   stabile, 66
   transparente, 373
Prozessinnovationen, 184
Prozessmanagement, 68
Prozessoptimierung, 296, 301
   videobasierte, 100
Prozessperformance, 112
Prozessperspektive, 56
Prozessvariablen, 296
Prozessverbesserungen, ergonomische, 104
Prozessverbesserungsprojekte, 299
Pulsmesser, 247
Push-Meldungen, 225

Q
Qualitätsansprüche, 80
Quality Function Deployment, 3

R
Radio-Frequency-Identification-Transponder (RFID), 221
Rahmenbedingungen, organisationale, 339
Reduktion von Führungsaufwand, 341
REFA-Zeitaufnahmen, 96
Reflexionstagebuch, 343
Regelkonformität, 3

Regeltermine, 250
Reklamationsquote, 83
Rekruitingstrategien, 176
Reportingsysteme, 29
Reports, 19
Requirement Management, 116
Ressourcen
  eigene, 342
  externe, 342
  personale, 343
  situative, 343
Ressourcenplanung, 43
Ressourcenrivalität, 35
Restrukturierungsprojekte, 69
Retailer, 213, 221
Retail-Märkte, 217
Return of Investment (ROI), 296
Return on Capital Employed (ROCE), 56
Return on Investment (ROI), 56, 83
Risikoakzeptanz, 295
Risikoaversion, 29
Risikokosten, 300, 302, 303, 305
Risikomanagement, 45, 47
Risikominimierung, 295
Risikoreduzierung, 21
Risikotreiber, 298
Risikoverfügbarkeit, 300
Rollendefinition, 46
Rollenplanung, 43
Routineprozesse, 37
RSLQ-D (German version of the Revised Self-Leadership Questionnaire), 352
Rückwärtsperspektive, 120
Rüstprozesse, 108
  interne, 109
  Optimierung, 108

S

Sabbatical, 165, 175
Sales-Volumen, 65
Salutogenese, 314
Save-your-Ass-Mails, 132
Schlichtungsgremium, 30
Schlüsselbotschaften, 208
Schlüsselkompetenz, 191
Schlüsselressourcen, 184
Schulungspläne, 27
Schwarmintelligenz, 130
Scrum-Methode, 48

Selbstbelohnung, 352
Selbstbeobachtung, 352
Selbstbestrafung, 353
Selbstbild, 30
Selbstdiagnose, 352
Selbsteinschätzung, 21, 30, 361
Selbsterinnerung, 353
Selbsterkenntnis, 342
Selbstführung, 340
  ausgeglichene, 53
Selbstführungsforschung, 340
Selbstführungskompetenz, 339, 341, 353, 354
Selbstführungskonzept, 340
Selbstführungsmessmethoden, 352
Selbstführungsmessung, 352
Selbstführungstechniken, 341
Selbstführungstraining, 355
Selbstmanagement, 340
  individuelles, 355
Selbstmanagementkompetenz, 354
Selbstmanagementtrainings, 354
Selbstreflexion, 342, 343
Selbststeuerungsaktivitäten, 340
Self Service
  Kassen, 213, 223
  Kassentisch, 220
  Kunden, 219
  Scanner, 219
  Stationen, 218
  Technologien, 214
Seminarkonzeption, konstruktivistische, 354
Sender-Empfängerprinzip, 116
Sensibilität, interkulturelle, 36
Sensitivität, strategische, 196
Service Level, 298, 300, 302, 303
Service Management, 326
Service-Performance-Studie, 328
Shareholder Value, 3, 55
Share of Voice, 38
Sicherheitsbedürfnis, 377
Six-Sigma-Methode, 55, 97
Skill Management, 118
Smartphone-Video, 100
SMART (specific, measurable, achievable, realistic, timebound), 27, 287, 346, 371
SMED-Methode, 97
Social Media, 167, 262
  Anwendungen, 134
  Content-Kalender, 205
  Instrumente, 241

Kanäle, 266
Konzepte, 270
Strategien, 270
Social-Media
Strategien, 133
Softwareplattformen, 186
Softwareprojekten, 332
Soll-Planung, 291
Soll-Situation, 288
Soll-Zustand, 290
Sozialbedürfnis, 377
soziale Netzwerke, 131
Sozialkompetenz, 363
Stakeholder, VIII, 40, 146, 191, 208, 231, 385, 388
  Analyse, 41, 47
  Bedürfnisse, 202, 206
  Dialog, 206
  externe, 196, 202, 231
  Gruppen, 47, 199
  interne, 149, 230
  Management, 41, 45
  Power Map, 47
Stakeholder Management, 305, 307
Statement-Führungskräftetag, 247
Statement-Tage für Mitarbeiter, 247
Stellenbeschreibungen, 19
Stellenbesetzung, 33
Steuerungskennzahlen, 18
Steuerungsmodelle, 5, 54, 326
  quantitative, 332
Steuerungsvariablen
  direkte, 298
  indirekte, 298
St. Gallener Managementmodell, 83
Stille Stunde, 350
Stornoquote, 83
Strategen, 191
Strategieentwicklung, 206
Strategiekarte, 284, 289
strategische Lenkung, 133
Stresslevel, 62, 69
Stressmanagement, 68, 72
strukturierte Umsetzungsphasen, 305
Supply Chain, 297
Supply-Chain-Modelle, 297
Sustainable Development, 293
systematisches Informationsmanagement, 135
Systemperspektive, 196
Szenarioanalysen, 196

T
Tablets, 168
Talentmanagement, 173
Team Building, 45
Teamerfolge, 34
Teamkonflikte, 48
Team-Meetings, 34
Teamwork, 168
Teamworkshops, 31
Technologieaffinität, 159
Teilegesamtkostenkurve, 303
Teilehaltungskosten, 305
Teilekosten, 300, 302
Teilziele, 345
Testphasen, 307
To-be-Prozesse, 305
To-do-Listen, 293, 348
Top-down-Ansatz, 286
Top-down-Führung, 129
Top-Management Commitment, 40
Top-Managementlevel, 13
Top-Performance, 365
Total Quality Management (TQM), 2, 81
Townhall Meetings, 41
Tradeoff, 297
Training
  off the job, 358, 360, 366
  on the job, 358, 360, 366
Transaktionskosten, 128
Trendscouts, 196
Trends, innovative, 80
Trial-and-Error, 20
Turnaround, 278

U
Überforderung, emotionale, 65
Überregulierung, 29
Umgangsformen, 167
Umgangston, 167
Umsatzkanäle, 184
Umsatzvarianten, 184
Unsicherheitsvermeidung, 8
Unternehmensbereiche, 385
Unternehmensführung, kooperative, 92
Unternehmenskultur, 21, 80, 83, 169
  kooperative, 90
Unternehmensleitbild, 20, 21
Unternehmensmission, 83
Unternehmensperformance, 179, 208

Unternehmenspolitik, 42
Unternehmensprozesse, 246, 337
Unternehmensressourcen, 85
Unternehmenssteuerung, 81
Unternehmensstrategie, 23
Unternehmensstruktur, 83
Unternehmensumfeld, 80
Unternehmensvision, 21
Unternehmenswerte, 23, 169
Unternehmensziele, VI, 23, 36, 55, 85, 92, 166, 190, 203, 245, 357, 374, 378, 387
   strategische, 296, 306
Unternehmer-im-Unternehmen-Ansatz, 3
Unternehmertum, soziales, 292
Ursachenanalyse, 117
User Story Mapping, 120

V
Value Add, 113
Value Capture, 184, 186
   Dimensionen, 191
Value Creation, 183, 185
   Dimensionen, 191
Value Proposition, 184, 187
Value Propostion
   Dimensionen, 191
Variablen, leistungstreibende, 56
Veränderungsgeschwindigkeit, 19
Veränderungsmanagementplan, 284, 291
Veränderungsprozesse, , 245, 142, 69
   nachhaltige, 91
Verankerung
   regionale, 201
   strategische, 207
Verantwortlichkeitenplanung, 43
Verantwortung, soziale, 199, 202
Verbesserungsprozesse, 252
Verhalten
   selbstgesteuertes, 339
   zielorientiertes, 339
Verhaltensanweisungen, 341
Verhaltensziele, 347
Verkaufsprozesse, 212
Vertragsmanagement, 39
Vertriebskanäle, 185
Vertriebskompetenz, 39
Verwaltungsprozesse, 262
Videoanalytik, 98, 99
Videotelefonie, 128

Vier-Augen-Prinzip, 215
virtuelles \Schwarzes Brett\, 130
virtuelles Teamgefühl, 137
virtuelle Strukturen, 126
Vision, 20, 81, 136, 200, 242, 260, 315, 344, 379, 389
Voice of the Customer, 116, 119
Vorschlagswesen, betriebliches, 245

W
Wachstumsbedürfnis, 377
Weiterentwicklungsmaßnahmen, 175
Welcome Day, 172
Wenn-Dann-Pläne, 347
Werkbank, verlängerte, 323
Wertedefinitionen, 243
Wertemanagement, 93
Wertewandel, 80
Wertschätzung und Belohnung, 34
Wertschöpfungslogik, 185
Wertschöpfungsmechanismen, 185
Wertschöpfungsprozesse, 325
Wertschöpfungsstruktur, 185
Wettbewerbsfähigkeit, 80
WhatsApp-Haken, 133
Wichtig-Dringlich-Methode, 349
Win-win-Lösungen, 326
Win-win-Situationen, 174, 393
WIR-BÜRO, 317
Wir-Gefühl, 45, 66
WIR-MARKE, 310
WIR-MARKENFÜHRER, 317
WIR-MARKEN-PERSÖNLICHKEIT, 316
Wirtschaftlichkeitsindikatoren, 82
Workflow, systemgestützter, 60
Work-Life-Balance, 48, 72, 81, 158, 242
Wort-Bild-Marke, 208

X
Xing, 170
   Profil, 170

Y
Young Professionals, 156, 169
Ypsiloner, 156

Z

Zahlungsmittel, bargeldloses, 215, 218
Zahlungsprozesse, 214
Zeitanalyse, 344, 347
Zeitdiebe, 350
Zeitmanagement, 340, 354
Zeitmanagementelemente, 350
Zeitmanagementkonzepte, 347
Zeitmanagementtrainings, 354
Zeitplanung, 43
Zeitprotokoll, 344
Zeitsouveränität, 341
Zielbildungskaskade, 231
Zielerreichungsbesprechung, 369
Zielerreichungsfeedback, 68
Zielerreichungsgespräche, 22, 33
Zielerreichungsgrad, 204
Zielerreichungsmessung, 93
Zielerreichungsperiode, 30
Zielerreichungsstrategien, 345
Zielerreichungsüberprüfungen, 68
Zielerreichungswert, 367
Zielformulierung, 344
Zielkonflikte, 346
Zielsetzung, eigene, 353
Zielsetzungstheorie, 346
Zielvereinbarung, 22, 27, 33, 65, 71, 231, 262, 276, 341, 364
Zielvereinbarungsänderungen, 368
Zielvereinbarungsgespräche, 33
Zielvereinbarungsperioden, 30
Zielvereinbarungsprozesse, 28
Zielwertdefinition, 367
Zugang zu Wissensquellen, 169
Zusammenarbeit
 interdisziplinäre, 237
 krossfunktionale, 36
Zusammenarbeitserfolg, 331, 336
Zusammenarbeitsperformance, 329
Zwei-Wege-Kommunikation, 225
Zwischenziele, 346